2020 年全国监理工程师（交通运输工程专业）
培训考试用书

水运工程目标控制

交通运输部职业资格中心　组织编写

人民交通出版社股份有限公司
北京

内 容 提 要

本书为2020年全国监理工程师（交通运输工程专业）职业资格考试用书之一，内容包括水运工程目标控制概述、质量控制基础知识、质量监理工作、水运工程进度目标控制基础知识、水运工程进度目标控制监理工作、水运工程费用目标控制基础知识、水运工程费用目标控制监理工作、水运工程安全生产管理目标控制基础知识、水运工程安全生产管理目标控制监理工作、水运工程环境保护监理目标控制、水运工程相关法律法规及部门规章知识等内容。

本书既可作为全国监理工程师（交通运输工程专业）职业资格考试培训用书，也可供交通运输工程建设、施工、监理（咨询）和项目管理等单位的专业技术人员学习参考。

图书在版编目(CIP)数据

2020年全国监理工程师（交通运输工程专业）培训考试用书. 水运工程目标控制／交通运输部职业资格中心组织编写. — 北京：人民交通出版社股份有限公司，2020.8
ISBN 978-7-114-16729-4

Ⅰ. ①2… Ⅱ. ①交… Ⅲ. ①交通工程—交通监理—资格考试—自学参考资料②航道工程—工程质量—质量控制—资格考试—自学参考资料 Ⅳ. ①U491.1②U615.1

中国版本图书馆CIP数据核字(2020)第129259号

2020 Nian Quanguo Jianli Gongchengshi(Jiaotong Yunshu Gongcheng Zhuanye)Peixun Kaoshi Yongshu Shuiyun Gongcheng Mubiao Kongzhi

书　　名：	2020年全国监理工程师（交通运输工程专业）培训考试用书　水运工程目标控制
著　作　者：	交通运输部职业资格中心
责任编辑：	刘永超　周佳楠
责任校对：	赵媛媛　扈　婕
责任印制：	刘高彤
出版发行：	人民交通出版社股份有限公司
地　　址：	(100011)北京市朝阳区安定门外外馆斜街3号
网　　址：	http://www.ccpcl.com.cn
销售电话：	(010)59757973
总 经 销：	人民交通出版社股份有限公司发行部
经　　销：	各地新华书店
印　　刷：	北京市密东印刷有限公司
开　　本：	787×1092　1/16
印　　张：	33.5
字　　数：	772千
版　　次：	2020年8月　第1版
印　　次：	2020年8月　第1次印刷
书　　号：	ISBN 978-7-114-16729-4
定　　价：	135.00元

(有印刷、装订质量问题的图书，由本公司负责调换)

2020 年全国监理工程师（交通运输工程专业）培训考试用书

《水运工程目标控制》

编 写 人 员

主　编：周　河

副主编：季永华

成　员：徐建军　　邵昌浩　　汤伟代　　徐志峰
　　　　张友利　　范滋胜　　阮学成　　陈　雷
　　　　李　扬　　梁韶光　　陈　南　　田冬青
　　　　林木芳　　韦建农　　吴　鸿　　陈海燕
　　　　王祖志　　周继辉　　左旋峰　　姚方明
　　　　文　韬

审 定 人 员

主　审：黄　勇

副主编：刘长健

成　员：郑　健　姜海福

前言

2020年2月，住房和城乡建设部、交通运输部、水利部、人力资源社会保障部联合印发了《监理工程师职业资格制度规定》和《监理工程师职业资格考试实施办法》。2020年5月，经人力资源社会保障部批准，交通运输部职业资格中心公布了《全国监理工程师职业资格考试基础科目和交通运输工程专业科目大纲》(以下简称《大纲》)。

为方便考生备考，部职业资格中心根据《大纲》组织有关交通建设管理部门、企事业单位和院校等单位的专家，编写了全国监理工程师(交通运输工程专业)培训考试用书，包括《公路工程目标与质量控制》《公路工程费用与进度控制》《公路工程安全与环境监理》《公路工程监理案例分析》《公路工程监理相关法规文件汇编》和《水运工程目标控制》共6册。

《水运工程目标控制》注重监理工程师应知应会知识点的归纳，内容涵盖了《大纲》各知识点，对参考人员备考具有较强的指导性。本书既可作为全国监理工程师(交通运输工程专业)职业资格考试培训用书，也可作为交通运输工程建设、施工、监理(咨询)和项目管理等单位的专业技术人员学习参考。

《水运工程目标控制》编写时，黄勇、刘长健、郑健、姜海福等专家提出了许多富有建设性的建议和意见，在此表示感谢！

由于编写时间仓促，编者水平有限，纰漏在所难免，敬请批评指正。

交通运输部职业资格中心
2020年7月

目 录

第一章　水运工程目标控制概述 ………………………………………………………………… 1
　第一节　工程项目概述 …………………………………………………………………………… 1
　第二节　工程项目管理目标体系、基本原理和管理模式 ……………………………………… 2
　第三节　水运工程项目的建设程序 ……………………………………………………………… 5
　第四节　工程目标控制的内涵、任务、相互关系及相关制度 ………………………………… 7
第二章　质量控制基础知识 ………………………………………………………………………… 9
　第一节　全面质量管理（TQM） ………………………………………………………………… 9
　第二节　ISO质量管理体系的建立和运行 …………………………………………………… 11
　第三节　工程质量责任体系和参建各方质量责任及义务 …………………………………… 16
　第四节　工程质量缺陷及处理、质量事故等级划分及处理 ………………………………… 19
　第五节　工程质量统计分析方法 ……………………………………………………………… 21
　第六节　工程质量主要试验检测方法 ………………………………………………………… 36
　第七节　工程质量检验评定 …………………………………………………………………… 56
　第八节　工程竣（交）工验收 …………………………………………………………………… 59
　第九节　"品质工程"建设 ……………………………………………………………………… 65
第三章　质量监理工作 …………………………………………………………………………… 72
　第一节　质量监理的目标 ……………………………………………………………………… 72
　第二节　质量监理的依据、特点和任务 ……………………………………………………… 73
　第三节　施工各阶段质量监理工作 …………………………………………………………… 74
　第四节　水运通用工程质量控制 ……………………………………………………………… 78
　第五节　疏浚与吹填工程质量控制 …………………………………………………………… 101
　第六节　码头与岸壁工程质量控制 …………………………………………………………… 129
　第七节　防波堤与护岸工程质量控制 ………………………………………………………… 144
　第八节　道路堆场与翻车机房质量控制 ……………………………………………………… 152
　第九节　船闸工程质量控制 …………………………………………………………………… 159

第十节　干船坞与船台滑道工程质量控制 186
   第十一节　航道整治工程质量控制 205
   第十二节　航标工程质量控制 237
   第十三节　水运机电工程质量控制 243
第四章　水运工程进度目标控制基础知识 288
   第一节　施工组织管理 288
   第二节　施工过程组织原理 290
   第三节　施工进度计划管理 296
   第四节　网络计划图绘制 297
   第五节　网络计划参数计算及关键线路 303
   第六节　工程网络计划优化 307
第五章　水运工程进度目标控制监理工作 312
   第一节　进度监理概述 312
   第二节　进度计划编制 318
   第三节　进度计划的管理 322
   第四节　进度计划审查工作 325
   第五节　工程施工中的进度检查工作 326
   第六节　工程延期和工程延误的管理工作 329
第六章　水运工程费用目标控制基础知识 338
   第一节　资金时间价值 338
   第二节　经济分析评价基本方法 342
   第三节　不确定性分析 350
   第四节　价值工程 357
   第五节　工程项目投资构成与估算 362
   第六节　工程建设项目投资估算 364
   第七节　工程建设项目概算、预算 368
   第八节　工程建设项目竣工决算 376
   第九节　投融资模式 379
   第十节　工程量清单与招标限价、投标报价 383
第七章　水运工程费用目标控制监理工作 392
   第一节　工程费用控制的目标、任务及措施 392
   第二节　工程费用监理的作用、原则与方法 393
   第三节　工程计量 396
   第四节　工程费用支付 408
   第五节　工程变更 427
   第六节　工程索赔 431

	第七节 价格调整	441
	第八节 工程结算	446
	第九节 工程投资偏差分析	450
第八章	**水运工程安全生产管理目标控制基础知识**	**457**
	第一节 安全生产法相关知识	457
	第二节 《建设工程安全生产管理条例》规定参建各方的安全责任	462
	第三节 监理单位应建立的安全管理制度	465
	第四节 施工单位应建立的安全生产管理体系和相关管理制度的监理审查要点	466
	第五节 安全生产双控体系建设	468
	第六节 工程安全隐患及处理、工程安全事故等级标准及处理	476
第九章	**水运工程安全生产管理目标控制监理工作**	**477**
	第一节 安全监理的依据和目标	477
	第二节 安全技术交底、安全教育培训	478
	第三节 安全事故应急预案体系构成和应急预案审查、演练及效果评估	479
	第四节 安全风险总体风险评估、专项风险评估内容与审核	481
	第五节 危险性较大的分部分项工程专项施工方案的内容和审查	482
	第六节 水运工程施工准备阶段安全监理	485
	第七节 水运工程施工阶段安全监理	487
	第八节 交(竣)工验收阶段和缺陷责任期安全监理工作	491
	第九节 《公路水运工程安全生产监督管理办法》主要内容	492
	第十节 水运工程平安工地建设监理内容	496
第十章	**水运工程环境保护监理目标控制**	**498**
	第一节 环境保护监理基础知识	498
	第二节 施工环境保护监理工作	509
第十一章	**全国监理工程师(水运工程)职业资格专业科目考试涉及法律、法规及交通部门规章、规范及文件**	**523**
	第一节 法律、法规及部门规章	523
	第二节 水运工程标准、规范、规程、办法、指南	524
	第三节 交通运输部门有关水运工程施工、监理文件	525

第一章　水运工程目标控制概述

第一节　工程项目概述

【备考要点】
1. 工程项目的概念。
2. 工程项目的特点。

一、工程项目的概念

工程项目是以工程建设为载体的项目,是作为被管理对象的一次性工程建设任务。它以建筑物或构筑物为目标产出物,需要支付一定的费用、按照一定的程序、在一定的时间内完成,并应符合质量要求。

二、工程项目的特点

1. 一次性

指工程项目过程的一次性,它区别于周而复始的重复性活动。一个工程项目完成后,不会再安排实施与之具有完全相同开发目的、条件和最终成果的项目。工程项目作为一次性事业,不同于现代工业化的大批量生产,其成果具有明显的单件性。工程项目实施过程的一次性和成果的单件性,都会给项目管理带来较大的风险,因此,为了避免失误,就要靠科学的管理手段和方法,以保证工程项目一次性成功。

2. 目标性

任何一个工程项目都必须有明确的特定目标。工程项目目标包括两个方面,一是工程项目工作本身的目标,是工程项目实施的过程;二是工程项目产出物的目标,是工程项目实施的结果。例如,对一项水运工程建设项目而言,工程项目工作的目标包括项目工期、造价、质量、安全等各方面工作的目标;工程项目产出物的目标包括建筑物或构筑物的功能、特性、使用寿命、安全性等指标。一般而言,工程项目的目标性是最重要且最需要项目管理者注意的特性。

3. 制约性

工程项目的制约性是指每个工程项目都在一定程度上受到内在和外在条件的制约。工程项目只有在满足约束条件下获得成功才有意义。内在条件的制约主要是对项目质量、寿命和功能的约束；外在条件的制约主要是对于项目资源的约束，包括人力资源、财力资源、物力资源、时间资源、技术资源、信息资源等方面。工程项目的制约性是决定一个项目成功与失败的关键特性。

4. 时限性(生命周期)

工程项目实施过程的一次性和成果的单件性决定了每个工程项目都具有自己的生命周期，任何工程项目都有其产生时间、发展时间和结束时间，在不同时期都有特定的任务、程序和工作内容。了解掌握工程项目的生命周期，就可以有效地对项目实施科学的管理和控制。如水运工程建设项目的生命周期包括项目决策评估阶段、设计阶段、招投标阶段、施工阶段、竣工保修阶段。成功的工程项目管理是对项目全过程的管理和控制，是对整个工程项目生命周期的管理。

5. 独特性

工程项目的独特性是指工程项目所生成的产品或服务，与其他产品或服务相比所具有的特殊性。通常一个工程项目的产出物或实施过程，即工程项目所生成的产品至少在一些关键特性上与其他的产品是不同的。每个工程项目都有一些以前没有做过的、独特的内容。例如，我国已经建设了数万个不同规模的码头，但没有两个完全相同的码头，这些码头在某个或某些方面都有一定的独特性，包括不同的自然条件(气象、水文、地质、地理条件等)、不同的设计、不同的项目法人、不同的承包人、不同的施工方法和施工时间等。当然许多工程项目会有一些共性的东西，但是它们并不影响整个工程项目的独特性。

6. 不确定性

工程项目的不确定性主要是由工程项目的独特性造成的。首先，对于一个工程项目的独特之处，多数需要进行不同程度的创新，而创新就包括各种不确定性；其次，工程项目的非重复性也是造成工程项目不确定性的原因，因为项目活动的非重复性使得人们没有改进工作的机会，所以使项目的不确定性增加；最后，工程项目的环境多数是开放的，而且相对变动较大，这也是造成工程项目不确定性的主要原因之一。

三、水运工程项目

水运是一种重要的交通运输方式，有着运量大、成本低和能耗小等优点。水运工程项目是指港口、航道、航标、通航建筑物、海岸防护、修造船水工建筑物及支持系统、辅助和附属设施的新建、改建、扩建、大修工程和安装工程。主要包括港口、航道、防波堤(防砂堤)、护岸(海堤)、船闸(通航建筑物)、船坞、海岸、近海或内河工程等。

第二节　工程项目管理目标体系、基本原理和管理模式

【备考要点】

1. 工程项目管理目标体系构成。
2. 工程项目管理目标体系特征。
3. 工程项目管理基本原理构成。

4. 过程管理的四个阶段。

5. 工程项目管理的管理模式。

一、工程项目管理目标体系

(一) 工程项目管理目标体系的内容

工程项目管理目标体系是由成果性目标和约束性目标构成的目标系统。其中成果性目标指被分解为项目具体的功能性要求,是主导目标,由一系列技术指标来定义;约束性目标指限制性条件,为项目实施过程中管理的主要目标。

工程项目管理目标即要在一定的时间、费用的限制条件下完成满足一定质量要求的工程产品,构成工程项目管理的三大绩效目标为进度、质量、成本。此外,安全和环境也被纳入工程项目管理目标体系,构成一个多目标系统。实施工程项目管理应对这个有机的多目标系统进行整体的控制,寻求目标系统的整体最优化。

(二) 工程项目管理目标体系的特征

1. 多元性

至少由项目的投资(费用)、工期(进度)、质量(技术性能)三个最主要的基本目标构成一个目标系统。

2. 相关性

各基本目标之间并非彼此独立,而是相互联系、相互制约,是一个既对立又统一的有机整体。

3. 均衡性

工程项目管理目标体系是一个稳定的、均衡的目标体系。在进行项目目标设计时,应特别注意工程项目管理多目标之间的平衡,如结果关系之间的均衡性、合理性。

4. 层次性

项目各参与方管理的任务不同。项目业主应争取获得政府和社会对项目顺利进行的广泛支持,选择合适的咨询、施工等单位,并保持他们之间的协同工作。项目其他参与方应根据业主的要求,组织好项目管理团队,建立科学、规范的管理规章制度,做好协调,力争实现各项管理目标。

5. 动态性

工程项目管理目标是一个完整的目标体系,并随着外部环境的不断变化或不可预见事件的发生而不断调整、优化和完善,使其适应不断变化的外部环境,更符合客观实际。

二、工程项目管理的基本原理

工程项目管理的基本原理主要包括系统管理和过程管理。

(一) 工程项目的系统管理原理

系统是由若干个相互作用和相互依赖的要素组合而成,且有特定功能的整体。任何一个工程项目都是一个系统,具有鲜明的系统特征,是由技术、物质、组织、行为和信息等要素组成的复杂系统。从系统视角来看,工程项目管理是以项目为对象,运用系统管理方法,通过一个临时性的专门的柔性组织,对项目进行高效率的计划、组织、指导和控制,以实现项目全过程的动态管理和项目目标综合协调和优化的组织管理活动。

系统思想和方法是项目管理理论形成与发展的重要基础,其科学基础是系统论,哲学基础是事物的整体观。系统管理理论是运用系统论、信息论、控制论原理,把管理视为一个系统,以实现管理优化的理论。后来发展为"三因素论",即管理系统由人、物、环境三因素构成,要进行全面系统分析,建立开放的管理系统。系统管理理论的核心是用系统方法分析管理系统。

(二)工程项目的过程管理原理

过程管理是指使用一组实践方法、技术和工具来策划、控制和改进过程的效果、效率和适应性,包括过程策划、过程实施、过程监测(检查)和过程改进(处置)四个部分,即 PDCA 循环四阶段。

1. 过程策划(P)

从过程类别出发,识别组织的价值创造过程和支持过程,从中确定主要价值创造过程和关键支持过程,并明确过程输出的对象,即过程的顾客和其他相关方。

确定过程顾客和其他相关方的要求,建立可测量的过程绩效目标(即过程质量要求)。

基于过程要求,融合新技术和所获得的信息,进行过程设计或重新设计。

2. 过程实施(D)

过程人员要熟悉过程设计,并严格遵循设计要求实施。

根据内外部环境、因素的变化和来自顾客、供方等的信息,在过程设计的柔性范围内对过程进行及时调整。

根据过程监测所得到的信息对过程进行控制,例如:应用 SPC(统计过程控制)控制过程输出(即产品)的关键特性,使过程稳定受控。

根据过程改进的成果,实施改进后的过程。

3. 过程监测(C)

过程监测包括过程实施中和实施后的监测,旨在检查过程实施是否遵循过程设计,达成过程绩效目标。

过程监测可包括:产品设计过程中的评审、验证和确认,生产过程中的过程检验和试验,过程质量审核,为实施 SPC 和质量改进而进行的过程因素、过程输出抽样测量等。

4. 过程改进(A)

过程改进分为突破性改进和渐进性改进两大类。突破性改进是对现有过程的重大变更或用全新的过程来取代现有过程,即创新;而渐进性改进是对现有过程进行持续性的改进,是集腋成裘式的改进。

三、工程项目管理的管理模式

项目管理公司受项目发包人委托,根据合同约定,代表发包人对工程项目的组织实施进行全过程或若干阶段的管理和服务,项目管理公司作为发包人的代表,帮助发包人作项目前期的策划、可行性研究、项目定义、项目计划以及工程实施的设计、采购、施工等工作。

根据项目管理公司的服务内容、合同中约定的权限和承担的责任不同,项目管理模式一般分为下列两种类型。

1. 项目管理承包型(PMC)

在该类型中,项目管理公司与项目发包人签订项目管理承包合同,代表发包人管理项目,将项目所有的设计、施工任务发包出去,承包人与项目管理公司签订承包合同。但在一些项目上,项目管理公司也可能承担一些外界及公用设施的设计、采购、施工工作。在这种管理模式中,项目管理公司要承担费用超支的风险,但若管理得好,利润回报也高。

2. 项目管理咨询型(PM)

在该类型中,项目管理公司按照合同约定,在工程项目决策阶段,为发包人编制可行性研究报告,进行可行性分析和项目策划;在工程项目实施阶段,为发包人提供招标代理、设计管理、采购管理、施工管理和试运行(竣工验收)等服务,代表发包人对工程质量、进度、费用、安全等进行管理。这种项目管理模式风险较低,项目管理公司根据合同承担相应的管理责任,并得到相对固定的服务费。

第三节 水运工程项目的建设程序

【备考要点】
港口、航道工程建设的基本程序。

一、港口工程的建设程序

根据《港口工程建设管理规定》(交通运输部令2018年第2号)的文件要求,港口工程的建设项目应当按照国家规定的建设程序进行。除国家另有规定外,不得擅自简化基本建设程序。

(1)政府投资的港口工程建设项目应当执行以下建设程序:
①开展工程预可行性研究,编制项目建议书;
②根据批准的项目建议书,进行工程可行性研究,编制可行性研究报告;
③根据批准的可行性研究报告,编制初步设计文件;
④根据批准的初步设计文件,编制施工图设计文件;
⑤办理施工图设计审批手续;
⑥根据国家有关规定,依法办理开工前相关手续,具备条件后开工建设;
⑦组织工程实施;
⑧工程完工后,编制竣工材料,进行工程竣工验收的各项准备工作;
⑨组织竣工验收。
(2)企业投资的港口工程建设项目应当执行以下建设程序:
①编制项目申请书或者填写备案信息,履行核准或者备案手续;

②根据核准的项目申请书或者备案信息,编制初步设计文件;
③根据批准的初步设计文件,编制施工图设计文件;
④办理施工图设计审批手续;
⑤根据国家有关规定,依法办理开工前相关手续,具备条件后开工建设;
⑥组织工程实施;
⑦工程完工后,编制竣工材料,进行工程竣工验收的各项准备工作;
⑧组织竣工验收。

(3)储存、装卸危险货物的港口工程建设项目,项目单位除执行上述规定外,还应当按照《中华人民共和国安全生产法》《危险化学品安全管理条例》《港口危险货物安全管理规定》等要求,办理安全条件审查、安全设施设计审查手续,组织安全设施验收。

(4)港口工程建设项目需要使用港口岸线时,项目单位应当按照港口岸线使用的管理规定办理港口岸线使用手续。未取得岸线使用批准文件或者交通运输部关于岸线使用的意见,不得开工建设。

(5)交通运输部负责国家重点水运工程建设项目初步设计审批。

省级交通运输主管部门负责经省级人民政府及其投资主管部门审批、核准或者备案的港口工程建设项目初步设计审批。

所在地港口行政管理部门负责其余港口工程建设项目初步设计审批。

二、航道工程的建设程序

根据《航道工程建设管理规定》(交通运输部令2019年第44号),航道工程建设项目应当按照国家规定的建设程序进行。除国家另有规定外,不得擅自简化基本建设程序。

(1)政府投资的航道工程建设项目,一般应当执行以下基本建设程序:
①根据相关规划,开展预可行性研究,编制项目建议书;
②根据批准的项目建议书,进行可行性研究,编制可行性研究报告;
③根据批准的可行性研究报告,编制初步设计文件;
④根据批准的初步设计文件,编制施工图设计文件;
⑤办理施工图设计审批手续;
⑥根据国家有关规定,依法办理开工前相关手续,具备开工条件后开工建设;
⑦组织工程实施;
⑧工程建成后,编制竣工资料,进行工程竣工验收的各项准备工作;
⑨组织竣工验收。

(2)企业投资的航道工程建设项目,应当执行以下基本建设程序:
①根据规划,编制项目申请书或者填写备案信息,履行核准或者备案手续;
②根据核准的项目申请书或者备案信息,编制初步设计文件;
③根据批准的初步设计文件,编制施工图设计文件;
④办理施工图设计审批手续;
⑤根据国家有关规定,依法办理开工前相关手续,具备开工条件后开工建设;
⑥组织工程实施;

⑦工程建成后,编制竣工资料,进行工程竣工验收的各项准备工作;
⑧组织竣工验收。

(3)交通运输部按照权限负责中央财政事权航道工程建设项目的项目建议书、可行性研究报告的批准工作。项目建议书和可行性研究报告的编制和委托咨询等工作按照有关规定执行。

(4)交通运输部负责中央财政事权航道工程建设项目的初步设计审批。

县级以上地方交通运输主管部门按照规定的职责,负责其他航道工程建设项目的初步设计审批。

(5)由交通运输部负责审批初步设计的航道工程建设项目,项目单位应当通过交通运输部按照国务院规定设置的负责航道管理的机构或者项目所在地省级交通运输主管部门向交通运输部提出申请。

交通运输部按照国务院规定设置的负责航道管理的机构或者省级交通运输主管部门应当在收齐上述申请材料之日起3个工作日内将有关材料转报交通运输部。

其他航道工程建设项目的初步设计审批,项目单位应当向有审批权限的县级以上地方交通运输主管部门提出申请。

(6)施工图设计文件原则上应当集中报批。对于工期长、涉及专业多的项目,可以分批报批。项目单位在首次申请施工图设计文件审批时,应当将分批安排报施工图审批部门。

第四节 工程目标控制的内涵、任务、相互关系及相关制度

【备考要点】
1. 工程目标控制的内涵、任务。
2. 工程目标控制的三大目标及其相互之间的关系。
3. 保证工程目标控制的相关制度。

一、工程目标控制的内涵

工程目标控制的目标是以合同为依据,采取技术、经济、组织、合同等措施,对工程质量、施工安全、施工环境保护、进度、费用实施有效的监理,从而确保工程项目总体目标最合理的实现,使之达到合同文件约定的要求。

对一个工程项目而言,最重要的是质量、进度和费用,只有确定了质量、进度和费用的目标值,监理单位才能采取各种有效的措施和手段,对工程项目进行有效的监督管理。在监理目标值确定之后,即可进一步确定计划,采取各种控制协调措施,力争实现监理目标值。

二、工程项目质量、进度和费用三大目标间的关系

工程项目的质量目标、进度目标和费用目标这三大目标之间存在着相互影响、相互依存、相互制约的关系。它们之间既有对立的一面,又有统一的一面。三者是对立统一的关系,是一个完整的目标统一体系,其中任何一个因素发生变化,都必然引起其他两个因素的变化,同时

也受到这两个因素的影响和制约。三个目标间的关系如图 1-1 所示。

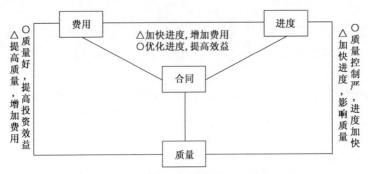

图 1-1　目标之间的对立统一关系
注：△为相互矛盾；○为相互统一。

（1）费用与进度的关系：加快进度往往要增加投资，但是加快进度能提前项目结束时间，则可增加收入，提高投资效益；如果进度出现非正常延误，则需要增加额外的费用来加快进度。

（2）进度与质量的关系：加快进度可能影响质量，但严格控制质量，避免返工，进度则会加快；不重视质量，出现质量事故或返工，则进度会延误，此时盲目加快进度，又会影响质量。

（3）费用与质量的关系：质量好，可能要增加费用，但严格控制质量，可以减少经常性的维护费用，延长工程使用年限，则又提高了投资效益；如不重视质量，出现质量事故或返工，则需要增加额外的费用。

只有确定了质量、进度和费用目标值，监理单位才能对工程项目进行有效的监督管理。一个工程项目的三大目标之间，一般不能说哪个最重要。同一个项目在不同的时期，目标的重要程度是不同的。在确定各目标值和对各目标值施控时，不能片面地独立考虑，还要考虑对其他目标的影响，力求三者的统一；同时要正确把握在各种条件下三大目标重要性的顺序，抓住主要矛盾，达到目标系统的整体优化；但是根据实际需要确定的质量标准（包括使用功能、安全可靠和施工质量合格等）必须优先予以保证，并要求最终达到目标系统最优。

因此，对于监理工程师而言，要能处理好在各种条件下工程项目三大目标之间的关系及其顺序。在确定各目标值和对各目标值实施控制时，都要考虑到对其他目标的影响，要进行多方面、多方案的分析、对比，力争质量、进度和费用三大目标的统一，确保整个目标系统可行，并达到整个目标系统最优化。

第二章 质量控制基础知识

第一节 全面质量管理(TQM)

【备考要点】
1. 质量定义中需要满足的两个要求。
2. 水运工程质量需要满足的要求。
3. 保证水运工程处于较高的工作质量水平的五大要素。
4. 全面质量管理的主要特点,"三全"管理包括的三个方面。
5. 全面质量管理(TQM)的 PDCA 循环的基本流程。

一、工程质量的概念

1. 质量

质量的定义是"反映产品或服务满足明确或隐含需要能力的特征和特性的总和"。定义中"产品或服务"是质量的主体。简单地说,所谓质量,一是必须符合规定要求,二是要满足用户期望。

2. 水运工程质量

根据《公路水运工程质量监督管理规定》(交通运输部令2017年第28号)文件,公路水运工程质量,是指有关公路水运工程建设的法律、法规、规章、技术标准、经批准的设计文件以及工程合同对建设公路水运工程的安全、适用、经济、美观等特性的综合要求。

3. 工作质量

工作质量是指参与工程的建设者,为了保证工程的质量所从事工作的水平和完善程度。

工作质量包括:社会工作质量、生产过程工作质量等。工程质量的好坏是建设工程形成过程中各方面各环节工作质量的综合反映,而不是单纯靠质量检验检查出来的,要保证工程质量就要求有关部门和人员精心工作,对决定和影响工程质量的所有因素严加控制,即通过工作质量来保证和提高工程质量。多年的施工技术经验表明,要保证水运工程处于较高的工作质量水平,必须从人(Man)、材料(Material)、设备(Machine)、方法(Method)和环境(Environment)这五大要素着手,简称"4M1E"。

二、全面质量管理(TQM)

全面质量管理(TQM,Total Quality Management),是20世纪中期开始在欧美和日本广泛应用的质量管理理念和方法。我国从20世纪80年代开始引进和推广全面质量管理,其基本原理就是强调在企业或组织最高管理者的质量方针指引下,实行全面、全过程和全员参与的质量管理(即"三全"管理)。

1. 全面质量管理的基本理论

全面质量管理的主要特点是以顾客满意为宗旨;领导参与质量方针和目标的制订;提倡预防为主、科学管理、用数据说话等。在世界标准化组织颁布的 ISO 9000 质量管理体系标准中,处处都体现了这些特点和思想。建设工程项目的质量管理,同样应贯彻"三全"管理的思想和方法。

1)全面质量管理

建设工程项目的全面质量管理,是指项目参与各方所进行的工程项目质量管理的总称,其中包括工程(产品)质量和工作质量的全面管理。工作质量是产品质量的保证,工作质量直接影响产品质量的形成。建设单位、监理单位、勘察单位、设计单位、施工总承包单位、施工分包单位、材料设备供应商等任何一方,建设中任何环节的怠慢疏忽或质量责任不实都会对建设工程质量造成不利影响。

2)全过程质量管理

全过程质量管理,是指根据工程质量的形成规律,从源头抓起,全过程推进。我国质量管理体系标准强调质量管理的"过程方法"原则,要求应用"过程方法"进行全过程质量控制。要控制的主要过程有:项目策划与决策过程;勘察设计过程;设备材料采购过程;施工组织与实施过程;检测设施控制与计量过程;施工生产的检验试验过程;工程质量的评定过程;工程竣工验收与交付过程;工程回访维修服务过程等。

3)全员参与质量管理

按照全面质量管理的思想,组织内部的每个部门和工作岗位都承担着相应的质量管理职能,组织的最高管理者确定了质量方针和目标,就应组织和动员全体员工参与到实施质量方针的系统活动中去,发挥自己的角色作用。开展全员参与质量管理的重要手段就是运用目标管理方法,将组织的质量总目标逐级进行分解,使之形成自上而下的质量目标分解体系和自下而上的质量目标保证体系,发挥组织系统内部每个工作岗位、部门或团队在实现质量总目标过程中的作用。

2. 全面质量管理的 PDCA 循环

在长期的生产实践和理论研究中形成的 PDCA 循环,是建立质量管理体系和进行质量管理的基本方法。从某种意义上说,管理就是确定任务目标,并通过 PDCA 循环来实现预期目标。每一循环都围绕着实现预期的目标进行计划(P)、实施(D)、检查(C)和处置(A)活动,随着对存在问题的解决和改进,在一次一次滚动循环中逐步增强质量管理能力、不断提高质量水平。每一个循环的四大职能活动相互联系,共同构成了质量管理的系统过程。

1)计划 P(Plan)

建设工程项目的质量计划,是由项目参与各方根据其在项目实施中所承担的任务、责任范围和质量目标,分别制订质量计划而形成的质量计划体系。其中,建设单位的工程项目质量计划,包括确定和论证项目总体的质量目标,制订项目质量管理的组织、制度、工作程序、方法和要求。项目其他各参与方,则根据国家法律法规和工程合同约定的质量责任和义务,在明确各自质量目标的基础上,制订实施相应范围质量管理的行动方案,包括技术方法、业务流程、资源配置、检验试验要求、质量记录方式、不合格处理及相应管理措施等具体内容和做法的质量管理文件,同时也需要对其实现预期目标的可行性、有效性、经济合理性进行分析论证,并按照规定的程序与权限,经过审批后执行。

2) 实施 D(Do)

实施职能在于将质量的目标值,通过生产要素的投入、作业技术活动和产出过程转化为质量的实际值。为保证工程质量的产出或形成过程能够达到预期的结果,在各项质量活动实施前,要根据质量管理计划进行行动方案的部署和交底。交底的目的在于使具体的作业者和管理者明确计划的意图和要求,掌握质量标准及其实现的程序与方法。在质量活动的实施过程中,则要求严格执行计划的行动方案,规范行为,把质量管理计划的各项规定和安排落实到具体的资源配置和作业技术活动中去。

3) 检查 C(Check)

指对计划实施过程进行各种检查,包括作业者的自检、互检和专职管理者专检。各类检查都包含两大方面:一是检查是否严格执行了计划的行动方案,实际条件是否发生了变化,不执行计划的原因;二是检查计划执行的结果,即产出的质量是否达到标准的要求,对此进行确认和评价。

4) 处置 A(Action)

对于质量检查所发现的质量问题或质量不合格的结果,及时进行原因分析,采取必要的措施,予以纠正,保持工程质量形成过程的受控状态。处置分纠偏和预防改进两个方面,前者是采取有效措施,解决当前的质量偏差、问题或事故;后者是将目前质量状况信息反馈到管理部门,反思问题症结或计划时的不周,确定改进目标和措施,为今后类似质量问题的预防提供借鉴。

第二节 ISO 质量管理体系的建立和运行

【备考要点】
1. 企业建立质量体系明确的基本的原则性工作。
2. 建立一个新的质量体系或更新、完善现行的质量体系需要的步骤。
3. 实现质量体系运行依靠的方式。
4. 质量监督的方式、目标和任务。
5. 质量体系审核与评审的任务。

一、建立质量体系的原则性工作

水运建设工程项目的实施,涉及业主方、勘察方、设计方、施工方、监理方、供应方等多方质量责任主体的活动,各方主体各自承担不同的质量责任和义务。为了有效地进行系统、全面的质量控制,必须由项目实施的总负责单位负责建设工程项目质量控制体系的建立和运行,实施质量目标的控制。

企业建立质量体系包括几项基本的原则性工作,主要为:确定质量环;明确和完善质量体系结构;质量体系文件化;定期质量体系审核;质量体系评审和评价。

1. 确定质量环

质量环是从产品立项到产品使用全过程各个阶段中影响质量相互作用的活动的概念模式,这些阶段如市场调研、设计、采购、售后服务等构成了产品形成与使用的全过程。每个阶段中包括若干直接质量职能和间接质量职能活动。满足要求的产品质量是质量环各个阶段质量职能活动的综合效果。

通用的典型质量环把产品质量分为 11 个阶段,即:
(1)营销和市场调研;
(2)设计/规范的编制和产品开发;
(3)采购;
(4)工艺策划和开发;
(5)生产制造;
(6)检验、试验和检查;
(7)包装和储存;
(8)销售和分发;
(9)安装和运行;
(10)技术服务和维修;
(11)用后处置。

在上述的相互作用的活动中,应强调营销和设计的重要性,特别是:
(1)确定顾客的需要和期望,并规定对产品或服务的要求;
(2)提出运用现行规范以最佳成本生产产品或提供服务的设想(包括依据)。

水运施工企业的特定产品对象是工程,无论其工程复杂程度、结构形式怎样变化,其建造和使用的过程、程序和环节基本是一致的。在参照有关国家标准的基础上,对照施工程序,对水运施工企业质量环建议由以下 8 个阶段组成:
(1)工程调研和任务承接;
(2)施工准备;
(3)材料采购;
(4)施工生产;
(5)试验与检验;
(6)结构物功能试验;
(7)竣工交验;
(8)回访与保修。

2. 明确和完善质量体系结构

企业决策层领导及有关管理人员要负责质量体系的建立、完善、实施和保持各项工作的开展,使企业质量体系达到预期目标。质量体系的有效运行要依靠相应的组织机构网络。这个机构要严密完整,充分体现各项质量职能的有效控制。一般来讲,一个企业只有一个质量体系,其下属基层单位的质量管理和质量保证活动以及质量机构和质量职能只是企业质量体系的组成部分,是企业质量体系在该特定范围的体现。对不同产品对象的基层单位,如混凝土构件厂、试验室、搅拌站等则应根据其生产对象和生产环境特点补充或调整体系要素,使其更易达到产品质量保证的最佳效果。

3. 质量体系文件化

质量体系文件化是很重要的工作特征。质量体系结构、采用的各项质量要素、要求和规定等各项工作必须有系统、有条理地制订为质量体系文件,要保证这些文件在该体系范围内使有关人员、有关部门理解一致,得到有效的贯彻与实施。

质量体系文件主要分为质量手册、质量计划、工作程序文件与质量记录等几项分类文件。

4. 定期质量体系审核

质量体系能够发挥作用,并不断改进和提高工作质量,主要是在建立体系后应坚持体系审核和评审(评价)活动。

为了查明质量体系的实施效果是否达到了规定的目标要求,企业管理者应制订内部审核计划,定期进行质量体系审核。

质量体系审核由企业内胜任的管理人员对体系各项活动进行客观评价,这些人员应独立于被审核的部门和活动范围。质量体系审核范围如下:

(1) 组织机构;
(2) 管理和工作程序;
(3) 人员、装备和器材;
(4) 工作区域、作业和过程;
(5) 制品符合规范和标准的程度;
(6) 文件、报告和记录。

质量体系审核一般以质量体系运行中各项工作文件的实施程度及产品质量水平为主要工作对象,一般为符合性评价。

5. 质量体系评审和评价

质量体系的评审和评价是由上级领导亲自组织的,对质量体系、质量方针、质量目标等项工作所开展的适合性评价。也就是说,质量体系审核时的主要精力放在是否将计划工作落实,效果如何;而质量体系评审和评价重点为该体系的计划、结构是否合理有效,尤其是结合市场及社会环境,企业情况进行全面的分析与评价,一旦发现这方面的不足,就应对其体系结构、质量目标、质量政策提出改进意见,以使企业管理者采取必要的措施。

质量体系的评审和评价也包括各项质量体系审核范围的工作。

与质量体系审核不同的是,质量体系评审更侧重于质量体系的适合性,而且,一般评审与评价活动要由企业领导直接组织。

二、建立和完善质量体系的程序

按照国家标准《质量管理体系 基础和术语》(GB/T 19000—2016)和国际标准《质量管理体系 基础和术语》(ISO 9000:2015)建立一个新的质量体系或更新、完善现行的质量体系,一般都经历以下步骤。

1. 企业领导决策

企业领导要下决心走质量效益型的发展道路,有建立质量体系的迫切需要。建立质量体系是涉及企业内部很多部门的一项全面性工作,如果没有企业主要领导亲自领导、亲自实践和统筹安排,是很难做好这项工作的。因此,领导大力要求推动建立质量体系,是建立、健全质量体系的首要条件。

2. 编制工作计划

工作计划包括培训教育、体系分析、职能分配、配备仪器仪表设备等内容。

3. 分层次教育培训

组织学习相关标准,结合本企业的特点,了解建立质量体系的目的和作用,详细研究与本职工作有直接联系的要素,提出控制要素的办法。

4. 分析企业特点

结合企业的特点和具体情况,确定采用哪些要素和采用程度。要素要对控制过程实体质量起主要作用,能保证过程的适用性、符合性。

5. 落实各项要素

企业在选好合适的质量体系要素后,要进行二级要素展开,制订实施二级要素所必需的质量活动计划,并把各项质量活动落实到具体部门或个人。

一般在企业领导的亲自主持下,合理地分配各级要素与活动,使企业各项职能部门都明确各自在质量体系中应担负的责任、应开展的活动和各项活动的衔接办法。分配各级要素与活动的一个重要原则就是责任部门只能是一个,但允许有许多若干个配合部门。

在各级要素和活动分配落实后,为了便于实施、检查和考核,还要把工作程序文件化,即把企业的各级管理标准、工作标准、质量责任制、岗位责任制编制成与各级要素和活动相对应的有效运行文件。

6. 编制质量体系文件

质量体系文件按其作用可分为法规性文件和见证性文件两类。质量体系法规性文件是用以规定质量管理工作的原则的,是阐述质量体系的构成,明确有关部门和人员的质量职能,规定各项活动的目的、要求、内容和程序的文件。在合同环境下这些文件是供方向需方证实质量体系适用性的证据。质量体系的见证性文件是用以表明质量体系的运行情况和证实其有效性的文件。这些文件记载了各质量要素的实施情况和工程实体质量的状态,是质量体系运行的见证。

三、质量体系的运行

保持质量体系的正常运行和持续实用、有效,是企业质量管理的一项重要任务,是质量体系发挥实际效能、实现质量目标的主要阶段。

质量体系运行是执行质量体系文件、实现质量目标、保持质量体系持续有效和不断优化的过程。

质量体系的有效运行是依靠体系的组织机构进行组织协调、实施质量监督、开展信息反馈、进行质量体系审核和复审实现的。

1. 组织协调

质量体系是借助于质量体系组织结构的组织和协调来运行的。组织和协调工作是维护质量体系运行的动力。质量体系的运行涉及企业众多部门的活动。就水运建设企业而言,计划部门、施工部门、技术部门、试验部门、测量部门、检查部门等都必须在目标、分工、时间和联系方面协调一致,责任范围不能出现空当,以保持体系的有序性。这些都需要通过组织和协调工作来实现。实现这种协调工作的人,应是企业的主要领导。只有主要领导主持、质量管理部门负责,通过组织协调才能保持体系的正常运行。

2. 质量监督

质量体系在运行过程中,各项活动及其结果不可避免地会发生偏离标准的可能。为此,必须实施质量监督。

质量监督有企业内部监督和外部监督两种,需方或第三方对企业进行的监督是外部质量监督。需方的监督权是在合同环境下进行的,就施工企业来说,叫做甲方的质量监督,按照合同约定,甲方对隐蔽工程进行检查签证。第三方的监督,是对单位工程和重要分部工程进行质量核定,并在工程开工前检查企业的质量体系,在施工过程中,监督企业质量体系的运行是否正常。

质量监督是符合性监督。质量监督的任务是对工程实体进行连续性的监视和验证。发现偏离管理标准和技术标准的情况时及时反馈,要求企业采取纠正措施,严重者责令停工整顿,从而促使企业的质量活动和工程实体质量均符合标准所规定的要求。

实施质量监督是保证质量体系正常运行的手段。外部质量监督应与企业本身的质量监督考核工作相结合,杜绝重大质量事故的发生,促使企业各部门认真贯彻各项规定。

3. 质量信息管理

企业的组织机构是企业质量体系的骨架,而企业的质量信息系统则是质量体系的神经系统,是保证质量体系正常运行的重要系统。在质量体系的运行中,通过质量信息反馈系统对异常信息的反馈和处理,进行动态控制,从而使各项质量活动和工程实体质量保持受控状态。

质量信息管理和质量监督、组织协调工作是密切联系在一起的,异常信息一般来自质量监督,异常信息的处理要依靠组织协调工作,三者的有机结合是使质量体系有效运行的保证。

4. 质量体系审核与评审

企业进行定期的质量体系审核与评审,一是对体系要素进行审核、评价,确定其有效性;二是对运行中出现的问题采取纠正措施,对体系的运行进行管理,保持体系的有效性;三是评价质量体系对环境的适应性,对体系结构中不适应的采取改进措施。开展质量体系审核和评审是保持质量体系持续有效运行的主要手段。

第三节　工程质量责任体系和参建各方质量责任及义务

【备考要点】
水运工程参建各方主要的质量责任和义务。

工程项目的质量要求主要是由业主方提出的。项目的质量目标,是业主的建设意图通过项目策划,包括项目的定义及建设规模、系统构成、使用功能和价值、规格、档次、标准等的定位策划和目标决策来确定的。项目承包方为了实现较高的顾客满意度,也可以提出更高的质量目标,满足业主方既没有明示也不是通常隐含或必须履行的期望。工程项目质量控制,就是在项目实施整个过程中,包括项目的勘察设计、招标采购、施工安装、竣工验收等各个阶段,项目参与各方致力于实现项目质量总目标的一系列活动。

一、工程质量责任体系

工程项目质量控制包括项目的建设、勘察、设计、施工、监理各方的质量控制活动。

建设工程项目质量控制的目标,就是实现由项目决策所决定的项目质量目标,使项目的适用性、安全性、耐久性、可靠性、经济性及与环境的协调性等方面满足业主需要并符合国家法律、行政法规和技术标准、规范的要求。项目的质量涵盖设计质量、材料质量、设备质量、施工质量和影响项目运行或运营的环境质量等,各项质量均应符合相关的技术规范和标准的规定,满足业主方的质量要求。

工程项目质量控制的任务就是对项目的建设、勘察、设计、施工、监理单位的工程质量行为,以及涉及项目工程实体质量的设计质量、材料质量、设备质量、施工安装质量进行控制。

由于项目的质量目标最终是由项目工程实体的质量来体现,而项目工程实体的质量最终是通过施工作业过程直接形成的,设计质量、材料质量、设备质量往往也要在施工过程中进行检验,因此,施工质量控制是项目质量控制的重点。

二、参建各方质量责任和义务

《中华人民共和国建筑法》和《建设工程质量管理条例》规定,建设工程项目的建设单位、勘察单位、设计单位、施工单位、工程监理单位都要依法对建设工程质量负责。

1. 建设单位的质量责任和义务

(1)建设单位应当将工程发包给具有相应资质等级的单位,并不得将建设工程肢解发包。

(2)建设单位应当依法对工程建设项目的勘察、设计、施工、监理以及与工程建设有关的重要设备、材料等的采购进行招标。

(3)建设单位必须向有关的勘察、设计、施工、工程监理等单位提供与建设工程有关的原始资料。原始资料必须真实、准确、齐全。

(4)建设工程发包单位不得迫使承包方以低于成本的价格竞标,不得任意压缩合理工期;不得明示或者暗示设计单位或者施工单位违反工程建设强制性标准,降低建设工程质量。

(5)建设单位应当将施工图设计文件上报县级以上人民政府建设行政主管部门或者其他有关部门审查。施工图设计文件未经审查批准的,不得使用。

(6)实行监理的建设工程,建设单位应当委托具有相应资质等级的工程监理单位进行监理。

(7)建设单位在领取施工许可证或者开工报告前,应当按照国家有关规定办理工程质量监督手续。

(8)按照合同约定,由建设单位采购建筑材料、建筑构配件和设备的,建设单位应当保证建筑材料、建筑构配件和设备符合设计文件和合同要求。建设单位不得明示或者暗示施工单位使用不合格的建筑材料、建筑构配件和设备。

(9)涉及建筑主体和承重结构变动的装修工程,建设单位应当在施工前委托原设计单位或者具有相应资质等级的设计单位提出设计方案;没有设计方案的,不得施工。房屋建筑使用者在装修过程中,不得擅自变动房屋建筑主体和承重结构。

(10)建设单位收到建设工程竣工报告后,应当组织设计、施工、工程监理等有关单位进行竣工验收。建设工程经验收合格的,方可交付使用。

(11)建设单位应当严格按照国家有关档案管理的规定,及时收集、整理建设项目各环节的文件资料,建立健全建设项目档案,并在建设工程竣工验收后,及时向建设行政主管部门或者其他有关部门移交建设项目档案。

2. 勘察、设计单位的质量责任和义务

(1)从事建设工程勘察、设计的单位应当依法取得相应等级的资质证书,在其资质等级许可的范围内承揽工程,并不得转包或者违法分包所承揽的工程。

(2)勘察、设计单位必须按照工程建设强制性标准进行勘察、设计,并对其勘察、设计的质量负责。注册建筑师、注册结构工程师等注册执业人员应当在设计文件上签字,对设计文件负责。

(3)勘察单位提供的地质、测量、水文等勘察成果必须真实、准确。

(4)设计单位应当根据勘察成果文件进行建设工程设计。设计文件应当符合国家规定的设计深度要求,注明工程合理使用年限。

(5)设计单位在设计文件中选用的建筑材料、建筑构配件和设备,应当注明规格、型号、性能等技术指标,其质量要求必须符合国家规定的标准。除有特殊要求的建筑材料、专用设备、工艺生产线等外,设计单位不得指定生产、供应商。

(6)设计单位应当就审查合格的施工图设计文件向施工单位作出详细说明。

(7)设计单位应当参与建设工程质量事故分析,并对因设计造成的质量事故,提出相应的技术处理方案。

3. 施工单位的质量责任和义务

(1)施工单位应当依法取得相应等级的资质证书,在其资质等级许可的范围内承揽工程,并不得转包或者违法分包工程。

(2)施工单位对建设工程的施工质量负责。施工单位应当建立质量责任制,确定工程项目的项目经理、技术负责人和施工管理负责人。建设工程实行总承包的,总承包单位应当对全部建设工程质量负责;建设工程勘察、设计、施工、设备采购的一项或者多项实行总承包的,总承包单位应当对其承包的建设工程或者采购的设备的质量负责。

(3)总承包单位依法将建设工程分包给其他单位的,分包单位应当按照分包合同的约定对其分包工程的质量向总承包单位负责,总承包单位与分包单位对分包工程的质量承担连带责任。

(4)施工单位必须按照工程设计图纸和施工技术标准施工,不得擅自修改工程设计,不得偷工减料。施工单位在施工过程中发现设计文件和图纸有差错的,应当及时提出意见和建议。

(5)施工单位必须按照工程设计要求、施工技术标准和合同约定,对建筑材料、建筑构配件、设备和商品混凝土进行检验,检验应当有书面记录和专人签字;未经检验或者检验不合格的,不得使用。

(6)施工单位必须建立、健全施工质量的检验制度,严格工序管理,做好隐蔽工程的质量检查和记录。隐蔽工程在隐蔽施工前,施工单位应当通知建设单位和建设工程质量监督机构。

(7)施工人员对涉及结构安全的试块、试件以及有关材料,应当在建设单位或者工程监理单位监督下现场取样,并送具有相应资质等级的质量检测单位进行检测。

(8)施工单位对施工中出现质量问题的建设工程或者竣工验收不合格的建设工程,应当负责返修。

(9)施工单位应当建立健全教育培训制度,加强对职工的教育培训;未经教育培训或者考核不合格的人员,不得上岗作业。

4. 工程监理单位的质量责任和义务

(1)工程监理单位应当依法取得相应等级的资质证书,在其资质等级许可的范围内承担工程监理业务,并不得转让工程监理业务。

(2)工程监理单位与被监理工程的施工承包单位以及建筑材料、建筑构配件和设备供应单位有隶属关系或者其他利害关系的,不得承担该项建设工程的监理业务。

(3)工程监理单位应当依照法律、法规以及有关技术标准、设计文件和建设工程承包合同,代表建设单位对施工质量实施监理,并对施工质量承担监理责任。

(4)工程监理单位应当选派具备相应资格的总监理工程师和监理工程师进驻施工现场。未经监理工程师签字,建筑材料、建筑构配件和设备不得在工程上使用或者安装,施工单位不得进行下一道工序的施工。未经总监理工程师签字,建设单位不得拨付工程款,不得进行竣工验收。

(5)监理工程师应当按照工程监理规范的要求,采取旁站、巡视和平行检验等形式,对建设工程实施监理。

第四节　工程质量缺陷及处理、质量事故等级划分及处理

【备考要点】
1. 工程质量缺陷的原则和方式。
2. 确定复杂的工程缺陷采取的方法。
3. 根据《公路水运建设工程质量事故等级划分和报告制度》,公路水运建设工程质量事故的划分等级。
4. 质量事故的处理程序。

一、工程质量缺陷的处理

质量缺陷是指工程中出现的质量问题,它不仅包括工程施工中存在的一般性质量缺陷,而且包括需要部分或全部返工的重大质量事故。

在任何工程施工中,由于种种主观客观的原因,出现一种质量缺陷,甚至质量事故是在所难免的。而在质量问题发生后,进行及时有效的处理则是监理工程师的重要责任之一。

1)质量缺陷的处理原则
(1)监理工程师具有质量否决权。
(2)质量缺陷处理须事先进行调查,分清责任,以明确处理费用的归属。
(3)施工中,前道工序有缺陷,在未经监理工程师认可之前不准进行下一道工序。例如土方施工中局部压实度不足,必须进行补充压实并达到设计标准的要求,否则不准进行下层土方的施工。
(4)承包人必须执行监理工程师对质量缺陷的处理意见。
(5)承包人对质量缺陷的处理方案和措施必须经过监理工程师批准方可实施。
(6)承包人对质量缺陷的处理完成后必须接受监理工程师的检查、验收。

2)质量缺陷的现场处理

在各项工程的施工过程中或完工以后,现场监理人员如发现工程项目存在着技术规范所不允许的质量缺陷,应根据质量缺陷的性质和严重程度,按如下方式处理:

(1)当因施工而引起的质量缺陷处在萌芽状态时,应及时制止,并要求承包人立即更换不合格的材料、设备或不称职的施工人员;或要求立即改变不正确的施工方法及操作工艺。

(2)当因施工而引起的质量缺陷已出现时,应立即向承包人发出暂停施工的指令(先口头后书面),待承包人采取了能足以保证施工质量的有效措施,并对质量缺陷进行了正确的补救处理后,再书面通知恢复施工。

(3)当质量缺陷发生在某道工序或单项工程完工以后,而且质量缺陷的存在将对下道工序或分项工程产生质量影响时,监理工程师应在对质量缺陷产生的原因及责任做出了判定并确定了补救方案后,再进行质量缺陷的处理或下道工序或分项工程的施工。

(4)在交工使用后的缺陷责任期内发现施工质量缺陷时,监理工程师应及时指令承包人进行修补、加固或返工处理。

(5)对于一些复杂的工程缺陷,在作出决定前,可采取下述的方法做进一步的研究:

试验验证：监理工程师根据试验的数据，进行详细的分析，然后再作出决策。

定期观测：对于某些存在缺陷的工程，由于损坏的程度尚未稳定，在短时间内可能对工程的影响并不十分明显，需要进行较长时间的观测。在这种情况下，监理工程师应当与业主和承包人协商，如果他们同意，则可以修改合同，采取延长缺陷责任期的办法进行处理。

专家论证：一些工程缺陷可能涉及的技术领域较广，甚至有时往往根据合同及规范也难以决策。在这种情况下，可邀请有关专家进行论证，监理工程师根据专家的分析结论和合同条件，做出最后的决定。

二、质量缺陷的修补与加固

（1）对因施工原因而产生的质量缺陷的修补和加固，应先由承包人提出修补方案及方法，经监理工程师批准后方可进行；对因设计原因而产生的质量缺陷，应通过业主提出处理方案及方法，由承包人进行修补。

（2）修补措施及方法应不降低质量控制指标和验收标准，并应是技术规范允许的或是行业公认的良好工程技术。

（3）如果已完工程的缺陷，并不构成对工程安全的危害，并且满足设计和使用要求时，经征得业主同意，可不进行加固或变更处理。如工程缺陷属于承包人的责任，应由业主与承包人协商，降低对此项工程的支付费用。

三、质量事故等级的划分

根据《公路水运建设工程质量事故等级划分和报告制度》（交办安监〔2016〕146号），公路水运建设工程质量事故根据直接经济损失或工程结构损毁情况（自然灾害所致除外）分为特别重大质量事故、重大质量事故、较大质量事故和一般质量事故四个等级；直接经济损失在一般质量事故以下的为质量问题。

1. 特别重大质量事故

指造成直接经济损失1亿元以上的事故。

2. 重大质量事故

指造成直接经济损失5000万元以上1亿元以下，或者特大桥主体结构垮塌、特长隧道结构坍塌，或者大型水运工程主体结构垮塌、报废的事故。

3. 较大质量事故

指造成直接经济损失1000万元以上5000万元以下，或者高速公路项目中桥或大桥主体结构垮塌、中隧道或长隧道结构坍塌、路基（行车道宽度）整体滑移，或者中型水运工程主体结构垮塌、报废的事故。

4. 一般质量事故

指造成直接经济损失100万元以上1000万元以下，或者除高速公路以外的公路项目中桥或大桥主体结构垮塌、中隧道或长隧道结构坍塌，或者小型水运工程主体结构垮塌、报废的事故。

上述内容所称的"以上"包括本数,"以下"不包括本数。

水运工程的大、中、小型分类参照《公路水运工程监理企业资质管理规定》(交通运输部令2019年第37号)执行。

四、质量事故的处理

当某项工程在施工期间(包括缺陷责任期间)出现了技术规范所不允许的断层、裂缝、倾斜、倒塌、沉降、强度不足等情况时,应视为质量事故。可按如下程序处理:

(1)监理工程师应立即指令承包人暂停该项工程的施工,并采取有效的安全措施。

(2)监理工程师应要求承包人尽快提出质量事故报告并报告业主。质量事故报告应翔实地反映该项工程名称、部位、事故原因、应急措施、处理方案以及损失的费用等。

(3)监理工程师应组织有关人员在对质量事故现场进行审查、分析、诊断、测试或验算的基础上,对承包人提出的处理方案予以审查、修正、批准,并指令恢复该项工程施工。

(4)监理工程师应对承包人提出的有争议的质量事故责任予以判定。判定时应全面审查有关施工记录、设计资料及水文地质现状,必要时还要实际检验测试。在分清技术责任时,应明确事故处理的费用数额、承担比例及支付方式。

应当注意的是,无论是质量缺陷的补救或质量事故的处理,不应以降低质量标准或使用要求为前提,而且还要考虑对造型及美观的影响。当别无选择且不影响使用要求的情况下而降低标准时,应特别注意征得业主的同意,并应在竣工报告及竣工资料中特别提出。

第五节　工程质量统计分析方法

【备考要点】

质量控制中比较常用而有效的统计方法,及各自主要原理和方法。

工程质量控制与评价是以数理统计方法作为基本手段。所谓数理统计方法,就是运用统计性规律,收集、整理、分析、利用数据,并以这些数据作为判断、决策和解决质量问题的依据。

质量控制中,比较常用而有效的统计方法有直方图法、排列图法、因果分析图法、控制图法、分层法、相关图法和统计调查分析法等。限于篇幅,本节主要介绍直方图、控制图和相关图等方法。

一、频数直方图法

频数直方图即质量分布图,简称直方图,是把收集到的质量数据,按顺序分成若干间隔相等的组,以组距为横坐标,以落入各组的数据频数为纵坐标,按比例构成的若干矩形条排列的图。直方图适用于对大量计量值数据进行整理加工、找出其统计规律,即分析数据分布的形态,以便对其总体分布特征进行推断的方法。

1. 直方图的绘制

频数是指在重复试验中,随机事件出现的次数。频数的统计方法有两种:一是以单个数值进行统计,即某个数据重复出现的次数就是它的频数;二是按区间数值进行统计,即是在已收集的数据中按照一定划分范围把整个数值分成若干区间,按每个区间内数值重复出现的次数作为这个区间的频数。在质量控制中,一般多采用第二种方法,也就是按区间进行频数统计。

下面结合实例说明绘制频数分布直方图的方法与步骤。

[例 2-1] 某沥青混凝土拌和过程中,油石比的抽检结果列于表 2-1 中。请绘制其频数分布直方图。

油石比检测数据 表 2-1

顺序	数 据										最大	最小	极差
1	6.12	6.35	5.84	5.90	5.95	6.14	6.05	6.03	5.81	5.86	6.35	5.81	0.54
2	5.78	5.25	5.94	5.80	5.90	5.86	5.99	6.16	6.18	5.79	6.25	5.78	0.44
3	5.67	5.64	5.88	5.71	5.82	5.94	5.91	5.84	5.68	5.91	5.94	5.64	0.30
4	6.03	6.00	5.95	5.96	5.88	5.74	6.06	5.81	5.76	5.82	6.06	5.74	0.32
5	5.89	5.88	5.64	6.00	6.12	6.07	6.25	5.74	6.16	5.66	6.25	5.64	0.61
6	5.58	5.73	5.81	5.57	5.93	5.96	6.04	6.09	6.01	6.04	6.09	5.57	0.52
7	6.11	5.82	6.26	5.54	6.26	6.01	5.98	5.85	6.06	6.01	6.26	5.54	0.72
8	5.86	5.88	5.97	5.99	5.84	6.03	5.91	5.95	5.82	5.88	5.99	5.82	0.17
9	5.85	6.43	5.92	5.89	5.90	5.94	6.00	6.20	6.14	6.07	6.43	5.85	0.58
10	6.08	5.86	5.96	5.53	6.24	6.19	6.21	6.32	6.05	5.97	6.32	5.53	0.79

解:(1)收集数据。

一般应不少于 50~100 个数据。理论上讲数据越多越好,但因收集数据需要耗费时间和人力、费用,所以收集的数据有限。本例为 100 个数据。

(2)数据分析与整理。

从收集的数据中找出最大值与最小值,并计算其极差。

本例中最大值:

$$x_{\max} = 6.43$$

最小值:

$$x_{\min} = 5.53$$

极差值:

$$R = x_{\max} - x_{\min} = 6.43 - 5.53 = 0.9$$

(3)确定组数与组距。

通常先定组数,后定组距。组数用 B 表示,应根据收集数据总数而定。当数据为 50 以下时,$B = 5~7$ 组;总数为 50~100 时,$B = 6~10$ 组;总数为 100~250 时,$B = 7~12$ 组;总数为 250 以上时,$B = 10~20$ 组。

组距用 h 表示,其计算公式为:

$$h = \frac{R}{B} \tag{2-1}$$

本例中取组数 $B = 10$,则组距 $h = 0.9/10 = 0.09$。

(4)确定组界值。

确定组界值时,应使数据的全体落在第一组的下界值与最后一组(第 k 组)的上界值所组成的开区间之内;同时,为避免数据恰好落在组界上,组界值要比原数据的精度高一位。组界值具体确定方法如下:

$$第一组的下界值 = x_{\min} - h/2$$
$$第一组的上界值 = x_{\min} + h/2$$

第一组的上界值就是第二组的下界值,第二组的下界值加上组距 h 即为第二组的上界值,以此类推。

本例中第一组界值为:

$$(5.53 - 0.09/2) \sim (5.53 + 0.09/2) = 5.485 \sim 5.575$$

(5)统计频数。

组界值确定后按组号,统计频数、频率(相对频数),作频数分布统计表。

本例的统计结果列于表 2-2。

频数分布统计表　　　　　　表 2-2

序号	分组区间	频数	相对频数	序号	分组区间	频数	相对频数
1	5.485~5.575	3	0.03	7	6.025~6.115	14	0.14
2	5.575~5.665	4	0.04	8	6.115~6.205	9	0.09
3	5.665~5.755	6	0.06	9	6.205~6.295	6	0.06
4	5.755~5.845	14	0.14	10	6.295~6.385	2	0.02
5	5.845~5.935	21	0.21	11	6.385~6.475	1	0.01
6	5.935~6.025	20	0.20	合计		100	1.0

(6)绘制直方图。

以横坐标为质量特性,纵坐标为频数(或频率)作直方图,如图 2-1 所示。

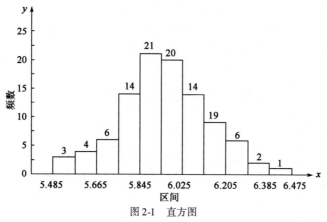

图 2-1　直方图

由图 2-1 可知,如果收集的检测数据数越来越多,分组越来越细,直方图就转化为一条光滑的曲线。这条曲线就称为概率分布曲线。

2. 直方图的应用

通过直方图形状,可以观察与判断产品质量特性分布状况(质量是否稳定,质量分布状态是否正常),判断生产过程是否正常、工序是否稳定,找出产生异常的原因,以决定是否采取相应处理措施;计算工序能力,估算生产过程不合格品率。

1) 估算可能出现的不合格率

质量评定标准一般都有上下两个标准界限值,上限为 T_u,下限为 T_l,故不合格率有超上限不合格率 P_u 和超下限不合格率 P_l,则总的不合格率为:

$$P = P_u + P_l \tag{2-2}$$

为了计算 P_u 与 P_l,引入相应的系数:

$$\left.\begin{array}{l} K_u = \dfrac{|T_u - \bar{x}|}{S} \\ \\ K_l = \dfrac{|T_l - \bar{x}|}{S} \end{array}\right\} \tag{2-3}$$

根据 K_u、K_l 查《正态分布概率系数表》,即可确定相应的超上限不合格率 P_u 和超下限不合格率 P_l。

[例 2-2] 在例 2-1 中,已知油石比的质量标准为 $T_u = 6.50\%$、$T_l = 5.50\%$,试计算可能出现的不合格率 P。

解: 经计算 $\bar{x} = 5.946\%$、$S = 0.181\%$,则:

$$K_u = \frac{|T_u - \bar{x}|}{S} = \frac{|6.50 - 5.946|}{0.181} = 3.06$$

$$K_l = \frac{|T_l - \bar{x}|}{S} = \frac{|5.50 - 5.946|}{0.181} = 2.46$$

查《正态分布概率系数表》,得:

$K_u = 3.06$ 时,$P_u = 0.0011$

$K_l = 2.46$ 时,$P_l = 0.00695$

故,可能出现的不合格率为 $P = P_u + P_l = 0.00805 = 0.805\%$

2) 考察工序能力

工序能力是指工序处于稳定状态下的实际生产合格产品的能力,通常用工序能力指数 C_P 表示。工序能力指数就是质量标准范围 T 与该工序生产精度的比值,其计算方法如下:

(1) 当质量标准中心与质量分布中心重合时:

$$C_P = \frac{T}{6S} = \frac{T_u - T_l}{6S} \tag{2-4}$$

(2) 当质量标准中心与质量分布中心不重合时:

$$C_{PK} = \frac{T}{6S} = \frac{T_u - T_l}{6S}(1 - K) \tag{2-5}$$

式中:K——相对偏移量。

$$K = \frac{\left|\dfrac{T_u + T_l}{2} - \bar{x}\right|}{\dfrac{T_u - T_l}{2}} \tag{2-6}$$

(3)当质量标准只有下限或上限时：

$$\left.\begin{array}{ll} 下限控制 & C_P = \dfrac{\bar{x} - T_l}{3S} \\ 上限控制 & C_P = \dfrac{T_u - \bar{x}}{3S} \end{array}\right\} \quad (2\text{-}7)$$

若 $\bar{x} < T_l$ 或 $\bar{x} > T_u$，则认为 $C_P = 0$，即完全没有工序能力。

从上式可以看出，C_P 值是工序所生产的产品质量分布范围能满足质量标准的程度。判断工序能力，主要用 C_P 值来衡量，其判断标准见表2-3。

工序能力判断标准　　　　　　表2-3

C_P 值	工序能力判断
$C_P > 1.33$	工序能力充分满足要求，但 C_P 值大于1.33越多说明工序能力越有潜力，应考虑标准是否定得过宽、工序是否经济
$C_P = 1.33$	理想状态
$1 \leqslant C_P < 1.33$	较理想状态，但 C_P 值接近或等于1时，则有发生出现不合格品的可能，应加强质量控制
$0.67 \leqslant C_P < 1$	工序能力不足，应采取措施改进工艺条件
$C_P < 0.67$	工序能力非常不足

[例2-3] 试计算例2-1的工序能力指数，并作出判断。

解：
$$C_P = \frac{T_u - T_l}{6S} = \frac{6.50 - 5.50}{6 \times 0.181} = 0.92$$

$$K = \frac{\left| \dfrac{6.50 + 5.50}{2} - 5.946 \right|}{\dfrac{6.50 - 5.50}{2}} = 0.108$$

$$C_{PK} = C_P(1 - K) = 0.92 \times (1 - 0.108) = 0.82$$

按判断标准说明本例工序能力不够，需要从人、机器、材料和工艺方法四个方面去查找影响工序能力的因素，进行改进，对 C_P 值做必要的修正。

3) 判断质量分布状态

当生产条件正常时，直方图应该是中间高、两侧低、左右接近对称的正常型图形，如图2-2a)所示。当出现非正常型图形时，就要进一步分析原因，并采取措施加以纠正。常见的非正常型图形有图2-2b)~图2-2f)5种类型。

(1)折齿形。图形出现凹凸状，见图2-2b)，这多数是由于分组不当或组距确定不当所致。

(2)孤岛形。出现孤立的小直方图，见图2-2c)，这是由于少量材料不合格，或短时间内工人操作不熟练所造成的。

(3)双峰形。图形出现了两个峰顶，见图2-2d)，一般是由于两组生产条件不同的数据混淆在一起造成的。

(4)缓坡形。图形向左或向右呈缓坡状，即平均值 $\bar{x}$ 过于偏左或偏右，见图2-2e)，这是由于工序施工过程中的上控制界限或下控制界限控制太严所造成的。

(5)绝壁形。直方图的分布中心偏向一侧，见图2-2f)，常是由操作者的主观因素所造成的,即一般多是因数据收集不正常(如剔除了不合格品的数据),或是在工序检验中出现了人为的干扰现象。这时应重新进行数据统计或重新按规定检验。

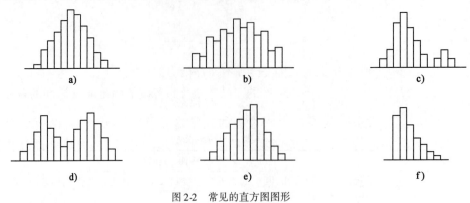

图 2-2　常见的直方图图形

4)判断施工能力

将正常型直方图与质量标准进行比较,即可判断实际生产施工能力。如图 2-3 所示,T 表示质量标准要求的界限,B 代表实际质量特性值分布范围。比较结果一般有以下几种情况:

(1)B 在 T 中间,两边各有一定余地,这是理想的控制状态,见图 2-3a)。

(2)B 虽在 T 之内,但偏向一侧,有可能出现超上限或超下限不合格品,需要采取纠偏措施,如图 2-3b)所示。

(3)B 与 T 相重合,实际分布太宽,极易产生超上限与超下限的不合格品,需要采取措施提高工序能力,见图 2-3c)。

(4)B 过分小于 T,说明工序能力过大、不经济,如图 2-3d)所示。

(5)B 过分偏离 T 的中心,已经产生超上限或超下限的不合格品,需要调整,如图 2-3e)所示。

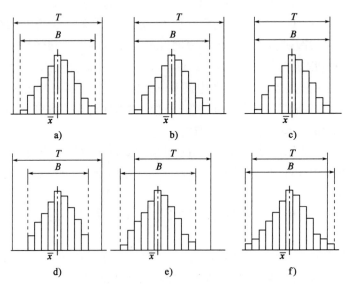

图 2-3　实际质量分布与质量标准的关系

(6)B 大于 T,已经产生大量超上限与超下限的不合格品,说明工序能力不能满足技术要求,如图 2-3f)所示。

二、控制图法

控制图法又称管理图法,是典型的动态质量管理方法,由美国贝尔研究所的休哈特博士于 1924 年首先提出,目前已成为质量控制常用的统计分析工具。动态质量管理是过程控制的重要手段,旨在对生产过程进行实时监控,科学地区分出生产过程中产品质量的随机波动与异常波动,从而对生产过程的异常趋势及时提出预警,以便生产管理人员及时采取措施,消除异常,提高或恢复施工过程的质量稳定性,从而达到提高和控制质量的目的。

与直方图相比,控制图最大的特点是引入了时间序列或样本序列,通过观察样本点相关统计值是否在控制限内以判断过程是否受控,通过观察样本点排列是否随机从而及时发现异常。换句话说,控制图较直方图在质量预防和过程控制能力方面大为改进。

1. 控制图的基本原理

1) 质量的波动性

在工程施工过程中,工程质量的波动是不可避免的,它是由人(Man)、设备(Machine)、材料(Material)、方法(Method)和环境(Enviroment)等因素(简称"4M1E")的波动影响所致。波动分为两种:正常波动和异常波动。

正常波动是偶然性原因(偶因)造成的,其出现带有随机性质的特点,如原材料成分和性能发生微小变化、工人操作的微小变化、周围环境的微小变化等。这些因素在生产施工中大量存在,但就其个别因素来说,对产品质量影响程度很小,而且不容易识别和消除,甚至消除这些因素在经济上也不合算,所以又称这类因素为不可避免的原因。由这类原因造成的质量波动是正常的波动,不需加以控制,即认为生产过程处于稳定状态。在此状态下,当有大量的质量特性值时,其分布服从正态分布的规律。

异常波动是由系统原因(异因)造成的,它对产品质量影响很大,如原材料质量规格的显著变化、工人不遵守操作规程、机械设备的调整不当、检测仪器的使用不合理、周围环境的显著变化等。但这类原因一般比较容易识别,能够采取措施避免和消除,并且一经消除,其作用和影响就不复存在。一般情况下,异常波动在生产过程中不允许存在,一旦出现,必须立即查明原因,消除异常波动。

质量控制的目的就是要防止、发现、排除这些异常波动,保证生产过程在正常波动状态(即稳态)下进行。

2) 控制图的原理

当随机变量 x 服从正态分布 $N(\mu,\sigma)$,则事件 $\mu-3\sigma<x<\mu+3\sigma$ 发生的概率是 0.9973。这一结论告诉我们,不论 μ 和 σ 是何数值,产品质量计量值在界限 $(\mu-3\sigma,\mu+3\sigma)$ 之间出现的可能性大小(即概率)为 99.73%,在 $\mu\pm3\sigma$ 界限之外出现的概率为 100% - 99.73% = 0.27%(图 2-4)。也可从另一角度来理解,如果测量 1000 个产品的质量特性值,则可能有 997 个左右产品的质量特性值落在 $(\mu-3\sigma,\mu+3\sigma)$ 的界限内,这几乎是肯定的事。

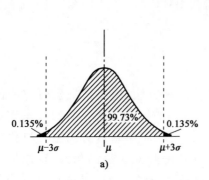
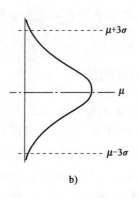

图 2-4 正态分布

我们将图 2-4a)旋转 90°成为图 2-4b),以平均值 μ 为中心,在 $\mu \pm 3\sigma$ 处各画两条控制界限(Control Limit),就成为控制图。控制图由三条水平线构成(图 2-5),中间的一条线(μ 线)叫中心线(Central Line),记为 CL;上面的一条线($\mu+3\sigma$ 线)为控制上限(Upper Control Limit),记为 UCL;下面的一条线($\mu-3\sigma$)叫控制下限(Lower Control Limit),记为 LCL。

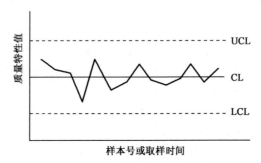

图 2-5 控制图基本形式

中心线、控制上限和控制下限的一般计算式为:

$$\left.\begin{array}{l} CL = \bar{x} \\ UCL = \bar{x} + 3S \\ LCL = \bar{x} + 3S \end{array}\right\} \quad (2-8)$$

在制作控制图时,怎样计算控制上限、中心线、控制下限,在以后介绍各种类型控制图时予以简单介绍。

3)控制图预防原则的贯彻

控制图是如何贯彻预防原则的呢?这可以由以下几点看出:

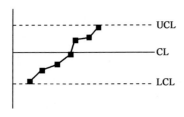

图 2-6 控制图中点形成倾向

一是应用控制图对生产过程不断监控,当异常波动刚一冒出苗头,甚至在未造成不合格品之前就能及时被发现。例如,在图 2-6 中点有逐渐上升的趋势,故可以在这种趋势造成不合格品之前就采取措施加以消除,这样就起到了预防的作用。

二是在现场,更多的情况是控制图显示异常,这时一定要贯彻下列二十个字:"查出异因,采取措施,保证消除,不再出现,纳入标准"。如果不贯彻这二十个字,控制图就形同虚设,不如不设。根据上述分析,可见控制图的作用是能够及时告警(当然这点是十分重要的);而真正起预防作用的则是上述二十个字。由此也可见,推行过程控制需要第一线的工艺技术人员把它作为日常生产工作来做,因为执行这二十个字只有他们才能做到。

每贯彻一次这二十个字(即经过一次这样的循环)就消除一个异因,使它永不再出现,从而起到了预防的作用。由于异因只有有限多个,故经过有限次循环后,最终可以达到这样一种状态:在过程中只存在偶因而不存在异因,由于这时分布的统计参数稳定不变,故这种状态称为统计控制状态或稳定状态,简称稳态。

稳态是生产过程追求的目标,因为在稳态下生产,对产品质量有完全的把握,质量特性值有99.73%落在上下控制界限之间的范围内(一般上下控制界限总在规定界限之内,故合格品率还要高于99.73%);其次,稳态下不合格品最少,因而生产也是最经济的。

一道工序处于稳态称为稳定工序。道道工序都处于稳态称为全稳生产线。过程控制就是通过全稳生产线达到全过程预防的。虽然质量变异不能完全消灭,但控制图与上述二十个字是使质量变异成为最小的有效工具。

由此可见,控制图法就是利用生产过程处于稳定状态下的产品质量特性值分布服从正态分布这一统计规律,来识别生产过程的异常因素,控制生产过程由于系统性原因造成的质量波动,保证工序处于控制状态。

4)控制图的种类及控制界限的计算

根据质量数据种类,控制图分为两大类,控制图名称、特点及用途见表2-4。

控制图的种类 表2-4

种类	名称	表示符号	主要用途及特点
计量值控制图	平均值-极差控制图	$\bar{x}\text{-}R$	属于双值控制图,它所提供的情报系统完整,适于产品批量大,加工过程稳定的情况
	中位数-极差控制图	$\tilde{x}\text{-}R$	管理图的特性同上。用$\tilde{x}$代替$\bar{x}$,处理简单,检出过程不稳定能力比$\bar{x}$差
	单值移动-极差控制图	$x\text{-}R_s$	用于产品批量小,单件加工时间长,无法抽取多个样品,不需一次测取多个数据的情况
	平均值-标准差控制图	$\bar{x}\text{-}\sqrt{S}$	同$\bar{x}\text{-}R$图,理论根据充分,对生产过程不稳定检出能力强
计数值控制图	不合格品数控制图	P_n	控制对象是不合格品的件数,每组样本大小相同,适用于大批量生产
	不合格品率控制图	P	控制产品的不合格品率,每组样本抽取大小不能一致
	缺陷数控制图	C	服从泊松分布,控制对象为产品缺陷数量,每个样本大小一定
	单位缺陷数控制图	U	样本大小不固定,测定单位数量(如单位长度、单位面积)的缺陷数来控制产品的质量

各类控制图的控制界限计算公式及公式中采用的系数见表 2-5 和表 2-6。

控制界限计算公式　　　　　　　　　　　　　　　　　表 2-5

数据	控制图种类	控制界限	中心线	备注
计量值	平均值 $\bar{x}$	$\bar{x} \pm A_2 \bar{R}$	$\bar{\bar{x}} = \sum\limits_{i=1}^{K} \bar{x}_i / K$	$A_2 \bar{R} = 3S$
	极差 R	$D_4 R, D_3 R$	$\bar{R} = \sum\limits_{i=1}^{K} R_i / K$	$D_4 R = \bar{R} + 3S$ $D_3 R = \bar{R} - 3S$
	中位数 $\tilde{x}$	$\tilde{x} \pm m_3 A_2 \bar{R}$	$\bar{\tilde{x}} = \sum\limits_{i=1}^{K} \tilde{x}_i / K$	$m_3 A_2 \bar{R} = 3S$
	单值 x	$x \pm E_2 \bar{R}$	$\bar{x} = \sum\limits_{i=1}^{K} x_i / K$	$E_2 \bar{R} = 3S$
计数值	不合格品数 P_n	$P_n \pm 3\sqrt{n\bar{P}(1-\bar{P})}$	$\bar{P}_n = \sum\limits_{i=1}^{K} P_{ni} / K$	$\sqrt{n\bar{P}(1-\bar{P})} = S$
	不合格品率 P	$P_n \pm 3\sqrt{\dfrac{\bar{P}(1-\bar{P})}{n}}$	$\bar{P} = \sum\limits_{i=1}^{K} P_i / K$	$\sqrt{\dfrac{\bar{P}(1-\bar{P})}{n}} = S$
	缺陷数 C	$\bar{C} \pm 3\sqrt{\bar{C}}$	$\bar{C} = \sum\limits_{i=1}^{K} C_i / K$	$\sqrt{\bar{C}} = S$
	单位缺陷数 U	$\bar{U} \pm 3\sqrt{\bar{U}}$	$\bar{U} = \sum\limits_{i=1}^{K} U_i / K$	$\sqrt{\bar{U}} = S$

注:表中 K——样本组数。

控制图用系数表　　　　　　　　　　　　　　　　　表 2-6

样本数 n	$\bar{x}$ 控制图	R 控制图		$\tilde{x}$ 控制图	x 控制图
	A_2	D_4	D_3	$m_3 A_2$	E_2
2	1.880	3.267	—	1.88	2.66
3	1.023	2.575	—	1.19	1.77
4	0.729	2.282	—	0.80	1.46
5	0.577	2.115	—	0.69	1.29
6	0.483	2.004	—	0.55	1.18
7	0.419	1.924	0.076	0.51	1.11
8	0.373	1.864	0.136	0.43	1.05
9	0.337	1.816	0.184	0.41	1.01
10	0.308	1.777	0.223	0.36	0.98

注:表中"—"表示不考虑下控制界限。

2. $\bar{x}$-R 控制图的绘制

$\bar{x}$-R 控制图采用两种控制图联用,通常将 $\bar{x}$ 图放在上方,用于监控工序平均值的变化,R 图放在下方,用来监控工序散差的变化。$\bar{x}$-R 控制图的理论根据比较充分,检测生产过程不稳定的能力也强,因此是施工质量控制中最常用的一组控制图。同时,限于篇幅,仅以 $\bar{x}$-R 为例简单介绍控制图的绘制。

[**例 2-4**] 表 2-7 是路面基层厚度检测结果。试绘制该路面基层厚度的 $\bar{x}$-R 控制图。

基层厚度检测结果与计算表　　　　　表 2-7

日期 （日/月）	组号	实测偏差（cm）					$\sum x_1$	平均值 $\bar{x}_1$	极差 R_1
		x_1	x_2	x_3	x_4	x_5			
5/3	1	2	−0.5	−1	−0.5	0.8	0.8	0.16	3.0
6/3	2	0	1.7	−1	1	−1	0.7	0.14	2.7
7/3	3	−1	1	1	−0.5	1	1.5	0.30	2.0
8/3	4	1	−1	0	0	0	0	0	2.0
9/3	5	1	1	0.5	1.5	−1	3.0	0.60	2.5
10/3	6	1	2	−1	0.5	2	4.5	0.90	3.0
11/3	7	2	0.5	2	1	0	5.5	1.10	2.0
12/3	8	2	2.5	0.5	1	1	7	1.40	2.0
13/3	9	2	−1	1.5	1	1.5	5	1.00	3.0
14/3	10	0	0.5	0	0	1.5	1	0.20	2.0
合计							29	5.8	24.2

解：(1) 收集数据并整理。原则上要求收集 50~100 个以上数据。本例收集实测数据 50 个。

(2) 把数据按时间和分批的顺序排列、分组。本例中 $n=5$、$K=10$。

(3) 计算各组平均值 $\bar{x}_i$、极差 R_i，并列入表 2-7 中。

(4) 计算各组平均值的平均值、极差的平均值。

$$\bar{\bar{x}} = \frac{\bar{x}_1 + \bar{x}_2 + \cdots + \bar{x}_K}{K} = \frac{5.8}{10} = 0.58$$

$$\bar{R} = \frac{R_1 + R_2 + \cdots + R_K}{K} = \frac{24.2}{10} = 2.42$$

(5) 计算控制界限。

从表 2-6 中查得 $n=5$ 时，$A_2 = 0.577$，$D_4 = 2.11$，$D_3 = 0$。

$\bar{x}$ 控制图：

$$CL = \bar{\bar{x}} = 0.58$$
$$UCL = \bar{\bar{x}} + A_2\bar{R} = 0.58 + 0.577 \times 2.42 = 1.98$$
$$LCL = \bar{\bar{x}} - A_2\bar{R} = 0.58 - 0.577 \times 2.42 = -0.82$$

R 控制图：

$$CL = \bar{R} = 2.42$$
$$UCL = D_4\bar{R} = 2.115 \times 2.42 = 5.12$$
$$LCL = D_3\bar{R} = 0$$

(6) 建立坐标，画出控制图。

中心线用实线表示，控制界限用虚线表示，并将样本数据按抽样顺序描在图上。$\bar{x}$ 控制图用"·"表示，R 控制图用"×"表示，出界限的点用"⊙"和"⊗"表示，见图 2-7。

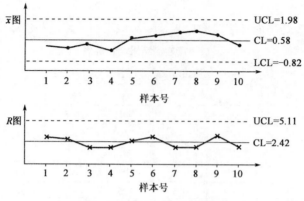

图2-7 动态质量管理图$\bar{x}$-R控制图

3. 控制图的应用

通过上述$\bar{x}$-R控制图的绘制过程及分析可知,应用控制图的主要目的是分析判断生产过程是否稳定;及时发现生产中异常情况,预防不合格品产生;检查生产设备和工艺装备的精度是否满足生产要求;对产品进行质量评定。

怎样用控制图来分析判断生产过程是正常还是异常呢?当控制图的点满足以下两个条件:一是点没有跳出控制界限;二是点随机排列没有缺陷,就认为生产过程基本上处于控制状态,即生产正常。否则,就认为生产过程发生了异常变化,必须把引起这种变化的原因找出来,排除掉。图2-8给出了一组用于解释常规控制图的8个模式检验示意图。

虽然图2-8模式检验可以作为一组基本的检验,但是分析者还应留意任何可能表明过程受到特殊原因影响的独特模式。因此,每当出现可查明原因的征兆时,这些检验就应该仅仅看作是采取行动的实用规则。这些检验中所规定的任何情形的发生都表明已出现变差的可查明原因,必须加以诊断和纠正。

上下控制限分别位于中心线之上与之下的3σ距离处。为了应用上述检验,将控制图等分为6个区,每个区宽1σ。这6个区的标号分别为A、B、C、C、B、A,两个A区、B区及C区都关于中心线对称。这些检验适用于平均值$\bar{x}$图和单值x图。这里假定质量特性x的观测值服从正态分布。

三、相关图法

在质量控制中,常会接触到各个质量因素之间的关系。这些变量之间的关系往往不能进行解析描述,不能由一个(或几个)变量的数值精确地求出另一个变量的值,我们称之为非确定性关系。相关图又称散布图,就是将两个非确定性关系变量的数据对应列出,标记在坐标图上,从点的散布情况来分析研究两种数据之间关系的图。在质量控制中借助相关图进行相关分析,可研究质量结果和原因之间的关系,进一步弄清影响质量特性的主要因素。

1. 相关图的绘制

(1)数据收集。成对地收集两种特性的数据作成数据表,数据应在30组以上。

(2)设计坐标。在坐标纸上以要因作x轴,结果(特性)作y轴。找出x、y的最大值和最小值,以最大值与最小值的差定坐标长度,并定出适当的坐标刻度。

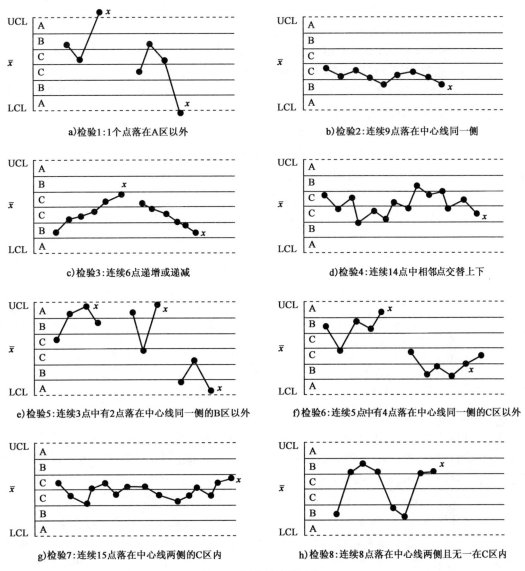

图 2-8 控制图的异常现象

（3）数据打点入座。将集中整理后的数据依次应用"·"标出纵横坐标交点，当两个同样数据的交点重合时用⊙表示。

（4）注说明。在图中适当位置写明数据个数、收集时间、工程部位名称、制图人和制图日期等。

2. 相关图的应用

1）确定两变量（因素）之间的相关性

两变量之间的散布图大致可分为如图 2-9 所示的六种情形。

在该图中，分别表示以下关系：

（1）强正相关，如图 2-9a）所示，x 增大，y 也随之线性增大。x 与 y 之间可用直线 $y = a + bx$（b 为正数）表示。此时，只要控制住 x，y 也随之被控制住了。

(2)弱正相关,如图2-9b)所示,点分布在一条直线附近,且x增大,y基本上随之线性增大,此时除了因素x外,可能还有其他因素影响y。

(3)强负相关。如图2-9c)所示,x与y之间可用直线$y=a+bx$(b为负数)表示。y随x的增大而减小。此时,可以通过控制x而控制y的变化。

(4)弱负相关。如图2-9d)所示,x增加,y基本上随之线性减小,但点的分布不像强负相关那样呈直线状,此时除x之外,可能还有其他因素影响y。

(5)不相关。如图2-9e)所示,x增减对y无影响,即x与y没有关系。

(6)非线性相关。如2-9f)所示,点的分布呈曲线状,x、y之间可用曲线方程进行拟合,根据两变量之间的曲线关系,可以利用x的控制调整实现对y的控制。

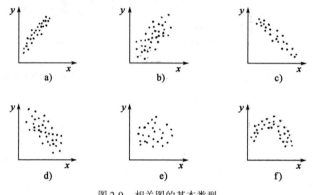

图2-9 相关图的基本类型

2)变量控制

通过分析各变量之间的相互关系,确定出各变量之间的关联类型及其强弱。当两变量之间的关联性很强时,可以通过对容易控制(操作简单、成本低)的变量的控制达到对难控制(操作复杂、成本高)的变量的间接控制。

3)可以把质量问题作为因变量,确定各种因素对产品质量的影响程度

当同时分析各种因素对某一质量指标的作用关系时,或某一质量现状的引发因素包含多种因素时,应尽可能将质量数据按照各种可能因素类型进行分层,如按操作人员分层、按使用设备分层、按工作时间分层、按使用原材料分层、按工艺方法分层或按工作环境分层等。将因素分层之后使原来无关的数据得以进一步细分,从而提示出更准确的内在联系。

3. 回归分析

作出相关图后,即可根据回归分析揭示两个变量(因素)之间的相关关系,并可确定它们之间的定量表达式-回归方程。因此,回归分析是研究各变量相关关系的一种数学工具。

在实际问题中,有时两个变量之间的关系是线性,而有时两个变量之间则存在非线性关系。因此,一般情况下,试验结果的数学表示包括三个方面的工作:

(1)确定回归方程的类型。

(2)确定回归方程中的回归系数。

(3)回归方程相关关系的判断。

由于篇幅限制,下面仅讨论线性回归分析,对于非线性问题,往往可以通过变量变换转化

为线性回归问题进行处理。

一元线性回归是工程中经常遇到的配直线的问题。通过试验,可以得到若干组的对应数据,根据这些数据画出相关图,当点大致分布在一条直线附近时,说明两变量之间存在线性关系,即可以用一条适当的直线来表示这两变量的关系。此直线方程为:

$$Y = a + bx \tag{2-9}$$

式中:x——自变量;

Y——因变量;

a、b——回归系数。

平面上的直线很多,而 a、b 值构成的最优直线必须使 $Y = a + bx$ 方程的函数值 Y_i 与实际观察值 y_i 之差为最小。为此,根据最小二乘法原理,当所有数据偏差的平方和最小时,所配的直线最优。根据这个条件可以求得:

$$b = \frac{L_{xy}}{L_{xx}} \tag{2-10}$$

$$a = \bar{y} - b\bar{x} \tag{2-11}$$

其中:

$$L_{xy} = \sum_{i=1}^{n}(x_i - \bar{x})(y_i - \bar{y}) = \sum_{i=1}^{n} x_i y_i - n\bar{x}\bar{y} \tag{2-12}$$

$$L_{xx} = \sum_{i=1}^{n}(x_i - \bar{x})^2 = \sum_{i=1}^{n} x_i^2 - n\bar{x}^2 \tag{2-13}$$

任何两个变量 x、y 的若干组试验数据,都可以按上述方法回归出一条直线,假如两变量 x、y 之间根本不存在线性关系,那么所建立的回归方程就毫无实际意义。因此,需要引入一个数量指标来衡量其相关程度,这个指标就是相关系数,用 r 表示:

$$r = \frac{L_{xy}}{\sqrt{L_{xx}L_{yy}}} \tag{2-14}$$

其中:

$$L_{yy} = \sum_{i=1}^{n}(y_i - \bar{y})^2 = \sum_{i=1}^{n} y_i^2 - n\bar{y}^2 \tag{2-15}$$

相关系数 r 是描述回归方程线性相关的密切程度的指标;其取值范围为 $-1 \leq r \leq 1$,r 的绝对值越接近于 1,x 和 y 之间的线性关系越好。当 $r = \pm 1$ 时,x 与 y 之间符合直线函数关系,称 x 与 y 完全相关,这时所有数据点均在一条直线上。如果 r 趋近于 0,则 x 与 y 之间没有线性关系,这时 x 与 y 可能不相关,也可能是曲线相关。

对于一个具体问题,只有当相关系数 r 的绝对值大于临界值 r_α 时,才可用直线近似表示 x 与 y 之间的关系,也就是 x 与 y 之间存在线性相关关系,其中临界值 r_α 与测量数据的个数 n 和显著性水平 α 有关,可通过查表得到。

[**例 2-5**] 不同灰水比(C/W)的混凝土 28d 强度(R_{28})试验结果见表 2-8,试确定 $C/W \sim R_{28}$ 之间的回归方程及其相关系数 r(取显著性水平 $\alpha = 0.05$)。

解:为计算方便,列表进行,有关计算及部分结果列于表 2-8 中。

$C/W \sim R_{28}$ 试验结果及回归计算 表2-8

序号	$x(C/W)$	$y(R_{28})$(MPa)	x^2	y^2	xy
1	1.25	14.3	1.5625	204.49	17.875
2	1.50	18.0	2.25	324	27
3	1.75	22.8	3.0625	519.84	39.9
4	2.00	26.7	4	712.89	53.4
5	2.25	30.3	5.0625	918.09	68.175
6	2.50	34.1	6.25	1162.81	85.25
Σ	11.25	146.2	22.1875	3842.12	291.6

$\bar{x} = 1.875; \bar{y} = 124.4;$
$(\Sigma x)^2 = 126.5625; (\Sigma y)^2 = 21374.44; (\Sigma x)(\Sigma y) = 1644.75;$
$L_{xx} = 1.09375; L_{yy} = 279.7133; L_{xy} = 17.475$

根据式(2-10)和式(2-11),求得:

$$b = \frac{L_{xy}}{L_{xx}} = 15.98, \quad a = \bar{y} - b\bar{x} = -5.56$$

则回归方程为:

$$Y = 15.98x - 5.56$$

或

$$R_{28} = 15.98(C/W) - 5.56$$

相关系数为:

$$r = \frac{L_{xy}}{\sqrt{L_{xx}L_{yy}}} = \frac{17.475}{\sqrt{1.09375 \times 279.7133}} = 0.9991$$

由试验次数 $n=6$,显著性水平 $\alpha=0.05$,查表得相关系数临界值 $r_{0.05}=0.811$。故 $r > r_{0.05}$,说明混凝土28d的抗压强度 R_{28} 与灰水比(C/W)是线性相关的,所确定的直线回归方程是有意义的。

第六节 工程质量主要试验检测方法

【备考要点】
工程质量的主要试验检测方法的原理、步骤、结果判断。

一、混凝土结构材料的施工试验与检测

1. 钢筋、钢丝及钢绞线

钢材进场时,应按国家相关标准的规定抽取试件进行力学性能和重量偏差检验。检验结果必须符合有关标准的规定。

检验方法:检查产品合格证、出厂检验报告和进场复验报告。

1)主要检验项目及检验报告

(1)主要检验项目包括拉力试验[屈服点或屈服强度、抗拉强度、伸长率(断后伸长率、最大力总伸长率)]、冷弯试验、反复弯曲试验。必要时,进行化学分析。

(2)钢材检验报告内容包括委托单位、工程名称、使用部位、钢材级别、钢种、钢号、外形标志、出厂合格证编号、代表数量、送样日期、原始记录编号、报告编号、试验日期、试验数据及结论(伸长率指标应注明标距,冷弯指标应注明弯心半径、弯曲角度及弯曲结果)。

2)进场复验项目

(1)钢筋。

①钢筋进场时,应按国家现行相关标准的规定抽取试件做力学性能和重量偏差检验,检验结果必须符合有关标准的规定。

检查数量:按进场的批次和产品的抽样检验方案确定。

检验方法:检查产品合格证、出厂检验报告和进场复验报告。

其中,重量偏差是指钢筋的实际重量与钢筋理论重量的偏差,用百分数表示。钢筋重量偏差应符合表2-9的要求。

钢筋重量偏差 表2-9

公称直径(mm)	热轧带肋钢筋(%)	光圆钢筋(%)
6~12	±7	±7
14~20	±5	±5

②对有抗震设防要求的结构,其钢筋的强度和最大力下总伸长率的实测值应符合下列规定:

a. 钢筋的抗拉强度实测值与屈服强度实测值的比值不应小于1.25;

b. 钢筋的屈服强度实测值与强度标准值的比值不应大于1.30;

c. 钢筋的最大力下总伸长率不应小于9%。

③当发现钢筋脆断、焊接性能不良或力学性能显著不正常等现象时,应对该批钢筋进行化学成分检验或其他专项检验。

检验方法:检查化学成分等专项检验报告。

④钢筋外观应平直、无损伤,表面不得有裂纹、油污、颗粒状或片状锈蚀。

检查数量:进场时和使用前全数检查。

检验方法:目测。

⑤热轧圆盘条、热轧光圆钢筋和热轧带肋钢筋:

a. 每批钢筋应由同一牌号、同一炉罐号、同一规格、同一交货状态组成,并不得大于60t。

b. 检查每批钢筋的外观质量。钢筋表面不得有裂纹、结疤和折叠;表面的凸块和其他缺陷的深度和高度不得大于所在部位尺寸的允许偏差(带肋钢筋为横肋的高度);测量本批钢筋的直径偏差。

c. 在经外观检查合格的每批钢筋中任选两根钢筋,在其上各取一套试样,每套试样各制作两根试件,分别做拉伸(含抗拉强度、屈服点、伸长率)和冷弯试验。较高质量热轧带肋钢筋应按规定增加反向弯曲试验项目。

d. 当试样中有一个试验项目不符合要求时,应另取双倍数量的试件对不合格项目进行第二次试验;当仍有一根试件不合格时,则该批钢筋应判定为不合格。

(2)钢丝。

①每批钢丝应由同一钢号、同一规格、同一生产工艺的钢丝组成,并不得大于3t。

②钢丝的外观应逐盘检查。钢丝表面不得有裂纹、小刺、机械损伤、氧化铁皮和油迹;表面不得有肉眼可见的麻坑,但允许有浮锈;回火钢丝允许有回火颜色。

③力学性能的抽样检验。应从经外观检查合格的每批钢丝中任选总盘数的5%(不少于6盘)取样送检。在选定钢丝盘的两端,各取一套试样,分别进行拉力(含伸长率)和反复弯曲试验。当有一项试验结果不符合规定时,则该盘钢丝判定为不合格,应从未检验过的钢丝盘中取两倍数量的试样,进行不合格项目的复验。当仍有一项试验结果不合格时,则应逐盘检验,剔除其中不合格盘。

④屈服强度和松弛试验应由厂方提供质量证明书或试验报告单。

(3)钢绞线。

①每批钢绞线应由同一钢号、同一规格、同一生产工艺的钢绞线组成,并不得大于60t。

②钢绞线应逐盘进行表面质量、直径偏差和捻距的外观检查。

③力学性能的抽样检验。应从每批钢绞线中任选3盘取样送检。在选定的各盘端部正常部位截取一根试样,进行拉力(整根钢绞线的最大负荷、屈服负荷、伸长率)试验。当试验结果有一项不合格时,除该盘应判定为不合格外,应从未试验过的钢绞线盘中取双倍数量的试样进行复验。当仍有一项不合格时,则该批钢绞线应判定为不合格。

④屈服强度和松弛试验应由厂方提供质量证明书或试验报告单。

(4)预应力混凝土用螺纹钢筋。

预应力混凝土用螺纹钢筋是一种热轧成带有不连续的外螺纹的直条钢筋。该钢筋在任意截面处,均可用带有匹配形状的内螺纹的连接器或锚具进行连接或锚固。

每批钢筋均应按规定进行化学成分、拉伸试验、松弛试验、疲劳试验、表面检查和重量偏差等项目的检验。

钢筋的检查和验收由供方进行,需方有权进行检验。

组批规则:钢筋应按批进行检查和验收,每批应由同一炉罐号、同一规格、同一交货状态的钢筋组成。

3)不合格品的判定

当出现下列情形,应判为不合格品:

(1)当受力钢筋无出厂合格证或试验报告,且钢材品种、规格和设计图纸中的品种、规格不一致。

(2)机械能检验项目不齐全,或某一机械性能指标不符合有关标准规定。

(3)使用进口钢材和改制钢材时,焊接前未进行化学成分检验和焊接试验。

(4)钢材出厂合格证和试验报告单不符合有关标准规定的基本要求。

2. 水泥

水泥进场时,应对其品种、级别、包装或散装仓号、出厂日期等进行检查,并应对其强度、安定性及其他必要的性能指标进行复验,检验结果必须符合有关标准的规定。

检验方法:检查产品合格证、出厂检验报告和进场复验报告。

1)水泥出厂合格证书

出厂水泥应保证强度等级,其余品质(主要技术性能指标)应符合相应标准要求。出厂的水泥袋上应清楚标明生产厂家名称、生产许可证编号、品种名称、代号、强度等级、包装年、月、日和编号。散装时,应提交与袋装标志内容相同的卡片。

水泥出厂应有水泥生产厂家的出厂合格证书,内容包括生产厂家、品种、出厂日期、出厂编号和必要的试验数据,其中包括相应水泥指标规定的各项技术要求及试验结果。

2)水泥进场复验

(1)水泥进场时,应对其品种、等级、包装或散装仓号、出厂日期等进行检查,并应对其强度、安定性及其他必要的性能指标进行复验,其质量必须符合现行《通用硅酸盐水泥》(GB 175)的相关规定。

当在使用中对水泥质量有怀疑或水泥出厂超过三个月(快硬硅酸盐水泥超过一个月)时,应进行复验,并按复验结果使用。

根据水泥标准规定,水泥生产厂家在水泥出厂时已提供标准规定的有关技术要求的试验结果。水泥进场复验通常只做安定性、凝结时间和胶砂强度三项。

检查数量:按同一生产厂家、同一等级、同一品种、同一批号且连续进场的水泥,袋装不超过200t为一批,散装不超过500t为一批,每批抽样不少于一次。

取样方法:水泥的取样频率以每一编号为一取样单位,取样应有代表性,可连续取,亦可从20个以上不同部位取等量样品经混合均匀后组成,总量至少为12kg。

不同品种的水泥,不得混合使用。

(2)水泥的废品与不合格品。

①凡水泥的氧化镁含量、三氧化硫含量、初凝时间、安定性中的任一项不符合相应产品标准规定时,均为废品。

②凡水泥的细度、终凝时间、不溶物和烧失量中的任一项不符合相应产品标准规定或混合材料掺加量超过最高限量或强度低于商品强度等级时,为不合格品。

③水泥包装标志中水泥品种、强度等级、生产厂家名称和出厂编号不全的,属于不合格品。

④强度低于标准相应强度等级规定指标时为不合格品。对于强度低于相应标准的不合格品水泥,可按实际复验结果降级使用。

3.混凝土常用外加剂

在混凝土拌制过程中,为改善混凝土性能而掺入的物质,称为混凝土外加剂。常用的混凝土外加剂有减水剂、缓凝剂、早强剂、抗冻剂及复合外加剂。

混凝土中掺用外加剂的质量及应用技术应符合国家有关标准及环境保护的要求。混凝土外加剂主要技术性能指标分为掺外加剂混凝土性能和外加剂匀质性两部分。混凝土性能指标包括减水率、泌水率比、含气量、凝结时间、抗压强度比、收缩率比、相对耐久性。匀质性指标包括固体含量、含水率、密度、细度、pH值、氯离子含量、硫酸根含量、总碱量。

检验方法:检查产品合格证、出厂检验报告和进场复验报告。

1)出厂要求及使用说明

产品有下列情况之一的,不得出厂:技术文件(产品说明书、合格证、检验报告)不全,包装不符、重量不足、产品受潮变质以及超过有效期限。

生产厂家应随货提供使用说明,其内容包括:产品名称及型号、出厂日期、特性及主要成分、适用范围及推荐掺量、外加剂总碱量、氯离子含量、有无毒性、易燃状况、储存条件及有效期、使用方法及注意事项。

2)进场复验

复验以封存样进行。如使用单位要求现场取样,应事先在供货合同中约定,并在生产和使用单位人员在场的情况下于现场取混合样,按照型式检验项目进行复检。

产品经检验,匀质性检验结果符合相应要求,各种类型外加剂受检混凝土性能指标中,高性能减水剂及泵送剂的减水率和坍落度的经时变化,其他减水剂的减水率、缓凝型外加剂的凝结时间差、引气型外加剂的含气量、硬化混凝土的各项性能符合相应要求,则判定该批外加剂为相应等级的产品。如果不符合上述要求,则判定该批外加剂不合格,其余项目作为参考。

4. 混凝土的矿物掺合料

1)矿物掺合料的特性

混凝土的组成材料包括硅酸盐水泥、矿物掺合料、集料(砂、石)、化学外加剂和拌和水。其中,矿物掺合料是指在混凝土制备过程中掺入的,与硅酸盐水泥共同组成胶凝材料,以硅、铝、钙等一种或多种氧化物为主要成分,是具有规定细度和凝结性能、能改善混凝土拌合物工作性能和混凝土强度的活性粉体材料,如下列情况:

(1)掺入粉煤灰、硅灰、矿渣粉改善混凝土的工作性,包括流动性、黏聚性、坍落度损失。

(2)掺入粉煤灰、矿渣粉改善混凝土的稳定性,包括水化热、收缩变形、抗裂性能。

(3)掺入硅粉、矿渣粉改善混凝土的耐久性,包括抗渗性、抗冻性、抗氯离子渗透性。

(4)掺入粉煤灰、矿渣粉、硅灰改善混凝土的抗蚀性,包括化学侵蚀、AAR 等。

2)常见的矿物掺合料

常见矿物掺合料包括粉煤灰、矿渣粉、钢渣粉、磷渣粉、硅灰、沸石粉等。

(1)粉煤灰:从煤粉炉烟道气体中收集的粉末,分为 F 类和 C 类。

①F 类:由无烟煤或烟煤燃烧收集的粉煤灰。

②C 类:由褐煤或次烟煤煅烧收集的高钙粉煤灰,其氧化钙含量一般大于 10%。

(2)矿渣粉:从炼铁高炉中排出的,以硅酸盐和铝硅酸盐为主要成分的熔融物,经淬冷成粒后粉磨所得的粉体材料。

(3)粉煤灰和矿渣粉的主要性能指标为细度和活性指数,应分别按现行《用于水泥和混凝土中的粉煤灰》(GB/T 1596)和《用于水泥、砂浆和混凝土中的粒化高炉矿渣粉》(GB/T 18046)的规定进行检测。

二、地基基础工程施工试验与检测

(一)地基土承载力试验

地基土承载力试验用承压板现场试验确定地基土的承载力。根据《水运工程地基基础试验检测技术规程》(JTS 237—2017),地基土载荷试验要点如下:

(1)试验基坑宽度不应小于承压板宽度或直径的 3 倍。应保持试验土层的原状结构和天然湿度。宜在拟试压表面用粗砂或中砂层找平,其厚度不超过20mm。

(2)加荷分级不应少于8级,最大加载量不应小于设计要求的两倍。

(3)每级加载后,按间隔10min、10min、10min、15min、15min,以后为每隔半小时测读一次沉降量。当在连续2h内,每小时的沉降量小于0.1mm时,可认为沉降已达到相对稳定标准,可施加下一级荷载。

(4)当出现下列情况之一时,即可终止加载:

①承压板周围的土明显地侧向挤出、隆起或产生裂缝。

②本级荷载的沉降量大于前级荷载的沉降量的5倍,荷载与沉降曲线出现陡降段。

③在某一荷载下,24h内沉降速率不能达到稳定标准。

④总沉降量超过承压板宽度或直径的1/12。

⑤总加载量已达到设计要求值的2倍以上。

当满足前三种情况之一时,其对应的前一级荷载定为极限荷载。

(5)承载力特征值的确定:

①达到终止加载条件①~④项规定时,取破坏前的最后一级荷载为其极限荷载。

②当在 P-s 曲线上存在明显的直线段时,以比例界限 P_0 值作为承载力特征值;当比例界限 P_0 值与极限荷载 P_u 接近时,将 P_u 除以安全系数2.0~3.0,作为承载力特征值。

③当在 P-s 曲线上没有明显的直线段时,可按相对变形值确定;在 P-s 曲线较平缓的区段选取承载力,对一般黏性土、软土采用相对沉降不大于0.02对应的压力作为承载力特征值;当极限荷载 P_u 小于前述值2倍时,以 $P_u/2$ 作为承载力特征值;对低压缩性土、砂土采用相对沉降0.010~0.015对应的压力作为承载力特征值;对软岩、较软岩采用相对沉降0.001~0.002对应的压力作为承载力特征值。

④对复合地基,当在 P-s 曲线上没有明显的直线段时,按相对变形值确定;对沉管砂石桩、振冲碎石桩和柱锤扩桩复合地基,取 s/b 或 s/d 等于0.01所对应的压力;对灰土挤密桩、土挤密桩复合地基,取 s/b 或 s/d 等于0.008所对应的压力;对水泥粉煤灰碎石桩或夯实水泥土桩复合地基,对以卵石、圆砾、密实粗中砂为主的地基,取 s/b 或 s/d 等于0.008所对应的压力;当以黏性土、粉土为主的地基,取 s/b 或 s/d 等于0.01所对应的压力;对水泥土搅拌桩或旋喷桩复合地基,取 s/b 或 s/d 等于0.006所对应的压力;按当地经验确定相对变形值时,若原地基土为高压缩性土层,相对变形值的最大值不大于0.015。

⑤同一土层参加统计的试验点不应少于3点,当试验实测值的极差不超过其平均值的30%时,取此平均值作为地基承载力特征值。

(二)基桩承载力试验

桩的静承载力试验,在同一条件下,试桩数不宜少于总桩数的1%并不应少于3根,工程总桩数50根以下不少于2根。试验内容有单桩抗压承载力试验、单桩抗拔承载力试验、单桩水平静承载力试验等。

1)单桩抗压承载力试验

其目的是为求得单桩承载力特征值。单桩抗压承载力试验设备与地基土现场承载力试验一样,包括加荷与稳压系统、测量系统和反力系统。加载反力装置有压重平台、锚桩横梁和锚桩压重联合反力装置等,可依工程实际条件选用。

2)单桩抗拔承载力试验

抗拔力作用下桩的破坏有两种形式:一是地基变形带动周围土体被拔出;二是桩身强度不够,桩身顺裂或拉断。抗拔承载力试验方法与压力试验相同,只是施加荷载的方向相反。

3)单桩水平静承载力试验

其目的是采用接近于单桩实际工作条件的试验方法,来确定单桩的水平承载力和地基土的水平抗力系数,并可测得桩身应力变化情况,求得桩身弯矩分布图。

单桩静承载力试验步骤为:

(1)结合实际条件和试验内容,制订检测方案,选定试验设备。

(2)规定承载力试验条件,一般应通过试桩进行验证后再修订试验条件。

(3)加荷与卸荷。

(4)资料整理,包括试验原始记录表、试验概况、绘制荷载变形曲线(P-S 曲线)等。

(5)检测数据分析与应用。

(三)基桩完整性检测

1. 高应变法

高应变法可用于检测混凝土预制桩、灌注桩、钢桩以及组合桩的单桩轴向抗压承载力和桩身完整性,也可用于监测打入桩沉桩时的桩身应力和锤击能量。

(1)检测数量:检测桩的数量应根据地质条件和桩的类型确定,宜取总桩数的2%~5%,并不得少于5根。对地质条件复杂、桩的种类较多或其他特殊情况,宜取上限。

(2)当进行桩的轴向抗压极限承载力检测时,检测桩在沉桩、成桩后至检测时的间歇时间,对黏性土不应少于14d,对砂土不应少于3d,对水冲沉桩不应少于28d;灌注桩除应满足上述有关时间规定外,其混凝土的强度等级尚应达到设计要求。

(3)仪器要求:

①检测仪器的主要技术性能指标不应低于现行行业标准《基桩动测仪》(JG/T 518)中规定的2级标准,且应具有保存、显示实测力与速度信号和信号处理与分析的功能。

②检测仪器应定期进行标定,标定的周期应符合国家计量法规的有关规定。

③高应变检测专用重锤应整体铸造、材质均匀、形状对称、锤底平整,高径比或高宽比不得小于1。进行承载力检测时,锤的重力应大于预估单桩竖向抗压极限承载力的1.0%。

④除导杆式柴油锤、振动锤外,筒式柴油锤、液压锤、蒸汽锤等具有导向装置的打桩机械均可作为锤击设备。

⑤检测时,桩的贯入度可采用精密水准仪等光学仪器测定。

(4)检测前的准备工作:

①检测桩顶面应平整,桩顶高度应满足锤击装置的要求,桩头应能承受重锤的冲击,对已受损或其他原因不能保证锤击能量正常传递的桩头应在检测前进行处理。

②桩顶应设置桩垫,桩垫宜采用胶合板、木板、纤维板或棕绳等材质均匀的材料。

(5)当检测过程中出现下列情况之一时,应及时检查、调整或停止检测:

①测试仪器失灵。

②传感器松动、测点处混凝土开裂、桩身出现明显缺陷且缺陷程度加剧。
③测试信号异常或连续采集时信号无规律、离散性较大。
(6)测试信号的选取应符合下列规定。
锤击后出现下列情况之一时,其信号不得作为承载力分析计算的依据:
①力的时程曲线最终未归零。
②锤击严重偏心,两侧力信号幅值相差超过1倍或一侧力信号呈现受拉状态。
③传感器出现故障。
④测点处混凝土开裂或出现明显塑性变形。
⑤其他信号异常情况。
分析计算轴向抗压承载力的信号,宜取锤击能量较大的前几锤信号。
(7)桩身完整性评价可采用 β 法,按表2-10执行。

桩身完整性评价标准　　　　表2-10

β 值	完整性评价	完整性等级
$\beta = 1.0$	完整桩	Ⅰ
$0.8 \leq \beta < 1.0$	基本完整桩	Ⅱ
$0.6 \leq \beta < 0.8$	明显缺陷桩	Ⅲ
$\beta < 0.6$	严重缺陷桩或断桩	Ⅳ

(8)出现下列情况之一时,桩身完整性评价应按工程地质条件和施工工艺,结合实测曲线拟合法或其他检测方法综合进行:
①桩身有扩径。
②混凝土灌注桩桩身截面渐变或多变。
③力和速度曲线在峰值附近比例失调,桩身浅部有缺陷。
④力波上升缓慢,力与速度曲线比例失调。
⑤缺陷断面位置以上部位的土阻力出现卸载回弹。

2. 低应变法

低应变法可用于检测混凝土预制桩、灌注桩的桩身完整性,判定桩身缺陷的程度及位置。低应变法检测应采用反射波法,其有效检测桩长范围应通过现场试验确定。

(1)检测数量:对单节预制混凝土桩,检测桩数不得低于总桩数的10%,且不得少于10根;对多节预制混凝土桩,检测桩数不得低于总桩数的20%,且不得少于10根;对混凝土灌注桩,当采用低应变动力检测法检测桩身完整性时,检测桩数应为总桩数的100%。

(2)检测仪器设备应符合下列规定:
①检测仪器的主要技术性能指标应符合现行行业标准《基桩动测仪》(JG/T 518)的有关规定,并应具有信号显示、储存和处理分析功能。
②检测仪器应定期进行标定,标定的周期应符合国家计量法规的有关规定。
③激振设备应包括能激发宽脉冲和窄脉冲的力锤和锤垫,力锤可装有力传感器。

(3)检测前的准备工作应符合下列规定:
①检测桩桩身强度应不低于设计强度的70%,且不小于15MPa。

②检测桩的桩顶应密实、平整,桩头处理应符合相关规范的要求。
③检测前应对电源、仪器设备、传感器、信号线等逐项进行检查,性能正常方可进行测试。
(4)传感器安装和激振操作应符合下列规定:
①传感器安装应稳固并与桩顶垂直;用橡皮泥、凡士林或黄油等耦合剂黏结时,黏结效果宜通过实测波形判断。
②最佳激振方式应通过试验选定。对实心桩,激振点宜选择在桩中心,检测点宜在距桩中心 2/3 半径处;对空心桩,激振点和检测点宜选择在桩壁厚的 1/2 处;对直径大于 1.0m 的桩,激振点不宜少于 4 处。激振点与传感器的距离不宜小于 100mm,并应避开钢筋笼的主筋影响,激振应沿轴向进行。
③既有结构下桩的检测,可采用桩侧切割小平台进行竖向激振,传感器安装于另一小平台或采用侧置传感器的方法进行。
④激振力锤和锤垫的选择应通过现场敲击试验确定;桩底或桩身下部缺陷反射信号宜用宽脉冲获取,桩身上部缺陷反射信号宜用窄脉冲获取。
(5)信号采集和筛选应符合下列规定:
①不同检测点或多次实测时域信号一致性较差时,应分析其原因,选择有代表性的时域信号进行分析。
②应根据实测信号反映的桩身完整性情况,确定是否需要增加检测点数量,或变换激振点和检测点位置。
③每个检测点记录的有效信号不宜少于 3 锤。
(6)桩身完整性应根据实测信号的波形、波速、相位、振幅和频率等特征,按表 2-11 的规定,并结合地质情况和施工过程进行综合评价。

低应变法桩身完整性评价标准 表 2-11

类别	完整性描述	完整性评价
Ⅰ	检测波波形无异常反射、波速正常、桩身完好	完整桩
Ⅱ	检测波波形有小畸变、波速基本正常、桩身有轻微缺陷对桩的使用没有影响	基本完整桩
Ⅲ	检测波波形出现异常反射、波速偏低、桩身有明显缺陷、对桩的使用有一定影响	明显缺陷桩
Ⅳ	监测波波形严重畸变、桩身有严重缺陷或断桩	严重缺陷桩或断桩

(7)桩身完整性类别为Ⅲ类桩、Ⅳ类桩应判定为不合格桩。

3. 声波透射法

声波透射法可用于混凝土灌注桩的桩身完整性检测,判定桩身缺陷的位置、范围和程度。
(1)发射换能器与接收换能器应符合下列规定:
①圆柱状径向振动,沿径向无指向性。
②外径小于声测管内径,有效工作段长度不大于 150mm。
③谐振频率为 30~60kHz。
④水密性满足 1MPa 水压不渗水。
(2)声测管埋设应符合下列规定:

①声测管内径大于换能器外径。
②声测管有足够的径向刚度,声测管材料的温度系数与混凝土接近。
③声测管下端封闭、上端加盖、管内无异物。
④声测管连接处光顺过渡,管口高出混凝土顶面 100mm 以上。
⑤浇灌混凝土前将声测管有效固定,各声测管之间基本平行。
(3)声测管应沿钢筋笼内侧呈对称形状布置(图 2-10),声测管埋设数量应符合下列规定:
①声测管内径 $D \leqslant 800\text{mm}$,不少于 2 根管;
②$800\text{mm} < D \leqslant 1600\text{mm}$,不少于 3 根管;
③$D > 1600\text{mm}$,不少于 4 根管。

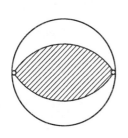
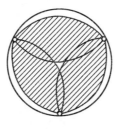
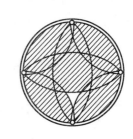

图 2-10　声测管布置

(4)结果判定。

桩身完整性类别应结合桩身缺陷的数量、缺陷处声测线的声学特征、缺陷的空间分布范围按表 2-12 进行综合判定。

声测透射法桩身完整性评价标准　　　　表 2-12

类别	特征
Ⅰ	所有声测线声学参数无异常,接收波形正常; 存在声学参数轻微异常、波形轻微畸变的异常声测线,异常声测线在任一检测剖面的任一区段内纵向不连续分布,且在任一深度横向分布的数量小于检测剖面数量的 50%
Ⅱ	存在声学参数轻微异常、波形轻微畸变的异常声测线,异常声测线在一个或多个检测剖面的一个或多个区段内纵向连续分布,或在一个或多个深度横向分布的数量大于或等于检测剖面数量的 50%; 存在声学参数明显异常、波形明显畸变的异常声测线,异常声测线在任一检测剖面的任一区段内纵向不连续分布,且在任一深度横向分布的数量小于检测剖面数量的 50%
Ⅲ	存在声学参数明显异常、波形明显畸变的异常声测线,异常声测线在一个或多个检测剖面的一个或多个区段内纵向连续分布,但在任一深度横向分布的数量小于检测剖面数量的 50%; 存在声学参数明显异常、波形明显畸变的异常声测线,异常声测线在任一检测剖面的任一区段内纵向不连续分布,但在一个或多个深度横向分布的数量大于或等于检测剖面数量的 50%; 存在声学参数严重异常、波形严重畸变或声速低于低限值的异常声测线,异常声测线在任一检测剖面的任一区段内纵向不连续分布,且在任一深度横向分布的数量小于检测剖面数量的 50%
Ⅳ	存在声学参数明显异常、波形明显畸变的异常声测线,异常声测线在一个或多个检测剖面的一个或多个区段内纵向连续分布,且在一个或多个深度横向分布的数量大于或等于检测剖面数量的 50%; 存在声学参数严重异常、波形严重畸变或声速低于低限值的异常声测线,异常声测线在一个或多个检测剖面的一个或多个区段内纵向连续分布,或在一个或多个深度横向分布的数量大于或等于检测剖面数量的 50%

三、混凝土结构工程施工试验与检测

1. 普通混凝土拌合物性能试验

普通混凝土拌合物性能试验包括混凝土拌合物和易性的检验和评定、泌水性试验、凝结时间测定、堆积密度测定、均匀系数试验、捣实因数试验、含气量测定及水灰比分析等。这里主要介绍混凝土拌合物和易性的检验与评定。

表示混凝土拌合物的施工操作难易程度和抵抗离析作用的性质称为和易性。通常采用测定混凝土拌合物的流动性,辅以直观经验评定黏聚性和保水性来测定和易性。按《普通混凝土拌合物性能试验方法标准》(GB/T 50080—2016)规定的混凝土流动性大小用"坍落度"或"维勃稠度"指标表示。

1) 坍落度及坍落扩展度测定

本试验主要适用于集料最大粒径不大于40mm、坍落度值不小于10mm的混凝土拌合物稠度测定。

(1)试验设备。试验设备由坍落度筒、金属捣棒、铁板、钢尺和直尺、小铁铲和抹刀等组成。

(2)试验程序。用水湿润坍落度筒及其他用具,并将坍落度筒放在已准备好的刚性水平600mm×600mm的铁板上,用脚踩住两边的脚踏板,使坍落度筒保持在固定位置。

将按要求取得的混凝土试样用小铲分三层均匀地装入筒内,使捣实后每层高度为筒高的1/3左右。每层用捣棒沿螺旋方向由外向中心插捣25次,各次插捣应在截面上均匀分布。插捣筒边混凝土时,捣棒可以稍稍倾斜。插捣底层时,捣棒应贯穿整个深度,插捣第二层和顶层时,捣棒应插透本层至下层的表面。插捣顶层过程中,如混凝土沉落到低于筒口,则应随时添加,捣完后刮去多余的混凝土,并用抹刀抹平。

清除筒边底板上的混凝土后,垂直平稳地在5~10s内提起坍落度筒。从开始装料到提坍落度筒的整个过程应不间断地进行,并应在150s内完成。

提起坍落度筒,测量筒高与坍落后混凝土试体最高点之间的高度差,即为混凝土拌合物的坍落度值。坍落度筒提高后,如混凝土发生崩坍成一边剪坏现象,则应重新取样另行测定。如第二次试验仍出现上述现象,则表示该混凝土和易性不好,应予记录备查。

观察坍落后混凝土拌合物试体的黏聚性和保水性:用捣棒在已坍落的混凝土拌合物截锥体侧面轻轻敲打,如果截锥试体逐渐下沉(或保持原状),则表示黏聚性良好;如果倒坍、部分崩裂或出现离析现象,表示黏聚性不好。坍落度筒提起后,如有较多稀浆从底部析出,锥体部分的混凝土拌和也因失浆而集料外露,则表明其保水性能不好;如坍落度筒提起后无稀浆或仅有少量稀浆自底部析出,则表示其保水性能良好。

当混凝土拌合物的坍落度大于220mm时,用钢尺测量混凝土扩展后最终的最大直径和最小直径,当二者的差小于50mm时,取其算术平均值作为坍落扩展度值。最大值与最小值之差大于50mm时试验结果无效。如果发现粗集料在中央集堆或边缘有水泥浆析出,表示此混凝土拌合物抗离析性不好,应予记录。

(3)综合评定和易性。坍落度值小,说明混凝土拌合物的流动性小。若流动性小,会给施

工带来不便,影响工程质量,甚至造成工程事故;坍落度过大,又易使混凝土拌合物分层,造成上下不均。混凝土拌合物坍落度以 mm 表示,精确至 5mm。

2)维勃稠度测定

本试验适用于集料最大粒径不大于 40mm、维勃稠度在 5～30s 之间的混凝土拌合物稠度测定。

(1)试验设备。试验设备由维勃稠度仪和振捣棒组成。维勃稠度仪又由振动台、容器、坍落度筒和旋转架组成。

(2)试验程序。

①将维勃稠度仪放置在坚实水平的地面上,用湿布将容器、坍落度筒、喂料斗内壁及其他用具湿润。将喂料斗提到坍落度筒上方扣紧,校正容器位置,使其中心与喂料斗中心重合,然后拧紧固定螺丝。

②将按要求取得的混凝土试样用小铲分三层,经喂料斗均匀地装入筒内,装料及插捣方法应符合要求。

③将喂料斗转离,垂直地提起坍落度筒,此时应注意不使混凝土拌合物试体产生横向扭动。

④将透明圆盘转到混凝土圆台体顶面,放松测杆螺丝,降下圆盘,使其轻轻接触到混凝土顶面。

⑤拧紧定位螺丝,并检查测杆螺丝是否已完全放松。

⑥在开启振动台的同时用秒表计时,当振动到透明圆盘的底面被水泥浆布满的瞬间停表计时,并关闭振动台。

(3)试验结果。由秒表读出的时间秒(s)即为该混凝土拌合物的维勃稠度值。

2. 普通混凝土物理力学性能试验

普通混凝土的主要物理力学性能包括抗压强度、抗拉强度、抗折强度、握裹强度、疲劳强度、静力受压弹性模量、收缩、徐变等。这里仅介绍普通混凝土立方体抗压强度试验方法。

1)试件制作与养护

试件用 150mm×150mm×150mm 的试模,也可用 200mm×200mm×200mm 或 100mm×100mm×100mm 的试模,在混凝土浇筑地点随机取样,三个试件为一组。成型后覆盖表面,在温度为 20℃±5℃的情况下,静置 1～2 昼夜。然后,编号拆模后立即放入温度为 20℃±3℃、湿度 90%以上(或水中)的标准养护室中养护。同条件试块拆模、编号后与结构(构件)同条件养护。

2)试验步骤

(1)混凝土立方体抗压强度以 150mm×150mm×150mm 试件为标准,也可采用 200mm×200mm×200mm 试件;当集料粒径较小时,也可用 100mm×100mm×100mm 试件,以三个试件为一组。

(2)试件从养护地点取出后应及时进行试验,以免试件的温度和湿度发生显著变化。

(3)试件在试压前应先擦拭干净,测量尺寸并检查其外观。试件尺寸测量精确至 1mm,并据此计算试件的承压面积值 A。

(4)将试件安放在试验机下压板中心。试件的承压面应与成型时的顶面垂直。开动试验机,当上压板与试件接近时调整球座,使接触均衡。

(5)开动试验机连续而均匀地加荷。当试件接近破坏而开始迅速变形时,应停止调整试验机油门,直至试件破坏,然后记录破坏荷载。

3)试验结果计算

混凝土立方体试件抗压强度按式(2-16)计算:

$$f_{cu} = \frac{P}{A} \tag{2-16}$$

式中:f_{cu}——混凝土立方体试件抗压强度(MPa);

P——破坏荷载(N);

A——试件承压面积(mm^2)。

(1)取三个试件测值的算术平均值作为该组试件的抗压强度值。三个测值中的最大值或最小值中如有一个与中间值的差值超过中间值的15%时,则将最大值与最小值一并舍除,取中间值为该组抗压强度值。如有两个测值与中间值的差值均超过中间值的15%,则该组试件的试验结果无效。

(2)取150mm×150mm×150mm试件的抗压强度值为标准值。用其他尺寸试件测得的强度值均应乘以尺寸换算系数,其值对200mm×200mm×200mm试件为1.05;对100mm×100mm×100mm试件为0.95。

3. 钢筋连接施工试验与检测

1)钢筋焊接接头试验方法

钢筋焊接接头外观质量检查合格后,方可进行力学性能试验。钢筋焊接接头的基本力学性能试验方法包括拉伸试验、抗剪试验和弯曲试验三种。

钢筋焊接接头的各种试验一般应在常温(10~35℃)下进行,如有特殊要求,亦可根据有关要求在其他温度下进行。试验用的各种仪器设备应根据相应标准和技术条件定期进行校验,确保精度要求。

(1)拉伸试验。

对于冷拔低碳钢丝电阻点焊和钢筋闪光对焊、电弧焊、电渣压力焊、预埋件埋弧压力焊的焊接接头需要进行常温静力拉伸试验。试验目的是测定焊接接头抗拉强度,观察断裂位置和断口形状,判定塑性断裂或脆性断裂。

(2)抗剪试验。

对于钢筋冷拔低碳钢丝电阻点焊骨架和网片焊点需要进行常温抗剪试验。试验目的是测定焊点能够承受的最大抗剪力。

(3)弯曲试验。

对于钢筋闪光对焊接头需要进行常温弯曲试验。试验目的是检验钢筋焊接接头的弯曲变形性能和可能存在的焊接缺陷。

2)钢筋机械连接接头试验方法

钢筋机械连接是指通过钢筋与连接件的机械咬合作用或钢筋端面的承压作用,将一根筋中的力传递至另一根钢筋的连接方法。常用的钢筋机械接头类型包括套筒挤压接头、锥螺纹接头、直螺纹接头、熔融金属充填接头、水泥灌浆充填接头。钢筋机械连接接头的试验分为产品的型式检验和工程进场抽样检测两类。

(1)型式检验。

①出现下列情况应进行型式检验:

a.确定接头性能等级时;

b.材料、工艺、规格进行改动时;

c.型式检验报告超过4年时。

②用于型式检验的钢筋应符合有关钢筋标准的规定。

③对每种形式、级别、规格、材料、工艺的钢筋机械连接接头,型式检验试件不应少于9个,单向拉伸试件不应少于3个、高应力反复拉压试件不应少于3个、大变形反复拉压试件不应少于3个,同时应另取3根钢筋试件做抗拉强度试验。全部试件均应在同一根钢筋上截取。

④型式检验应由国家、省部级主管部门认可的检测机构进行,并应按有关标准规定的格式出具检验报告和评定结论。

(2)施工现场接头的检验与验收。

①工程中应用钢筋机械接头时,应由该技术提供单位提交有效的型式检验报告。

②钢筋连接工程开始前,应对不同钢筋生产厂的进场钢筋进行接头工艺检验。施工过程中,更换钢筋生产厂时,应补充进行工艺检验。工艺检验应符合下列规定:

a.每种规格钢筋的接头试件不应少于3根。

b.每根试件的抗拉强度和3根接头试件的残余变形的平均值均应符合相关规定要求。

c.接头试件在测量残余变形后可再进行抗拉强度试验。

d.第一次工艺检验中1根试件抗拉强度或3根试件的残余变形平均值不合格时,允许再抽3根试件进行复检,复检仍不合格时判为工艺检验不合格。

③接头安装前应检查连接件产品合格证及套筒表面生产批号标识。产品合格证应包括适用钢筋直径和接头性能等级、套筒类型、生产单位、生产日期以及可追溯产品原材料力学性能和加工质量的生产批号。

④接头的现场检验应按验收批进行。同一施工条件下采用同一批材料的同等级、同形式、同规格接头,应以500个为一个验收批进行检验与验收,不足500个也应作为一个验收批。

⑤螺纹接头安装后应按上述规定的验收批,抽取其中10%的接头进行拧紧扭矩校核,拧紧扭矩值不合格数超过被校核接头数的5%时,应重新拧紧全部接头,直到合格为止。

⑥对接头的每一验收批,必须在工程结构中随机截取3个接头试件做抗拉强度试验,按设计要求的接头等级进行评定。

4.混凝土结构实体检测

混凝土结构实体检测方法包括回弹仪法、超声回弹综合法和取芯法。

1)回弹仪法

适于检测一般建筑构件、桥梁及各种混凝土构件(板、梁、柱、桥架)的强度,分为单个检测和批量检测。

单个检测:适用于单个结构或构件的检测。

批量检测:适用于在相同的生产工艺条件下,混凝土强度等级相同,原材料、成型工艺、养护条件基本相同且龄期相近的结构或构件。

(1)批量检测时,抽检数量不得少于同批构件总数的30%且不得少于10个。抽检构件时,应遵循随机抽取重点部位或有代表型的构件。

(2)每个构件的测区数不宜少于10个。当受检构件数量大于30个且不需要提供单个构件推定强度,或受检构件某一方向尺寸不大于4.5m且另一方向尺寸不大于0.3m时,每个构件的测区数可减少,但不应少于5个。

(3)测量回弹值时,回弹仪的轴线应始终垂直于混凝土检测面,并应缓慢施压、准确读数、快速复位。

(4)每一测区应读取16个回弹值,每一测点的回弹值读数应精确到1MPa。两测点净距离不少于20mm。计算测区平均回弹值时,应剔除3个最大值和3个最小值。测区的平均回弹值应先后经过回弹值角度修正、浇筑面修正和泵送混凝土系数修正。使用修正后的平均回弹值和测定的混凝土碳化深度查测区混凝土强度换算表得出混凝土强度换算值。然后根据各测区的混凝土强度换算值计算构件现龄期的强度推定值。

2)超声回弹综合法

根据实测声速值和回弹值综合推定混凝土强度的方法,是目前我国使用较广的一种结构中混凝土强度非破损检验方法,它较之单一的超声或回弹非破损检验方法具有精度高、适用范围广等优点。

3)取芯法

利用专用钻机,从结构混凝土中钻取芯样以检测混凝土强度或观察混凝土内部质量的方法。直观、可靠、准确,但对混凝土结构造成局部损伤,是一种半破损检测方法,成本较高,其应用往往受到一定限制。

5.受力钢筋的保护层厚度检测

一般利用钢筋保护层厚度测定仪检测钢筋混凝土受力钢筋的混凝土保护层厚度。必要时采用局部剥离实测受力钢筋保护层厚度。

四、钢结构工程试验与检测

钢结构工程涉及钢材、焊接材料、紧固件(普通螺栓、大六角头高强螺栓、扭剪型高强螺栓等)、焊接球、螺栓球、封板、锥头、套筒、金属压型板、涂装材料等各种材质,涉及焊接、紧固件连接、零部件加工、预拼装、钢结构安装、钢结构涂装等各个工序。因此,钢结构工程试验与检测涉及的内容非常丰富,以下仅对钢结构工程实践中经常遇到并且较为重要的内容进行重点介绍。

1.钢材材质检验

(1)钢材材质检验应按下列要求进行:

钢结构工程所用的材料应符合设计文件和国家现行有关标准的规定,应具有质量合格证明文件,并应经进场检验合格后使用。

钢材订货合同应对材料牌号、规格尺寸、性能指标、检验要求、尺寸偏差等有明确约定。定尺钢材应留有复验取样的余量;钢材的交货状态按设计文件对钢材的性能要求与供货厂家商定。

(2)钢材的进场验收应符合现行《钢结构工程施工质量验收标准》(GB 50205)和《钢结构工程施工规范》(GB 50755)的有关规定。对属于下列情况之一的钢材,应进行抽样复验:

①国外进口钢材;

②钢材混批;

③板厚等于或大于40mm,且设计有Z向性能要求的厚板;

④建筑结构安全等级为一级,大跨度钢结构中主要受力构件所采用的钢材;

⑤设计有复验要求的钢材;

⑥对质量有疑义的钢材。

(3)当设计文件无特殊要求时,钢结构工程中常用牌号钢材的抽样复验检验批宜按下列规定执行:

①牌号为Q235、Q345且板厚小于40mm的钢材,应按同一生产厂家、同一牌号、同一质量等级的钢材组成检验批,每批质量不应大于150t;同一生产厂家、同一牌号的钢材供货质量超过600t且全部复验合格时,每批的组批质量可扩大至400t。

②牌号为Q235、Q345且板厚大于或等于40mm的钢材,应按同一生产厂家、同一牌号、同一质量等级的钢材组成检验批,每批质量不应大于60t;同一生产厂家、同一牌号的钢材供货质量超过600t且全部复验合格时,每批的组批质量可扩大至400t。

③牌号为Q390的钢材,应按同一生产厂家、同一质量等级的钢材组成检验批,每批质量不应大于60t;同一生产厂家的钢材供货质量超过600t且全部复验合格时,每批的组批质量可扩大至300t。

④牌号为Q235GJ、Q345GJ、Q390GJ的钢板,应按同一生产厂家、同一牌号、同一质量等级的钢材组成检验批,每批质量不应大于60t。同一生产厂家、同一牌号的钢材供货质量超过600t且全部复验合格时,每批的组批质量可扩大至300t。

⑤牌号为Q420、Q460、Q420GJ、Q460GJ的钢材,每个检验批应由同一牌号、同一质量等级、同一炉号、同一厚度、同一交货状态的钢材组成,每批质量不应大于60t。

有厚度方向要求的钢板,宜附加逐张超声波无损探伤复验。

2. 焊接材料材质检验

焊接材料的品种、规格、性能等应符合国家现行有关产品标准和设计要求。焊条、焊丝、焊剂、电渣焊熔嘴等焊接材料应与设计选用的钢材相匹配,且应符合现行《钢结构焊接规范》(GB 50661)的相关规定。

用于重要焊缝的焊接材料,或对质量合格证明文件有疑义的焊接材料,应进行抽样复验,复验时焊丝宜按五个批(相当炉批)取一组试验,焊条宜按三个批(相当炉批)取一组试验。

3. 螺栓性能检验

1)钢结构工程螺栓性能检验的要求

(1)钢结构连接用的普通螺栓、高强度大六角头螺栓连接副、扭剪型高强度螺栓连接副等紧固件,应符合相关标准的规定。

(2)高强度大六角头螺栓连接副和扭剪型高强度螺栓连接副,应分别有扭矩系数和紧固轴力(预拉力)的出厂合格检验报告,并随箱携带。当高强度螺栓连接副保管时间超过6个月后使用时,应按相关要求重新进行扭矩系数或紧固轴力试验,并应在合格后再使用。

(3)高强度大六角头螺栓连接副和扭剪型高强度螺栓连接副,应分别进行扭矩系数和紧固轴力(预拉力)复验,试验螺栓应从施工现场待安装的螺栓批中随机抽取,每批应抽取8套连接副进行复验。

(4)建筑结构安全等级为一级,跨度40m及以上的螺栓球节点钢网架结构,其连接高强度螺栓应进行表面硬度试验,8.8级的高强度螺栓其表面硬度应为HRC21~29,10.9级的高强度螺栓表面硬度应为HRC32~36,且不得有裂纹或损伤。

(5)普通螺栓作为永久性连接螺栓,且设计文件要求或对其质量有疑义时,应进行螺栓实物最小拉力载荷复验,复验时每一个规格螺栓应抽查8个。

2)扭剪型局部强度螺栓连接副预拉力的复验

(1)螺栓的出厂检验按批进行,同一材料、炉号、螺纹规格、长度(当螺栓长度≤100mm时,长度相差≤15mm;螺栓长度>100mm时,长度相差≤20mm,可视为同一长度)、机械加工、热处理工艺、表面处理工艺的螺栓为同批;同一材料、炉号、螺纹规格、机械加工、热处理工艺、表面处理工艺的螺母为同批。同一材料、炉号、规格、机械加工热处理工艺、表面处理工艺的垫圈为同批。分别由同批螺栓、螺母、垫圈组成的连接副为同批连接副。

同批高强度螺栓连接副的最大数量为3000套。

(2)复验用的螺栓应在施工现场待安装的螺栓批中随机抽取,每批应抽取8套连接副进行复验。

(3)连接副预拉力可采用经计量检定、校准合格的轴力计进行测试。

(4)试验用的电测轴力计、油压轴力计、电阻应变仪、扭矩扳手等计量器具,应在试验前进行标定,其误差不得超过2%。

(5)采用轴力计方法复验连接副预拉力时,应将螺栓直接插入轴力计。紧固螺栓分初拧、终拧两次进行,初拧应采用手动扭矩扳手或专用定扭电动扳手;初拧值应为预拉力标准值的50%左右。终拧应采用专用电动扳手,至尾部梅花头拧掉,读出预拉力值。

(6)每套连接副只应做一次试验,不得重复使用。在紧固中垫圈发生转动时,应更换连接副,重新试验。

3)高强度大六角头螺栓连接副扭矩系数的复验

(1)螺栓的出厂检验按批进行,同一材料、炉号、螺纹规格、长度(当螺栓长度≤100mm时,长度相差≤15mm;螺栓长度>100mm时,长度相差≤20mm,可视为同一长度)、机械加工、热处理工艺、表面处理工艺的螺栓为同批;同一性能等级、材料、炉号、螺纹规格、机械加工、热处理工艺、表面处理工艺的螺母为同批。同一性能等级、材料、炉号、规格、机械加工、热处理工艺、表面处理工艺的垫圈为同批。分别由同批螺栓、螺母、垫圈组成的连接副为同批连接副。

同批高强度螺栓连接副的最大数量为3000套。

(2)复验用螺栓应在施工现场待安装的螺栓批中随机抽取,每批应抽取8套连接副进行复验。

(3)连接副扭矩系数复验用的计量器具应在试验前进行标定,误差不得超过2%。

(4)每套连接副只应做一次试验,不得重复使用。

(5)连接副扭矩系数的复验应将螺栓穿入轴力计,在测出螺栓预拉力P的同时,应测定施加于螺母上的施拧扭矩值 T,并计算扭矩系数 K。

4. 高强度螺栓连接摩擦面的抗滑移系数试验和复验

钢结构制作和安装单位应按下列规定分别进行高强度螺栓连接面的抗滑移系数试验和复验,现场处理的构件摩擦面应单独进行摩擦面抗滑移系数试验,其结果应符合设计要求。

(1)基本要求。

制造厂和安装单位应分别以钢结构制造批为单位进行抗滑移系数试验。制造批可按分部(子分部)工程划分规定的工程量每 2000t 为一批,不足 2000t 的可视为一个批。选用两种及两种以上表面处理工艺时,每种处理工艺单独检验。每批三组试件。

抗滑移系数试验应采用双摩擦面的二栓拼接的拉力试件。

抗滑移系数试验用的试件应由制造厂加工,试件与所代表的钢结构构件应为同一材质、同批制作、采用同一摩擦面处理工艺和具有相同的表面状态,并应用同批同一性能等级的高强度螺栓连接副,在同一环境条件下存放。

试验板件的厚度应根据钢结构工程中有代表性的板材厚度来确定,同时应考虑在摩擦面滑移之前,试件钢板的净截面始终处于弹性状态;试件宽度应按规定取值;试件长度应根据试验机夹具的要求确定。

试件表面应平整,无油污,孔和板的边缘无飞边、毛刺。

(2)试验方法。

①试验用的试验机误差应在 1% 以内。

②试验用的贴有电阻片的高强度螺栓、压力传感器和电阻应变仪应在试验前用试验机进行标定,其误差应在 2% 以内。

(3)试件的组装顺序应符合下列规定:

①先将冲钉打入试件孔定位,然后逐个换成装有压力传感器或贴有电阻片的高强度螺栓,或换成同批经预拉力复验的扭剪型高强度螺栓。

②紧固高强度螺栓应分初拧、终拧。初拧应达到螺栓预拉力标准值的 50% 左右。终拧后,螺栓预拉力应符合下列规定:

对装有压力传感器或贴有电阻片的高强度螺栓,采用电阻应变仪实测控制试件每个螺栓的预拉力值应在 $0.95P \sim 1.05P$(P 为高强度螺栓设计预拉力值)之间;不进行实测时,扭剪型高强度螺栓的预拉力(紧固轴力)可按同批复验预拉力的平均值取用。

③试件应在其侧面划出观察滑移直线。将组装好的试件置于拉力试验机上,试件的轴线应与试验机夹具中心严格对中。加荷时,应先加 10% 的抗滑移设计荷载值,停 1min 后,再平稳加荷,加荷速度为 3~5kN/s,直拉至滑动破坏,测得滑移荷载。

(4)在试验中当发生以下情况之一时,所对应的荷载可定为试件的滑移荷载:

①试验机发生回针现象。

②试件侧面划线发生错动。

③X-Y 记录仪上变形曲线发生突变。

④试件突然发生异响。

抗滑移系数,应根据试验所测得的滑移荷载和螺栓预拉力的实测值计算。

5. 钢结构焊接检验

1）一般规定

(1) 焊接检验分类。

①自检,是施工单位在制造、安装过程中,由本单位具有相应资质的检测人员或委托具有相应检验资质的检测机构进行的检验。

②第三方检验,是建设单位或其代表委托具有相应检验资质的独立第三方检测机构进行的检验。

(2) 焊接检验的一般程序包括焊前检验、焊中检验和焊后检验,并应符合相关规定。

(3) 焊缝检验抽样规定。

焊接检验前应根据结构所承受的荷载特性、施工详图及技术文件规定的焊缝质量等级要求编制检验和试验计划,由施工单位技术负责人批准并报监理工程师备案。检验方案应包括检验批的划分、抽样检验的抽样方法、检验项目、检验方法、检验时机及相应的验收标准等内容。

焊缝处数的计算方法:工厂制作焊缝长度不大于 1000mm 时,每条焊缝应为 1 处;长度大于 1000mm 时,以 1000mm 为基准,每增加 300mm 焊缝数量应增加 1 处;现场安装焊缝每条焊缝为 1 处。

(4) 确定检验批:制作焊缝以同一工区(车间)按 300～600 处的焊缝数量组成检验批;多层框架结构可以每节柱的所有构件组成检验批;安装焊缝以区段组成检验批;多层框架结构以每层(节)的焊缝组成检验批。

抽样检验除设计指定焊缝外应采用随机抽样方式取样,且取样中应覆盖到该批焊缝中所包含的所有钢材类别、焊接位置和焊接方法。

2）焊缝外观检测

(1) 所有焊缝应冷却到环境温度后方可进行外观检测。

(2) 外观检测采用目测方式,裂纹的检查应辅以 5 倍放大镜并在合适的光照条件下进行,必要时可采用磁粉探伤或渗透探伤,尺寸的测量应用量具、卡规。

(3) 电渣焊、气电立焊接头的焊缝外观成型应光滑,不得有未熔合、裂纹等缺陷;当板厚小于 30mm 时,压痕、咬边深度不应大于 0.5mm;板厚不小于 30mm 时,压痕、咬边深度不应大于 1.0mm。

(4) 抽样检验结果应按下列规定进行结果判定：

①抽样检验的焊缝数不合格率小于 2% 时,该批验收合格。

②抽样检验的焊缝数不合格率大于 5% 时,该批验收不合格。

③焊缝数不合格率为 2%～5% 时,应加倍抽检,且必须在原不合格部位两侧的焊缝延长线各增加一处,在所有的抽检焊缝中不合格率不大于 3% 时,该批验收合格;大于 3% 时,该批验收不合格。

④批量验收不合格时,应对该批余下的全部焊缝进行检验。

⑤检验发现 1 处裂纹时,应加倍抽查,在加倍抽检焊缝中未再检查出裂纹缺陷时,该批验收合格;检验发现多于 1 处裂纹缺陷或加倍抽查又发现裂纹缺陷时,该批验收不合格,应对该批余下焊缝的全数进行检查。

3) 承受静荷载结构焊接质量的检验

(1) 无损检测的基本要求:

焊缝的外观质量和尺寸应规范要求。无损检测应在外观检测合格后进行。Ⅲ、Ⅳ类钢材及焊接难度等级为C、D级时,应以焊接完成24h后无损检测结果作为验收依据;当钢材标称屈服强度大于690MPa或供货状态为调质状态时,应以焊接完成48h后无损检测结果作为验收依据。

(2) 设计要求全焊透的焊缝,内部缺陷的检测规定:

一级焊缝应100%检验,其合格等级不应低于现行《焊缝无损检测 超声检测 技术、检测等级和评定》(GB/T 11345)B级检验的Ⅱ级要求。二级焊缝应进行抽验,抽验比例不小于20%,其合格等级不应低于现行《焊缝无损检测 超声检测 技术、检测等级和评定》(GB/T 11345)和行业标准的相关规定。三级焊缝应根据设计要求进行相关的检测,一般情况下可不进行无损检测。

(3) 超声波检测应符合下列规定:

① 检测灵敏度、缺陷等级评定应符合规范要求。

② 当检测板厚在3.5~8mm范围时,其超声波检查的技术参数应按有关标准执行。

③ 对超声波检测结果有疑义时,可采用射线检测验证。

④ 超声波检测设备及工艺要求应符合现行《焊缝无损检测 超声检测 技术、检测等级和评定》(GB/T 11345)的有关规定。

(4) 表面检测规定。

当出现下列情况之一时,应进行表面检测:

① 设计文件要求进行表面检测。

② 外观检测发现裂纹时,应对该批中同类焊缝进行100%的表面检测。

③ 外观检测怀疑有裂纹缺陷时,应对怀疑部位进行表面检测。

④ 检测人员认为有必要时。

铁磁性材料应采用磁粉检测表面缺陷。不能使用磁粉检测时,应采用渗透检测。

4) 需疲劳验算结构的焊缝质量检验

(1) 焊缝的外观质量应无裂纹、未熔合、夹渣、弧坑未填满及超规定的缺陷。

(2) 焊缝尺寸应符合规范要求。

(3) 无损检测应符合下列规定:

无损检测应在外观检测合格后进行。Ⅰ、Ⅱ类钢材及焊接难度等级为A、B级时,应以焊接完成24h后检测结果作为验收依据。Ⅲ、Ⅳ类钢材及焊接难度等级为C、D级时,应以焊接完成48h后检测结果作为验收依据。

对于板厚不大于30mm(不等厚对接时,按较薄板计)的对接焊缝,除按规定进行超声波检测外,尚须用射线检测抽检其接头数量的10%且不少于一个焊接接头。

对于板厚大于30mm的对接焊缝,除规定进行超声波检测外,还应增加接头数量的10%且不少于一个焊接接头,按检验等级为C级、质量等级为不低于一级的超声波检测,检测时焊缝余高应磨平,使用的接头折射角应有一个为45°,探伤范围应为焊缝两端各500mm。

6.钢结构防腐涂料涂装检测

(1)涂装前钢材表面除锈应符合设计要求和国家现行有关标准的规定。处理后的钢材表面不应有焊渣、焊疤、灰尘、油污、水和毛刺等。

①检查数量:按构件数抽查1000件,且同类构件不应少于3件。

②检验方法:用铲刀检查和用现行《涂覆涂料前钢材表面处理 表面清洁度的目视评定 第2部分:已涂覆过的钢材表面局部清除原有涂层后的处理等级》(GB 8923.2)规定的图片对照观察检查。

(2)涂料、涂装遍数、涂层厚度均应符合设计要求。当设计对涂层厚度无要求时,涂层干漆膜总厚度要求为:室外应为150μm,室内应为125μm,其允许偏差为 -25μm。每遍涂层干漆膜厚度的允许偏差为 -5μm。

①检查数量:按构件数抽查10%,且同类构件不应少于3件。

②检验方法:用干漆膜测厚仪检查。每个构件检测5处,每处的数值为3个相距50mm测点涂层干漆膜厚度的平均值。

(3)构件表面不应误涂、漏涂,涂层不应脱皮和返锈等。涂层应均匀、无明显皱皮、流坠、针眼和气泡等。

①检查数量:全数检查。

②检验方法:观察检查。

(4)当钢结构处在有腐蚀介质环境或外露且设计有要求时,应进行涂层附着力测试,在检测处范围内,当涂层完整程度达到70%以上时,涂层附着力达到合格质量标准的要求。

①检查数量:按构件数抽查1%,且不应少于3件,每件测3处。

②检验方法:按照现行《漆膜附着力测定法》(GB 1720)或《色漆和清漆 漆膜的划格试验》(GB 9286)执行。

第七节 工程质量检验评定

【备考要点】

1.水运工程质量检验的划分和检测程序。

2.水运工程检验的基本规定。

3.水运工程质量检验的合格标准。

4.水运工程质量不合格时的处理标准。

一、水运工程质量检验的划分

水运工程质量检验应按单位工程、分部工程和分项工程及检验批进行划分。水运工程项目开工前,建设单位应组织施工单位、监理单位对单位工程、分部工程和分项工程进行划分,并报水运工程质量监督机构备案,工程建设各方应据此进行工程质量控制和质量检验。

1. 建设项目

按照同一个总体设计进行建设,全部建成后才能发挥所需综合生产能力或效益的基本建设单位。

2. 单项工程

建设项目的组成部分,在施工图设计阶段一般具有独立设计文件,建成后能够独立发挥生产能力和效益的工程。

3. 单位工程

单项工程的组成部分,一般指具备独立施工条件,建成后能够发挥设计使用功能的工程,按工程使用功能和施工及验收的独立性进行划分。

4. 分部工程

单位工程的组成部分,一般指构成工程结构的主要组成部位。按工程的部位进行划分,设备安装工程可按专业类别划分分部工程。

5. 分项工程

分部工程的组成部分,一般指工程施工的主要工序或工种。按施工的主要工种、工序、材料、施工工艺和设备的主要装置等进行划分。施工范围较大的分项工程宜将分项工程划分为若干检验批,检验批可根据施工及质量控制和检验的需要按结构变形缝、施工段或一定数量等进行划分。

6. 检验批

指按同一生产条件或按规定方式汇总起来供检验的由一定数量样本组成的检验体。

二、水运工程质量检验基本规定

(1)水运工程施工应按下列规定进行质量控制:

①施工单位应对工程采用的主要材料、构配件和设备等进行现场验收,并经监理工程师认可。对涉及结构安全和使用功能的,施工单位应按相关标准的有关规定进行抽样检验,监理单位应按相关标准的规定进行见证抽样检验或平行检验。

②各工序施工应按施工技术标准的规定进行质量控制,每道工序完成后,应进行检查。

③工序之间应进行交接检验,并形成记录。专业工序之间的交接应经监理工程师认可。未经检验或经检验不合格的不得进行下道工序施工。

(2)水运工程质量应按下列要求进行检验和验收:

①工程施工应符合工程合同和设计文件的要求。

②工程质量的检验应在施工单位自行检验合格的基础上进行。

③隐蔽工程在隐蔽前应由施工单位通知有关单位进行验收,并形成验收文件。

④涉及结构安全的试块、试件和现场检验项目,施工单位应按规定进行检验,监理单位应按规定进行见证抽样检验或平行检验。

⑤分项工程及检验批的质量应按主要检验项目和一般检验项目进行检验。

⑥涉及结构安全和使用功能的重要分部工程应按相应规定进行抽样检验或验证性检验。

⑦承担见证抽样检验及有关结构安全检验的单位应具有相应能力等级。
⑧工程的观感质量应由验收人员通过现场检查,并应共同确认。

三、水运工程施工质量检验程序

1. 分项工程及检验批检验

由施工单位分项工程技术负责人组织检验,自检合格后报监理单位,监理工程师应及时组织施工单位专职质量检查员等进行检验与确认。

2. 分部工程检验

由施工单位项目技术负责人组织检验,自检合格后报监理单位,总监理工程师应组织施工单位项目负责人和技术、质量负责人等进行检验与确认。其中,地基与基础等分部工程检验时,勘察、设计单位应参加相关项目的检验。

3. 单位工程检验

施工单位应组织有关人员进行检验,自检合格后报监理单位,并向建设单位提交单位工程竣工报告。

单位工程中有分包单位施工时,分包单位对所承包的工程项目应按本标准规定的程序进行检验,总包单位应派人参加。分包工程完成后,应将工程有关资料交总包单位。

4. 预验收

建设单位收到单位工程竣工报告后应及时组织施工单位、设计单位、监理单位对单位工程进行预验收。

5. 质量鉴定

单位工程质量预验收合格后,建设单位应在规定时间内将工程质量检验有关文件,报水运工程质量监督部门申请质量鉴定。

6. 质量核定

建设项目或单项工程全部建成后,建设单位申请竣工验收前应填写建设项目或单项工程质量检查汇总表,报送质量监督部门申请质量核定。

四、水运工程质量检验合格标准

(1)检验批质量合格应符合下列规定:
①主要检验项目的质量经检验应全部合格。
②一般检验项目的质量经检验应全部合格。其中允许偏差的抽查合格率应达到80%及其以上,且不合格点的最大偏差值对于影响结构安全和使用功能的不得大于允许偏差值的1.5倍,对于机械设备安装工程不得大于允许偏差值的1.2倍。
(2)分项工程质量合格应符合下列规定:
①分项工程所含的检验批均应符合质量合格的规定。
②分项工程所含检验批的质量检验记录应完整。

③当分项工程不划分为检验批时,分项工程质量合格标准应符合检验批的规定。
(3)分部工程质量合格应符合下列规定:
①分部工程所含分项工程的质量均应符合质量合格的规定。
②质量控制资料应完整。
③地基与基础、主体结构和设备安装等分部工程有关安全、功能的检验和抽样检测结果应符合有关规定。
(4)单位工程质量合格应符合下列规定:
①所含分部工程的质量均应符合质量合格的规定。
②质量控制资料和所含分部工程有关安全和主要功能的检验资料应完整。
③主要功能项目的抽查结果应符合本标准的相应规定。
④观感质量应符合本标准的相应要求。
(5)建设项目和单项工程质量合格应符合下列规定:
①所含单位工程的质量均应符合质量合格的规定。
②工程竣工档案应完整。

五、质量不合格时的处理原则

当分项工程及检验批和分部工程的质量不符合本标准质量合格标准要求时,应按下列规定进行处理:
(1)经返工重做或更换构配件、设备的应重新进行检验。
(2)经检测单位检测鉴定能够达到设计要求的,可认定为质量合格;经检测鉴定达不到设计要求但经原设计单位核算认可能够满足结构安全和使用功能的,可认定为质量合格。
(3)经返修或加固处理的分项、分部工程,虽然改变外形尺寸但仍能满足安全使用要求,可按技术处理方案和协商文件进行验收。
(4)通过返修或加固仍不能满足安全使用要求的分部工程和单位工程,不得验收。

第八节　工程竣(交)工验收

【备考要点】
1. 港口工程竣(交)工验收的条件、主要工作内容、基本要求、依据、人员等方面的要求。
2. 航道工程竣(交)工验收的条件、主要工作内容、基本要求、依据、人员等方面的要求。

一、港口工程竣(交)工验收

港口工程竣工验收,是指港口工程建设项目完工后、正式投入使用前,对工程交工验收、执行强制性标准、投资使用等情况进行全面检查验收,以及对工程建设、设计、施工、监理等工作进行综合评价。港口工程建设项目应当按照法规和国家有关规定及时组织竣工验收,经竣工验收合格后方可正式投入使用。

港口工程建设项目合同段完工后,由项目单位组织设计、施工、监理、试验检测等单位进行交工验收,并邀请所在地港口行政管理部门参加。

1. 交工验收的条件

(1)合同约定的各项内容已建设完成,未遗留有碍船舶航行和港口作业安全的隐患。

(2)项目单位组织对工程质量的检测结果合格。

(3)监理单位对工程质量的评定(评估)合格。

(4)质量监督机构对工程交工质量核验合格。

(5)设计单位、施工单位、监理单位已完成工作总结报告。

2. 交工验收的主要工作内容

(1)检查合同执行情况,核验工程建设内容与批复的设计内容是否一致。

(2)检查施工自检报告、施工总结报告及施工资料。

(3)检查监理单位独立抽检资料、监理总结报告及质量评定资料。

(4)检查设计单位对工程设计符合性评价意见和设计总结报告。

(5)检查工程实体质量。

(6)对合同是否全面执行、工程质量是否合格作出结论,出具交工验收意见。

港口工程建设项目建成后,符合竣工验收条件的,项目单位应当及时办理港口工程竣工验收手续。

3. 竣工验收的基本要求

(1)国家重点水运工程建设项目由项目单位向省级交通运输主管部门申请竣工验收。

(2)前款规定以外的港口工程建设项目,属于政府投资的,由项目单位向所在地港口行政管理部门申请竣工验收;属于企业投资的,由项目单位组织竣工验收。

(3)所在地港口行政管理部门应当加强对项目单位验收活动和验收结果的监督核查。

(4)省级交通运输主管部门或者所在地港口行政管理部门应当按照国家规定的程序和时限完成港口工程竣工验收。竣工验收合格的,应当签发"港口工程竣工验收证书"。

4. 竣工验收的主要依据

(1)法规及相关技术标准、规范。

(2)项目审批、核准文件或者备案证明。

(3)项目初步设计、施工图设计、设计变更等批准文件。

(4)主要设备技术规格或者说明书。

(5)合同文件。

5. 竣工验收的条件

(1)已按照批准的工程设计和有关合同约定的各项内容建设完成,各合同段交工验收合格;建设项目有尾留工程的,尾留工程不得影响建设项目的投产使用,尾留工程投资额可以根据实际测算投资额或者按照工程概算所列的投资额列入竣工决算报告,但不超过工程总投资的5%。

(2)主要工艺设备或者设施通过调试具备生产条件。

(3)环境保护设施、安全设施、职业病防护设施、消防设施已按照有关规定通过验收或者备案;航标设施以及其他辅助性设施已按照《中华人民共和国港口法》的规定,与港口工程同时建设,并保证按期投入使用。

(4)竣工档案资料齐全,并通过专项验收。

(5)竣工决算报告编制完成,按照国家有关规定需要审计的,已完成审计。

(6)廉政建设合同已履行。

6. 竣工验收需提交的材料

项目单位向所在地港口行政管理部门申请竣工验收,应当提交以下材料:

(1)申请文件。

(2)竣工验收报告。

7. 竣工验收报告

申请或者组织竣工验收前,项目单位应当组织编制竣工验收报告,竣工验收报告应当包括以下内容:

(1)项目单位工作报告。

(2)设计、施工、监理等单位的工作报告。

(3)质量监督机构出具的交工质量核验意见。

(4)竣工决算报告(按照国家有关规定需要审计的,应当包括竣工决算审计报告)。

(5)环境保护设施、安全设施、职业病防护设施、消防设施已按照有关部门规定通过验收或者备案的相关文件。

(6)有关批准文件。

8. 竣工验收的主要内容

(1)检查工程执行有关部门批准文件情况。

(2)检查工程实体建设情况,核查质量监督机构出具的交工质量核验意见。

(3)检查工程合同履约情况。

(4)检查工程执行强制性标准情况。

(5)检查环境保护设施、安全设施、职业病防护设施、消防设施、档案等验收或者备案情况。

(6)检查竣工验收报告编制情况。

(7)检查廉政建设合同执行情况。

(8)对存在问题和尾留工程提出处理意见。

(9)对港口工程建设、设计、施工、监理等单位的工作作出综合评价。

(10)对工程竣工验收是否合格作出结论,出具竣工验收现场核查报告。

9. 竣工验收的人员要求

(1)竣工验收现场核查组应当由验收组织部门或者单位、所在地港口行政管理部门、质量监督机构、项目单位人员和专家等组成,并应当邀请海事管理机构等其他依法对项目负有监督管理职责的相关部门参加。

(2)工程设计、施工、监理、试验检测等单位人员应当参加现场核查。

(3)竣工验收现场核查组成员应当为9人以上单数,其中专家不少于5人;竣工验收现场核查组组长由负责组织竣工验收的部门或者单位人员担任。

(4)对于建设内容简单、投资规模较小的备案项目,竣工验收现场核查组可以由7人以上单数组成,其中专家不少于4人。

10.竣工验收的其他要求

(1)竣工验收专家应当具有一定的水运工程建设和管理经验,具备良好的职业道德,具有高级专业技术职称,且不得与项目单位以及勘察、设计、施工、监理、试验检测等单位有直接利害关系。

(2)竣工验收现场核查组应当对照港口工程竣工验收主要内容,客观公正、实事求是地对工程进行现场核查,形成竣工验收现场核查报告。

(3)竣工验收现场核查报告应当全面反映竣工验收现场核查工作开展情况和工程建设实际情况,并明确作出竣工验收合格或者不合格的核查结论。

(4)竣工验收现场核查报告由竣工验收现场核查组全体成员签字。竣工验收现场核查组成员对核查结论有不同意见的,应当以书面形式说明其不同意见和理由,竣工验收现场核查报告应当注明不同意见。竣工验收现场核查组组长应当组织全体成员对不同意见进行研究,提出竣工验收是否合格的核查结论。

竣工验收现场核查组成员拒绝在核查报告上签字,又不书面说明其不同意见和理由的,视为同意核查结论。

(5)竣工验收现场核查报告明确竣工验收合格但提出整改要求的,项目单位应当进行整改,将整改情况形成书面材料存档;竣工验收现场核查报告明确竣工验收不合格的,项目单位整改后应当重新申请或者组织竣工验收。

二、航道工程竣(交)工验收

航道工程建设项目应当按照法规和国家有关规定及时组织竣工验收,经竣工验收合格后方可正式交付使用。航道工程建设项目合同段完工后,由项目单位组织设计、施工、监理、试验检测等单位进行交工验收,并邀请具体负责建设项目监督管理工作的交通运输主管部门和质量监督机构参加。

交工验收应当具备的条件和主要工作内容同港口工程。

航运枢纽工程在截流前、水库蓄水前、通航前、机组启动前等关键阶段,项目单位应当组织设计、施工、监理、试验检测、运行管理等单位进行阶段验收,并邀请具体负责建设项目监督管理工作的交通运输主管部门和质量监督机构,必要时邀请地方人民政府、其他负责监督管理工作的部门或机构、专家等参加。

1.阶段验收的主要工作内容

(1)检查已完工程交工验收情况,工程质量、形象进度是否达到阶段验收要求。

(2)检查在建工程是否正常、有序。

(3)检查下阶段工作方案和待建工程施工计划安排。

(4)检查拟投入运行的工程是否具备运行条件。

(5)检查工程资料是否按规定整理齐全。

(6)对阶段验收是否合格做出结论,出具阶段验收意见。

2. 试运行

航道工程建设项目主体工程建成后,应当通过试运行检验工程效果和运行能力。项目单位应当在试运行前将试运行起讫时间、试运行方案、应急预案等报告给负责建设项目竣工验收的交通运输主管部门。试运行应当符合以下条件:

(1)主体工程已按初步设计批准的内容建成,各合同段交工验收合格,其中航运枢纽工程各阶段验收合格,满足使用要求。

(2)航道尺度、通航条件已达到设计要求。

(3)主要机械设备或设施调试及联动调试合格,达到运行条件。

(4)航标等配套的导助航设施已经建设完成。

(5)航运枢纽、通航建筑物等工程建设项目环境保护设施、安全设施、消防设施等已按要求与主体工程同时建设完成,且已通过安全设施和消防设施验收或者备案,符合国家有关法规、标准规定的试运行要求。

航道工程建设项目试运行期限原则上为1年,对不能按期申请竣工验收的项目,项目单位应当向负责建设项目竣工验收的交通运输主管部门申请试运行延期,延长期限一般不得超过1年,对于建设内容复杂的航运枢纽项目延长期限不得超过2年。

试运行期满符合运行要求且符合竣工验收条件的航道工程建设项目,应当在试运行期满后6个月内申请竣工验收。

3. 竣工验收负责部门

交通运输部负责中央财政事权航道工程建设项目的竣工验收。县级以上地方交通运输主管部门按照规定的职责,负责其他航道工程的竣工验收。

4. 竣工验收的条件

(1)已按照批准的工程设计和有关合同约定的各项内容建设完成,各合同段交工验收合格,其中航运枢纽工程各阶段验收合格;建设项目有尾留工程的,尾留工程不得影响建设项目的投入使用,尾留工程投资额可以根据实际测算投资额或者按照工程概算所列的投资额列入竣工决算报告,但不超过工程总投资的5%。

(2)主要机械设备或者设施试运行性能稳定,主要技术参数达到设计要求。

(3)需要实船适航检验的,已选用设计船型进行了实船适航检验,各项检验指标满足设计要求。

(4)试运行期满足要求,工程效果和运行能力符合设计要求。

(5)环境保护设施,航运枢纽、通航建筑物等工程建设项目的安全设施、消防设施、水土保持设施等已按要求与主体工程同时建设完成,且已通过验收或者备案。

(6)竣工档案资料齐全,并通过专项验收。

(7)竣工决算报告已编制完成,按照国家有关规定需要审计的,已完成审计。

(8)工程运行管理单位已落实。

(9)廉政建设合同已经履行。

5. 竣工验收需提交的材料

项目单位申请竣工验收,应当提交以下材料:

(1)申请文件。

(2)竣工验收报告。

6. 竣工验收报告

项目单位申请竣工验收前应当组织编制竣工验收报告,竣工验收报告应当包括以下内容:

(1)项目单位工作报告。

(2)设计、施工、监理等单位的工作报告。

(3)质量监督机构出具的项目工程质量鉴定报告和质量监督管理工作报告。

(4)试运行报告。

(5)竣工决算报告(按照国家有关规定需要审计的,应当包括竣工决算审计报告)。

(6)按法规办理的各专项验收或者备案证明材料。

(7)有关批准文件。

7. 竣工验收的主要依据

(1)法规及相关技术标准、规范。

(2)项目审批、核准文件或者备案证明。

(3)项目初步设计、施工图设计、设计变更文件等批准文件。

(4)主要设备技术规格或者说明书。

(5)合同文件。

8. 竣工验收的主要内容

(1)检查工程执行有关部门批准文件情况。

(2)检查工程实体建设情况,核查质量监督机构出具的项目工程质量鉴定报告和质量监督管理工作报告。

(3)检查工程合同履约情况。

(4)检查工程执行强制性标准情况。

(5)检查按法规办理的各专项验收或者备案情况。

(6)检查竣工验收报告编制情况。

(7)检查廉政建设合同执行情况。

(8)对存在问题和尾留工程提出处理意见。

(9)对航道工程建设、设计、施工、监理等单位的工作作出综合评价。

(10)出具竣工验收现场核查报告,对竣工验收是否合格提出意见。

9. 竣工验收的人员要求

(1)交通运输主管部门应当成立竣工验收现场核查组对工程进行现场核查。

(2)竣工验收现场核查组应当由交通运输主管部门、质量监督机构、项目单位人员和专家等组成,并邀请海事管理机构等其他依法对项目负有监督管理职责的相关部门参加。工程设计、施工、监理、试验检测等单位人员应当参加现场核查。

(3)竣工验收现场核查组成员应当为9人以上单数,其中专家不少于5人;竣工验收现场核查组组长由负责组织竣工验收的交通运输主管部门人员担任。对于建设内容简单、投资规模较小的航道疏浚、航道整治类建设项目,竣工验收现场核查组可以由7人以上单数组成,其中专家不少于4人。

(4)竣工验收专家应当具有一定的水运工程建设和管理经验,具备良好的职业道德,具有高级专业技术职称,且不得与项目单位以及勘察、设计、施工、监理、试验检测等单位有直接利害关系。

10. 竣工验收的其他要求

(1)竣工验收现场核查组应当对照航道工程竣工验收主要内容,客观公正、实事求是地对工程进行现场核查,形成竣工验收现场核查报告。

(2)竣工验收现场核查报告应当全面反映竣工验收现场核查工作开展情况和工程建设实际情况,并明确作出竣工验收合格或者不合格的核查结论。

(3)竣工验收现场核查报告由竣工验收现场核查组全体成员签字。

竣工验收现场核查组成员对核查结论有不同意见的,应当以书面形式说明其不同意见和理由,竣工验收现场核查报告应当注明不同意见。竣工验收现场核查组组长应当组织全体成员对不同意见进行研究,提出竣工验收是否合格的核查结论。

竣工验收现场核查组成员拒绝在核查报告上签字,又不书面说明其不同意见和理由的,视为同意核查结论。

(4)竣工验收现场核查报告明确竣工验收合格但提出整改要求的,项目单位应当进行整改,将整改情况形成书面材料报负责竣工验收的交通运输主管部门;竣工验收现场核查报告明确竣工验收不合格的,项目单位整改后应当重新申请竣工验收。

(5)对于一次设计、分期建成的航运枢纽、通航建筑物等航道工程建设项目,项目单位可以对已建成具有独立使用功能并符合竣工验收条件的部分航道工程提出分期竣工验收申请。

(6)航道工程建设项目有尾留工程的,项目单位应当落实竣工验收现场核查报告对尾留工程的处理意见。尾留工程完工并符合交工验收条件后,项目单位应当组织尾留工程验收,验收通过后将相关资料报负责建设项目竣工验收的交通运输主管部门。

第九节 "品质工程"建设

【备考要点】
1. "品质工程"的建设目标和基本原则。
2. "品质工程"建设的主要措施。
3. "品质工程"评价范围与内容。

一、打造品质工程的意义和内涵

打造品质工程是公路水运建设贯彻落实五大发展理念和建设"四个交通"的重要载体,是深化交通运输基础设施供给侧结构性改革的重要举措,是今后一个时期推动公路水运工程质量和安全水平全面提升的有效途径,是推进实施现代工程管理和技术创新升级的不竭动力,对进一步推动我国交通运输基础设施建设向强国迈进具有重要意义。

品质工程是践行现代工程管理发展的新要求,追求工程内在质量和外在品位的有机统一,以优质耐久、安全舒适、经济环保、社会认可为建设目标的公路水运工程建设成果。

品质工程具体内涵是建设理念体现以人为本、本质安全、全寿命周期管理、价值工程等;管理举措体现精益建造导向,突出责任落实和诚信塑造,深化人本化、专业化、标准化、信息化和精细化;技术进步展现科技创新与突破,先进技术理论和方法得以推广运用,包括先进适用的新技术、新工艺、新材料、新装备和新标准的探索与完善;质量管理以保障工程耐久性为基础,体现建设与运营维护相协调、工程与自然人文相和谐,工程实体质量、功能质量、外观质量和服务质量均衡发展;安全管理以追求工程本质安全和风险可控为目标,促进工程结构安全、施工安全和使用安全协调发展;工程建设坚持可持续发展,体现在生态环保、资源节约和节能减排等方面取得明显成效。

二、指导思想

深入贯彻党的十八大和十八届三中、四中、五中、六中全会精神,践行创新、协调、绿色、开放、共享五大发展理念,落实"四个交通"发展要求,坚持管理和技术的传承与创新,深化现代工程管理,全面提升公路水运工程基础设施建设的质量安全水平,推动公路水运工程建设协调发展和转型升级,为建设开放共享、人民满意的交通奠定基础。

三、基本原则

(1)目标导向,创新驱动。把满足人民群众对高品质交通运输服务的需求作为目标,着力加强工程建设的理念创新、管理创新、技术创新,为打造品质工程注入动力。

(2)功能提升,注重效益。立足功能的完善与提升,科学处理打造品质工程过程中建设与造价、功能与成本的关系,既着力提升工程品质,又避免盲目高成本、高投入,实现全寿命周期成本最优,提高工程投资效益和社会效益。

(3)政府引领,企业创建。充分发挥政府政策引导作用,完善项目建设评价体系,健全激励和约束机制,营造良好发展环境,激发参建各方创建品质工程的内生动力。

(4)统筹推进,示范带动。坚持统筹规划,充分发挥示范带动作用,从实际需求出发,因地制宜、量力而行,注重专项攻关和重点突破,不盲目求高求全。及时总结经验,研究建立全面推进打造品质工程的管理机制。

四、主要目标

到2020年,公路水运品质工程理念深入人心,品质工程评价体系基本建立,建设一批品质工程示范项目,形成一批可复制可推广的经验,实现一批建设技术及管理制度的创新,推进相关标准规范更新升级,逐步形成品质工程标准体系和管理模式,带动全国公路水运工程质量水平明显提升。

五、主要措施

1. 提升工程设计水平

1）强化系统设计

以工程质量安全耐久为核心，强化工程全寿命周期设计，明确耐久性指标控制要求。坚持需求和目标引导设计，系统考虑工程建设施工和运营维护，加强可施工性、可维护性、可扩展性、环境保护、灾害防御、经济性等系统设计，实现工程建设可持续发展。加强设计效果跟踪评估，及时调整优化设计，提高设计服务水平。

2）注重统筹设计

以推进模块化建设为方向，深入推广标准化设计，鼓励构件设计标准化和通用化。切实加强精细化设计，注重工程薄弱环节设计的协调统一，统筹考虑施工的可操作性和维护的便捷性。努力推行宽容设计，充分考虑工程使用状态的不利情形，对可能的风险做好防范设计。加强生态选线选址，推行生态环保设计和生态防护技术。

3）倡导设计创作

以用户体验安全、舒适、便捷为目标，强化工程及配套服务设施的人性化设计，体现地域和人文特点及传统特色文化，追求自然朴实，融入工程美学和景观设计，体现工程与自然人文的和谐、融合与共享；坚持因地制宜，突出功能实效，避免刻意追求"新、奇、特"或盲目追求"之最"和"第一"。

2. 提升工程管理水平

1）推进建设管理专业化

深化工程建设管理模式改革，强化建设单位专业化管理能力建设。健全专业化分包管理制度，加强分包管理，着力提高专业化施工能力。鼓励应用"质量、健康、安全、环境"四位一体管理体系（QHSE管理体系），推进管理标准化。

2）推进工程施工标准化

立足于推进工程现代化组织管理模式，积极推广工厂化生产、装配化施工，着力推进施工工艺标准化、施工管理模式体系化、施工场站建设规范化，逐步推进工程建设向产业化方向发展。

3）推进工程管理精细化

倡导工程全寿命周期集成化管理，强化主体结构与附属设施的施工精细化管理，推动实施精益建造，提升工程整体质量。建立"实施有标准、操作有程序、过程有控制、结果有考核"的标准化管理体系。

4）推进工程管理信息化

探索"互联网＋交通基础设施"发展新思路，推进大数据与项目管理系统深度融合，逐步实现工程全寿命周期关键信息的互联共享。推进建筑信息模型（BIM）技术，积极推广工艺监测、安全预警、隐蔽工程数据采集、远程视频监控等设施设备在施工管理中的集成应用，推行"智慧工地"建设，提升项目管理信息化水平。

5）推进班组管理规范化

建立健全施工班组管理制度，强化班组能力建设。加强施工技术交底，实行班前教育和工后总结制度。推行班组首次作业合格确认制,强化班组作业标准化、规范化和精细化。全面推行班组人员实名制管理,强化班组的考核与奖惩,夯实基层基础工作。

3. 提升科技创新能力

1)积极推广应用"四新技术"

强化科研与设计施工联动,开展集中攻关和"微创新",大力推广性能可靠、先进适用的新技术、新材料、新设备、新工艺,淘汰影响工程质量安全的落后工艺工法和设施设备,推动工程技术提升。

2)发挥技术标准先导作用

坚持品质工程目标导向,鼓励参建单位采用先进工艺标准,切实提升工程质量。鼓励社会团体、企业联盟开展技术创新,制定提升质量、提高效率的工艺标准。完善具有自主知识产权的先进技术标准,推进优势及特色标准国际化,实施工程标准"走出去"。

3)探索建立全产业链继承与创新体系

总结特色有效的传统工艺和工法,针对工程设计、施工、管养、材料、装备等全产业链开展技术创新与集成创新,推进信息技术和工程建养技术深度融合,打造以信息化、智能化和绿色建造为特征的工程全产业链创新体系,实现资源共享、优势互补。

4. 提升工程质量水平

1)落实工程质量责任

健全工程质量责任体系,明确界定建设、勘察、设计、施工和监理单位等责任主体质量责任,推动企业建立关键人履职标准和各岗位工作规范,建立岗位责任人质量记录档案,强化考核和责任追究,实现质量责任可追溯,推动落实质量责任终身制。

2)推进质量风险预防管理

工程项目应强化质量风险预控管理,加强质量风险分析与评估,完善质量风险控制措施和运行机制。健全施工组织设计编制、审查和执行落实体系,严格专项施工方案论证审查制度,强化技术方案分级分类审核责任,全面推行首件工程制,夯实工程质量管理基础。

3)加强过程质量控制

工程项目建立质量目标导向管理机制,严格执行工序自检、交接检、专检"三检制"。加强设计符合性核查评价,深入实施质量通病治理,实施成品及半成品验收标识、隐蔽工程过程影像管理等措施,强化质量形成全过程闭环可追溯。积极应用先进检测技术和装备,建立工程质量信息化动态管理平台,加强过程质量管控。

4)强化工程耐久性保障措施

加强工程耐久性基础研究工作,创新施工工艺,加强关键结构、隐蔽工程和重要材料的质量检验和控制,切实提高工程耐久性。

5. 提升安全保障水平

1)加强工程安全风险管理基础体系建设

推行工程安全生产风险管理,建立安全风险分级管控和隐患治理双重预防体系,推动重大安全风险管控和重大事故隐患治理清单化、信息化、闭环化动态可追溯管理,夯实安全管理基础。

2）提升工程结构安全

树立本质安全理念,强化桥梁隧道、港口工程等的施工和运行安全风险评估工作,切实加强工程结构安全关键指标的实时监测与分析,积极探索智能预警技术,确保工程结构安全状态可知、可控。

3）深化"平安工地"建设

加强施工安全标准化建设,推进危险作业"机械化换人、自动化减人",提高机械化作业程度。推行安全防护设备设施工具化、定型化、装配化。落实安全生产责任,健全安全工作制度,强化安全管理和风险预控,加强隐患排查治理,提升针对性应急处置能力,确保施工安全。

4）提升工程安全服务水平

加强公路交通安全评价,强化公路管理和服务设施的科学合理配置,加强道路、桥梁、隧道、港口等安全运行监测与预警系统建设,提高工程运行管理水平和应急服务能力。建立健全工程巡查排险机制,提升工程安全防护设施和管理服务设施的有效性。

6. 提升绿色环保水平

1）注重生态环保

严格落实生态保护和水土保持措施,加强生态脆弱区域的环境监测和生态修复,降低公路水运工程建设对陆域、水生动植物及其生存环境的影响。

2）注重资源节约

节约利用土地资源,因地制宜采取有效措施减少耕地和基本农田占用。高效利用临时工程及临时设施,注重就地取材,积极应用节水、节材施工工艺,实现资源节约与高效利用。综合考虑工程性质、施工条件、旧料类型及材质等因素,推进废旧材料再生循环利用。

3）注重节能减排

积极应用节能技术和清洁能源,使用符合国家标准的节能产品。加强设备使用管理,选用能耗低、工效高、工艺先进的施工机械设备,淘汰高能耗老旧设备。优化施工组织,合理安排工序,提高设备使用效率,降低施工能耗。

7. 提升品质工程软实力

1）加强管理人员素质建设

从业单位加强人才培养制度建设,强化管理人员的岗位考核和继续教育,创新人才激励与保障机制,着力培养和锻炼一支具备现代工程管理能力、专业技能、良好职业道德的工程管理骨干队伍。

2）提升一线工人队伍素质

从业单位应落实培训主体责任,按规定严格实行"上岗必考、合格方用"的培训考核制度。开展职业技能竞赛,建立优秀技工激励机制,推行师徒制模式,鼓励企业建立稳定的技术工人队伍。保障员工合法权益,注重人文关怀,提供体面工作的基本条件。

3）培育品质工程文化

积极培育以"提升质量、保障安全"为核心,"以人为本、精益求精、全心投入"为主要特征的品质工程文化。大力弘扬工匠精神,广泛宣传、积极推动全员参与品质工程创建活动,形成"人人关心品质、人人创造品质、人人分享品质"的浓郁的文化氛围。

4)实施品牌战略

将品质工程作为工程项目和企业创建品牌的重要载体,引导企业把品质工程作为自身信誉和荣誉的价值追求。通过打造品质工程,提升中国交通和企业品牌形象,增强企业核心竞争力。

六、品质工程评价标准和评价工作的重要意义

党中央、国务院高度重视质量建设。《中共中央国务院关于开展质量提升行动的指导意见》中明确指出,以提高发展质量和效益为中心,将质量强国战略放在更加突出的位置,开展质量提升行动,全面提升质量水平;开展高端品质认证,推动质量评价由追求"合格率"向追求"满意度"跃升。党的十九大报告明确指出,坚持质量第一、效益优先,以供给侧结构性改革为主线,推动经济发展质量变革、效率变更、动力变革;突出关键共性技术、现代工程技术创新,为建设质量强国、交通强国等提供有力支撑。这些要求,充分体现了党中央国务院对质量工作和交通运输工作的高度重视,从全局和战略高度指明了公路水运工程质量提升的主要目标和努力方向。

打造公路水运品质工程是交通运输行业贯彻落实党的十九大精神、党中央国务院质量提升行动决策部署和深化交通运输基础设施供给侧结构性改革的重要举措。开展品质工程评价,树立行业标杆和示范,不断总结和推广先进管理经验和技术创新成果,引领和推动工程质量安全水平全面提升,为建设具有国际先进水平的高品质公路水运基础设施网络,实现交通强国和质量强国战略目标奠定坚实基础。

七、品质工程评价范围与内容

列入国家和地方交通基本建设计划的在建和已交工或竣工验收的公路水运工程项目,均可参加品质工程评价,不局限工程建设规模和等级。

品质工程评价分为示范创建项目品质工程评价、交竣工品质工程示范项目评价、农村公路(三、四级)品质工程示范项目评价,评价对象为工程项目整体。

1. 示范创建项目品质工程评价

示范创建项目品质工程评价是以在建的二级及以上公路工程项目(含独立桥梁和独立隧道)、水运工程项目(含港口、航道)为评价对象。评价以设计和施工阶段为主,主要对工程建设过程中落实打造品质工程主要措施及阶段性成果的综合评价。评价应在项目主体工程完成建安费的50%后且交工验收前进行。

2. 交竣工品质工程示范项目评价

交竣工品质工程示范项目评价是指对工程管理或技术达到行业同时期同类工程的领先水平、示范引导作用显著的项目进行评价,以已交工验收的二级及以上公路工程项目(含独立桥梁和独立隧道)、已竣工验收水运工程项目(含港口、航道)为评价对象。评价包括设计、施工

和运营阶段,主要对工程建设成果"优质耐久、安全舒适、经济环保、社会认可"等方面的综合评价。公路工程评价应在工程项目完成交工验收满 2 年且不超过 5 年进行,同时项目还应经过试运营且通过国家规定的专项验收;公路工程评价工作结合工程竣工验收质量鉴定工作一并进行。水运工程评价应在工程项目完成竣工验收后且不超过 3 年进行。

第三章 质量监理工作

第一节 质量监理的目标

【备考要点】
1. 水运工程质量的特征和特性。
2. 水运工程质量监理的目标。

一、水运工程质量的特征和特性

水运工程项目属于国家基础设施。从投资和效益的关系出发,水运工程质量的特征和特性主要表现为:使用性能(适用性)、寿命(耐久性)、可靠性(稳定性)、安全性、经济性和与环境的协调性。

1. 适用性

指满足使用要求的功能,它表示水运工程的构筑物荷载等级,水陆域面积,航道的宽度、水深、曲率半径、水流条件等方面的技术指标,与它在设计使用年限内,实际所能担负的交通使用能力相适应。

2. 可靠性

表示已交付使用的水运工程构筑物对于保证船舶正常通航的可靠程度,即组成水运工程的各种建筑物和构筑物在使用过程中出现故障概率的大小。如通信、导航信号设施、靠船构筑物等是否容易出错或失去作用,一定时间内航槽的冲淤变化,两岸边坡发生坍塌引起断航、碍航次数的频率等都必须控制在规定的标准范围内。

3. 耐久性

指建筑物在正常的使用情况和在正常的维护保养条件下,所能工作的年限,水运工程设计的工作寿命一般为 50 年,即在 50 年内应无须进行实质性的修理。要使水运工程满足工作寿命的要求,其承受各种交通荷载作用的次数及概率,抗震性能以及主体材料的抗蚀性、抗冰性、抗老化和抗疲劳的性能等都必须达到一定的标准。

4. 安全性

表示水运工程设施的完善程度及其对于突发性事故的防御能力,如结构物的防洪能力及抗震应达到规定的标准等。

5. 经济性

水运工程运行、养护和运输的成本应比较低,效益比较好。

6. 与环境的协调性

一是指构筑物布置、造型及外在观感自身协调,并与周围的自然风貌和城市规划环境相协调;二是指建筑物应与生态环境和地质水文环境相协调,不破坏生态环境,且在地质、水文等自然力作用下能生存等。

二、水运工程质量监理的目标

水运工程施工监理质量控制的目标就是通过有效的监理工作,在满足设计文件和技术规范与标准的前提下,确保构筑物和设施安全可靠,实现建设单位在施工合同中确定的质量目标。

第二节 质量监理的依据、特点和任务

【备考要点】
1. 质量监理的依据。
2. 质量监理的特点。
3. 各阶段质量监理的任务。

一、质量监理的依据

监理工程师应依据下列文件和资料进行工程质量控制和监理。

1. 法律法规

与水运工程监理及质量控制相关的法律、法规。有关水运工程质量监督和管理的法律法规主要有《公路水运工程质量监督管理规定》《航道工程竣工验收管理办法》《港口工程竣工验收办法》和《水运工程重点建设项目质量鉴定办法》等。

2. 合同文件

各项工程质量的保障责任、处理程序、费用支付等均应符合依法签订的监理合同及施工合同等的相关规定。

3. 设计文件

全部工程应与经批准的工程设计文件符合,或符合监理工程师批准的变更或其他技术文件要求,或建设单位、设计单位、监理单位和施工单位在工程实施过程中有关的会议纪要和经确认的其他文字记载。

4. 技术规范

所有用于工程的材料、设施、设备及施工工艺,应符合合同文件所列技术规范或监理工程师批准的工程技术要求。

5. 质量标准

所有工程质量均应符合合同文件中列明的质量标准或监理工程师同意使用的其他标准。

二、质量监理的特点

传统管理方式的质量控制采用承包单位内部管理的形式,在实施工程监理的条件下,工程质量控制通过由政府监督、监理工程师的质量监理和承包人的质量保证、生产自检活动构成的质量体系来实现。与传统的质量管理相比较,工程项目质量监理具有以下几个特点:

(1)监理工程师对工程质量的监理受法律保护。在承包人和发包人签订的承包合同中详细、明确地规定了监理工程师在质量监理方面的权力。

(2)工程质量监理是监理工程师对工程项目实行全过程、全方位、全天候的全面质量管理。

(3)工程质量监理强调对工程质量的主动控制和复合控制。

(4)工程质量监理与工程计量、支付挂钩。

上述特点表明,工程质量监理不是单一的技术管理,而是技术、经济与法律管理的统一体。

三、质量监理的任务

施工准备期审查承包人的施工组织设计、大型临时设施的设计,参加设计交底会,核查进场承包人(含分包)的资质、质保体系的建立与落实情况,核查施工船机设备的性能与数量,核查进场建筑材料及构件的品种、数量和质量,对不符合要求的禁止进场或责令清除出场。

施工期间,核查施工队伍资质情况,查看和抽验建筑材料与构件的质量情况,检查施工操作情况,质量检测的取样、测试情况,施工船机设备的运转情况,验收隐蔽工程、分项工程和分部工程,参与工程质量事故调查,协助审查质量事故的处理方案及其补救措施,并检查落实情况。

交工验收及保修期内,参与交、竣工验收工作,审核承包人对工程维护及缺陷处理的施工方案,检查其实施情况。

第三节 施工各阶段质量监理工作

【备考要点】

1. 施工准备期质量控制的通用内容。
2. 施工期质量控制的通用内容。
3. 缺陷责任期质量控制的通用内容。

为了对工程质量进行有效控制,按照工程实施过程的施工准备期、施工期及缺陷责任期进行全面质量控制。

由于一个水运工程建设项目通常包含若干个单项工程,一个单项工程又包含若干个单位工程,一个单位工程又包含若干分部工程,一个分部工程又包含若干分项工程。根据施工准备工作的范围不同,一般可分为全场性施工准备、单位工程施工准备和分部(项)工程施工准备。因此,这里所说的"施工准备期"是指建设项目、单项工程、单位工程、分部工程、分项工程相应的施工准备期;"施工期"主要是指分部工程、分项工程施工过程和单位工程、单项工程、建设项目的交工验收。

一、施工准备期质量控制的通用内容

施工准备期质量控制的主要内容是对施工单位技术准备、现场准备、人员准备、材料(物资)和机械设备等准备情况的检查。

全场性施工准备是以一个建设项目施工为对象而进行的各项施工准备,其目的和内容是为整个建设项目施工服务,它不仅要为全场性的施工活动创造有利条件,而且要兼顾单位工程施工条件的准备。单位工程施工准备是以单位工程所进行的施工条件准备,其目的和内容是为单位工程施工服务,它既要为单位工程做好开工前的一切准备,又要为其分部(项)工程施工进行作业条件准备。各分部(项)工程准备是以分部(项)工程或一个施工季节施工工程对象进行的施工条件准备。

(一)建设项目、单项工程或单位工程施工准备期质量控制的通用内容

1. 技术准备情况的检查

(1)检查施工单位对施工图纸和施工环境了解情况、参加设计交底和图纸会审情况。
(2)审查施工单位的施工组织设计。
(3)审查施工单位的质量管理体系。
(4)审查施工单位的试验室。
(5)核验施工单位的测量控制网点或基线。
(6)审核签认施工单位的有关标准试验(如混凝土配合比试验)等。
(7)其他相关技术准备情况的检查。
(8)审查开工报告及按法规规定应办理的其他开工手续,把好开工关。

2. 机构与人员到位情况的检查

(1)审查施工单位施工和管理人员到位情况。

应检查施工单位是否按投标文件中施工组织模式建立项目经理部,项目经理、技术负责人、质量管理人员、安全管理人员等管理人员是否配齐,岗位证书是否齐全。

(2)施工队或分包队伍的人员资质状况。
(3)特殊工种或专业工种的工人是否持证上岗。
(4)各类岗位责任制度是否健全。

3. 材料(物资)采购进场与检验情况的检查

(1)检查施工单位的材料(物资)落实情况和采购计划。
(2)检查构配件的加工、制作或定做计划。

(3)对大型构件的加工预制场进行考察的情况。

(4)检查开工前一段时期内的材料、构件和物资的进场情况及检验情况,并审核签认施工单位提交的"材料/构配件报验单"。

4. 施工设备情况的检查

(1)施工设备进场情况及计划的检查。

(2)审核签认施工单位提交的"施工设备报验单"。

5. 场外协调及其他准备情况的检查

(1)检查施工单位负责的场地平整、道路和电力、给排水管网的铺设情况。

(2)检查施工临时设施(包括生产、生活、办公和物资材料存储设施)的建设情况。

(3)检查办理施工有关手续情况,如施工航行通告发布情况、砂石开采、特殊作业(水上施工爆破)等手续。

(4)检查施工区域各种告示牌设立情况,特别是危险区域警告牌等。

(5)审查施工单位开工条件,签署开工令。

(二)分部工程、分项工程施工准备期质量控制的通用内容

1. 技术准备情况的检查

(1)审查施工单位的施工方案。

在分部工程、分项工程开工前,监理工程师应要求施工单位在总体施工组织设计的基础上,编制相应的分部工程、分项工程施工方案。如"桩基工程施工方案",施工方案中应对桩供应计划、沉桩船舶的进退场计划、沉桩船的锚位布置、沉桩顺序和沉桩控制方法等进行详细的叙述。重点审查施工方案和安全技术措施是否符合工程建设强制性标准。

(2)核验施工单位的施工放样资料,签认施工单位提交的"施工测量放样报验单"。

(3)审核签认施工单位的有关技术报告,如"试桩"等。

(4)审核有关应用新工艺、新技术、新材料、新结构的技术鉴定书。

(5)其他相关技术准备情况的检查。

2. 人员到位情况的检查

(1)审查施工单位施工和管理人员到位情况。

应重点检查施工技术人员、质量管理人员、试验检测人员、安全管理人员等是否到位。

(2)检查特殊工种或专业工种的工人是否持证上岗。

3. 材料(物资)采购进场与检验情况的检查

(1)检查施工单位的材料(物资)进场情况。

在工程材料(物资)进入工地前,审查施工单位提交的材料(物资)清单,对质量保证资料,如产地、厂家以及出厂合格证、检验合格证等进行核查,禁止不符合要求的材料、设备进场。核查材料数量能否满足连续施工的需要。

(2)对进场材料(物资)按规定进行相关检验。

(3)审核签认施工单位提交的"材料/构配件报验单"。

4. 施工设备情况的检查

(1) 施工设备进场情况的检查。

需要的船舶、机具是否到位,其数量与性能是否符合要求,能否有利于保证施工质量。

(2) 审核签认施工单位提交的"施工设备报验单"。

5. 施工准备情况的检查

(1) 检查施工现场布置。

主要检查施工临时设施布置和完成情况,施工道路是否畅通,水、电、通信设施是否到位,安全和消防设施是否齐备,生产设施是否与施工强度相适应。

(2) 工程地质、水文气象、潮流潮汐、泥沙波浪等自然因素对工程质量的影响,检查施工单位有无预防措施。

(3) 检查施工航行通告发布情况。

(4) 检查施工区域各种告示牌设立情况,特别是危险区域警告牌等。

(5) 审查施工单位开工条件,签署分部工程、分项工程的开工令。

二、施工期质量控制的通用内容

不同分部工程、分项工程在施工期有不同的质量控制内容,作为一个有经验的监理工程师,应在十分复杂的工作中,抓住主要矛盾,知要领而通全局,紧紧抓住影响工程质量的五大要素(人、材料、机械、方法、环境,即"4M1E")进行质量控制工作。

对于重要工程部位和易产生质量问题的环节,监理工程师应随时检查,随时纠正不合规范的操作,及时纠正发现的质量问题。

在施工期,上道工序质量不合格或未进行验收,不得进行下道工序施工。

(一)"4M1E"质量控制

1. 人员配备

检查施工单位人员的数量和结构,主要管理人员的资格与水平,试验检测人员的资格,一线人员的数量、素质与技能,特殊工种或专业工种的工人是否持证上岗。

2. 工程材料

审查原材料、半成品的数量、规格、材质是否符合标准或设计要求,是否按规定进行检验等。工程材料、构配件和设备应在施工单位填写"材料/构配件/设备报验单",并经监理工程师审核合格后进场。

3. 船机配置

审查船机的数量、规格与进场时间是否符合合同规定,船机效率能否满足施工强度要求,保证施工过程船机设备的正常运转。

4. 施工工艺

审查施工方案、工艺流程和施工方法是否合理,施工质量措施是否可靠,施工安全是否有保证,使用的船机能否满足施工强度的要求,现场操作存在什么问题。

5. 施工环境

即施工条件,主要有水电交通条件、场地布置、自然环境条件、工程地质、水文气象、潮流潮汐、泥沙波浪等自然因素对工程带来的影响。

(二)交工验收质量控制

(1)审查施工单位的预验收申请报告。
(2)对全部完成或部分完成的工程进行预验收。
(3)审查施工单位的交工验收报告或中间验收报告及其他有关交工资料。
(4)审查施工单位工程保修期的质量保证计划。
(5)参加交工验收会议,并签认"交工验收证书"或"中间验收证书"。
(6)提交监理工作总结报告。

三、缺陷责任期质量控制的通用内容

(1)检查工程质量情况。
(2)审查或估算修复费用。
(3)审查施工单位的补充资料。
(4)审查施工单位的工程保修终止报告。
(5)签认"工程保修终止证书"。

在缺陷责任期,监理单位应配备必要的监理人员,定期检查工程质量。监理工程师应对工程缺陷发生的原因进行调查。对因施工单位原因造成的工程质量缺陷应责成施工单位进行修复;对因非施工单位原因造成的工程质量缺陷,监理工程师应协助业主对修复工作进行费用估算。

第四节 水运通用工程质量控制

【备考要点】
1. 模板工程质量控制要点。
2. 钢筋工程质量控制要点。
3. 混凝土工程质量控制要点。
4. 预应力钢筋混凝土质量控制要点。
5. 钢结构工程质量控制要点。
6. 地基处理工程质量控制要点。
7. 水运工程墙后回填工程控制要点。
8. 停靠船与防护设施工程质量控制要点。

一、模板工程质量控制

(一)模板制作

模板及支撑应按模板设计图和工艺要求加工制作,模板及支架的材料及结构必须符合施

工技术方案和模板设计的要求,成品应经验收合格后方可使用。

1. 钢模板制作

(1)模板零、构件下料的尺寸应准确,料口应平整;面板、肋、背棱等部件焊前应调平、调直。

(2)模板的组拼组焊应在专用工装和平台上进行,并采用合理的焊接顺序和方法。

(3)模板的焊缝应均匀,焊缝尺寸应满足设计要求,焊渣应清理干净,不得有夹渣、气孔、咬肉和裂纹等缺陷。

(4)模板面板应平整、无锈蚀,并应刷油保护;模板外表面应涂刷防锈油漆。

2. 模板的吊环

严禁使用冷拉钢筋。焊接式钢吊环的焊缝长度及焊缝高度应满足设计要求。

(二)模板安装

1. 模板支撑质量

模板支撑的支承应稳定、坚固、可靠,应能抵抗在施工过程中可能发生的偶然冲撞和振动。支撑应支承在坚实的地基或者混凝土上,并应有足够的支承面积,斜撑不得滑动。当采用在下层混凝土中预埋锚拉螺栓作为上层模板支承时,下层混凝土应具有足够的强度。桩帽或墩台等构件的模板,当采用夹桩木作为支承时,应对夹桩木进行设计,安装后应对夹桩木的高程及稳固情况进行检查,在浇筑混凝土过程中不得产生松动。

2. 模板面板质量

面板表面应平整、光洁,接缝应平顺、严密、不漏浆,透水模板敷面材料应敷贴平顺。结构或构件竖向棱角和底部棱边处宜作抹角处理,模板与混凝土的接触面应涂刷脱模剂,脱模剂应涂刷均匀,不得污染工程结构和构件、钢筋、混凝土接茬部位。

3. 模板的起拱量

跨度大于4m的现浇梁、板构件的模板应起拱,当设计无要求时,起拱高度宜为全跨长度的1/1000～3/1000。

(三)模板拆除

(1)模板拆除的顺序应按施工方案的要求进行。当无要求时,应按照先支后拆、后支先拆的原则。

(2)模板拆除时,结构或构件混凝土的强度应达到设计要求,当设计无具体要求时,应符合规范要求(表3-1)。水下和水位变动区结构和构件的模板拆除时间应适当延后。

混凝土结构拆模时所需混凝土强度　　　　表3-1

序号	结构形式	结构跨度(m)	达到设计强度标准值的百分率(%)
1	板	<2	50
		2~8	75
		>8	100

续上表

序号	结构形式	结构跨度(m)	达到设计强度标准值的百分率(%)
2	梁	≤8	75
		>8	100
3	悬臂构件	≤2	75
		>2	100

注：混凝土设计强度标准值，系指与设计的混凝土强度等级相应的混凝土立方体抗压强度标准值。

(3)大型模板和承重模板拆除时，应按模板设计的要求，采取防止模板倾覆或坠落的措施。

(4)模板拆除后，应对遗留在结构或构件表面上的拉杆及拉杆孔眼进行处理。拉杆头保护层的厚度不得小于设计最小厚度，拉杆孔眼的封堵应密实、平整。

(5)对拆下的模板、支撑及配件应及时清理、维修，分类堆存妥善保管，钢模板应做好防锈。

(6)大型模板堆放时，应垫平、放稳，并应采取防止翘曲变形的措施；大模板竖立存放应满足自稳要求。

(7)充气胶囊芯模、整体弹性钢模板、永久性金属模板、人工块体模板等特种模板应符合相应规定。

二、钢筋工程质量控制

(一)原材料质量控制

1. 原材料进场控制

(1)钢筋、钢丝、钢绞线、焊条、焊剂等原材料的品种、规格和性能应满足设计要求和国家有关标准的规定。

(2)钢筋进场时，应检查其产品质量证明文件，并按炉号、批次及直径分批验收。验收时，应查明标牌及进行外观检查。

(3)钢筋在运输过程中，应避免锈蚀和污染。钢筋进场后，应分品种、牌号、等级、规格及生产厂家等堆存整齐，不得混杂，且应设立识别标志。

(4)环氧树脂涂层钢筋的包装、标志、搬运和存放应符合现行《海港工程混凝土结构防腐蚀技术规范》(JTJ 275)的有关规定。

(5)预制构件的吊环严禁使用冷拉钢筋。

2. 原材料抽样复验

(1)钢筋等原材料在使用前应按国家有关标准的规定进行力学、工艺性能等检验。

(2)钢筋等原材料的验收批和抽样数量应符合有关标准的规定。普通钢筋一般只进行拉伸试验和弯曲试验，在试验中如果有一个试件的一个试验项目不合格，则另取双倍数量的试件重新进行拉伸试验和弯曲试验，如果仍有一个试件的一个试验项目不合格，无论该试验项目在第一次试验中是否合格，该批钢筋不合格。

(3) 进口钢筋应进行化学成分检验和焊接试验,并应满足设计要求。

(4) 钢筋施工中,当发现钢筋脆断、焊接性能不良或力学性能显著不正常等现象时,应对该批钢筋进行化学成分检验或其他专项检验。

(二) 钢筋加工安装质量控制

1. 钢筋的弯曲

钢筋的弯钩或弯折应符合设计和规范要求。主要是弯钩(弯折)的形式、弯弧内径、平直部分长度、弯起钢筋弯折点处弯曲直径等的控制。

2. 绑扎与焊接

1) 钢筋绑扎接头

(1) 钢筋绑扎搭接最小搭接长度应符合表 3-2 的规定。

受力钢筋绑扎接头的最小搭接长度　　　　　　表 3-2

钢筋类型	受 拉 区	受 压 区
HPB235	25d	15d
HPB300		
HRB335	35d	25d
HRB400	40d	30d

注:1. d 为钢筋直径。直径等于或小于 12mm 的受压钢筋末端,如不做成弯钩,其搭接长度不应小于 30d。
　2. 两根直径不同钢筋的搭接长度,以较细钢筋的直径计算。
　3. 在任何情况下,受拉钢筋的搭接长度不应小于 300mm,受压钢筋的搭接长度不应小于 200mm。
　4. 冷轧带肋钢筋绑扎搭接长度,应满足现行《冷轧带肋钢筋混凝土结构技术规程》(JGJ 95)的相关规定。
　5. 钢筋焊接网绑扎搭接长度,应满足现行《钢筋焊接网混凝土结构技术规程》(JGJ 114)的相关规定。

(2) 钢筋搭接处中心及两端应用铁丝扎紧。

(3) 绑扎接头处钢筋的横向净距不应小于钢筋直径,且不得小于 30mm。

(4) 设置在同一构件中纵向受力钢筋的绑扎搭接应相互错开布置,钢筋搭接接头中点位于其他任一搭接钢筋接头连接区段应按同一连接区段计,钢筋接头连接区段的长度应为 1.3 倍搭接长度,同一连接区段,受力钢筋的绑扎接头面积占受力钢筋总面积的百分数应满足设计要求,设计无具体要求时,受压不得大于 50%,受拉区不得超过 25%。

(5) 当钢筋成束布置时,成束筋中单根钢筋的接头应错开,间距不宜小于 40 倍钢筋直径,搭接的接头长度应加长 20%。

2) 钢筋焊接接头

(1) 钢筋焊接接头的材料、焊接方法、外观检查及力学性能检验等应符合现行《钢筋焊接及验收规程》(JGJ 18) 的有关规定。

(2) 设置在同一构件内的焊接接头应相互错开布置。在任一焊接接头中心至受力钢筋的最大直径的 35 倍且不小于 500mm 的区段内同一根钢筋不应有一处以上接头;在该区段内有接头的受力钢筋截面面积之和占受力钢筋总截面面积的百分率应满足设计要求,设计无具体要求时,应满足下列要求。

① 非预应力筋在受拉区不大于 50%。

②预应力筋不超过25%,当焊接质量有可靠保证时,不超过50%。
③受压区和后张法的螺丝端杆不限制。
3) 钢筋机械连接接头
(1) 钢筋连接件处的最小混凝土保护层厚度应满足设计要求。
(2) 带肋钢筋套筒挤压接头、镦粗直螺纹钢筋接头、钢筋锥螺纹接头应符合现行《钢筋机械连接技术规程》(JGJ 107)的规定。滚轧直螺纹钢筋连接接头应符合现行《钢筋机械连接用套筒》(JG/T 163)的规定。

三、混凝土工程质量控制

(一) 原材料质量控制

1. 一般规定
(1) 水运工程混凝土所用的原材料,应充分考虑环境的影响,满足新拌混凝土和硬化混凝土规定的性能要求。
(2) 材料在运输与储存过程中,应按品种、规格分别堆放,不得混杂,不得接触海水,并防止其他污染。
(3) 水运工程混凝土所用的原材料进场时应附有检验报告等质量证明文件,并应按照有关规定进行产品质量检验,其质量应符合国家现行有关标准的规定,并满足设计要求。

2. 水泥
1) 一般要求
(1) 水运工程混凝土宜采用硅酸盐水泥、普通硅酸盐水泥、矿渣硅酸盐水泥、火山灰质硅酸盐水泥、粉煤灰硅酸盐水泥或复合硅酸盐水泥,质量应符合现行《通用硅酸盐水泥》(GB 175)的有关规定。普通硅酸盐水泥和硅酸盐水泥熟料中铝酸三钙含量宜在6%~12%。
(2) 水运工程严禁使用烧黏土质的火山灰质硅酸盐水泥。
(3) 水泥进场时,应对其品种、等级、出厂日期等检查验收。当因储存不当引起质量有明显改变或水泥出厂超过3个月时,应在使用前对其质量进行复验。
2) 特殊要求
(1) 有抗冻要求的混凝土宜采用普通硅酸盐水泥或硅酸盐水泥,不宜采用火山灰质硅酸盐水泥。
(2) 不受冻地区海水环境的浪溅区混凝土宜采用矿渣硅酸盐水泥。
(3) 泵送混凝土应选用硅酸盐水泥、普通硅酸盐水泥、矿渣硅酸盐水泥和粉煤灰硅酸盐水泥,不宜采用火山灰质硅酸盐水泥。
(4) 大体积混凝土水泥宜采用矿渣硅酸盐水泥、火山灰质硅酸盐水泥、粉煤灰硅酸盐水泥、复合硅酸盐水泥、普通硅酸盐水泥。采用普通硅酸盐水泥时,宜掺入粉煤灰、磨细粒化高炉矿渣等活性掺合料。
(5) 水下混凝土和水下不分散混凝土水泥可采用矿渣硅酸盐水泥、火山灰质硅酸盐水泥、粉煤灰硅酸盐水泥、普通硅酸盐水泥或硅酸盐水泥。水泥的初凝时间不宜早于2.5h,水泥的强度等级不宜低于42.5。

(6)立窑水泥可用于不冻地区的素混凝土和临时建筑物的钢筋混凝土;当有充分论证时,方可用于受冻地区的素混凝土。

(7)与其他有侵蚀性水接触的混凝土所用水泥应按国家现行有关标准选用。

3. 细集料

(1)混凝土中使用的细集料应采用质地坚固、公称粒径在5.00mm以下的砂,其杂质含量、粗细程度和级配分区应满足现行《水运工程混凝土质量控制标准》(JTS 202-2)的规定。

(2)细集料不宜采用海砂。采用海砂时,海砂中氯离子含量应符合相关规定。

(3)采用特细砂、机制砂或混合砂时,应符合相关标准的要求。

(4)泵送混凝土细集料细度模数宜为2.4~2.9,筛孔(0.315mm)的累计筛余量不宜大于85%。

(5)海水环境工程中严禁采用碱活性细集料。淡水环境工程中所用细集料具有碱活性时,应采用碱含量小于0.6%的水泥并采取其他措施,经试验验证合格后方可使用。

4. 粗集料

(1)配制混凝土应采用质地坚硬的碎石、卵石或碎石与卵石的混合物作为粗集料,其强度可用岩石抗压强度或压碎指标值进行检验。碎石、卵石的抗压强度或压碎指标应符合现行《水运工程混凝土质量控制标准》(JTS 202-2)的规定。

(2)粗集料的杂质含量、卵石中软弱颗粒含量应符合现行《水运工程混凝土质量控制标准》(JTS 202-2)的规定。

(3)粗集料的粒径应满足下列要求。

①不大于80mm。

②不大于构件截面最小尺寸的1/4。

③不大于钢筋最小净距的3/4。

④不大于混凝土保护层厚度的4/5,在南方地区浪溅区不大于混凝土保护层厚度的2/3。

⑤厚度为100mm和小于100mm混凝土板允许采用最大粒径不大于1/2板厚的集料。

⑥大体积混凝土在满足上述要求基础上宜选用较大值。

⑦水下混凝土粗集料的最大粒径不应大于导管内径的1/6,混凝土输送管的1/3和钢筋最小净距的1/4,同时不应大于40mm。

⑧水下不分散混凝土粗集料的最大粒径不应大于导管内径的1/6,混凝土输送管的1/3和钢筋最小净距的1/4,同时不应大于31.5mm。

(4)粗集料的颗粒级配应满足现行《水运工程混凝土质量控制标准》(JTS 202-2)的规定。

(5)海水环境工程中严禁采用碱活性粗集料。淡水环境工程中所用粗集料具有碱活性时,应采用碱含量小于0.6%的水泥并采取其他措施,经试验验证合格后方可使用。

5. 拌和用水

(1)混凝土拌和用水宜采用饮用水,不得使用影响水泥正常凝结、硬化和促使钢筋锈蚀的水拌和。

(2)钢筋混凝土和预应力混凝土均不得采用海水拌和。在缺乏淡水的地区,素混凝土允许采用海水拌和,但混凝土拌合物中总氯离子含量应符合相关规定,有抗冻要求的其水胶比应降低0.05。

(3)混凝土不得采用沼泽水、工业废水或含有害杂质的水拌和。

(4)使用非生活饮用水时,开工前应检验其质量。水源有改变或对水质有怀疑时,应及时检验。

6. 外加剂

(1)混凝土应根据要求选用减水剂、引气剂、早强剂、防冻剂、泵送剂、缓凝剂、膨胀剂等外加剂。

(2)每批外加剂进场应按规定的抽样组批原则进行相关指标的检测。

(3)外加剂的品质应符合国家现行相关标准的有关规定。在所掺用的外加剂中,以胶凝材料质量百分率计的氯离子含量不宜大于0.02%。

(4)有抗冻要求混凝土掺加的引气剂宜采用松香热聚物或松香皂等。品质、掺量、配置方法应符合有关规定。

(5)钢筋混凝土、预应力混凝土中不得掺用氯盐外加剂。

(6)冷天施工时掺用外加剂应符合下列规定。

①采用三乙醇胺作早强剂时,掺量不得超过胶凝材料用量的0.05%。

②素混凝土中掺用氯盐或以氯盐为主的防冻剂时,氯盐质量总和不得超过以胶凝材料质量百分率计的2%。

(二)混凝土配合比控制

1. 混凝土配制强度确定

(1)混凝土配合比设计应符合混凝土的设计强度、耐久性及施工要求,并应经济合理。确定的配合比应根据指定的要求制作试件,并进行试验校核。

(2)混凝土的施工配制强度应按式(3-1)确定。

$$f_{cu,o} = f_{cu,k} + 1.645\sigma \tag{3-1}$$

式中:$f_{cu,o}$——混凝土施工配制强度(MPa);

$f_{cu,k}$——设计混凝土强度等级(MPa);

σ——混凝土立方体抗压强度标准差(MPa)。

(3)减水剂应通过试验选择,并应与胶凝材料匹配良好。

(4)试验室试拌和完成验收合格后,尚应按照混凝土生产使用的设备、人员及管理进行搅拌站试拌和,经检验混凝土拌合物质量、强度、耐久性等指标满足设计要求后才能用于生产。

2. 配合比设计的其他要求

(1)抗冻混凝土配合比计算应采用绝对体积法计算,并应计入混凝土拌合物的含气量。

(2)大体积混凝土最终配合比宜经胶凝材料水化热总量的测定和验算确定,在满足设计和施工要求的前提下,宜提高集料的用量,减少每立方米混凝土的水泥用量。

(3) 水下混凝土的配合比设计必须满足混凝土的设计强度、水陆强度比、水下自密实性、耐久性和施工和易性的要求,并应经济合理。

(4) 水下混凝土水胶比的选择应同时满足强度和耐久性要求。按强度要求得出的水胶比与按耐久性要求规定的水胶比相比较,应取其较小值作为配合比的设计依据。

(5) 水下混凝土的施工配制强度应比设计强度标准值提高 40%~50%。

(三) 混凝土生产过程质量控制

1. 配料

(1) 混凝土拌制前应测定砂、石含水率并根据测试结果调整材料用量,提出施工配合比,填写配料单。原材料配料时,应按配料单进行称量,不得改动。

(2) 混凝土原材料进行称量时,其偏差应符合有关规定。

(3) 各种衡器应定期校验,每一工作班正式称量前,应对称量设备进行零点校核。

(4) 施工过程中应检测集料含水率,每一工作班至少测定 2 次。当遇雨天或含水率有显著变化时,应增加检测次数,并应及时调整用水量和集料用量。

2. 搅拌

(1) 混凝土拌合物应拌和均匀,颜色一致,不得有离析和明显泌水现象。

(2) 混凝土搅拌完毕后,应按下列要求检测拌合物的质量指标。

① 混凝土拌合物的坍落度和含气量,应在搅拌地点和浇筑地点分别取样检测,每一工作班应对坍落度至少检查 2 次,含气量至少检查 1 次。在混凝土预制构件场,当混凝土拌合物从搅拌机出料起至浇筑入模的时间不超过 15min 时,可在搅拌地点取样检测坍落度和含气量。

② 混凝土拌合物的稠度和含气量等检测结果应符合相关规定。

③ 对混凝土拌合物均匀性检测结果,混凝土中砂浆密度测值的相对误差不应大于 0.8%,单位体积混凝土中粗集料含量测值的相对误差不应大于 5%。

3. 运输

(1) 混凝土运输能力应与搅拌及浇筑能力相适应,并宜缩短运输时间和减少倒运次数。

(2) 混凝土运输容器应光洁、平整、不吸水、不漏浆。

(3) 混凝土拌合物运送到浇筑地点时,应不离析、不分层,并满足施工所要求的稠度。

(4) 混凝土拌合物运送至浇筑地点如出现离析、分层或稠度不满足要求等现象,应对混凝土拌合物进行二次搅拌,二次搅拌时不得任意加水。稠度不足时可同时加入水和胶凝材料,保持其水胶比不变。

(5) 混凝土从搅拌机卸出后到浇筑完毕的延续时间应通过试验确定。

(6) 采用皮带运输机运送混凝土拌合物时,应符合现行《水运工程混凝土施工规范》(JTS 202)的有关规定。

(7) 采用泵送混凝土时,供应的混凝土量应能保证混凝土泵的连续工作。如因故间歇,间歇时间不应超过 45min。

4. 浇筑

(1)浇筑混凝土前的有关检查。

①浇筑混凝土前,应检查模板、钢筋、预埋件和预留孔等的尺寸、规格、数量和位置,其偏差应符合规定,并应检查模板支撑的稳定性、接缝的密合情况、脱模剂涂刷情况,并清除模内杂物、积水。

②钢筋的混凝土保护层厚度应符合设计要求,其允许偏差应为+10mm 和0mm。

③混凝土浇筑前应检查垫块的位置和数量,垫块的位置应符合要求,构件侧面或底面的垫块数量不应少于4个/m^2,并应绑扎牢固。绑扎垫块的铁丝头不得伸入保护层内。

④钢筋表面不得有锈屑、油污、水泥浆、盐渍或其他可能影响耐久性及握裹力的有害物质。

(2)混凝土浇筑。

①混凝土拌合物运至浇筑地点的温度,最高不宜高于35℃,最低不宜低于5℃。大体积混凝土的浇筑应合理分段分层进行,使混凝土沿高度均匀上升;应在室外气温较低时段进行浇筑,混凝土浇筑温度不宜超过28℃。

②混凝土在浇筑过程中应控制混凝土的均匀性和密实性,不应出现露筋、空洞、冷缝、夹渣、松顶等现象。

③混凝土的浇筑应连续进行。如因故中断,其允许间歇时间应根据混凝土硬化速度和振捣能力经试验确定。

④混凝土在浇筑过程中发现原材料、稠度不符合规定,或有分层离析等异常现象时,应立即查明原因且妥善处理后方可继续浇筑。

⑤混凝土拌合物倾落自由高度不宜超过2m。如可能发生离析时,应采用串筒、斜槽、溜管或振动溜管等措施下落。

⑥混凝土应振捣成型,振捣器应根据施工对象和混凝土拌合物性质选择,并确定振捣时间,混凝土振捣以混凝土表面呈现水泥浆和不再沉落为度。

⑦浇筑混凝土时,应随时检查模板、支架、钢筋、预埋件、预留孔和垫块的固定情况,发现有变形、位移时应立即停止浇筑,并应在已浇筑的混凝土凝结前进行修整。

⑧混凝土在浇筑和静置过程中,应采取措施防止产生裂缝。由于混凝土的沉降和塑性干缩产生的表面裂缝,应及时予以修整。

(3)混凝土试块制作。

在浇筑混凝土时,应同时制作吊运、张拉、放松、加荷和强度合格评定的立方体抗压强度试件。必要时还应制作抗冻、抗渗、抗氯离子渗透或其他性能的试件,试件的取样与制作应符合现行《水运工程混凝土施工规范》(JTS 202)的有关规定。

5. 养护

(1)养护工艺要求。

①素混凝土宜采用淡水、养护剂养护,在缺乏淡水的地区,可采用海水保持潮湿养护。

②现浇钢筋混凝土结构,在浪溅区和水位变动区采用淡水养护确有困难时,北方地区应适当降低水胶比,南方地区可采用掺入适量的钢筋阻锈剂,并在2天后拆模,再喷涂养护剂养护。

③钢筋混凝土、预应力混凝土构件不得采用海水养护。

④养护方法应根据构件外形选定,宜采用洒水、土工布覆盖浇水、包裹塑料薄膜、喷涂养护液进行养护,当日平均温度低于5℃时不宜洒水养护。

⑤采用塑料薄膜或养护剂进行养护时应覆盖严密,并经常检查塑料薄膜或养护液薄膜的完整情况和混凝土的保湿效果,有损坏时应及时修补。

⑥大体积混凝土的养护应通过热工计算,确定其保温、保湿或降温措施,并宜设置测温孔或埋设热电偶等方法测定混凝土内部和表面温度,温度应控制在设计要求的温差内。设计无要求时温差不宜大于25℃。

(2)养护时间要求。

混凝土潮湿养护的时间不应少于表3-3的规定。

混凝土潮湿养护时间　　　　　　　　表3-3

水 泥 品 种	混凝土潮湿养护时间(d)
硅酸盐水泥、普通硅酸盐水泥	≥10
矿渣硅酸盐水泥、火山灰质硅酸盐水泥、粉煤灰硅酸盐水泥、复合硅酸盐水泥	≥14

注:1. 对有抗冻要求的混凝土,按表列规定进行潮湿养护之后,宜在空气中放置14~21d。
　2. 对厚大结构的混凝土,使用硅酸盐水泥、普通硅酸盐水泥时,潮湿养护不得少于14d,使用矿渣硅酸盐水泥、火山灰质硅酸盐水泥、粉煤灰硅酸盐水泥或复合硅酸盐水泥时,潮湿养护不得少于21d。

(3)其他要求。

①养护混凝土时,应每天记录天气的最高、最低温度和天气变化情况,并形成养护记录。

②混凝土强度未达到2.5MPa以前,人员不得在已浇筑的结构上行走、运送工具或设置上层结构的支撑和模板。

(四)大体积混凝土防裂措施

所谓大体积混凝土,是指预计因胶凝材料水化热等因素引起混凝土温度变化导致裂缝,或结构断面最小尺寸等于或大于1m的混凝土。水运工程中有许多混凝土结构属于大体积混凝土。

大体积混凝土应在结构设计、材料选用、混凝土配制及施工的全过程采取保证结构安全、适用、耐久的温度裂缝控制措施。下面仅简单介绍施工环节应控制的重点内容,其他环节及其详细控制要求见现行《水运工程大体积混凝土温度裂缝控制技术规程》(JTS 202-1)。

1)大体积混凝土施工应符合下列规定

(1)施工中应控制混凝土的浇筑温度,充分利用低温季节施工。

(2)热天施工应采取下列措施。

①混凝土入模温度不高于30℃。

②混凝土施工应安排温度较低的夜间进行。

③降低集料和拌和用水的温度。

④避免混凝土表面骤然降温。

(3)冷天施工应采取下列措施。

①混凝土入模温度不低于5℃。

②浇筑完毕后覆盖保温,防止冷击。

③不使用冷水养护。

(4)无筋或少筋大体积混凝土中宜埋放块石,埋放块石时应按有关规定执行。
(5)当混凝土早期升温时,宜采取下列散热措施。
①分层浇筑。
②顶面洒水或用流动水散热。
③采用钢模板。
④布设冷却水管。
(6)在混凝土降温阶段应采取下列保温措施。
①在寒冷季节推迟拆模时间,拆模后采用草袋、帆布、塑料薄膜覆盖等保温措施。
②对于地下结构及时进行回填保温、减小干缩。
(7)拆模不宜在混凝土可能受冷击时进行。
(8)施工缝设置应满足下列要求。
①在岩基或旧混凝土上浇筑的混凝土结构,纵向分段长度不大于15m。
②在底板上连续浇筑墙体的结构,墙体上的水平施工缝设置在墙体距底板顶面大于或等于1.0m的位置。
③对不适合设置施工缝的结构,采取跳仓浇筑和设置闭合块的方法,减小一次浇筑的长度。
④上下两层相邻混凝土避免错缝浇筑。
⑤在已浇筑的混凝土结构上浇筑新混凝土时,间隔时间不超过7d。
(9)岩石地基表面宜处理平整,在地基与结构之间可设置缓冲层。
2)大体积混凝土养护宜满足下列要求
(1)养护期不少于14d。
(2)热天采用流动水养护;在不冻地区,冷天采用滞水养护。
(3)混凝土内部和表面温度应控制在设计要求的温差内,当设计无要求时,温差不宜超过25℃。

四、预应力钢筋混凝土质量控制

(一)预应力筋制作质量控制

1.预应力筋下料

1)下料方法
钢丝、钢绞线、钢棒及精轧螺纹钢筋,应采用砂轮锯或切断机切断,不得采用电弧切割。
2)下料长度
预应力筋的下料长度应根据预应力筋种类、张拉方式和锚固方式经计算确定,并应考虑锚夹具厚度、千斤顶长度、焊接接头和墩头或其他形式锚头的预留量、冷拉伸长值、弹性回缩值、张拉伸长值、台座长度、构件长度、构件间距和连接杆长度等因素。预应力筋下料长度的允许偏差和抽检数量应符合下列规定。
(1)采用钢丝束作预应力筋,且两端采用墩头锚具时,同一束中各根钢丝下料长度的相对差值不应大于配筋长度的1/5000,且不应大于5mm。

(2)采用钢筋作预应力筋时,冷拉后同一构件内各钢筋的下料长度的相对差值不应大于构件配筋长度的1/2000,且不应大于20mm。

(3)预应力筋下料长度检查,每工作班应抽查总数的3%,且不得少于3根。

2. 预应力筋端部锚具的制作

预应力筋端部锚具的制作质量和抽检数量应符合下列规定。

(1)挤压锚具制作时压力表油压应符合操作说明书的规定,挤压后预应力筋外端应露出挤压套筒1~5mm。对挤压锚具的抽检数量,每工作班应抽查5%,且不应少于5件。

(2)钢绞线压花锚成型时,表面应清洁、无油污,梨形头尺寸和直线段长度应满足设计要求。对压花锚的抽检数量,每工作班应抽查3件。

(3)钢丝镦头的强度不得低于其强度标准值的98%,每批钢丝应抽取6个镦头试件进行强度检测。

(二)预应力张拉、放松机具设备质量控制

1. 张拉梁

预应力筋张拉所用的张拉梁,应按预应力筋的布置、根数、张拉荷载、张拉条件等因素经过计算选定。设计时,除应满足强度、刚度要求外,尚应考虑操作简便等因素。

2. 张拉机具设备及仪表

预应力张拉机具设备及仪表应定期维护和校验,并应配套标定,配套使用,专人保管。

3. 预应力筋用锚具、夹具和连接器

预应力筋用锚具、夹具和连接器的形式应根据设计要求或使用条件选用,其应具有可靠的锚固性能、足够的承载能力和良好的适应性、安全性。

1)抽样复验组批方案

对定型产品同一组批不宜超过1000套,对非定型产品同一组批不宜超过500套,对少量加工的非定型产品同一组批不宜超过200套。

2)复验内容及要求

(1)预应力筋用锚具、夹具和连接器复验的内容应根据设计要求、使用条件和相关技术标准等综合确定。当设计无明确要求时,复验内容应包括外观质量、尺寸偏差、硬度和静载锚固性能试验。

(2)外观和尺寸偏差检查,抽检数量不应少于10%,且不得少于10套锚具。当有一套表面有裂纹或超过产品标准及设计图纸规定尺寸的允许偏差时,应另取双倍数量的锚具重做检查,如仍有一套不符合要求,则应逐套检查,合格后可使用。

(3)夹片式和锥塞式锚夹具硬度检查应从每批中抽取5%,且不少于5件。有硬度要求的零件应做硬度试验,对多孔夹片式锚具的夹片,每套抽取不少于5片,每个零件应测试3点,其硬度应在设计要求范围内,当有一个零件不合格时,应另取双倍数量的零件重做试验,如仍有一个零件不合格,则应逐个检查,合格后可使用。

(4)首次使用的锚具,或改变锚具型号、规格时,经上述两项试验合格后,应从同批中取6套锚具组成3个预应力筋锚具组装件,进行静载锚固性能试验,当有一个试件不符合要求时,应另取双倍数量的锚具重做试验,如仍有一套不合格则该批锚具为不合格品。

(5)重复使用的锚具组件应进行互换性检查,互换性合格率应达95%以上;每次使用前应进行外观检查,其表面应无污物、锈蚀、变形、裂纹和机械损伤等,对失效的锚具组件应及时进行报废处理。

(三)施加预应力

1. 施加预应力工艺要求

(1)先张法多根直线预应力钢筋同时张拉时,其张拉力的合力线水平位置应在构件中轴线的垂直面内,垂直位置应在台座设计允许偏心范围内。

(2)多根直线预应力钢筋单根张拉时,张拉力的作用线应与钢筋的设计轴线一致。

(3)后张法直线预应力筋张拉力作用线应与孔道中心线一致。

(4)曲线预应力筋的张拉力作用线应与孔道中心线末端的切线一致。

(5)应力控制法张拉时,应减少张拉体系的摩阻力。摩阻力数值应通过试验确定,并在张拉时补足。预应力筋张拉锚固后,实际预应力值的偏差应不超过±5%。

(6)预应力筋可通过超张拉减少松弛影响。设计未规定时,可从零应力开始张拉至1.05倍张拉控制应力,持荷2min后卸荷至张拉控制应力;或从应力为零开始,张拉至1.03倍张拉控制应力。

(7)预应力筋的实际伸长值,宜在初应力为10%张拉控制应力时开始量测,但应加上量测前张拉力的推算伸长值;先张法尚应扣除钢模在张拉过程中的弹性压缩值;后张法尚应扣除混凝土构件在张拉过程中的弹性压缩值。

(8)采用热轧带肋钢筋作预应力筋时,张拉时的温度不得低于-15℃。

2. 预应力控制标准

(1)预应力筋的张拉控制应力应满足设计要求,预应力筋张拉锚固后,实际预应力值的偏差应不超过±5%。

(2)预应力筋如需超张拉时,可比设计要求提高5%,其最大张拉控制应力不得超过表3-4的规定。

最大张拉控制应力允许值　　　　　表3-4

钢　种	张　拉　方　法	
	先张法	后张法
钢丝、钢绞线	$0.80f_{ptk}$	$0.75f_{ptk}$
钢棒	$0.75f_{ptk}$	$0.70f_{ptk}$

注:f_{ptk}为预应力筋极限抗拉强度标准值。

(3)采用应力控制张拉时,应校核预应力筋的伸长值。实际伸长值与设计计算理论伸长值的相对偏差不应超过±6%。如有异常,应立即查明原因,并采取措施予以调整后方可继续张拉。

(4)预应力筋断裂或滑脱数量必须符合下列规定。

①结构、构件中钢丝、钢丝束、钢绞线断裂或滑脱的数量,对后张法严禁超过结构、构件同

一截面钢丝总根数的3%,且一束钢丝不得超过一根;对先张法严禁超过结构、构件同一截面钢丝总根数的5%,一束钢丝不得超过一根且严禁相邻两根预应力筋断裂或滑脱。

②结构、构件中的预应力钢筋发生断裂或滑脱必须予以更换。

(5)后张法锚固阶段张拉端预应力筋的内缩量不得大于规定的允许值。

(四)先张法质量控制

1. 张拉

(1)张拉梁、锚固梁安装时,其受力中心的位置应与台座底板中心一致,水平位置偏差不得大于3mm。

(2)多根预应力筋同时张拉时,应预先调整初应力,保持各根钢筋的应力基本一致。

(3)构件的侧模板在施加预应力之后安装时,宜先施加70%的控制应力,待模板安装后,再施加至设计要求的张拉控制应力。

2. 放松

(1)放松预应力筋时,混凝土强度必须满足设计要求。设计无要求时,不得低于设计强度标准值的75%。

(2)预应力筋的放松顺序。

①轴心受压构件,所有预应力筋应同时放松。

②偏心受压构件,在采用整体张拉工艺时,所有预应力筋宜同时放松;预应力筋不能同时放松时,应先同时放松预压力较小区域的预应力筋,再同时放松预压力较大区域的预应力筋。

③当不能按上述要求放松时,应分阶段、对称、相互交错地放松。

(五)后张法质量控制

1. 预留孔道质量

预留孔道可采用预埋管法或抽芯管法。采用预埋管法时,预埋管应有一定的轴向刚度,密封良好,接头应严密,不漏浆;采用抽芯管法时,钢管应平直光滑,胶管宜充压力水或采取其他防止变形的措施。

(1)预留孔道的尺寸与位置应正确,孔道应平顺。端部的预埋垫板应垂直于孔道中心线,并采取措施固定在模板上,在浇筑混凝土时不得移动。

(2)预埋管道宜用钢筋井字架固定,其间距:金属螺旋管、塑料波纹管及钢管间距不宜大于1m,胶管间距不宜大于0.5m,曲线孔道宜适当加密。

(3)灌浆孔间距,预埋管不宜大于30m,抽芯管不宜大于12m;采用真空辅助灌浆时,灌浆孔间距可适当加大。曲线孔道的曲线波峰部位,宜设排气孔。

(4)预埋管的抽芯时间,应根据气温和所用水泥性能通过试验确定。抽芯的顺序应先上后下。用钢管作孔道芯管时,宜在浇筑混凝土后每隔5~15min将芯管转动一次,抽管的速度应均匀,边抽边转,抽管的拉力作用线应与孔道中心线一致。

(5)孔道形成后应立即逐孔进行检查,发现堵塞应及时疏通。

2. 张拉

(1)预应力筋张拉时,结构、构件的混凝土强度、弹性模量应满足设计要求,当设计无要求时,不应低于设计强度标准值的75%。

(2)预应力筋张拉顺序、张拉端的设置,应按设计规定进行。

(3)平卧重叠浇筑的构件,宜先上后下逐层进行张拉,并逐层加大张拉力。底层张拉力对钢丝、钢绞线、钢棒不宜比顶层大5%,且不应超过有关规定。

3.封端和灌浆

(1)预应力筋锚固后的外露长度应按设计要求留置,当设计无要求时,不宜小于预应力筋直径的1.5倍,且不宜小于30mm。

(2)锚具应采用封端混凝土保护,封闭预应力锚具的混凝土质量应高于构件本体混凝土。如需长期外露时,应有防止锚具锈蚀的措施。

(3)预应力筋张拉后应及时进行孔道灌浆,灌浆材料的品种及强度应满足设计要求。

(4)灌浆前孔道应湿润、洁净,灌浆顺序宜先灌注下层孔道,对曲线孔道和竖向孔道应由最低点的压浆孔压入。

(5)灌浆量应均匀,不得中断,并采取措施保证灌浆密实饱满。

(6)孔道内的灌浆材料强度未达到设计要求时,不得移动构件、切割主筋和拆卸锚具。

(7)灌浆过程和灌浆后48h内,若环境温度低于+5℃,应对结构或构件采取保温措施。

五、钢结构工程质量控制

(一)钢结构制作质量控制

1.原材料质量控制要点

(1)钢材的品种、规格和性能应满足设计要求,并应符合国家现行有关标准的规定。

(2)钢材表面的外观质量应符合下列规定。

①钢材表面的麻点或划痕深度不得大于厚度负允许偏差值的1/2。

②钢材表面的锈蚀等级应满足设计要求并应符合现行《涂覆涂料前钢材表面处理 表面清洁度的目视评定 第1部分:未涂覆过的钢材表面和全面清除原有涂层后的钢材表面的锈蚀等级和处理等级》(GB 8923.1)的有关规定。

③钢材端边或断口处不应有分层和夹渣等缺陷。

④焊接材料的品种、规格、性能和质量应满足设计要求,并应符合现行《钢结构焊接规范》(GB 50661)和《港口设备安装工程技术规范》(JTS 217)的有关规定。

2.钢结构焊接质量控制要点

(1)钢结构焊接一般规定。

①钢结构焊接时,首次采用的钢材、焊接材料、焊接方法等应进行焊接工艺评定,并确定焊接工艺。

②钢结构焊接的操作人员必须经考试合格并取得合格证。持证焊工必须在其考试合格项目及其认可范围内施焊。

③从事钢结构无损探伤检测的单位和人员应具有相应的资质。

(2)一级、二级焊缝无损探伤的方法、数量、部位和质量应满足设计要求并应符合现行《焊

缝无损检测　超声检测　技术、检测等级和评定》(GB/T 11345)和《焊缝无损检测　射线检测　第1部分:X 和伽玛射线的胶片技术》(GB/T 3323.1)的有关规定。承包人应按构件和材料类别抽样检测,监理单位见证抽样检测。

(3)焊缝坡口形式应满足设计要求,并应符合现行《气焊、焊条电弧焊、气体保护焊和高能束焊的推荐坡口》(GB/T 985.1)和《埋弧焊的推荐坡口》(GB/T 985.2)的有关规定。

(4)焊缝外形应均匀,焊道与焊道、焊道与金属间过渡应平滑,焊渣和飞溅物应清理干净。

(5)焊缝表面不得有裂纹、焊瘤等缺陷。一级、二级焊缝不得有表面气孔、夹渣、弧坑裂纹、电弧擦伤等缺陷。一级焊缝不得有咬边、未焊满、根部收缩等缺陷。承包人应对每批同类型构件抽查10%且不少于3件,被抽查构件每种焊缝各抽查5%且均不少于1条,总抽查数不应少于10处;监理单位见证检验。

(6)焊缝尺寸应满足设计要求,焊缝尺寸允许值应符合规定。承包人应对每批同类型构件抽查10%且不少于3件,被抽查构件每种焊缝各抽查5%且均不少于1条,总抽查数不应少于10处;监理单位见证检验。

3.高强度螺栓连接质量控制要点

(1)高强度螺栓连接副的形式、规格和技术参数应满足设计要求。

(2)高强度螺栓连接摩擦面的抗滑移系数应满足设计要求。

(3)大六角头型高强度螺栓连接副的施拧顺序和初拧、终拧扭矩应满足设计要求,并应符合现行《钢结构高强度螺栓连接技术规程》(JGJ 82)的有关规定。承包人应全数检查,监理单位每个节点随机抽取螺栓数的10%,且不少于1副。检验方法:采用扭矩扳手在螺栓终拧1h后、48h前进行检查。

(4)螺母和垫圈的安装应满足设计要求。高强度螺栓连接副终拧后,螺栓丝扣外露宜为2~3扣,10%的螺栓丝扣外露可为1~4扣。承包人应全数检查,监理单位抽查节点数的5%,且不少于10副。

(5)高强度螺栓孔不应采用气割扩孔。扩孔后的孔径不应超过1.2倍的螺栓直径。

(6)扭剪型高强度螺栓连接副终拧后,因构造原因未在终拧中拧掉梅花头的螺栓数不应多于该节点螺栓数的5%。承包人应全数检查,监理单位抽查节点数的10%,且不少于10个。应采用观察检查,被抽查节点中梅花头未拧掉的全数用扭矩法检查。

(二)钢结构安装质量控制

(1)钢构件型号、规格和质量应满足设计要求,由于运输或其他原因造成的变形应矫正。

(2)钢结构安装就位校正后的焊接和高强螺栓连接质量应符合本节的有关规定。

(3)磨光顶紧构件的紧贴面积不应小于设计接触面积的75%,边缘间隙不应大于0.8mm。检验数量:承包人应抽查总数的10%,且不少于3处。检验方法:紧贴面积采用0.3mm塞尺检查,边缘间隙采用0.8mm塞尺检查。

(4)钢结构安装的轴线、基础轴线、地脚螺栓的规格及紧固应满足设计要求。螺栓孔、基座与基础板间的灌浆应饱满、密实。

(5)永久性普通螺栓紧固应牢固可靠,外露丝扣不应少于2扣,垫片数量不应多于2片。

六、地基处理工程质量控制

(一) 地基处理的主要方法

常见地基处理的主要方法见表 3-5。

地基处理的主要方法　　　　　　　　　　表 3-5

方　　法		适用土质情况	适用建筑物情况
换填法	换填砂垫层	换填软土厚度一般不大于 4m	码头、防波堤等
	土工织物(包括格栅、网络)垫层法	一般软土地基,增加抗滑稳定性,匀化地基沉降	适应变形能力强的防波堤等建筑物
	抛石挤淤	淤泥或流泥厚度一般小于 3m	适用于防波堤、护岸等建筑物
排水固结法	堆(加)载预压法　设置排水砂垫层	淤泥、淤泥质土等浅层软土加固,最大固结排水距离一般小于 5m	码头后方堆场、仓库、利用软土人工造陆、人工岛、油罐、道路,以及工民建等建筑物地基加固。真空预压及真空预压联合堆载预压尤其适于超软土地基加固
	堆(加)载预压法　设置竖向排水体	较深厚的淤泥、淤泥质土、冲填土等饱和黏土地基,但不适于泥炭土	
	真空预压法　设置竖向排水体	适用于土质同堆载预压法,还需具备能形成(包括采取密封措施)稳定的负压边界条件	
	真空预压联合堆载预压法　设置竖向排水体	适用情况同真空预压,用于设计荷载大于 80kPa 的情况	
	轻型真空井点法	渗透系数 1×10^{-4} cm/s $\sim 1 \times 10^{-7}$ cm/s 的土层	加固基坑边坡、基坑降水
	强夯法	松软的碎石土、砂土、低饱和度的粉土和黏性土	码头堆场、道路及其他港工及工民建地基
振冲法	振冲置换法	抗剪强度不宜小于 30kPa 的黏性土、粉土和人工填土地基	堆场道路及其他港工及工民建地基
	振冲密实法	砂土、低塑性粉土地基	
爆炸法	爆破排淤填石	淤泥质软土地基,置换的软基厚度宜取 4~12m	防波堤、围堰、护岸、驳岸、滑道、围堤等工程。对复杂或重要的工程宜进行工程试验
	爆破夯实	水下地基和基础应为块石或砾石,分层厚度不宜大于 12m,最大不得超过 15m。当石层过厚时,应分层抛填、分层爆破	
深层搅拌法		淤泥、淤泥质土和含水率较高且地基承载力不大于 120kPa 的黏性土地基	水(海)上重力式水工建筑物地基及陆上港工及工民建地基

对重要的和大型工程,对已选定的地基处理方法,宜在有代表性的场地上进行相应的现场试验或试验性施工,并进行必要的测试,以检验设计参数和处理效果,指导现场的施工,如达不

到设计要求,应查明原因,采取措施或报设计单位修改设计。

软土地基加固后,应对处理的效果进行检测。检测的时间、项目、数量和结果应满足设计要求。

(二)排水砂井质量控制

1. 施工特点

排水砂井包括普通砂井和袋装砂井。砂井施工一般先在地基中成孔,再在孔内灌砂或砂袋。普通砂井成孔方法有套管法、射水法和螺旋孔法等;袋装砂井成孔方法包括锤击打入法、水冲法、静力压入法、钻孔法和振动贯入法等。袋装砂井可以克服普通砂井施工中容易出现的缩颈、中断、错位等质量事故,是一种比较理想的竖向排水体。

排水砂井主要作用是改变地基原有的排水边界条件,缩短孔隙排水距离,加快土体固结。适用于较深厚的淤泥、淤泥质土、冲填土等饱和黏土地基。用于码头后方堆场、仓库、利用软土人工造陆、人工岛、油罐、道路以及工民建等建筑物地基加固中的竖向排水通道。

2. 施工质量控制要点

(1)检查清理及平整场地情况,对场地做好高程测量工作。

(2)制作砂袋所用土工织物的品种、规格、强度和滤水性能,应满足设计要求。承包人应按进场批次抽样复验,监理单位见证取样。

(3)砂的规格和质量应满足设计要求,砂的含泥量不应大于5%。承包人按进场批次抽样检验,监理单位见证取样。

(4)复核砂井平面位置和深度控制标记,水上应检查定位系统,砂井的底高程应满足设计要求,砂井的顶部应与砂垫层相连通。

(5)砂井不得出现中断和缩径,若有中断和缩径,应要求补打,灌砂率不应小于85%。

(6)抽查砂垫层的厚度、范围,应符合设计要求。

(7)袋装砂井打设时,检查露出砂垫层顶面不少于50cm。

(三)排水板施工质量控制

1. 施工特点

塑料排水板作为竖向排水体,与排水砂井具有相同的作用,即增加排水通道,缩短排水距离,加快土体固结。

塑料排水板采用机械打设,打设机应由专业厂家生产,也有用挖掘机、起重机、打桩机等改选的;从机型上分,有轨道式、滚动式、履带式等多种;从套管驱动方式又可分为静压式和振动式两种。

2. 施工质量控制要点

(1)平整场地,对场地进行高程测量。

(2)塑料排水板的规格、质量和排水性能应满足设计要求,并应符合国家现行有关标准的规定。承包人应按进场批次抽样复验,监理单位见证取样。

(3)排水板在现场应妥加保护,防止阳光照射、破损或污染,破损或污染的排水板不得在工程中使用。

(4)复核排水板平面位置和排水板插入深度的控制标记,塑料排水板的底高程应满足设计要求,顶端应高出砂垫层,打设过程中应随时注意套管的垂直度、插入深度和间距。

(5)塑料排水板下沉时不得出现扭结、断裂和撕破滤膜等现象,不符合要求的应立即整改或重新打设。

(6)严格控制排水板回带长度和回带根数,打设套管拔出后,塑料排水板的回带长度不得超过500mm,不符合要求的应重新打设。

(7)排水板需接长时,应采用滤水膜内平搭接的连接方法,搭接长度需在200mm 以上。

(8)排水板在水平排水垫层表面外露长度不应小于200mm。

(9)一个区段排水板验收合格后,要及时用砂垫层砂料仔细填满打设时在排水板周围形成的孔洞。

(四)地基预压施工质量控制

1. 施工特点

地基预压主要有堆载预压法和真空预压法。

堆载预压法是在软土地基上施加荷载后,孔隙水在压力作用下缓慢排出,孔隙随之减少,地基发生固结变形。同时,随着超静水压力逐渐消散,有效应力逐渐提高,地基承载力从而得到提高。在堆载过程中,对地基产生附加应力,会造成地基的局部破坏,在堆载时要严格控制加载速率。堆载预压法适用于淤泥、淤泥质土等饱和黏土地基。在淤泥层较厚时,可在地基中设置竖向排水体,以加快土体固结。

真空预压法是在需要加固的软土地基表面先铺设砂垫层和设置竖向排水体,然后用不透气的封闭膜覆盖,薄膜四周埋入土中,使膜内外空气阻隔。通过埋设在砂垫层内的吸水管道,用真空装置进行抽气,使膜内形成一定的真空度,因地基土的固结压力增加而产生固结。真空预压法加固地基必须设置竖向排水体,适用土质同堆载预压法,还需具备能形成(包括采取密封措施)稳定的负压边界条件。由于真空预压法不增加剪应力,地基不会产生剪切破坏,所以除了适用与堆载预压法相同的建筑物情况外,尤其适用于超软土地基加固。

2. 施工质量控制要点

(1)竖向排水体(袋装砂井或塑料排水板)及水平排水砂垫层应经验收合格,并按设计要求布设沉降、水平位移、孔隙水压力等仪器。测试仪器和观测装置的数量、精度和位置应满足设计要求。

(2)抽气设备、管道、真空泵的设置、真空泵的功率应符合要求。滤水管的布置与埋设应保证真空负压快速而均匀地传到各个部位。

(3)加工好的密封膜面积要求大于加固场地面积,每边应大于加固区相应边2~4m;并应确保膜本身密封,膜与黏土接触要有足够的长度,确保四周密封。

(4)加载的堆料在施工时必须严格按设计加载部位、顺序及规定时间内进行,不得过快或过慢。堆载预压分级荷载的堆载高度偏差不应大于本级荷载折算堆载高度的5%,最终堆载高度不应小于设计总荷载的折算高度。

(5)真空预压膜下稳定真空度不应低于设计要求。如设计无要求,膜下真空度应稳定地维持在80kPa以上。在满足真空要求的条件下,应连续抽气,当沉降稳定后,方可停泵卸载。

(6)旁站记录真空度、地面沉降量、深层沉降、水平位移、孔隙水压力和地下水位等。地表总沉降规律应符合一般堆载预压时的沉降规律,如有异常,应及时采取措施。

(7)预压终止的审查。终止预压主要根据设计要求或用总沉降量及固结度来控制,终止预压标准是连续5d,每天平均沉降量小于2mm以及按测量资料计算平均固结度已达80%,或按设计要求。

(8)卸荷监控。地基预压后的卸载应满足设计要求,地基预压后卸载前的固结度和沉降速率应满足设计要求,一般卸荷要求分级进行,以便进行地基变形回弹观测,终止回弹观测时间一般在最后一级卸荷完毕后延续观测2~3d。

(9)加固效果检测监控。监督检测工作是否按合同规定项目和检测手段进行,是否在相同地点使用同一检测方法,报告分析评价是否客观、真实可靠,通过效果检测验证预压是否达到合同目的和标准要求。

(10)卸载后,场地的平均高程不得低于设计高程。

(五)强夯地基施工质量控制

1. 施工特点

强夯法是将十几吨至上百吨的重锤从几米至几十米的高处自由落下,对土体进行动力夯击,在地基土中所出现的冲击波和动应力,可提高地基土的强度、降低土的压缩性、改善砂土的抗液化条件、消除湿陷性黄土的湿陷性等。这种加固方法的优点是所用设备少(起重机、推土机和夯锤)、施工简单、加固速度快、经济;缺点是机械磨损大、振动大。强夯法适用于软弱碎石土、砂土、低饱和度的粉土与黏性土,适用于码头堆场、道路及其他类似地基。

2. 施工质量控制要点

(1)清理并平整施工场地,当地下水位较高,夯坑底积水影响施工时,要求采用人工降低地下水位或铺设一定厚度的松散材料,场内的积水应及时排除。

(2)当强夯施工时所产生的振动,会对邻近建筑物或设备产生有害影响时,必须采取防振或隔振措施。

(3)夯锤的重量、尺寸、落距控制手段和夯点的布置应满足设计要求。

(4)夯击的范围、夯击顺序、夯击遍数及两遍之间的时间间隔应满足设计要求。

(5)强夯处理后地基的强度或地基承载力应满足设计要求。

(六)水上深层搅拌法施工质量控制

1. 施工特点

水上深层搅拌法是用水泥等材料作为固化剂,通过专用作业船机、深层搅拌机械在地基深处就地将软土和固化剂强制搅拌,利用固化剂和软土之间所产生的一系列物理化学反应,使软土硬结或具有整体性、水稳定性和一定强度的水泥加固土,从而提高地基强度。

采用水上深层水泥搅拌法处理重力式码头、防波堤和护岸等地基时,可采用块式或壁式加固体。

水上深层搅拌法适用于淤泥、淤泥质土和含水量较高且地基承载力不大于120kPa的黏性土地基,应用于水(海)上重力式建筑物地基。

2. 施工质量控制要点

(1)所用水泥和外加剂的质量应符合现行国家标准的有关规定。承包人、监理单位应按材料进场批次全数检查。

(2)搅拌头的转速、贯入与提升速度、着底电流和水泥浆流量等应符合试验段施工所确定的工艺参数。

(3)水泥浆的水胶比和每立方米加固体的水泥用量应满足设计和技术方案的要求。

(4)浆液搅拌要均匀,不能离析、沉淀。

(5)水下深层水泥拌和体的位置、范围和形式应满足设计要求。要求搭接的壁状搅拌群桩应连续施工,相邻桩施工间隔不应超过24h。

(6)复搅深度、次数、桩机垂直度应符合要求,泵送压力和喷浆量应符合要求,且无断浆现象。

(7)水泥搅拌桩单桩承载力的检测数量和检测结果应满足设计要求。

(8)水泥搅拌体与搅拌桩的钻孔取芯检测应符合下列规定。

①水下深层水泥拌和体钻孔取芯率不应低于80%,芯样试件的无侧限抗压强度平均值应满足设计要求,变异系数宜小于0.35,最大值不得大于0.5。

②水泥搅拌桩钻孔取芯率不应低于85%,芯样试件的无侧限抗压强度平均值应满足设计要求。

七、水运工程墙后工程质量控制

(一) 抛石棱体

在方块、扶壁和沉箱等重力式码头墙后,以及方块、扶壁和沉箱等直立式护岸结构墙后,一般设计有抛石棱体;部分高桩码头的接岸部位和板桩码头的锚碇结构部位也设计有抛石棱体结构。

抛填棱体的断面形式一般有三角形、梯形和锯齿形三种。

抛填棱体主要是为防止回填土流失设置的抛石棱体,通常采用三角形断面,此时所用抛填材料最少。以减压为主要目的抛填棱体(又称减压棱体),一般采用梯形和锯齿形断面。在减压效果相同情况下,锯齿形比梯形节省用料,但施工程序多,影响工期,质量也不易保证。

(1)体抛填前应检查基床和岸坡有无回淤或塌坡,超过设计要求的回淤或塌坡应进行清理。

(2)棱体所用材料的规格和质量应满足设计要求。

(3)石棱体宜分段、分层施工,每段每层应错开足够的距离。

(4)棱体抛填应采取措施防止墙身变位过大,墙身后棱体抛填的程序和速率应满足设计要求,抛填应与墙身安装相配合。

(5)抛石棱体表层的二片石应进行整理,棱体断面的平均轮廓线不得小于设计断面。

(二) 倒滤层

重力式码头为防止回填土的流失,在抛填棱体顶面、坡面、胸墙变形缝和卸荷板顶面接缝处均应设置倒滤层。而且在抛石棱体顶面和坡面的表层与倒滤层之间应铺盖 0.3~0.5m 厚的二片石,以防止倒滤材料漏到抛石的缝隙中。

倒滤层可采用碎石倒滤层和土工织物倒滤层,碎石倒滤层又分为分层和不分层倒滤层两种。

重力式码头的"漏砂"问题与倒滤层的设计和施工有关。为避免码头"漏砂",无论何种形式的倒滤层都要有如下要求:①倒滤层必须高出卸荷板顶面,即在卸荷板上面抛填不小于 0.3m 厚的二片石,然后在二片石上作倒滤层;②倒滤层分段施工时一定要搭接好。

1. 砂石倒滤层

(1) 倒滤层采用的砂石规格、级配和质量应满足设计要求,承包人按进场批次抽样检验,监理单位见证取样并按规定抽样平行检验。

(2) 倒滤层宜分段、分层由坡脚向坡顶施工,每段、每层推进面应错开足够距离。倒滤层应连续,分段分层施工的接茬处理应满足设计要求,且不得出现基层裸露。

(3) 斜坡码头斜坡道、斜坡式护岸等倒滤层的铺设,应与面层铺设相配合,做到随铺随砌。铺设倒滤层时,材料不得从坡顶向下倾倒,以保持其良好级配。

(4) 在有风浪影响的地区,重力式码头胸墙完成前不应抛筑棱体顶面的倒滤层。

(5) 倒滤层施工验收后,应及时回填覆盖,以防止倒滤层破坏。

(6) 砂石倒滤层的允许偏差、检验数量和方法应满足设计、规范及检验标准要求。

2. 土工织物倒滤层

(1) 土工织物的规格和质量应满足设计要求。承包人应按进场批次抽样检验,监理单位见证取样并按规定抽样平行检验。

(2) 土工织物拼幅、搭接及缝接方法应满足设计要求,并应符合现行《水运工程土工合成材料应用技术规范》(JTJ 239)的有关规定。土工织物的拼幅与接长,宜采用"包缝"或"丁缝",尼龙线的强度不得小于 150N。

(3) 土工织物的铺设范围应满足设计要求。

(4) 土工织物滤层铺设不得有破损。竖向接缝采用土工织物倒滤材料时,应采取防止填料砸破土工织物的技术措施,在棱体面铺设土工织物时,应无石尖外露,必要时用二片石修整;斜坡码头使用土工织物作倒滤层时,基层土坡必须平整密实,不得有锐利的石尖等物外露,铺设垫层及砌筑坡面块石时,不得将土工织物划破。当有破损时,应采用同一材料进行修补。

(5) 土工织物滤层的坡顶、坡趾处理或立缝铺设的固定措施,应满足设计和施工方案的要求,水下铺设的压稳措施应可靠。

(6) 土工织物的搭接长度应满足设计要求,并不小于 1.0m。

(7) 倒滤层施工验收后,应及时回填覆盖,以防止土工织物日晒老化,回填顺序宜由坡底向坡顶方向进行。

八、停靠船与防护设施工程质量控制

水运工程停靠船与防护设施是保障船舶安全停靠、系泊和进行装卸作业的重要设备,主要包括系船柱、护舷、系网环、护轮槛、爬梯、栏杆等。这些设施施工的特点是在安装前有的需要订货、有的需要加工制作,并在结构浇筑时埋设相关预埋件。监理工程师除了要对预埋件、构配件进行常规的检查外,还应特别注意对预埋件、构配件及成型产品的加工制作质量控制。

系船柱、护舷及构配件的质量应按设计图和生产厂家提供的技术文件检查验收,合格后方准使用。

（一）码头系船柱

1. 系船柱制作

（1）系船设施及其相关构件所用的材料、规格和型号应满足设计要求。

（2）为保护系缆绳,系船柱铸造件的表面质量不能有影响系缆绳使用寿命的缺陷。

（3）底盘应平整,无明显翘曲和节瘤、浮渣。螺孔应清理干净,机加工的精度应满足设计要求。

（4）系船柱制作主要外形尺寸的偏差允许值应符合规定。

2. 系船柱安装

（1）系船柱安装所用的材料及固定构造应满足设计要求。

（2）系船柱安装方向应正确。螺母应拧紧,螺栓应外露2~3扣,但不应高出底盘。承包人应全数检验,监理单位抽查10%且不少于3件。

（3）系船柱安装的允许偏差、检验数量和方法应满足设计、规范及检验标准要求。

3. 系船柱防锈处理

系船柱防锈处理和油漆应满足设计要求。

（二）橡胶护舷

橡胶护舷有压缩型和充气型两大类,目前大多采用压缩型,常用的压缩型橡胶护舷有V形、改良D形、圆筒形和鼓形等四种。

1. 产品及配件质量

（1）护舷的型号、规格应满足设计要求,并应符合现行标准的有关规定。

（2）护舷的固定构造和所采用的螺栓、螺母、链索、卡具等配件的规格、质量及防腐处理应满足设计要求。

2. 安装

（1）固定式护舷底盘与码头的接触应紧密。螺母应满扣拧紧,螺栓应外露2~3扣,螺栓顶端应缩进护舷内,深度应满足设计要求。

（2）悬挂式护舷的连接卡具应锁紧。

（3）橡胶护舷安装的允许偏差、检验数量和方法应满足设计、规范及检验标准要求。

（三）护轮坎

（1）护轮坎的锚筋和构造筋应满足设计要求。

（2）钢护轮坎钢板材料的品种、规格、制作、焊接和防腐蚀应满足设计要求。

（3）混凝土表面应密实、平整、光洁,顶面棱角应做抹角;钢护轮坎内的填充混凝土应振捣密实,表面应压平抹光。

(4)护轮坎下部预留的排水孔口应与面层接顺且无堵塞。

(5)护轮坎表面涂料的颜色、线条和涂刷厚度应满足设计要求,涂刷时不应污染码头面层。

(四)铁梯

1.铁梯制作

(1)钢材的品种、型号、规格和质量应满足设计要求。

(2)铁梯制作和焊接质量应符合本章第五节的有关规定。

2.铁梯安装

(1)铁梯安装预埋件的规格、数量和间距应满足设计要求,铁梯与埋件的连接必须牢固、可靠。

(2)铁梯制作及安装的允许偏差、检验数量和方法应满足设计、规范及检验标准要求。

(五)栏杆

1.栏杆制作

(1)栏杆所用材料的种类、型号、规格和质量应满足设计要求。

(2)栏杆线条应整齐,横杆接头应平顺。铁链式栏杆铁链曲度应一致。

(3)钢栏杆的焊接、除锈和油漆应满足设计要求。

2.钢栏杆的允许偏差、检验数量和方法

钢栏杆的允许偏差、检验数量和方法应满足设计、规范及检验标准要求。

(六)钢板护角与护面

1.钢板护角与护面施工

(1)钢材的品种、型号、规格和质量应满足设计要求。

(2)连接锚筋的数量、长度和焊接应满足设计要求。

(3)钢材的除锈和防腐应满足设计要求。

(4)固定方式应满足设计要求。

2.钢护角与护面制作的允许偏差

钢护角与护面制作的允许偏差应符合规定。

3.钢护角与钢板护面安装的允许偏差、检验数量和检验方法

钢护角与钢板护面安装的允许偏差、检验数量和检验方法应满足设计、规范及检验标准要求。

第五节 疏浚与吹填工程质量控制

【备考要点】

1.疏浚的定义及分类。

2. 航道挖槽设计的基本原则。
3. 抛泥区选择的原则。
4. 疏浚岩土工程特性和分级及及其特性指标。
5. 常用挖泥船及其适用范围。
6. 疏浚工程开工条件。
7. 基建性疏浚工程质量检验标准。
8. 吹填工程质量检验标准。

一、疏浚与吹填的概念

疏浚是指采用机械、水力及人力方法进行的水下土石方开挖作业方式。

疏浚工程按其性质和任务不同可分为基建性疏浚、维护性疏浚和临时性疏浚。基建性疏浚是为新辟航道、港口等或为增加它们的尺度、改善航运条件，具有新建、改建、扩建性质的疏浚。维护性疏浚为维护或恢复某一指定水域原定的尺度而清除水底淤积物的疏浚。临时性的疏浚工程，是为了解决工程量小的疏浚任务，一般是在没有经常性挖泥船的疏浚力量不足的河段上，临时利用其他地区的疏浚力量来进行工作。

吹填是指将疏浚泥沙采用泥泵和排泥管线输送到指定地点的作业方式。

二、航道挖槽设计的基本原则

冲积性河流中开挖航槽后，不可避免地要产生回淤。为了减少挖槽的回淤，必须正确地选择挖槽的位置，设计挖槽的走向、线形、断面形态和尺度，选择合理的抛泥区域，以便建成利于船舶通航而又稳定的挖槽。

挖槽设计应该最大限度地满足航行要求，能保证船舶安全顺利地通过；要尽可能地使挖槽回淤量较少，具有良好的稳定性；应该考虑技术上的可能性，经济上的合理性，使工程量最少，并易于施工。从上述要求出发，挖槽定线的原则可归纳为以下几点：

1. 有利于船舶安全航行

设计挖槽的尺度和走向应满足船舶安全航行的要求。从航行要求来看，航道和水流方向一致对行船最为有利。

（1）挖槽中心线与主流向交角不应过大，在可能条件下不应超过15°，斜交的水流可能会引起船舶发生海损事故。

（2）挖槽本身不应弯曲，在必要的情况下允许有一个角度不大的转折，在转折处航道应当适当放宽，以便于船舶航行。

（3）挖槽与上、下游深槽必须平顺相接，在交接处可将挖槽逐渐放宽成喇叭口形。总之，挖槽与上、下游航道组成的轮廓应当是平顺微弯的，而不允许急弯或成急促的"S"形反向弯曲。这主要是为船舶安全航行考虑，并兼顾航标的设置工作。

（4）挖槽必须有足够的宽度和深度，并符合该水域航道尺度的规定。

（5）对于有冰冻的港口航槽选线时，应注意排冰条件和冰凌对船舶航行的影响。

2. 经济合理

应使挖槽工程量(土方量)少或较少。因此,挖槽应布置在水深较大处;应进行方案比较,在满足其他要求的情况下,避免大量开挖岩石、暗礁等,优选工程投资较小的方案为推荐方案。

对内河浅滩和河口拦门沙处的挖槽设计应研究河床演变规律,使设计的挖槽较为稳定,在减少基建性挖槽投资的同时还应考虑维护工程的费用。

3. 施工可行性

挖槽的设计要充分考虑到施工的可能性,使挖槽水域能正常从事疏浚施工,考虑施工船舶抛锚、转头、设标、提驳、靠驳、浮管布置、让船等情况。

4. 水力最佳

水力最佳是指挖槽内水力条件较好,挖槽不易回淤或少回淤,使挖槽稳定。为此,在满足要求的航道尺度前提下,挖槽宜挖成窄深的断面,原则上应做到以下几点:

(1)挖槽应尽量避开淤积严重,河床多变的地带,并与整治线相协调。
(2)应使挖槽内的流速大于开挖前挖槽区的流速,即开挖后挖槽区的流速有所增加。
(3)应使挖槽河段开挖后的断面平均流速不小于挖槽上游段的断面平均流速。
(4)应使挖槽内的流速沿程相等或有所增加。

三、抛泥区选择的原则

挖槽的泥土处理必须与挖槽设计同时考虑,疏浚土的处理有两种办法:一种是卸泥于岸上,一般和陆上吹填相结合,即所谓陆上吹填工程,需要有被吹填的泥塘和吹泥机具;另一种是水下卸泥,即在河流、海湾等合适的水域直接进行水下抛泥。由于所抛泥土在水流的作用下仍具有一定的活动性,对抛泥区水域的自然条件,对周围环境会带来一定的影响。因此,在选择抛泥区时应尽量减少对周围环境的不利影响,尽量发挥其有利的一面,兼顾各方利益,统筹考虑。一般情况下,选择抛泥区时应坚持以下原则:

1. 航行要求

抛泥区不能选择在妨碍航行的地方,如航道边缘,挖槽进出口附近,以及通向码头和船坞的水域。通常抛泥区选择在凸岸边滩下部等不影响航行的地方。

2. 河床稳定要求

疏浚泥土抛置后,应不致再回淤至挖槽或附近的航道。抛泥区最好选择在下深槽沱口,以消除其有害作用。也可将挖出的泥土用以抬高边滩,以便在较高水位时引导水流冲刷航道,但要注意配合一定措施使抛泥能稳定下来。抛泥区也可选择在不通航的汊道,以增加通航汊道内的流量。抛泥区应与岸滩连接起来,不能抛成彼此不相连的沙滩,以免在岸滩和抛泥之间形成凹塘,并发展成副槽。抛泥区也不宜选在挖槽进口的上方,以免排下的泥沙被水流重新带入挖槽。

3. 施工要求

取决于抛泥机具、抛泥方式、挖掘泥土的性质及抛泥区水深条件。只能在排泥管的长度范围内选择最合理的抛泥区;若用泥驳抛泥,抛泥区得有一定的水深要求,若水深太小,驳船就无法上去抛泥,同时要求抛泥区水域满足机动轮和泥驳的运转。

4. 环保要求

应避免在养殖场、取水口等工、农、渔生产地区选择泥区,防止对环境产生污染。

四、疏浚岩土的类别、分级及工程特性

疏浚岩土的类别及工程特性和分布情况是优选疏浚船舶设备、正确制订施工方法的重要依据。

1. 疏浚岩土应分为岩石类和土类两大类

岩石应为颗粒间牢固联结呈整体或具有节理裂隙的岩体。疏浚岩石主要根据其坚固性分为硬质岩石和软质岩石。此外,尚可按风化程度分为新鲜、微风化、中等风化、强风化、全风化;按成因分为岩浆岩(火成岩)、沉积岩、变质岩;按软化系数分为软化岩石和不软化岩石。

土类应根据颗粒组成及其特征、天然含水率、塑性指数及有机物含量分为有机质土及泥炭、淤泥土类、黏性土类粉土类、砂土类和碎石土类。

2. 岩土的分级和工程特性

疏浚岩土应根据影响疏浚机具的挖掘、提升、输移、泥土处理等工序作业难易程度的工程特性进行分级。

疏浚岩土工程特性指标应包括判别指标和辅助指标。判别指标着重考虑挖掘岩土的难易程度,并以此为主分析岩土性质状态,确定岩土分类级别。辅助指标则视施工工序要求结合分析,并用以辅助土的分级。疏浚岩土工程特性和分级详见表3-6。

3. 疏浚底质分类

底质是指设计底高程处的原状土质;标准贯入击数大于10、小于或等于30的砂性土或标准贯入击数大于6、小于或等于15的黏性土为中等底质;标准贯入击数小于或等于10的砂性土以及标准贯入击数小于或等于6的黏性土为软底质;风化岩、碎石、卵石、标准贯入击数大于30的砂性土或标准贯入击数大于15的黏性土为硬底质。

五、中部水域和边缘水域

设计通航水域或停泊水域的边缘部分水域为边缘水域。单向航道的边缘水域为两侧底边线内各1/6航道底宽的水域;双向航道的边缘水域为两侧底边线内各1/12航道底宽的水域;港池及其他设计通航水域的边缘水域为底边线以内各1/2设计船舶型宽的水域。设计通航水域或停泊水域扣除边缘水域后的水域为中部水域。

六、吹填围埝的主要形式及要求

(1)陆地围埝可采用泥土围埝、沙土围埝、土工织物袋装围埝和混合材料围埝等形式,应本着经济实用的原则就地取材建造,必要时应考虑地基处理。

疏浚岩土工程特性和分级

表 3-6

岩土类型	级别	状态	强度及结构特征	判别指标 标贯击数 N	判别指标 抗剪强度 τ(kPa)	判别指标 天然重度 γ(kN/m³)	判别指标 液性指数 I_L	辅助指标 标贯击数 N	辅助指标 液性指数 I_L	辅助指标 抗剪强度 τ(kPa)	辅助指标 附着力 F(g/cm²)	辅助指标 相对密度 D_r	辅助指标 烧灼减量 Q_1(%)
有机质土、泥炭、淤泥类	1	流动~极软	可能是密实的或软的,强度和结构在水平或垂直方向上可能相差很大,并存在气体	—	—	γ≤16.6	I_L>1.0	—	—	—	弱50~150,中等150~250,强>250,附着力越大越难开挖	—	Q_1≥5
淤泥质土类	2	软	极易用手指捏成形	—	—	γ≤17.6	I_L>0.75	—	—	—		—	
黏性土类	3	中等	稍用力捏可成形	—	50<τ≤100	γ≤18.7	—	N≤4	—	—		—	—
黏性土类	4	硬	手指需用力捏才成形	—	τ>100	γ≤19.5	—	N≤8	I_L≤0.75	τ≤25		—	—
黏性土类	5	坚硬	不能用手指捏成形,可用大拇指压出凹痕	—	—	γ>19.5	—	N≤15	I_L≤0.50	—		—	—
砂土类	6	松散	较容易将12mm钢筋插入土中	N≤10	—	γ≤18.6	—	N>15	I_L<0.25	—		D_r≤0.33	—
砂土类	7	中密	用2~3kg重锤很容易将12mm钢筋打入土中	N≤30	—	γ≤19.6	—		满足C_u≥5,C_c=1~3 为良好级配的砂 (SW);不能满足以上条件的不良级配的砂(SP);相同条件下级配越好越密实			D_r≤0.67	—
砂土类	8	密实	用2~3kg重锤可将12mm钢筋打入土中30mm	N≤30	—	γ>19.6	—					D_r>0.67	—

续上表

岩土类型	级别	状态	强度及结构特征	判别指标				辅助指标
				重触击数 $N_{63.5}$	密实判数 DC	标贯击数 N	抗压强度 R_{c} (MPa)	颗粒级配
碎石土类	9	松散~中密	骨架颗粒含量小于总质量的70%,呈混乱或交错排列,大部分不接触或部分连续接触,充填物包裹大部分骨架颗粒,且呈疏松或中密状态	$N_{63.5} \leq 20$	$DC \leq 70$	—	—	满足 $C_{\mathrm{u}} \geq 5, C_{\mathrm{c}} = 1\sim3$ 为良好级配的砾石(GW);不能满足以上条件的为不良级配的砾石(GP);相同条件下级配越好越密实
	10	密实	骨架颗粒含量大于70%,呈交错排列,连续接触,或只有部分骨架颗粒连续接触,但充填物呈紧密状态	$N_{63.5} > 20$	$DC > 70$	—	—	
	11	弱	锤击声哑,无回弹,有较深凹痕,手可捏碎,锹镐可挖掘,浸水后,可捏成团	—	—	$N < 50$	$R_{\mathrm{c}} \leq 5$	—
岩石类	12	中等	锤击声哑,无回弹,有凹痕,锤击易碎,浸水后,手可掰开	—	—	—	$R_{\mathrm{c}} \leq 15$	—
	13	稍强	锤击不清脆,无回弹,有回痕,锤击较易击碎,锹镐难挖掘,浸水后,指甲可刻出印痕	—	—	—	$R_{\mathrm{c}} \leq 30$	—

注: C_{u}——不均匀系数; C_{c}——曲率系数。

(2)大型填海造陆工程和临水吹填区应修筑永久性围埝阻挡波浪、水流对吹填区的长期侵蚀,如修建重力式围埝、板桩式围埝、格型围埝及抛石围埝,永久性围埝应按水工建筑物有关规范进行设计。

(3)当码头后方吹填、棱体吹砂等水工建筑物兼有吹填围埝功能时,应单独进行设计和验算,必要时进行工程监测,以保证吹填的质量和安全。

(4)当吹填厚度较大需要分层吹填、分层处理时,为了节省围埝投资,在条件允许时宜采取分期、分层筑埝的方式,同时要采取措施,通过吹填提供比较合适的吹填土修筑围埝。分层吹填围埝如图3-1所示。

(5)对分期、分区竣工的吹填区,以及为了吹填土沉淀需要分隔的吹填区,应根据工程要求设计隔埝,如图3-2所示。

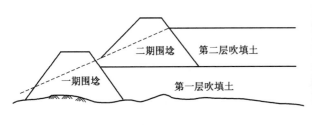

图3-1 分层吹填围埝示意图

图3-2 吹填围埝及分区

七、常用挖泥船及其适用范围

目前常用挖泥船主要包括绞吸式挖泥船、耙吸式挖泥船、抓斗式挖泥船、链斗式挖泥船、铲斗式挖泥船等,还有一些特殊的吸扬式挖泥船、吸砂船、炸礁船等。

挖泥船的选择应综合工程特点、工程量、工期、土质、水文、气象、水深条件和疏浚土管理方式等因素,并结合疏浚设备技术性能确定。

(一)绞吸式挖泥船

绞吸式挖泥船是利用转动着的绞刀绞松河底土壤,与水混合成泥浆,经吸泥管吸入泵体并经排泥管输送至排泥区。绞吸式挖泥船施工时,挖泥、输泥和卸泥都是由自身完成,生产效率较高。它适用于风浪小、流速低的内河湖区和沿海港口的疏浚,以开挖砂、砂壤土、淤泥等土质较适宜,采用有齿的绞刀后也可挖硬塑黏土、碎石、卵石、中等强度岩石等,但工效较低。

(二)耙吸式挖泥船

耙吸式挖泥船是一种装备有耙头挖掘机具和水力吸泥装置的大型自航、装舱式挖泥船。挖泥时,将耙吸管下放河底,利用泥泵的真空作用,通过耙头和吸泥管自河底吸取泥浆进入挖泥船的泥舱中,泥舱满载后,起耙航行至抛泥区开启泥门卸泥,或直接将挖起的泥土排出船外。有的挖泥船还可将装载于泥舱的泥土自行吸出进行吹填。它具有良好的航行性能,可以自航、自挖、自载、自卸,并且在作业中处于航行状态,不需要定位装置。它适用于无掩护、狭长的沿海进港航道的开挖和维护,以开挖淤泥时效率最高。

耙吸式挖泥船宜选择在航道和水域广阔的地区施工,挖槽长度宜大于1000m,调头宽度宜取1.5倍船长,当周围水深、潮位有利和挖泥船本身转头性能较好、装载较少时,可减少所需宽度。

耙吸式挖泥船配备不同形式的耙头可以挖掘各种淤泥、软黏土、砂和硬塑黏土等。

(三) 链斗式挖泥船

链斗式挖泥船的工作原理是将斗桥的下端放入水下一定深度,使之与疏浚土层相接触。然后,在上导轮驱动下使斗链连续运转,带动斗链上的泥斗,挖泥后装入,再随斗链的转动提升出水面,并传送至斗塔顶部,经过上导轮而改变方向后,斗内的泥沙在自身的重力作用下,倒入斗塔中的泥井。最后,泥沙经过两边的溜泥槽排出挖泥船的舷外。链斗挖泥船分为非自航和自航两种,由于其挖后平整度较其他类型挖泥船好,适用于开挖港池、锚地和建筑物基槽等。

链斗挖泥船可以挖掘各种淤泥、软黏土、砂和砂质黏土等。但缺点是噪声大、振动大、部件磨损大且成本高。

(四) 抓斗式挖泥船

抓斗式挖泥船有自航式和非自航式两种。自航式一般自带泥舱,泥舱装满后自航至排泥区卸泥;非自航式则利用泥驳装泥和卸泥。挖泥时运用钢缆上的抓斗,依靠其重力作用,放入水中一定深度,通过插入泥层和闭合抓斗来挖掘和抓取泥沙,然后通过操纵船上的起重机械提升抓斗出水面,回旋到预定位置将泥沙卸入泥舱或泥驳中,如此反复进行。抓斗式挖泥船一般用于航道、港池及水下基础工程的挖泥工作。它适合于挖掘淤泥、砾石、卵石和黏性土等,但不适合挖掘细砂和粉砂土。若采用特制的抓斗,也可用于水下的清除碎石。

(五) 铲斗式挖泥船

铲斗式挖泥船是一种非自航的单斗式挖泥船,其工作机构与反向铲、正向铲挖土机类似。挖起的泥土卸入停靠在船旁的泥驳,满载后运至卸泥区卸泥。通常备有轻重不同类型的铲斗,以挖掘不同性质的土壤。它适用于挖掘黏土、砾石、卵石、珊瑚礁和水下爆破的石块等,还可以清理围堰、打捞沉物和排除水下障碍物等。

八、施工方法(工艺)控制要点

(一) 绞吸式挖泥船

1. 横挖法施工

施工方法应根据设备性能和施工条件按下列要求选择:
(1) 只装有对称双钢桩的绞吸挖泥船采用对称钢桩横挖法施工。
(2) 只装有台车和双钢桩的绞吸挖泥船采用钢桩台车横挖法施工。
(3) 只装有三缆定位设备的绞吸挖泥船采用三缆定位横挖法施工。
(4) 同时装有台车、双钢桩和三缆定位设备的绞吸挖泥船,在水域宽阔、风浪较大的地区和挖掘土质较软、挖泥定位精度要求不高时,采用三缆定位横挖法施工;水域狭窄、挖掘岩石或坚硬土质、挖掘基槽等精度要求较高时采用钢桩台车横挖法施工。

(5) 同时装有台车、单钢桩和三缆定位设备的绞吸挖泥船,在水域宽阔、风浪较大的地区和挖掘土质较软、挖泥定位精度要求不高时,采用三缆定位横挖法施工;水域狭窄、挖掘岩石或坚硬土质、挖掘基槽等精度要求较高时采用单桩双锚四缆施工法施工。

(6) 只装有锚缆横挖设备的绞吸挖泥船采用锚缆横挖法施工。

2. 分条开挖

当挖槽宽度大于绞吸挖泥船横移一次所能开挖的最大宽度时,应按下列情况将挖槽分成若干条进行开挖。

(1) 采用钢桩横挖法施工时,分条的宽度宜等于钢桩中心到绞刀头水平投影的长度;分条的数量不宜太多,以免增加移锚、移船时间,降低挖泥船的工效;分条的最大宽度不得大于挖泥船一次开挖的最大宽度。绞吸挖泥船的最大挖宽一般不宜超过船长的 1.1~1.2 倍,视当地水流流速及横移锚缆抛放长度而定。当流速较大时,应减少开挖宽度;分条最小宽度应大于挖泥船的最小挖宽,最小挖宽按以下方法确定:当浚前水深小于挖泥船的吃水时,最小挖宽等于绞刀头挖到边线时,首船体两角不至于碰撞岸坡时的最小宽度;当浚前水深大于挖泥船的吃水时,最小挖宽采用等于挖泥船前移换桩时所需的摆动宽度。

(2) 采用三缆横挖法施工时,分条宽度由船的长度和摆动角确定,摆动角宜选用 70°~90°,最大宽度不宜大于船长的 1.4 倍。

(3) 采用锚缆定位横挖法施工时,分条宽度应根据主锚缆抛放的长度决定。最大宽度宜为 100m 左右。

3. 分段开挖

(1) 挖槽长度大于挖泥船水上管线的有效伸展长度时,应根据挖泥船和水上管线所能开挖的长度分段施工。

(2) 挖槽转向曲线段需分成若干直线段开挖时,可将曲线近似按直线分段施工。

(3) 挖槽规格不一或工期要求不同,应按合同的要求进行分段施工。

(4) 受航行或其他因素干扰时,可按需要分段施工。

4. 分层施工

(1) 当疏浚区泥层厚度很厚时,应按下列规定分层施工:分层挖泥的厚度应根据土质和挖泥船绞刀的性能确定,宜取绞刀直径的 0.5~2.5 倍,对坚硬土取较低值,对松软土取较高值;分层的上层宜较厚,以保证挖泥船的效能;最后一层应较薄,以保证工程质量;当浚前泥面在水面以上,或水深小于挖泥船的吃水时,最上层开挖深度应满足挖泥船吃水和最小挖深的要求。当泥层过厚时应在高潮挖上层,低潮挖下层,以减少坍方。

(2) 当工程对边坡的质量要求较高,需要分层分阶梯开挖边坡时,应根据工程对边坡的要求、土质情况和挖掘设备尺度确定分层的厚度。

(3) 当合同要求分期达到设计深度时,应进行分层施工。

(4) 当挖泥船的最大挖深在高潮时达不到设计深度,或在低潮时疏浚区的水深小于挖泥船的吃水或最小挖深时,可利用潮水的涨落分层施工,高潮挖上层,低潮挖下层。

(5) 工期较长、挖掘泥层厚度大于挖泥船一次开挖的适宜厚度且施工期有回淤,竣工前需全面清淤的,最底层的厚度以能保持较高生产率且能保证清淤质量为宜。

5. 顺流、逆流施工

(1)在内河施工,采用钢桩定位时,宜采用顺流施工;采用锚缆横挖法施工时,宜采用逆流施工;在流速较大情况下,在采用顺流施工,并下尾锚以策安全。

(2)在海上施工时,宜根据涨落潮流冲刷的作用大小,选择挖泥的方向。

(3)避免横流施工。

6. 定位与抛锚

(1)应平行挖槽轴线布船,并根据设备配置、施工现场条件和土质情况,综合考虑安全、质量要求和生产率等因素来确定船舶挖泥定位方法。

(2)采用定位钢桩施工时,挖泥船被拖至挖槽起点后,拖轮应减速、停车,待船速消除后再下定位钢桩,抛设横移锚。移船时严禁在挖泥船行进中下放钢桩。锚位及移锚间距视土质和水流情况确定,一般情况下,施工中横移缆与挖泥船中线夹角不小于45°。

(3)采用锚缆横挖法施工时,应根据风流情况先抛设尾锚,或将绞刀桥架下放至水底定位,再抛设其他锚缆。

(4)三缆定位施工时,挖泥船接近定位点时下放桥梁或抛设尾锚控制船位,后尾锚抛设在挖槽中线上,五锚五缆施工左右边锚对称抛设于挖槽两侧,两边缆夹角在90°~150°。

(5)抛锚后,应重新定位、校核船位,确认绞刀处于挖槽起点位置。

(6)连接并调整排泥管线,水上管线应无死弯。

7. 绞刀选择

(1)对淤泥、淤泥质土、泥炭、松散到中密的砂等松软土质,应选用前端直径较大的冠形平刃绞刀。

(2)对黏土、亚黏土宜选用方形齿的绞刀。

(3)对于坚硬土质,宜选用直径较小的尖齿绞刀。

(4)对岩石宜采用可换齿的岩石绞刀;对石灰岩等无渗透性的坚硬物质宜用凿形齿;对有渗透性的坚硬物质,宜用尖齿。

8. 操作参数确定

在新工地施工时,应通过试挖以获得最佳挖掘生产率的前移量、切泥厚度、绞刀转速和横移速度等操作参数。应根据不同的排距、排高、土质和泥泵、管路特性计算来确定合理的工况,以求达到最佳输送的生产率。

(二)耙吸式挖泥船

耙吸挖泥船施工可采用装舱溢流、抽舱不溢流、旁通等方法,也可边抛或直接装驳施工。

1. 装舱法施工

(1)疏浚区、调头区和通往抛泥区的航道必须有足够的水深和水域,能满足挖泥船装载时航行和转头的需要,并有适宜的抛泥区可供抛泥。

(2)当挖泥船的泥舱设有几档舱容或舱容可连续调节时,应根据疏浚土质选择合理的舱容,以达到最佳的装舱量。

2. 旁通或边抛施工法

在满足以下条件时,可采用旁通或边抛施工法:

(1)当地水流有足够的流速,可将旁通的泥沙携带至挖槽外,且疏浚增深的效果明显大于旁通泥沙对挖槽的回淤时,对附近水域的回淤没有明显不利影响时。

(2)施工区水深较浅,不能满足挖泥船装舱的吃水要求时,可先用旁通法施工,待挖到满足挖泥船装载吃水的水深之后再进行装舱施工。

(3)在紧急情况下,需要突击疏浚航道浅段,迅速增加水深时。

(4)经评估满足环保要求,环保部门批复许可时。

3. 分段施工

(1)当挖槽长度大于挖泥船挖满一舱泥所需的长度时,应分段施工。分段长度可根据挖满一舱泥的时间和挖泥船的航速确定,挖泥时间取决于挖泥船的性能,开挖土质的难易,在泥舱中的沉淀情况和泥层厚度。

(2)当挖泥船挖泥、航行、调头受水深限制时,可根据潮位情况进行分段施工,如高潮挖浅段,利用高潮航道边坡水深作为调头区进行分段等。

(3)当施工存在与航行的干扰时,应根据商定的避让办法,分段进行施工。

(4)挖槽尺度不一或工期要求不同时,可按平面形状及合同要求分段。

4. 分条施工

(1)挖槽宽度较大的航道、港池按挖泥船性能进行分条。

(2)同一地段多艘挖泥船同时进行施工时,根据挖泥船航行需要和性能,按安全合理的原则进行分条。

(3)同一挖槽横断面上泥层厚度或开挖难易程度差距较大时,按泥层厚度或土质进行分条。

(4)部分挖槽需要先行增深时,按工期要求进行分条。

5. 分层施工

(1)当施工区泥层厚度较厚时应分层施工。分层的厚度应根据耙头特性和土质确定。对于松软土,宜取1.0~1.5m,对硬质土宜取0.5~1.0m。

(2)当挖泥船最大挖深在高潮挖不到设计深度,或当地水深在低潮时不足以支持挖泥船装载吃水深度时,应利用潮水涨落进行分层施工,高潮挖上层,低潮挖下层。

(3)当工程需要分期达到设计深度时,应按分期的深度要求进行分层。

6. 顺流、逆流施工

(1)耙吸挖泥船宜采用逆流施工。在水流流速小于2kn,水域宽阔的情况下采用顺流施工。当工程需要,采用横流或斜流施工时,应注意挖泥耙管和航行的安全。

(2)当挖槽长度较短,不能满足挖泥船挖满一舱泥所需长度时,或只需要开挖局部浅段时,挖泥船应采用往返挖泥法施工。当挖槽终端水域受限制,挖泥船挖到终点后不能掉头时,应采用进退挖泥法施工。

7. 施工顺序

(1)当施工区浚前水深不足,挖泥船施工受限制时,应先挖浅段,由浅及深,逐步拓宽加深。在条件允许时采取抽舱旁通等方法施工。

(2)当施工区泥层厚度较厚、工程量较大、工期较长并有一定自然回淤时,应先挖浅段,逐次加深,待挖槽各段水深基本相近后再逐步加深,以使深段的回淤在施工后期一并挖除。

(3)当水流为单向水流时,应从上游开始挖泥,逐渐向下游延伸,利用水流的作用冲刷挖泥扰动的泥沙,增加疏浚的效果。在落潮流占优势的潮汐河口和感潮河段也可利用落潮流的作用由单向向外开挖。

(4)当浚前断面的深度两侧较浅、中间较深时,应先开挖两侧;当一侧泥层较厚时,应先挖泥层较厚的一侧,在各侧深度基本相近后,再逐步加深,避免形成陡坡造成坍方。

(5)当浚前断面水深中间与两侧基本相近时,先开挖两侧,再挖中间。

(6)当浚前水下地形平坦,土质为硬黏性土时,应全槽逐层往下均匀挖泥,避免形成垄沟,使施工后期扫浅困难。

(7)施工区回淤较大,且流向基本与挖槽轴线平行时,先开挖浅水区贯通深槽,然后逐步拓宽。

(8)水域条件复杂、疏浚作业难度不等的挖槽,优先安排有利改善其他区域施工条件的地段施工。

8. 耙头选择

(1)挖掘淤泥土类、软黏土选用"挖掘型"耙头。

(2)挖掘流动性淤泥、松散砂选用"冲刷型"耙头。

(3)挖掘中等密实砂选用"冲刷型"耙头加高压冲水。

(4)挖掘密实砂选用"挖掘型"耙头加高压冲水或"主动挖掘型"耙头。

(5)挖掘较硬黏性土或土砂混合选用"主动挖掘型"耙头加高压冲水。

(6)选用"挖掘型"耙头施工时,挖黏性土选用扁齿,挖砂性土选用尖齿,挖硬质土选用耙齿短,挖软质土选用耙齿长。

(7)可根据实际土质情况,改造适宜的耙头形式。

9. 施工定位

耙吸挖泥船宜采用微波定位系统或DGPS(差分全球定位系统)系统定位和电子图形显示器导航施工。在工程收尾扫浅阶段,应将测量出的浅点位置,标绘在定位图或电子图形显示器上,并按浅点位置设定扫浅的航线,利用电子定位系统定位,引导挖泥船按设定的航线施工。

10. 其他工艺要求

(1)挖泥船进点时,航行到接近挖槽起点后,应降低航速,再定位、控制好船位,对准设计的开挖航线后再下耙挖泥。

(2)根据设备性能和开挖的土质选择合理的挖泥对地航速,不同土质的挖泥对地航速参考表3-7。

不同土质的挖泥对地航速 表3-7

开 挖 土 质	对地航速值(km)	开 挖 土 质	对地航速值(km)
淤泥	2.0~2.5	黏性土类	3.0~4.0
淤泥类土	2.0~2.5	中密沙	2.5~3.0
松散沙	2.0~2.5	密实沙	3.0~4.0

(3)应根据土质和挖泥效果调节耙头波浪补偿器的压力,以保持耙头对地有合适的压力。对软土,耙头对地压力宜小一些,对密实的土宜大一些。

(4)有侧风或横流时,应保持适当的风流压角。

(5)边坡施工时,避免耙头钻入船底而造成耙头、耙管或船体损坏。耙头下在水底时,挖泥船不得急转弯。

(6)抛泥时应确认挖泥船处于抛泥区内,并了解抛泥区水深变化和弃土堆积情况。

(三)链斗式挖泥船

1. 横挖法施工

(1)当施工区水域条件好,挖泥船不受挖槽宽度和边缘水深限制时,应采用斜向横挖法施工。

(2)挖槽狭窄、挖槽边缘水深小于挖泥船吃水时,宜采用扇形横挖法施工。

(3)挖槽边缘水深小于挖泥船吃水,挖槽宽度小于挖泥船长度时,宜采用十字形横挖法。

(4)施工区水流流速较大时,可采用平行横挖法施工。

2. 分条、分段施工

(1)当挖槽宽度超过挖泥船的最大挖宽或挖槽内泥层厚度不均匀时,应采用分条挖泥。分条的宽度应视主锚缆的抛设长度而定,一般情况下取100m;浅水区施工时,分条的最小宽度要满足挖泥船作业和泥驳的靠泊需要。

(2)当挖槽长度大于挖泥船一次抛设主锚所能开挖的长度时,应按其所能开挖的长度对挖槽分段进行施工。

(3)挖槽转向曲线段需分成若干直线段开挖时,可将曲线近似按直线分段施工。挖槽边线为折线时,按边线拐点进行分段。

(4)挖槽规格不一或工期要求不同,应按挖槽规格变化和工期要求进行分段施工。

(5)受航行或其他因素干扰,可按需要分段施工。

3. 分层施工

当疏浚区泥层过厚,对松软土泥层厚度超过泥斗斗高的2~3倍时,对细砂和坚硬的土质且泥层厚度超过斗高1~2倍时,应分层开挖。分层的厚度一般采用斗高的1~2倍,可视土质而定。

4. 顺流、逆流施工

链斗挖泥船宜采用逆流施工。只有在施工条件受限制或有涨落潮流的情况下,才采用顺流施工,顺流施工时应使用船尾主锚缆控制船的前移。

5. 锚的抛设

链斗船作业时,一般布设6个锚。进点时应根据风、水流情况先抛尾锚或将斗桥下放至泥面定位,再抛设其余锚。锚的抛设应满足下列要求:

(1) 主锚应抛设在挖槽中心线上。泥层不均匀或水流不正时,宜偏于泥层厚的一侧,或主流一侧,主锚抛设长度一般为400~900m,并设拖缆小方驳。

(2) 尾锚顺流施工时,应加强尾锚,并增加抛设长度。逆流施工时,尾锚可就近抛设或不抛设,其抛设长度宜为100~200m。

(3) 逆流施工时,前边锚宜超前20°左右,后边锚可不超前,当不设尾锚时,后边锚可抛成八字形。顺流施工时,后边锚宜滞后15°左右。

6. 操作参数确定

应根据开挖的土质、泥层厚度和斗架下放深度,通过试挖选择最佳的挖泥厚度、斗链运转速度、前移距和横移速度等参数,以保证泥斗的充泥量。应根据挖泥船的生产率和抛泥区的距离配备足够数量的拖轮和泥驳,在海上抛泥时宜配备自航开体泥驳,应采用双面靠驳,以减少换驳停歇时间。

(四) 抓斗式挖泥船

1. 纵挖法施工

抓斗挖泥船宜采用纵挖法施工。作业时宜布设5个锚缆,主锚缆长度宜为200~300m,尾锚长度宜为200~300m,流速大、底质差时宜长一些。边锚缆宜抛设在外边线外100m左右。进点定位、抛锚程序与链斗船基本相同。

2. 分条、分段施工

(1) 当挖槽宽度大于抓斗挖泥船的最大挖宽时,应分条进行施工。分条宽度应不超过挖泥船抓斗吊机有效工作半径的2倍;流速大的深水挖槽分条宽度应不大于挖泥船的船宽。

(2) 当挖槽长度超过挖泥船一次抛锚所能开挖的长度时,应进行分段施工。分段的长度取决于定位边缆长度和水流流向,顺流施工取艄边缆起始长度的75%,逆流施工取艄边缆起始长度的60%。

(3) 当泥层厚度较薄,土质松软时可采用梅花挖泥法施工。

3. 分层施工

当疏浚区泥层厚度超过抓斗一次所能开挖的最大厚度时,或受水位影响需乘潮施工时,应分层施工。分层的厚度应根据土质、抓斗斗高及张斗宽度等因素确定。

4. 顺流、逆流施工

抓斗挖泥船宜采用顺流施工。在流速不大或有往复潮流的地区,可采用逆流施工。

5. 抓斗选择

(1) 淤泥土类、软塑黏土、松散沙选用斗容较大的轻型平口抓斗。

(2) 可塑黏土、中等密实沙选用中型抓斗。

(3) 硬塑黏土、密实沙、中等密实碎石选用重型全齿抓斗。

(4)风化岩、密实碎石选用超重型抓斗。

6. 施工定位

抓斗挖泥船施工定位应满足下列要求:

(1)抓斗位置对正开挖位置,船舶中线平行于挖槽轴线。

(2)实测船首及两侧水深与水深测量图进行校核,确定开挖位置及水深。

7. 操作参数确定

挖泥作业时,应根据土质和泥层厚度确定下斗的间距和前移距。土质稀软、泥层薄时,下斗间距宜大;土质坚硬、泥层厚时,斗距宜小。挖黏土和密实砂,当抓斗充泥量不足时,应减少抓斗的重叠量。当挖厚层软土时,若抓斗充泥量超过最大容量时,应增加抓斗重叠量。前移距宜取抓斗全张开尺度的 0.6~0.8 倍。在流速较大的地区施工时,应根据水流对泥斗造成的漂移修正下斗位置,必要时应选用更重的抓斗。

(五)铲斗式挖泥船

1. 纵挖法施工

铲斗挖泥船宜采用纵挖法施工。作业时利用定位钢桩(或锚缆)固定船体。进点定位时挖泥船至挖泥起点处下放钢桩或铲臂定住船位,再用铲斗与前后钢桩调整船位,确认船位在挖槽起点后再进行挖泥。

(1)坚硬的土质和风化岩,宜配备小容量带齿铲斗,并采用挖掘与提升铲斗同步挖掘法施工。

(2)软质土及平整度要求高的工程宜配备大容量铲斗,并采用挖掘制动、提升铲斗挖掘法施工。

(3)挖掘不同土质的抬船高度、回转角、铲斗回转角进量及铲斗前移距等施工参数应通过试挖确定。

(4)正铲挖泥船宜位于已开挖区域顺挖槽前进挖泥。

(5)反铲挖泥船宜位于未开挖区域顺挖槽后退挖泥。

(6)铲斗挖泥船施工中铲斗未离地时不应摆动铲臂。

2. 分条施工

当挖槽宽度超过铲斗挖泥船一次所能开挖的宽度时应分条施工。一次所能开挖的宽度由铲斗的旋回半径和回转角确定。挖硬土时回转角宜适当减小,挖软土时回转角宜适当增大。

3. 分层施工

当泥层厚度过厚时应分层进行开挖。分层的厚度由斗高和土质决定,不宜超过 1.8~2.0 斗高。

在挖掘坚硬的土质和风化岩时,为了避免强力挖掘的反作用力将铲斗及旋回机构推向已挖的一侧,影响施工安全,宜采用隔斗挖泥法,即在第一次挖掘时采用每隔一斗铲挖一斗,剩余部分第二次再挖掉。在挖掘较松软土质和淤泥时,宜采用梅花挖泥法,借助于水流力量将剩余土脊冲平,且有利于提高泥斗的充泥量。

4. 操作参数确定

应通过试挖确定不同土质挖掘时的抬船高度、回转角、铲斗回转角进量及铲斗前移距等施工参数,以保证铲斗的充泥量和施工质量。铲斗挖泥船挖泥操作时应尽可能减少每一个动作的时间,并使动作能交互进行,以缩短挖掘周期,提高挖泥生产率。

九、施工质量控制重点

(一) 审查开工条件

(1) 审查施工组织设计、施工方案、方法是否符合设计要求,施工船舶的选择是否合理。港监已签发施工通航通告的,审查施工与通航的方案是否符合要求。审查是否制定了质量标准及质量保证措施并符合合同要求。

(2) 施工总平面图是否符合设计要求。

(3) 对参与施工的船舶状态资料,水上作业人员资质进行审查。审查承包人施工管理人员是否到位,以及挖泥船等设备进场计划安排情况。

(4) 审查承包人提交的"工程开工报审表"是否符合开工条件规定。

(5) 监理对挖泥船技术性能、土质、水深、泥层厚度、排距和运距等因素综合考虑。对每日生产量进行校核签认,掌握挖泥船生产率和每日完成工程量,便于预测工况对工程的影响。

(6) 船舶施工过程监控。

(二) 工程测量控制

(1) 测图比例尺宜按表3-8确定。

测 图 比 例 尺　　　　　　表3-8

区　　域	设 计 阶 段		
	可行性研究	初步设计	施工图设计
航道	1:5000~1:50000	1:2000~1:5000	1:1000~1:5000
港池	1:5000~1:20000	1:2000~1:5000	1:1000~1:2000
泊位	1:2000~1:20000	1:1000~1:2000	1:500~1:1000
基槽	—	—	1:200~1:500
吹填区	1:2000~1:20000	1:2000~1:5000	1:500~1:2000
取土区	1:2000~1:20000	1:2000~1:5000	1:2000~1:5000
抛泥区	1:2000~1:50000	1:5000~1:10000	1:5000~1:10000

注:1. 水下地形比较复杂时,施工图设计阶段航道测量的比例尺不应小于1:2000。
　　2. 规划阶段可参照可行性研究阶段比例尺选用。

(2) 目前疏浚工程测量一般采用GPS(全球定位系统)定位系统。在进行外业测量前,将GPS在陆上基准站进行差分倍前的检测、校核,使仪器达到国家规定的精度要求,测量监理旁站,对GPS率定表签认。

(3)工程开工前,确定工程采用的坐标系和高程控制基准,测量监理工程师协助并见证业主向承包人进行工程测量控制点的交底工作,包括测量基准站有关技术数据和GPS控制网转换参数等;承包人接收测量控制点后应尽快安排复测。若复测结果有疑问,应在交底后7天内向监理工程师提出,监理工程师应对测量控制点进行独立检查后在2天内提出处理意见;若复测结果符合要求,承包人可直接利用业主提供测量点或自己根据实际需要再引测测量点,但必须通过监理工程师检查认可后方可使用。

(4)外业测量前,必须对测深仪与测深板进行不同水深的比对测试,修正测深仪误差,密切注意DGPS上显示的卫星接收数量。差分信号的变化应达到规定要求,确保测量精度。测量船轨迹应按照预先设定好的测量断面线进行水深测量,不允许漏断面,漏测点(除避让外)。应对测区进行检查线测量,最后对航次测量报告进行认真审核、签认。应对内业资料整理,实施旁站监理,并保证测图资料和测量数据的真实性。应真实反映工程的浚前、浚后变化情况,认真审查测图成果,发现与实际不符或有出入的数据和水深点,要立即查询并协调督促测量单位按测量规范要求复检。

(5)监理工程师在工程开工前应对承包人拟用于本工程的测量人员及仪器配备情况进行检查。要求承包人的测量人员必须具备相应的资质(检查其资格证书及上岗证),不仅能够熟练操作仪器,同时能够制定施工测量的技术方案,及时解决施工测量中出现的各种问题;要求承包人提供拟在本工程中使用的测量仪器的名称、数量、精度指标及有鉴定资质的检测单位提供的年度检定证书,并要求承包人在使用前进行相应的检测,符合其精度指标要求方可使用。在施工期间承包人应确保测量人员及仪器的相对稳定,未经监理工程师许可,人员、仪器不得随意调动。

(6)施工测量技术书的审查:要求承包人提供详尽的施工测量技术书,并对各道工序的施工测量做出技术说明,以及测量与施工的衔接等。监理工程师应对其技术书的可操作性进行审核,对其中涉及的计算方法、计算公式进行检查,对其使用的计算软件的合法性进行检查校核。

(三)平面位置控制

(1)施工期间应定期对挖泥船定位用的标志进行校核,在大风之后应进行检查、校准。定位用的仪器必须符合规格书的精度要求,并按照规定定期进行校验和校准。

(2)挖泥船作业时,应经常用导标或定位仪器校正船位,以保证实际的开挖位置在设计开挖范围之内。绞吸挖泥船的定位钢桩应经常保持在开挖断面的中心线上,摆动控制用的陀螺罗经应定期校验,以保证挖宽的正确性。

(3)对施工精度要求较高的工程,绞吸挖泥船宜采用挖泥剖面仪,耙吸挖泥船宜用耙头电子图形显示装置控制开挖位置。

(4)对装配了GPS等高科技施工控制设备的疏浚船舶,应对船载GPS定位系统进行率定,旁站监理,并对率定成果进行审核,在率定表上签认,要求GPS达到规定;同时,对船载DGPS(电子图)进行卫星信号个数,差分的精度进行校核,以正确指导施工。对船载电脑装载仪与船舶重轻载时外观吃水进行比对校核,根据船舶水力曲线和装载曲线校准装载吃水误差,有效控制船载土方量。

(5) 抓斗挖泥船水下开挖的平面控制,除用各种定位仪器外,在施工中应注意收紧里档处的横缆,要求与挖槽基本平行,挖泥船一侧始终在分条交界处堑口的边线。因此,必须经常摸准堑口,以防漏挖。抓斗挖泥船的开挖非连续性,无固定的挖泥轨迹,质量控制比较困难,尤其在土质极软、泥层较薄或水深、流急、流向多变的情况下,抓斗的挖深和排斗位置更不容易掌握。为了提高挖泥船施工质量,必须强化施工的平面控制。

(6) 采用分条、分段施工时,应注意条与条之间,段与段之间的衔接,后施工的地段宜适当与先施工的地区重叠一部分,以避免遗留浅埂。

(四) 挖槽宽度控制

宽度控制传统方法有:视线标志法(图3-3和图3-4)、边线标志法、电线杆法及罗经控制法等。目前部分疏浚船已装配GPS定位和DGPS电子海图,通过DGPS可直接控制挖槽宽度,精度较高。但GPS和DGPS必须由航测部门和电脑软件设计部门共同调试率定,率定时监理必须旁站,并做好旁站记录,使施工区坐标与设计坐标相吻合,最后监理签认。

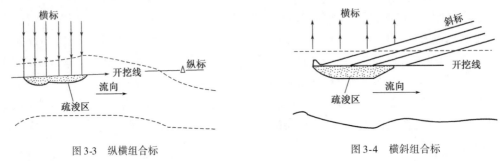

图3-3 纵横组合标　　　　图3-4 横斜组合标

控制挖槽边线,使施工船舶控制在编制的电子海图边线内,按照一定的边坡尺度和允许超宽,控制挖槽宽度。

(五) 挖槽深度控制

(1) 施工期间应定期对施工用的水尺、验潮仪、自动报潮仪进行校核。

(2) 挖泥船的挖深指示标尺和仪器,在施工前应进行校验,施工期间应根据船的吃水变化进行修正。

①绞吸式挖泥船由于开挖土质不同,吸口的吸距不同,挖泥船水尺的零点位置也不相同,施工中必须掌握挖泥船前后吃水的变化,并进行试挖验测,决定水尺的修正值,以防止超深过多或发生浅点。根据土质控制横移速度,对于较松散土质,挖到设计深度时,横移速度过慢会造成超深过多,对于较硬、密实的土质,横移速度过快会造成设计深度以上泥层的吸不完而产生浅点,一般通过试挖掌握适当的横移速度。正确使用正、反挖泥,消除浅点。挖边线时应根据土质情况,掌握换边和横移速度,砂质土易塌方换边宜慢,挖淤泥换边宜快,应防止吸土过多而超深。应及时校核水深,用测深绳检测已挖槽内水深,控制超挖漏挖现象。

②耙吸挖泥船采用定深挖泥法以提高浓度质量控制。耙头下放深度是根据船型、耙头类型和土质而定的,下耙深度可由船载电脑耙头深度指示器直接操作控制,该指示器的准确性必须通过与外部耙头下放深度比对确认,即耙头下放深度率定,率定时监理必须旁站,并对率定成果校核签认。

③链斗挖泥船挖深指示标尺和仪器,应根据斗链的磨损情况加修正值。链斗式挖泥船在挖泥过程中为了达到设计深度,应根据水位的变化随时调整斗桥下放深度。斗桥下放的深浅是通过桥档深度标尺来掌握和控制,根据水位变化的频率和数值随时调整斗桥下放深度。

④抓斗挖泥船在流速很大的地区施工时,应根据抓斗漂移情况修正挖深值。

(3)挖泥船施工时应根据土质、泥层厚度、波浪和水流条件、挖泥产生的泄漏、施工期可能出现的回淤等增加施工超深。超深的大小可在施工初期通过试挖确定,并随时根据情况的变化和实测资料进行修正。

(4)挖泥船挖泥时,应根据水位的变化及时调整绞刀、耙头、泥斗的下放深度。水位观测和通报应及时、准确。

(5)绞吸挖泥船、链斗挖泥船开挖最下一层土时,厚度宜薄一些,并应适当放慢横移速度。耙吸挖泥船挖底层时,宜定深下耙,以免残留浅点。

(6)对工期较长的工程,如果施工期可能出现回淤,应采用先挖上层和回淤较小的地段,最后一层和回淤最严重地段留在接近完工时开挖。根据开挖时到竣工时的时间长短不同,预留不同的回淤超深,以保证完工时挖槽符合设计的要求深度。

(7)在码头、护岸或其他水工建筑物前沿挖泥时,必须严格按设计的要求控制挖深和挖宽,以免危及建筑物的安全。

(六)挖槽边坡控制

(1)挖槽边坡应根据设计要求,计算放坡宽度,按矩形断面开挖,若泥层较厚应分层按阶梯形断面开挖,使挖槽自然坍塌后接近设计边坡,如图3-5所示。采用台阶式挖泥,台阶分得越多,越接近设计边坡。若开挖阶梯较多,则可先开挖非边坡部分泥层,然后集中力量开挖分层的边坡阶梯,以确保工程质量。

(2)在泥层较薄作一层开挖时,边坡可取"一刀切"方法,即1/2坡距作为放坡距离,一次完成挖坡,然后让其坍塌自然坡度。若泥层厚,分几层开挖时,或开

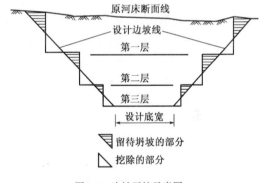

图3-5 边坡开挖示意图

挖基槽边坡,必须逐级放坡,即挖成阶梯形,然后让其坍塌自然边坡。监理对边坡区域要加强控制,重点在掌握开挖方式和开挖边线的位置控制。

(3)在开挖码头基槽和岸坡时,应严格控制超挖,防止出现滑坡。边坡分层的台阶厚度不应超过1m。若绞吸挖泥船装有挖泥剖面仪应使用计算机的图形显示控制绞刀位置,并直接按设计的边坡开挖。耙吸挖泥船开挖边坡时,应先挖边坡顶层的泥土,然后逐层下挖,防止只挖挖槽底部宽度,最后形成较陡的边坡,达不到设计的边坡坡度。

(4)对于链斗挖泥船和绞吸挖泥船应根据挖泥船斗桥或绞刀架性能适当放缓坡度来确定开挖起点位置。耙吸挖泥船施工的纵坡,软土质通常约为1:15;硬土质约为1:25。

十、疏浚工程质量检验标准

(一)疏浚工程质量检验的基本规定

(1)疏浚单位工程不划分分部工程及分项工程。

(2)基建性疏浚工程应按中部水域、边缘水域和边坡三部分进行质量检验。

(3)基建性疏浚工程质量检验的依据应包括工程设计图、竣工水深图和测量资料等。局部补挖后补绘的竣工水深图的补绘部分不应超过图幅中测区总面积的25%。补绘部分超过图幅中测区总面积的25%时,应对该图幅中的测区进行重测,并应重新绘图。

(4)基建性疏浚工程施工的最大超宽、最大超深不宜超过相应挖泥船施工平均超深、超宽控制值的2倍,各类挖泥船施工的平均超深、超宽控制值不应超过表3-9的规定。当最大超深值设计有要求时应满足设计要求。

各类挖泥船平均超深和平均超深控制值 表3-9

船型	耙吸(舱容 m³)		绞吸(总装机功率 kW)		链斗(斗容 m³)			抓斗(斗容 m³)		铲斗(斗容 m³)	
	≥4000	<4000	≥5000	<5000	≥0.5	<0.5	>8	4~8	≤4	≥4	<4
平均超深(m)	0.55	0.50	0.40	0.30	0.35	0.30	0.60	0.50	0.40	0.40	0.30
平均超宽(m)	6.5	5.0	4.0	3.0	4.0	3.0	4.0	4.0	3.0	3.0	2.0

(5)维护性疏浚工程质量检验的范围应为设计底边线以内的水域,边坡可不检验。当对边坡质量有特殊要求时,可根据设计要求进行检验。

(6)疏浚工程竣工断面图应根据设计断面、计算超深值、计算超宽值和竣工水深测量资料绘制,纵向比例宜采用1:100,不应小于1:200。

(7)弃土区的位置、范围和高程应满足设计和相关规定要求。

(8)疏浚工程质量检验断面抽样比例应符合下列规定。

①基建性疏浚工程,采用单波束测深仪数字化测量的断面抽样比例不得少于25%,非数字化测量的断面抽样比例不得少于15%。多波束测深系统的断面抽样数量应按相应的测量比例尺的单波束测深仪数字化测量的抽样数量确定。

②维护性疏浚工程,采用单波束测深仪数字化测量的断面抽样比例不宜少于15%,非数字化测量的断面抽样比例不宜少于10%。多波束测深系统的断面抽样数量宜按相应的测量比例尺的单波束测深仪数字化测量的抽样数量确定。

(9)疏浚工程单位工程完工后,施工单位应按《水运工程质量检验标准》(JTS 257—2008)的有关规定整理质量检验成果表及竣工水深图和地形图、竣工报告,并送监理单位和建设单位审查。监理单位和建设单位应在收到资料后7个工作日内予以审核和确认。

(二)基建性疏浚工程质量检验标准

1.泊位疏浚

(1)设计底边线以内水域的开挖范围应满足设计要求。开挖断面不应小于设计开挖断面。

(2)码头前沿安全地带以外的泊位水域严禁存在浅点。

(3)码头前沿安全地带以内及疏浚施工超挖可能对建筑物安全造成影响的区域,其超深、超宽值和边坡坡度应严格控制在确保建筑物安全稳定的设计允许范围内,允许存在浅点的数量、范围和浅值应根据工程的实际情况确定。

(4)泊位的两端和临近港池的边坡坡度不应大于设计边坡坡度。

(5)泊位加深扩建的疏浚工程,应严格按设计要求控制超挖,必要时应对邻近建筑物进行沉降位移观测。

2. 港池疏浚

(1)无备淤深度的港池疏浚工程设计底边线以内水域严禁存在浅点,设计底边线以内水域的开挖范围应满足设计要求,开挖断面不应小于设计开挖断面。

(2)有备淤深度的港池疏浚工程设计底边线以内的中部水域不得存在浅点;有备淤深度的港池疏浚工程边缘水域的底质为中、硬底质时,不得存在浅点;边缘水域的底质为软底质时,浅点不得在测图的同一断面或相邻断面的相同部位连续存在,浅点数不得超过该水域总测点的3%,浅点的浅值不得超过表3-10的规定。

允 许 浅 值 表　　　　　　　　　表3-10

设计水深 h(m)	$h < 10.0$	$10.0 \leq h \leq 14.0$	$h > 14.0$
允许浅值(m)	0.1	0.2	0.3

(3)边坡的开挖范围和坡度应满足设计要求。

3. 航道疏浚

(1)无备淤深度的航道疏浚工程设计底边线以内水域严禁存在浅点,设计底边线以内水域的开挖范围应满足设计要求,开挖断面不应小于设计开挖断面。

(2)有备淤深度的航道疏浚工程设计底边线以内的中部水域不得存在浅点;有备淤深度的航道疏浚工程边缘水域的底质为中、硬底质时,不得存在浅点;边缘水域的底质为软底质时,浅点不得在测图的同一断面或相邻断面的相同部位连续存在,浅点数不得超过该水域总测点的2%,浅点的浅值不得超过表3-10的规定。

(3)边坡的开挖范围和坡度应满足设计要求。

4. 锚地疏浚

锚地疏浚工程质量检验与"3. 航道疏浚"质量检验要求相同,只是边坡可不检验。

5. 挖岩与清渣

挖岩与清渣应满足设计要求,开挖区内不得存在浅点,平均超深不得大于1m,平均超宽不得大于4m,边坡不得陡于设计边坡。

(三)维护性疏浚工程质量检验标准

1. 一次性维护疏浚

(1)设计底边线以内水域的开挖范围和水深应满足设计要求。开挖断面不应小于设计开挖断面。

(2)中、硬底质的一次性维护疏浚工程,设计底边线以内水域不得存在浅点。

(3)软底质和有备淤深度的一次性维护疏浚工程,应对中部水域和边缘水域分别进行质量检验,中部水域不得存在浅点,边缘水域的浅点不得在测图的同一断面或相邻断面的相同部位连续存在,浅点数不得超过该水域总测点的3%,浅点的浅值不得超过表3-10的规定。

2.常年维护性疏浚

(1)常年维护性疏浚工程应达到维护标准的水深。

(2)常年维护性疏浚工程的通航水深保证率或维护标准水深保证率应根据实际情况确定,计算方法应符合《水运工程质量检验标准》(JTS 257—2008)的规定。

十一、围埝及泄水口施工质量控制

(一)施工放样

围埝施工应按设计图纸放样,并符合下列规定:

(1)控制基线的测角误差不得大于12″,控制基线长度大于3km时应加设控制点;长度相对误差不得大于1/10000,高程引测不得低于四等水准测量的技术要求。

(2)放样宜沿围埝中心线从起点至终点每隔25~50m设置木桩,标出地面高程和埝顶高程,并按围埝设计断面用木桩或标杆放出埝顶宽度及坡脚线。

(二)围埝基础处理

(1)埝基上的树根、杂草、淤泥及腐殖土应清除。

(2)埝基为坚硬土或旧埝基时,应将表面土翻松再填新土,使之密实。

(3)埝基为淤泥时,可用小型柴排或管排、土工织物垫底或施打塑料排水板等方法加固。

(4)埝基为砂质土时,可事先在埝的中间开槽,填以黏土防渗。

(5)埝基坡度大于1:5时,应先挖出阶梯,然后逐层填筑,当设计有明确要求时,按设计要求执行。

(三)围埝施工质量控制要点

1.土围埝

(1)就地取土筑埝,应离开围埝坡脚一定距离从围埝内侧取土,以保证吹泥时围埝的稳定性;平坦区域取土边线与埝脚的距离不应小于5m,软泥滩上不应小于10m,埝高大于3m时,尚应适当加大距离;排泥管架两侧5m内不得取土,5~10m范围内取土深度不应大于1.5m;不得取冻土、腐殖土、含杂物的土筑埝;取土区内取土坑不得贯通。

(2)土围埝应分层修筑并层层夯实。宜每铺0.3~0.5m土厚为一层,夯实后再铺上一层,直到达到设计埝顶高程,围埝的顶部和边坡应整平、夯实。

(3)土围埝施工的允许偏差见表3-11。

土围埝施工允许偏差 表3-11

项　　目	允许偏差(mm)	项　　目	允许偏差(mm)
围埝顶部宽度	±100	围埝坡面轮廓线	±150
围埝顶部高程	+100 0	围埝轴线	±200

(4)围埝施工应自低处开始逐层填筑。

2.抛石围埝

(1)应根据水深、水流及波浪等自然条件计算块石的漂移距离,并通过试抛确定抛石船的驻位,先随机抛,后定点抛。

(2)水上抛填时,应根据地基承载力结合水深、波浪影响情况,确定一次抛填到顶或分层抛填。

(3)软土地基上的抛填程序、分层厚度和加载速率应满足设计要求;有挤淤要求时,应从轴线逐渐向两侧抛填。

(4)碎石倒滤层施工应符合下列规定:

①倒滤层材料的规格和质量满足设计要求。

②倒滤层分段、分层由坡脚向坡顶施工,每段每层推进面错开一定距离。

③受风浪影响的地区,倒滤层施工后及时进行覆盖。

④倒滤层厚度的允许偏差:倒滤层各分层厚度水上为0~50mm,水下为0~100mm;混合倒滤层总厚度水上为0~100mm,水下为0~200mm。

(5)土工织物倒滤层施工应符合下列规定:

①所用土工织物的品种、规格和性能满足设计要求。

②铺设前对基层进行整平,表面无尖角,平整度的允许偏差:水上为100mm,水下为200mm。

③土工织物的拼幅与接长采用"包缝"或"丁缝",如图3-6所示。尼龙线的强度不小于150N。

④土工织物铺设平顺,松紧适度,其坡顶锚固及坡底压稳满足设计要求。

⑤相邻两块土工织物搭接长度允许偏差满足设计要求,设计无要求时,水上为±$L/10$mm,水下为±$L/5$mm。

⑥土工织物铺设后及时覆盖或进行上部施工。

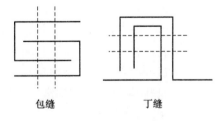

图3-6 "包缝"或"丁缝"

3.土工织物充填袋围埝

(1)土工织物袋充填筑堤前,应对基层进行处理,直接铺设的土工织物袋,应将基层可能有损织物的凸出物、杂物清除;当堤底有加筋垫层时,应按相应规定执行。

(2)充填袋所用土工织物的品种、规格和技术指标应满足设计规范要求,土工织物袋应用工业缝纫机缝制,缝制线应采用尼龙线,强度不得小于150N;土工织物缝合宜采用"包缝"或

"丁缝",如图3-6所示;土工织物袋充填口布置在袋体表面,充填口数量应视充填料粒径和充填能力确定,砂性土一般按每16~20m²布置一个为宜。

(3)土工织物袋充填所用泥浆和高压水泵,应根据充灌速度、袋体大小、输送距离等要求进行选择。充填料的土质及颗粒级配应满足设计要求。

(4)充填料宜采用就地取料或采用采砂船运至充填区,当在附近滩地取土时,取土坑应离围埝坡趾有足够距离。

(5)土工织物袋铺设应垂直于地轴线,上、下袋体应错缝,同层相邻袋体接缝处,应预留收缩量,确保充填时后两袋相互挤紧。充填后的两袋间不得有贯通缝隙,如有应作相应处理。水下铺设宜设定位桩。

(6)土工织物袋充填应用高压水枪进行水力造浆,泥浆浓度宜为20%~45%。袋体充填饱满度宜为85%,厚度宜控制在400~500mm范围内,充填后的干土重度应达到14.5kN/m³以上。充填应用泥浆泵进行,管路出口压力宜控制在0.2~0.3MPa。

(7)土工织物袋在铺设及充填过程中若出现袋体损伤,应及时修复。袋体充填后外露部分不得长时间暴露日照,应按设计要求及时做好覆盖保护。

(8)堤心的断面应满足设计要求。

(四)吹填区排水口质量控制要点

1. 排水口的布设

(1)排水口的位置应根据吹填区地形、几何形状、排泥管的布置、容泥量及排泥总流量等因素确定。

(2)排水口应设在有利于加长泥浆流程、有利于泥沙沉淀的位置上。一般多布设在吹填区的死角或远离排泥管线出口的地方。

(3)在潮汐港口地区,应考虑在涨潮延续时间内,潮汐水位对排水口泄水能力的影响。

(4)排水口应选在具有排水条件的地方,如临近江、河、湖、海等地方。

2. 常用的排水口结构

应根据工程规模、现场条件、设计要求等因素进行选择;排水口结构宜采用下列形式:

(1)溢流堰式排水口。其堰顶高程比围埝顶低,泄水直接漫溢到排水渠中。宜采用混凝土、石、砖石混合结构。溢流堰坚固耐用,投资较大,适于大、中型吹填工程。

吹填过程中宜人工控制堰顶水位。堰顶高程应随吹填厚度增高而增加,堰顶每次增加的高度,应根据吹填施工计划确定。加高的方法可用土工织物袋装砂,直接放于堰顶上。

(2)薄壁堰式排水闸。

(3)埋管式排水口。可分为闸箱式和埝内埋管式。

3. 泄水口的施工

(1)泄水口水门的基础应夯实。

(2)泄水口与围埝结合处应采取护坡措施,防止水流冲刷。

(3)泄水口出水处底面应用块石、土袋和软体排等护底,防止冲刷。

(4)采用埋设排泥管做泄水口时,排泥管应伸进泥塘内并超过埝身1m,管与管之间的泥土应夯实,泄水管与埝的结合应紧密。

十二、排泥管线敷设质量控制要点

(一)陆上排泥管线敷设

(1)应优先选择平直最短的线路,沿公路两侧敷设,避免与公路、铁路、水渠和其他建筑物交叉。

(2)陆上管线的入口高程应设在平均大潮高潮位之上并便于与浮管连接。

(3)排泥钢管的法兰之间应装设密封圈,必须紧固水密。管底的基础、衬垫物、支架必须牢固。

(4)使用过的排泥管应经过检查、测厚,并根据工程需要确定厚度要求。

(5)排泥管线穿越铁路时,宜在现有涵洞处通过。当埋设在铁路之下时,应将钢管管壁、法兰加厚,或在排泥管外加设钢筋混凝土套管承重。

(6)管线穿越公路时,可采用埋设在公路之下或架设管桥的方法,当车辆流量不大时,也可采用半埋或直接在路面上穿越。采用架空方法通过公路时,管桥的净空应符合我国公路的标准,并应在管线的最高处设置排气阀;采用半埋或直接从公路上铺设管线时,管道的顶部及两侧应用填土保护,两侧填土的坡度不宜大于1∶10。

(7)管线穿越水渠、河沟时,宜架设在管架或浮筒之上。

(8)因吹填需要,需装设支管时,应在管线上装设三通、四通和闸阀。

(二)水上排泥管线布设

(1)水上管线应根据水流、风向布设成平滑的弧形,并抛锚固定。在水陆管线连接处和水下管线连接处应设双向管子锚和三向管子锚加以固定。

(2)在港口、航道施工时,水上管线夜晚应装灯显示,管子锚应设置锚漂显示。

(3)水上排泥管线不宜过长,在风浪、流速较大的地区,宜在300~500m之间。

(三)水下管线和潜管的敷设

(1)敷设前应对敷设水域进行水深测量,测图比例宜采用1∶1000~1∶2000。

(2)水下管线宜采用胶管柔性连接,也可采用刚性连接。柔性连接时,管段在平坦地区一般由4~5节钢管(20~30m)和1节胶管组成,在地形变化比较大的地段,应增加1~2节胶管。潜管上升段和下降段的坡度不宜太陡,其两端应设端点站,并在管路上配备充、排气阀和水闸阀等设备。

(3)潜管组装应选择在靠近沉放区、波浪和潮流较小的水域进行,可在岸边、码头边或在驳船上用吊机将排泥管组装成所需的长度,管口两端用盲板密封,使之直接浮在水上。组装好的管线应小心拖运。

(4)潜管下沉应选择在风浪较小、憩流时进行。当管线较长时,应配备2~3条拖轮或锚艇进行拖带和协助管线定位。管线沉放宜采用一端灌水另一端放气的方法。在通航区域沉放时,应设立警戒船。

(5)沉放后,两端应下锚固定并设警戒标志。

(四)吹填区内管线布设和管理

(1)排泥管进入吹填区的入口应远离排水口,以延长泥浆流程。管线的布置应满足设计高程、吹填范围、吹填厚度的要求,并应考虑吹填区的地形、地貌、几何形状对管线布置的影响。管线平面布置宜顺直,拐弯平缓。

(2)排泥管线的间距应根据设计要求、泥泵功率、吹填土的特性、吹填土的流程和坡度等因素确定。

(3)应根据管口的位置和方向、排水口底部高程的变化及时延伸排泥管线。在吹填区内应设若干水尺,观测整个吹填区的填土高程变化,指导排泥管线的调整和管理工作。

(4)吹填淤泥、粉细砂等不易沉淀的细颗粒土质时,宜在排泥管出口安装消能器;吹填中粗砂、黏土球等易堆积的土质时,宜在排泥管出口安装缩口。

十三、吹填施工质量控制重点

(一)高程控制

(1)控制吹填高程用的临时水准点和标尺应定期校核。

(2)在吹填过程中,应经常利用高程控制标尺观测吹填土的高程,并进行吹填区的高程测量。及时延长排泥管线、调整管线的间距、管口的位置和方向及泄水口的高度,以达到吹填高程和平整度的要求。

(3)对平整度要求较高的吹填砂工程,在吹填施工期间宜在排泥管出口配备推土机,推平到吹填要求高度后,再延长排泥管线,以减少工程后期的整平工程量。

(4)吹填期间应按规定定期进行沉降观测,并根据观测的地基沉降量和固结量,及时调整吹填预留的厚度。

(5)吹填后的高程应满足设计要求,其允许偏差应满足合同要求。

(二)对吹填土的粒径和级配控制

(1)应根据钻探和土质调查的资料,选择符合设计要求粒径的砂源进行吹填,对不符合要求的细颗粒土,应通过疏浚分离出去,排至其他场地。

(2)施工中应及时观察泥浆浓度的变化,并注意沉淀在吹填区内的土质是否符合设计要求,必要时应取样检验。

(3)管线的布置应使从排泥管口排出的水流充分扩散,或在管口加消能装置降低出口流速,使细粒土能有沉淀机会,并可采用将吹填区划分成若干小区的方法使细粒土均布在小区内,避免淤泥集中。

(4)当在软基上进行吹填时,为了防止下层淤泥土被挤出、隆起,应采用分层吹填的方法。

(5)在整个施工过程中,应使施工船舶、排泥管、围堰、排水口协调工作。建立有效的通信联系并实行巡逻值班,随时掌握吹填区填土进度、质量、泥沙流失、围堰和排水口的安全情况。

(三)吹填施工测量控制

(1)吹填施工测量应包括施工前、施工中、竣工后的地形测量和施工期的检查测量和沉降观测。

(2)平面控制网点应与附近城市或工程控制网二级以上的控制点联测,沿围埝布设图根点;高程控制网点应与附近城市或工程平面控制网四等以上水准点联测,并应埋设工作水准点,用图根水准测定图根点高程。

(3)地形测量应符合下列规定:

①测量内容应包括吹填区围埝、泄水口、陆上排泥管线位置及出、(入)口高程、沉降杆位置原地面高程及围埝外20m内的地形。

②测量前应检查控制点平面位置和高程。

③吹填区地面高程采用断面法或方格网法测定时,断面间距、点距不应大于图上20mm。地形起伏较大时,应适当缩小点距。

④吹填区内测量的点位中误差不应大于图上2mm;高程测量误差不应大于50mm。

(4)吹填区沉降杆的位置及观测应符合下列规定:

①沉降杆的位置和数量应根据工程需要和土质情况确定。

②沉降杆应稳固的竖直设置在吹填区原地面上,并应采取相应的保护措施。

③沉降杆应进行编号并测定其零点高程,其高程测量误差不应大于10mm。

十四、吹填工程质量检验标准

(一)吹填工程质量检验的基本规定

(1)吹填围埝工程的分部工程、分项工程可按表3-12的规定划分,当工程内容与表列项目不一致时,可根据工程内容进行调整。

吹填围埝工程分部工程、分项工程划分　　表3-12

分部工程	分项工程	分部工程	分项工程
基底	基床清淤等	倒滤层	倒滤层
埝身	抛石		

(2)吹填及围埝工程质量检验的依据应包括工程设计文件和竣工资料等。

(3)永久性围埝工程应单独进行质量检验;临时性围埝应满足稳定和安全等要求。

(二)围埝工程质量检验标准

(1)围埝的基底处理应满足设计要求。

(2)抛石围埝抛填程序和速率应满足设计要求。

(3)石料的规格和质量应满足设计要求。施工单位对每一料源的检验应不少于3次,监理单位见证抽样检验。

(4)倒滤层分段、分层施工的接茬处理应满足设计要求。

(5)抛石围埝的允许偏差、检查数量和方法应符合表3-13的规定。

抛石围埝允许偏差、检验数量和方法　　　　　　　　　　　表 3-13

项　目	允许偏差(mm) 水上	允许偏差(mm) 水下	检 验 数 量	单 元 测 点	检 验 方 法
顶部宽度	±150	—	每 5~10m 一个断面	1 或 2	用经纬仪和钢尺或全站仪、RTK-DGPS(实时动态载波相位差分技术-差分全球定位系统)测量
顶部高程	+200,0	—	每 5~10m 一个断面	每2m 1 个点且不少于3点	用水准仪测量
坡面轮廓线	±200	±300	每 5~10m 一个断面	每2m 1 个点且不少于3点	水上用水准仪测量,水下用测深水砣测量
倒滤层分层厚度	+50,0	+100,0	每 5~10m 一个断面	每2m 1 个点	用水准仪、测深水砣测量和直尺量
混合倒滤层厚度	+100,0	+200,0	每 5~10m 一个断面	每2m 1 个点	用水准仪、测深水砣测量和直尺量
围埝轴线	±200	—	每 5~10m 一个断面	每15m 1 个点	用经纬仪和钢尺或全站仪、RTK-DGPS 测量

(三)吹填工程质量检验标准

(1)吹填工程的分层厚度和吹填程序应满足设计要求。

(2)吹填区的高程应满足设计要求,吹填工程的允许偏差、检验数量和方法应符合表 3-14 的规定。

吹填工程允许偏差、检验数量和方法　　　　　　　　　　　表 3-14

项　目		允许偏差(m)	检 验 数 量	单元测点	检 验 方 法
吹填平均高程	完工后吹填平均高程不允许低于设计吹填高程时	+0.20,0	图上测点间距 10~15mm	1	用水准仪配合经纬仪、全站仪或 RTK-DGPS 测量,取平均值
吹填平均高程	完工后吹填平均高程允许有正负误差时	±0.15	图上测点间距 10~15mm	1	用水准仪配合经纬仪、全站仪或 RTK-DGPS 测量,取平均值
吹填高程最大偏差	未经机械整平 淤泥	±0.60	图上测点间距 10~15mm	1	用水准仪配合经纬仪、全站仪或 RTK-DGPS 测量,取最大偏差值
吹填高程最大偏差	未经机械整平 细砂、砂质土	±0.70	图上测点间距 10~15mm	1	用水准仪配合经纬仪、全站仪或 RTK-DGPS 测量,取最大偏差值
吹填高程最大偏差	未经机械整平 中、粗砂	±0.90	图上测点间距 10~15mm	1	用水准仪配合经纬仪、全站仪或 RTK-DGPS 测量,取最大偏差值
吹填高程最大偏差	未经机械整平 中、硬质黏土	±1.00	图上测点间距 10~15mm	1	用水准仪配合经纬仪、全站仪或 RTK-DGPS 测量,取最大偏差值
吹填高程最大偏差	未经机械整平 砾石	±1.10	图上测点间距 10~15mm	1	用水准仪配合经纬仪、全站仪或 RTK-DGPS 测量,取最大偏差值
吹填高程最大偏差	经过机械整平	±0.30	图上测点间距 10~15mm	1	用水准仪配合经纬仪、全站仪或 RTK-DGPS 测量,取最大偏差值

(3)吹填土质应满足设计要求。施工单位、监理单位全数检查,抽样数量应满足设计和合同要求。设计和合同无要求时,按每 10000m² 取一个试样进行抽样检验,监理单位见证抽样检验。

第六节　码头与岸壁工程质量控制

【备考要点】
1. 码头与岸壁工程结构与工程划分。
2. 码头与岸壁单位工程质量检验。
3. 基槽与岸坡开挖工程质量控制要点。
4. 码头基础工程质量控制要点。
5. 重力式码头工程质量控制要点。
6. 板桩码头工程质量控制要点。
7. 高桩码头工程质量控制要点。
8. 斜坡码头和浮码头工程质量控制要点。
9. 码头上部结构工程质量控制要点。
10. 接岸结构与后方回填工程质量控制要点。
11. 轨道梁与轨道安装工程质量控制要点。

一、码头与岸壁工程概述

（一）码头与岸壁工程主要类型与特点

1. 码头与岸壁工程

按结构形式，码头一般分为高桩码头、重力式码头、板桩码头、墩式码头及栈桥、斜坡码头和浮码头等。码头的结构形式，是根据使用要求、自然条件、使用环境、使用年限、施工条件等因素，经技术经济比较后确定的。

码头均与陆域相连。一般重力式码头为沉箱结构、方块码头结构及板桩码头，码头与岸壁成为一个整体；而通过栈桥与陆域连接、码头平台与陆域相对分离、斜坡码头和浮码头等，都有接岸结构。岸壁结构按断面形式有斜坡式、直立式和混合式结构，岸壁结构的主要功能是挡土、形成陆域。

2. 码头设计寿命与安全等级

按现行设计规范要求，永久性码头结构的设计使用年限采用50年。码头结构设计时，应根据结构失效可能产生的危及人的生命安全、造成经济损失以及影响社会和环境等后果的严重程度采用不同的安全等级。码头结构安全等级的划分应符合表3-15的规定。

码头结构的安全等级　　　　表3-15

安全等级	失效后果	适用范围
一级	很严重	有特殊安全要求的码头结构
二级	严重	一般的码头结构
三级	不严重	临时性码头结构

3. 码头与岸壁工程施工基本规定

(1) 施工单位在分部工程、分项工程施工前,应向施工作业班组和施工作业人员进行施工技术交底和安全交底,施工技术交底和安全交底通知书应有施工作业班组和施工作业人员的签认。

施工过程中,监理应督促、并检查施工单位的施工交底。

(2) 工程所用的原材料、半成品、成品、构配件和设备进场时应进行验收,涉及结构安全、耐久性和主要试验功能的应按有关标准的规定进行抽样检验,并经监理单位或建设单位认可。

(3) 试块、试件和现场试验检测项目的见证取样或见证取样检验应按有关规定进行。

(4) 隐蔽工程覆盖前,施工单位应通知有关单位进行验收,并应形成隐蔽工程验收文件。

(5) 路上基坑开挖前,应根据开挖范围、开挖深度、地质条件、地面荷载、施工环境和施工条件确定施工方案、环境保护措施和监测方案。

(6) 码头和防波堤工程施工应设立施工区界标和警戒标志。

(7) 外海或工况恶劣条件下的码头结构施工,应选择抗风浪能力强、稳定性好的施工船舶。

(8) 在受台风影响地区施工时,开工前应确定施工船舶避风港或避风锚地。

(9) 因地震、台风等重大自然灾害或偶发事件受损,应对水工建筑物进行安全性评估。

在施工过程中,监理工程师应切实督促施工单位做好施工监测,台风等自然灾害事件发生后,应有建筑物结构的监测数据,以评估结构的安全性。

(10) 水上灌注桩施工平台应具有足够的稳定性,并应配备安全生产设施,设立航行警示标志。

(11) 水运工程施工应结合工程特点和施工条件采取施工安全防护措施和环境保护措施,对可能发生的危害与灾害应制订应急预案。

(12) 施工过程中发生工程事故时,建设、施工和监理单位必须按照国家有关规定及时向上级单位和政府主管部门报告,报送事故报告和事故处理报告等。

4. 码头特点与监理工作要求

不同结构形式的码头有其特定的构造特点、施工要求和质量与安全标准。在工程施工过程中,监理工程师应熟悉设计文件与规范要求,掌握工程特点,抓住质量与安全的重点,特别是在规范标准"强制性条文"的执行方面,应要求施工单位严格执行。

监理工程师应采用 PDCA 的过程方法对施工质量控制,通过施工方案审查、施工过程检查、问题处理,并总结、改进和提高,确保码头与岸壁工程的质量与安全。

(二) 码头与岸壁工程结构与工程划分

(1) 单位工程。

码头工程的单位工程应按工程使用功能和施工及验收的独立性进行划分。可按下列规定划分:

①码头按泊位或座划分单位工程;
②两侧靠船的栈桥或窄突堤码头按主靠船侧泊位划分单位工程;

③宽突堤码头的横头作为一个单位工程；

④长度超过500m的附属栈桥或引堤作为一个单位工程。

(2) 分部工程。

分部工程是单位工程的组成部分，一般指构成工程结构的主要组成部位。分部工程应按工程的部位进行划分，如：

①重力式码头与岸壁分部工程一般有：基础与换填地基、墙身、上部结构、后方回填与面层、轨道梁与轨道安装、停靠船与防护设施，沉箱重力式码头断面示意图如图3-7所示。

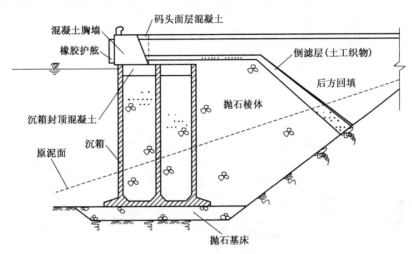

图3-7　沉箱重力式码头断面示意图

②板桩码头分部工程一般有：基槽与岸坡开挖、前墙与上部结构、锚碇结构与拉杆、回填与面层、轨道梁与轨道安装、停靠船与防护设施，板桩码头断面示意图如图3-8所示。

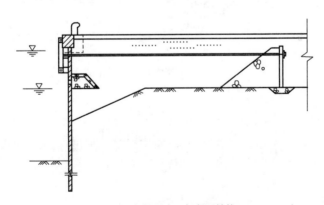

图3-8　板桩码头一般断面结构

③高桩码头与岸壁分部工程一般有：基槽与岸坡开挖、桩基、上部结构、接岸结构与回填、轨道、停靠船与防护设施，高桩码头断面示意图如图3-9所示。

④斜坡码头和浮码头分部工程：基槽及岸坡开挖、基础、斜坡道或引桥、趸船与钢引桥、挡土墙及面层、停靠船与防护设施，浮码头断面示意图如图3-10所示，斜坡码头结构示意图如图3-11所示。

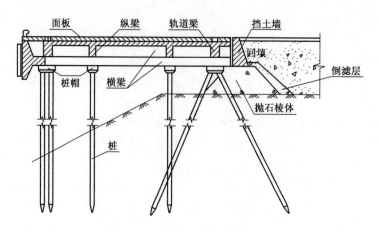

图 3-9　高桩码头断面示意图

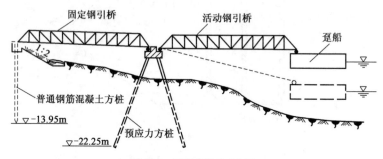

图 3-10　浮码头断面示意图

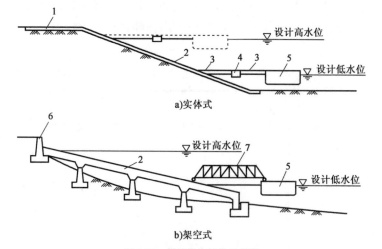

图 3-11　斜坡码头结构示意图

1-坡道(平坡道);2-坡道(斜坡道);3-跳板;4-跳凳;5-趸船;6-挡土墙;7-移动钢引桥

(3) 分项工程。

应按施工的主要工种、工序、材料、施工工艺和设备的主要装置等进行划分。施工范围较大的分项工程宜将分项工程划分为若干检验批。检验批可根据施工及质量控制和检验的需要按结构变形缝、施工段或一定数量等进行划分。

如高桩码头的"桩基"分项工程,一般有预制桩(混凝土方桩、管桩、钢管桩)、预制桩沉桩、灌注桩等。

如重力式码头的"基础与换填地基"分部工程,一般有基槽开挖、砂垫层或地基换砂、基床抛石(基床抛石,基床重锤夯实、基床爆炸夯实、基床整平)、地基换填等分项工程。

如重力式码头的"墙身"分部工程,一般有预制构件(沉箱、空心方块、方块、扶壁、卸荷板等)、预制构件安装(沉箱、空心方块、方块、扶壁、卸荷板等)、构件箱格内回填、墙身构件接缝倒滤层、现浇混凝土墙身、砌石墙身等分项工程。

(4)监理工程师应熟悉码头典型结构的分部、分项划分;熟悉工程施工工艺流程,并掌握其质量、安全管理要点。

二、码头与岸壁单位工程质量检验

码头与岸壁单位工程质量,一般包括检验批质量、分项工程质量、分部工程质量及单位工程的质量验收。

(1)分项工程与检验批质量。

分项工程及检验批质量是工程质量的基础和基本保证,合格应符合:

①主要检验项目的质量经检验应全部合格。

②一般检验项目的质量经检验应全部合格。其中允许偏差的抽查合格率应达到80%及以上,且不合格点的最大偏差值对于影响结构安全和使用功能的不得大于允许偏差值的1.5倍,对于机械设备安装工程不得大于允许偏差值的1.2倍。

监理工程师在施工质量控制的监理工作中,必须抓住码头与岸壁工程各分部分项工程的质量重点,严格对分项工程及检验批的合格标准进行把关,确保工程质量。

(2)分项工程质量、分部工程质量及单位工程质量的检验,均按相关规范要求进行。

(3)在检验批、分项工程和分部工程的质量检验过程中,应注重对工程质量控制资料、安全和功能检验资料的积累,以及对相关工程质量的控制。

①单位工程质量控制资料。

单位工程质量控制资料是施工监理过程中质量控制的重点工作环节,监理工程师应注重相关施工质量的检查和资料的审查,严格把关。按规范《水运工程质量检验标准》(JTS 257—2008)的要求,详见表3-16,码头单位工程质量控制资料有:

a.测量控制点验收记录;

b.原材料出厂质量证明文件和进场验收记录;

c.原材料试验(检验)报告;

d.预制构件、预拌混凝土合格证;

e.施工试验检验报告;

f.隐蔽工程验收记录;

g.主要结构施工及验收记录;

h.工程质量事故及调查处理资料。

单位工程质量控制资料核查记录　　　　　　　　　　　　　　　　　　　表 3-16

序号	工程名称 工程类别		资料名称	份数	核查意见	核查人
			施工单位			
1	疏浚与吹填	1	测量控制点验收记录			
		2	疏浚竣工测量技术报告			
		3	吹填竣工测量技术报告			
		4	吹填土质检验资料			
		5	单位工程质量检验记录			
2	码头、防波堤、护岸、堆场、道路、船闸、船坞、航道整治建筑物、炸礁工程等	1	测量控制点验收记录			
		2	原材料出厂质量证明文件和进场验收记录			
		3	原材料试验（检验）报告			
		4	预制构件、预拌混凝土合格证			
		5	施工试验检验报告			
		6	隐蔽工程验收记录			
		7	主要结构施工及验收记录			
		8	工程质量事故及调查处理资料			

②安全和主要功能检验资料。

根据规范"强制性条文"要求：涉及结构安全和使用功能的重要分部工程应按相应规定进行抽样检验或验证性检验。

安全和主要功能检验资料核查及主要功能抽查应按规范《水运工程质量检验标准》(JTS 257—2008)的要求进行。如码头工程的"安全和功能检查项目"有：

a. 工程竣工整体尺度测量报告；

b. 建筑物沉降位移观测资料；

c. 结构裂缝检查记录；

d. 防渗结构渗漏情况检查记录；

e. 工程实体质量抽查检测记录。

如《水运工程质量检验标准》(JTS 257—2008)表 3-17 所示。

单位工程安全和功能检验资料核查及主要功能抽查记录　　　　　　　表 3-17

序号	工程名称 工程类别		资料名称	份数	核查意见	核查人
			施工单位			
1	疏浚与吹填	1	测量控制点验收记录			
		2	疏浚竣工测量技术报告			
		3	吹填竣工测量技术报告			
		4	吹填土质检验资料			
		5	单位工程质量检验记录			

续上表

序号	工程名称 工程类别		施工单位 资料名称	份数	核查意见	核查人
2	码头、防波堤、护岸、堆场、道路、船闸、船坞、航道整治建筑物、炸礁工程等	1	测量控制点验收记录			
		2	原材料出厂质量证明文件和进场验收记录			
		3	原材料试验(检验)报告			
		4	预制构件、预拌混凝土合格证			
		5	施工试验检验报告			
		6	隐蔽工程验收记录			
		7	主要结构施工及验收记录			
		8	工程质量事故及调查处理资料			

在施工过程中,监理工程师应加强对各主要分项工程施工过程的监督管理,如工程实体质量、沉降位移观测等,抓好全过程质量控制工作。

(4)码头和岸壁工程整体尺寸有:总长度、总宽度、前沿线位置、前沿顶面高程、前沿水底高程。

(5)码头与岸壁工程观感质量评价项目:码头面部、迎水面、混凝土结构、钢结构、码头设施、接岸岸坡。

三、基槽与岸坡开挖工程质量控制要点

(1)陆上基坑开挖前,应根据开挖范围、开挖深度、地质条件、地面荷载、施工环境和施工条件确定施工方案、环境保护措施和监测方案。

土石方开挖的顺序和方法应与设计工况相一致。深基坑开挖应遵循"开槽支撑、先撑后挖、分层开挖、严禁超挖"的原则。

施工监理过程中,监理工程师应督促施工单位严格执行。

(2)深基坑支护结构应进行设计。

监理工程师在开挖方案审查、深基坑支护及安全环境管理方面,应高度重视、并严格管理。

(3)码头基槽与岸坡开挖分项工程的检验批宜按施工段划分,每段的度不宜大于200m。墩式结构应按设计单元划分。

(4)开挖的平面位置应满足设计要求,断面尺寸不应小于设计规定。水下基槽开挖后应及时抛填。

(5)水上基槽开挖至设计高程时,应对土质进行核对。槽底土质应满足设计要求。

监理工程师在检查验收时,应要求设计单位到现场检查确认,确保基槽土质符合设计要求。

(6)陆上基槽基底土质应满足设计要求,并防止扰动;槽底层不得受水浸泡或受冻。基槽的边坡不应陡于设计要求。

(7)在软弱地基上建造高桩码头,当码头后方有大面积回填、临时堆载或码头前沿进行开

挖时,应采取减少岸坡土体变形对码头桩基和接岸结构等影响的有效措施。

监理工程师在施工方案审查和施工过程中,必须严格把关。

(8)高桩码头梁板构件安装时,岸坡顶部堆放预制构件时,应核算岸坡的稳定性,并加强观测。必要时应采取防止岸坡滑坡、岸坡发生有害位移和沉降的措施。

监理工程师在施工方案审查和施工过程中,必须严格把关。

四、基础工程质量控制要点

(1)码头基础工程的分项工程应按工程类别划分。其检验批宜按设计结构单元划分。对于基床砂垫层、地基换砂、基床抛石、基床夯实和整平等分项工程的检验批宜按施工段划分,每段的长度不宜大于100m。

(2)地基换砂的下列主要检验项目应满足设计要求并符合规范标准的规定:

①砂的规格和质量。

②换砂的范围、厚度和密实的范围。

③地基换砂振冲后的标准贯入击数。

一般检验项目:水下施工前应检查基槽断面,发现明显变化应进行处理。

(3)水下深层水泥搅拌地基的下列项目应满足设计要求并符合规范标准的规定:

①水泥搅拌体与搅拌桩的钻孔取芯检测。

②水下深层水泥拌和体的位置、范围和形式。

③水泥搅拌桩单桩承载力的检测数量和检测结果。

④所用水泥和外加剂的质量。

⑤水泥浆的水灰比和每立方米加固体的水泥用量。

搅拌头的转速、贯入与提升速度、着底电流和水泥浆流量等应符合试验段施工所确定的工艺参数。

(4)水下基床抛石石料的规格和质量应满足设计要求。

抛石前应对基槽断面、高程及回淤沉积物进行检查。基槽内含水率小于150%或重度大于$12.6kN/m^3$且厚度大于0.3m的回淤沉积物应予清除。

(5)水下基床重锤夯实的下列项目应满足设计要求并符合规范标准的规定:

①夯锤的重量、落距和夯实冲击能。

②夯实的方法和遍数,并应满足试夯所确定的施工参数。

③基床夯实验收复打一夯次的平均沉降量。

④当采用原夯锤、原夯击能复打一夯次验收时,其沉降量的平均值:码头基床不应大于30mm,孤立墩基础不应大于50mm。

⑤对离岸式码头,当采用定点复夯验收时,选点数量不应少于20点,并应均匀分布在基床上,其平均沉降量不应大于50mm。

基床顶部补抛块石后的补夯应满足技术处理方案要求。

(6)水下基床爆炸夯实:爆炸夯实后,抛石基床的平均夯沉率应满足设计要求。同时,应符合基床抛石的厚度和爆炸参数应满足设计要求和试验段施工所确定的施工参数;爆炸夯实后,基床顶部补抛块石后的补爆或补夯应满足技术处理方案要求。质量检验允许偏差、检验数量和方法应符合规范规定。

(7) 水下基床整平的范围和方法、基床顶面的坡度应满足设计和施工方案的要求。

(8) 预制桩沉桩的下列项目应满足设计要求并符合规范标准的规定:

①预制桩的规格应满足设计要求,混凝土桩表面不应有裂缝。

②沉桩贯入度或桩尖高程。

③混凝土桩的桩身完整性检测的数量和结果。

拼接桩的接头接点处理应满足设计要求。

(9) 灌注桩的下列项目应满足设计要求并符合规范标准的规定:

①桩孔的直径、深度和嵌岩的深度。

②清孔后的沉渣厚度。

③灌注桩用的混凝土原材料、混凝土配合比、拌合物质量、混凝土强度和耐久性指标。

④灌注桩钢筋笼所用钢筋的品种、规格及质量,主筋的数量及长度和成型质量。

⑤混凝土灌注应连续。每孔实际灌注混凝土的数量不得小于计算体积。

⑥灌注桩桩身完整性检测的数量和结果。

桩顶部的浮浆和松散混凝土应凿除,桩顶高程应满足设计要求。

在灌注桩施工过程中,监理工程师从方案审查到现场旁站检查,应严格把关,如确保混凝土灌注的连续等。

(10) 预制型嵌岩桩的下列项目应满足设计要求并符合规范标准的规定:

①钢管桩和混凝土大直径管桩的规格。

②预制桩沉桩的桩尖高程和贯入度,停锤标准等。

③嵌岩孔、锚孔的直径和深度,清孔后孔底的沉渣厚度应小于50mm。

④桩身完整性和锚杆抗拔力的检测数量和结果。

⑤桩芯和锚杆所用钢筋、混凝土、灌浆材料的质量和混凝土、水泥浆的强度。

五、重力式码头工程质量控制要点

(一) 重力式码头施工的基本要求

(1) 抛石基床施工,按"基础工程"要求进行。

(2) 重力式码头墙身构件安装应符合下列规定:

①构件安装前应对基床面进行检查。

②沉箱、方块、扶壁安装应分段控制位置和长度。多层方块的安装应在基床面设置准线,安装宜采用阶梯形,并分层、分段进行。

③沉箱安放后应及时灌水,经历1~2个低潮并复测确认符合质量标准后应及时填充箱内填料。沉箱舱内灌水和回填料的高程及高差不应超过设计限值。

(3) 墙后棱体回填应符合下列规定:

①回填前应检查基床及岸坡有无回淤或塌坡,必要时应进行处理。

②抛石棱体和倒滤层应分段、分层施工。

③空心方块、沉箱、圆筒和扶壁安装缝宽度大于倒滤层材料粒径时,接缝或倒滤井应采取

防漏措施。

④倒滤层完工后应及时进行覆盖和上部回填。

(4)重力式码头胸墙施工应符合下列规定:

①混凝土浇筑应在下部构件沉降稳定后进行。

②胸墙的施工准线和高程应考虑墙身的沉降和位移影响。

(二)重力式码头工程相关质量控制

(1)根据设计规范的"强制性条文":重力式码头承载能力极限状态设计应进行下列计算或验算:

①对墙底面和墙身各水平缝及齿缝计算面的抗倾稳定性。

②沿墙底面和墙身各水平缝的抗滑稳定性。

③沿基床底面的抗滑稳定性。

④整体稳定性。

⑤基床和地基承载力。

⑥构建承载力等。

因重力式码头自重大、对地基要求高,码头的抗倾抗滑稳定是码头结构安全的重要因素。在施工过程中,监理工程师应严格督促施工单位按批准的施工方案实施,防止施工过程中的码头失稳。如确保基槽土质符合要求,防止回淤等。

(2)根据规范的"强制性条文":重力式码头墙身应沿长度方向设置变形缝。

监理工程师应严格督促施工单位按设计的变形缝施工。

(3)施工采用浮运拖带法水上运输沉箱前,应验算沉箱吃水并对沉箱在浮运拖带过程中在各个不同工况条件下进行浮游稳定验算,验算应满足规范要求。

沉箱靠自身浮游稳定时必须验算其浮游稳定性。

监理工程师在审查施工方案与施工过程中,对沉箱海上运输的浮游稳定性等安全措施应严格把关,确保沉箱施工的安全与质量。

(4)沉箱、空心块等构件安装的偏差,应在安装后并经过一个潮水后进行测量。安装合格后应及时进行构件箱格内回填。

(5)墙身与墩身构件安装。

①构件的型号和质量应符合设计与规范要求。混凝土构件表面不应有严重缺陷。

对严重缺陷应提出技术处理方案,并经监理工程师批准后进行处理。

②构件安装前应对基床进行检查,基床面不得有回淤沉积物。

(6)构件箱格内回填料的种类、规格和质量,以及回填方法、顺序等应满足设计要求。

六、板桩码头工程质量控制要点

(一)板桩码头施工的基本要求

(1)板桩码头的板桩沉设应符合下列规定:

①板桩沉设应设施工导桩、导梁或导架等导向装置。导向装置应具有足够强度和刚度。

②混凝土板桩应依次单根插入沉设;组合式钢板桩沉桩应采用先沉主桩、后沉辅桩的间隔沉桩方式。

③当板桩偏离轴线产生平面扭转或沿墙轴线产生过大倾斜时,应及时进行调整。

(2)板桩码头地下连续墙施工应符合下列规定:

①地下连续墙施工应设置施工导墙,导墙的断面和高程应满足成槽的要求。

②地下连续墙成槽施工中应随时对槽体的垂直度、宽度和泥浆性能等进行检测。槽段开挖后,应及时清槽和进行泥浆置换,并应对相邻槽段混凝土端面进行清刷。

③钢筋骨架应加焊保护层垫块。钢筋骨架入槽时应垂直、缓慢,不得强行冲击下放。

④单元槽段混凝土必须连续浇筑。

(3)钢拉杆安装应符合下列规定:

①安装前应对钢拉杆规格和防腐进行检查,并应提前进行拉杆杆体包裹层的施工。

②拉杆安装应按设计要求施加预应力,并随墙后的回填对拉力进行调整。

③回填覆盖前应对连接铰、张紧器和螺母等未做防腐部位进行防腐处理。

(4)板桩码头墙后回填应符合下列规定:

①回填应满足设计要求,不得采用具有腐蚀性的材料。

②墙后回填的时间、顺序和速率应符合设计要求。

③墙后回填应分层回填、分层密实,并应监测和控制板桩墙与锚定结构的位移。

(二)板桩码头工程相关质量控制

(1)根据板桩码头设计规范的强制性条文,墙前的"踢脚"稳定性、锚定结构的稳定性、板桩码头的整体稳定性、桩的承载力和构件强度等应按承载力能力极限状态设计。

在施工过程中,监理工程师应督促施工单位分析和确定影响结构稳定性的因素,防止超常规施工荷载发生,制订相关施工保证措施,确保施工期码头结构的安全性。

(2)根据规范的"强制性条文":钢板桩、钢拉杆、钢导梁及其附件应进行防腐蚀处理,钢拉杆应预留足够的锈蚀厚度。前墙后的回填料不得采用具有腐蚀性的材料。

而相关钢构件的锈蚀与使用寿命,是影响码头结构安全的重要因素。所以,监理工程师在施工过程中对相关质量应严格把关。

(3)板桩墙与地连墙质量。

①当码头前墙为板桩结构时,板桩沉桩的质量检验应符合:

a.板桩的规格、质量和钢板桩防腐应满足设计要求。混凝土板桩表面不应有裂缝。

b.沉桩后,钢筋混凝土板桩不得出现脱榫现象,钢板桩不得出现不联锁现象。

c.板桩的桩尖高程及入土深度应满足设计要求。

②当码头前墙结构与锚定墙为地下连续墙结构时,地连墙质量应符合:

a.槽底清理后的沉渣厚度不应大于 200mm。清理槽底置换泥浆结束 1h 后,槽底设计高程以上 200mm 处的泥浆重度不应大于 $12kN/m^3$。

b.地下连续墙所用混凝土的原材料、配合比、强度和耐久性指标应满足设计要求和有关规范规定。

c.地下连续墙钢筋笼所用钢筋的品种、规格和钢筋笼制作与安装的质量应满足设计要求和有关规范规定。

d. 地下连续墙水下混凝土应连续浇筑，不得发生中断或导管进水现象。每槽段实际灌注混凝土数量不得少于计算体积。

e. 地下连续墙完整性检测的数量和结果应满足设计要求，并应符合有关规范的规定等。

(4) 锚碇板安装的下列项目应满足设计要求并符合规范标准的规定：
① 锚碇板的型号和质量。
② 锚碇棱体的材料、断面和密实度。
锚碇板的基础应按设计要求进行密实和整平。

(5) 锚碇拉杆安装的下列项目应满足设计要求并符合规范标准的规定：
① 拉杆和紧张器的规格、型号和质量。
② 拉杆安装应平顺，张力应均匀，螺母和紧张器应拧紧。
③ 拉杆的防腐应满足设计要求。包裹层不得出现空鼓和防腐油未浸透现象。
拉杆安装的允许偏差、检验数量和方法应符合规范的规定。

(6) 板桩码头沉桩，在岸坡上采用锤击或振动下沉板桩时，应对岸坡、板桩墙和相邻的建筑物进行监控，发现异常情况应及时采取措施。

施工过程中，监理工程师要熟悉施工现场情况，掌握施工条件。在审查施工方案时、和施工过程中，应督促施工单位采取必要的措施。

七、高桩码头工程质量控制要点

(一) 高桩码头施工基本要求

(1) 高桩码头桩基施工应符合下列规定：
① 沉桩前应绘制沉桩顺序图，并应结合桩位允许偏差校核各桩是否相碰。
② 沉桩施工前应对码头岸坡进行断面测量和验收。
③ 沉桩定位方法应根据工程要求、施工区域和施工条件确定。
④ 沉桩结束后应及时夹桩，夹桩应牢固可靠。夹桩时不得采用拉桩方式进行纠偏。
⑤ 施工船舶不得碰撞、挤靠桩身，不得在桩上系缆。
⑥ 已沉桩的区域应设置明显标志，夜间应挂警示灯。监理工程师应在审查施工方案和施工过程中，严格把关和督促施工单位有效执行。
⑦ 截桩应采用避免桩身损坏的方法。
⑧ 桩帽、墩台等现浇混凝土的强度达到 5MPa 前，30m 范围内不得有锤击沉桩作业。

(2) 高桩码头的岸坡施工应按设计要求分段、分层进行，施工进度应与码头桩基施工、后方陆域形成施工进度相协调。

(3) 高桩码头上部结构施工应符合下列规定：
① 上部结构施工前应测设预制构件的安装位置线和高程控制点。预制构件安装前应对支承结构进行检查。
② 多层构件安装时应逐层控制高程。
③ 可能因遭受缝、浪或水流等影响而失稳等的上部结构构件安装后应采取加固连接措施。

④构件安装的砂浆垫层应密实饱满并及时勾缝。

⑤预制构件安装应核对构件编号、安装位置、搁置长度并形成安装记录。

⑥上部结构接缝和街头的施工应紧随构件安装进行,施工前应对接缝钢筋、连接方式和施工缝处理进行检查和验收。

⑦叠合梁板和码头面层的施工应根据结构特点、施工环境和施工能力合理划分施工区段,并应采取防裂措施。

(4)高桩码头间棱体抛填应向岸方向分层进行,桩基两侧应对称抛填并应控制抛填速率。

(二)高桩码头工程相关质量控制

(1)根据规范"强制性条文"规定:桩的承载能力极限状态设计应包括下列内容:

①根据桩的受力情况,进行地基土对桩的轴向承载力和水平承载力计算以软弱下卧层承载力验算。

②桩身受压、受弯、受拉、受剪和必要时的受扭承载力计算。

③桩的自由长度较大时桩的压屈稳定验算等。

施工过程中,监理应根据设计文件要求,严防在施工中发生有超出设计荷载的情况,并采取必要的预防措施。如桩的堆放、吊桩及其他施工情况。

(2)后张法预应力混凝土大直径管桩预留孔灌浆应密实,灌浆材料强度不得低于40MPa,并应满足握裹力要求。

(3)钢管桩结构,钢管桩组装时应采用对接焊缝,不得用搭接或侧面有覆板的焊接形式。

八、斜坡码头和浮码头工程质量控制要点

(一)施工的基本要求

斜坡码头及浮码头施工应符合下列规定:

(1)坡面处理、垫层或倒滤层、面层应分段分层协调施工。

(2)斜坡道铺砌应从坡脚或戗道处开始,自下而上进行。铺砌有轨道的坡面时,铺砌顶面不得超过该处的钢轨底面。

(3)在斜坡道上浇筑钢筋混凝土纵轨枕或轨道梁时,应严格控制中心线位置及顶面高程。

(4)吊装横轨枕体系时,应加设临时支撑。

(5)当流速较大时,进行潜水作业安装水下构件应采取遮流措施。

(6)刚引桥和钢撑杆的吊点布置应满足设计要求,并防止构件变形。构件安装就位后,应及时加固。

(7)趸船系留方式应满足设计要求。趸船定位后,锚链应绞紧,撑杆应锁定。

(二)斜坡码头和浮码头工程质量控制

(1)斜坡码头和浮码头的架空斜坡道和引桥,应设置防护栏杆。

监理工程师在熟悉设计图纸和施工过程中,应对防护栏杆的施工质量把关,并满足设计与规范要求。

(2)坡顶挡土墙延长的方向应设置变形缝。

监理工程师应督促施工单位做好变形缝的设置与施工,且质量满足要求。

(3)坡顶挡土墙设置于提防范围内时,挡土墙底部和背后不得采用透水性材料作为垫层和回填料。

在施工回填时,监理工程师应把好回填材料关。

(4)钢筋混凝土固定引桥应设置伸缩缝和沉降缝。

(5)浮码头趸船安装工程质量应满足以下规定:

①钢质趸船的规格和性能应满足设计要求,并应取得船舶检验证书。

②趸船与钢撑杆、钢撑杆与撑墩或系船块体的连接应满足设计要求。

③趸船的平面位置和扭角应满足设计要求,系锚应牢固。

锚块和锚链的规格、尺寸和加工质量,锚块与锚链的连接方式应满足设计要求。

九、码头上部结构工程质量控制要点

(1)现浇混凝土胸墙。

①现浇胸墙、防浪墙和防汛墙,除构件混凝土实体质量外,前沿线位置、顶面高程、顶面宽度、相邻段错台、预留空洞位置等项目允许偏差,应符合规范规定。

②现浇廊道、管沟,除构件混凝土实体质量外,边线位置、壁厚、沟宽、预留孔位置、预埋铁件位置等项目允许偏差,应符合规范规定。

(2)现浇混凝土桩帽与墩台、现浇梁板、现浇混凝土柱的质量。

①预留钢筋的数量及外伸长度等应满足设计要求。

②检验项目应符合规范要求。

(3)混凝土构件安装的质量。

①构件的型号应满足设计要求与规范规定。

②安装时,构件和下层支承结构的混凝土强度及支点构造应满足设计要求。

③构件钢筋伸入支座的锚固长度和固定构件的方式应满足设计要求。

构件与支承面应接触严密,铺垫砂浆应饱满并及时勾缝。变形缝的设置应满足设计要求,并应上下贯通、顺直。

(4)高桩码头梁板构件安装时和安装后,构件稳定性较差或可能遭受风浪水流作用,或传播碰撞的影响时,应及时采取加固措施。

(5)变形缝及止水的质量。

①变形缝的位置及构造应满足设计要求。

②止水设置的位置及构造应满足设计要求。

③止水材料的品种、规格和质量应满足设计要求。

④同一条止水带应连续、完整,不应有割口、撕裂和钉孔。焊接或黏接的连接形式、工艺和质量应满足止水材料产品说明书的要求。

⑤止水带与混凝土的结合应严密。止水带不得发生卷曲,混凝土不得有蜂窝等缺陷。

变形缝的上下层位置应贯通,缝内不得夹有杂物。填缝材料的种类应满足设计要求,填缝应饱满、整齐且不污染工程。

(6)现浇混凝土面层质量。

①基层面的处理应满足设计要求。浇水湿润不应有积水。

②混凝土面层应压抹平整,拉毛或刻纹应满足设计要求并应均匀一致。不得有空鼓、脱皮、石子外露、缺边掉角和飞边等缺陷。

③胀缝和缩缝的设置应满足设计要求,并应线条整齐、边缘完整。有填缝要求的,填缝应饱满、密实。

十、接岸结构与后方回填工程质量控制要点

(1)高桩码头接岸结构、高桩码头和斜坡码头后方岸坡与码头后方回填分项工程的检验批宜按设计结构单元或施工段划分。

接岸结构中的地基加固、板桩结构各分项工程,以及现浇混凝土挡土墙、浆砌石挡土墙的质量检验应符合有关规定。

(2)墙后抛石棱体质量。

①棱体所用材料的规格和质量应满足设计要求。

②抛填前应检查基床和岸坡,超过设计要求的回淤或塌坡应进行清理。

③墙身后棱体抛填的程序和速率应满足设计要求。

棱体断面的平均轮廓线不得小于设计断面。

(3)墙后倒滤层质量。

①倒滤层所用砂、碎石、土工织物的规格和质量应满足设计要求。

②倒滤层应连续,分段分层施工的接茬处理应满足设计要求。

③土工织物滤层的坡顶、坡趾处理或立缝铺设的固定措施,应满足设计和施工方案的要求。

④土工织物滤层铺设不得有破损,水下铺设的压稳措施应可靠。

⑤倒滤层施工验收后,应及时回填覆盖。

设置在码头墙身后的碎石倒滤层,当墙身构件安装缝宽度大于倒滤层材料粒径时,应采取防漏措施。

倒滤层、土工织物滤层施工的允许偏差、检验数量和方法,应符合规范规定。

(4)码头后方回填质量。

①码头后方的回填程序和加载速率应符合设计和施工方案的要求。

②陆上回填应分层回填、分层密实。其分层厚度和经碾压或夯实后的密实度应满足设计要求。

回填料种类应满足设计要求。

十一、轨道梁与轨道安装工程质量控制要点

(1)码头后轨道梁的分项工程应按工程类别划分。其检验批宜按设计结构单元或施工段划分。

轨道梁的模板、钢筋和混凝土等分项工程的质量,应满足相应的规定。

(2)轨道梁的桩基础,如预制桩沉桩、灌注桩的质量,应符合相应的规定。

(3)轨道梁基础换填质量。

①轨道梁基础换填所用的材料、换填部位和厚度应满足设计要求。

②换填的密实方法应满足设计要求。设计有压实度或标准贯入度要求时,压实度或标准贯入度应满足设计要求。

(4)现浇混凝土轨道梁。

①梁顶及轨道槽的质量应满足设计要求。

②梁端榫槽与传力杆的质量应满足设计要求。

现浇轨道梁允许偏差、检验数量和方法应满足规范要求。

(5)轨道安装质量应满足以下规定:

①钢轨及配件的规格和质量应满足设计要求。

②采用硫磺砂浆或胶泥固定螺栓时,砂浆或胶泥的强度及抗拔力应满足设计要求。

③无缝轨道的焊接接头应按设计要求进行探伤检查,并应满足设计要求。

垫板、垫圈、扣件和螺母安装应正确,螺母应满扣拧紧。

(6)车挡安装质量。

①车挡构件的规格应满足设计要求,质量应符合钢结构制作有关规定。

②车挡构件与基础的连接应牢固。采用焊接连接时,焊缝应满足设计要求;采用螺栓连接时,螺母应拧紧并外露2~3个丝扣。

钢构件涂装的质量应满足设计要求,表面不应有漏涂、起皱、流挂、脱落等。

(7)防风地锚质量。

①起重装卸机械防风地锚及锚座设置的位置和数量应满足设计要求。

②地锚拉环和锚座的制作质量和与基础的连接方式应满足设计要求。

钢构件涂装的质量应满足设计要求,表面不应有漏涂、脱落和锈蚀等。

第七节 防波堤与护岸工程质量控制

【备考要点】

1. 防波堤与护岸的分类、常见结构形式。
2. 斜坡式防波堤与护岸主要结构质量控制要点。
3. 直立式防波堤与护岸主要结构质量控制要点。

一、概述

(一)防波堤概述

1. 防波堤基本概念

防波堤是为了阻断波浪传播、围护港池、维持水面平稳,以便船舶安全停泊和作业而修建的水中建筑物。

2. 防波堤的分类

按平面布置形式,防波堤分为突堤和岛堤两种类型。突堤是防波堤一端(堤根)与陆地相连,另一端(堤头)伸向水域的形式;岛堤是整个防波堤位于离岸水域中,两端均不与陆地相连,有两个堤头的形式。

按结构形式,防波堤可分为斜坡式、直立式以及特殊形式等。

3.防波堤结构

1)斜坡式防波堤

斜坡式防波堤断面由堤心、护面块体和垫层等构成,有些斜坡堤还在堤顶设置胸墙。

2)直立式防波堤

直立式防波堤主要由基础、墙身、上部结构组成。其基础、墙身构造与重力式码头基础、墙身构造基本相同,不同之处主要在上部结构。

(二)护岸概述

1.防波堤基本概念

护岸是在河口、海岸地区对原有岸坡进行加固的工程措施,用以防止波浪、水流的侵袭和淘刷,保护海岸和陆域不被侵蚀。

2.护岸的结构和分类

护岸按外坡形式可分为斜坡式护岸、直立式护岸和斜坡式与直立式组合式护岸等。

1)斜坡式护岸

斜坡式护岸主要由堤心、护面和胸(挡浪)墙等组成。斜坡式护岸可分为堤式护岸(图3-12)和坡式护岸(图3-13)两类。堤式护岸是在水上先筑成岸堤,然后回填后形成陆域,并对岸堤进行防护,一般由堤身、护肩、护脚和护底结构组成。坡式护岸是对陆域已有的自然岸坡或陆域向水侧回填形成的自然岸坡,一般由岸坡、护肩、护面、护脚和护底结构组成。

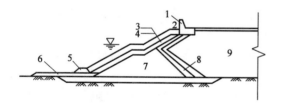

图3-12 堤式护岸

1-胸墙;2-护肩;3-护面层;4-垫层;5-护脚;6-护底;7-堤身;8-倒滤层;9-回填料

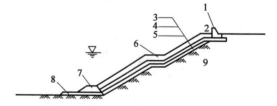

图3-13 坡式护岸

1-胸墙;2-护肩;3-护面层;4-垫层;5-倒滤层;6-肩台;7-护脚;8-护底;9-岸坡

2)直立式护岸

直立式护岸工程,墙体结构以现浇混凝土、浆砌块石、混凝土方块、板桩、扶壁和沉箱结构最为常见。直立式护岸上部结构可采用现浇混凝土或钢筋混凝土,结构临水面根据挡浪情况可采用直立面或弧面。

二、斜坡式防波堤与护岸质量控制

(一)岸坡开挖与削坡施工

(1)岸坡开挖、削坡前,应进行断面测量,并布设断面控制标志。

(2)开挖岸坡时,应防止邻近建筑物或构筑物、道路和管线发生变形,必要时应采取防护措施。

(3)边坡坡度应满足设计要求。当地质情况与设计资料不符,需修改边坡坡度时,应与设计单位研究确定。

(4)岸坡开挖与削坡宜从上到下分层、分段依次进行;坡式护岸的边坡应平整,不得贴坡。

(5)挖方弃土应保证开挖边坡的稳定,并满足设计要求。严禁向航道内弃土。

(6)岸坡护脚水下基槽的开挖,应按有关规定执行。

(7)岸坡开挖的允许偏差应符合规定。

(二)垫层与地基处理施工

(1)砂垫层铺设需注意如下控制:

①砂垫层的砂宜采用中粗砂,砂的含泥率不宜大于5%。

②水下抛砂应考虑水深、水流和波浪等对砂粒产生漂流的影响,并应采取相应的防止砂垫层流失的措施。

③砂垫层抛填后,应及时进行上部覆盖层的施工。

④水下砂垫层铺设的宽度和厚度应满足设计要求,顶面高程的允许偏差为+500mm和-300mm。

(2)土工织物加筋垫层铺设需注意如下控制:

①土工织物铺设前,应对砂垫层进行整平。整平后砂垫层顶面的高差:水下不应大于300mm,陆上不应大于100mm。

②土工织物铺设后应压载稳定,并应及时进行上部覆盖层的施工。

③土工织物加筋垫层铺设的允许偏差应符合规定。

(3)当采用软体排作为加筋垫层并起护底作用时,软体排的施工需注意如下控制:

①铺设前应清除铺设范围内对软体排铺放和使用有影响的障碍物。

②水下软体排宜使用铺排船铺设,并宜采用全球卫星定位系统同步测量软体排铺设的轨迹和相邻排体间的搭接长度。

③软体排的压载方式应满足设计要求。当采用砂肋或砂袋压载时,砂肋或砂袋应充填适当,充盈率宜为80%~85%,系结带和系结圈应连接牢固;当采用联锁块压载时,联锁块应均匀放置,并应与排体连接牢固。

④软体排铺设的允许偏差应符合规定。

(4)当采用塑料排水板进行地基加固时,塑料排水板的施工应符合现行《水运工程塑料排水板应用技术规程》(JTS 206-1)的规定。

(5)当采用碎石桩或挤密砂桩对地基进行加固时,碎石桩或挤密砂桩的施工应符合现行《水运工程地基设计规范》(JTS 147)的规定。

(三)护底、堤身及护脚施工

(1)护底、堤身和护脚应根据设计要求,施工能力和自然条件等分层、分段呈阶梯状施工。

(2)抛石护底的范围和厚度应满足设计要求,顶高程允许误差应符合规定。

(3)软体排护底的施工需注意如下控制:
①软体排所用材料的品种、规格和质量应满足设计要求。
②土工织物拼缝方式和缝合轻度应满足设计要求。
③铺设前应清除铺设范围内对软体排铺放和使用有影响的障碍物。
④软体排砂肋和砂袋的填料充盈率宜为80%~90%。
⑤铺设软体排时,应考虑水深、流速和流向等自然条件的影响,不得产生破损、皱褶和漂移。
⑥软体排铺设的允许偏差应符合规定。
(4)软土地基上的填筑需注意如下控制:
①当堤两侧有块石压载时,应先抛压载块石,后抛堤身。
②当堤心抛石有挤淤要求时,应从堤身断面中部逐渐向两侧抛填。
③当在土工织物加筋垫层或软体排上抛石时,应先抛填保护层,再按照有利于拉紧土工织物的顺序进行抛填。
④对于有加载速率和间隔时间要求的抛填,应按设计要求控制加载速率和间隔时间。
(5)水上抛填应考虑水深、水流和波浪等自然条件对块石产生漂流的影响,宜通过试抛确定抛石船的驻位。当施工区域水深较深时,水下部分宜采用开体驳抛填,并应按照先粗抛、再细抛的原则施工。
(6)当采用陆上推进法抛填时,浅水区域可一次推填到顶,深水区域应根据水深、地基土强度、波浪影响程度和设计要求,一次或多次推填到顶。
(7)当采用爆炸排淤法抛填时,堤心石的抛填与爆炸排淤施工应符合现行《水运工程爆破技术规范》(JTS 204)的规定。堤心两侧拥起的淤泥包,在进行下一工序施工前应予以清除。
(8)每段堤心石抛填后,应及时理坡并覆盖垫层块石及护面层。堤心石的暴露长度不宜大于50m。
(9)块石抛填及理坡后的实际断面线与施工控制断面线间的允许偏差应符合规定。
(10)当堤身结构为随机安放的混凝土块体时,抛填块体前应先安放堤底两侧的压边块体。压边块体的边线与设计边线的偏差不应大于300mm。
(11)当堤心为土工织物充填袋结构时,土工织物充填袋及土工织物倒滤层的施工应符合现行《水运工程土工合成材料应用技术规范》(JTJ 239)的有关规定。
(12)护脚施工需注意如下控制:
①护脚为抛石棱体时,其外坡坡度不得陡于设计坡度,顶宽和高程的允许偏差应符合规定。
②护脚为板桩时,施工应符合有关规定。

(四)倒滤层

(1)碎石倒滤层施工需注意如下控制:
①倒滤层材料的规格和质量应满足设计要求。
②倒滤层宜分段、分层由坡脚向坡顶施工,每段、每层推进面应错开足够距离。

③受风浪影响的地区,倒滤层施工后,应及时进行回填覆盖。
④倒滤层厚度的允许偏差应符合规定。
(2)土工织物倒滤层施工需注意如下控制:
①所用土工织物的品种、规格和技术性能应满足设计要求。
②铺设前应对基层进行清淤、整平,表面不得有尖角,其平整度应符合规定。
③土工织物的拼幅与接长,宜采用"包缝"或"丁缝",尼龙线的强度不得小于150N。
④土工织物铺设应平顺、松紧适度,其坡顶锚固及坡底压稳应满足设计要求。
⑤相邻两块土工织物搭接长度允许偏差应符合规定。
⑥土工织物铺设后,应及时覆盖保护层或进行上部施工,回填顺序宜由坡底向坡顶方向进行。

(五) 护面施工

(1)人工护面块体的预制除应符合现行《水运工程混凝土施工规范》(JTS 202)的有关规定外,还需注意如下控制:
①采用半封闭式模板预制的块体,宜在混凝土初凝前用原浆压实抹光其外露部分。
②预制护面块体的尺寸允许偏差应符合规定。
(2)护面块体安放前,应对块石垫层进行检查和必要修整。护面块体应自下而上安放,底部块体应与水下棱体接触紧密。
(3)扭工字块体的安放需注意如下控制:
①当采用定点随机安放时,应先按设计块数的95%计算网点的位置,并进行分段安放。安放完成后,应对块体的疏密情况进行检查和及时补充安放。
②当采用规则安放时,应使垂直杆件安放在坡面下方,并压在前排的横杆上,横杆置于垫层块石上,腰杆跨在相邻块的横杆上。
(4)扭王字块体可采用定点随机安放或规则安放。当采用定点随机安放时,块体在坡面上可斜向放置,并使块体的一半杆件与垫层接触,但相邻块体的摆向不宜相同。
(5)四脚空心方块和栅栏板安放应靠紧、稳固。当需采用二片石支垫时,支垫的数量不得超过2处,且不得用2块二片石叠垫。
(6)人工护面块体安装数量和允许偏差需注意如下控制:
①扭王字块体的安放数量应满足设计要求。
②扭工字块体和四脚锥体等护面块体的安放数量应不小于设计安放数量的95%。
③四脚空心方块和栅栏板等块体的相邻高差应不大于150mm,砌缝的最大宽度应不大于100mm。
(7)安放大块石护面施工需注意如下控制:
①块石的长边尺寸不宜小于护面层的设计厚度。
②块石的重量不应小于设计重量。
③对于安放1层块石的护面层,块石应互相靠紧,其最大缝隙宽度不大于垫层块石最小粒径的2/3,坡面上不允许有连续两块块石以上垂直于护面层的通缝。
④大块石护面的实际断面的允许高差应符合有关规定。

(8)干砌与浆砌块石护面层施工需注意如下控制:

①块石长边的尺寸不宜小于护面层的厚度。砌筑时,块石的长边应垂直于坡面。

②干砌块石宜采用45°斜向自下而上分层砌筑或正向水平分层砌筑方式。干砌块石应紧密嵌固、相互错缝,块石与垫层相接处块石间的空隙应用二片石填紧,不应从坡面外侧用二片石填塞块石间的缝隙。

③浆砌块石应采用坐浆法砌筑,块石之间不宜直接接触。砌筑砂浆的强度应满足设计要求;砌缝砂浆应饱满,并应及时勾缝。

④干砌与浆砌块石护面的允许偏差和砌缝最大允许值应符合规定。

(9)干砌条石护面层施工需注意如下控制:

①条石的规格和加工质量应符合设计要求。当设计无规定时,条石长度的允许偏差值应为±50mm,横断面尺寸的允许偏差值应为±20mm。

②砌筑的形式应符合设计要求。砌筑时,条石的长边应垂直于坡面。

③砌筑应自下而上分层进行。条石与坡脚棱体应靠紧;条石间应相互错缝、紧密嵌固。条石底面及条石间的空隙可用二片石塞紧,但不应从外侧向内填塞。

(10)干砌条石护面的允许偏差和砌缝最大允许值应符合规定。

(11)当采用模袋混凝土护面时,模袋混凝土护面的施工应符合现行《水运工程土工合成材料应用技术规范》(JTJ 239)的有关规定。

(六)上部结构施工

(1)斜坡堤的上部结构宜在抛石堤身和地基沉降基本稳定后施工,并应按设计要求和沉降观测资料预留后期沉降量。

(2)现浇混凝土胸墙或压顶块的模板,应考虑施工期波浪作用。胸墙或压顶块与抛石堤身接触处应防止漏浆。

(3)浆砌块石胸墙或压顶块,宜采用分层坐浆砌筑。块石应上下错缝、内外搭砌,砌筑砂浆应饱满,勾缝应密实牢固。浆砌块石胸墙的施工缝,应留阶梯形接茬,其台阶高度不宜大于1.2m。

(4)胸墙或压顶块中设置减压孔的位置和数量应满足设计要求,并应通畅。

(5)现浇混凝土与浆砌块石、浆砌粗料石胸墙和压顶块外形尺寸的允许偏差应符合规定。

三、直立式防波堤与护岸质量控制

(一)基础施工

(1)直立堤及护岸水下基槽开挖需注意如下控制:

①在易回淤的区段或基槽深度较大时,基槽开挖应分层、分段进行。其分段长度和每层开挖深度应根据土质和开挖方法确定。

②基槽挖至设计高程时,应核对土质。当发现土质与设计情况不符时,应会同设计单位研究解决。

③基槽开挖的尺寸应满足设计要求。对非岩石地基,其超深和超宽的允许偏差应符合规定。

④每段基槽开挖后应及时检查验收,并应及时进行基床抛石施工。

(2)基床抛石施工需注意如下控制:

①抛石施工前应对基槽进行检查,基槽尺寸如有显著变动应及时研究处理。当基槽底部回淤沉积物的厚度大于 0.3m,且含水率小于 150% 或湿土重度大于 $12.6kN/m^3$ 时,应进行清淤。

②基床抛石的高程应预留夯沉量,其数值可根据试夯资料或当地经验确定。基床最上一层抛石的高程不宜高于施工控制高程。

③基床的宽度不应小于设计宽度。

(3)基床夯实施工需注意如下控制:

①当采用重锤夯实时,基床的抛石与夯实应符合现行《码头结构设计规范》(JTS 167)和《码头结构施工规范》(JTS 215)的有关规定。

②当采用爆炸法夯实时,基床的抛石与夯实应符合现行《水运工程爆破技术规范》(JTS 204)的有关规定

(4)基床夯实的验收应符合现行《水运工程质量检验标准》(JTS 257)的有关规定。

(5)抛石基床整平施工需注意如下控制:

①抛石基床的整平应进行粗平和细平,整平范围和允许偏差应符合规定。

②基床整平时,块石间的不平整部分可用二片石填充,二片石间不平整部分可用碎石填充。

③每段基床整平完成后应及时安装堤身构件。

(6)堤前护底块石或人工块体应在墙身结构安装后及时抛填或安放。

(二)堤身施工

(1)堤身构件预制除应符合现行《水运工程混凝土施工规范》(JTS 202)的有关规定外,需注意如下控制:

①当采用混凝土地坪做底模时,其表面平整度不应大于 10mm。底模表面应采用隔离剂或隔离层等脱模措施,但不得使用油毛毡等易导致降低预制构件底面摩擦系数的材料。

②当沉箱、空心方块和圆筒等大型构件需要分层浇筑时,施工缝不宜设在水位变动区、底板与立墙的连接处、吊孔处和吊孔以下 1m 范围内。

③方块、沉箱和圆筒构件主要尺寸的允许偏差应符合现行《水运工程质量检验标准》(JTS 257)的有关规定。

(2)沉箱、空心方块和圆筒等构件的吊运需注意如下控制:

①构件起吊时,其混凝土强度应满足设计要求。

②构件的起重吊架应进行专门设计,吊架应有足够的刚度和强度,吊点的合力应与构件重心共线。

③吊点可采用预留孔或预埋吊环。大型构件吊点附近的混凝土应用钢筋加强;预留孔与吊具接触面应用钢套管保护。吊点的实际位置与设计位置的允许偏差为 30mm。

(3)沉箱构件的溜放、下水、浮运或半潜驳驳载出运,应符合现行《码头结构设计规范》(JTS 167)和《码头结构施工规范》(JTS 215)的有关规定。

(4)施工现场的沉箱储存场需注意如下控制:

①坐底储存场,应选择具有足够水深、便于起浮、水底面较为平坦、有足够承载力且受波浪和泥沙冲淤影响不大的区域。必要时应对存放场地进行抛砂换填处理。

②漂浮储存场,应有可靠的系泊条件,且沉箱间、沉箱与其他建筑物间应有足够的距离。

(5)墙身构件安装需注意如下控制:

①墙身构件安装前,应对基床顶面进行检查。对不符合要求的部位应进行修整。

②方块、沉箱和圆筒等构件的安装,应分段控制安装位置和堤的长度。

③沉箱或圆筒安装后,应及时进行箱格内抛填。当抛填块石时,应采取防止构件边缘被块石砸坏的措施。

④直立堤堤身构件安装的允许偏差和安装缝宽最大允许值应符合规定。

(三)上部结构施工

(1)直立堤及护岸上部结构的施工应在地基沉降基本稳定后进行。

(2)带有胸墙及挡浪墙的上部结构分层施工时,其施工缝的位置宜留置在断面突变处以上 500~1000mm 处。

(3)顶高程较低的胸墙趁低潮施工时,应保持在水位以上进行混凝土的浇筑和振捣,并应采取防止混凝土在初凝前被水淘刷的措施。

(4)现浇胸墙和挡浪墙外形尺寸的允许偏差应符合规定。

(5)当挡浪墙采用预制安装结构形式时,应对挡浪墙构件在施工期间的稳定性进行校核,当安装后的构件在施工期间波浪作用下不稳定时,应采取临时固定措施。挡浪墙安装的允许偏差应符合规定。

(四)棱体、倒滤层和后方回填

(1)方块、扶壁和沉箱等结构墙后棱体的抛填需注意如下控制:

①棱体抛填前应检查基床和岸坡有无回淤或坍坡,必要时要进行清理。

②棱体抛填宜分段、分层施工。

③抛填应由墙体向后方推进。

④棱体抛填后,应对棱体的顶面和坡面进行整平;棱体顶面宽度和高程不得小于设计要求,高程的允许偏差为 +200mm。

(2)倒滤层施工应符合斜坡式防波堤及护岸的有关规定。

(3)直立式后方陆上回填需注意如下控制:

①当采用山皮土时,应考虑填料的性质、石块大小和回填深度,逐层进行回填,机械夯实或碾压的厚度,每层不宜大于 400mm。

②当采用透水性不良或不透水土料回填时,其含水率应接近最佳含水率。

③回填土面高程的允许偏差应为 ±100mm。

(4)当采用吹填时,需注意如下控制:

①护岸堤内外水头差不得超过设计的允许值。
②吹泥管管口宜靠近堤身后,尽量使粗粒填料沉淀在靠近堤身处。

(5)回填或吹填过程中,应对墙体内填土高度、内外水位及墙体的沉降、位移进行观测。

第八节 道路堆场与翻车机房质量控制

【备考要点】
1. 道路堆场与翻车机房地下结构工程的分部、分项工程划分。
2. 道路堆场与翻车机房地下结构工程总体。
3. 道路堆场基层与垫层工程质量控制要点与质量检验标准。
4. 道路堆场面层工程质量控制要点与质量检验标准。
5. 地下管井与管沟工程质量控制。
6. 翻车机房地下结构与廊道工程质量控制。

一、概述

道路与堆场是水运工程不可缺少的配套设施。港区道路供各类车辆进出港口使用,其结构特点和普通道路基本相同。堆场供货物进出、转运时存储,一般由装卸机、运输车辆的走行道路与货物堆场组成。堆场与公路一样由路基(基础)、垫层与基层、面层等结构组成。

(一)道路堆场与翻车机房地下结构工程的分部、分项工程划分

道路堆场、翻车机房地下结构工程的分部、分项工程可按表3-18与表3-19的规定划分。当工程内容与表列项目不一致时,可根据设计内容和结构特点进行调整。

道路与堆场工程分部、分项工程划分表 表3-18

序号	分部工程	分项工程
1	基层与垫层	基底层碾压、稳定土类基层与垫层、级配碎石基层与垫层、块石基层等
2	面层	水泥混凝土面层(包括钢筋混凝土板)、沥青混凝土面层、预制混凝土板块块铺砌面层(包括联锁块、方块、六角块等)、料石铺砌面层、泥结碎石面层、侧缘石安砌等
3	地下管井与管沟	基槽开挖、垫层、管沟、排水边沟、检查井与雨水井、盖板安装等
4	构筑物	集装箱跨运车跑道梁、集装箱箱角梁与箱脚块、现浇(浆砌)垛脚墙、现浇混凝土轨道梁、设备基础等

翻车机房地下结构与廊道工程分部、分项工程划分表 表3-19

序号	分部工程	分项工程
1	基坑开挖	基坑支护、基坑降水与排水、非岩石地基坑开挖、岩石地基坑开挖等
2	地基基础	基础换填、预制桩沉桩、灌注桩、碎石垫层、混凝土垫层等

续上表

序号	分部工程		分项工程
3	主体结构	翻车机房	现浇底板、现浇墙体、现浇漏斗梁、现浇承台梁板、沉降伸缩缝止水等
		廊道	现浇混凝土廊道等
4	墙后回填		土石方回填
5	设备基础与附属设施		现浇定位车轨道梁、现浇设备基础、铁梯制作与安装、栏杆制作与安装等

(二)道路堆场与翻车机房地下结构工程总体

1. 道路堆场与翻车机房地下结构的总体尺度

道路堆场与翻车机房地下结构的总体尺度应分别符合现行《水运工程质量检验标准》(JTS 257)的有关规定。

2. 道路堆场与翻车机房地下结构观感质量

道路与堆场工程的观感质量应按表3-20的规定进行检查评价,其综合得分率不应低于80%。翻车机房与廊道工程观感质量评价项目和质量要求应分别符合现行《水运工程质量检验标准》(JTS 257)的有关规定。

道路、堆场观感质量评价项目和质量要求　　　　　表3-20

序号	评价项目	质量要求	标准分	评价等级		
				一级95%	二级85%	三级70%
1	混凝土面层	表面平整,坡向符合要求	10			
		拉毛均衡、线条宽窄、深浅一致	10			
		胀缩缝顺直,宽窄一致,灌缝饱满,周边无污染	5			
		表面无起砂、露石等缺陷;无明显龟裂与裂缝	5			
		无建筑污染	5			
2	铺砌面层	表面平整,坡向符合要求	10			
		与构筑物接茬紧密、平顺,铺砌线条顺直,砌缝宽度一致,灌缝密实	10			
		砌块表面完整,无破损	10			
		无建筑污染	5			
3	沥青混凝土面层	表面平整,坡向符合要求	10			
		颜色一致,颗粒均匀,无推挤、烂边和裂缝	10			
		无建筑污染	5			
4	侧缘石	砌缝及勾缝宽度一致	5			
		直线段顺直,曲线段圆滑,无折角	10			
		块体完整,无残缺、崩角等现象	5			

续上表

序号	评价项目		质量要求	标准分	评价等级		
					一级95%	二级85%	三级70%
5	管沟、井及盖板		位置正确，与面层接茬平顺、紧密	10			
			铁件防腐，油漆色泽一致	5			
			盖板安装边线及吊孔排列顺直	10			
6	集装箱堆场	跨运车道	抹压密实、拉毛均衡、无碰损和裂缝	10			
			胀缩缝顺直、宽窄一致、灌缝饱满、周边无污染	5			
		箱角基础	边线与端线线条顺直	10			
			无碰损、明显龟裂与裂缝等表面缺陷	10			

二、港区道路堆场质量控制

堆场基层与垫层分项工程的检验批宜按结构单元划分，道路基层与垫层分项工程的检验批宜按施工段划分。道路与堆场的基层与垫层应逐层控制高程，并应有相应的测量检测记录。道路、堆场面层分项工程宜按设计结构类型划分，其检验批宜按施工段划分。

（一）道路堆场基层与垫层工程质量控制

基层与垫层应具有足够的强度、刚度、水稳性、冰冻稳定性，边坡应具有足够的稳定性。其次要具有足够的平整度，与面层结合良好。

所用的原材料包括：土、石灰、水泥、粉煤灰、煤渣或矿渣、碎石、砾石、石屑等。

各类基层混合料的配合比设计必须依据设计要求进行配合比试验，制作标准试件，在规定的标准养护条件下养护，并进行饱水抗压强度试验。承包人根据试验结果提出基层混合料施工用配合比，并报监理审批。

为保证面层结构层具有足够的力学强度，从而保证面层的整体强度、质量与使用寿命，基层压实度与 CBR 等指标必须满足设计要求。

1. 质量控制要点

1) 回填原材料质量控制

回填原材料的品种、规格、质量和混合料的配合比应满足设计及规范要求，回填施工前取样进行试验检测验证。

2) 施工工艺

基层与垫层必须在整个宽度范围内水平分层填筑，在最佳含水率条件下分层碾压。大规模回填施工前应铺筑试验段，通过试验段施工验证有关工艺参数与质量管理措施。虚铺系数、压实遍数根据地基强度、土质、压实机具类型而定。

3) 检查压实厚度、压实度等设计要求指标

回填碾压结束后承包人应根据设计要求检查压实度、压实厚度及弯沉值、沉降差等有关指标，并将结果向监理工程师报验，经监理工程师抽检合格后方可进行上一层填筑施工。

对于大型港区的道路、堆场,由于尺度大,地质情况变化差异大,必须控制总体沉降量与差异沉降量,对于地质不均匀处及管沟、井坑等部位周边的回填压实尤其要注意控制,必须严格按照设计标准进行分层回填压实,逐层检测。

2. 质量检验标准

(1)基底整平与碾压的范围应满足设计要求。当需回填时,回填材料的种类和质量应满足设计要求。

(2)基底层碾压后的压实度应满足设计要求。

(3)碾压后表面应平整、密实、接茬平顺,并应无弹簧土、松散和龟裂。

(4)坡向和坡度应满足设计要求。

(5)基底层碾压允许偏差、检验数量和方法应符合现行《水运工程质量检验标准》(JTS 257)的有关规定。

对稳定土、级配碎石、块石基层与垫层的检验标准,应符合以下要求。

1)稳定土类基层与垫层

(1)稳定土所用材料的品种及质量应满足设计要求。石灰应充分消解,矿渣应经崩解稳定,土块应经粉碎。

(2)胶凝材料的用量、粒料的粒径、级配和配合比应符合配合比设计报告的要求。

(3)基层与垫层的压实度或强度应满足设计要求。

(4)混合料应拌和均匀,颜色一致,摊铺时不应有离析现象。混合料摊铺时的含水率应满足最佳含水率要求;从加水拌和到碾压终了的时间不得超过胶凝材料的硬化时间。碾压应平整密实、接茬平顺,表面应无明显轮迹、坑洼和离析。碾压后的养护方法和养护龄期应符合现行《港口道路、堆场铺面设计与施工规范》(JTJ 296)的有关规定。

(5)稳定土类基层和垫层允许偏差、检验数量和方法应符合现行《水运工程质量检验标准》(JTS 257)的有关规定。

2)级配碎石基层与垫层

(1)碎石的规格、级配和质量应满足设计要求,且不得含有杂质。

(2)基层与垫层的分层厚度和压实度应满足设计要求。

(3)级配碎石和填隙碎石的混合料应拌和均匀、无粗细颗粒离析现象。

(4)碾压后表面应平整密实,坡向应满足设计要求,嵌缝料不得浮在表面或聚集成堆,边线应整齐、无松散现象,中型压路机驶过应无明显轮迹。

(5)级配碎石基层与垫层的允许偏差、检验数量和方法应符合现行《水运工程质量检验标准》(JTS 257)的有关规定。

3)块石基层

(1)块石的规格应满足设计要求,块石表面应无风化和裂纹。

(2)块石排砌应嵌紧,嵌缝料应均匀。压实后,表面应平整、密实,中型压路机驶过应无明显轮迹。

(3)块石基层允许偏差、检验数量和方法应符合现行《水运工程质量检验标准》(JTS 257)的有关规定。

(二)道路堆场面层工程质量控制

道路、堆场面层分项工程宜按设计结构类型划分,其检验批宜按施工段划分;面层混凝土的模板、钢筋和混凝土等分项工程的质量检验应符合现行《水运工程质量检验标准》(JTS 257)的有关规定;伸缩缝的设置和传力杆数量、外露部分防腐处理应满足设计要求。

1. 水泥混凝土面层

1)水泥混凝土面层施工质量控制要点

港区道路堆场水泥混凝土面层的质量控制与码头面层混凝土的质量控制要求基本相同,在此不做详细介绍,可参考本书通用工程质量控制章节的相关内容。

2)质量检验标准

(1)混凝土应振捣密实,压抹平顺。拉毛或压纹应满足设计要求并均匀一致,不得有空鼓、脱皮、石子外露和缺棱掉角等缺陷。

(2)雨水井或排水口的设置应满足设计要求,与面层相接应平顺。

(3)胀缝填缝材料应满足设计要求,填塞应饱满,不污染面层混凝土。

(4)道路、堆场混凝土面层的允许偏差、检验数量和方法应符合现行《水运工程质量检验标准》(JTS 257)的有关规定。

2. 沥青混凝土面层

1)沥青混凝土面层施工质量控制

港口道路中,常用的沥青路面主要有:沥青混凝土路面、沥青碎石路面、改性沥青混凝土路面。

沥青路面应具有足够的路面抗力(路面承载力)、良好的抗疲劳特性、高温稳定性、良好的低温抗裂性、良好的抗滑性能等。

(1)施工准备阶段质量控制要点。

原材料试验与审批;沥青混合料配合比审批;施工机械、设备检查;施工放样及下承层检查;试验段试验方案与试验段施工及其总结。

通过试验段施工确定合适的施工工艺、施工机械、施工材料和人员组织;合适的混合物配合比;合适的虚铺厚度(虚铺系数);摊铺的最小面积;合适的拌和温度、运输温度、摊铺温度和碾压温度;合适的拌和时间;碾压工序中初压、复压、终压合适的碾压速度与合适的碾压遍数,复压中振动碾压激振力的大小等。

(2)施工阶段质量控制要点。

检查承包人对原材料的检验是否符合规范要求,配合比是否准确,拌合物的拌和温度、运输温度、摊铺温度和碾压温度及遍数是否符合规范要求,摊铺厚度、路拱、平整度是否符合要求,终压路面高程、平整度、路拱、路宽及密实度是否符合设计要求。

当沥青面层分上层和下层时,要检查上、下层的混合物的集料规格、级配是否符合设计及规范要求,上、下层的铺设是否在同一天完成,上、下层错缝形式及距离是否符合规范规定。

施工过程中的防雨、防潮、防风、保温措施是否符合规范规定。碾压成型后,应按照规定检查沥青面层的压实度和压实厚度。

2) 质量检验标准
(1) 沥青混凝土混合料的各项指标应满足设计要求。
(2) 沥青混凝土的压实度应满足设计要求。
(3) 混合料的拌和应均匀,应无花白、粗细料分离和结团块等现象。
(4) 摊铺温度和厚度应满足施工方案要求。摊铺应平整,不得有离析。
(5) 压实后的表面应平整、密实,接茬应平顺,不应有泛油、松散、裂缝、堆挤、烂边和粗细料集中等现象。
(6) 面层与其他构筑物相接应紧密平顺,不应有积水现象。
(7) 沥青混凝土面层允许偏差、检验数量和方法应符合现行《水运工程质量检验标准》(JTS 257)的有关规定。

3. 预制混凝土板块铺砌面层

预制混凝土板块铺砌面层主要有四角块、六角块、联锁块等。混凝土联锁块是一种强度高、铺砌后咬合好的面层块体,其外形较为复杂,一般用专用成型设备在预制厂内生产。

1) 预制混凝土板块质量控制要点

混凝土工程质量控制的要求参见本书通用工程质量控制章节。

铺设施工:混凝土板块的铺设形式要符合设计要求。应进行混凝土板块试铺试验,通过试铺施工,确定砂垫层的密实处理方式。混凝土板块铺设时,需做好分区控制、分区调整,不得累积轴线偏移。必须确保路、场地面的设计排水坡度。监理工程师应重点监管控制点设置和高程放样、砂垫层虚铺和混凝土板块铺设试验、铺设顺序等。

2) 质量检验标准
(1) 找平砂垫层的厚度应均匀。
(2) 砌块铺砌应紧密、稳固,砌缝应均匀、灌缝应饱满。
(3) 铺砌面层应平整,格缝应清晰,表面应无砂浆和沥青等污染。
(4) 与侧缘石和其他构筑物的交接应平顺、挤紧。
(5) 混凝土块体铺砌面层的允许偏差、检验数量和方法应符合现行《水运工程质量检验标准》(JTS 257)的有关规定。

近年来国内外港口开始建设自动化集装箱堆场,其堆场面层结构与普通集装箱堆场基本一致,主要差别在于:①为了满足自动化小车(AGV)的行驶要求,在场地上要设置磁钉,满足AGV小车的定位要求;②为了保障AGV定位及防止磁性干扰,堆场面层结构以下一定范围内不能使用传统的钢筋,必须使用玻璃纤维增强塑料筋(GFRP)。其安装施工与质量检验标准应按照专门标准进行。

三、地下管井与管沟工程

地下管井与管沟分项工程宜按设计结构单元划分,其检验批宜按施工段划分。地下管井与管沟混凝土的模板、钢筋和混凝土等分项工程的质量检验应符合本书通用工程质量控制章节的有关要求。

1. 质量控制要点

(1) 主要施工工序:测量放样—沟槽开挖—基础施工—管道敷设—接口施工—检查井、边井施工—闭水试验—管沟回填。

(2) 工艺控制重点:①测量放样,标定高程及管道中心线。②沟槽开挖,对于水位相对较高的区域,应根据土质、水位情况采取降水,施工时应注意挖土和围护支撑的配合,确保施工安全。③基础施工应注意对扰动土、软弱土层的处理以及钢筋混凝土基础的高程控制;开挖后应根据设计要求,进行夯实或压实,并做好压实度的检测。④管道敷设,应控制管道高程、坡度及顺直度。⑤检查井、边井施工,管、井结合部及井壁与井底基础结合部施工质量。⑥管沟回填,应注意回填料的选择、回填机具的选用、分层厚度、压实度的检测。重点部位为井体四周。⑦管道接口质量控制,应在对进场管材进行验收的基础上重点检查管口间隙量是否符合规范要求,胶圈安装方法、部位、管道安装时的拉紧工艺等。⑧管沟回填应根据不同的地质情况采取不同的回填压实方案。

2. 质量检验标准

(1) 基槽开挖:基槽基底土质应满足设计要求,并应防止扰动。

(2) 垫层:垫层材料的种类和质量应满足设计要求。垫层铺设前,基层表面应干净、无积水。

(3) 管沟与边沟:管沟与边沟所用材料的种类和质量应满足设计要求。砂浆或混凝土强度应满足设计要求。现浇管沟的混凝土应密实;砌筑管沟和边沟的砌筑砂浆应饱满,勾缝应密实。沟底坡向和坡度应满足设计要求。变形缝及止水应左右对齐、上下贯通。沟侧回填的材料应满足设计要求,并应分层压实。

(4) 检查井和雨水井:检查井和雨水井规格、数量和位置应满足设计要求。井圈及盖板的种类、规格和质量应满足设计要求。砌体砂浆应饱满密实,井壁水泥砂浆抹面不得有空鼓。井圈或盖板底座应安砌牢固,盖板顶面高程应与堆场或路面高程一致,井口周围不得有积水,井内应保持清洁。雨水井井底集水的泛水坡应满足使用要求。

(5) 盖板:盖板的型号和质量应满足设计要求。安装前,支承结构的混凝土或砌体砂浆强度应满足设计要求。盖板安装应平正、顺直。顶面应与堆场或路面高程一致。

四、翻车机房地下结构与廊道分项工程

1. 翻车机房地下结构概述

翻车机房是港口工程的重要组成部分,是煤炭及矿石输出码头陆上工程的核心部分。翻车机房主要作用是用于翻卸由铁路火车运至港口的煤炭或矿石,而后经皮带运输机输送到堆场临时堆存,或者直接运至码头装船外运。

翻车机房地下结构是翻车机系统设备安装的基础和上部厂房的承台基础,它与地下廊道相连接,共同起接卸货物并将其转输到地上的地下构筑物。翻车机房主体结构复杂、整体尺度大、施工周期长,除了常规项目的质量控制外,对变形缝、结构防渗、预埋件等工序需要加强控制。

2. 质量检验标准

翻车机房地下结构一般可以分为基坑开挖、地基基础、主体结构、墙后回填、设备基础与附属设施5个分部工程。翻车机房地下结构与廊道分项工程检验批宜按设计结构单元或施工单元划分。上部厂房属于房建工程。

(1)翻车机房地下结构的深基坑支护,当采用板桩和地下连续墙结构时,应符合设计及规范规定,但其施工质量不参加翻车机房地下结构的质量检验。

(2)翻车机房地下结构的基坑开挖、地基与基础、现浇混凝土、墙后回填、设备基础及混凝土结构的模板、钢筋和混凝土质量检验应符合现行《水运工程质量检验标准》(JTS 257)的有关规定。

(3)翻车机房地下结构的变形缝及止水质量检验,应符合现行《水运工程质量检验标准》(JTS 257)的有关规定。

(4)现浇混凝土廊道的廊道段间的变形缝应顺直、缝宽应一致,嵌缝应饱满,且不应有渗漏。廊道防滑坡道的形式和坡度应满足设计要求。

(5)现浇翻车机房地下结构、现浇廊道箱涵的允许偏差、检验数量和方法应符合现行《水运工程质量检验标准》(JTS 257)的有关规定。

第九节 船闸工程质量控制

【备考要点】
1. 船闸工程的组成与常见结构形式。
2. 土石围堰的工艺流程与高喷防渗墙的技术要点。
3. 基坑降排水控制重点。
4. 船闸主体施工包括哪些重要的测量工作。
5. 闸室墙施工常用的模板系统形式与工艺要点。
6. 船闸主体结构混凝土浇筑施工的常用工艺。

一、船闸工程概述

1. 船闸的组成

船闸一般由闸室、闸首、引航道3个基本部分组成。具体包括闸首、闸室、输水系统、引航道、口门区、连接段、锚泊地、导航建筑物、靠船建筑物、闸阀门、启闭机械、电气控制设备和通信、助导航、运行管理等附属设施及生产、生活辅助建筑物等,有的船闸还应包括前港和远方调度站等。

2. 主要结构物形式

闸室结构一般采用直立式结构,两侧闸墙与闸底板刚性连接的为整体式结构,闸墙与闸底板非刚性连接的为分离式结构。整体式结构主要有坞式结构和反拱底板结构,分离式结构主要有重力式、悬臂式、双铰式底板、扶壁式、衬砌式和混合式等结构。

闸首结构按其受力状态分为整体式结构和分离式结构。在土基上为避免由于边墩不均匀沉降而影响闸门正常工作,一般采用整体式闸首结构;岩基上的闸首虽然可以采用分离式结构,但由于闸首结构受力大且非常复杂,所以也常常采用整体式结构,也有采用分离式结构的。

引航道与导航靠船建筑物常用形式有重力式、墩式、框架式、桩墩式、浮式、空箱式、扶壁式和连拱式等结构;护坡和护底一般采用浆砌块石、干砌块石、混凝土块体等。

3. 船闸工程的工程划分

船闸工程的分部工程、分项工程可按表3-21和表3-22的规定划分。当工程内容与表列项目不一致时,可根据结构特点进行调整。

船闸主体工程分部工程、分项工程划分 表3-21

序号	分部工程	分项工程
1	基坑开挖	水下基坑开挖、陆上基坑开挖等
2	地基与基础	地基换填、基床抛石、基床夯实、基床整平、预制桩沉桩、灌注桩、挤密砂桩、挤密碎石桩、水泥搅拌桩、旋喷桩、帷幕灌浆、岩石固结灌浆等
3	闸首	现浇底板、现浇消能设施、现浇门槛、现浇输水廊道、现浇闸首边墩、门库与门槽、变形缝及止水等
4	闸室	现浇底板与撑梁、现浇输水廊道、现浇消能设施、现浇闸墙、板桩闸墙、地连墙闸墙、衬砌闸墙与闸墙衬砌、浆砌石闸墙、挡板、变形缝及止水、砌石护底等
5	墙后工程	倒滤层、墙后排水设施、观测井和水位计井管、土石方及混凝土回填、防渗盖面、铺砌面层等
6	附属设施	护舷、护角与护面、铁梯、钢栏杆、系船设施、电缆槽、拦污栅、水尺等

引航道导航、靠船建筑物分部工程、分项工程划分 表3-22

序号	分部工程	分项工程
1	航道与锚地	陆上开挖、水下开挖、岸坡削坡及整平、护底护坦、垫层、倒滤层等
2	基槽开挖	土方开挖、石方开挖等
3	地基与基础	地基换填、基床抛石、基床夯实、基床整平、挤密砂桩、挤密碎石桩、水泥搅拌桩、旋喷桩、预制桩沉桩、灌注桩、帷幕灌浆、岩石固结灌浆等
4	导航建筑物与靠船建筑物	现浇导航墙、现浇靠船墩、浆砌石导航墙、浆砌石靠船墩、沉井、现浇挡板、变形缝及止水等
5	护岸与护底	现浇底板、现浇挡墙、浆砌石挡墙、砌石护坡、模袋护坡、预制块铺砌护坡、砌石拱圈护坡、护底护坦、沉降伸缩缝等
6	墙后工程	倒滤层、排水设施、观测井管、土石方及混凝土回填、防渗盖面、铺砌面层等
7	附属设施	护舷、护角与护面、铁梯、钢栏杆、系船设施、电缆槽、拦污栅、水尺等

二、基坑与围堰工程施工质量控制

(一) 围堰工程

1. 围堰填筑

围堰结构形式、施工工艺较多,按使用材料划分,可分为土石围堰、混凝土围堰、钢板桩围堰等。土石围堰为填筑土石坝体挡水,另采用防渗结构体进行止水。混凝土围堰为开挖至基岩,浇筑水下混凝土连续墙形成挡水止水结构。钢板桩围堰为打入钢板桩连成钢板桩墙体进行挡水止水的一种结构形式。

围堰工程施工根据不同的地质条件选用不同的结构形式、施工工艺及施工设备。土石围堰施工设备主要有挖掘机、推土机等;混凝土围堰施工设备主要有成槽机、履带吊、混凝土泵车等;钢板桩围堰施工设备主要有液压或电动打桩锤等。

常见土石围堰结构断面如图 3-14 所示,工艺流程如图 3-15 所示。

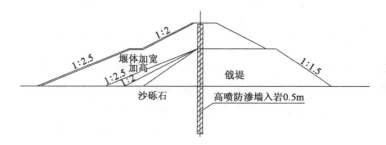

图 3-14 土石围堰结构断面

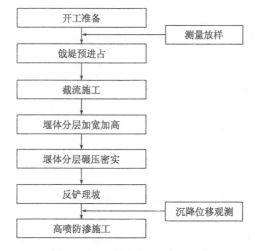

图 3-15 土石围堰施工工艺流程图

船闸围堰工程一般属于超过一定规模的危险性较大分部分项工程,施工方案需组织专家论证。围堰施工与运维涉及气象、水文、地质,开工前应掌握施工区域流域及邻近地区气象特征、旱涝规律、雨洪气象成因、季节变化特点等规律,根据水位变化情况确定填筑时间。

施工前围堰填筑料源应充足,临时施工道路已具备投入使用条件。根据进度确定好龙口合龙时间,提前备足龙口截流所需材料,如大块石或钢筋石笼,必要时需提前备好混凝土四面体等材料。

2.围堰施工质量控制重点

1)戗堤预进占

(1)收集施工区域流域及邻近地区气象特征等资料,分析水位的变化规律,确定戗堤预进占的时间。

(2)预进占材料一般为符合设计要求的开挖料,考虑后续防渗施工,预进占材料应优先考虑细颗粒多、透水性差的填料。

(3)预进占至龙口宽度时,停止预进占。

2)截流施工

(1)就近选择截流材料堆放场地,截流施工前应提前备存龙口截流的大块石、钢筋石笼或混凝土四面体等材料等抛投物料。

(2)根据龙口宽度、水流流速等情况进行龙口分区(一般分3个区),根据分区采用不同的材料进行抛填。

(3)一般龙口Ⅰ区流速较小,抛填块石料或一般石渣料可满足截流要求。龙口Ⅱ区随流速增大,应增加抛投强度,加大抛投料粒径。至流速达到最大、截流最困难龙口段,应重点抛投上挑角及下游突出部位,采用先在上游侧抛投大料,将水流挑离戗堤,再用大料抛投下游侧,将落差分担在上下游两侧,使之在合龙段上形成多级落差,改善截流条件。经过此段后龙口Ⅲ区上游水位壅高较大,流速减小,主要采用一般块石渣抛投,此时应加大抛投强度尽快合龙。

3)堰体加宽加高

(1)堰体加宽加高应确定防浪高程,避免淹没或二次加高,施工应采用挖掘机装车运至现场分层填筑,逐层碾压,分层填筑厚度一般不应大于0.6m。

(2)填筑时应避免粗颗粒集中现象,为保证后续防渗效果,应力求做到粗细颗粒级配均匀且碾压密实。

(3)堰体加高完成后,利用挖掘机进行修坡,同时应尽快将块石护坡(或其他结构形式护坡)施工完成。

(二)围堰防渗施工

围堰防渗体多采用高压旋喷防渗墙。高压旋喷防渗施工根据施工工艺不同,可分为单管法、双管法及三管法。单管法采用水泥浆直接进行土体切割,形成桩体。双管法(浆液气体喷射法)是用二重注浆管同时将高压水泥浆和空气两种介质喷射流横向喷射出,冲击破坏土体,以水泥浆填充重新形成固结体。三管法喷射水泥浆、空气及高压水,利用高压水切割土体,以水泥浆填充重新形成固结体,施工方法与双管法类似。

高压旋喷根据不同的地质条件,选用相应的设备和工艺;高压旋喷施工采用设备有潜孔钻机、高喷台车、空压机、水泵等如图3-16所示。

图 3-16　高压旋喷示意图

高压旋喷施工流程如图 3-17 所示。高压旋喷施工前,浆液配比已通过试验验证,符合设计及规范要求。基线、水准基点、孔位和防渗墙轴线定位点等,应复核测量并妥善保护。施工设备转速表、压力计表、流量表已进行标定。生产性试验已完成,并配合开挖、取芯等试验手段,确认试验效果,为正式施工提供最佳参数。对施工场地布置应进行全面规划,开挖排浆沟和集浆池,做好冒浆排放措施和环境保护措施。

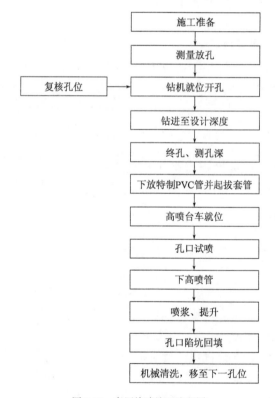

图 3-17　高压旋喷施工流程图

1. 高喷防渗墙施工质量控制重点

1) 喷浆

(1) 喷浆前检查。

高喷台车就位,首先进行试喷,三重管机具试运转时的水压约 35MPa,空压机风压约

0.7MPa,浆压在0.2~1MPa,同轴喷射。试喷检查喷嘴、喷管及所有设备运转正常后,下入高喷管至设计深度,下入喷射管时,用胶带保护喷嘴部分防止堵塞。

(2)喷浆。

当喷头下至设计深度,开始时先送高压水,再送水泥浆和压缩空气(压缩空气可迟送30s)。按规定参数送浆、气后进行静喷1~3min,待达到预定的喷射压力和喷浆量,且浆液返出孔口、情况正常后再按预定的提升、旋转速度,自下而上进行喷射作业,直至达到设计高度方可停送水、气、浆,提出喷射管。喷射过程需连续进行。

(3)充填灌浆。

高喷灌浆结束后,利用回浆及时补灌,直至孔口浆面不下降为止。

2)特殊情况处理

(1)高压喷浆过程中,出现压力突降或骤增、孔口回浆密度或回浆量异常等情况时,应查明原因,及时处理。

(2)孔内严重漏浆,可根据具体情况采取如降低喷射管提升速度或停止提升,或降低浆液压力、流量,采取静止喷射,浆液中掺加速凝剂等措施,待孔口正常返浆且返浆比重达到设计值后恢复提升,出现浆液不足时,旋喷管下入原位进行复喷。

(3)当冒浆量过大时,通过提高射流压力或加快旋转和提升速度,减少冒浆量。

(4)若发生串浆,应立即封堵被串孔,待串浆孔高压喷浆结束后,尽快对被串孔进行扫孔、高压喷浆或继续钻进。串浆量较大时,应降低气压并加大浆液密度或进浆量。

(5)供浆正常情况下,孔口回浆密度变小且不能满足设计要求时,应加大进浆密度或进浆量。

3)效果检查

高压旋喷止水帷幕的质量检查可采用钻孔取样、标准贯入试验或开挖检查等方法。若为临时挡水工程,使用期限不长,则采用开挖检查法或围井法检查高压旋喷止水帷幕效果。

(1)围堰拆除。

围堰在完成相应的导流功能后,需要及时进行拆除,拆除的位置及高程应满足设计的要求。

围堰拆除需根据不同的围堰结构形式采取不同的拆除工艺及拆除设备。土石围堰拆除主要采用机械挖除工艺,主要设备有挖掘机、运输车、抓斗式挖泥船组、链斗式挖泥船组等;混凝土围堰拆除主要采用爆破、清渣等工艺,主要设备有空压机、钻孔机、炸礁船组、清渣船组等;钢板桩拆除主要采用挖掘机清理,拔桩机进行钢板桩拔除等工艺,主要设备有挖掘机、履带式拔桩机等。

(2)基坑工程。

船闸工程多位于野外,基坑一般采用坡率法放坡开挖,必要时局部辅以支护结构。基坑开挖方法分为横向挖掘法、纵向挖掘法、混合式挖掘法。横向挖掘法(图3-18)为从开挖基坑的一端或两端按全断面一次性开挖至设计高程;纵向挖掘法(图3-19)为沿基坑全宽纵向分层开挖;混合式挖掘法为多层横向全宽和通道纵向配合开挖,开挖前一般采用降水井将地下水降至开挖层面50cm以下,基坑由上至下分层开挖,同时进行边坡防护。

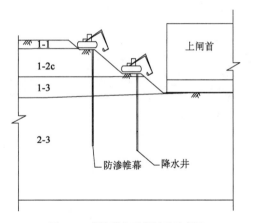

图 3-18 基坑横向开挖断面示意图

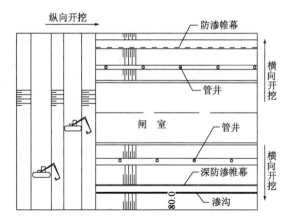

图 3-19 基坑纵向开挖断面示意图

基坑开挖根据不同的地质条件,选用相应的设备和工艺。土质基坑采用设备有挖掘机、推土机等;石质基坑一般采用钻爆与破碎锤开挖相结合的方式进行开挖。土方开挖工艺流程图和石方开挖工艺流程图如图 3-20 和图 3-21 所示。

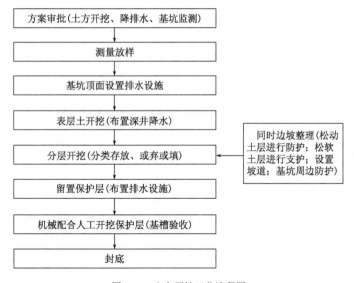

图 3-20 土方开挖工艺流程图

船闸基坑一般开挖深度均大于 5m,属于超过一定规模的危险性较大分部分项工程,基坑方案需组织专家论证。石方开挖的,尚应在施工前应向当地公安部门办理好爆破作业许可证。

基坑开挖前,围堰应通过验收,防渗帷幕已施工形成封闭圈,基坑降水井运转正常,且基坑内地下水已降至开挖层面以下 50cm;地连墙等支护结构已施工完成,基坑及周围建筑物沉降位移观测点布置完成并已采集初始数据。

2.基坑开挖质量控制重点

1)测量控制

(1)对基坑和周围建筑物的沉降位移进行观测,发现问题及时分析解决。

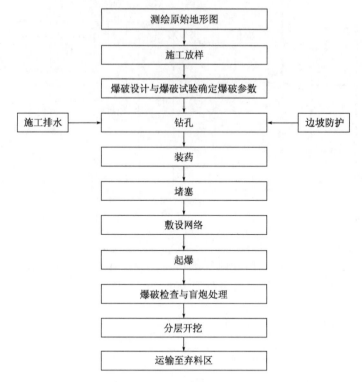

图 3-21 石方开挖工艺流程图

(2) 严格控制开挖边线、边坡,应在每级坡平台面上进行醒目标识。

2) 基坑降排水

(1) 根据地质条件及降水试验,确定设置降水井的井位、间距及数量。

(2) 降水期间应定期观测降水井内水位,雨季或者出现新的补给源时应及时采取增加井数、改变抽水设备性能等措施。

(3) 周边邻近建筑物有影响时,应设置观测井,定期观测与回罐,采用水位控制器控制水位的高程。

(4) 在基坑顶面设置排水沟(排水沟做防渗处理),设置相应集水坑将水排出施工区域。

(5) 在基坑底面设置边沟及集水坑,采用水泵将水抽排至基坑顶面排水沟。

3) 出渣道路布置

根据地形条件的不同,出渣道路宜灵活采用不同的布置方式,出渣道路布置按布置形式的不同一般分为岸坡分层式、岸坡集中式、岸坡迂回式、基坑直进式等。

4) 土方开挖

(1) 基坑开挖前,顶面设置排(截)水沟,防止明水流入基坑。

(2) 逐层开挖基坑,做好边坡防护,合理调配土方。

(3) 基坑开挖完成后,设置排水边沟,防止明水浸泡基坑。

(4) 开挖至基底底部时应预留保护层土方,然后由小型机械配合人工突击挖除。

(5)基底开挖完成后应及时验槽,确认基底土质与地勘报告是否相符。

5)石方开挖

(1)石方明挖可采用梯段微差挤压爆破,永久边坡采用预裂爆破或光面爆破,沟槽开挖采用槽挖爆破。

(2)石方开挖前必须进行爆破试验,以确定经济、合理、安全的爆破方案。

(3)在各部位基础开挖过程中,预留一定的保护层,然后采用小型设备配合人工撬挖突击施工。

(4)开挖后对松散石方应及时清理,并联合验槽。

三、船闸主体工程施工质量控制

(一)船闸底板

底板一般分为整体式和分离式两种,船闸底板宜采取"跳仓法"施工,相邻底板先低后高施工;底板按照浇筑工艺分为一次浇筑工艺、分节浇筑工艺、分块浇筑工艺,其相应施工工艺分别为底板混凝土一次浇筑成型、底板分两节或多节浇筑成型、分块浇筑预留施工缝待二期封铰形成整体。

混凝土浇筑入仓方式一般有泵送法、吊罐法、皮带机输送法。

尺度较大的整体式底板(图3-22)通过预留施工宽缝将底板分块浇筑,沉降变形稳定后封铰形成整体。分离式底板(图3-23)通过纵横向施工缝将底板分成若干块进行浇筑。

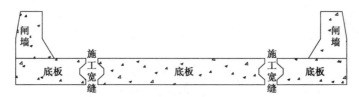

图 3-22 整体式底板结构示意图

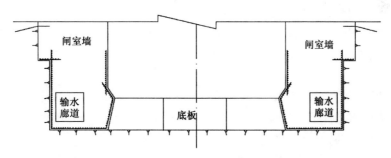

图 3-23 分离式底板结构示意图

1. 船闸底板施工流程

底板施工工艺流程如图 3-24 所示。

底板施工前,基槽降水、排水已满足要求(一般要求降至基槽底面 50cm 以下)。基坑边坡防护及边坡位移变化稳定,地基处理已验收合格,基底已通过联合验收并封底。

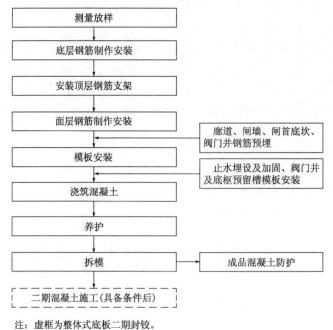

图 3-24 底板施工工艺流程

2. 底板施工质量控制重点

1) 测量

(1) 施工前对封底高程进行复测校核,不允许垫层混凝土侵占主体结构,面层钢筋绑扎前,对支撑钢筋高程进行控制。

(2) 加强船闸中心线、底板角点等特征点的放样复核。底板钢筋绑扎后需对廊道、边墩相关附属结构(集水井、闸首底枢、阀门井等)钢筋及预留槽进行精确放样。

(3) 在底板侧模上加密高程测量点,浇筑过程严格按高程进行浇筑。

(4) 底板高程应按设计预留沉降量。

(5) 底板底宜设置地基沉降观测管,浇筑过程中观测地基沉降对混凝土早期质量影响。

(6) 根据设计图纸布设沉降观测钉,底板浇筑后实施沉降观测。

2) 钢筋制作安装

(1) 顶面钢筋安装前应先布置槽钢支撑及宽缝型钢桁架支撑,槽钢及型钢桁架刚度需通过计算满足受力要求确保整体稳定;支撑纵横向间距不宜大于1.8m,按单个底板均匀分布安装支撑,单个支撑纵横向需设置钢筋斜撑并焊接牢固。

(2) 面层钢筋绑扎后顶面不得集中堆载施工材料、机具,顶面钢筋不得随意切断。

(3) 钢筋骨架保护层垫块采用高强混凝土垫块,强度宜高于主体结构混凝土强度一个等级,绑扎牢固;钢筋骨架支撑底端设置垫块,侧面钢筋保护层垫块应采用梅花状布设,钢筋直径较小时和异形钢筋骨架处适当加密。

(4) 设置临时固定措施,严格控制预埋钢筋的位置与角度。

(5) 预埋钢筋暴露时间较长的,底板施工完成后需对预埋钢筋进行阻锈保护处理;预埋钢筋进行防腐措施。

(6)钢筋骨架顶面保护层采用定制型钢控制,混凝土浇筑前采用与保护层厚度相同的型钢与骨架顶面钢筋绑扎,混凝土浇筑面与型钢顶面齐平。

(7)止水安装与钢筋交叉处如需切割部分钢筋需在止水安装完成后采用"过桥法"对切断钢筋进行连接。

(8)钢筋骨架成型应采用定位架,定位架应能准确定位主筋、分布筋和箍筋,从而保证钢筋间距。

3)模板制作安装

(1)模板与拉条螺栓交接处应设置圆台螺母,模板外侧面可采用发泡剂对拉条螺栓孔进行封堵。

(2)模板开槽或开孔需采用电钻施工,严禁使用氧割作业。

(3)整体式底板宽缝模板采用定型型钢桁架支撑。

(4)底板浇筑前,未设置抗浮锚杆的底板,需在基岩钻孔植筋,将拉条焊接在已植入基岩里的锚筋上(设置抗浮锚杆的底板,采用锚杆替代锚筋)。

(5)浇筑前记录模板各项检查参数的原始数据,随混凝土分层浇筑进度逐层检查模板变形数据,以便及时纠偏。

4)止水构件的制作及安装

(1)止水焊接需进行防渗漏检测,重点检查止水焊接质量无缝隙,确保止水效果。

(2)橡胶止水带、PVC 止水片宜采用热黏结。

(3)橡胶止水带对接时端部宜齐平,在距端部 10~12cm 处画线标出搭接范围,此范围内的肋条应全部割除并锉平,以保证黏结面平整。

(4)止水构件需存放于库房内,膨胀止水橡胶条需干燥存放,止水条安装后至混凝土浇筑期间,应做好防水措施。

(5)底板水平止水处模板由于止水上下模板分离,止水上方模板安装需控制整体线形,安装牢固,模板下端需与止水构件紧密贴合。水平止水铜片安装示意图如图 3-25 所示。

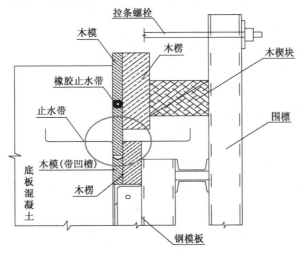

图 3-25　水平止水铜片安装示意图

(6)底板与墙身衔接处T形或L形铜止水,将搭接铜片预留一定间隙,灌注沥青,防止因铜片不平整、密贴造成绕流渗水。底板与墙身衔接处止水布置图如图3-26所示。

(7)止水(浆)带安装时应采用专用支托卡具支撑牢固,竖向止水(浆)带的支托卡具每0.5m一道,水平止水(浆)带的支托卡具每1m一道。

5)混凝土浇筑

(1)底板大体积混凝土应采用双掺技术,优选水泥、粗细骨料和外加剂,配合比设计宜采用连续级配,并适当提高骨料含泥量指标要求,施工过程中控制入仓温度和采取内部降温的方法(冷却水管)预防大体积混凝土裂缝;特殊季节混凝土的原材料采用加热或降温的措施以保证混凝土的入舱温度;混凝土浇筑方法一般为泵送法和皮带机输送法(图3-27)。

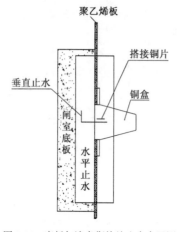

图3-26 底板与墙身衔接处止水布置图

图3-27 皮带机输送法混凝土浇筑

(2)浇筑面层前在面层钢筋上铺设与保护层厚度相同的型钢作为混凝土刮平导轨,以保证面层高程、平整度与保护层厚度。

(3)面层可采用坍落度较小的混凝土,浇筑时及时清理表面浮浆。

(4)为防止底板与闸墙结构连接处渗漏,底板顶面可预留笋槽或安装止水板。

(5)整体式底板宽缝封铰需对两侧混凝土切边修整,表面凿毛。宽缝浇筑需满足设计封铰条件,降水条件同底板浇筑期要求相同。

(6)闸首底板上纵横格梁等边、棱角拆模后采用角钢防护,保护棱角不破损。

6)混凝土养护

(1)底板顶面冬季采用"两布一膜"覆盖保温养护,夏季可以采取覆盖洒水养护。

(2)底板侧面冬季应覆盖保温,伸缩缝部位拆模后利用填缝材料覆盖保温,夏季采取洒水养护。

(二)闸室墙

闸室墙施工工艺根据模板形式不同,分为移动模架法、翻模法和模板支架法。移动模架法使用龙门稳固、移动整体型钢模板,两侧闸墙同时施工对称浇筑,模板系统线性移动循环使用;翻模法为墙身竖向分层分块由下往上模板循环使用;模板支架法为利用脚手支架作为施工平台,模板安装一次到顶。整体式闸室墙结构断面图和分离衬砌式闸室墙结构断面图如图3-28和图3-29所示。

图 3-28 整体式闸室墙结构断面图

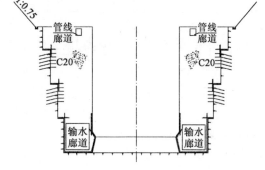

图 3-29 分离衬砌式闸室墙结构断面图

1. 闸室墙施工流程

整体式闸墙施工工艺流程如图 3-30 所示。

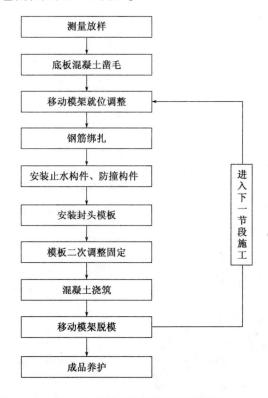

图 3-30 整体式闸墙施工工艺流程图

衬砌式闸室墙施工工艺流程如图 3-31 所示。

整体式结构闸室墙施工的整体高大模板应有专项施工方案并通过专家论证。整体模板配套的移动模架使用前应通过验收。

分离衬砌式闸室墙施工脚手架需编制专项方案并经专家论证,衬砌式闸墙锚杆施工完成,且经检验合格,施工前需按结构形式进行分层分块。

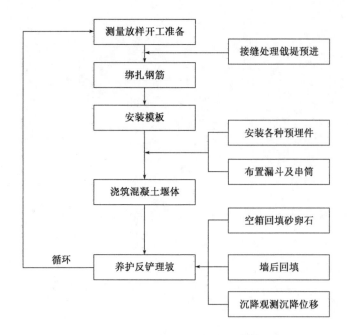

图 3-31 衬砌式闸墙施工工艺流程图

2. 闸室墙施工质量控制重点

1）测量

（1）闸室墙平面位置采用全站仪测放坐标+中线法"双控"。

（2）严格控制船闸墙身前沿线，不得前倾，保证船闸口门尺度。

2）钢筋绑扎

（1）闸墙钢筋应搭设辅助支架，闸墙前后钢筋网片间应设置水平、斜向支撑，形成钢筋稳定骨架。闸墙钢筋绑扎安装如图 3-32 所示。

图 3-32 闸墙钢筋绑扎安装

（2）放置钢筋保护层垫块，采用水平支撑固定两侧钢筋网片保证垫块与模板贴合。

（3）在闸墙结构底端向上 3~5m 范围内可增加防裂钢筋网片，以减小闸墙混凝土约束裂缝。

3）闸墙模板

（1）整体式闸室墙模板。

①移动模架包含支撑系统、行走系统、悬挂系统、模板系统。闸墙模板为整体钢模结构，面板宜采用5mm以上的酸洗板。闸室墙模板龙门支架如图3-33所示。

图3-33　闸室墙模板龙门支架

②闸室墙倒角模板采用整体定型钢模加贴透水模板衬垫（模板布）工艺，模板布毛面与钢模粘接，光面与混凝土密贴。模板布应每边预留5cm，折向模板边棱。

③底板施工时需预埋一定数量的压脚锚固螺栓，闸墙施工时底端模板与预埋螺栓应连接锚固。压脚螺栓设置示意图如图3-34所示。

④模板就位后通过对拉螺栓以及龙门架上安装的横向支撑、螺旋顶托对模板整体线形进行调整。

⑤闸墙模板采用对拉螺栓锚固，螺栓与两侧模板交接处需设置橡胶圆台螺母。

⑥移动模架就位后需安装斜撑临时稳固并龙门限位锁定。

⑦龙门支架每次移动模板前，必须派专职安全员和技术员对龙门架及平车、牵引设备、模板吊点、起吊模板的钢丝绳和手拉葫芦进行安全检查，同时检查混凝土强度是否满足脱模要求。

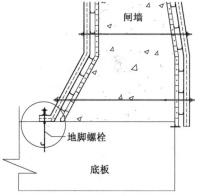

图3-34　压脚螺栓设置示意图

⑧为保证闸室净宽，模板应预留后倾量，预留量可采用规范允许的后倾值。

（2）分离衬砌式闸室墙模板。

①分离衬砌式闸室墙宜采用大型钢模板，面板宜采用5mm以上的酸洗板，大型钢模板高度一般大于2m。闸墙翻模如图3-35所示。

②大型钢模模板应自带高空作业操作平台，操作平台采用花纹板+槽钢的结构，操作平台

应设置栏杆。

图 3-35 闸墙翻模

③次层模板底部应设置止浆条,模板与已浇筑混凝土需贴实,防止底脚漏浆出现挂帘的现象。

④次层模板安装前,应首先安装独立工作平台;独立工作平台采用预埋台型螺母进行固定,台型螺母个数按工作平台重量和施工荷载进行计算。

⑤钢模板安装加固时,先水平安装在预埋好的台型螺母上,利用台型螺母与钢模板底部进行加固。模板与工作平台安装与加固图如图 3-36 所示。

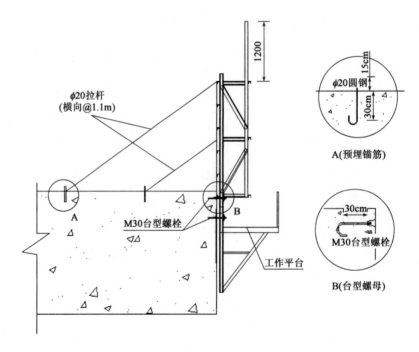

图 3-36 模板与工作平台安装与加固图

⑥衬砌锚杆施工。

a. 衬砌锚杆支护应随开挖逐级施工,分层、分段做到随开挖及时进行。

b. 衬砌锚杆施工其他要求参见边坡支护锚杆施工。
⑦止水安装。
a. 垂直止水沥青槽宜采用定型钢盒，安装时需与伸缩缝紧密贴合，安装前需对钢盒内杂物进行清理，沥青加热温度要使其在钢盒内自然流动填实。
b. 止水其他要求参见底板止水章节。
⑧防撞构件安装。
a. 钢护木采用螺栓与模板固定，钢板护面在胎架拼装焊接采用围檩框架加固整体安装。
b. 钢板护面应加焊扁钢以提高钢板护面整体平整度及锚固性能。
c. 钢板护面拼装焊接宜采用"分段退焊法"实施拼接形成整体。
⑨混凝土浇筑。
a. 整体式闸室墙浇筑。
a) 闸室墙一般分两次进行浇筑，先进行倒角施工，再进行上部混凝土整体浇筑。
b) 浇筑前必须明确倒角与底板浇筑的间隔时长，合理控制施工节奏，避免应力集中，产生裂缝。
c) 闸墙浇筑采用两侧对称，同时水平分层浇筑，一次到顶。模板顶口在龙门支架下挂水平分料滑槽，布料分层均匀浇筑上升，每层控制在30cm以内。泵送法两侧对称浇筑。泵送法浇筑闸室墙如图3-37所示。

图3-37　泵送法浇筑闸室墙

d) 浇筑过程中移动泵管时应采用编织袋包裹泵管防止抛洒滴漏，并及时清理模板溅浆。
e) 浇筑过程中需注意对闸室墙内各类预埋件的保护。
f) 混凝土浇筑过程中需及时处理混凝土表面泌水。
g) 混凝土浇筑至顶面时需清理浮浆，及时补料并进行二次振捣。
h) 闸墙结构空间较小处及钢筋密集区域（如倒角结构内）宜人工喂料并采用加长型振捣棒振捣密实。
i) 特殊季节混凝土的拌和需对原材料采用加热或降温的措施。
b. 分离衬砌式闸室墙浇筑。

a)闸室墙采用吊罐或泵送入舱工艺。吊罐法浇筑闸室墙如图3-38所示。

图3-38　吊罐法浇筑闸室墙

b)截面较大的舱面,在混凝土浇筑前,应做混凝土浇筑策划,确定浇筑方向、分层厚度、台阶宽度等。

c)模板附近布料与振捣时应防止冲击模板,碰撞预埋锚筋。

d)止水(浆)片和埋件等部位,应由人工送料填满,严禁料罐或皮管直接下料。

⑩混凝土养护。

a.夏季在闸墙顶部通长布设喷淋管、墙面覆盖土工布保湿养护,加强温控措施,混凝土结构体内外温差不得大于20℃,同时养护水应经净化处理,水温应与混凝土的温度相近。闸室墙成品养护如图3-39所示。

图3-39　闸室墙成品养护

b.冬季可在闸墙钢模外侧敷贴保温材料,适当延长拆模时间,移模后墙面采用喷涂养护剂+敷贴塑料薄膜+土工布覆盖等方式进行保温保湿养护。

（三）输水廊道

船闸输水廊道一般有短廊道和长廊道两种，廊道宜对称施工，一次浇筑成型。廊道施工按模板系统分为支架模板法和移动模架工艺，支架模板法为利用钢管支架，拼装模板；移动模架法为采用移动式整体钢模板。短廊道结构断面图如图 3-40 所示，闸墙长廊道侧支孔结构断面图如图 3-41 所示。

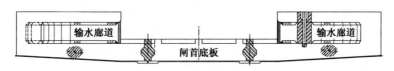

图 3-40　短廊道结构断面图

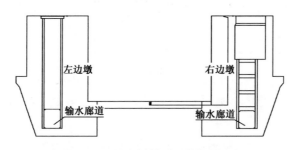

图 3-41　闸墙长廊道侧支孔结构断面图

1. 输水廊道施工流程

支架法施工工艺流程如图 3-42 所示。

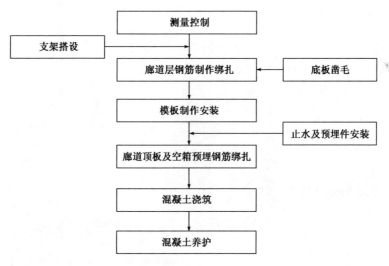

图 3-42　支架法施工工艺流程

移动模架法施工工艺流程如图 3-43 所示。

输水廊道的模板系统一般应编制专项施工方案并组织专家论证。廊道浇筑前底板沉降位移应满足结构稳定性要求。

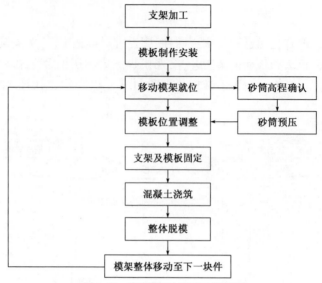

图 3-43　移动模架法施工工艺流程

2. 输水廊道施工质量控制重点

1) 测量控制

(1) 廊道平面位置采用全站仪测放坐标 + 中线法进行"双控"。

(2) 严格控制廊道顶高程,确保与空箱层连接的施工缝平整、顺直。

2) 廊道钢筋绑扎

(1) 采用三角板定位倒角顶点并逐件标识,对倒角局部不规整钢筋及时调整,调整后采用水平靠尺对倒角钢筋校验。倒角钢筋定位示意图如图 3-44 所示。

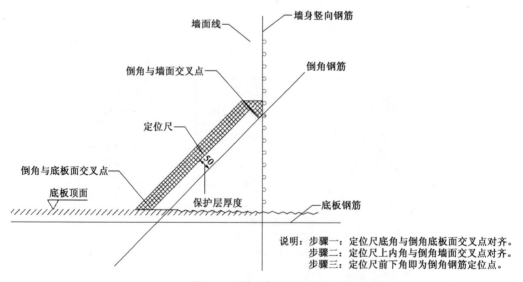

图 3-44　倒角钢筋定位示意图

(2) 钢筋绑扎前应先对竖向预埋钢筋进行调整,再设置临时支撑固定。

(3) 钢筋绑扎采用点位尺控制钢筋间距。

(4)宜在弧形段增设防裂钢筋网片。

3)廊道模板制作与安装

(1)支架法模板制作与安装。

①廊道定型模板应合理划分单块尺寸,避免大小块,异形模板整体制作应提前预拼装,如廊道出水口上下倒角等。结构异形处定型钢模安装如图3-45所示。

图3-45 结构异形处定型钢模安装

②根据底板中心线,复核迎水面模板位置,同时控制模板垂直度。

③倒角模板处需对底板混凝土进行找平。

④模板拼缝处应做骑缝处理。

⑤曲线段与直线段模板支撑应做好搭接过渡,防止错台。

⑥廊道顶板:顶模衔接处增设立杆支撑,防止错台(图3-46);局部曲线及多边形区可单独下料拼装,底模拼装需减少拼缝数量;模板拼装完成后,模板表面覆盖塑料薄膜,防止廊道顶板钢筋锈迹或油渍对模板造成污染影响混凝土外观。

图3-46 廊道满堂支架搭设

⑦对拉螺栓采用埋入式拉条＋圆台螺母,应充分考虑受力合理布置。
(2)移动模架法模板施工。
①移动模架法模板制作与安装:
a.整体移动模架的骨架使用型钢框架,主要由底座、立柱、挑梁、横梁组成,全部由型钢焊接而成。
b.移动模架模板利用横、竖向围檩加固形成整体。边侧模板在拼装完成后,悬挂于支架挑梁之上。顶部模板的中部设置两处调节模板(宜用木模)。下倒角模板单独制作安装,与模架系统分开,两者间缝隙使用木条封闭(图3-47)。

图3-47 模架模板拼装图

c.移动模架顶模高程调整主要通过砂筒或顶丝自身高度进行调节,砂筒或顶丝支撑布置在模架立柱处。
d.模架侧模调整使用螺旋顶托和手动葫芦来完成,侧模调整到位以后,调紧对拉螺栓,完成模板安装。
②移动模架脱模(图3-48)。
a.拆除下倒角独立模板,为模架提供向下移动空间。
b.拆除两侧模板的拉条螺栓和顶托,利用手拉葫芦拉紧两侧模板,使两侧模板与混凝土表面产生空隙。
c.均匀降低砂筒或顶丝自身高度,模架系统依靠自身重量下移,顶部出现空隙,取出调节模板。
d.使用手动葫芦将两侧模板向中间收紧,使两侧模板与混凝土表面留出约10cm的空间。
e.使用千斤顶将模架稍微顶起,取出砂筒,将模架放至高度较低的滑轮上,完成脱模过程。
③移动模架整体移动。
a.移动模架底部设有两道表面平整的纵梁作为移动轨道,模架移动过程中,模架导梁放于滑轮上,滑轮固定平放,通过牵引模架进行移动。
b.滑轮放置左右对称,纵向间距不宜过大。模架移动时越过一组滑轮后,将本组滑轮搬运至前方导轨下方位置,重复此过程直到模架到位。
c.模架的牵引可使用手动葫芦、卷扬机等,牵引速度必须缓慢。

d. 牵引绳索需设置在模架底座的中心,以便牵引时两边保持平衡。

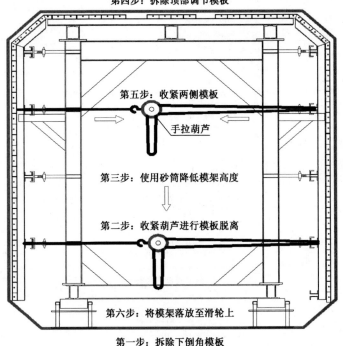

图 3-48 移动模架脱模示意图

④混凝土浇筑。

a. 廊道浇筑采用两侧对称,水平分层浇筑,一次到顶。

b. 浇筑过程中及时清理模板溅浆,防止拆模后混凝土表面麻点影响外观。

c. 混凝土浇筑过程中及时清理表面泌水。

d. 特殊季节混凝土的拌和主要对原材料采用加热或降温的措施以保证混凝土的入仓温度。

e. 廊道墙体狭窄,拉条螺栓密集,布料需避让拉条螺栓,以防止混凝土冲击对模板及拉条螺栓稳定性造成影响。

f. 倒角处混凝土需人工喂料,模板渗水漏浆处要及时封堵后复振,以防发生烂根现象。

⑤混凝土养护。

a. 夏季在廊道顶面和侧面覆盖土工布保湿养护,廊道内封闭保湿养护。

b. 冬季延长拆模时间,廊道顶面和侧面及廊道内封闭保温保湿。

(四)闸首边墩

闸首边墩施工工艺分为一次浇筑工艺和分节浇筑工艺两种,一次浇筑工艺为闸首边墩模板一模到顶一次浇筑成型;分节施工闸首边墩时,钢筋、模板混凝土分两节或多节浇筑成型。

闸首边墩混凝土浇筑一般有泵送法、吊罐法等入仓工艺。闸首边墩结构形式见图 3-49。

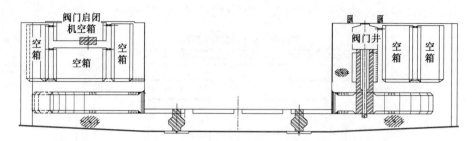

图 3-49 闸首边墩结构形式

1. 闸首边墩施工流程

闸首边墩支架法施工工艺流程见图 3-50。

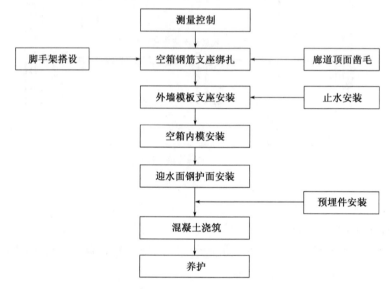

图 3-50 闸首边墩支架法施工工艺流程图

闸首边墩模板系统一般应编制专项施工方案。边墩浇筑前底板沉降位移满足结构稳定性要求。闸首工程结构复杂、线形多变、门机电预埋件多,宜利用 BIM 技术进行校核、查漏。

2. 闸首边墩施工质量控制重点

1) 测量控制

(1) 施工前对廊道顶高程进行复测,校验沉降变化值,为边墩结构施工提供高程控制依据。

(2) 二期混凝土施工前,复核底坎、口门宽度与中线位置,根据复核结果确定顶底枢、推拉座、启闭机支座、阀门井等埋件位置。

(3) 施工过程中严格控制边墩结构垂直度,确保结构间相对尺寸准确。重点控制闸口及门库净宽。

2) 脚手架搭设

(1) 边墩搭设施工脚手架,脚手架平面布置见图 3-51。

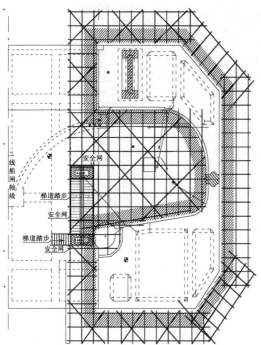

图 3-51 脚手架平面布置示意图

(2)搭设过程中应及时安装斜撑及剪刀撑。

(3)脚手架顶面设置环形通道并需设置上下爬梯通向各空箱结构。

(4)两侧边墩间需搭设人行天桥支架相互贯通同时增强两侧脚手架稳定。

(5)施工脚手架仅供人员作业使用,严禁作为结构施工时模板支撑。

(6)脚手架需与已施工完成的廊道形成连接。

3)钢筋绑扎

(1)钢筋依次由下至上一次绑扎,设置骨架支撑,控制钢筋整体稳定性,确保钢筋保护层。

(2)钢筋骨架成型应采用定位架,定位架应能准确定位主筋、分布筋和箍筋,从而保证钢筋间距,边墩空箱层钢筋绑扎安装见图 3-52。

(3)边墩内各空箱结构形式复杂,施工时需增加撑筋和垫块数量。

(4)阀门井壁或异形截面薄弱处适当增加防裂钢筋,以防结构裂缝产生。

4)模板制作与安装

(1)边墩外模宜采用大面钢模板。

(2)模板拼缝采用骑缝处理与双面胶嵌缝相接缝,避免模板错台及混凝土浇筑过程中漏浆。

(3)拼装完成后调整垂直度,安装时重点控制边墩内空箱间隔板间距;空箱模板顶面均需预留人孔洞。

(4)边墩模板安装施工前需对廊道顶面进行切缝处理,切缝需水平,保证边墩与廊道间连接线形顺直。

图 3-52　边墩空箱层钢筋绑扎安装示例图

(5)边墩模板下端四周需利用廊道顶面一层拉条螺栓固定,防止新老混凝土间形成错台。

(6)边墩模板施工过程需检查电缆孔、泄水孔、油管槽等孔洞预埋,防止漏埋并确保预埋位置准确。

(7)顶枢、推拉杆孔、启闭机支座、阀门井二期混凝土的模板根据设计图安装,模板安装断面尺寸可比设计尺寸稍大一些,为二期混凝土施工预留空间,模板宜采用收口网制作。

5)钢板护面安装

(1)钢板护面拉条螺栓孔需提前在场内采用机械规则开孔。

(2)拉条螺栓孔修补需采用新圆形钢板补焊,表面磨平。

(3)钢板护面拼接处需坡口焊接。

(4)钢板加工背面须增加型钢或加筋肋板,减少钢板护面的变形和护面与混凝土的空鼓现象。

(5)钢板护面拼接宜采用水平拼缝,减少钢板护面的竖向拼缝,防止船舶碰撞易撕损钢板。

(6)钢板护面现场焊接时需对成品结构表面覆盖保护,防止焊渣烫伤结构成品。

(7)钢护面边缘或与混凝土交接处应向内侧折边嵌入或增加角钢锚固。

6)混凝土浇筑

(1)混凝土浇筑需配备足够的混凝土拌和、运输及浇筑设备,配置应急设备,防止分层浇筑时间过长导致分层处产生冷缝或色差。混凝土布料采用串筒,防止混凝土离析;串筒应平衡、对称布置,间距为 3~5m(图 3-53)。

(2)混凝土浇筑前,用水冲洗混凝土结合面,并充分润湿,低洼地方用海绵吸干。

(3)边墩墙体狭窄,拉条螺栓密集,浇筑卸料需避让拉条螺栓,以防止混凝土冲击模板及拉条螺栓对其稳定性造成影响。

(4)混凝土浇筑过程中应设置专人跟踪监控模板垂直度及拉条螺栓紧固情况。

(5)特殊季节混凝土的拌和主要采用对原材料加热和降温的措施,以保证混凝土的入仓温度。

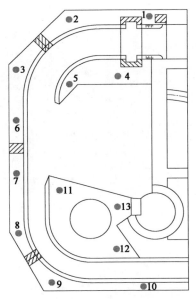

图 3-53 串筒布置示意图

说明：
1. 混凝土浇筑按照全面积水平分层连续浇筑，先浇筑廊道侧墙；然后浇筑廊道顶板；
2. 布料顺序：
1-2-3-4-5-6-7-8-9-10-11-12-13；
3. 振捣手分组分区段负责。

（6）浇筑完成后需对混凝土顶面收光压实。

（7）混凝土浇筑过程中及时清理挂浆，防止污染已施工完成的成品结构。

7）混凝土养护

（1）夏季在边墩顶面和侧面采用覆盖土工布保湿养护。

（2）冬季延长拆模时间，边墩顶面和侧面保温保湿养护。

四、闸阀门与机电工程

船闸金属结构主要有工作闸门、工作阀门、检修闸门、检修阀门、浮式系船柱、拦污栅等。

船闸工作闸门形式主要有人字闸门、三角闸门、横拉闸门、平面闸门、一字闸门和弧形闸门等；工作阀门形式主要有平面阀门和反向弧形阀门，检修闸门主要有浮式检修闸门、浮式叠梁检修闸门、升降式平面闸门等。检修阀门则主要采用结构简单，无需专门启闭设备就可起吊的平面检修阀门。各闸门见图 3-54～图 3-59。

图 3-54 人字工作闸门

图 3-55 反向弧形阀门

图 3-56　三角闸门

图 3-57　平面检修阀门

图 3-58　浮式检修门

图 3-59　浮式叠梁检修闸门

机电工程主要包括闸阀门液压启闭机安装、船闸供配电系统、照明、电缆敷设、防雷接地装置、自动化、监控系统等各种机电设施安装、调试及试运转等工作。

船闸闸阀门与机电工程具体的施工工艺质量控制参见闸阀门与机电相关章节。

第十节　干船坞与船台滑道工程质量控制

【备考要点】

1. 干船坞与船台滑道工程的组成、常见结构形式。
2. 各种施工围堰的质量控制要点。
3. 基坑质量控制要点。
4. 干船坞中岩石基础处理控制要点。
5. 干船坞主体结构中的重要环节控制要点。
6. 船台滑道主体结构中的重要环节控制要点。
7. 坞门质量控制要点。

一、概述

(一) 干船坞概述

1. 干船坞基本概念

干船坞是建在水域沿岸供修、造船用的水工建筑物,习惯上称为船坞。干船坞坞底低于水面,迎水面设有坞门,船进坞后将坞内水排出,给船舶的修造提供干施工环境。

2. 干船坞的组成

干船坞由坞室、坞口、灌排水系统、拖曳系缆设备、垫船设备、起重设备、动力及公用设施和其他设备等组成,坞室结构由底板和两侧坞墙组成。

3. 干船坞的结构形式

1) 根据坞墙和底板的连接方式

(1) 整体式:坞墙和底板刚性连接的称为整体式,就是通常所说的坞式结构,与船闸的坞式结构相同。

(2) 分离式:坞墙和底板非刚性连接的称为分离式。分离式坞墙常用的结构形式有:重力式(包括实体式、悬臂式和扶壁式),适用于承载力较高的地基;桩基承台式和板桩式,适用于承载力较低的地基;衬砌式,适用于坞墙后全部或部分为岩体的情况。

2) 根据结构克服地下水扬压力的方式

干船坞一般建在临水区,地下水位高,当干船坞排干水建造(维修)船舶时,承受巨大的地下水的扬压力(包括浮托力和渗透压力),为了保持在扬压力作用下的稳定,可采用三种结构形式:重力式、锚固式和排水减压式。其中排水减压式由于消除或减小了作用在坞室结构上的这些外力,使结构自重显著减小,节省大量投资。因此,这种结构日益得到广泛应用。

不论采用重力式、锚固式或排水减压式,干船坞的底板与坞墙均可考虑采用分离式、整体式和铰接式进行设计。

(二) 船台滑道概述

滑道是指在沿岸斜面上利用机械设备曳拉上岸或溜放下水或靠船舶自重沿斜面滑行下水的专用轨道;船台是指供船舶在岸上修造的场地。船台与滑道往往联合使用,共成一体。

船台滑道的结构由基础和上部结构组成。基础:随地质和使用条件的不同,有轨枕道砟基础、桩基以及抛石基床上安放方块、沉箱等,或上述几种的混合式基础。上部结构:有钢筋混凝土轨枕、钢筋混凝土轨道梁或板以及钢筋混凝土井字梁等形式,若不用滑板(纵向木滑道)而用轨道,则必须采用重型钢轨。

(三) 干船坞与船台滑道总体要求

(1) 干船坞工程整体尺度、船台主体整体尺度、油脂、滚珠和辊轴滑道整体尺度、钢轨滑道整体尺度需满足规范要求。

(2) 按规范对观感质量进行检查和评价,综合得分率不应低于80%。

(3) 干船坞、半坞式和带防水闸门斜船台工程完工后,在围堰拆除前应按设计要求进行充水检查、坞门启闭和排灌水试运转试验。围堰内充水后,应复核渗水量,坞室不应有明显渗漏。坞门启闭和排灌水试运转结果应满足设计要求。

(4)滑道工程完工后应进行整体功能性试验,试验内容应包括下滑速度、滑行轨迹、滑道温升等,试验方法和结果应满足设计要求。

二、施工围堰质量控制

(一)土石围堰施工

(1)土石围堰施工前,应对围堰施工范围的地形和水深进行踏勘和测量。陆域部分的耕植土、树根和杂物,水域部分的障碍物和有机土均应予清除。

(2)土石围堰抛填施工应对围堰的轴线、坡肩线、坡脚线和防渗芯墙的位置进行控制。

(3)土石围堰的抛填顺序和方法应根据堰体结构特点、现场地质和水文条件等因素综合确定,需注意如下控制:

①设有黏土芯墙的土石围堰,水下部分宜先抛填芯墙两侧棱体、再抛填芯墙部位的袋装黏土。

②水中围堰合龙,宜选择在堰内外水头差较小和水流流速较小的时段进行。合龙施工过程中,应根据龙口水流流速的变化适时调整填料种类、抛填强度和抛填方法。截流后应及时进行前后戗台加固、龙口加固、围堰闭气和堰体培高增厚。

(二)钢板桩围堰施工

施工前应清除现场地下和水下影响钢板桩沉桩的障碍物。同时除应符合现行行业有关规定外,需注意如下控制:

(1)沉桩前宜在钢板桩锁口内填抹防渗油膏。

(2)钢板桩沉桩的控制标准应通过试沉桩确定,并应根据地质情况随时调整,避免钢板桩底端产生严重卷边变形。

(3)双排钢板桩围堰的围囹与拉杆安装和堰中回填应需注意如下控制:

①围囹与拉杆的安装,应按施工方案规定的施工步距紧跟钢板桩的沉设对称进行。

②当采用成对背靠槽钢作为围囹时,围囹分段长度不宜小于4倍拉杆间距。围囹应与钢板桩凸面贴合,间隙大于10mm的部分应垫钢垫板。

③拉杆安装应施加初始拉力,并应根据回填情况对拉杆的张力进行调整。长度大于12m的拉杆中部宜装设紧张器。

④双排钢板桩围堰堰体的回填,应在围囹与拉杆安装后分层、均匀进行,填料应选用中砂、粗砂或其他非黏性材料。

(4)单排钢板桩围堰内外两侧棱体的回填,应按施工方案规定的施工步距对称进行。回填前应对基槽进行检查,如有淤泥应予清除。

(5)钢板桩围堰的合龙施工,应选择在堰内外水位差较小和水流流速较小的时段进行。内外水位差较大的围堰,宜在已成墙体适当位置开设临时过水闸口,围堰合龙后再关闭并焊接加固。合龙钢板桩组的组拼及尺寸应根据龙口的实际尺寸确定。

(6)格形钢板桩围堰的施工需注意如下控制:

①格形钢板桩围堰的施工,宜按先主格体沉桩、后副格体沉桩、再格内回填的顺序进行。

②主格体的沉桩,可采用水上拼插沉桩或陆上拼组成型、整体吊装沉桩等方法。当采用水上拼插沉桩方法时,钢板桩沉桩应采用圆形围囹架进行定位导向;当采用陆上拼组成型、整体吊装沉桩方法时,钢围囹、围囹支脚和顶部工作平台应具有足够的强度和刚度,满足格形体钢板桩整体吊装、下沉就位和沉桩等工序的需要。

③副格体的尺度及位置,应根据主格体实际位置及偏差确定,并应按先迎水面、后背水面的顺序,并应至少滞后一个格体的施工步距进行施工。

(7)钢板桩围堰形成后,应按设计要求对钢板桩与下卧岩层的交界面进行防渗处理。

(三)沉箱围堰施工

(1)沉箱围堰施工方案应对抛石基床、基床水下升浆、沉箱接缝和岩基止水等的施工方法、施工顺序、施工工艺和技术质量保证措施等进行安排。

(2)沉箱围堰抛石基床的施工除应符合现行行业标准有关规定外,需注意如下控制:

①基槽槽底存在的含水率小于150%或重度大于$12.6kN/m^3$的回淤沉积物厚度不宜大于100mm。

②基床块石的粒径及堆积体孔隙率,应同时满足下列要求,并宜通过现场试验确定:

a. 升浆过程中,砂浆在升浆压力作用下能够充满基床块石的孔隙;

b. 对升浆管的沉设不造成过大困难。

③基床抛石应按施工方案所确定的水下升浆段分段进行。段与段之间应采取防止升浆漏浆的隔离或反滤措施。

④采用水下升浆的抛石基床不应夯实。基床顶部应进行整平,沉箱两侧的基床表面应抛填倒滤层。对于用后需拆除的沉箱,应在基床顶面铺设不影响沉箱起浮的土工合成材料隔离层。

(3)沉箱的预制与安装除应符合现行行业标准有关规定外,需注意如下控制:

①沉箱预制时,应按水下升浆施工方案要求在沉箱底板中预埋压浆管套管和观测管套管。在沉箱出运、浮运和安装过程中,应对套管进行保护。

②作为永久工程结构一部分兼围堰功能的沉箱,在预制时应按设计要求在沉箱结合腔内预埋止水带。在沉箱出运、浮运和安装过程中应对止水带进行保护。

(4)沉箱内回填需注意如下控制:

①需拆移的临时性围堰,沉箱内的回填料宜采用砂砾或碎石等易挖除的材料。

②回填时应采取防止回填料落入沉箱接缝腔的措施。

(5)临时性围堰沉箱接缝的应做防渗止水处理。当采用黏土时,沉箱接缝外壁宜设土工合成材料进行遮挡。当采用水下水泥砂浆时,宜采取防止粘连沉箱侧壁的措施;作为永久工程结构一部分并兼围堰功能的沉箱,接缝止水的施工应满足设计要求。

(6)抛石基床的水下升浆施工应注意如下控制:

①水泥砂浆的配合比应经系统试验确定。砂浆的流动度、泌水率、膨胀率、初凝时间和终凝时间等指标应满足水下升浆的要求,并应通过现场试验或典型施工确定。

②基床水下升浆应设压浆管和观测管。压浆管宜梅花形布置,观测管宜布置在两排压浆管之间。压浆管的排距和孔距均不宜大于3m。

③水泥砂浆应采用高速砂浆搅拌机进行拌制,供应能力应满足升浆施工连续进行的需要。

④灌浆泵的技术性能应与砂浆类型、砂浆流动性、升浆压力、储浆罐的容量等应相适应。泵的排浆量应满足最大灌入量要求并有一定余量。

⑤灌浆管路应保证浆液流动畅通,并应能承受1.5倍的最大灌浆压力。灌浆泵和灌浆孔口处均应安设压力表,压力表与管路之间应设有隔浆装置。

⑥水下升浆宜按沉箱为单元进行施工。在同一个施工段中,宜采用多管平升升浆的工艺。当采用按排接力升浆工艺时,压浆应从沉箱围堰外侧第一排管开始,并应遵循先低、后高的顺序进行。当浆面高出沉箱底高程200~300mm后,再进行下一排管的压浆,直至整个沉箱底部基床压浆饱满。

⑦灌浆压力宜为0.2~0.5MPa。在压力灌浆过程中,压浆管埋入砂浆的深度宜为0.6~2.0m,并应通过观测管中的比重测锤随时观测、记录管内砂浆液面的上升情况。

⑧水下升浆结束标准应同时满足下列要求:

a. 砂浆灌入量达到计算注入量;

b. 浆面上升高度超过沉箱底面以上200~300mm。

对于难于达到升浆结束标准的施工段,可利用观测管进行补充压浆。在设计压力下,当注入率不大于1L/min时,继续灌注30min,可结束补充压浆。

(7)沉箱与基床的接触面、基床与岩基的接触面和岩基存在的裂隙,宜采用帷幕灌浆的方法进行处理。

(四)围堰维护与拆除

(1)围堰在施工期和使用期间的观测和监测需注意如下控制:

①施工观测,应编制观测方案并纳入施工组织设计。观测方案中应明确观测项目、观测点设置、观测方法、观测频率、观测记录及数据整理分析要求等。

②施工监测,应编制专项监测方案。监测方案中应明确监测项目、测点布置、测试方法、围堰的稳定标准、警报数值、数据与报告传递及对施工配合的要求等。

③施工观测和监测的项目与要求,应符合现行行业标准《水运工程水工建筑物原型观测技术规范》(JTS 235)和《水运工程地基基础试验检测技术规程》(JTS 237)等的有关规定。

④在抽水过程中,当围堰的位移、沉降、变形或地基变形接近警报值或堰内水位异常时,应及时发出警报,并暂停抽水施工。

(2)围堰的使用和维护需注意如下控制:

①施工期围堰顶部的荷载不得超过设计荷载。当利用围堰作为施工道路时应进行相应处理。

②使用期应对堰体的完整性和渗水情况等进行巡视、定期检查和维护检修。

③在台风、风暴潮和洪水期,应加强对堰体的观测和检查。对围堰的局部损坏处、渗水点和重点部位等应及时进行检修加固。

(3)围堰的拆除需注意如下控制：
①围堰拆除应具备下列条件：
a.堰内干地施工的建筑物及配套设施全部完工并通过检查验收；
b.需作堰内充水检查的工程检查完毕，且不需抽干水后进行处理；
c.坞门或闸门的启闭试验合格。
②围堰拆除的范围及底高程应满足设计要求，且不得遗留碍航障碍物或对河道、航道及周边环境造成影响。

三、基坑质量控制

(一)基坑排水与降水

(1)基坑施工区域排水系统的设置，应根据基坑特点、基坑排水量、施工要求和现场条件等确定。基坑外围应设置截水沟或围埂。
(2)基坑排水的集水坑(井)、排水沟和排水设施需注意如下控制：
①集水坑(井)和排水沟的位置和构造应避免对围堰、基坑边坡或支护结构的稳定性造成影响。
②集水坑和排水沟应随基坑开挖而下降。集水坑底应始终低于基底1.0m以下，排水沟的坡度宜为0.1%~0.2%。
③基坑挖深较大时，应分级设置平台和排水设施。
④排水设备可采用潜水泵或离心泵等。排水设备的排水能力应与需要抽排的水量相适应，并有一定备用量。
⑤基坑抽排水时应控制水位下降速率。
⑥基坑外围地面和截水沟应采用可靠的防渗措施。
⑦基坑边坡出现渗透水时应采取相应措施将水引入排水沟。
(3)基坑降水应根据工程水文地质条件、基坑开挖尺度、降水深度和支护形式等并结合类似工程经验制定合理降水施工方案。
(4)基坑降水可采用井点降水与集水坑排水相结合等方式。
(5)采用井点降水，应根据水文地质资料和降低地下水位的要求进行计算，确定井点的数量、位置、井深、抽水量及抽水设备等。必要时，应做抽水试验，并根据抽水试验结果对基坑降水方案及参数进行调整优化。
(6)轻型井点施工需注意如下控制：
①轻型井点系统施工宜按敷设集水总管、沉放井点管、灌填倒滤材料、连接管路、安装抽水机组的顺序进行。
②井点管直径宜为38~110mm，井点管水平间距宜为1.0~2.5m。
③成孔孔径不大于300mm，成孔深度应大于滤管底端埋深0.5m。
④倒滤材料回填应连续、密实，滤料顶面至地面之间应采用黏土封填密实。
⑤填砾过滤器周围的滤料应采用粒径均匀、含泥率小于3%的砂料。
⑥各部件安装应严密、不漏气。集水总管与井点管连接宜使用软管。

⑦一台机组携带的总管长度,真空泵不宜大于100m,射流泵不宜大于80m,隔膜泵不宜大于60m。

(7)深井井管的施工需注意如下控制:

①井管应沿降水区域外围呈环形均匀布置,井管的间距应根据降水面积、降水深度和含水层渗透系数等因素确定。

②井管内径不宜小于200mm,且应大于泵体最大外径50mm以上,成孔直径应大于井管外径300mm以上。

③管井成孔可用钻孔法成孔。钻孔的垂直度偏差应不超过1%,终孔后应清孔,返回的泥浆中不应含有泥块。

④管井安装应平稳、准确,各段连接应牢固。入孔时应避免损坏过滤材料。

⑤过滤器应刷洗干净,过滤器缝隙应均匀。井底滤料应按级配分层连续均匀铺填。

⑥抽水泵应安装稳固。连续抽水时,水泵吸口应低于井内动水位2.0m。

⑦试抽时,应调整水泵抽水量,达到预定降水高程。

(8)井点降水系统全部施工完成后,宜进行一次群井抽水试验或减压降水试运行。

(9)井点降水运行需注意如下控制:

①井点降水运行,应根据基坑及降水特点制定降水运行方案,明确不同开挖深度下的开启井数和开启顺序。当基坑开挖工况发生变化后对周边环境有较大影响时,应及时调整。

②井点降水应根据设计、降水运行方案与开挖进度的要求,分层降低地下水位。

③对深井井管的降水,应按时对水位和流量进行观测,当涉及承压水时,应设置自动检测仪表装置;对轻型井点的降水,还应按时观测其真空度。

④降水期间应注意查看出水变化情况,发现水质浑浊应分析原因及时处理。

(10)停止降水后,应对降水井管采取可靠的封井措施。

(二)板桩结构坞墙的坞室基坑开挖

板桩结构坞墙的坞室基坑开挖除应符合一般开挖的规定外,还需注意如下控制:

(1)坞室基坑开挖应在墙体与锚碇系统可靠连接、锚碇结构具有足够强度等要求后进行。

(2)开挖顺序、开挖方法、支撑与转换等应与设计工况相一致。

(3)采用内支撑支护的深基坑开挖应按支护设计工况要求,采取先撑后挖、限时支撑、避免基坑无支撑时间过长和空间过大的施工方法和顺序进行施工。内支撑的安装位置、安装精度、预应力及施加顺序应满足设计要求。

(4)坞室基坑开挖过程应避免坞墙发生过大变位和变形,并宜按照先开挖中部、再开挖两侧的顺序进行施工。

(5)坞室基坑分段开挖后应及时进行减压排水系统施工、浇筑垫层和坞室底板,尽快形成底板对板桩墙的支撑。

(三)基坑监测与维护

基坑开挖过程应对基坑、支护结构和围堰的安全稳定性以及相邻建筑物、周围地面沉降等进行观测或监测,当基坑边坡的变形、支护结构的变形与内力达到预警值或基坑降水明显异常时,应及时采取有效措施进行处理。基坑维护需注意如下控制:

(1)基坑顶部的荷载不得超过设计荷载。
(2)施工过程应对基坑边坡及护面的完整性进行巡视,如有局部损坏应及时修复。
(3)台风、风暴潮和洪水期应加强对基坑与排水系统的检查,发现问题应采取有效措施。

四、地基处理

干船坞地基与基础施工应根据施工总体部署,与基坑开挖和主体结构工程的施工统筹协调安排。地质条件复杂或缺乏借鉴工程经验的地基处理工程,施工前应安排现场试验,确定施工工艺及主要施工参数。施工过程中发现地质情况与勘察设计不符或施工异常时,应及时报告并查明原因。地基处理工程施工结束后应按设计要求对处理效果及主要指标进行检测。常见基础形式包括换填地基、振冲地基、高压喷射注浆地基、水泥搅拌桩复合地基、桩基、岩石地基等。其中岩石地基质量控制重点如下:

(1)岩石地基处理前应对岩基开挖、岩石完整性和地下熔岩等情况进行调查,并应按设计要求进行超声波、雷达或钻孔检测。

(2)岩石地基开挖后应对建基面进行清理,可采用高压空气与高压水联合冲洗。清洗后应及时进行混凝土垫层的施工。

(3)岩石地基的处理应结合处理部位的工程地质条件、岩石特性和处理目的,采用填充、换填或灌浆等加固补强措施。

(4)岩石地基填充需注意如下控制:

①对于存有沟槽和裂隙的岩石建基面,应将沟槽和裂隙内的充填物清除。清理的深度宜为沟槽宽度的1.5~2.0倍,清理后的沟槽应及时采用混凝土填充。

②对于破碎的岩石建基面,应扩大开挖范围和开挖深度,并根据上部结构工程的需要,采用混凝土或块石混凝土进行换填。

(5)岩石固结灌浆施工需注意如下控制:

①灌浆施工前应根据现场工程地质条件和施工条件等编制施工方案,拟定灌浆分序方法、灌浆孔的排数、排距、孔深、灌浆压力、灌浆浆液、单位注入量等施工参数,并通过现场试验确定或调整。

②灌浆宜在有盖重混凝土的条件下进行。必要时应安设抬动监测装置,在灌浆过程中连续进行观测记录,抬动值不应超过设计规定。

③灌浆孔的位置及孔深应满足设计要求。钻孔后应采用高压水进行裂隙冲洗,冲水压力宜为灌浆压力的80%,且不大于1MPa,应冲水至回水清洁为止。

④灌浆应按分序加密的原则进行。各灌浆段的长度可采用5~6m,特殊情况可适当缩短或加长,但不应大于10m。

⑤浆液的水灰比应分为多个级别,灌注时应按由稀至浓逐级转换。

⑥灌浆的结束条件应根据地质条件和工程要求确定。一般情况下,当灌浆段在最大设计压力下,注入量不大于1L/min后,宜继续灌注30min。

⑦灌浆的质量可采用岩体波速法或岩体静弹性模量法进行检测。检测的时间、测试仪器和测试方法及岩体波速和静弹性模量的改善程度应符合设计规定。

(6)对设计要求进行钻孔压水试验的工程,压水试验宜在灌浆结束7d后进行。

五、干船坞主体结构质量控制

(一)坞口与泵房施工

(1)坞口防渗齿墙的施工需注意如下控制:
①施工前应对坞口防渗墙的顶部进行清理、凿毛和处理,墙体及外伸钢筋嵌入齿墙的长度及处理应满足设计要求。
②齿墙混凝土应与坞口底板混凝土连续浇筑并先于底板混凝土。浇筑时应避免损伤防渗墙体,并应保证底板混凝土与齿墙镶嵌严密。
(2)坞口底板与坞门墩施工需注意如下控制:
①整体式坞口的底板与坞门墩应整体浇筑,并应按照设计要求在底板的适当位置设置闭合块,闭合块的宽度宜为2.0~3.0m;当受现场条件限制,底板需与坞门墩分离施工时,应采用预留钢筋、预埋型钢等加强措施。
②分离式坞口的底板与坞门墩应按设计结构单元进行施工。
(3)坞口底板与坞门槛施工需注意如下控制:
①坞口底板与坞门槛混凝土的闭合块应按设计和施工方案要求设置和处理。浇筑闭合块的间隔时间从底板混凝土浇筑完成日期起不宜少于45d,且两侧的坞门墩已经完成,并宜选择在气温较低时进行施工。
②坞门槛前沿应按设计要求预留坞口止水镶面及二期混凝土施工的凹槽。
③坞门轴座预埋件的构造应满足设计和坞门安装的要求,预埋时应采用可靠的定位措施。
(4)坞门墩施工需注意如下控制:
①坞门墩分层浇筑时,分层高度宜与坞墙分层高度一致。
②坞门墩前沿应按设计要求预留坞口止水镶面及二期混凝土施工的凹槽。
(5)现浇泵房施工需注意如下控制:
①泵房可按结构特点并兼顾进、出水流道的整体性,由下至上分层施工。
②泵房混凝土浇筑,在平面上不宜分块。如根据大体积混凝土温度控制要求需分块施工时,应按设计要求在适当位置设置闭合块。
③泵房楼层结构分层施工时,墩、墙、柱底端的施工缝宜设在底板或基础老混凝土顶面,上端的施工缝宜设在楼板或大梁下面。泵房外墙不宜设置垂直施工缝,泵房外墙的水平施工缝宜做成凸凹榫槽形式。
④泵房进出水流道应按设计单元整体浇筑。流道模板应进行专门设计,施工中应采取措施防止产生混凝土缺陷,保证流道的线形平顺、各断面沿程的变化均匀合理、内表面糙率满足设计要求。
⑤泵房墙体进出水管道的钢套管外侧应加焊止水环或止水片。
⑥主机组基础、进出水流道和预留安装吊孔的位置及几何尺寸应满足设计要求。
(6)沉井式坞门墩或泵房的施工需注意如下控制:
①沉井施工前,应根据选定的下沉方式,计算沉井各阶段的下沉系数,确定沉井的预制、下沉施工方案。

②分节沉井的制作高度应保证沉井的稳定性和顺利下沉。第一节沉井的混凝土强度达到设计要求,其余各节达到设计强度的70%后,沉井方可下沉。

③下沉施工应采取保持沉井垂直、均匀下沉和防止拉裂沉井侧壁的措施。

④沉井下沉到设计高程并稳定后,应及时进行封底。

(二)现浇重力式结构坞墙施工

(1)现浇悬臂式、扶壁式、混合式重力式坞墙的施工需注意如下控制:

①坞墙混凝土应按结构段划分浇筑单元。在立面上可由下至上分层施工,分层高度应根据坞墙结构形式、施工条件和防裂措施要求综合确定,坞墙分层浇筑的施工缝应保持水平顺直。首层坞墙与坞墙底板的施工缝宜留置在距坞墙底板顶面以上1.0~1.5m位置,施工缝以下墙体和坞墙底板的混凝土应连续浇筑。

②坞墙底板的混凝土应在地基及帷幕灌浆验收合格后进行。

③坞墙分层施工时,应控制上、下层混凝土浇筑的间隔时间,在正常温度下不宜超过14d。

(2)现浇承台施工需注意如下控制:

①现浇承台的分段应与坞墙的分段对齐。

②带有廊道或管沟的承台可分2层浇筑。

(3)现浇下坞通道箱涵的施工需注意如下控制:

①下坞通道箱涵的施工应与坞墙的施工相协调。

②箱涵的混凝土浇筑可按底板、立墙和顶板进行分层施工。

(三)板桩结构坞墙施工

(1)板桩与地连墙结构坞墙施工应编制专项施工方案。施工中应按设计工况要求,对板桩墙、帽梁与导梁、锚碇结构和拉杆安装等的施工顺序、施工程序和施工衔接等进行控制,并应与基坑开挖及降水等相协调。

(2)板桩墙的施工除应符合现行行业标准规定外,需注意如下控制:

①板桩沉桩宜采用双层导架、导梁。导架、导梁应具有足够的刚度和稳定性。

②板桩沉桩宜采用屏风式先插桩、后再按阶梯式或间隔跳打沉桩工艺。沉桩过程应对板桩的平面位置及转角、锁口套锁、横向垂直度和纵向扇形倾斜以及是否有带桩等情况进行控制和检查,发现异常应及时调整或纠正。

③钢板桩插桩前,应在锁口内填塞油脂性防渗混合材料或设计要求的防渗材料。

④钢板桩坞墙转角处应设置异形桩,混凝土板桩坞墙转角处应设置转角桩。转角桩、异形桩的桩长宜较其他桩加长2~3m。

⑤混凝土板桩榫槽的空腔,应按设计要求进行处理。当采用模袋混凝土或砂浆填塞时,混凝土或砂浆的强度不宜低于20MPa。填塞前应将空腔中的泥土杂物清除干净。

(3)地连墙坞墙的施工除应符合现行行业标准的规定外,还需注意如下控制:

①成槽机械宜采用铣槽机或液压抓斗,并应配备相应的制浆和渣浆分离设备。

②成槽导墙内宽度应保证墙的设计厚度,并留有一定富余量。

③衬砌面预留的插筋应与地下连续墙钢筋笼焊接。插筋长度应满足衬砌锚固需要,插筋弯曲半径和方向应便于钢筋笼的入槽和衬砌时的剔凿。

④地连墙完成后宜在墙后采取压密注浆密实防渗处理。

⑤基坑开挖后应对地连墙墙面进行检查和相应处理。

(4)地下连续墙的衬砌需注意如下控制：

①衬砌施工前,应对地连墙衬砌面进行清洗、凿毛、修整或修补,并应将预留锚筋剔出、扳正。

②衬砌模板可采用整体提升模板或固定式大模板。支模拉杆应另外埋设,不得利用墙体的预留锚杆。

③衬砌混凝土的配筋应满足设计要求。钢筋骨架或钢筋网片宜与锚筋点焊连接固定。

④衬砌混凝土的厚度应满足设计要求。混凝土浇筑时应采取保证混凝土密实和避免出现麻面的措施。

(5)上部结构的施工需注意如下控制：

①上部结构应在基坑开挖至设计要求或施工方案确定的高程后进行施工。

②帽梁混凝土的底模不宜采用开挖面作为底胎膜。当利用开挖面作为底模支撑面时,应对开挖面进行相应处理。

③板桩墙或地连墙钢筋嵌入帽梁的长度应满足设计要求。对混凝土板桩和地连墙的嵌入部分表面应凿毛并清洗干净。

④设有钢导梁的板桩墙在帽梁施工前应先安装钢导梁。

⑤带有廊道或管沟的上部结构的混凝土可分层浇筑。

(6)钢拉杆安装需注意如下控制：

①钢拉杆应选用专业厂家的产品。拉杆及组件的钢种、规格和力学性能应满足设计要求并应符合现行国家标准《钢拉杆》(GB/T 20934)的有关规定。

②拉杆的防腐应满足设计要求。当需外敷包裹型防腐层时,应先对拉杆进行除锈和防腐涂层处理;拉杆防腐包裹层应缠绕连续、紧密、均匀,涂料应浸透;拉杆紧张器等组件部分的防腐包裹层施工,应在拉杆张紧符合要求后进行。

③拉杆的张紧应在锚碇棱体回填完成、板桩墙帽梁和锚碇结构混凝土强度达到设计要求后方可进行。拉杆张紧应采用测力扳手施加初应力。在拉杆区回填高程接近拉杆时,应再用测力扳手对拉杆的拉力进行调整,使各个拉杆的受力均匀并满足设计的预拉力。

(7)板桩结构坞墙后的回填需注意如下控制：

①回填的顺序和速率应满足设计要求,并宜按先回填锚碇结构区、再回填拉杆区、最后回填上部大面积的顺序进行施工。

②回填施工应与拉杆安装及张紧相协调。当需要在拉杆安装前回填部分土体时,应采取防止墙体发生过大变形的措施。

③沿墙轴线方向的回填应均匀。分段回填相邻施工段的高差应满足设计要求。

④回填与密实施工不得损伤拉杆及防腐层。当采用机械碾压拉杆上部回填土时,拉杆上部的覆土厚度不宜小于500mm。

(四)衬砌式坞墙施工

衬砌施工前,应对围岩岩石的状况进行检查、清理和描述,对松动块石应予以清除,并应按设计要求布设减压排水管网。锚杆的栽埋需注意如下控制：

（1）钢筋锚杆应平直、无锈蚀或污染。

（2）钻孔直径应大于锚杆直径30mm以上，钻孔深度应满足设计要求，钻孔间距的允许偏差应为±150mm。

（3）锚杆插入锚杆孔时应保持位置居中，插入孔内的长度不得小于设计长度的95%。

（4）锚固砂浆配合比应经试验确定，并宜掺加微膨胀剂和速凝剂。

（5）锚杆栽埋可采用先插杆、后注浆或先注浆、后插杆方法，锚杆孔内灌注的砂浆应密实饱满。

（五）沉箱结构坞墙沉箱接缝的止水施工

（1）沉箱预制时，应按设计要求在沉箱两侧结合腔内预埋止水带。在沉箱预制、拖运和安装过程应对止水带进行保护。

（2）沉箱安装与箱内回填后应及时进行接合腔内水下混凝土的施工。在灌注混凝土时，应采取防止止水带发生卷曲或偏位的措施。

（3）坞室抽水过程应对沉箱接缝的渗漏水情况进行检查，如发现漏点，应采取临时封堵措施，待坞室形成干地作业条件后再结合二期止水施工进行处理。

（4）沉箱接缝二期止水应按设计要求进行施工。施工前应对结合面进行凿毛、刷洗，应对接缝填充混凝土的缺陷进行处理。

（六）坞底板施工

（1）分离式结构船坞的坞底板应按设计分块进行施工，板缝宽度应满足设计要求，板缝的分划线应纵横对齐、线条顺直；整体式结构坞底板闭合块的位置和宽度应保持一致。

（2）板桩结构船坞的坞底板，应以尽快形成底板对板桩墙的支撑作用为原则，安排中间板和边板的施工顺序和流水。

（3）坞底板钢筋应采用具有足够强刚度和稳定性的支架架设和固定。

（4）坞底板的混凝土浇筑需注意如下控制：

①同一板块混凝土应分层连续浇筑，不得斜层浇筑。采用台阶推进施工时，分层台阶的宽度不宜小于2.0m。

②在斜基面上浇筑时，应从低处开始浇筑，浇筑面宜水平。

③坞底板顶面应进行二次振捣和二次压面。表面拉毛应均匀。

（5）坞室边沟的施工的坡度应按设计要求逐段控制。沟底应抹平压光。

（6）设有抗浮锚杆的坞底板施工，应在锚杆栽埋验收合格后进行。

（七）止水材料的制作与安装施工

（1）止水带安装前应整修平整，表面油、污与浮皮等应清除干净，不得有砂眼与钉孔。

（2）铜止水片搭焊长度不宜小于20mm，并应采用连续双面焊。

（3）橡胶止水带连接宜采用硫化热黏结；PVC止水带连接，应按厂家的要求进行，当采用热黏结时，搭接长度不小于10cm。

（4）铜止水片与PVC止水带接头宜采用塑料包紫铜、螺栓拴接，拴接长度不宜小于350mm。

(5)变形缝填料板需要对接时,接头应顺直且不应留间隙。

(6)止水带安装应采用可靠的定位和固定措施。在混凝土浇筑过程中应采取避免止水带发生卷曲和损伤止水带的措施。

(7)填料板安装后应保持接触面平整、垂直、紧贴。

(八)抗浮锚杆施工

(1)抗浮锚杆施工所用的钻机、灌浆泵和预应力张拉等机具设备,应根据设计要求和地质情况选用。

(2)抗浮锚杆施工前应按设计要求进行锚杆基本试验,对锚固体与岩土黏结强度特征值、锚杆设计参数和施工工艺等进行验证。

(3)锚杆制作需注意如下控制:

①锚杆钢筋应平直,沿杆体轴线方向应设置对中支架,间距宜为1.5~2.0m。灌浆管和排气管应与杆体绑扎牢固。

②锚杆钢绞线、高强钢丝应平直排列,为每隔1.5~2.0m设置一个隔离支架,灌浆管和排气管应与杆体绑扎牢固。

③锚杆制作完成后应尽快使用,不得露天存放。并应采取防止杆体锈蚀或污染的措施。

(4)锚杆钻孔需注意如下控制:

①钻孔不得扰动周边地层。

②钻孔过程应对返出石渣的岩性进行鉴别。与设计要求或地质报告不符时,应会同有关单位进行处理。

③钻孔直径应满足设计要求,深度不应小于设计要求且不宜大于500mm。钻孔平面位置偏差不应大于100mm,钻孔倾斜率偏差不应大于锚杆长度的2%。

(5)锚杆安放需注意如下控制:

①锚杆应沿钻孔轴线对中垂直安放。安放时应防止锚杆扭压弯曲和损坏防腐层和灌浆管。

②钢筋锚杆插入钻孔内的长度不应小于设计长度的95%,预应力锚杆插入钻孔内的长度不应小于设计长度的95%。锚杆底端宜悬空100mm。

(6)锚杆灌浆需注意如下控制:

①灌浆料的配合比应经试验确定。水泥浆和水泥砂浆宜掺加微膨胀剂。

②灌浆液应随拌随用,并应在初凝前用完。施工中应防止石块、杂物混入浆液。

③锚杆灌浆应自下而上连续进行。浆液溢出孔口,排气管停止排气时,可停止灌浆。

④预应力锚杆张拉后,应对锚头段的空隙进行补灌。

(7)锚杆张拉应需注意如下控制:

①锚杆的张拉施工宜采用"间隔跳打"的顺序进行。张拉时,锚固体强度应满足设计要求。

②锚杆张拉应按设计要求和试验施工确定的程序和参数进行张拉。张拉力达到设计拉力1.05~1.10倍后应停歇10min,再卸荷至锁定荷载设计值进行锁定。张拉过程应对每一级荷

载、停歇时间和杆体位移进行控制和记录。

(8)抗浮锚杆施工后应按设计要求进行检测。抽查数量、检测项目应满足设计要求和现行行业标准《水运工程地基基础施工规范》(JTS 206)的有关规定。

(九)防渗系统施工

(1)减压排水式干船坞的防渗系统应按照设计要求布设和施工,并应与基坑开挖、地基处理和主体结构的施工相结合。

(2)防渗系统施工前,应根据工程地质、水文地质、工程特点和施工条件等编制施工方案。

(3)帷幕灌浆施工除应符合一般规定外,需注意如下控制:

①帷幕灌浆施工应具备下列条件:

a. 结构底板或盖重混凝土的强度已达到设计强度的75%,或大于10MPa。

b. 同一地段的岩石灌浆已完成。

c. 该部位底层接缝灌浆已完成。

②帷幕的先灌排或主帷幕孔宜布置先导孔,先导孔的间距宜为16~24m,或按排数钻孔的10%布置。

③灌浆孔的直径应根据地质条件、钻孔深度、钻孔方法和灌浆方法确定。终孔孔径不宜小于56mm。

④灌浆应按分序加密的原则进行。由三排孔组成的帷幕,应先灌注背水侧排孔,再灌迎水侧排孔,后灌中间孔,每排孔分为二序;由二排孔组成的帷幕,应先灌注背水侧排孔,再灌迎水侧排孔,每排孔分为二序或三序;单排孔帷幕应为三序。

⑤灌浆应根据地质条件和工程要求采用自上而下分段灌浆、自下而上分段灌浆或孔口封口灌浆的方法。混凝土防渗墙下基岩帷幕灌浆应自上而下分段灌浆,但不宜利用墙体预埋的灌浆孔作为孔口管进行孔口封闭法灌浆。

⑥对设计要求进行钻孔压水试验的工程,压水试验可在灌浆结束14d后进行。

(十)减压排水系统施工

(1)减压排水系统的施工应与坞室结构的施工分段相适应,并宜按照系统划分施工区段。每段减压排水完成后应采取保护措施;坞室结构施工应防止损坏或污染减压排水。

(2)排水盲沟的施工应符合下列规定:

①沟槽开挖后应验槽。并按设计要求对沟底和沟壁进行处理。

②盲沟材料的种类、规格和质量应满足设计要求。采用的碎石应冲洗干净。采用土工布包裹时,包裹层应封闭。

(3)减压排水盲管与检查井的安装需注意如下控制:

①工程塑料管的滤孔应按设计要求钻眼,带孔塑料管、带孔混凝土管和无砂混凝土管的外壁应包裹土工布,软式土工合成材料滤管的接头应贴合并绑扎严密。

②盲管周围级配反滤层的分层和厚度应满足设计要求。所用碎石应干净。

③检查井底部垫层、井壁、透水管和爬梯应满足设计要求。井壁透水孔应便于排水盲管的插入和密封。安装后,井顶应安设密封盖板。

(4)排水垫层的施工需注意如下控制:

①施工前应对铺设面进行检查、平整和处理。
②采用无砂混凝土时,混凝土的配合比应经室内和现场试验确定,无砂混凝土的透水性能应满足设计要求。
③采用砂垫层时,宜选用粗砂,砂的含泥量不应大于3%。
④土工布与砂、碎石共同组成的排水垫层,土工布铺设时应预留适当松弛度,相邻土工布的搭接长度不宜小于500mm。

(5)单向阀的安装需注意如下控制:
①单向阀的形式、通径和开启水头应满足设计要求。
②单向阀应在产品质量保证证书注明的保质期内使用。安装前,应对单向阀逐个进行开启水头和水密性试验。
③单向阀与排水管的连接应可靠。安装时应对单向阀的方向和高程进行控制,阀顶高程的允许偏差为±10mm。

(十一)坞墙后回填

(1)回填前应对坞墙表面质量进行检查。对存在的混凝土缺陷,应按修补方案及时进行修补;对坞墙施工缝处的上下墙面,宜采取环氧树脂玻璃布涂层等附加防水措施。
(2)回填材料的种类、质量和含水率应满足设计要求。回填应水平分层、由内而外、层厚均匀。分层的厚度,应按压实后厚度不超过300mm进行控制。
(3)回填层表面如有积水,应予排除;对含水量较大的土层应翻松、风干或挖除换填。
(4)回填宜对称进行,相邻段的填土高差应满足设计要求。
(5)回填压实可按回填的部位、面积和施工条件,选用机械压实或人工夯实等方法。回填土的压实度或干土容重应满足设计要求。
(6)墙背与岩体间采用混凝土回填时,混凝土回填应与墙体混凝土浇筑协调。
(7)当回填区域设有排水管时,应回填至排水管顶面,压实后再开挖铺设排水管。

(十二)坞口镶面止水施工

(1)坞口镶面止水施工应采取适宜的测量方法和措施,对坞门槛和坞门墩U形止水的共面度进行精确控制。
(2)坞口镶面花岗石止水的施工需注意如下控制:
①花岗石应采用优质细粒花岗岩制作,岩石的强度等级不应小于MU80,花岗石的规格及加工应满足设计要求。坞口止水花岗石加工精度应符合规定。
②花岗石的锚筋应采用环氧树脂砂浆栽埋。砌筑后,花岗石的锚筋应与坞口结构的钢筋焊接。
③花岗石砌筑时,应按设计要求控制砌缝宽度并做缝。当设计无具体要求时,砌缝宽度宜为10mm。
④花岗石的砌缝应采用环氧树脂砂浆勾缝并埋设灌浆嘴,勾缝的深度不宜小于20mm。
⑤花岗石砌缝的灌浆应在二期混凝土强度达到设计要求后进行,灌浆应密实饱满。
(3)坞口镶面钢板止水的施工需注意如下控制:
①不锈钢钢板的品种、规格和质量应满足设计要求,钢板与锚筋的焊接应牢固。坞口止水

钢板的加工精度应符合规定。

②止水钢板安装时,锚筋应与坞口结构的钢筋焊接连接。

③二期混凝土施工时,应采取防止止水钢板发生移位和变形的措施。

④坞口镶面钢板止水的允许偏差应符合规定。

六、船台与滑道主体结构质量控制

(一)架空段结构施工

(1)架空段结构基础的施工需注意如下控制:

①独立基础混凝土应按台阶分层连续浇筑,每一台阶浇筑后宜稍停 0.5~1.0h,初步沉实后再浇筑上一台阶。

②条形基础混凝土宜一次连续浇筑。当需分段浇筑时,施工缝应留设在结构受力较小处。

③筏形基础混凝土可一次连续浇筑或分块浇筑,当分块浇筑时,施工缝宜留设在结构受力较小处,且不应留设在柱脚范围。

④桩基墩台、桩基条形基础施工前,应对基桩位置、桩顶高程、桩头完整情况等进行检查及相应处理。

(2)架空段结构立柱的施工需注意如下控制:

①立柱钢筋绑扎前,应对基础的外伸钢筋进行修整,但不得弯折外伸钢筋。

②立柱的混凝土应连续浇筑、一次成型。

③现浇立柱的允许偏差符合规定。

(3)架空段梁板结构的施工需注意如下控制:

①梁板结构的施工应按设计结构单元进行。

②滑道梁的二期混凝土叠合面应按设计要求留置和处理。

③现浇纵、横梁的允许偏差应符合规定。

④梁类构件和板类构件安装的允许偏差应符合规定。

⑤现浇船台面层的允许偏差应符合规定。

(二)实体段结构施工

(1)地基与基础的施工应符合有关规定。

(2)船台板结构的施工需注意如下控制:

①碎石垫层应采用级配良好的碎石,垫层的厚度和压实度应满足设计要求。

②船台板混凝土结构的施工应按设计板块划分进行。板缝的形式、构造和宽度应满足设计要求。

③滑道梁的二期混凝土叠合面应按设计要求留置和处理。

④现浇船台板的允许偏差应符合规定。

(3)轨枕道砟结构船台滑道的施工需注意如下控制:

①混凝土轨枕的预制应采用专用模具和倒置振动成型工艺。

②道砟道床所用碎石的规格宜为 20~80mm,并应具有良好级配。道砟的厚度应满足设

计要求,且不宜小于 300mm。

③轨枕安装的允许偏差应符合规定。

(三)陆上滑道梁施工

(1)船台陆上架空段与实体段滑道梁的施工宜在船台结构沉降基本稳定后统一安排进行。

(2)滑道梁与船台板之间的连接及叠合面处理,应满足设计要求。

(3)止滑器坑位置及尺寸应满足设计要求,止滑坑及支承位置的允许偏差应为 20mm,高程的允许偏差应为 15mm。

(4)现浇滑道梁的允许偏差应符合规定。

(四)水下滑道段结构施工

(1)水下桩基结构滑道的施工需注意如下控制:

①大头桩的沉桩应采取保证水下送桩桩顶高程、防止损坏桩顶牛腿及和外伸筋的措施。

②现浇水下桩帽采用钢套筒形成干地施工条件施工时,钢套筒的直径、壁厚、沉设深度和支撑方式等应进行专门设计。

③井字形和日字形滑道梁水下安装应采用满足安装精度的测量仪器、方法和措施。当采用倒锤法测量控制水下滑道梁或轨道梁安装时,应对倒锤系统的稳定性进行核算。

④井字形和日字形滑道梁安装前,应复核基桩桩顶的位置和高程,并装设滑道梁安装导向装置。

⑤永久性支点采用充压水泥砂浆袋时,应通过现场试验确定充盈时间和工作压力,结合面的饱满程度和强度应满足设计要求。

⑥井字形和日字形滑道梁安装后,应及时进行套桩孔水下混凝土施工。混凝土宜采用水下不离析混凝土。

⑦井字形、日字形滑道梁预制安装的允许偏差应符合规定。

(2)水下重力墩式结构滑道的施工需注意如下控制:

①水下抛石基床应按滑道的坡度阶梯式抛填,并应分层夯实、整平。基床整平的允许偏差应满足设计要求,当设计无要求时,基床顶部的局部高差可按 0mm 和 -20mm 进行控制。

②沉箱、方块等重力墩构件的顶部,应做成斜面,倾斜的坡度应与滑道的坡度相同。

③没顶安装的构件,构件顶部宜配设出水钢导管,钢导管的位置应准确,并应保持垂直。

④沉箱、方块等重力墩安装允许偏差应符合规定。

⑤滑道梁的安装,宜在重力墩沉降趋于稳定后进行。

⑥井字形轨道梁安装的允许偏差应符合规定,板梁式道梁安装的允许偏差应符合规定。

(五)滑道安装

(1)滑道安装前,应对滑道梁的轴线、坡度、高程、安装面平整度、预留孔和预埋件等进行检查复核,影响安装的过大偏差应提前处理。

(2)水下滑道与滑道梁预组装整体安装时,滑道梁的安装精度应按滑道要求的精度进行控制。

(3)油脂滑道安装需注意如下控制:
①滑道木的材质、连接件及配件的型号、质量应满足设计要求,并应按设计要求进行防腐处理。滑道木加工的允许偏差应符合规定。
②滑道木在滑道基础梁上的安装方式应满足设计要求。滑道木顶面的螺栓应缩进滑道木内50mm,螺栓孔应按设计要求进行处理。
③油脂滑道安装的允许偏差应符合规定。
(4)滚珠滑道安装需注意如下控制:
①滑道连接件、橡胶垫板、轨板、导轨方(圆)钢、钢珠回收箱及配件的型号、质量应满足设计要求。
②滚珠滑道在滑道梁上的安装方式、橡胶垫板和导轨方(圆)钢与轨板的连接方式应满足设计要求。固定滑道的螺栓在轨板顶面以上的外露长度不应大于设计的预留长度。
③滚珠滑道在轨板接缝处,沿滑道坡面相邻下轨面的高程应低于上轨面的高程,高差不应大于1mm。
④滚珠滑道安装的允许偏差应符合规定。
(5)辊轴滑道安装需注意如下控制:
①滑道连接件、辊轴、导向板及配件的型号、质量应满足设计要求。辊轴、导向板和配件应按设计要求进行防腐、润滑、防水处理。
②辊轴、导向板在滑道梁上的安装方式应满足设计要求。
③辊轴轴线相对于船舶滑行方向的垂直度、辊轴的水平度,应满足设计要求。
④辊轴滑道安装的允许偏差应符合规定。
(6)钢轨滑道安装需注意如下控制:
①钢轨、轨枕、连接件及配件的型号、质量应满足设计要求。
②钢轨在轨枕、滑道梁上的固定方式,轨枕在铺砟道床中埋入的方式应满足设计要求。
③垫板应平正,与钢轨底面接触应紧密,局部间隙不应大于1mm。固定轨道、垫板的螺栓,应采取防振动松脱措施,螺母应满扣拧紧。
④当采用灌浆、填充方法固定螺栓时,灌浆、填充料的强度及握裹力必须符合设计要求。
⑤钢轨滑道安装的允许偏差应符合规定。

七、坞门制作安装质量控制

(一)坞门制作
(1)钢质坞门的制作需注意如下控制:
①坞门门体的制作宜采取分段制作、总段组装的方式。
②坞门制作应根据门体结构特点、制作与组装方式和设计要求现场条件编制工艺流程和工艺方案,对钢结构的焊接变形和门体组装整体的变形进行控制。
③钢结构的制作、焊接、螺栓连接和涂装,应满足设计要求并符合国家现行有关标准的规定。
④浮箱式坞门和卧倒式坞门门体的水密性试验应在涂装前进行,试验的项目及标准应满

足设计要求,并应符合现行行业标准《钢质海船船体密性试验方法》(CB/T 257)的有关规定。

⑤平板式坞门的组装应在自由状态进行,不得强制组合。

(2)坞门的承压装置及止水,应在坞门整体组装验收合格后装设。承压垫及止水的形式、材质和安装固定方式应满足设计要求。承压垫和止水应连续,固定应牢固;承压垫表面应平整,整体平整度偏差不应大于5mm,局部平整度偏差不应大于1mm;止水橡胶的顶缘宜凸出承压垫15~30mm。

(3)卧倒式坞门上、下铰链和门轴的钢种、质量和加工精度应满足设计要求,铰链环和门轴应按设计要求进行探伤检验,不得有气泡和砂眼、裂缝等缺陷。

(4)坞门门体制作的允许偏差应符合规定。

(5)坞门上甲板上的带缆桩、导缆钳、栏杆,以及坞门侧舷的防冲护舷和拉耳等,应按设计要求制作和固定。

(二)坞门安装与试验

(1)浮箱式坞门的安装需注意如下控制:

①浮箱式坞门的安装,应在坞口围堰拆除、清理完毕、水下挖泥或炸礁符合设计要求和护坦施工完成后方可进行。

②坞门出厂安装前,应按设计要求和现行行业标准《船舶倾斜试验》(CB/T 3035)的有关规定进行倾斜和沉浮试验,对坞门稳性和沉浮性能进行检验。坞门在漂浮、下沉和上浮过程中的稳性、沉浮性能、横向倾斜和纵向倾斜等指标应满足设计要求。

③浮箱式坞门应在漂浮状态下安装。安装时宜采用绞拖方式牵引定位。坞门就位灌水下沉着底后,应开启大功率水泵抽排坞室内的水,形成内外水头差使坞门紧贴坞口门框。

④坞门安装后,应对工作状态下的坞门门体的挠度和坞门止水效果进行观测和检查。门体在工作状态时的最大挠度应满足设计要求,坞门止水与门框止水应贴合,无明显漏水。

(2)卧倒式坞门的安装需注意如下控制:

①坞门槛上的门轴下铰座,应在坞门槛施工时预埋或安装。安装的精度应满足设计要求,且符合相关规范规定。

②卧倒式坞门宜采用水下安装工艺。安装前,围堰内的水深应满足坞门起浮、浮运出坞、坞门安装和坞门浮转的需要。

③坞门水下安装应根据现场条件和安装方法确定合适的安装水位。安装过程应使坞门处于平浮状态,并宜采取缆绳牵引、调整堰内水位和坞门倾角等措施,引导坞门就位、上下铰链对中、上铰链落入下铰链。坞门上铰链就位后应立即水下安装门轴并锁定。

④卧倒式坞门安装后,宜紧接进行启闭试验。坞门在卧倒打开、浮转关闭过程的姿态、时间及操作性能应满足设计要求;坞门卧倒时,坞门应完全自然卧倒在坞门坑内;坞门浮转关闭时,坞门止水应与门框止水贴合严密,无明显漏水。

(3)平板式坞门吊装应根据插板式坞门的制造工艺选择相匹配的吊装方案,采取可靠措施减少吊装变形。

第十一节　航道整治工程质量控制

【备考要点】
1. 航道整治的概念及参数。
2. 航道整治工程质量检验的划分。
3. 航道整治建筑物的特征及作用。
4. 航道整治工程施工监理工作要点。
5. 浅滩整治方法。
6. 急滩和险滩整治方法。
7. 直立式护岸的结构与质量控制要点。
8. 软体排施工质量控制要点。
9. 护岸工程质量控制要点。
10. 水下炸礁钻孔爆破施工要点。
11. 硬式扫床技术要求。

一、航道整治工程概述

1. 航道整治

航道整治是利用整治建筑物调整和控制水流，稳定有利河势，以改善航道航行条件的工程措施，也包括炸礁、疏浚和裁弯取直等工程措施。航道整治的主要任务是：稳定航槽、刷深浅滩、增加航道水深、拓宽航道宽度、增大弯曲半径、降低急流滩的流速和改善险滩的流态等。

2. 航道整治设计参数

航道整治设计参数包括设计水位、整治水位和整治线宽度等。这些基本参数都是整治工程实施的重要依据。取值是否合理，将直接影响到整治工程的成败和工程量的大小，因而必须慎重。

1）设计水位

规定河流中可以正常通航的最低水位，即航道标准尺度的起算水位，称为设计最低通航水位，常简称设计水位，有的河流又称航行基准面或航行零水位。规定可以正常通航的最高水位，控制桥、闸等跨河建筑物净高的水位，称为设计最高通航水位。

2）整治水位

在整治沙、卵石浅滩时，多采用整治建筑物束窄河床，当水位降至整治建筑物头部高程附近时，将水流束至整治宽度范围内，加大束水冲沙的效果，使水流加速冲刷浅滩脊，达到增深航道的目的。整治水位一般是指与整治建筑物头部齐平的水位。

3）整治线宽度

整治线的宽度是指整治水位时河面宽度。整治线宽度的取值，关系到束水作用的强弱及航道内流速和流态的好坏，因此，正确确定整治线宽度是设计中的一个重要问题。

3. 航道尺度

对于内河航道,航道尺度为航道水深、宽度、弯曲半径的总称;对于沿海和潮汐河口航道,航道尺度为航道水深、通航宽度、设计水深、弯曲半径的总称。

二、各种类型浅滩整治方法

1. 天然径流航道整治原则

(1)实施航道整治的河段总体河势应基本稳定。对于河势不稳定的河道,应采取河势控制与浅滩整治相结合的综合治理措施。

(2)山区河流航道整治应调整不利于航行的河槽形态,改善水流条件。岩石河床应采取清礁和筑坝相结合的措施;砂卵石河床宜采取疏浚与筑坝相结合的措施。

(3)平原河流中碍航浅滩宜采取筑坝或疏浚与筑坝相结合的措施,形成有利于冲深航槽的水流结构。稳定少变的浅滩宜采取疏浚措施。

(4)航道条件满足建设标准但有不利变化趋势的沙质浅滩,宜采用守护型整治,维持有利的滩槽格局,稳定航道条件。

(5)年际冲淤变化较大或河势多变的浅滩,应利用河床演变过程中的有利时机进行整治。在实施过程中应以确保整治效果为目标,采取动态管理、优化设计。

(6)整治中水、枯水均出现碍航的浅滩,可根据不同碍航时期分别确定整治流量,采取相应的整治措施,并应以中水整治为主,兼顾枯水整治。

2. 沙质浅滩整治方法

(1)整治过渡段浅滩,应固定和加高边滩,调整航道流速,集中水流冲刷航槽。

(2)整治弯道浅滩,应规顺岸线,调整过小的弯曲半径。

(3)整治汊道浅滩,应在慎重选汊的前提下,采取工程措施稳定或调整汊道间的分流比,改善通航汊道的通航条件。

(4)整治散乱浅滩,应采取固滩、筑坝和护岸等措施改善滩槽形态,集中水流,稳定中枯水流路。

(5)整治支流河口浅滩,应采取适当的措施减小汇流角,改善汇流条件,增大浅区冲刷能力。

3. 卵石浅滩整治方法

(1)整治过渡段浅滩除按"沙质浅滩整治方法"中的相关规定执行外,当浅滩上浅下险时,可在下深槽沱口内建丁坝或潜坝,调整流速,改善流态。

(2)整治弯道浅滩,可在凹岸适当部位建顺坝或下挑丁坝,平顺近岸水流,必要时应疏浚凸岸浅区,增大弯曲半径;也可建顺坝封闭弯槽,开挖直槽。

(3)整治汊道浅滩除应符合"沙质浅滩整治方法"中的相关规定外,尚应符合下列规定:

①整治汊道进口段浅滩,宜建洲头顺坝,拦截横流,调整流向,并稳定洲头。当存在碍航流态时,也可建潜坝,改善流态。

②整治汊道出口段浅滩,宜布置洲尾顺坝,必要时应在通航汊道加建丁坝。

③当将枯水期分流比较小的支汊辟为枯水航道时,应经充分论证或模拟试验验证。

④整治分汊河段两槽交替通航的淤沙浅滩,应查明淤沙浅滩开始冲刷的水位,可采取筑坝措施,提前冲刷淤沙航槽,抬高其开航水位,也可炸除、开挖非淤沙航槽,降低其封航水位。

(4) 整治支流河口浅滩应按"沙质浅滩整治方法"中的相关内容执行。

(5) 整治峡口浅滩,宜以峡口壅水清退期淤沙开始冲刷的水位作为整治水位,布置整治建筑物,集中水流加速航道冲刷。有条件开辟新航槽作为过渡航道时,也可开挖新槽。

4. 石质浅滩整治方法

(1) 整治石质浅滩应根据有无泥沙冲淤变化情况,采取开槽或筑坝措施。

(2) 石质浅滩开挖后,当水面降落造成不利影响时,宜在浅滩下游筑丁坝或潜坝壅水。

三、急滩和险滩整治方法

急滩整治应优先采取清礁或疏浚措施扩大滩口过水断面、筑坝或填槽改变河床断面用态等措施,调整航线上的流速分布和比降,满足船舶自航上滩的流速、比降要求。当整治工程量过大时,也可采取构成错口滩型或延长错口长度、拓宽缓流航槽等方法进行整治。

1. 基岩急滩整治方法

(1) 对口型突嘴急滩,可采用切除一岸或同时切除两岸突嘴,扩大过水断面,减缓流速与比降。

(2) 错口型突嘴急滩,如果为满足船舶自航上滩而切除突嘴的炸礁工程量过大时,可根据突嘴的分布位置和形态,切除部分突嘴,延长错口长度,利于船舶交替利用两岸缓流上滩。

(3) 多个突嘴相临近的急滩整治,可根据各突嘴间的相互影响,参照对口型和错口型突嘴急滩的整治方法确定各突嘴的切除方案,必要时进行模型试验。

(4) 窄槽型急滩和潜埂型急滩宜采用清砸措施,扩大过水断面,枯水急滩在下游有条件筑坝时可筑坝壅水,减缓滩口流速和比降。

2. 崩岩急滩和滑坡急滩整治方法

崩岩急滩和滑坡急滩的整治除应执行"基岩急滩整治方法"中的有关规定外,对稳定性较差的崩岩和滑坡区,必要时可采取削坡减载、抗滑桩、锚杆和支挡、在滑坡区外围设截流沟、在滑坡区布置排水系统等防治措施。

3. 溪口急湾整治方法

(1) 溪沟内有筑坝条件,并能容纳 5 年以上溪沟山洪来石量时,可采用溪沟内筑栅栏坝拦石的方案;来石量较大或库容不够时,可采用多级拦石坝。

(2) 溪沟口下游有可容纳 5 年以上溪沟来石量的深沱区,沟口有适宜筑坝实施溪口改道的条件时,可在溪沟口建导流坝。将溪内来石导向滩下深沱。导流坝应建在基岩或坚固的基础上,宜避开山洪的直接顶冲。当沟口改道无天然的沟槽可利用时,可开挖导流沟。

4. 卵石急滩整治方法

整治河床较稳定的卵石急滩,应采用整治与疏浚相结合的方法,扩大滩口过水断面,调整滩口河床形态。有条件的滩段,可在两岸布置错口丁坝,使船舶能交替利用缓流上滩。

5. 连续急滩整治方法

根据滩段中滩口的分布情况,采取疏浚开挖与筑坝壅水相结合的工程措施,分散水面的集中落差,减缓流速比降。

6. 分汊河段急滩整治方法

应考虑整治后汊道分流比的变化,当通航汊道开挖后,分流比增大,产生流速和比降相应增大的负效应时,应在非通航汊道采取适当的分流措施。通航汊道进口段航槽平面开挖线布置,可采取喇叭形,便于船舶安全进槽。

7. 急弯险滩整治方法

(1) 单一河道中的急弯险滩的整治应符合下列规定:

① 挖除部分凸岸边滩,加大航道弯曲半径,必要时在凹岸深槽填槽或建潜坝,调整河床断面形态,改善水流条件。

② 当凹岸有突嘴挑流时,在突嘴上游建丁坝或丁顺坝,将主流挑出突嘴,减缓扫弯水、泡漩水等不良流态。

③ 两岸有突出石梁交错的急弯险滩,以整治凸岸石梁为主。

(2) 分汊河道内的急弯险滩,可采取下列整治措施:

① 在汊道进口处建洲头顺坝或开挖洲头突出的浅嘴,减弱冲向凹岸的横流。

② 在汊道出口处建洲尾顺坝,拦截横流,必要时在凹岸建顺坝或丁坝。

③ 废弃老槽,另辟新槽,或上下行船舶分槽航行。

8. 泡漩险河整治方法

(1) 河心礁石或岸边突出石梁形成的泡漩险滩,可炸除礁石或石梁平顺水流,调整河底水流结构。

(2) 凹岸突出岩嘴形成的泡漩险滩,可根据河道宽窄情况,分别采用在岩嘴上游建丁顺坝或潜坝的措施,必要时可切除凹岸边滩突嘴。

(3) 汊道进口处洲头主流顶冲河岸形成的泡漩险滩,可建洲头顺坝,调顺进口段主流流向,消减泡漩水。

9. 滑梁水险滩整治方法

(1) 整治一岸石梁形成的滑梁水险滩,可将石梁炸低至成滩的下限水位以下,在石梁上建顺坝,其坝顶高程高于成滩上限水位。

(2) 整治两岸石梁均有滑梁水的险滩,应采取措施消除一岸滑梁水,可炸低石梁或石梁上建顺坝,使船舶可避开另一岸滑梁水航行。

四、潮汐河口航道整治方法

(1) 河口潮流段和口外海滨段的浅滩和河口拦门沙浅滩的整治,应根据其成因和水沙特性,采取不同的整治工程措施。

(2) 整治潮汐河口航道,应利用涨落潮流的动力作用,采取疏浚、筑坝或两者相结合的措施,增加航道内的单宽流量,增加航道深度。

（3）多汊道河口拦门沙航道的整治，宜选择河势稳定、落潮流动力强和分沙比小的汊道为主航道，采取双导堤和分流鱼嘴与疏浚相结合的工程措施，需要时可在导堤内侧布置丁坝或在非通航汊道内建坝限流。导堤和丁坝的平面走向、间距和高程等布置宜通过模型研究确定。

（4）易变河口拦门沙航道的整治，宜采取建单侧或双侧导堤的工程措施。为适应排洪、纳潮和延长中枯水冲刷历时需要，可沿导堤内侧布置高程略低于导堤的丁坝。

（5）口门内浅滩的整治，宜选落潮流主槽为航槽，采取疏浚和建丁坝、顺坝或加高潜洲等措施集中水流。

（6）潮汐河口口门内分汊河段浅滩的整治，宜选择落潮流动力较强、分沙较少的汊道为主航道，适当布置整治建筑物，引导水流，增强其冲刷能力。

五、枢纽上下游航道整治方法

（1）枢纽下游引航道口门外连接段存在泡漩、横流、回流等不良流态，影响船舶安全进出引航道时，应针对碍航水流的成因，采取切嘴、填槽、引流压泡或筑坝等工程措施，调整断面形态和流速分布，改善航道条件。

（2）当引航道布置在非主航道一侧或枢纽运行后水流条件发生改变，在连接段航道内出现浅区或弯窄等碍航情况时，应采取建坝导流等措施，保持航槽稳定。

（3）当枢纽下游航道因泄流和电站尾水影响，在下游引航道口门外连接段产生较强的横流、涌浪和泄水波，影响航道通航安全时，除应优化泄流方式外，可适当延长隔流堤长度、调整布置方向或增建导流建筑物，改善航道水流条件，也可通过炸礁或疏浚，将航道向另一侧拓宽，使船舶避开碍航水流航行。

（4）当枢纽下游引航道连接段位于江心洲分流区，水流分散，航道尺度不足或存在碍航水流而碍航时，除应采取疏浚和炸礁措施外，尚应通过建导流或限流建筑物，形成稳定的单一航槽或双槽交替通航。

（5）枢纽下游近坝河段有控制水位下降要求时的航道整治应符合下列规定。

①枢纽下游近坝段航道整治，应根据近坝段来水、来沙及河床组成等资料采用模拟分析方法，确定对水位下降具有控制作用的关键部位，并可按各部位控制作用的强弱，分别采取护滩、护底加糙或筑潜坝等工程措施，遏制水位下降及向上游的传递。

②建库后卵石露头较高的近坝河段，当受清水下泄、水位下降的影响，形成坡陡流急段或新的浅滩段时，宜采取开挖措施，消除或减缓急、浅碍航，必要时可结合在开挖区下游建丁坝、潜坝或填槽等措施，减缓滩段流速和比降，同时应尽量减小因开挖而引起水位的下降。

（6）枢纽下游河床变形较大河段的航道整治，宜与河势控制工程相互协调配合，并应符合下列规定。

①目前航道条件尚好，但因清水下泄，出现洲滩冲刷和岸线崩退，滩槽格局和航道条件有向不利方向变化趋势的河段，宜对关键洲滩实施守护工程，遏制不利变化趋势，维持有利的滩槽格局，稳定航道条件。

②建库后河床变形较大，出现航道尺度不足的碍航河段，宜根据不同浅滩类型和不同碍航特性，在对关键洲滩实施守护的同时，采取筑坝填槽等调整水流的整治措施，必要时辅以疏浚

措施。

③分汊河段浅滩整治,宜在合理选汊的基础上,根据通航汊道及洲滩的冲淤变化趋势,采取下列整治措施:

a. 采用洲头鱼骨坝等措施适当调整两汊分流;

b. 筑坝增加浅滩段流速;

c. 护滩和护岸控制关键部位汊道边界。

④长直过渡段浅滩整治,宜采用护滩、筑坝和护岸相结合的工程措施,适当调整滩槽形态,固定过渡段位置,加强浅段冲刷,改善航道条件。

⑤弯曲河段浅滩整治,宜在凸岸边滩采取护滩措施,防止边滩发生冲刷或切滩,并在凹岸实施护岸工程,保持岸线稳定,必要时可采取填槽措施,调整弯道段断面形态,加强浅区冲刷。

⑥多分汊河段浅滩整治,宜通过工程措施,巩固和稳定主通航汊道的同时,限制非通航汊道的冲刷发展,并尽可能保持支汊原有的通航条件。

六、整治建筑物主要类型与特点

常用整治建筑物结构形式有护滩、护底、丁坝、顺坝、锁坝、填槽、护岸、鱼嘴、栅栏坝、防沙堤等。

(1)护滩(图3-60)和护底。为保护河床、边滩或者主体建筑物稳定所采取的工程措施。其作用是保护河床和滩地免受水流冲刷破坏,稳定河槽,保滩(底)固堤,维护防洪安全等。护底多采用系结压载软体排。

图 3-60 护滩

(2)丁坝(图3-61)。丁坝是坝根与河岸连接,坝头伸向河心,坝轴线与水流方向正交或斜交,在平面上与河岸构成丁字形,横向阻水的整治建筑物。丁坝的主要作用:未淹没时束窄河槽,提高流速冲刷浅滩;淹没后造成环流,横向导沙,增加航道水深;调整分汊河道的分流比,控制分流;淤高河滩,保护河岸或海塘;挑出主流以防顶冲河岸和堤防等。

(3)顺坝(图3-62)。顺坝是坝轴线沿水流方向或与水流交角很小的建筑物,起引导水流、束狭河床的作用,故又称导流坝。

(4)锁坝(图3-63)。锁坝是从一岸到另一岸横跨河槽及串沟的建筑物,又名堵坝。

图 3-61 丁坝

图 3-62 顺坝

图 3-63 锁坝

(5)潜坝。潜坝是指在最枯水位时均潜没在水下而不碍航的建筑物,有潜丁坝、潜锁坝等,它的主要作用是壅高上游水位、调整比降、增加水深、也可以促淤赶沙、减少过水断面和消除不良流态等。

(6)填槽。为调整航道断面形态,改善通航条件或遏制通航条件恶化,对局部深槽采用块石、沙袋、沙枕等实施的回填措施。

(7)护岸。护岸是指对岸坡采取人工加固,防御波浪、水流的侵袭和淘刷及地下水作用,维持岸线稳定的工程措施。

①护岸的主要作用是控制河势、稳定水流动力轴线、不使河床边界任意变化,抑制崩岸、防止水流淘刷和波浪冲蚀,防止主流顶冲,保护堤防。

②护岸的结构类型。护岸结构可分为斜坡式、直立式或斜坡式与直立式组合的结构形式。

a. 斜坡式护岸(图3-64)。对岸坡较缓、水深较浅、地基较差、用地不紧张的地段和就地修坡的岸坡,宜采用斜坡式护岸。

图3-64 斜坡式护岸

斜坡式护岸可分为堤式护岸(图3-65)和坡式护岸(图3-66)两类。堤式护岸是在水上先筑成岸堤,然后回填形成陆域,并对岸堤进行防护,一般由堤身、护肩、护脚和护底结构组成。坡式护岸是对陆域已有的自然岸坡或陆域向水侧回填形成的自然岸坡进行防护,一般由岸坡、护肩、护面、护脚和护底结构组成。

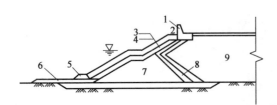

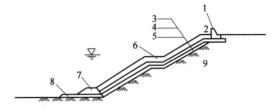

图3-65 堤式护岸

1-胸墙;2-护肩;3-护面层;4-垫层;5-护脚;6-护底;7-堤身;8-倒滤层;9-回填料

图3-66 坡式护岸

1-胸墙;2-护肩;3-护面层;4-垫层;5-倒滤层;6-肩台;7-护脚;8-护底;9-岸坡

b. 直立式护岸。对岸坡较陡、水深较深、地基较好、岸线纵深较小和用地紧张的地段,宜采用直立式护岸。

直立式护岸工程的墙体结构(图3-67)以现浇混凝土、浆砌块石、混凝土方块、板桩、扶壁和沉箱结构最为常见。内河护岸也可采用加筋土岸壁(图3-68),其结构简单、工程造价低、施工速度快,对地基承载力的要求也不高。

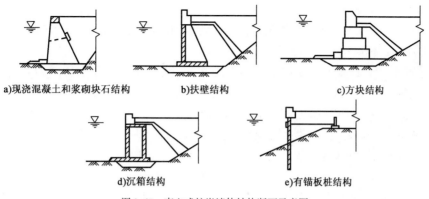

图 3-67 直立式护岸墙体结构断面示意图

七、航道整治工程施工监理工作要点

在航道整治工程施工过程中,监理工程师应熟悉设计文件与规范要求,掌握工程特点,抓住质量与安全的重点,特别是在规范标准"强制性条文"的执行方面,应要求施工单位严格执行。

1. 基本规定

监理工程师应采用 PDCA 的过程方法对施工质量、安全进行控制,通过施工方案审查、施工过程检查、抽样检测及处理问题等不断总结、改进和提高,确保航道整治工程的质量与安全。

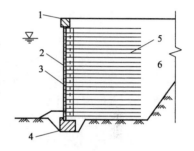

图 3-68 加筋土岸壁断面示意图
1-胸墙或帽梁;2-墙面板;3-倒滤层;4-基础;5-加筋体;6-回填料

(1)监理工程师应督促施工单位建立健全工程质量、安全、职业健康和环境管理体系,全面落实质量安全生产责任制。

(2)监理工程师应在开工前督促施工单位现场踏勘与资料调查、工前测量、图纸会审与设计交底,审查施工单位编制的施工组织设计及专项方案,要求施工单位进行技术与安全交底。

(3)监理工程师应检查施工船舶和设备是否处于良好的技术工作状态,各类证书是否齐全、有效,设置的施工船舶临时停泊锚地是否符合安全、环保要求。

(4)监理工程师应根据工程施工合同审核施工单位编制的工程总体布置,核查航道通航条件,验收根据实际需要修建的预制场地、进场道路、堆场、临时码头等设施。

(5)航道整治工程开工前,施工单位应办理好水上水下活动许可、航行通告和航道通告,并向监理工程师报备,施工应在许可的范围和时间内进行,施工船舶、设施等应尽量减少对通航的影响。

(6)半成品、成品、构配件和设备进场时应进行验收,按有关标准的规定进行抽样检验,并经监理工程师或建设单位认可。

(7)施工过程中,监理工程师及时督促试块、试件和现场试验检测项目的抽样、检测或见证取样检验是否按有关规定进行。

(8)隐蔽工程覆盖前,施工单位应通知监理工程师等进行验收,并应形成隐蔽工程验收文件。

(9)工程所用的原材料进场时应按规定进行抽样检验,监理工程师应按相关规定对试验检测人员、检测设备和试验室条件等进行核查。

(10)航道整治工程施工应根据工程所在地水文、气象条件和地质特点编制工程防台、度汛、防凌等方案。

(11)施工单位应根据国家相关规定,针对工程特点制定生产安全事故和突发事件应急预案,配备必要的应急救援设备和器材,组织安全培训,开展相应的应急演练。

(12)采用新技术、新材料、新工艺和新设备,应编制专项施工方案,必要时应通过试验段施工验证。

(13)施工过程中发生工程事故时,建设、施工和监理单位必须按照国家有关规定及时向上级单位和政府主管部门报告,报送事故报告和事故处理报告等。

2.航道整治工程质量检验的划分

(1)航道整治工程的单位工程可按下列规定划分。

①堤坝、护岸、固滩和炸礁工程按座或合同标段划分单位工程。

②较长的整治建筑物按合同标段或以长度 2~5km 划分单位工程。

③分期实施的整治建筑物和炸礁工程按合同规定的施工阶段划分单位工程。

④长河段航道整治工程按单滩划分单位工程。

(2)航道整治工程的单位工程、分部工程和分项工程的划分应符合表 3-23 和表 3-24 的规定,当工程内容与表列项目不一致时,可根据工程内容进行调整。

航道整治单位工程和分部工程划分 表 3-23

序号	单位工程	分部工程
1	堤坝	基础、护底、堤体或坝体、坝面、护坡、附属工程
2	护岸	基础、护底、护脚、护坡、岸壁、附属工程
3	固滩	护底、护滩、护坡、附属工程
4	炸礁	爆破及清渣、弃渣

航道整治分部工程和分项工程划分 表 3-24

序号	分部工程	分项工程
1	基础	基槽开挖、抛石挤淤、填砂挤淤、现浇混凝土基础、浆砌石基础、砂石垫层、土工织物垫层、换砂基础、抛石基础、袋装砂井、塑料排水板、水下基床抛石、水下基床整平等
2	护底	基槽开挖、散抛石压载软体排护底、系结压载软体排护底、散抛物护底、砂石垫层、土工织物垫层等
3	坝体	混凝土预制构件制作、混凝土预制构件安装、充填袋坝体、块石抛筑坝体、石笼抛筑坝体等
4	坝面	土工织物垫层、抛石护面、铺石护面、砌石护面、干砌条石护面、预制混凝土铺砌块铺砌、现浇混凝土护面、模袋混凝土护面、钢丝网格护面、混凝土预制块体制作、混凝土块体安装、预制混凝土铺砌块制作、铰链排制作与铺设等

续上表

序号	分部工程	分项工程
5	护脚	水下抛充填袋护脚、水下抛石护脚、水下抛石笼护脚、抛石面层等
6	护坡	岸坡开挖、土石方回填、削坡及整平、基槽开挖、砂石垫层、土工织物垫层、砂石倒滤层、土工织物倒滤层、盲沟、明沟、抛石护面、铺石护面、砌石护面、干砌条石护面、模袋混凝土护面、现浇混凝土护面、预制混凝土铺砌块预制、预制混凝土铺砌块砌、预制混凝土块体制作、混凝土块体护面、钢丝网格护面、砌石拱圈、砌石齿墙雷诺护垫、主动式钩连体、透水框架等
7	岸壁	岸坡开挖、基槽开挖、砂石垫层、土工织物垫层、砂石倒滤层、土工织物倒滤层、土石方回填、现浇混凝土挡墙、加筋土挡墙、砌石挡墙等
8	护滩	铺石压载软体排护滩、系结压载软体排护滩、铰链排制作与铺设等
9	爆破及清渣	陆上爆破及开挖、水下爆破、清渣等
10	弃渣	弃渣
11	附属工程	基槽开挖、现浇混凝土基础、浆砌石基础、灯柱制作与安装、标志牌制作与安装、栏杆制作与安装、踏步等

(3)分项工程应按施工的主要工种、工序、材料、施工工艺和设备的主要装置等进行划分。施工范围较大的分项工程宜将分项工程划分为若干检验批。检验批可根据施工及质量控制和检验的需要,按结构变形缝、施工段或一定数量等进行划分。

(4)监理工程师应熟悉航道整治工程的单位、分部、分项划分,熟悉工程施工工艺流程,并掌握其质量、安全管理要点。

3.航道整治工程质量检验的标准

(1)检验批质量合格应符合下列规定。

①主要检验项目的质量经检验应全部合格。

②一般检验项目的质量经检验应全部合格。其中允许偏差的抽查合格率应达到80%及以上,且不合格点的最大偏差值对于影响结构安全和使用功能的不得大于允许偏差值的1.5倍,对于机械设备安装工程不得大于允许偏差值的1.2倍。

(2)分项工程质量合格应符合下列规定。

①分项工程所含的检验批均应符合质量合格的规定。

②分项工程所含检验批的质量检验记录应完整。

③当分项工程不划分为检验批时,分项工程质量合格标准应符合第(1)条的规定。

(3)分部工程质量合格应符合下列规定。

①分部工程所含分项工程的质量均应符合质量合格的规定。

②质量控制资料应完整。

③地基与基础、主体结构和设备安装等分部工程有关安全、功能的检验和抽样检测结果应符合有关规定。

(4)单位工程质量合格应符合下列规定。

①所含分部工程的质量均应符合质量合格的规定。
②质量控制资料和所含分部工程有关安全和主要功能的检验资料应完整。
③主要功能项目的抽查结果应符合本标准的相应规定。
④观感质量应符合本标准的相应要求。

(5) 建设项目和单项工程质量应符合下列规定。
①所含单位工程的质量均应符合质量标准的规定。
②工程竣工档案应完整。

(6) 质量控制资料核查、安全和主要功能的检验资料核查、主要功能抽查记录和观感质量检查应符合《水运工程质量检验标准》(JTS 257—2008)的相应规定。

(7) 当分项工程及检验批和分部工程的质量不符合本标准质量合格标准要求时,应按下列规定进行处理。
①经返工重做或更换构配件、设备的应重新进行检验。
②经检测单位检测鉴定能够达到设计要求的,可认定为质量合格;经检测鉴定达不到设计要求但经原设计单位核算认可能够满足结构安全和使用功能的,可认定为质量合格。
③经返修或加固处理的分项、分部工程,虽然改变外形尺寸但仍能满足安全使用要求,可按技术处理方案和协商文件进行验收。
④通过返修或加固仍不能满足安全使用要求的分部工程和单位工程,不得验收。

(8) 水运工程质量检验记录和质量控制资料应符合下列规定。
①检验批、分项工程、分部工程、单位工程、单项工程和建设项目质量检验记录、工程质量控制资料核查记录和有关安全与主要功能抽测记录应按《水运工程质量检验标准》(JTS 257—2008)附录 B 的规定填写。

a. 单位工程质量控制资料核查记录包括以下 8 项:测量控制点验收记录;原材料出厂质量证明文件和进场验收记录;原材料试验(检验)报告;预制构件、预拌混凝土合格证;施工试验检验报告;隐蔽工程验收记录;主要结构施工及验收记录;工程质量事故及调查处理资料。

b. 单位工程安全和功能检验资料核查及主要功能抽查记录包括以下 6 项:工程竣工整体尺度测量报告;建筑物沉降位移观测资料;结构裂缝检查记录;防渗结构渗漏情况检查记录;工程实体质量抽查检测记录;航道整治工程实船适航试验报告。

②主要材料进场复验抽样试验和现场检验项目抽样的组批原则应符合《水运工程质量检验标准》(JTS 257—2008)附录 C 的规定。

4. 航道整治工程总体

1) 观测和实船试验

航道整治工程项目完工后,应组织观测整治河段的水流流态和航道尺度等参数,并提交观测报告。同时应根据设计要求组织实船适航试验并提交实船试验报告。

2) 航道整治工程整体尺度

航道整治建筑物完工后应进行竣工测量,其整体尺度的允许偏差、检验数量和方法应符合表 3-25 的规定。

航道整治建筑物整体尺度允许偏差、检验数量和方法　　表3-25

序号	项　　目		允许偏差	检验数量	单元测点	检验方法
1	丁坝	坝头位置	1000mm	每座	1	用经纬仪或GPS等仪器测量
		轴线位置	1000mm	每座不少于2处		用经纬仪或GPS等仪器测量
		总长度	±1000mm	每座		用测距仪或GPS等仪器测量
		顶面高程	+200mm −100mm			用水准仪等仪器测量
2	锁坝	轴线位置	1000mm	每50m 1处	1	用经纬仪或GPS等仪器测量
		顶面高程	+300mm −100mm			用水准仪等仪器测量
3	顺坝	轴线位置	1000mm	每座	1	用经纬仪或GPS等仪器测量
		总长度	±1000mm	每座		用测距仪GPS等仪器测量
		顶面高程	+200mm −100mm	每50m 1处		用水准仪等仪器测量
4	潜坝	轴线位置	2000mm	每座	1	用测深仪、经纬仪或GPS等仪器测量
		总长度	±2000mm	每座		
		顶面高程 砂袋坝	+500mm −200mm	每20m 1断面		
		顶面高程 抛石坝	±300mm			
5	护岸和护洲鱼嘴	坡顶线位置	±100mm	每100m 1处	1	用经纬仪或GPS等仪器测量
		总长度	+5000mm −1000mm	每座		用测距仪或GPS等仪器测量
		高程	±50mm	每100m 1处		用水准仪等仪器测量
		坡度	±10%		2	用经纬仪或全站仪测量
6	人工鱼嘴	总长度	±1000mm	每座	1	用测距仪或GPS等仪器测量
		高程	±50mm	每100m 1处		用水准仪等仪器测量
		坡度	±10%		2	用经纬仪或全站仪测量

5. 航道整治工程建筑物观感质量

航道整治工程建筑物的观感质量应按表3-26的规定进行检查,综合得分率不应低于80%。

航道整治工程建筑物观感质量评价项目和质量要求　　表3-26

序号	评价项目		质量要求	标准分	评价等级		
					一级 95%	二级 85%	三级 70%
1	面层	混凝土	表面平整,坡向正确	10			
			分格缝顺直,灌缝饱满,周边无污染	8			

续上表

序号	评价项目		质量要求	标准分	评价等级		
					一级 95%	二级 85%	三级 70%
1	面层	混凝土	无明显严重龟裂和裂缝	8			
			无起砂、起壳和露石等现象	7			
			无建筑污染	7			
		铺砌	表面平整，坡向符合要求	10			
			铺砌线条顺直，宽度一致，灌缝密实	8			
			与构筑物接茬紧密、平顺	8			
			砌块表面完整，无破损	7			
			无建筑污染	7			
2	建筑物细部		边沿线顺直	10			
			接缝平直无明显色差	8			
			构件无明显碰损	8			
			构件表面无明显缺陷	7			
			接缝处无明显错台和水泥浆流坠	7			
3	其他		钢结构防腐，油漆涂刷均匀、无漏涂，漆膜完整无流挂、皱皮、脱皮	5			
			栏杆安装顺直、无折线	5			
			泄水孔高程、方向控制和顺直	5			

八、岸坡、基槽开挖及回填质量控制要点

1. 岸坡开挖

(1) 岸坡开挖前应监督承包人进行断面测量，并布设断面控制标志，范围满足设计要求。

(2) 边坡坡度应满足设计要求。当地质情况与设计资料不符，需修改边坡坡度时，应与设计研究确定。

(3) 岸坡开挖与削坡宜从上到下分层、分段依次进行；坡式护岸的边坡应平整，不得贴坡。

2. 基槽开挖

(1) 审核船机设备性能符合施工组织设计，施工工艺满足设计与施工进度要求。

(2) 确认已发航行通告。

(3) 基槽开挖尺寸、边坡、槽底符合设计和规范要求。

(4) 开挖至设计基床底高程处，进行土质核对，其土质应与设计图纸所示土质相一致。否则，应与设计单位协商处理。

(5) 检查抛泥位置及范围符合经审查指定的地点。

3. 土石方回填

(1) 审查施工方案满足施工组织设计及其他要求。

(2) 回填材料经过检测,应对强度、粒径、规格等设计要求指标做检测。

(3) 回填范围、回填程序、回填速率、分层厚度、压实方法及有关参数确认。回填应注意边坡稳定。

(4) 基底清理干净。

九、护滩与护底施工质量控制要点

1. 土工织物软体排护滩施工

(1) 土工织物软体排护滩施工应按滩面整平、排垫铺设、混凝土压载块绑系、混凝土压载块位置调整以及填缝处理等工序依次进行。

(2) 排垫铺设方向应满足设计要求。设计无要求时,其铺设方向宜垂直护滩带轴线,自下游向上游铺设,搭接处上游侧的排体应压住下游侧的排体。

(3) 排垫铺设后应及时压载覆盖。当不能及时压载覆盖时。应对排垫采取防老化措施。

(4) 混凝土压载块运输车辆不得在已绑系混凝土块的排体上行驶。

(5) 土工织物软体排系结混凝土压载块施工应符合下列规定:

①混凝土压载块系结前应进行检查,发现损坏应及时更换;其绑系方式应满足设计要求,且系结牢靠,不得松脱。

②系结混凝土压载块之间填塞碎石前应调整混凝土块的位置。同一检验区域内块体摆放应缝隙均匀、横平竖直。

③缺角、断裂等质量不合格的混凝土压载块禁止使用,对已经破损的混凝土压载块应及时更换。废弃的混凝土压载块及其他施工弃料应及时清理,不得在护滩工程区及周边50m范围内弃料。

(6) 土工织物软体排单元联锁块压载施工应符合下列规定:

①单元联锁块吊运宜选用相应能力的设备,按单元逐一吊运铺设。

②相邻联锁单元排之间的连接方式、连接点的布置应满足设计要求。连接扣环应牢固连接,不得松脱。

(7) 混凝土块缝隙有碎石填塞要求的,其碎石的粒径、级配应满足设计要求,缝隙应填塞饱满、表面大致平整,缝隙以外的余料应清理干净。

2. 土工织物软体排护底施工

(1) 沉排前应检测复核护底区域的河床地形等影响沉排施工的各类因素,满足设计要求后方可进行沉排施工。

(2) 对于已出现崩岸迹象或坡度陡于1:2.5的岸坡,沉排前应校核岸坡稳定,必要时应进行补坡处理,满足稳定要求后,再进行沉排护底施工;对于沉排区域新出现的、影响排体结构稳定或降低护底效果的局部冲刷坑,应处理后再进行沉排施工。

(3) 土工织物软体排排头的固定方式应根据排头所在位置的地形和水文条件确定,且应满足排体铺设过程的受力要求。排头的锚固应符合下列规定:

①护岸工程排头可直接埋入枯水平台内侧的脚槽内或在稳定的岸坡打入木桩,并应采用绳索固定。

②无岸坡依托的护滩或堤坝工程,宜预制满足受力要求的专用系排梁,吊装沉于河床以固定排头;也可先铺设一定长度的排体作为排头临时固定措施。

③固定排头所采用的木桩、绳索、系排梁等应进行受力分析与校核。

(4)沉排方向及相邻排体的搭接应符合下列规定:

①护岸工程沉排宜采用垂直岸线方向、从河岸往河心方向进行铺设。相邻排体施工宜自下游往上游依次铺设,搭接处上游侧的排体宜盖住下游侧的排体。

②堤坝工程及护滩工程深水区采用顺水流沉排时,应满足下列要求:

a. 径流河段一般从上游向下游方向进行;潮汐河口根据潮水的流向确定施工顺序,排体的铺设方向与主要水流流向一致;

b. 水深小于或等于10m,施工区流速超过2.5m/s,或水深大于10m,施工区流速超过2m/s时,暂停顺水流沉排施工。

③堤坝工程及护滩工程深水区采用垂直水流方向沉排时,相邻排体施工顺序宜自下游往上游依次铺设,搭接处上游侧的排体宜盖住下游侧的排体。感潮河段应根据潮水的流向确定施工顺序。

④多艘作业船舶分段同步施工,相邻施工区域衔接处的排体反向搭接时,应采取加固补强措施。

(5)土工织物软体排人工系结混凝土压载块施工应符合下列规定:

①混凝土压载块吊装、搬运过程中应采取必要的防护措施防止混凝土压载块断裂、掉角破损。

②混凝土压载块绑系的位置、系结方式应满足设计要求。系结绳索应卡入凹槽,系紧牢靠,不得松脱。

③排体铺设入水前,应对混凝土压载块的破损情况进行检查。对影响使用功能的破损混凝土压载块应予以更换,漏绑的混凝土压载块体应重新绑系。

(6)单元联锁混凝土块吊运、拼装、铺设应符合下列规定:

①单元联锁块吊装应选用相应承载能力的专用起吊设备,按单元逐一吊运拼装。

②施工时,应采取必要的安全防护措施,安排专人指挥、轻装轻放。

③单元联锁块之间以及联锁块体与排垫之间的连接方式、连接点的布置应满足设计要求。连接扣环应锁紧卡牢,不得松脱、漏扣;排垫与混凝土单元联锁块应联为一体。

④排体铺设前应对单元混凝土块的连接绳索损伤、混凝土块的破损情况进行检查。同一单元的断裂、掉角的破损块体比例超过5%,或有块体脱落已影响使用功能的应按单元整体更换。

(7)砂肋软体排和系袋软体排的压载袋应充填适度、袋口牢固扎紧。系结袋和系结圈应连接牢固,压载物与排垫应形成整体。

(8)沉排时应及时测量沉排区水深、流速和流向;观测迎流侧的排体收缩幅度和漂移情况。根据实测情况及时调整船位、控制沉排方向和沉排速度。排体应平顺入水,松紧适度,与水深及河床地形相适应。

(9)土工织物软体排沉排过程中出现排体撕裂的,应从撕排处起算,按设计或规范确定的最小纵向搭接长度进行补排,且排体着床的实际最小搭接长度不得小于6m。

(10)排体沉放至末端时,应根据水深、流速大小和地形起伏状况,留足一定的排体富裕长度,并缓慢移动船位,使排体末端自然缓速垂落至河床。护底排体入水前的水平投影总长度不得小于设计值。

(11)排体沉放过程中应同步观测沉排入水轨迹;当施工区水深大于10m或流速超过2.0m/s时,沉排前宜通过试验确定排体搭接宽度的预留量。必要时可采取措施,对排体实际着床位置进行实时监测。

(12)季节性封冻河流,采用冰上铺排施工时应符合下列规定:

①施工前应先对铺排区域的冰层厚度进行探测,冰层强度应满足施工承载要求。

②施工时按设计要求将缝接好的排体平铺在设计护底范围内的冰面上,排体与护坡坡脚衔接处用钢钎或木桩固定,固定间距不宜大于2m。

③压载体应选用钢丝石笼或整体性较好的其他结构,严禁使用散抛块石进行压载。相邻压载体以及压载体与排体之间应按设计要求牢固绑扎、连成一体。

④开江融冰时,压载体与排体整体着床后应对排体进行位移及断裂检测。发现缺陷应及时采取补救措施。

⑤水深流急区和易形成冰塞河段不宜采用冰上铺排施工。

(13)排体铺设应及时检测、分析并评估排体铺设的施工质量。对于检测异常的区域,宜由第三方检测机构进行水下探摸、摄影或声呐检测。

3.铰链排护滩与护底施工

(1)铰链排混凝土块的预制、养护及质量应符合现行《水运工程混凝土施工规范》(JTS 202)的有关规定。运输或铺设过程中应采取防护措施防止断裂、破损;混凝土块体破损影响功能发挥的应予以更换,并清理出场。

(2)铰链排护滩施工应符合下列规定:

①铰链排下设有排垫时,应先铺设垫层,经检验合格后再铺设铰链排。排头或受力端有预埋或锚固要求时,应按设计要求进行固定。

②相邻联锁块的连接方式、连接点的布置应满足设计要求。连接金属扣环应锁紧卡牢,不得有松脱、漏扣;防锈处理时底漆应与面漆分层涂刷。

(3)铰链排护底施工应符合下列规定:

①排体铺设应根据施工区域的水深、流速大小以及排体幅宽选择合适的专用沉排船机设备。

②排体铺设宜按自下游往上游、从河岸往河心的先后顺序逐段铺设。

③排体铺设时应对入水轨迹进行实时监测,发现异常应及时调整船位。

4.钢丝网石笼垫护滩施工

(1)钢丝网石笼垫材料规格、质量应满足设计要求,材料进场经检验合格后方可使用。

(2)钢丝网石笼垫应逐件组装,单块钢丝网垫应先压平,再折叠组装,组装后应底面平整、侧板及隔板应横平竖直。绞合钢丝应与石笼垫材质相同,并按照间隔10~15cm单圈与双圈交替绞合,步距均匀,连接牢靠。

(3)卵石资源丰富的地区,填充石料宜选用卵石;其粒径、级配应满足设计要求,且石料粒径不宜小于石笼网垫的孔径。

(4)在填充石料时应采取必要的防护措施,避免损坏护垫上的防锈镀层。

(5)当钢丝石笼垫单层高度超过30cm时,充填石料时应在石笼网垫周边采取支护措施,确保四周隔板竖直整齐。

(6)施工时应根据地质情况,考虑一定的沉降变形量,填充的石料宜略高出网垫顶面。

(7)顶面盖网封闭前,应检查填充石料的装填饱满度和表面平整度。钢丝石笼外轮廓应横平竖直,内隔板弯曲变形应予以校正。

(8)顶面盖网网面与边端钢丝连接宜采用专业的翻边机。将网面钢丝缠绕在边缘钢丝上,每孔不应小于2.5圈。

5. 抛枕护底施工

(1)砂枕缝制、充填应符合下列规定:

①砂枕缝制前应进行检测,其材料的质量、抗拉强度、孔径、透水性和保土性能等指标应满足设计要求。

②砂枕缝制后应检查砂枕尺寸、拼接缝形式和缝合强度,其指标应满足设计要求。

③土工织物充灌口数量宜根据袋体尺寸、填料粒径和充填能力确定。充填完成后,充灌口应封闭。

④砂枕充填宜采用泥浆泵充填,充填物技术指标应满足设计要求,砂枕充填饱满度不应大于80%,充填后应排水密实。

(2)抛枕施工时应根据砂枕规格、水深、流速、风浪等合理选用抛枕施工船舶。

(3)抛枕施工宜采取抛枕船舶与定位船舶组合进行。对于航道狭窄,施工与通航安全矛盾突出,或在水深流急区域应急抢险施工时,可采用配备测量定位设备的单一抛枕船进行抛投。

(4)抛枕施工时宜采用网格法,均匀抛投、分层实施,且水上抛投覆盖区域不得小于设计的护底范围;施工网格宜根据工程区大小、砂枕规格以及作业船舶尺度确定。

(5)抛枕施工宜自下游向上游、先深水后浅水的顺序进行。施工前,宜通过现场试验,确定砂枕的漂移距。现场试验条件不具备时,可按规范给定经验公式估算。

6. 压排石施工

(1)压排石施工应采取必要的排体防护措施。

(2)水下抛石施工应考虑水深、流速和波浪等自然条件产生的块石漂移影响。块石漂移距宜通过现场试验确定;现场试验条件不具备时,可按规范给定经验公式估算。

(3)抛石施工时,施工船舶不得损坏水下排体。已护底区域内的定位船和抛石船宜采用抛石锚固,不得采用铁锚锚固。

(4)抛石施工应符合下列规定:

①施工作业应由定位船和抛石船舶组合进行,施工船舶应配备满足精度要求的测量定位设备。

②施工宜采用网格法控制施工质量,根据抛石工程量及时移船定位。抛石应均匀覆盖,不得漏抛或出现局部堆积。

③当设计抛石厚度超过1000mm时,宜分层抛投、分层检测。

(5)采用机械抛石,其抓斗、铲斗或网兜等应尽可能接近水面抛投,抛石不应破坏护底排体。

(6)人工抛石时,取石应先取顶部石块,平顺搬取;抛石过程中应随时观察船体稳定情况。

7.预制透水框架施工

(1)透水框架的预制应符合现行《水运工程混凝土施工规范》(JTS 202)的有关规定。

(2)钢筋焊接应采用电弧焊,焊接性能应符合现行《非合金钢及细晶粒钢焊条》(GB/T 5117)和《钢筋焊接及验收规程》(JGJ 18)的有关规定。

(3)预制件起运、焊接、组装时,其强度不应低于设计强度的70%。透水框架的焊接、组装应在具备施工条件的场地内进行,不得在运输船舶上进行焊接组装施工。

(4)透水框架外露钢筋在抛投前应进行防锈处理。钢筋表面基层应清理干净,涂刷工艺应满足设计要求。

(5)透水框架陆上施工应符合下列规定:

①施工前工程区域的滩面宜进行平整,不得出现局部深坑、陡坎及明显凸起。

②透水框架可叠加摆放,叠加层级不宜超过3层。

③透水框架应按设计要求的行距依序摆放,相邻两排透水框架宜错位摆放,顺水流方向不得形成连续的过流通道。

(6)透水框架水上抛投施工应符合下列规定:

①施工宜采用专用设备吊装投放。

②施工宜采用网格法控制抛投质量。网格大小宜根据施工范围、船舶设备及工程量确定,并按设计值或理论计算值控制各网格抛投数量。

③抛投施工应由定位船舶与装载抛投船舶组合进行。实行分区定位,分区施工,均匀抛投。

④抛投多层时,应分层抛投。每抛一层应进行检测,并评估抛投均匀度是否满足设计要求。抛投时应及时移船定位,不得形成水下堆积体。

⑤在水深超过5m或流速大于1.5m/s的区域施工时,宜先通过试抛确定水下漂移距,根据漂移距确定定位船位置。

⑥抛投时应自河岸到河心,按先浅水、再深水的顺序进行。抛投后应及时测量,对抛投范围、数量、均匀度进行分析;不合格区域应及时补抛。

⑦低水位时,对于透水框架出露的抛投区,应对抛投不合格区域补抛、整理。

8.护滩带边缘预埋压石施工

(1)预埋压石基槽开挖后应先验槽合格后,再将护滩排体按设计要求铺设至基槽底部,然后再铺砌块石。块石铺砌施工不得对底层排体造成损坏。

(2)护滩带边缘预埋压石应级配良好,面层宜用粒径相对较大块石;砌石应相互嵌紧、表面平整,缝隙选用小块石填塞嵌紧,构筑物的断面尺寸不得小于设计要求。

(3)预埋压石表面应与守护滩面平顺衔接,边缘部位不宜出现高差大于300mm的陡坎。

(4)预埋压石与护滩软体排宜同步施工,面层铺时或抛石面层的整理宜在当年汛期前完成。

(5)预埋压石施工完毕,应对余料或废弃物进行清理。

十、坝与导堤施工质量控制要点

1. 坝体、堤身施工

(1)块石坝体施工应符合下列规定:

①筑坝施工过程中,应及时校核坝轴线位置、断面尺寸。

②坝根处岸坡抗冲能力较弱时,应按设计要求先进行坝根处理护坡施工。

③坝体抛筑顺序应根据河道条件、运输方式和设计要求合理确定。

④坝体抛筑时,应随时检测坝位、坝面高程和护底结构的稳定情况,防止偏移、超高。

⑤采用陆上端进法抛筑坝芯石时,坝根的浅水区可一次抛到设计高程,坝身和坝头可根据水深、地基承载力、水流和波浪情况一次或多次分层抛填至设计高程。

⑥易冲刷的河段应观测沿堤流的冲刷情况。

⑦受台风影响的堤坝,堤身出水面后应尽快形成设计断面,减少暴露长度和面积。

⑧在季节性封冻河流上筑坝可采用冰上码方。施工前应全面调查施工区域的冰封情况,对坝位水深及冰层厚度进行详细测量,根据冰层厚度估算冰层承载力,制定施工方案和安全生产预案;施工时,根据块石堆码断面图,宜将块石一次成形堆放于冰面上,待冰融落位后再进行坝面整理;冰层承载力达不到一次成形要求时,可采用开冰槽抛石施工或进行二次码方。

⑨软基抛石筑坝施工应符合下列规定:

a. 堤侧有抛石棱体的导堤施工时,先抛压载层,后抛堤身。

b. 有挤淤要求时,从断面中间逐渐向两侧抛填。

c. 抛石加荷速率有控制要求时,按设计要求设置沉降观测点,控制加荷间歇时间。

d. 潮汐河口抛石导堤施工应符合现行《防波堤设计与施工规范》(JTS 154-1)的有关规定。

(2)砂枕坝体施工应符合下列规定:

①砂枕坝体施工前,应根据河床地形、坝体设计高程及坡度,绘制坝体断面砂枕布置图。施工中应考虑施工顺序和施工荷载对坝稳定的影响,以及因地基沉降和充填袋内砂体密实引起的顶部高程降低。

②砂枕坝体施工的充填、抛投除应符合"抛枕护底施工"中的有关规定外,尚应符合下列规定:

a. 未护底区域施工前对河床进行检测,对凸出的尖锐物予以清除。

b. 砂枕的大小根据坝体横断面尺寸确定,砂枕垂直轴线摆放,上下砂枕错缝铺设,不留通缝;厚度控制在400～700mm。

c. 充填过程中根据充填物的固结时间,适时调整充填工艺。

d. 砂枕的外形尺寸和平整度满足设计要求,在充填过程中应及时检查。

e. 抛筑时检测坝体高度和边坡,并随时根据断面尺寸合理搭配不同长度的砂枕;必要时安排潜水员对坝体进行水下探摸。

f. 外露部分应及时覆盖保护,避免长时间暴露。

g. 河口地区及受风浪和水流冲击的区域,施工期做好临时防护措施。

③砂枕水上抛投施工过程中,应适时测定施工区域的流速、流向以及砂枕的漂移距。根据流速、流向、漂移距的不同及时调整定位船位置。

④砂枕抛筑至适合人工铺设施工时,宜采用人工铺设充填。

(3)钢丝石笼坝体施工应符合下列规定:

①充填料应质地坚硬,抗风化性能好,满足设计要求。

②石笼充填应密实,封盖绑扎应采用与石笼材质相同的钢丝,绞合间距不宜大于网格尺寸,组合封装应符合"钢丝网石笼垫护滩施工"中的有关规定。

③石笼抛投应考虑水深、流速等自然条件产生的漂移距离影响,石笼漂移距离宜由现场试验测定。

④石笼坝体抛筑,宜采用分层平抛法施工,由坝根向坝头抛筑;河床抗冲性较强时,石笼坝体抛筑也可采用端进法。

⑤石笼抛筑过程中,应随时检查坝位、坝身和边坡等,坡度不得陡于设计坡度。易冲刷的河段,尚应观察沿堤流的冲刷情况。

⑥石笼应排列整齐、挤靠紧密、上下错缝压接,不得出现通缝。

⑦石笼施工时应采取必要的防护措施,避免损坏石笼钢丝的防锈镀层。

(4)混凝土构件坝体施工应符合下列规定:

①混凝土构件坝体施工应编制专项施工方案。

②混凝土构件预制、出运施工应符合现行《水运工程混凝土施工规范》(JTS 202)的有关规定。

③沉箱、方块等大型预制构件的下水、浮运尚应符合现行《码头结构施工规范》(JTS 215)的有关规定;半圆体、半圆体沉箱等预制构件的预制、出运应符合现行《防波堤设计与施工规范》(JTS 154-1)的有关规定。

④混凝土构件安装应符合下列规定:

a. 混凝土构件安装前检查基床的平整度、回淤厚度,当回淤厚度超过设计要求时,重新清淤。

b. 根据水流、水深、设备条件选用浮吊安装、浮移安装、吊浮结合安装等方式,建议采用定位船辅助定位。

⑤对于设计有充填压载要求的沉箱,构件安装后应及时进行箱内充填。充填应对称、均匀,充填完成后立即将充填孔牢固封堵。

⑥透水空心方块施工应符合下列规定:

a. 空心方块安装采用定位船辅助定位,构件自下而上安放。

b. 底层空心方块采用两点平吊,保证方块安装水平,行、列间距由模型试验确定;安放时确保空心方块水平筑底,防止破坏护底软体排。

c. 第二层及其以上的空心方块采用单点吊,逐层斜插安装。

d. 安装水面以上空心方块时,适当调整安放平面位置,将块体安放在下层块体的空隙处,确保上层块体稳定。

e. 透水空心方块安放数量不低于设计值的95%。

2. 坝面施工

(1)干砌石、铺石坝面施工应符合下列规定:

①块石的规格、质量应满足设计要求。

②坝面应采用粒径较大的块石,并应安砌稳定平整,大块石之间的缝隙应用小块石嵌紧。

③块石干砌、铺砌不得破坏垫层。施工时应按设计尺度设置控制线,并应错缝整砌、紧靠密实,前后的明缝应用小片石料填塞紧密,不得出现通缝、叠砌和浮塞,块石间应契合紧密无松动。

④砌体应表面平整,块石边缘应顺直、整齐。

⑤干砌条石坝面应自下而上分层砌筑,条石底层与抛石坝体应靠紧,条石间应相互错缝、坚实嵌固。

(2)浆砌石坝面施工应符合下列规定:

①浆砌块石或浆砌条石坝面宜在坝体稳定后进行施工。

②石料的规格、质量应满足设计要求,材质坚实,无风化剥落层或裂纹,石材表面无污垢、杂质。

③砌筑前,应将砌体外石料表面的泥垢冲净,砌筑时应保持砌体表面湿润。

④砌筑时块石宜坐浆卧砌,应平整、稳定、错缝、内外搭接。

⑤石块间不得直接接触,不得有空缝。

⑥浆砌坝面块石的长边应垂直于坡面,块石长边尺寸不宜小于护面层的厚度。

(3)现浇混凝土坝面施工应符合下列规定:

①混凝土浇筑施工缝的留设位置不宜设在浪溅区、水位变动区和混凝土拉应力、剪应力较大的部位。

②现浇混凝土的浇筑应从下而上,分段施工,并振捣密实,辅以人工抹面。面层厚度和强度应满足设计要求。

③现浇混凝土坝面施工宜在坝体沉降稳定后,浇筑面层混凝土。

④现浇混凝土镶嵌卵石坝面应在混凝土浇筑后立即进行,卵石嵌入前混凝土应振捣密实、抹面,卵石应直立嵌入且排列有序,嵌入深度宜为卵石长度的3/4,卵石间距宜为20mm,顶高宜比混凝土面高20~30mm,两边卵石距坝体轮廓边线应不小于30mm,卵石顶面高程应满足设计要求。

(4)模袋混凝土坝面施工应符合下列规定:

①模袋的规格、质量以及模袋布的垂直渗透系数、等效孔径、抗拉强度等应满足设计要求。

②模袋铺设前应对坡面基层表面进行处理,坝坡出露部分应采用人工进行理坡整平,宜用小碎石袋来调整坝体边坡。坡面应平顺,无明显凹凸、无杂物;其表面平整度允许偏差陆上不大于100mm,水下不大于150mm。

③模袋宜先以钢管为轴卷成卷,铺设前宜设定位桩及拉紧装置,定位桩应有足够的刚度和

入土深度,充灌时不移位。铺展模袋时宜用定位桩及拉紧装置控制模袋卷自上而下垂直坝轴线滚铺,随铺随压沙袋或碎石袋。水下模袋铺设和充灌宜由潜水员配合检查铺设质量。

④模袋铺设应预留收缩富余量,富余量应通过试验确定。模袋展开时,不得损坏模袋。

⑤模袋铺设后应及时充满混凝土或砂浆。模袋混凝土的原材料、配合比应符合现行《水运工程混凝土施工规范》(JTS 202)的有关规定。模袋混凝土粗集料最大粒径应符合设计及规范的规定。混凝土坍落度不宜小于200mm。

⑥模袋混凝土护面宜采用泵送方法施工,所用混凝土或水泥砂浆应具有可泵性和适宜的流动性。

⑦模袋混凝土充灌施工前,模袋应用水泵充分润湿,充灌时灌注口端的泵管宜使用软管。灌注过程中,宜使用外力使模袋每个方向均充灌饱满,袋内混凝土的饱满度满足设计要求。混凝土充灌速度宜控制在 $10 \sim 15 m^3/h$,充灌压力宜控制在 $0.2 \sim 0.3 MPa$。

⑧模袋混凝土护面充灌时,后一块模袋的铺设应与前一块系结牢固。

⑨模袋混凝土充灌后应及时将模袋表面和滤点孔内的灰渣冲洗、清理干净,并做好混凝土的养护。

⑩模袋混凝土护面充灌施工应在坝芯沉降稳定后进行。模袋的充灌宜采用整体施工法,先充灌坝芯两侧的模袋,待两侧模袋混凝土基本无变形后,再充灌护面顶部。

⑪模袋混凝土充灌后应及时进行坡脚沟槽回填覆盖和压脚施工。

(5)扭工字块护面块体安装应符合下列规定:

①块体的安放数量应满足设计要求。

②当采用定点随机安放时,应按设计块数的95%计算安放位置,交错安放、互相勾连、分段施工。安放完成后,应对块体的疏密情况进行检查。

③当采用规则安放时,应使垂直杆件安放在坡面下方,并压在前排的横杆上,横杆置于垫层块石上,腰杆跨在相邻块的横杆上。

④扭王字块体可采用定点随机安放或规则安放。当采用定点随机安放时,块体在坡面上可斜向放置,并使块体的一半杆件与垫层接触,但相邻块体的摆放方向不宜相同。

(6)栅栏板安装应符合下列规定:

①栅栏板安装前应检查垫层石理坡质量,垫层石规格、质量应满足设计要求,验收后应及时安装。不符合要求或风浪破坏的部位,应进行修整后方可安装护面块体。

②栅栏板应自下面上规则摆放,安装时应相互掌紧,安放时应与垫层接触牢固,但不应使用二片石支垫。

③栅栏板运输过程中应避免碰撞造成的块体破揭、边棱残缺等。

(7)钢丝石笼垫护面施工应符合下列规定:

①钢丝石笼垫组装制作、充填石料应符合"钢丝网石笼垫护滩施工"中的有关规定。

②石笼护面施工时宜同时均匀地向一组护垫的各网格内填料,填充料宜一次填满,填充石料顶面宜适当高出护垫。

③石笼护面施工填石宜采用人工完成,外观应平整。

④相邻护面石笼的封盖框线与边框线应绑扎在一起,并满足设计要求。

十一、护岸施工质量控制要点

1. 护脚施工

(1) 抛枕护脚施工应符合下列规定:
①砂枕制作及充填料应符合"抛枕护底施工"中的有关规定。
②施工前应对工程区的水下地形进行检测,发现有尖锐物体应先进行清理。
③抛枕护脚施工应根据水深、流速和砂枕的规格选用匹配的定位船与抛枕船配合进行。
④抛枕施工应根据设计要求、施工能力、水流及水下地形等因素,合理确定分层和分段施工顺序。
⑤施工时应监测施工区域的流速、流向以及砂枕的漂移距离,及时调整定位船的位置。砂枕入水方向应满足设计要求。
⑥抛枕过程中应及时用探杆或测深仪检测抛投效果。

(2) 抛石护脚施工要求除应符合"压排石施工"中的有关规定外,尚应符合下列规定:
①水上抛石选用匹配的定位船与抛石船配合进行,施工过程中应及时检测抛填的范围和均匀度,按设计要求控制护脚范围和边坡。
②抛石护脚应与岸线保持基本平顺,护脚在低水位出露时,应及时理坡。

(3) 人工块体护脚施工应符合下列规定:
①护脚预制构件安装应根据施工环境以及构件结构、重量和数量选择合适的安装和运输设备。
②透水框架护脚施工应符合"预制透水框架施工"中的有关规定。
③扭王字块护脚施工应符合"坝面施工"中的有关规定。

(4) 石笼护脚施工应符合下列规定:
①护脚石笼装填应符合"钢丝网石笼垫护河施工"中的有关规定。
②石笼抛投应根据工程规模合理划分施工区段,采用网格法施工。
③施工过程中应及时检验石笼实际落底位置、厚度。

2. 护坡施工

(1) 铺石坡面施工应符合"坝面施工"中的有关规定。

(2) 干砌块石坡面施工除应符合"坝面施工"中的有关规定外,尚应符合下列规定:
①坡面块石安放前应检查排水盲沟、倒滤层的质量,对不符合要求的部位应进行整修。
②坡面砌石应由低向高铺砌。

(3) 浆砌块石护面除应符合"坝面施工"中的有关规定外,尚应符合下列规定:
①浆砌块石护面施工前应检查排水盲沟、倒滤层的质量,对不符合要求的部位应进行整修。
②浆砌块石护面施工应自下而上进行,分段砌筑,接缝层次清楚,砌筑时不得先堆砌块石再用砂浆灌缝。
③浆砌块石勾缝前应清缝,勾缝砂浆强度等级应高于砌体砂浆,砂浆应分层填实;砌筑无法连续施工、砂浆已超过初凝时间时,应待砂浆强度达到 2.5MPa 后才可继续施工;继续砌筑

前,应将原砌体表面浮渣、松散体清除,砌筑完成后应及时做好养护;勾缝应美观、匀称,表面平整,保持块石砌筑自然接缝。

(4)钢丝石笼垫坡面施工应符合下列规定:

①石笼垫的组装、封盖和石料充填应符合"钢丝网石笼垫护滩施工"中的有关规定。

②石笼垫铺设应自下而上,笼体应排列紧密,外框短边与水流方向一致,并紧贴垫层。

(5)预制块铺砌施工应符合下列规定:

①预制混凝土块的质量应满足设计要求和现行《水运工程混凝土施工规范》(JTS 202)的有关规定。

②预制混凝土块的外观应棱角分明、表面清洁平整,无缺角、断裂。

③铺砌预制块应分段施工,自下而上铺砌,底部块体应与枯水平台紧密接触。

④预制混凝土块铺砌范围、组砌方式、缝宽和衔接处理应满足设计要求。

(6)模袋混凝土护坡施工应符合"坝面施工"中的有关规定。

3. 直立式护岸施工

(1)现浇混凝土基础施工应符合下列规定:

①施工前应对基准点和水准点进行复核,并依次设置施工基线和水准点等定位标志。

②混凝土所用原材料、配合比设计、混凝土的强度、施工缝的留置位置和施工缝处理及混凝土的养护应符合现行《水运工程混凝土施工规范》(JTS 202)的有关规定。

③浇筑混凝土前,应清除浇筑面上杂物,并形成干地施工条件。

④现浇混凝土基础浇筑时,应在条形基础表面设置不少于15%底板面积的石块,形成凸出基础面的"石榫"或埋置深度为150~200mm的"倒石榫",石榫布置形式和占总接触面积的比例应满足设计要求。

⑤现浇混凝土基础伸缩缝应上下、前后贯通,填缝饱满。

(2)浆砌石挡墙施工应符合下列规定:

①浆砌石挡墙的石料、砂浆质量应符合"坝面施工"中的有关规定。

②岩石或混凝土基础上砌筑时,应将基底表面清洗,湿润后坐浆砌筑。

③砌体的转角处和交接处应同时砌筑。

④浆砌石挡墙应分段、分层砌筑,两个工作段的砌筑高差不宜超过1200mm,分层宜按2~3层砌块组成一个工作层。

⑤块石砌筑应坐浆平砌,上下错缝、内外搭砌。

⑥条石砌筑前应先计算层数,选好料石。砌筑时应控制条石的砌筑高度,砌缝应横平竖直,宜采用丁顺相间的砌筑形式。

⑦浆砌体应在砂浆初凝后养护7~14d,养护期间应避免碰撞、振动或承重。

⑧浆砌块石挡墙宜为平缝,条石砌体宜为凹缝,勾缝砂浆的强度应比砌体砂浆强度高一级,勾缝深度宜为20~30mm。

⑨施工中沉降伸缩缝应垂直,缝两侧砌体表面平整,不应搭接。接缝中填塞材料应满足设计要求。

⑩砌筑完成后应进行沉降、位移观测。

(3)混凝土挡墙施工应符合下列规定:

①混凝土浇筑应在下部结构沉降基本稳定后进行。
②挡墙施工应考虑墙身的沉降、位移影响。
(4)钢丝石笼挡墙施工应符合下列规定：
①石笼垫制作、填装应符合"钢丝网石笼垫护滩施工"中的有关规定。
②钢丝石笼砌筑前应整平砌筑面。砌筑位置、范围和尺寸应满足设计要求。
③石笼面墙应整体平顺,笼体内宜设置拉筋或外设支撑模板,保持笼体规整。
④钢丝石笼的组装形式应满足设计要求。相邻的笼体绑扎连接,绑扎间距宜为200～300mm。
(5)钢筋混凝土板桩护岸施工应符合下列规定：
①钢筋混凝土板桩的预制应符合现行《水运工程混凝土施工规范》(JTS 202)和《码头结构施工规范》(JTS 215)的有关规定。
②板桩沉桩应设置导桩、导梁等导向装置,导向装置应具备足够的强度和刚度。
③钢筋混凝土板桩沉桩应逐根依次套榫插入。宜采用一次沉桩至设计高程或阶梯式往复沉桩的方法。
④吊点位置偏差不宜超过200mm,吊索与桩身轴线的夹角不得小于45°。
⑤钢筋混凝土板桩沉桩后应清理、填塞板桩跳槽空腔,板桩上部胸墙或帽梁施工应在板桩槽孔填实后进行。
⑥钢筋混凝土板桩的锚碇结构施工应符合现行《码头结构施工规范》(JTS 215)的有关规定。
(6)钢板桩护岸施工应符合下列规定：
①钢板桩的规格、品种应满足设计要求。
②钢板桩锁口应平直通顺,使用前应进行套锁检查。
③钢板桩吊运应采用两点吊,不得斜拖起吊。
④钢板桩堆放场地应平整坚实、排水良好,桩应分层叠置,层与层之间应设置垫木,上、下垫木应设置在同一直线上并支撑平稳,堆放层数应不大于3层。
⑤钢板桩防护层的涂料、品种和质量应满足设计要求,涂层在吊运和沉桩过程中损坏时应及时修补,修补的涂料应与原涂层相同。
⑥钢板桩沉桩施工前,宜先进行试验性施工,检验选定的参数,并根据试验数据进行调整。保证沉桩顺利进行。
⑦钢板桩沉桩应设置导桩、导梁等导向装置,导向装置应具备足够的强度和刚度。
⑧钢板桩宜采用拼组插入、间隔跳打或阶梯式沉桩到设计高程。钢板桩拼组根数:槽形桩宜取奇数,Z形桩宜取偶数。每组钢板桩的锁口宜用电焊固定。
⑨钢板桩沉桩前,其锁口宜涂抹润滑油脂。
⑩钢板桩沉桩应以桩尖设计高程作为控制标准。
⑪钢板桩的锚碇结构施工应符合现行《码头结构施工规范》(JTS 215)的有关规定。
(7)预制空箱挡土墙施工应符合下列规定：
①空箱的预制应符合现行《水运工程混凝土施工规范》(JTS 202)的有关规定。
②空箱的预制宜采用混凝土底模,底模表面的平整度不应大于10mm。

③空箱混凝土宜一次性浇筑完成。
④空箱起吊时,其混凝土的强度应满足设计要求。
⑤空箱吊装宜采用单个吊装、顺序安装的方法,吊装可采用汽车吊或起重船等设备。吊装时应慢吊轻放,确保安全。
⑥空箱起吊及安装的吊点、吊具应进行专项设计,起重吊架应具有足够的强度和刚度。
⑦采用起重船吊装安放空箱时,可先大致就位落放,当空箱底面距底板顶面约300mm时,再做小范围调整,应确保空箱底角线就位准确、防止出现错缝。
⑧空箱安装前应清理底板表面及空箱底脚的杂物并设置安装基准线。
⑨空箱安装到位后应及时进行混凝土浇筑,抛填块石应在混凝土达到设计要求后进行。

4. 排水与倒滤工程施工

(1)排水盲沟与明沟应在坡面开挖基本成形,枯水平台、坡顶马道达到设计高程,坡面达到设计坡度后再进行开挖。

(2)在渗流较严重区域,应开挖临时性排水沟槽或布设集水沙井等排水措施,待地下水位降到一定程度后,再实施永久性的排水盲沟和明沟。

(3)排水明沟施工应符合下列规定:
①明沟基槽宜分段开挖,坡顶横向集水明沟应与垂直岸线的纵向明沟同步开挖。雨期施工应采取临时性的排水导流措施。
②排水明沟护面施工应符合"坝面施工"中的有关规定。底面及侧壁砂浆抹面应密实均匀,不得形成地下排水通道。

(4)排水盲沟施工应符合下列规定:
①盲沟开挖应分片分段、自下而上进行,其断面尺寸应满足设计要求。
②盲沟开挖经验槽合格后应及时铺设土工织物、填充料等倒滤层。
③盲沟内土工织物与沟壁应紧密贴实,不得形成地下过流通道;铺设在同一直线段基槽内的土工织物宜采用整幅布料,不得拼接。
④盲沟填充骨料的粒径、级配、铺设厚度应满足设计要求,集料回填宜采用人工分段自下而上、从一端往另端铺设施工。

(5)倒滤层施工应符合下列规定:
①混合倒滤层施工应按铺设砂垫层、土工织物、碎石垫层的顺序施工,上道工序验收合格后方可进行下道工序。
②土工织物的铺设应按垂直岸线方向进行,下端牢固压入枯水平台脚槽内,上端埋入坡顶明沟。上下端之间应采用整幅布料,不得搭接或缝接。
③土工织物铺设应松紧适度,贴紧垫层,不得发生折叠、悬空和破损。
④顺沿岸线方向应自下游向上游逐段铺设,搭接处上游侧盖住下游侧,每段幅宽应满足设计要求。
⑤倒滤垫层的砂料粒径应满足设计要求,含泥量不得超过5%。

5. 生态护岸施工

(1)生态袋加筋挡土墙施工应符合下列规定:

①生态袋加筋挡土墙施工宜在基槽开挖与基础底板浇筑后,按照安装生态袋、土工格栅铺设、碎石倒滤层施工与后方回填、土工格栅反包施工等工序循环开展后,再进行生态袋压顶,生态袋墙面绿化。

②生态袋、连接扣、土工格栅规格和质量应满足设计要求。

③生态袋挡墙基底开挖、压实及整平应满足设计要求。

④生态袋填充料的配合比应满足设计要求,充填时应保证充填的饱满度和平整度,袋口扎口后袋体外形宜为矩形立方体,其宽度、厚度应不小于设计值。

⑤生态袋叠放时,应当按坡度设置样架分层挂线施工,上下层袋体应错缝排列、压实,标准扣骑缝放置,互锁结构稳定。

⑥工程联结扣的安放和联结方式应满足设计要求。

⑦土工格栅应垂直于岸壁前沿线平铺、拉紧后应及时填铺填料。

⑧加筋体回填的填料种类、粒径、压实度应满足设计要求,填料中不得含有尖锐棱角等易损坏加筋材料的物料;填料最大粒径应不大于填料压实分层厚度的 2/3,且不大于 150mm;填料应分层回填、碾压,分层厚度宜为 200～300mm;采用机械卸料或摊铺时,加筋材料的填料覆盖厚度应不小于 200mm;施工机械不得在未覆盖的加筋材料上行驶。

⑨生态袋挡墙的倒滤层、排水管施工应与加筋体回填协调一致。

(2)钢丝石笼生态护岸施工应符合下列规定:

①钢丝石笼的铺设、填料、封边施工应符合"钢丝网石笼垫护滩施工"中的有关规定。

②石笼面层覆盖的土质、厚度应满足设计要求,宜选择耕植土,并除去杂草杂物。

③种植土应分层铺设,底层覆土厚度宜为 70～100mm,应在部分土粒落入卵石缝隙后撒种草籽、覆盖面层土。

④草籽播种宜选择早春温度上升时进行,植物应有足够的发芽温度和生长期,应考虑洪水影响。

⑤草籽发芽后,应及时浇水灌溉、追加肥料,洒水养护时间不宜少于 20d。遇低温天气宜采取薄膜覆盖等保温措施。

(3)木排桩生态护岸施工应符合下列规定:

①木桩的桩径、长度、质量应满足设计要求。

②施工前,应对桩轴线进行放样,桩轴线位置应满足设计要求。

③木桩桩顶应进行防腐处理,防腐的范围应为自桩顶至设计低水位。

④沉桩时,应保证木桩入土时的垂直度和沿岸线方向的平直度,木桩入土深度和间距应满足设计要求。

⑤沉桩后,应对桩位和桩顶高程进行复核。

⑥沉桩后,排桩绑扎、桩后回填土方高程应满足设计要求。

十二、炸、清礁施工质量控制要点

1. 陆上炸礁施工

(1)陆上爆破施工应符合下列规定:

①陆上爆破宜采取由外向内、由上向下一次性钻爆至设计底面高程,超过5m时,应采取台阶式分层爆破。

②陆上爆破宜采用毫秒延时爆破,孔较浅且对周边环境无影响时宜采取齐发爆破。

③陆上爆破有边坡保护和减震要求时,宜采用预裂爆破或光面爆破方式,爆破网路采取导爆索起爆,验孔、装药等环节应有爆破工程技术人员指导。

④陆上开槽爆破宜按由中心向两边、从中段向上下两端进行。

⑤陆上开槽施工应在槽上下两端预留挡水墙或设围堰,围堰高程应高于施工期多年平均高水位,槽内应设低于设计底面高程1m的集水坑。

⑥装填炮孔数量应以设计的一次起爆药量为限,完成一炮次全部钻孔后集中装药,在岩体裂隙发育或较破碎情况下,宜采用每个钻孔完成后及时装药的方式。

⑦爆破前应清除孔口周围的碎石、杂物,爆破体表面和最小抵抗线方向应采取覆盖措施防止飞石,保护周边房屋和人员。

⑧炮孔堵塞物宜采用钻屑、黏土和带泥的河沙,堵塞长度不应小于最小抵抗线的1.2倍。

(2)陆上开挖、弃渣应符合下列规定:

①开挖施工宜从临水一侧开始,由高到低、从外向里开挖至设计底面高程。

②采取机械挖运出渣应保持边坡稳定,工程机械与水边应有足够的安全距离。

③清渣施工应先挖运水面以上石渣,并根据施工期多年平均水位,确定预留开挖水下石渣施工平台高程。

④陆上弃渣高程、范围、边坡应满足设计要求。

2. 水下炸礁施工

(1)水下钻孔爆破应符合下列规定:

①钻爆船和钻爆平台应采取铺缆式定位或定位桩定位,确保船位稳定,防止走锚、滑桩和套管移位。

②施工船舶锚缆布置应满足施工和通航安全要求,砂卵石河床和流速超过3m/s的急流河段施工,宜采取在岸上设地锚方式系缆,通航侧舷横缆宜采用沉链方式,定位完成后应对伸入航道的锚缆进行水深探摸检查。

③施工宜按先下游后上游,先深水后浅水的顺序进行,并根据水位变化适时调整。

④施工船舶定位宜采用卫星定位系统,施工钻孔位置的偏差内河施工时不大于200mm,沿海施工时不大于400mm,钻孔过程中应校核、监控船位。

⑤水下钻孔布置宜采用矩形或梅花形布孔。炮次间的排距应根据地质和爆破参数确定,宜为设计排距的1.4~1.6倍,复杂地质应通过试爆开挖后确定。

⑥水下礁石有夹层、孤石等复杂地质时,宜先对上层岩石进行钻爆,清渣后进行下一层岩石的钻爆;水下礁石有覆盖层时,应采取护孔管隔离措施,覆盖层超过1m时,先清除覆盖层,再进行钻孔作业。

⑦钻爆船施工宜保持船体与水流流向一致,急流河段水下钻孔施工,应采取措施防止爆破网路被钻具和缆绳损伤。

⑧潮汐河段应根据潮位变化及时校对和调整船位、钻孔孔深,应有专人负责爆破网路收

放,并应防止设备故障出现钻具顶抬钻机。

⑨水下钻孔完成后应探测孔深,在确认孔深达到设计要求和孔壁完好后进行装药作业。

⑩水下爆破器材的防水、抗压性能应满足工况要求。雷管宜采用毫秒延时金属电雷管、导爆管雷管,炸药宜采用乳化炸药。

⑪水下钻爆一次起爆总药量需要控制时,宜在孔内间隔装药,各间隔段分别设起爆体,间隔物应采用粗砂或碎石。

⑫爆破网路宜使用电力起爆或导爆管起爆,电力起爆网路可采用并串联等方法,导爆管起爆网路可采用簇联和并联。

⑬水下爆破同一炮次中电力起爆网路使用电雷管电阻差值不应超过 0.2Ω,实测总电阻不应超过计算理论值的 $\pm 5\%$。每个普通电雷管的起爆电流交流电不应小于 $4.0A$,直流电不应小于 $2.5A$。

⑭起爆体应使用 2 发以上雷管,装药长度大于 3m 时,应使用双起爆体。在有流速的施工水域应将电线或导爆管捆扎在保护绳上,电线或导爆管应大于绳长,捆扎呈松弛状态。

⑮水下炮孔堵塞应确保药柱不浮出钻孔,并应满足下列要求:

a. 选用砂或粒径小于 2cm 卵石、碎石堵塞,堵塞长度不小于 0.5m。

b. 对水击波防护要求较高水域施工采取沙石混合堵塞。

c. 流速较大水域炮孔堵塞长度不小于 0.8m。

⑯水下钻爆连续作业时,雷管和炸药应分开存放于公安部门认可的临时专用储存移动库或仓房。

⑰钻爆船爆破时应移至爆破区上游,爆破网路应顺水流松放,防止受力过大和被船舵、桩、锚缆挂损。

(2)水下裸露爆破应符合下列规定:

①水下裸露爆破宜采用船投法,施工顺序应从深水到浅水,由下游向上游。

②爆破药包捆绑配重物宜采用块石或沙袋,配重物质量宜通过现场试验确定,也可通过规范给定公式估算。

③水下裸露爆破每炮次的横向搭接宜为 $1\sim 2m$;纵向搭接宜为 $0.5\sim 1m$;投放药包时应根据流速和水深情况考虑漂移距离。

④爆破药包排列宜采用双串药包,每个药包应设双雷管起爆体,使用并串并联复式电爆网路。

⑤大面积裸露爆炸药包投放宜在投药船两舷采用翻板同步投放,零星清炸孤礁可采用双串药包用交叉绳连接投放。

⑥使用船舶投药应符合下列规定:

a. 根据流速、流态变化调整船位,保持定位船和药包投放点与水流方向一致,有泡漩水或泡水出现时暂缓投药。

b. 投药船投放药包后顺水流下放半个船位,检查船底、船舵、测深仪换能器无扯挂药包后,再移至安全区。

c. 急流滩投药时,避免用舵过大、船尾触礁,防止船体打横翻覆。

(3)水下清渣、弃渣应符合下列规定:

①挖泥船清渣施工顺序宜采用从深水到浅水、分条、分段顺水流开挖,在流速较缓水域、潮汐河段或反铲式挖泥船清渣时也可采用逆流施工。

②水下清渣开挖分条宽度不应大于挖泥船宽度和抓斗作业半径,条与条之间开挖搭接宽度宜为2~3m;分段开挖长度应根据挖泥船布设锚缆位置确定。

③施工过程中应根据挖斗大小和岩层厚度分层开挖,分层厚度宜为抓斗高度的1/4~1/3。

④清渣施工宜采用顺序排斗,抓出堑口后依次向前挖。

⑤抓斗挖泥船在流速较大的水域施工时,应注意抓斗漂移对下斗位置和挖深的影响,可根据抓斗漂移情况确定斗绳上的标注挖深值,也可通过规范给定公式估算。

⑥桩式反铲挖泥船应采用错缆协助定位,使用铲斗前移船位,提桩后锚缆应同步受力,下桩后再松锚缆。

⑦水下清渣、弃渣宜采用卫星定位系统测量定位,设施工导标时,导标夜间灯光应与航标灯光有所区别。

⑧陆上反铲挖掘机水下清渣时,车位间开挖作业半径应搭接2m,退位前应用挖斗对开挖作业半径内的水深进行探测。

⑨水下弃渣应散抛在指定区域,弃渣时应及时测量水深,避免超过设计高程。

3. 水下凿岩施工

(1)凿岩施工前,应清挖覆盖层至岩层顶面,再进行水下测量,根据岩石高程及分布情况,确定布锤方案。

(2)凿岩作业宜采用卫星定位系统控制施工平面位置、落点范围,并应根据船舶施工宽度分条、分段、分层凿岩施工。凿岩断面尺寸、超深、超宽、边坡应满足设计要求。

(3)重锤凿岩施工应符合下列规定:

①凿岩锤应根据吊机或抓斗机提升能力、岩石等级确定。普氏Ⅴ级以内岩石宜采用5~20t的楔状凿岩锤或梅花锤,普氏Ⅵ~Ⅶ级岩石宜采用10~40m的笔状凿岩锤。

②凿岩锤落锤高度应根据岩石等级确定,宜为2~3m,凿击点布置宜为1.5~2.0m间距的等边三角形,接近设计底面高程时落点距宜加密为1m。

③凿岩锤施工时应控制垂直自由下落高度,避免发生凿岩锤落底前钢缆突然受力导致钢丝绳互绞。

④岩石凿碎后应进行清查施工,凿岩、清渣施工循环作业深度宜为0.2~0.8m,直至达到设计高程。

(4)液压破碎锤凿岩施工应符合下列规定:

①液压破碎锤及钎杆长度应根据挖掘机功率、水深确定,施工时应控制凿岩深度,破碎锤应与岩面垂直,避免破碎锤空打。

②岩石破碎后进行清渣施工,凿岩、清渣施工循环作业深度宜为0.2~0.5m,直至达到设计高程。

4.水下炸礁质量检验技术要求

1)水下、陆上测量

(1)施工过程水下测量比例尺不宜小于1∶200,且应符合现行《水运工程测量规范》(JTS 131)的有关规定。在非航行区域、边坡和改善流态的清礁工程可采用比例尺不小于1∶500的测图检验。

(2)质量检验宜采用数字化水深测量。中软底质的质量检验可采用单波束测深仪,硬底质的质量检验应采用多波束测深系统或硬式扫床。边坡陡于1∶3时,宜采用多波束测深系统。

(3)陆上地形测量可采用水准仪配合经纬仪、全站仪或RTK-DGPS进行。

2)硬式扫床

(1)水下硬式扫床作业(图3-69)应编制专项方案和安全预案,报项目监理机构审批。

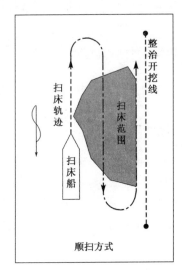
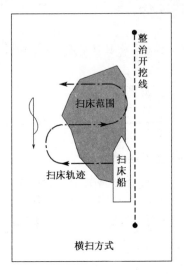

图3-69 水下硬式扫床示意图

(2)扫床宜根据水流条件采用横扫或顺扫两种方式,流速不小于1.5m/s时宜用顺扫,流速大于1.5m/s时宜用横扫。

(3)扫架应采用金属管架组装,设拉绳与船固定。扫架竖杆轴线倾斜角度宜小于3°、扫架框架变形宜小于50mm。

(4)当流速大于2.5m/s、水深大于5m时,可采用钻爆船钻机或硬臂式挖泥船挖机硬臂制作扫架,利用船舶自身锚缆系统定位进行左右横扫。

(5)在有边坡的清礁区或临近水下构筑物区域扫测时,距坡脚线或构筑物边缘8m以内范围应设置防扫架碰撞安全带,该区域应采用多波束扫测或比例尺不小于1∶200的水深测图检测。

(6)扫床轨迹应采用卫星定位系统记录,并形成扫床轨迹图,扫床轨迹的重叠宽度不应小于1m。扫床期间应做好过程记录。

第十二节　航标工程质量控制

【备考要点】
1. 航标的分类及配布原则。
2. 航标总体要求及助航效能测试。
3. 部分岸标和水尺的质量控制要点。
4. 浮标制作与抛设质量控制要点。
5. 标志牌及部分附属设施质量控制要点。

一、概述

(一) 航标的基本概念和作用

航标即助航标志,是船舶安全航行的重要助航设施。它的主要功能是标示航道的方向、界限与碍航物,揭示有关航道信息,为船舶指引安全、经济的航线。

(二) 航标的分类

1. 按航标的作用分

1) 视觉航标

是固定的或浮动的供直接观测的助航标志。它具有易辨认的形状与颜色,可安装灯器及其他附加设备。广泛设置于沿海及内河上,是一种最重要、最基本的助航标志。视觉航标常用标身的形状、颜色或顶标来区分或表示不同的航标功能,供驾驶人员在白天观察使用,而在夜间则以灯质即灯光颜色、灯光节奏、周期来区分识别。

2) 音响航标

音响航标是指能发出声音传送信息以引驾驶人员注意其概略方位的助航标志,一般与视觉航标共同设置,多用于沿海地区。音响航标,在能见度不良的天气里发出具有一定识别特征的音响信号,使驾驶人员知道船舶的概略方位,起警告船舶避免发生危险的作用。

3) 无线电助航设施

无线电助航设施是以无线电波传送信息供船舶接收以测定船位的助航标志。无线电助航设施能在大雾或恶劣的天气下远距离地保证船舶准确测定船位和航行安全。无线电助航设施包括:无线电指向标、无线电测向仪、雷达应答器、雷达反射器、雷达指向标、罗兰、台卡、奥米加和卫星导航等。

2. 按航标设置水域分

按照航标设置在不同的水域,可分为内河航标(包括湖泊、水库)和海区航标,当航标在不同地点如岸上或水中时,也可简单划分为岸标与浮标。

1) 内河航标

内河航标按功能分为航行标志、信号标志和专用标志。航行标志包括过河标、沿岸标、导标、过渡导标、首尾导标、侧面标、左右通航标、示位标、泛滥标和桥涵标等。信号标志包括通行信号标、鸣笛标、界限标、水深信号标、横流标和节制闸标等。专用标志包括管线标和专用标。

2）海区航标

海区航标有灯塔、灯桩、灯船、大型助航浮标、灯浮标、立标和导标等标志。海区航标的浮标部分包括侧面标志、方位标志、孤立危险物标志、安全水域标志和专用标志。其中侧面标志包括左侧标、右侧标、推荐航道左侧标及推荐航道右侧标；方位标志又包括北方位标、东方位标、南方位标及西方位标。

（三）内河航标配布原则

根据现行《内河助航标志》（GB 5863）的规定，内河航标配布类别应根据航道条件与运输需要，通过技术经济论证确定。内河航标配布可分为以下四类。

(1) 一类航标配布：配布的航标夜间全部发光。白天，船舶能从一座标志看到次一座标志；夜间，船舶能从一盏标灯看到次一盏标灯。

(2) 二类航标配布：发光航标和不发光航标分段配布。在昼夜通航的河段上配布发光航标，其标志配布与一类航标配布相同；在夜间不能通航的河段上配布不发光航标，其标志配布密度与三类航标配布相同。

(3) 三类航标配布：航标配布的密度比较稀，不要求从一座标志看到次一座标志，对优良河段的沿岸航道，可沿岸形航行不再配布沿岸标，但每一座标志所表现的功能与次一座标的功能应互相连贯，指引船舶在白天安全航行。

(4) 重点航标配布：只在航行困难的河段和个别地点配布航标。优良河段一般仅标示出碍航物。根据需要与条件配布发光航标或不发光航标。船舶需借于驾驶人员的经验利用航标和其他物标航行。

（四）海区浮动助航标志配布原则

(1) 浮动助航标志有示位警告危险、指示交通信息等功能，应根据通航水域交通流量和风险程度确定浮动助航标志的配布。

(2) 配布的浮动助航标志应示意清晰、作用明确、特征显著、易于识别。

(3) 以简明的方式，标示出安全、经济、便捷的航道以及船舶作业、锚泊水域或浅滩、危险物等。

(4) 统筹考虑设标水域的自然条件及已存在的助航标志的分布状况，避免出现标识混淆或引起标志误认。

(5) 易于设置固定助航标志的水域，尽量不使用浮动助航标志。

(6) 浮动助航标志应尽可能设置在能正常进行日常维护管理的水域。

（五）航标工程总体要求及助航效能测试

(1) 航标、标志牌设置的位置和方向应满足设计要求，并应通视良好，导标导线应满足设计要求。

(2) 航标工程主要单位工程的观感质量应按规定检查评价，其综合实得分率不应低于80%。

(3)航标工程项目完工后应对工程具有代表性的河段或航区进行助航效能测试,其效能应满足设计要求。

①航标工程效能测试工作应在航标工程试运行期间进行。测试工作应由建设单位组织实施。测试组成员应由项目主管部门、辖区航标管理单位、使用单位、建设单位、设计单位、监理单位、施工单位和质量监督等单位代表和专家组成。

②测试工作程序应符合下列规定。

a. 测试前应收集测试船舶、航区航法、航道基本条件以及测试对象的基本数据。

b. 建设单位应组织设计、监理单位按有关设计内容和技术参数以及相关标准要求,编写测试工作大纲。测试大纲宜包括下列内容:选定适合测试工作的设备和仪器;由测试组随机确定具有本工程代表性的测试河段或航区、抽样测试的数目、位置并绘制示意图;划分观测标志显形视距和可见座数、灯光作用距离、雷达应答器作用距离和雷达反射器状况的距离分级。内河航标工程观测距离分级宜按 1~2km 观测一次划分,海区航标工程观测距离分级宜按 2~5km 观测一次划分;确定测试组成员分工,制定因天气等环境因素影响试验不能正常进行时的预备方案、发生意外时的应急预案。

c. 测试前应检校设备和仪器,检校成果提交测试组。试验中 GPS 定位仪的测量误差精度应控制在 1m 以内。

d. 分项测试应对各测试项目作出分类评价。在分项测试的基础上,应对航标整体技术状况、助航效能作出评价,并对航标工程效果作出综合评价。

③测试条件应满足下列规定。

a. 测试工作应在大气透明系数不低于 0.85 的条件下进行,不满足时应作出说明并予以折算。

b. 测试人员的视力或矫正视力应达到 1.0 以上。

④测试内容和方法应符合现行《水运工程质量检验标准》(JTS 257)的规定并填写相应航标助航效能测试记录。

⑤每一时段测试工作结束时,测试组组长应即时组织测试组成员对各项试验的方法、环境情况、效果、所采集数据的准确性、应注意的问题、不足之处等进行小结。测试工作结束后应及时对测试工作进行综合评价,并形成测试报告。

二、岸标和水尺质量控制

1. 玻璃钢结构塔体制作与安装质量控制

(1)玻璃钢的规格和质量应满足设计要求。

(2)塔体或各分段的形状、规格应满足设计要求,塔体的平面尺寸和壁厚不得小于设计尺寸。

(3)塔体与基础以及塔体各分段之间的连接件及连接强度应满足设计要求。

(4)预留孔洞和爬梯等的位置等应满足设计要求。

(5)玻璃钢结构塔体安装工程的允许偏差应符合规定。

(6)安装前要查验玻璃钢塔老化、褪色情况,以免影响玻璃钢塔的耐久性和使用功能。

2. 杆形岸标标杆制作与安装质量控制

(1)钢材的品种、规格和性能应满足设计要求,并应符合国家现行有关标准的规定。

(2)杆形岸标、导标和立标钢结构的连接方式应满足设计要求。连接质量应符合有关规定。

(3)钢结构涂装的材料品种、涂装工艺应满足设计要求,涂装质量应符合有关规定。

(4)安装连接方式应满足设计要求。地脚螺栓连接应紧固,外露丝扣不应少于2扣;杆形岸标的稳绳应沿标杆四周大致均匀分布,并应与锚碇牢固连接,松紧适度。

(5)工作平台与标杆和导标应连接牢固,不得倾斜或松动。

(6)杆件、工作平台及爬梯等金属构件应完好。运输过程造成的变形和涂层损坏应进行矫正或修补。

(7)杆件制作的允许偏差符合规定。

3. 混凝土水尺尺体质量控制

(1)水尺所用的材料的品种、规格和性能应满足设计要求,并应符合国家现行有关标准的规定。

(2)水尺尺体混凝土的强度应满足设计要求,混凝土质量应符合有关规定。

(3)水尺尺体的布置和结构形式应满足设计要求。水尺的结构形式一般分成直立式、斜坡式以及混合式三种;其布置有连续布设、间断布设等方式。水尺高程校准点是水尺维护校准的重要设施,水尺高程校准点的位置与标石的制作和埋设等应满足设计要求,并应符合现行《水运工程测量规范》(JTS 131)的有关规定。

(4)锚杆布设及与基础的连接方式应满足设计要求。尺体不得露筋、破损缺角。

(5)尺体混凝土应密实、平整,分层施工的接茬应平顺,表面应无明显错台、流坠和破损。

(6)现浇混凝土水尺尺体的允许偏差应符合规定。

4. 镶贴面层及水尺刻度质量控制

(1)镶贴面材料的品种、规格和颜色应满足设计要求。

(2)水尺的高程标识和刻画方式应满足设计要求,并应清晰、易于辨识。

(3)镶贴应牢固,表面应平整,不得有空鼓、裂缝和棱边缺损等缺陷。

(4)面砖镶贴及水尺刻画的允许偏差应符合规定。

5. 反光膜贴面与标识涂装质量控制

(1)涂料与反光膜的品种、规格和质量应满足设计要求。

(2)涂装或粘贴反光膜完成后的标志、标记应提示正确,清晰完整。

(3)反光膜粘贴应完好、平整,无明显拼缝、气泡,不得起皱,不同颜色区域的接边应清晰整齐。

6. 顶标制作与安装质量控制

(1)顶标的形状、尺寸和颜色必须满足设计要求,并应符合现行《中国海区水上助航标志》(GB 4696)、《内河助航标志》(GB 5863)、《中国海区水上助航标志形状显示规定》(GB/T 16161)、《内河助航标志的主要外形尺寸》(GB 5864)等的有关规定。

(2)顶标所用材料的品种、规格和质量应满足设计要求,并应符合国家现行有关标准的规定。

(3)顶标安装的连接方式、连接螺栓的规格和数量应满足设计要求。螺栓连接应牢固、无松动,外露丝扣不应少于2扣。

(4)顶标面板应与骨架连接牢固。面板的间隙或孔隙应均匀,边线应整齐、无毛刺等缺陷。

(5)顶标面板应完好。运输过程造成的变形和涂层损坏应按原标准矫正或修补。

(6)标体制作与安装的允许偏差应满足规定。

7. 桥涵标牌及桥柱灯制作与安装质量控制

(1)桥涵标牌和桥柱灯所用材料的品种、规格和质量应满足设计要求。

(2)桥涵标牌的外形尺寸、立柱和纵横梁的布设应满足设计要求。标牌及桥柱灯安装方式应满足设计要求。安装应牢固,且不得影响桥梁结构的安全性。

(3)标牌面板与纵横梁及支撑梁、立柱与横梁、立柱与基础和标牌与后支撑的连接方式、连接点密度以及预留孔的数量应满足设计要求和灯器安装要求。

(4)桥涵标、桥柱灯安装的位置和朝向应满足设计要求。

(5)灯器等发光体的规格和质量、安装位置、数量及照度应满足设计要求,显示信息应正确。

(6)标牌正面应平整,边缘应平顺无毛刺。面板与横梁之间应牢固连接,不得松动。

(7)标牌贴膜和涂装的材料品种、涂装工艺应满足设计要求,涂装质量应符合有关规定。

(8)运输和安装过程中造成的涂层和贴膜损坏应修补完好。

(9)桥涵标、桥柱灯制作及安装的允许偏差应符合规定。

8. 灯笼制作及安装质量控制

(1)制作灯笼所用材料的品种、规格、质量应满足设计要求。

(2)灯笼连接方式应满足设计要求,连接质量应符合有关规定。

(3)灯笼的直径、高度和玻璃弧度等各主要参数应满足设计要求。

(4)灯笼装配、灯笼与塔体连接螺栓的规格、数量应满足设计要求,连接应牢固、无松动,外露丝扣不应少于2扣。

(5)避雷针引线应与塔体避雷接地线可靠连接。接地电阻应满足设计要求,设计无要求时,不应大于4Ω。

(6)灯笼应完整,表面应平顺,无明显凹坑和毛刺。

(7)灯笼的涂装颜色应满足设计文件和现行《视觉信号表面色》(GB 8416)的要求,涂装材料的品种、规格和质量应满足设计要求。设计无要求时,热喷锌涂层的厚度不应小于80μm。铜构件油漆涂装应在锌黄涂装合格后进行。涂装质量应符合有关规定。

(8)灯笼的防水、防尘等密封性应满足设计要求。

(9)灯笼玻璃应安装牢固,不得松动;密封材料应密实、均匀、平整。

(10)灯笼上下通风口的尺寸不应小于设计要求,通风口应开启方便。

(11)灯笼制作和安装的允许偏差应符合规定。

三、浮标制作与抛设质量控制

1. 浮标制作质量控制

（1）钢质浮标所用钢材品种、质量、型号、规格应满足设计要求，并应符合现行国家标准的有关规定。

（2）浮标的外部形状、尺寸及线型应满足设计要求。

（3）制作非金属材料浮标的材料品种、型号、规格、质量和理化指标应满足设计要求。

（4）浮标制作的焊接和螺栓连接质量应满足设计要求，并应符合有关规定。

（5）钢板厚度大于4mm的钢质浮标的焊缝应进行无损探伤抽查，探伤结果应满足设计要求并应符合现行国家标准的有关规定。

（6）浮标应通过密性试验。灯船、大型助航浮标和船形浮标做气密性试验，内河小型浮标做煤油油密性或气密性试验。

（7）钢质浮标涂装质量应符合有关规定。

（8）浮标的颜色应符合现行《视觉信号表面色》(GB 8416)、《中国海区水上助航标志》(GB 4696)和《内河助航标志》(GB 5863)的有关规定。

（9）制作允许偏差应符合规定。

2. 浮标抛设质量控制

（1）浮标系留索及锚碇的品种、规格、质量应满足设计要求。混凝土沉石质量应符合有关规定。

（2）浮动标体与锚链、钢缆以及锚链、钢缆与沉石、锚之间的连接是否正确影响浮标自身安全、使用功能和行轮安全，因此要求浮标与锚系之间的连接方式应满足设计要求，并应连接牢固。

（3）浮标的压载块质量和数量应满足设计要求。必要时由监理单位计重和计数抽查。

（4）钢质浮动标体的抛设位置是指系留浮标的沉石或锚在水中稳定后的位置。浮标的抛设位置及回旋半径应满足设计要求。

四、标志牌及附属设施质量控制

1. 标志牌制作与安装质量控制

（1）制作标志牌所用材料的品种、规格和质量应满足设计要求。

（2）标志牌的立柱、纵横梁、后支撑的布设方式应满足设计要求。

（3）标志牌的连接方式和连接点密度应满足设计要求。当少数连接点需点焊加固时，焊接应牢固。

（4）标志牌的颜色和标注的字体、图形、符号必须满足设计要求，并应符合现行《内河助航标志》(GB 5863)等的有关规定。

（5）标志牌正面应平整，不得有锈污，边缘应平顺无毛刺。

（6）标志牌及构件在运输过程中出现的变形和涂装损伤应修复。

（7）标志牌涂装、反光膜粘贴的材料品种、涂装及粘贴工艺应满足设计要求。涂装及粘贴质量应分别符合有关规定。

（8）发光标志牌的灯器、电源和电缆的型号、规格和技术参数指标应满足设计要求。安装质量应符合现行《水运工程质量检验标准》（JTS 257）的有关规定。

（9）发光标志牌发光体显示信息正确，安装位置、数量及照度满足设计要求。

（10）标志牌制作与安装的允许偏差应符合规定。

2.避雷设施制作与安装质量控制

（1）避雷设施所用材料的品种、规格、质量应满足设计要求。监理单位见证取样。

（2）避雷设施安装的位置应满足设计要求。

（3）接地处理及接地电阻值应满足设计要求，并符合现行《建筑物防雷设计规范》（GB 50057）的有关规定。设计无要求时，建筑物接地电阻不得大于4Ω。

（4）避雷系统的安装应连接牢固，引下线入地应有保护，埋置深度和接地极间距应满足设计要求，防腐良好，针体垂直度偏差不应大于针杆的直径。

（5）接地线的焊接、避雷设施安装应符合现行《水运工程质量检验标准》（JTS 257）的有关规定。

3.水位遥测遥报装置安装质量控制

（1）水位遥测遥报装置的型号、品种、规格和技术参数应满足设计要求。

（2）水位遥测遥报装置安装位置应满足设计要求，安装牢固、接线正确。

（3）水位遥测遥报的性能应满足设计要求，读数和记录应准确，反应应灵敏。

（4）水位遥测遥报装置安装的允许偏差应符合规定。

第十三节 水运机电工程质量控制

【备考要点】

1.质量控制点的类型和含义。

2.金属材料进货检验质量控制要点。

3.主要机电设备及专用零部件材料的进货检验要点。

4.金属结构质量控制要点。

5.涂装质量控制要点。

6.金属加工质量控制要点。

7.机械传动装置质量控制要点。

8.电气系统质量控制要点。

9.液压系统质量控制要点。

10.机电设备运输、安装、调试和试运行质量控制。

一、水运机电设备的组成

水运工程机电设备项目包括:港口工程、航道工程、航运枢纽工程、通航建(构)筑物工程、修造船水工建筑物工程项目中的装卸输送机械、车船、水上航标设备及电气系统、控制系统、信息系统、环保系统、消防系统等,其中又以港口装卸设备为主导。随着现代港口装卸技术的发展,港口装卸设备也呈自动化和智能化、大型化和高效化、专业化和多用化、标准化和系列化、环保化的总体发展趋势。港口装卸机械可分为起重机械、输送机械和装卸搬运机械三种基本类型。目前港口应用的装卸机械有百余种,其中应用较广的有 30 种左右。本章以大型港口设备为例,介绍设备制造、安装、调试阶段的质量控制。

二、质量控制点设置

质量控制点是对施工质量进行控制的关键点。质量控制点的设置应根据工程项目的类别、特点,结合影响施工质量的主要因素、关键工序、薄弱环节、隐蔽工程等进行设置。质量控制点根据各项工程中各工序的重要性或质量后果影响程度不同分为 R 点(文件审核点)、W 点(见证点)和 H 点(停止点)三大类。

1)R 点(Review Point)

需要进行文件审核的质量控制点,称为文件审核点,监理在现场应对制造方提供的文件(如材质证书、检验报告等)进行随时的审查。

2)W 点(Witness Point)

对于复杂的关键的工序、测试、试验要求进行旁站监理,该控制点称为见证点,凡列为见证点的质量控制部位或工序,施工前,施工单位必须提前通知监理人员在约定的时间到现场见证和监督施工,如果监理人员未能按约定时间到达现场监理,施工单位在自检合格后有权进行该项施工或进入下道工序的施工。

3)H 点(Holding Point)

对于重要工序节点、隐蔽工程、关键的试验验收点必须在监理工程师监督下进行,并对结果进行确认,该质量控制点称为停止点。停止点又称待检点,它的重要性高于见证点,通常是指该施工过程或工序的质量不易或不能通过其后的检验和试验得到充分验证的部分或工序。凡列为停止点的控制对象,要求进行施工之前必须通知监理人员到现场实施监控,如果监理方因故在约定的时间未能到达检查,施工单位应停止进入该点的其他工序施工,必须等待监理方检查签证。未经认可不能越过该点进行下道工序施工。

三、金属材料进货检验

对钢材应核对质量证明书上化学元素、机械性能是否在国家标准范围之内,核对质量证明书上的炉号、批号、材质、规格是否与钢材标注一致,以下 6 种情况应进行复验,且应见证取样、送样:

(1)对国外进口的钢材,应进行抽样复验;当具有国家进出口质量检验部门的复验商检报告时,可以不再进行复验。

(2)由于钢材经过转运、调剂等方式供应到用户后容易产生混炉号,而钢材是按炉号和批号发材质合格证,因此对于混批的钢材应进行复验。

(3)厚钢板存在各向异性（x、y、z 3个方向的屈服点、抗拉强度、伸长率、冷弯、冲击值等各指标,以 z 向试验最差,尤其是塑料和冲击功值）,因此当板厚大于或等于4mm,且承受沿板厚方向拉力时,应进行复验。

(4)对大跨度钢结构来说,弦杆或梁用钢板为主要受力构件,应进行复验。

(5)当设计提出对钢材的复验要求时,应进行复验。

(6)对质量有疑义主要是指:对质量证明文件有疑义的钢材、质量证明文件不全的钢材或质量证明书中的项目少于设计要求的钢材。

1)取样

钢材取样分为入库(或上岸)取样和项目取样,入库取样通常采取以"批"为单位,所谓同一批,是指同一炉号、同一规格,以及同一轧制工艺与热处理规范所制成的材料(每批不大于60t),仅验证钢板的机械性能。项目取样就是各项目港口装卸设备在进入排版之后,根据标书要求制定"项目材料取样要求"和钢板实际用途(如 FCM 或 Z 向板)进行取样。另外,锻件级别为 IV、V 级的原材料,需按重要程度进行取样。取样之后样品须严格按照程序加工成试样,做相应的试验。由于在具体项目上钢材试验更多、更具体,所以相对入库取样,项目取样的数量更多。取样时必须要注意的是:

(1)必须在钢材具有代表性的部位制取,且样坯应有足够的加工余量,以保证试样加工时去除取样造成的变形和热影响区。

(2)性能试验用取样应在钢板端部垂直与轧制方向切取拉力、冲击及弯曲样坯,对于纵轧钢板,应在距边缘为板宽四分之一处切取样坯;对于横轧钢板,则可在宽度的任意位置切取样坯。

(3)分析用试样取样条钢样坯用机械或火焰切割方法沿纵向取一段,横断面应完整保留;横断面直径大于100mm时,可取半个横断面纵轧厚钢板,钢板宽度大于1m时,应在距边缘为板宽四分之一处切取样坯;横轧厚钢板,沿板边自钢板端部至中央之间的250mm处切取样坯。

2)非试验检查项目

(1)交货状态:按照包装方式,检验是否按照技术要求的包装状态,如散装、成捆、成箱、成轴进行包装;按照制造方式,普通碳素钢钢材以热轧(包括控轧)状态交货。根据需方要求,经双方协议,也可以正火处理状态交货(A级钢材除外);低合金钢钢材一般以热轧、控轧、正火及正火加回火状态交货;少量薄壁型钢交货状态是冷弯成型。

(2)规格尺寸和外形:规格尺寸指金属材料主要部位(长、宽、厚、直径等)的公称尺寸,不同规格的钢材检验的项目不同。钢板规格尺寸:厚度(δ)、宽度(b)、长度(L),其中厚度在距离边不小于40mm处用板厚千分尺或钢板测厚仪测量,长度、宽度用直尺或钢卷尺测量;型钢的规格尺寸:以轨道为例,轨道规格:高度(H)、踏面宽度(K)、底板宽度(F);管材的规格尺寸:直径(D)、壁厚(S)等。圆管和圆钢都需要测量截面的圆度,方钢和方管需测量对角线。

(3)表面情况和平整度、直线度:表面质量检验主要是对材料的外观、形状、表面缺陷的检验,主要有:钢板表面不得有气泡、结疤、拉裂、裂纹、折叠、夹杂和压入的氧化皮,钢板不得有分层;钢板表面允许有不妨碍检查表面缺陷的薄层氧化铁皮、铁锈、由于压入氧化皮脱落所引起的不显著的粗糙划痕、轧辊造成的网纹及其他局部缺陷,但凹凸度不得超过钢板厚度公差的一半,对低合金钢板还应保证不小于允许的最小厚度;原材料表面缺陷(锈蚀麻点、剥落)可采用局部打磨方法予以消除,修磨后表面应光洁平顺,修整后原材料任何部位的厚度允许值要根据涉及计算需要确定,但不得减薄到小于或等于93%原公称厚度,且最大减薄量不大于3mm,缺陷面积比=缺陷面积/每张钢板或每块板件的总面积,缺陷面积:当单个缺陷边缘之间的距离大于60mm时,其缺陷面积为各单块缺陷的面积之和,当单个缺陷边缘距离小于60mm时,应以各缺陷的最外端围成的面积作为组块面积,其缺陷面积为组块缺陷的面积之和。

(4)平面度和直线度:用1m直尺检查板材的平面度和平整度,钢板平面度按表3-27规定执行,型钢的直线度按表3-28规定执行。

钢板波浪度规定(单位:mm)　　　　　　　　　　　　　　　表3-27

板厚 t	$6 \leq t \leq 20$	$20 \leq t \leq 30$	$t > 30$
偏差 max(m)	3.0	2.5	2.0

型 钢 的 直 线 度　　　　　　　　　　　　　　　表3-28

角钢	全长直线度误差 $f \leq 2/100L$	
角钢	垂直度误差 $f \leq 2/100b$,但不大于1.5 (不等边角钢按长腿宽度计算)	
槽钢 与工字钢	全长直线度误差 $f \leq 2/100L$	
槽钢 与工字钢	扭曲度当 $L \leq 1000$ 时,$f \leq 3$ 当 $L > 1000$ 时,$f \leq 5$	
槽钢 与工字钢	腿相对腰的垂直度误差 $f \leq 1/100b$	
钢管	$f \leq 15\text{mm}(1.5\text{mm/m})$ $f > 15 \sim 30\text{mm}(2.0\text{mm/m})$ $f > 30\text{mm}(3.0\text{mm/m})$	

四、主要机电设备及专用零部件材料的进货检验

1. 主要机电设备

1）外观质量的检查

(1) 铸件表面应清除型砂，应无毛刺、瘤疤、气孔、密集针眼及影响铸件强度的其他缺陷。

(2) 检查经过加工的金属表面，应无擦伤、碰撞痕迹、裂纹等缺陷，并须有防锈措施。

(3) 检查所有紧固螺栓应拧紧，无缺损。

(4) 检查外表面油漆，应光洁完整，色调一致。

(5) 检查焊接质量，必须符合合同要求。

(6) 核对减速箱铭牌、参数。

(7) 输入轴转动应灵活，无异声，无滞重感，无卡住现象。

(8) 键销应紧密配合在键槽内，输入轴轴端螺母配合良好。

(9) 检查油尺应完好无损伤，应无漏油、渗油现象。

2）尺寸检查

需要装配的尺寸检查，如轴径、底座螺栓孔。

3）测试

必要时空载试验抽检。

2. 电动机

1）外观质量的检查

(1) 检查电机的外表应无裂纹、变形损伤、受潮、发霉、锈蚀等缺陷，零部件齐全。

(2) 检查电动机的风叶应无损伤、变形、锈蚀等现象。

(3) 检查电机润滑脂无变色、变质及硬化现象。

(4) 检查电动机所有紧固螺栓，应无松动现象，电机出线端的接线完好，出线盒应无损伤。

(5) 检查电动机电刷提升装置应工作可靠。

(6) 检查电动机引导的接线端子应采用焊接或专用工具压接，应保证可靠接触，接线端子的端面应平整、清洁、无油污，其表面镀层不宜锉磨；引线编号齐全。

(7) 检查电动机有固定接线板，接线牢固，注意铁质螺栓位置，连接后不得构成闭合磁路。

(8) 检查直流电动机的换向火花不超过规定的等级。

(9) 检查转轴的外露部分应有防锈措施，键销应镶嵌在转轴键槽内并检查固定措施。

(10) 检查电动机的出轴螺纹，应配合良好，无损伤。

2）尺寸测量

需要装配的尺寸测量，如轴、底座螺栓孔。

3）测试

(1) 用手转动转子应灵活，细听应无杂音，直流电机须检查电刷与滑环接触面应达到80%。

(2) 用兆欧表测量电机定子、转子、励磁线圈的绝缘电阻值不得小于$1M\Omega$。

(3) 必要时空载通电试验抽查。

3. 低压电气设备

(1)电动机、控制屏、操纵台、接线箱的防护等级,室内使用符合不低于 IP23,室外使用符合不低于 IP55。当室外设备的防护等级到 IP55 困难时,应采取相应的补充措施后才能使用。

(2)组合控制屏的排列,目测检查整齐,底座焊接牢固。控制屏的进线孔,应加装封板。

(3)控制屏的散热通风口应有防尘措施。屏内防潮加热器周围 100mm 处无电缆通过,控制屏内的接线端子板应加透明防护罩。

(4)所有电气设备、正常不带电的金属外壳必须可靠接地,接地线采用多股铜线,导线截面按国家标准,接地线颜色无特殊要求一般为黄绿彩线。

(5)司机室操纵台主令控制器操作手柄挡位清楚,零位明显,操作灵活、无卡塞现象。

(6)所有电气设备的绝缘性能良好,用兆欧表测试绝缘电阻应符合设备各自的标准;进行绝缘测量时,注意是否有电子元件和弱电装置的部件,测量前应将这部分电子元件和弱电装置从线路中解脱。

4. 变压器、高压滑环箱、大车电缆卷盘等高压设备

1)外观检查

(1)合格证和各种技术数据、试验报告齐全,核对铭牌内容、尺寸大小,是否与图纸相符。

(2)罩壳应接地,其接地线径应在 $35\sim50\text{mm}^2$ 范围,且在罩壳外有警告标牌。

(3)高压瓷件表面严禁有裂纹、缺损和瓷釉损坏等缺陷,低压绝缘部分完整。

(4)高压滑环箱应有永久性的相序色标(N、A、B、C),箱外应有警告标牌、接地螺栓,且应有明显的标志。

(5)应有足够的接线空间方便接线;高压电缆在内可以很好地固定。

2)基本尺寸检查

对需要安装和装配的尺寸进行测量,检查是否和实物及图纸相符合。

5. 电缆

(1)根据清单核对电缆型号、数量及长度。

(2)检查电缆外表是否有绞拧、铠装压扁、护层断裂、压扁、绝缘皮厚薄不均匀、划伤等。

(3)检查电缆的端末的水密处理。

(4)检查电缆外径是否在标准范围内。

(5)必要时对电缆进行绝缘测试;高压电缆通电前必须进行耐压试验。

6. 钢丝绳

钢丝绳是港口装卸设备重要的零件,是进货检验重要的项目,必需的检验项目有:

(1)目测或用手套轻轻滑移的方法,检查断丝、松股、打结、突出、弯曲、生锈等缺陷。

(2)检查钢丝绳的公称直径。

(3)钢丝绳分为左右旋、同向、交向捻。

(4)有必要时做破断力试验。

①理论破断力为最大静拉力乘以安全系数,即 $F_0 \geq nF_{\max}$。

②同规格镀锌钢丝绳强度减少 10%。

五、金属结构质量控制

1. 钢材预处理的质量检验

组成结构件的钢材元件,如型钢、钢板、钢管等,都必须经过表面预处理。预处理包括:

(1)钢材的矫形质量检验,主要是检查钢板或型钢的平面度和直线度,以保证其形状在一定的精度范围以内。

(2)钢材的预处理及质量检验。一般情况下,钢材表面附有有害物质及锈蚀物,它不但影响施工人员身体健康,还污染环境,因此要对钢材进行预处理。钢材预处理的常用方法有抛丸处理、冲沙处理、酸洗处理和手工处理。

(3)防锈层质量检查。经除锈后的钢材元件,表面应清洁、无浮灰和砂粒,并按规定涂防锈底漆。

2. 钢材元件放样下料质量检查

(1)下料切割表面质量检查。下料件表面应无夹渣、夹灰及严重锈蚀等缺陷,如发现板材表面有起皱、脱皮,切削边有裂缝等,要进一步检查其深度及范围。

(2)下料切割件的尺寸检查。一般要对结构件的放样下料件进行尺寸检查,如对角线尺寸、长宽尺寸、形状位置尺寸等。

(3)画线钻孔的质量检查。孔的画线主要检查孔的中心位置偏差及孔径偏差。钻孔后要检查成孔后的中心偏差。

(4)冷加工后质量检查。冷加工后主要检查钢材刨边前的平面度及直线度,同时检查刨边口的尺寸及表面粗糙度。

3. 胎架的质量检查

胎架作为构件组装的基础承载物,必须对其刚性和精度有一定要求。

4. 装、焊质量检查

结构件组装、焊接和质量检查应按规范、标准要求进行检验,主要是:①材料检查。②组装前的下料质量检查。③元件的定位线尺寸检查。④元件的拼装间隙检查。⑤焊接坡口的尺寸精度检查。⑥焊前质量检查。⑦焊接过程中质量检查。⑧焊接后的质量检查。⑨结构件的外形尺寸、相关尺寸和整体变形量的检查。

5. 焊接检查

1)焊接工艺评定

为了保证产品的焊接质量,在投产前和生产过程中因某些工艺条件改变,须按规定进行焊接工艺评定。这是企业进行焊接质量管理的重要环节。

焊接工艺评定就是对事前拟定的焊接工艺(PWPS)能否焊出合乎质量要求的焊接接头进行评价和论证。常规的做法是利用所拟定的焊接工艺对试样进行焊接,然后利用各个检验手段检验所焊接头的各项目指标的评定结果判断该 PWPS 是否适用或需要改进,最后由焊接工程师批准后制定焊接工艺规程(WPS),下发生产施工部门执行。

焊接工艺评定试验用的试样必须反映产品结构的特点,其形状和尺寸由国家标准统一规定;评定的内容是对用该工艺焊接的接头使用性能进行评估,其中主要是力学性能;评定接头质量的标准是国家有关法规和产品的技术要求。

焊接工艺评定的记录必须包括:焊接方法、接头类型及坡口形式、母材牌号、批号及技术标准、焊剂或保护气体的牌号及技术标准;电流特性、温度控制、焊接参数表述、设备型号、焊工及记录人员、焊接日期及地点、评定名称及编号等。

因此,通过焊接工艺评定可以证明施焊部门是否有能力制造出符合有关法规、标准和产品技术要求的焊接接头;通过评定试验,施焊部门获得符合产品质量要求的可靠焊接工艺,并以此为依据编制直接指导生产的焊接工艺规程(WPS),最终达到确保产品焊接质量的目的。WPS需考虑现场的实际情况和生产的需要,制定的 WPS 应既能保证质量,又符合生产进度的需要。

2)焊缝检验

常用的焊接检验方法分为非破坏性检验和破坏性检验两大类。这里我们主要介绍非破坏性检验。焊接过程中获得无缺陷的焊接接头在技术上是相当困难的,同时也是不经济的。在生产过程中为了满足使用要求,通常将缺陷控制在一定的范围内,使其对钢结构的运行不致产生危害。不同的钢结构由于使用场合的不同,焊缝受力不同,对其质量要求也不一样,对缺陷的容限范围也不相同。我们把焊接接头中产生的不符合标准要求的缺陷称为焊接缺陷。为了减少焊接缺陷一般要求:

(1)焊工应经过专门培训合格,才能担任焊接工作。对担任焊接重要结构的焊工,必须根据产品技术要求验证合格后才能施焊。

(2)焊前对焊缝附近(手工电弧焊与埋弧焊边缘不小于10mm)应预先清除其表面污物,如成块铁锈氧化皮、油渍等。在露天焊接时,凡下雨、大雪、大雾、大风和环境温度低于或等于−18℃等情况下,如无特殊措施不得进行焊接。焊接缺陷按其性质可分为4大类:一是焊缝形状缺陷,如焊缝形状尺寸不符合要求、咬边、未焊透、未熔合、烧穿、焊瘤、弧坑;二是气孔、夹渣和夹杂物;三是裂纹,裂纹又分为热裂纹和冷裂纹;四是其他缺陷如电弧擦伤、飞溅。

3)外观检查

外观检验是一种常用的检验方法。以肉眼观察为主,必要时利用放大镜、量具和样板等对焊缝外观尺寸和焊缝表面质量进行全面检查。根据不同的检验标准,检验以下内容:

(1)焊缝外形尺寸是否符合设计图纸和工艺文件要求,焊缝的高度应不低于母材,焊缝与母材应圆滑过渡(图 3-70 ~ 图 3-73)。

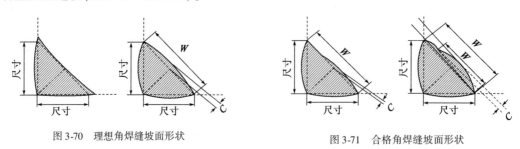

图 3-70　理想角焊缝坡面形状　　　　　图 3-71　合格角焊缝坡面形状

注:宽度尺寸为 W 的个别焊缝或个别表面焊道的凸度 C 不得超过表 3-29 规定数值。

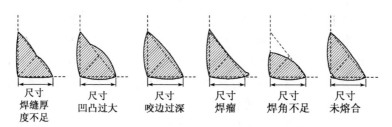

图 3-72 不合格焊缝坡面

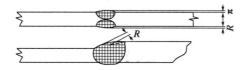

图 3-73 合格的对接接头

注：对接接头的合格坡口焊缝余高不得超过 3mm。

规定数值（单位：mm） 表 3-29

焊缝或个别表面焊道的宽度 W	最大凸度 C	焊缝或个别表面焊道的宽度 W	最大凸度 C
$W \leqslant 8$	2	$W \geqslant 25$	5
$8 < W < 25$	3		

任何连续角焊缝的尺寸当其尺寸小于规定的公称尺寸而符合表 3-30 规定数值,则可不补偿。

规定数值（单位：mm） 表 3-30

规定的公称焊缝尺寸	允许减小量	规定的公称焊缝尺寸	允许减小量
$\leqslant 5$	$\leqslant 2$	$\geqslant 8$	$\leqslant 3$
6	$\leqslant 2.5$		

所有情况,焊缝尺寸不足的部分严禁超过焊缝长度 10%。大梁腹板和翼缘板连接焊缝,在梁的两端、长度等于两倍翼缘板宽度的范围内不允许焊缝尺寸不足(表 3-31)。

最小角焊缝尺寸（单位：mm） 表 3-31

母材厚度(T)	角焊缝的最小尺寸	母材厚度(T)	角焊缝的最小尺寸
$T \leqslant 6$	3	$12 < T \leqslant 20$	6
$6 < T \leqslant 12$	5	$20 < T$	8

(2)焊缝及热影响区表面的外观是否满足质量标准,完工焊缝外观是否符合要求。

6.高强度螺栓连接

1)高强度螺栓施工检验

(1)对接触面积的检验。由于高强度螺栓紧固后,螺栓均不宜承受剪力,而是通过被连接板之间的摩擦力起到连接作用,因此对连接板之间的接触面积必须加以控制。为了保证连接有较大的摩擦力,应对构件接触表面进行喷砂、喷小铁丸和酸洗等除锈处理,再涂以无机富锌漆,以防止再生锈。一般允许摩擦面有一层底漆。对连接板无拘束力时,一般要求板材平面平整度不大于 2/1000。对于有拘束力的连接板,则要求接触面积不小于 70%,螺栓拧紧后,螺孔周围不得有间隙,连接板边缘局部允许有 0.25～0.5mm 的空隙用塞尺检查,插入深度不大于 30mm。对部分接触面间隙处理方法如表 3-32 所示。

接触面间隙处理方法 表 3-32

接触面间	示 意 图	处 理 办 法
1		$t<1.0$mm 时不予处理
2		$t=1.0～3.0$mm 时,将板厚一侧磨成 1:10 的缓坡,使间隙小于 1.0mm
3		$t>3.0$mm 时加垫板,垫板厚度不小于 3mm,最多不超过 3 块,垫板材质和摩擦面处理方法应与构件相同

(2) 螺栓的施工过程控制。高强度螺栓连接副应按批配套进场,并附有出厂质量保证书,高强度螺栓连接副应在同批内配套使用;高强度螺栓连接副的保管时间不应超过 6 个月,当保管时间超过 6 个月后使用的,必须按要求重新进行扭矩系数或紧固轴力试验,检验合格后方可使用;高强度螺栓连接安装时,在每个节点应穿入临时螺栓和冲钉数量,由安装时可能承担的荷载计算确定,并符合下列规定:不得少于安装总数的 1/3,不得少于 2 个临时螺栓、冲钉穿入数量不宜少于临时螺栓的 30%,不得用高强度螺栓兼做临时螺栓,以防损伤螺纹引起扭矩系数的变化;螺母带圆台面的一侧应朝向垫圈有倒角的一侧,螺栓头下垫圈有倒角的一侧应朝向螺栓头;安装高强度螺栓时,严禁强行穿入,当不能自由穿入时,该孔应用铰刀进行修整,修整后孔的最大直径不应大于 1.2 倍螺栓直径,且修孔数量不应超过该批螺栓数量的 25%,修孔前应将四周螺栓全部拧紧,使板迭密贴后再进行铰孔,严禁气割扩孔;安装高强度螺栓时,工件的摩擦面应保持干燥,不得在雨中作业;对因板厚公差、制造误差或安装偏差等产生的接触面间隙,应符合表 3-32 的要求;施工所使用的扳手,必须经过校验,其扭矩误差不得大于 ±5%,合格后方可使用;校正用的扭矩扳手,其扭矩误差不得大于 ±3%;螺栓穿入方向尽量一致,个别由于现场条件的螺栓可以方向相反;高强度螺栓在初拧和终拧时,连接处的螺栓应按一定顺序施拧,一般由螺栓群中央顺序向外拧紧;在同一连接接头中,高强度螺栓连接不应与普通螺栓连接混用,承压型高强度螺栓连接不应与焊接连接并用。

2) 高强度螺栓施工后检验

用 5 磅(约 2.27kg)小锤敲击法对高强度螺栓进行普查,以防漏拧;对每个节点螺栓数的 10%,不少于一个进行扭矩检查,如发现不符合规定的,应再扩大检查 10%,如仍有不合格者,则整个节点的高强度螺栓应重新拧紧;扭矩检查应在螺栓终拧后 1h 以后,24h 之前完成;转角检查,在装置上做试验时得出基准转角 α,α 为在装置做试验的三副合格试样转角的平均值,也只把转角超差的螺栓副编号记录,α 的公差为 ±30°;高强度螺栓终拧后螺栓头部应露出 2～3 牙;初拧和终拧后贴合面间隙的记录,间隙超过 1～1.5mm,深度超过接触面的 75%。

3)涂装

对于表面经达克罗处理的螺栓副,检验合格后,如果达克罗涂层有损坏,则需用由螺栓制造厂提供的达克罗处理涂料进行修复;对于露天使用或接触腐蚀性气体的钢结构,在高强度螺栓拧紧检查验收合格后,连接处板缝和螺栓副四周应及时用特殊密封胶封闭;经检查合格后的高强度螺栓连接处,应按涂装工艺要求涂漆防锈。

六、涂装质量控制

1. 设备涂装工艺要求

通常,在水运机电设备制造的整个过程中,涂装工作分以下工艺阶段:钢材预处理后涂车间底漆;钢结构完工后表面二次冲砂处理;部件涂装;总装后整机的涂装。漆膜总厚度设计应在钢板表面最大粗糙度的 3 倍以上。

按水运机电设备的结构可将涂装工作划分为以下几个系统:主结构外表面油漆系统;箱形结构件内表面油漆系统;封闭箱体内表面油漆系统;镀锌件表面油漆系统;三室(司机室、理货室、俯仰室)、二房(机房、电气房)内油漆系统;有特殊要求的油漆系统;标准机电配套件油漆系统和涂层修补工艺。

(1)主结构外表面油漆系统。涂刷环氧富锌底漆 + 环氧中层漆 + 聚氨酯面漆,漆膜总厚度:$70\mu m + (100～225)\mu m + 50\mu m = 220～345\mu m$。涂刷无机富锌底漆 + 环氧中层漆 + 聚氨酯面漆,漆膜总厚度:$70\mu m + 20\mu m + 100\mu m + 50\mu m = 240\mu m$。

(2)箱形结构件内表面油漆系统。涂刷环氧富锌底漆 + 环氧中层漆,漆膜总厚度:$50\mu m + 100\mu m = 150\mu m$。涂刷环氧中层漆,漆膜总厚度:$150\mu m$。

(3)镀锌件表面油漆系统。涂刷磷化底漆 + 环氧中层漆 + 聚氨酯面漆,漆膜总厚度:$(5～10)\mu m + 100\mu m + 50\mu m = 155～160\mu m$。涂刷纯环氧底漆 + 聚氨酯面漆,漆膜总厚度:$50\mu m + 50\mu m = 100\mu m$。

(4)封闭箱体内油漆系统。封闭箱体内除焊缝处打磨至 St3 级补一道底漆外,一般不用涂装。另外,也可涂一度环氧富锌底漆 $50\mu m$ 左右(特殊工艺要求)。三室、二房内油漆系统相对于主结构外表面油漆系统来说,只是面漆厚度存在少量差别。

(5)有特殊要求的油漆系统。有特殊要求的油漆系统,构件上平面人需在上面行走的地方需涂防滑漆;存在安全隐患的地方需涂警示漆;铭牌标识等。

(6)标准机电配套件油漆系统。用户可指定外购机电配套件的外表颜色,否则,即按该供应商传统习惯颜色。机电配套件的涂装应保证底面经过良好的预处理和高含锌的底漆和面漆。

(7)涂层修补工艺。对结构件表面因焊接、火工校正或机械碰撞而造成的涂层破坏。对损坏表面的修复,不能照搬主结构件涂装工艺,需要有专门的涂层修补工艺。

(8)漆膜厚度。漆膜厚度不但与防腐蚀耐久性有关,而且直接影响产品的工程造价。港口装卸设备一般按照防腐蚀及油漆的产品寿命和所选用油漆产品的技术参数来确定涂层的厚度。现代港口装卸设备要求所用的油漆防腐蚀能力达10年以上。油漆厚度是由不同的油漆配套系统决定的,油漆商根据防腐寿命选用不同的油漆配套系统,新制造的设备推荐漆膜厚度在 220~280μm。

2. 钢材的表面处理

有数据表明,表面处理对防腐寿命的影响率可达50%以上,是涂装工程中不可忽视的一项重要工序。表面处理的方法有多种,最主要的有喷射处理(冲砂)、手工和动力工具处理、火焰处理、酸洗和磷化处理等,常用的是前两种处理方式。通常在钢板表面会附有氧化皮、锈或油脂、灰尘等污垢物,如果在涂装前不把这些异物除去,必将造成涂膜剥落、龟裂、返锈,尤其是锈蚀如不除去,将会在膜层下继续扩展而失去涂装的意义。涂装预处理的目的可以归纳为以下两点:第一,去除金属表面附着的或生成的异物,使金属表面有一定的耐蚀性。第二,提高金属与涂膜的附着力。由于水运机电设备的钢结构或钢材体积(面积)较大,而其所用的底漆多数为富锌类底漆,这类底漆需要一定的表面粗糙度来提高其涂膜的附着力,因而采用机械预处理较为合适。化学处理如酸洗等方式更适合小型或形状更为复杂的构件。钢材表面处理常用标准为瑞典工业标准 SIS 和美国涂装协会 SSPC 标准。

1) 表面预处理

在未处理的钢板或加工后的钢结构表面,通常有油污、油渍、锌盐及其他盐分等污染物。此类污染物必须在喷砂前用清洁剂进行清洗。盐分通常用热的清水清洗,油污、油渍用碱性清洗剂清洗。如清理不适当,将导致在喷砂或工具打磨后,油类等污染物被扩散至整个钢表面,造成新的污染并影响油漆附着力。冲砂能够彻底清除钢材表面的氧化皮,冲砂常用的磨料为钢丸、钢砂、矿砂及钢丝段。这些材料可以单独作为冲砂磨料,也可以按一定比例混合使用。为了保证被处理的钢表面有一定的粗糙度和能有效地去除氧化皮及铁锈,要求磨料具有一定的形状和大小,带有棱角的磨料冲砂效率最高和有一定的硬度,硬度的检验在现场可以简单地用锤子敲击来检查,磨料选用如表 3-33 所示。

钢板喷丸、抛丸清理弹丸选用(单位:mm)　　　　表 3-33

钢板厚度	3~4	4~6	7~12	14
丸径	0.8	1.0	1.5	2~2.5

在实际表面处理过程中,过高或过低的表面粗糙度都是不利的。过高的表面粗糙度会在被处理的钢材表面留下较深的凹孔,同时造成较高的峰尖。凹孔太深会在同样涂膜厚度的情况下消耗更多的油漆;峰尖过高会因为峰尖处的涂膜过薄而出现顶峰锈蚀,即使涂层有足够的厚度,由于顶峰部分的防护膜厚度仍不足而达不到良好的防腐作用,以致使产品在使用过程中过早生锈。一个合适的表面粗糙度与漆膜厚度密切相关,而漆膜厚度取决于产品特定的使用环境及其防腐要求,如表 3-34 所示。一般情况下,表面粗糙度是设计膜厚的 1/3,水运机电设备的涂层厚度大都在 220~280μm,表面处理时钢板表面粗糙度大约为 70~80μm。由于尖峰容易产生锈蚀,一般喷砂后用砂纸打磨去除过高的尖峰。实际施工中粗糙度略低于 1/3 的设计膜厚的粗糙度,理想粗糙度为 35~50μm 左右。除了表面粗糙度之外,清洁度是一个重要的指标,特别是在通风条件还不是很理想的条件下,清洁度的影响很突出,钢材表面的灰尘和油脂会严重影响附着力,在现场可以用简单的胶带黏着来测试。

不同产品的防腐要求在特定环境的涂层厚度与表面粗糙度的关系（单位：μm） 表3-34

不同产品的防腐要求在特定环境的涂层厚度与表面粗糙度的关系	设计涂层厚度	表面粗糙度
一般性涂层	80~100	25~30
装饰性涂层	100~150	30~50
保护性涂层	150~200	50~70
含有盐雾的海洋环境	200~250	70~80
含浸透液体冲击设备	250~350	80~100
耐腐蚀涂层	250~350	80~100

2）表面二次处理

除了钢材表面预处理外，在施工中由于钢结构焊接、矫正、搬运、探伤等造成了油漆损坏，因此须进行钢材表面二次处理。二次处理有冲砂、动力工具打磨、手动工具磨铲、清洗等。钢结构冲砂前，被涂件所有的锐角均要打磨成C0.5~C1.5mm的倒角，因为呈锐边角上涂的油漆无法达到规定的漆膜厚度，且咬不住，是最易产生锈蚀的地方。

3. 油漆施工

油漆施工在整个水运机电设备涂装工程质量控制中占有很大的比重，涂装行业中称之"七分施工，三分油漆"。由此可见油漆施工的重要性。涂装施工方法很多，有刷涂、滚涂、有气喷涂、高压无气喷涂、刮涂、浸涂、淋涂、电泳涂装、粉末涂装等。常用的是高压无气喷涂、滚涂和刷涂，其中喷涂最常用，滚涂和刷涂一般作为辅助手段。涂装作业应遵顺先难后易、从上到下、先里后外的顺序。

1）环境要求

大多数油漆施工受环境条件的严格限制，如温度、湿度、灰尘等的限制，如表3-35所示。

环境条件对油漆施工的影响 表3-35

环 境	对施工的影响	环 境	对施工的影响
温度过高	溶剂挥发过快，易干喷	湿度过低	无机锌底漆不易固化
温度过低	不易固化，干燥期过长	工业灰尘	影响外观，易产生锈点
湿度过高	表面发白，影响油漆性能	风速过大	不易控制膜厚，油漆损耗

一般油漆的施工在温度5~38℃，相对湿度小于85%时最佳，也可以控制钢材表面的温度，即钢材表面温度应高于露点温度3℃以上，方允许施工。如测得的环境温度为20℃，空气相对湿度为85%，查表得露点温度为17.4℃，则钢材表面温度应在17.4+3=20.4（℃）以上时，才能施工。当然，每一种油漆对环境的适应性不尽相同，施工时要严格按照油漆的使用说明书进行，雨天严格禁止进行油漆施工（有些油漆产品的环境适应性较强，温度-5~45℃、湿度90%左右均可施工）。空气中的灰尘（或工业粉尘）及打磨时的金属飞溅物对油漆的质量也会产生极不利的影响。灰尘颗粒会造成漆面不光滑，附着力差，较大颗粒的嵌附使该处漆膜较

薄,磨损后极易产生锈蚀。飞溅铁粉、氧化物造成漆表面"黄斑",必须及时清理。

2) 预涂漆施工

预涂漆施工是很重要的一道工序。在钢结构的焊缝、触角、凸角、狭小区域及喷涂不易的地方,必须进行油漆的预涂。预涂的作用是更有效地控制构件的漆膜厚度,使构件整体膜厚均匀一致。由于这些区域施工空间的限制,喷涂不能达到规定的膜厚,所以,通常用漆刷或滚筒先将这些部位均匀地预涂一遍。另外,这些被预涂的部位如焊缝,表面凹凸不平,喷涂时难免疏漏,预涂能良好地弥补喷涂的不足。

3) 底漆施工

表面处理及冲砂后4h内必须进行底漆施工。无机锌底漆施工较为复杂,从喷涂开始到结束,应不停地搅拌油漆,因为锌粉的比重较大,易沉淀,会造成漆膜锌含量不均匀,无机锌底漆一般不宜采用滚涂或刷涂,施工时温度控制在5~38℃之间,固化时间一般为7d,表面干燥2~4h,即2~4h后才可以搬运,喷涂结束后应增加周边环境湿度,如环境湿度较小,则漆膜固化时间较长。

4) 中层漆施工

从理论上讲,底漆一经固化,除去表面的灰尘、油污即可进行后道油漆施工。但实际施工中,中层漆的施工往往要间隔很长时间,此时底漆表面除了灰尘和油污外,还有锌粉的氧化物——锌盐,锌盐的存在严重影响油漆层间附着力而导致涂装失败。同时,构件在搬运、拼装过程中对底漆表面的损坏及油漆的重涂间隔,因此中层漆施工前要用砂皮打磨表面,并配以清水清洗,底漆损坏处需按油漆修补工艺进行处理。中层漆允许用滚涂和刷涂作为辅助手段。中层漆漆膜较厚,施工时要合理使用稀释剂,避免流挂,中层漆的固化时间为7d左右,表面干燥为4~24h,施工温度5~38℃,冬用型油漆可在-5℃的情况下施工,施工时应用湿膜卡进行测量湿膜厚度以便更好地控制干膜厚度。

5) 面漆施工

面漆施工前先进行表面清洁,清除灰尘、水分和油污,并用细砂皮轻轻地打磨,使表面有一定的粗糙度。聚氨酯面漆对水分极为敏感,要确保清除构件表面水分和相对湿度低于85%以下进行施工。面漆作为构件的最后一度漆,表面清洁工作及施工环境十分重要。施工前应该完成所有的焊接工作和表面漆膜修补工作,整台港口装卸机械的面漆施工应在较短的时间内同时完成,以避免颜色上的差异,部分面漆可在交付用户前施工。港口装卸设备涂装用滚涂和喷涂相结合的方法进行施工,除手不可及的高空部位或无法操作的狭小部位外,应尽量采用喷涂,以追求最佳的表面效果。面漆施工时要非常重视漆膜均匀和油漆完全覆盖。避免漏漆和露底,表面应光亮、平滑,无任何油漆弊病,施工温度控制在5~38℃之间。

6) 镀锌件及不锈钢表面油漆

镀锌及不锈钢表面油漆前,先用溶剂彻底清除构件表面的油脂、水分,并用砂纸或动力工具将构件表面打毛,使之有一定的粗糙度并在一个干燥的环境中油漆。一般在表面处理后先涂磷化底漆一度5~10μm,然后按产品油漆配套施工,但不能将锌粉底漆作为后道漆,直接涂中层漆都是可行的,采用哪种工序,视工艺要求而定。目前,国际上逐渐采用新型无溶剂纯环氧类油漆代替磷化底漆。因为环氧渗透力强,比磷化底漆有更好的附着力,同时更适合环保要求。

7) 涂层修补

目前由于各种各样的因素,在港口装卸设备的制造过程导致涂层破坏,需要修复。这是对涂装质量控制的重点,因为无论采取什么样的修补工艺,修补后的油漆不管从任何方面都要比在相同条件下整体喷涂的油漆质量差。尽可能减少修补量是提高涂装质量有效的方法之一。涂层修补的方法为:先去除表面油污和松脱涂层,将被破坏的涂层区域打磨至 St3 级,并留有一定的斜坡过渡面,然后按工艺要求逐层修补。

8) 无机锌底漆施工

无机锌底漆施工较为复杂,表面处理较高,必须达到 Sa2.5 级,从喷漆开始到结束,应不停地搅拌油漆,因为锌粉的比重较大,易沉淀,会造成漆膜锌含量不均匀或龟裂等现象。无机锌底漆一般不宜采用滚涂或刷涂,施工时温度控制在 5~38℃ 之间,固化时间一般为 7d,表面干燥 2~4h,即 2~4h 后才可以搬运,喷涂结束后应增加周边环境湿度(湿度应达 70% 以上),如环境湿度较小,则漆膜固化时间较长。对于无机硅酸锌涂料的固化测试,可以应用标准 ASTMD4752-87MEK 测试法。涂层表面先用清水清洁,除去锌盐。用一块白色的布蘸了 MEK 试剂(甲乙酮),来回摩擦表面 50 次。如果 MEK 溶剂对其影响很小或几乎没有影响,涂膜可以认为已经固化。另一种简易的检查方法是用刀或硬币刮擦涂层表面,固化后的涂膜显示闪亮的痕迹,仅有很少的锌粉产生。无机锌底漆上复涂中层漆应注意事项:

(1) 除去涂层表面的锌盐,确认无机锌底漆已固化,用细砂皮或旧砂皮打磨去除表面漆雾,漆膜厚度不足或破损处只能用环氧富锌底漆进行修补(因无机硅酸富锌底漆不能复涂)。

(2) 采用专用封闭漆或稀释的中层漆进行雾喷,雾喷的目的是对无机锌底漆表面进行封闭,把孔内的空气逼出(因锌粉底漆表面有许多肉眼所看不到的细孔),避免产生气泡和针孔。所以雾喷工作十分重要,应特别注意油漆的调配和厚度。油漆调配:将雾喷的专用封闭漆或中层漆加入 30%~40% 稀释剂;雾喷的油漆厚度不宜过厚,控制在 20~30μm 左右,即薄薄地飘一度即可,但要喷涂到位将各个部位都封闭。

(3) 待雾喷的涂层干透后进行常规中层漆施工。如还发现中层漆表面出现针孔或气泡应再返回(2)重新进行表面雾喷工作。

4. 涂装检验及标准

涂装质量是港口装卸设备整体质量中一个重要环节,越来越引起人们的重视,也是反映一个企业制造及质量管理水平的重要标志,油漆质量在很大程度上与其结构和机构返工有关,因此严禁在已做好油漆的构件上焊割,是提高油漆质量的一个重要条件,先进的涂装技术可以保证油漆的寿命长达 10 年或更长。搞好涂装工作是一项系统工程,它牵涉到设计、工艺、质检、安装、涂装等各个部门的协调,体现一个企业的综合水平。

1) 钢材表面预处理的质量检查

钢材表面预处理是在抛丸、喷漆流水线上进行,其质量的好坏主要取决于设备的调整。检查的内容分抛丸质量和喷漆质量两大部分。钢材、型材必须经过预处理方可应用。良好的预处理是涂装能否保持较长使用寿命的关键。预处理应用机械方法进行,钢结构冲砂前应先检查设备是否正常,检查压缩空气是否有油或水,空压机是否安装油水分离器,检查通风及除尘系统是否良好,喷砂嘴是否磨损过大(标准 0.8mm 左右),钢丸、钢砂、钢丝段配比是否合理,磨料是否干燥、干净、钢材、型材表面应无油污,该焊接的附属件应尽量装配完毕,自由边丝应倒角,冲砂质量符合 SSPC-SP-10(或 SISSa21/2)标准,表面无氧化皮,呈金属灰色(参照标准卡),不得有片状及连续点状大面积残余氧化皮。用粗糙度检测仪检查表面粗糙度,应达到国际通用的 SSPC-SP10 标准的要求,推荐粗糙度在 $50\mu m$ 左右(可用标准卡对照或用粗糙度仪测量)。预处理后,必须彻底清除钢材表面的粉尘,不得有油、水和杂质。钢材预处理后应立即(4h 内)喷涂规定的车间底漆或工作底漆,硅酸锌粉底漆喷涂时应不停地搅拌,测量平均膜厚的方法是,在喷漆的钢材上放一块光滑平整的钢材样板,待喷涂及油漆干燥后测量样板上的漆膜厚度,该厚度即为被测件底漆的平均厚度。

2)对结构件油漆工作的质量要求

(1)按涂装工艺的规定检查所用的车间底漆、底漆、中层漆、面漆及所用稀料、固化剂的品质。检查油漆的生产日期是否在保质期内,包装是否完好,油漆是否有沉淀现象,检查油漆的牌号、色号是否与工艺要求相符,常用型和冬用型油漆不能混用,检查油漆的固体含量是否与厂家的说明书相符。

(2)喷涂油漆工作必须在环境温度不低于 -5℃、湿度不超过 85%、钢板温度高于露点温度3℃的条件下进行,低温时应更换低温固化的油漆,不准在雨、雾、大风天、黎明或夜晚钢板表面结露时喷涂油漆。

(3)喷涂油漆前,工件表面不得有灰尘、杂物及水、油渍,底层涂膜是否存在缺陷及是否按正确的方法修补好,覆涂前必须用砂皮打磨、清洁油漆表面,保证粗糙度,确保层间附着力,每道油漆的复涂间隔应按油漆供应商的规定进行施工,油漆的混合配比是否符合说明书的要求,同时对周围物件及不要涂装的零部件要进行有效的保护,防止油漆交差污染。

(4)漆膜厚度测量,使用测厚仪(干膜测厚仪、湿膜测厚仪)检查漆膜厚度,层间漆膜厚度应符合工艺要求(特别是槽钢反面、箱体内隔板、R 孔内、死角部位、筋板边缘等部位的油漆厚度)。在进行干膜厚度(DFT)测量时,我们要遵守其测量原则:"80-20""90-10"原则或相似的测量原则。"80-20"原则的意思为:80%的测量值不得低于规定干膜厚度,其余 20%的测量值不得低于规定膜厚的 80%。对于集装箱涂装,或者储存成品油或化品品的储存罐舱室来讲,这个原则要更为严格,通常使用"90-10"测量原则。除了 ISO 2829—97 中介绍的干膜厚度的测量方法外,美国 SSPC-PA2 标准关于涂膜厚度测量原则:

①每 $10m^2$ 测量 5 个点。

②每一个点的测量为在一个很小面积内测量 3 个点的平均值。

③5 个测量点的平均值必须符合规定的涂膜范围。

④单一测量点不能低于规定膜厚 80%。

⑤不同测量点内的读数可以低于规定膜厚的 80%。

⑥对于一定面积内的测量,SSPC-PA2 规定。

⑦$10m^2$ 取 5 个测量点,每一测量点要有 3 次测量。

⑧$30m^2$ 内的测量,按上面规定进行。

⑨$100m^2$ 面积的测量,选取 3 个代表性的 $10m^2$ 面积进行测量;超过 $100m^2$ 时,第一个 $100m^2$ 按照③进行,接下来的 $100m^2$ 内可随意选取 $10m^2$ 进行测量;在③和④的测量中,如果发现测量不符合规格书要求,则每一个 $10m^2$ 都要进行测量。

(5)轴类、卡轴板、端盖、轨道压板、法兰螺栓孔、平台与扶手栏杆螺栓连接处等零部件除配合面和摩擦面外必须油漆后进行装配,避免雨后出现"流黄水"现象。

(6)检查油漆表面质量,不得有色差、漏涂、流挂、厚度不匀、起泡、气孔、皱皮、分层、龟裂等涂装缺陷。

对于涂膜干燥或固化,需要参考产品的技术说明书和施工记录来进行判断。技术说明书中会有关于该产品的固化或干燥时间。涂膜的固化或干燥受到通风、温度、涂膜道数等诸多因素的影响,而且实际施工后涂层不可能像在试验室中一样有恒定的固化或干燥环境。所以说明书上的时间只能进行基本参考。涂膜的固化和干燥在实验室中所测定的条件是20℃以及60%~70%的相对湿度。

指触干——用手指轻触涂层表面不留下痕迹亦不感到黏手。

干燥至搬运——通常是对于车间底漆而言。

表干——根据ISO9117—90测试,使用小玻璃球在涂层表面滚过而不损伤涂膜。

硬干——根据ISO9117—90测试,涂膜彻底干透。

完全固化——对于双组分涂料的固化时间,受到温度影响。不同的温度对于固化时间是不同的。通常可以认为,温度升高10℃,固化时间减少一半。

对于无机硅酸锌涂料的固化测试,可以应用标准ASTMD4752—87MEK测试法。涂层表面先用清水清洁,除去锌盐。用一块白色的布蘸了MEK试剂(甲乙酮),来回摩擦表面50次。如果MEK溶剂对其影响很小或几乎没有影响,涂膜可以认为已经固化。

另一种简易的检查方法是用刀或硬币刮擦涂层表面,固化后的涂膜显示闪亮的痕迹,仅有很少的锌粉产生。

(7)用检测仪测量油漆的附着力,构件油漆的附着力应大于3.5MPa。

3)相关检验标准

(1)锈蚀等级。

钢材表面的锈蚀程度分为四个等级,分别用字母A、B、C、D表示。其文字叙述如下:

A.全面覆盖着氧化皮而几乎没有铁锈的钢材表面。

B.已发生锈蚀、并且部分氧化皮已经剥落的钢材表面。

C.氧化皮已因锈蚀而剥落,或者可以刮除,并且有少量点蚀的钢材表面。

D.氧化皮已因锈蚀而全部剥离,而且已普遍发生点蚀的钢材表面。

(2)除锈等级。

国家标准对喷射或抛射除锈过的钢材表面设有四个除锈等级,分别用字母表示为Sa1、Sa2、Sa2.5、Sa3,对手工和动力工具除锈过的钢材表面设有两个等级,以字母St2、St3表示,本标准不设St1级,因为达到这个等级的表面也不适宜涂装。各个不同的等级都有不同的文字含义,例如Sa2.5是指非常彻底的喷射或抛射除锈,在不放大的情况下进行观察,钢材表面应无可见的油脂、污垢、氧化皮、铁锈和油漆涂层等附着物,任何残留物的痕迹应仅是点状或条纹状的轻微色斑。除锈等级一般应根据钢材表面原始状态、可能选用的底漆、可能采用的除锈方法、涂装维护周期等来确定。

(3)湿度和露点。

湿度:在一定的大气温度下,定量空气中所含水蒸气的量与该温度时,同量空气所能容纳的最大水蒸气的量之比值(%)。

露点:在一定温度条件下,具有一定相对湿度的空气在逐渐冷却时,相对湿度就会不断提高,当冷却到水蒸气饱和时,水汽则开始凝聚,此时的温度则为该空气的露点。湿度越大露点也越大。

(4)油漆施工应注意事项。

①首先要了解油漆的性能和按工艺规定施工。不同油漆具有各自的性能和施工方法,因此在产品油漆施工中应事先了解其性能,按油漆说明书的涂装工艺规范施工。

②做完整的表面处理。表面是否处理适当,表面油污异物等是否处理干净对漆膜性能与寿命有很大影响,因此必须完全彻底除去铁锈、油污、异物并要充分干燥后才能施涂。

③油漆应做到充分搅拌。油漆的混合配比要按油漆厂商说明书的规定混合,并要熟化一段时间。

④一次刷涂油漆不能太厚。刷涂如果太厚,很容易产生流挂现象,还会产生起皱现象,因此要适当控制油漆厚度。

⑤叠层涂装时应待下层油漆干透后再涂漆。如下层漆膜未干透很容易产生起皮,甚至发生剥离、针孔等现象(因底层油漆的溶剂要往外挥发,容易产生气泡、针孔)。

⑥避免在低温和潮湿气候中施工。气温降至5℃以下应停止施工或用低温固化油漆,同时湿度超过85%时会产生油漆表面减光,甚至影响涂层附着力,因此要避免在此环境中施工。

⑦除去灰尘。灰尘不但会影响漆膜性能,也会影响美观,因此被涂物表面必须彻底清洁干净。

⑧避免在高温太阳光直射下涂漆。特别在夏天太阳光直射下很容易产生针孔、气泡、油漆干喷等现象。

⑨在涂装过程中应遵循先里后外、先难后易、从上到下的原则,涂层之间喷涂时必须用砂皮打磨油漆表面,保证粗糙度,确保油漆层漆附着力。

⑩注意稀释剂的用量,不能因油漆太厚而随意稀薄。如果稀释剂用量不当会影响涂层遮盖力,容易产生流挂,影响漆膜厚度,影响光泽度等,一般情况下以不超过5%为原则。

⑪注意安全,施工场地要通风良好;前处理时需戴好防护镜、穿好工作服;高空作业必须佩戴安全带;箱体内通风条件无法改善时,需戴氧气面罩并缩短工件时间,并要有专人监护;搬运工件时不能违章操作;电器工具发生故障时,应立即切断电源并及时报修;油漆施工现场严禁明火作业。

⑫以下有些部位不做油漆(或中层漆和面漆):a.电缆;b.液压油管;c.机加工面;d.法兰面和高强度螺栓接触面;e.不锈钢;f.液压油缸推杆。

七、金属加工质量控制

机械零件均由几何形体组成,并具有各种不同的尺寸、形状和表面状态。为了保证机器的性能和使用寿命,设计时根据零件的不同作用对制造质量提出要求,包括表面粗糙度、尺寸度、形状精度、位置精度以及零件的材料、热处理和表面处理(电镀、发黑)等。以轴类零件为例,检测内容及检测方法如下:

1. 直径检测

(1)量规检验。量规分通止两端,用量规的通端检测,再用止端检测,如果通端能通过,止端不能通过,则该轴轴径合格。

(2)游标卡尺测量:右手握住尺身,左手扶住固定卡脚,卡爪自上向下,放在被侧件上,放后查出尺寸。

(3)千分尺测量:小尺寸轴径测量:右手的两个手指将尺回压在手心中,拇指和食指调整活动套管,左手捏住被测件,将被测件放入千分尺的两测量面之间,调整活动套管,读出尺寸。中等尺寸轴径:左手握尺架,右手调整活动套管检测。大尺寸轴径:左手握尺架,右手调整活动套管的尺寸检测。

2. 直线度检测

(1)平尺测量:将平尺与被测面贴紧,然后用厚薄规测量间隙,测量若干点,取其中最大的误差值为该被测量件的直线度误差。

(2)百分表测量:将被测零件放在平板上,并使其紧靠在直角铁上,用百分表在被测线的全长范围测量,取最大的误差值作为该零件的直线度误差。

3. 圆度检测

将被测零件放置在V形铁上,使其轴线垂直于测量截面,同时固定轴向位置。用百分表测量零件回转一周过程中读数的最大差值,用一半作为单个截面的圆度误差,接上述方法测量若干截面,取其中最大的误差值作为该零件的圆度误差。检测工具:V形铁、百分表。

4. 垂直的检测

将被测零件放在导向块内,以导向块内孔为基准轴线,然后用百分表测量整个被测面,记录读数并取其中最大读数值作为该零件的垂直误差。检测工具:百分表、导向块。

5. 同轴度检测

将被测零件固定在可旋转的活动支座上,百分表固定在固定支座上,调整被测零件,使其基准轴线与百分表测量头的回转轴线同轴,在被测量件的基准面和被测面上测量若干截面,取其中最大读数误差值为同轴度误差值。检测工具:固定支座、活动支座、百分表。

八、机械传动装置质量控制

机电设备中的机械传动装置包括从动力部分到工作装置之间的传动零件,如传动轴、联轴器、齿轮传动、链传动、皮带传动、减速装置、换向装置、离合器、制动装置、车轮、滑轮、轴承及为实现将动力传递到工作装置并满足其功能要求的其他零部件。传动装置的质量不仅直接影响产品的质量及安全,而且对产品的成本、效能、维护运行有很大的影响,在机电设备监理工作中的质量控制必须认真把好机械传动机构的质量关。

1. 机械传动装置零件主要破坏形式

机械传动装置零件主要破坏形式有强度破坏(包括屈服破坏和破断破坏)、疲劳破坏、刚度破坏、失稳破坏、磨损破坏、振动破坏、低应力脆断破坏。

2. 机械传动装置质量控制要点

(1) 传动零部件的几何尺寸及精度必须满足设计图样、技术文件及相应标准规定要求。

(2) 传动零部件材料型号及性能、加工工艺、热处理工艺等必须符合设计技术文件及标准规定。

(3) 传动装置的强度、刚度、稳定性必须满足设计规范、标准规定要求,保证安全可靠地工作。

(4) 传动装置的功能,如减速、换向、离合、变速、制动、润滑等应满足工作装置功能要求,制动可靠,操作方便。

(5) 传动装置的相对运动结合部应保证良好的密封性,不得出现油、气的渗漏现象;相对运动部位不得有相互阻滞、摩擦、碰撞等现象。

(6) 传动装置应具有良好可维修性和维修保障性,装拆方便。

(7) 传动装置应保证运行平稳,变速、换向灵活,制动安全可靠,不得出现不正常的振动和异常声响、温升过高等现象,并满足设计技术文件及标准规定要求。

(8) 对室外工作的传动装置以及运动部分的传动装置必须加装安全防护设备;对于设计任务书和相应标准中明确规定的安全保护装置,如限位开关、超速保护、超负荷保护、相互联锁保护、保护装置等,必须配备,并安全可靠。

(9) 传动装置应布置紧凑,排列整齐,颜色符合图样规定,外观造型力求稳定、均衡、协调、美观。

(10) 其他在设计技术文件和产品标准中所规定的技术要求。

3. 传动装置通用零部件装配检验

将合格的零件按工艺规程装配成组(部)件的工艺过程为部装。部装检验的依据是相关标准、图样和工艺文件。为了检验方便,便于记录和存档,必须设立部装验查记录单。

1) 一般要求

(1) 零件外观和场地的检查。在部装之前,要对零件外观质量和部装场地进行检查,要做到不合格的零件不准装配,场地不符合要求不准装配。①零件加工表面无损伤、锈蚀、划痕。②零件非加工表面的油漆膜无划伤、破损,颜色要符合要求。③零件表面无油垢、污物,装配时要擦洗干净。④零件不得碰撞。⑤零件出库时要检查其合格证或质量标志或证明文件,确认其质量合格后方准进入装配线。⑥中、小件转入装配场地时不得落地(要放在工位器具内)。⑦大件吊进装配场地时需检查放置地基的位置,防止变形。⑧大件质量(配件)的处理记录。⑨重要焊接零件的超声波或射线探伤检查质量记录单。⑩装配场地要清洁,无不需要的工具和多余物,装配场地要进行定置管理。

(2) 装配过程的检查。监理人员根据检验依据,采用巡回方法,监督检查每个装配工位,操作人员遵守装配工艺规程,检查有无错装和漏装的零件。装配好后,要按规定对产品进行全面检查。

2) 滚动轴承装配前检查

(1) 轴承的型号及尺寸应符合设计规定。

(2)轴承内圈主要项目公差与外圈主要项目公差应符合有关规定。
(3)轴承用手转动时应平稳、轻快,无阻滞现象。
(4)可分离型轴承在不装套圈时,滚动体不允许从保持架兜孔中掉出。
(5)轴承零件不允许有锐角和毛刺。
(6)C、D级轴承不允许有氧化皮。
(7)轴承经酸洗后工作表面不应有烧伤、配合表面不应有未经酸洗看到的烧伤,工作表面上酸洗层应清除掉。
(8)轴承零件不允许有裂纹及严重卡伤、锈蚀和缺陷。
(9)轴承代号、标志必须齐全、完整,字迹必须端正、清晰,线条粗细均匀。

3)减速箱安装

在机房内安装减速箱前,先要确认机房底盘水平,然后开始安装。

(1)减速箱在安装时,先划出机房的十字中心线,然后定位减速箱底座。可以用角尺进行测量,调整并保证减速箱横向及纵向水平,用框式水平仪检查减速箱横向、纵向水平,横向水平安装误差≤0.08mm。

(2)检查减速箱底座与机房底架主、辅筋板是否对中,错位数值≤2/3薄板厚度(其他机构底座筋板错位同)。

(3)根据要求,为了有利于安装和防止今后可能有的结构变形,减速箱底座的高度必须高出马达和卷筒的底座6mm。

(4)检查减速箱与底座之间的接触面积,要求≥70%,合格后检查减速箱固定螺栓、螺母的型号和规格,螺栓要求高出螺母2~3牙,扭矩按照图纸要求进行检查。

(5)按照图纸要求检查减速箱抗剪块位置是否符合图纸要求,抗剪块与减速箱之间应无间隙,并且保证与减速箱接触超过2/3抗剪块的高度。

(6)减速箱底座螺栓必须用扭力扳手按规定扭矩拧紧;减速箱定位紧固后,用手转动高速轴应无异感,同时须复核齿面的接触斑点与安装前没有变化;如果齿面接触情况变差,则说明底座平面不平引起减速箱箱体变形。

(7)要检查是否按规定的牌号加妥齿轮油并核实油位,检查每对齿轮都能正常润滑,飞溅式润滑的齿轮减速箱,应保证每对齿轮副的被动齿轮齿面部分应浸入油池内,同时要检查有否油液渗漏及放油口能否顺利排放废油。

4)齿轮及齿条安装

齿轮是机械传动中普遍采用的传动形式,除了设计技术文件中规定的特殊要求外,一般应满足下列要求:

(1)齿轮应经热处理,尽可能采用中硬齿面或硬齿面啮合。

(2)齿轮副的精度应不低于现行《渐开线圆柱齿轮 精度 第1部分:轮齿同侧齿面偏差的定义和允许值》(GB/T 10095.1)中规定的8-8-7级,齿条的精度应不低于现行《齿条精度》(GB/T 10096)中规定的9-8-8级。

(3)传动齿轮的啮合间隙与接触斑点应符合设计或规范要求。

5)卷筒安装

吊装卷筒时必须先清洗低速联轴节内外齿圈确保联轴节内无杂物,安装好低速联轴节密封圈。

(1)保证联轴节开档(具体可参照卷筒联轴节端盖上的磨损刻度指示线),在卷筒轴承座底座螺栓终拧好的情况下,方可架磁性底座百分表测量读数(将百分表底座贴于低速联轴节上,百分表指针接触卷筒端面,匀速转动一周,记录数据),卷筒轴向中心线的偏差要求为≤0.3mm。

(2)轴线平行位移量最大不超过0.30mm;平面角度偏差最多不超过30′。

(3)检查卷筒支座固定螺栓超出螺母2~3牙,并检查是否有防松措施。检查卷筒支座垫板厚度≥6mm(最多不能超过10mm)。

(4)检查联轴节与抗剪块之间是否有间隙,及焊接需要考虑进行的维修,即方便打磨。

6)电机安装

电机安装的基本要求为:①电机机组应用共同底座。②电机安装部位应留有足够空间,以便拆装、检查及维修。③电机的联轴器、皮带和链轮传动部分必须有可拆的护罩,以防外界偶然触及传动部分。④电机按安装图要求落位安装,用地脚螺栓牢固固定,不准采取焊接固定。⑤电机引线长度应有一定余量,接线按图编号正确连接,电机附件无接线端子的元件,应加装过渡接线盒。⑥电机安装完毕进行试运行前,先检查下列各项:电机旋转方向应符合机械要求,电机运行平稳无异常杂声,电机换向器、滑环及电刷工作正常,发电机电压变化率符合产品要求,电机的起动电流、空载电流符合产品要求,电机稳定温升符合电机绝缘等级要求,不应有过热现象。

电机安装根据减速箱高速输出轴为基准,必须保证联轴节装配尺寸,因为如果联轴节开档不对,那将会造成以后联轴节的磨损件不易更换。根据FEM标准,轴承座底座的调节垫片不得超过3张,调整垫片必须是机加工或不锈钢,不得有卷边等现象。调整完毕安装定位块。检验时必须先将电机底座螺栓终拧到位后,方可打表测量。电机的测量分为轴向和径向两个跳动量,两者反映电机的安装状态,轴向高低及左右偏移量不得超过0.05mm,半联轴节间的平面夹角不得大于15′(或不大于0.08mm),调整完毕加定位块,防止电机松动。

7)联轴节安装

联轴节主要用于港口装卸设备中各机构的减速箱输入输出轴的连接,也适用于其他类似的既传递转矩又承受径向载荷的机械设备,但不能用作需承受轴向载荷的传动。以齿轮联轴器和弹性圆柱销联轴器为例,其安装的允许偏差如表3-36所示。

常用联轴器的允许偏差(单位:mm)   表3-36

联轴器形式	联轴器直径 D	径向偏移值	两轴倾斜值	端面间隙 C
CL型、CLZ型齿轮联轴器	170~185	0.3	0.5	2.5
	220~250	0.45	1000	
	290~430	0.65	1.01000	5.0
	490~590	0.90	1.0	
	680~780	1.2	1000	7.5
	900~1100	1.5	2.0	10.0
	1250		1000	15.0

续上表

联轴器形式	联轴器直径 D	径向偏移值	两轴倾斜值	端面间隙 C
弹性圆柱销联轴器	120~140	0.05	$\dfrac{0.2}{1000}$	1~5
	170~220			2~6
	220~260			2~8
	260~330	0.10		2~10
	330~410			2~12
	410~500			2~15

8) 链条及链轮

链条及链轮安装应符合下列要求：

(1) 链条与水平线夹角不大于45°时，从动边的弛垂度应为两链轮中心距离的2%。

(2) 链条与水平线夹角大于45°时，从动边的弛垂度应调整到两链轮中心距离的1%~1.5%。

(3) 主动及被动链轮齿宽中心线应重合，其偏差值应≤2L/1000（L 为链中心距）。

9) 液力耦合器

液力耦合器安装的允许偏差和检验方法应符合表3-37的规定。

液力耦合器安装允许偏差和检验方法　　表3-37

序号	项目	允许偏差（mm）	检验方法
1	径向圆跳动	≤0.10	用百分表和专用工具检测
2	端面圆跳动	≤0.10	

注：液力耦合器的径向圆跳动和端面圆跳动，应在液力耦合器端面和圆周上均匀分布的4个位置，即0°、90°、180°、270°进行测量。

4. 传动机构总装检验

1) 机构总装的检验

传动机构总装应依据产品图样、装配工艺规程以及产品标准进行检验。总装过程的检查方法与部装过程的检查方法一样，采用巡回方法监督检查每个装配工位，监督操作人员遵守装配工艺规程，检查有无错装和漏装等，检验内容为：

(1) 装配场地必须保持环境清洁，光线要充足，通道要畅通。

(2) 总装的零、部件（包括外购、外协件）必须符合图样、标准、工艺文件要求，不准装入图样未规定的垫片和套等多余物。

(3) 装配后的螺栓、螺钉头部和螺母的端部（面），应与被紧固的零件平面均匀接触，不应倾斜和留有间隙，装配在同一部位的螺钉长度一般应一致，紧固的螺钉、螺栓和螺母不应有松动的现象；影响装配精度的螺钉，紧固力应一致。

(4) 螺母紧固后，各种止动垫圈应达到制动要求。根据结构的需要，可采用在螺纹部分涂上低强度防松胶代替止动垫圈。

(5) 机构传动和移动部件装配后，运动应平稳、轻便、灵活，无阻滞现象，定位机构应保证准确可靠。

(6)总装时应注意高速旋转的零部件的动平衡精度(其精度值由设计规定)。

(7)必须检查两配件的结合面配合的接触质量。若两配合件的结合面均是刮研面,则用涂色法检验,刮研点应均匀,点数应符合规定要求。

(8)若两配合件的结合面均是用机械切削出来的,则用涂色法检验接触斑点,检验方法应按标准规定进行。

(9)重要固定结合面和特别重要固定结合面应紧密贴合。重要固定结合面在总装紧固后,用塞尺检查其间隙量,其量值不得超过标准的规定。

(10)特别重要固定结合面,除用涂色法检验外,紧固前、后均应用塞尺检查间隙量,其量值应符合标准规定。

(11)与水平垂直的特别重要固定结合面,可在紧固后检验。

(12)滚动轴承的结构,检验位置是否保持正确,受力是否均匀,有无损伤现象;对过盈配合的轴承,检验加热是否均匀;检查轴承的清洁度及其润滑脂的用量,润滑脂应符合规定要求。

(13)齿轮装配时,检验齿轮与轴的配合间隙和过盈量应符合标准及图样的规定要求;两啮合齿轮的错位量不允许超过标准规定;装配后齿轮转动时,啮合斑点和噪声应符合标准规定。

(14)机构经过总装检验合格,要将检验最后确认的结果填写在总装检验记录单内方可转入下序。总装检验记录单要汇总成册、存档,作为质量追踪和质量服务的依据。

2)机构性能的检验

(1)外观质量的检验:①机构外观不应有图样未规定的凸起、凹陷、粗糙不平和其他损伤,颜色应符合图样要求。②防护罩应平整、匀称,不应翘曲、凹陷。③零部件外露结合面的边缘应整齐、均匀,不应有明显的错位,其错位及不均称量不得超过规定的要求。④当配合面边缘及盖边长尺寸的长、宽不一致时,可按长边尺寸确定允许值。⑤外露的焊缝应修整平直、均匀。⑥装入深孔的螺钉不应突出于零件表面,其头部与沉孔之间不应有明显的偏心。固定销一般应略突出于零件表面。螺栓尾端应略突出于螺母端面。外露轴端应突出包容件的端面,突出值约为轴端倒角值。⑦外露零件表面不应有磕碰、锈蚀、螺钉、铆钉和销子端部不得有扭伤、锤伤、划痕等缺陷。⑧金属手轮轮缘和操纵手柄应有防锈镀层。⑨镀件、法兰件、发黑件色调应一致,防护层不得有褪色或脱落现象。⑩润滑管道的外露部分,应布置紧凑、排列整齐、美观,必要时应用管夹固定。管道不应产生扭曲、折叠等现象。⑪未加工件的表面,应涂油漆,涂漆应符合相应的规定要求。

(2)机构性能参数及几何尺寸检验:根据机构的设计性能参数,检验各机构在空载与额定载荷下的实际性能参数是否符合设计的性能参数,误差应符合相关标准规定的要求。检查机构安装于整机后的几何尺寸,几何尺寸应符合图样的规定。

(3)机构空载的运转检验:①机构空载运转应在机构无负荷状态下进行,以检验各机构的运转状态的温度变化、功率消耗,操纵机构动作的灵活性、平稳性、可靠性及安全性;检查各机构的联锁装置、限位装置的可靠性及安全性。②空载运转,各机构应从最低速度起,依次运转,每级速度的运转时间按规定要求进行,在最高速度时应运转足够的时间,使滚动轴承达到稳定温度。③检验变速机构运转速度,其变速装置是否灵活、可靠,以及指示标牌的准确性。④检验机构转位、定位、分度动作是否灵活、准确、可靠。⑤检验读数指示装置和其他装置是否灵活、准确、可靠。⑥检验各机构动作有无障碍与异常声响。⑦检查制动器各转动铰点的灵活性,制动瓦与制动轮的接触面应符合图样中有关标准规定。

(4)机构负荷检验:①机构负荷检验是机构在承受额定载荷状态下运转时工作性能及可靠性,即承载能力、运转状态平稳性、噪声、润滑、密封等。②各机构的负荷运转工作应从中速起至最高速度。在最高速度时应持续工作8h,以检验轴承、电动机、减速器的温升情况是否满足规定要求。③测取减速器运转时的噪声,噪声应小于85dB(A)。④测取各机构起、制动时间,起、制动时间应符合设计规定。⑤运转中各机构应工作正常,无异常响声;固定结合面不得渗油,运动结合面不得滴油;制动器作用应有效、可靠。⑥运转后检查各机构零、部件应无裂纹、永久变形、油漆打皱;连接处应无松动。

九、电气设备质量控制

随着水运机电设备自动化程度的不断提高,各种电气设备广泛应用于机械中。电气设备的质量对机械的质量是十分重要的,它不仅影响机械的工作效率和使用寿命,而且直接危及操作人员的人身安全。据机械故障分析,电气故障约占全部故障的70%以上,因此加强电气设备质量检验和控制是一项十分重要的工作。电气设备的质量控制应当贯穿于设计、制造、安装、调试、检测全过程中。任何一个环节出现不满足规范、标准的要求,就可能出现质量事故。只有对每个环节加强质量控制,才能确保机电设备的整体质量。

1. 电气设备质量控制的目的

电气设备质量控制的目的包括3个方面:

(1)可靠性。所有电气设备必须满足有关规范、标准的要求,达到要求的性能指标,在有效使用期限内能安全可靠的工作。电气设备所具有保护单元应能有效地实施保护,防止发生电气故障。

(2)安全性。所有电气设备应可靠接地,电气设备导线的相与相之间,相与地之间应有足够的绝缘电阻。有的机械设备应设置避雷装置,确保操作人员安全性。

(3)经济性。选择电气设备时,一是考虑性能指标;二是要考虑价格,使其性能/价格比值适当,保证电气设备既有足够的使用寿命和良好性能,又有较低廉的价格。

2. 影响电气设备质量的主要因素

影响电气设备质量的因素主要有3个方面:

(1)设计的合理性。电气设计内容广泛,大到供电方案确定、电气传动及控制方案的选择,小到某个元件参数的计算和选型是否合理,都会直接或间接影响电气设备的质量。

(2)电气元器件的质量。如果电气设计合理,但元器件的质量低劣,势必影响电气性能,发生电气故障。特别是电气绝缘不能满足要求情况下,电气设备质量就根本无法保证。

(3)电气设备安装的质量。电气设备质量除设计及元器件质量外,很大程度上取决于安装工艺水平的高低。安装质量的好坏直接影响设备的性能及使用寿命。不按工艺规范要求施工安装就可能留下故障隐患,在振动、高温、高湿等恶劣环境下就可能产生电气事故,造成设备损坏甚至人身伤亡事故,应该引起足够的重视。为了确保电气设备的质量,对电气设备的配套、安装、接地及接线等各个环节要进行严格的质量控制。质量控制必须按有关的规范标准,在施工的全过程中进行,以便及时发现问题、解决问题,以防留下隐患,造成不必要的经济损失。

3. 电气设备设计阶段的质量控制

(1)要求图纸齐全,图纸符合国家标准要求。

(2)核定供电方式及电气传动方式是否满足机械功能的要求。

(3)核定电气控制方式及控制电路设计是否合理。

(4)核定电气照明设计是否满足机械在各工况下的要求。

(5)核定其他控制单元的设计是否合理。

(6)核定电气选择是否正确,配套是否合理。

(7)核定电气安装和接线设计是否符合相关规范和标准的要求。

4. 成套电气设备安装阶段的质量控制

1)通用要求

(1)电气设备、元件的质量检查

要求全部电气设备及元件均有合格证(实行生产许可证的产品应有生产许可证)。合格证应表明产品名称、型号规格、生产厂家、生产日期、检查记录、检验员及检验日期。

(2)安装前的复查

主要电气设备、元件安装前必须进行质量复查。其电气性能指标不得低于该产品规定的要求,不合格的设备、元件严禁安装。

(3)安装质量控制

根据各单元的安装图,现场检查内容包括:①安装位置(方位、间距、高度)应满足设计及安装规范要求。②固定方式应满足设计及安装规范要求。③防护要求按设计及安装要求,采取防水、防潮、防损伤、防高温、防腐污、防雷措施。④安全措施应满足安装规范要求。

2)变压器的安装

(1)变压器安装的要求:①电力变压器周围必须留有足够的空间,前后侧均应有不少于300mm,左右侧均应有250mm间距。变压器周边设围棚(罩),其网孔应小于10mm×10mm,围棚门开起方向朝外。②电力变压器容量在300kV·A及以上时,至少留有一侧不小于600mm的检修通道,并具良好的散热条件。③所有电力变压器均应采用双绕组,其初次级间不应有电气连接。通常情况下,变压器高压侧应置于便于接线处。④安装于露天场所的电力变压器,必须有防晒、防雨、防潮措施,或者提高防护等级。

(2)电力变压器安装前的检查变压器安装前应检查的项目包括:①变压器本身不应有机械损伤,箱盖螺栓应完整无缺,密封衬垫要求严密,无渗漏现象。②外表不可有锈蚀,油漆应完整。③套管不应渗油,表面无缺陷。④800kV·A以上变压器在安装前,应作吊芯检查。

(3)控制变压器和照明变压器一般为单相、干式、自冷、室内型,其容量应满足设计要求,安装时应在周围留有空间,以便散热和检修。

3)开关设备的安装

(1)开关设备通常焊接在基础槽钢上,安装时要求槽钢对地水平平直,每米的允许误差不大于1mm。

(2)安装后,手车到达工作位置时应满足:①手车的锁定轴销应准确插入工作位置定位孔内,工作位置开关可靠动作,断路器能进行分合闸。②一次隔离动、静触头融合,其融合深度公差为7±3mm,水平线不对称度为4mm。③二次隔离插头应被机构锁住,不能拔出。④脚踏锁定跳闸机构应能可靠地使断路器分闸,而当装有防误拉手车引起开关误跳的机构时,在断路器合闸后,脚踏锁定跳闸机构应被锁住。⑤接地触头应保证手车与壳体的接地回路可靠相接,其接触电阻应不大于1000μΩ。⑥接地开关闭合后才能拆卸壳体后封板。后封板未装上时,接地开关不能分闸。

4)控制屏(柜)安装

(1)控制屏(柜)底架采用间断焊接在机房底架上,间断焊要求焊缝至少大于100mm,焊缝间距至少100~200mm,控制屏(柜)离墙留有50mm空间。

(2)所有屏(柜)应尽量靠壁安装,如需背面操作,则必须留有不小于600mm的通道。屏(柜)前必须留有不少于800mm的空间,以便操作及检修。柜对面相对布置,则必须保证当一边的柜门打开时,与对面的距离仍有600mm或600mm以上的距离。

(3)成排安装的屏(柜)必须排列整齐,屏(柜)间无较宽的缝隙,垂直偏差≤1.5mm,水平偏差≤5mm,平面度偏差≤5mm,平面间隙≤2mm。具体偏差如表3-38所示,高压屏(柜)前应铺设厚度为10mm绝缘橡胶地毯。

盘柜安装的允许偏差　　　　　　表3-38

项 目		允许偏差(mm)
垂直度(每米)		<1.5
水平偏差	相邻两盘顶部	<2
	成列盘顶部	<5
盘面偏差	相邻两盘面	<1
	成列盘面	<5
盘间接缝		<2

(4)对于高于2m的控制屏,需在控制屏顶部加以固定,如果控制屏之间有联接孔,需适当用螺栓固定。

(5)司机室内控制屏通常通过螺栓直接固定在地板上,上部用螺栓和墙壁内预埋的钢板(通常预放厚度至少为5mm厚的钢板)相连。箱门至少打开90°。

5)各类电气控制箱安装

内部需接线箱体的称为接线箱,只用于分电缆不需接线的称分线箱,内部有模块的称为模块箱。

(1)各类电气控制箱的安装位置应充分考虑检修方便,进线口避免朝上。

(2)各类电气控制箱的安装高度与施工、操作人员站立的平面距离为标准:顶部不超过1800mm,底部不高于1200mm,凡两个距离有冲突时,以顶部为准;高于1m的箱子落地安装;成排安装的箱子以顶部对齐为标准;带有操作手柄的箱子,操作手柄转轴中心与地面的距离宜为1200~1500mm,侧面有操作用柄的与其他设备之间的距离宜不小于200mm。

(3)仪表箱、操作箱的定位原则:能使操作者操作时清楚、方便地观察或操作为原则。

(4)屏(柜)、箱内电气元件的安装要求：
①安装的电气元件的型号、规格必须与设计图纸相符，并按安装设计要求，确定安装位置。
②所有元件必须完好无损，外观清洁，开关、断路器动作灵活、可靠，接触器、继电器触头平整、接触可靠、动作灵活、无卡阻。
③元件安装排列整齐，固定牢靠，且注意检查以下几点：各种电器元件应能独立拆装更换，而不影响其他元件及线束的固定；电器元件的可动衔铁必须在下方；电器元件的标牌应尽可能处于可见位置；电子元件切勿排列在强电场邻近处，应集中独立安装；电子元件的散热片应安装在空气对流的位置。
④变压器的静电隔离层有良好的接地。
⑤直径大于10mm，长度大于40mm的电阻、电容元件必须用紧固件固定，不得借用连接线固定。
⑥带有电磁装置的元件须用防松垫圈紧固，陶瓷质电器元件要加装绝缘橡胶或胶木垫紧固。
⑦接线端子板、插接件底座必须紧固定位，严禁依靠导线悬挂。
(5)屏(柜)、箱内布线要求。
①屏(柜)、箱内导线型号、规格、长度应按接线图及安装工艺要求截取。主电路、控制器回路、接地回路等导线颜色应符合相关标准的规定。
②控制回路导线的敷设，不应妨碍电器元件的拆装。屏(柜)、箱内的连线及相互间的连线必须通过接线端子。
③屏(柜)、箱内导线不允许有中间接头。
④屏(柜)、箱内导线应配制整齐、美观，横平竖直，转弯处成直角。两根以上导线平敷应扎有线夹，线夹间距不大于100mm，转角处前后各扎一只线夹。
⑤电器元件的接线端不得超过两根导线，同一接线端上两导线如果截面不同，接线时大截面导线在下，小截面导线在上。
⑥单股铜芯线连接时，线端头剥去绝缘层，同螺栓拧紧方向一致弯曲成圆环，圆环直径比螺栓直径大0.5~1.0mm。
⑦多股铜芯线连接时，线端头剥去绝缘层先烫锡，再压制相应的接线片，接线片的选择参照有关要求。
⑧连接可动部位(门上电器元件等)的导线应采用多股钢芯软导线，导线长度应留有余量，可动部位两侧应用卡子固定。
⑨多根成束导线，须增加备用线，可按设计要求预留或按10根备1根(大于3根不足10根也备1根)原则预留。
⑩动力线的端头压接线片时需用专用工具，大电流动力线可从电器元件触头上直接引出。
⑪导线两端都应有永久性编号，编号与图纸编号一致。
⑫导线间的电气间隙和爬电距离应满足相关标准中有关条款的要求。
(6)安装调试的基本要求。
①对照图纸复查屏(柜)、箱内的电器及接线，保证正确无误。

②按设计要求调整所有整定要求的继电器及其他电器,调整后要锁定,并点上珠光红漆。

③检查全部带电部件的电气绝缘,其绝缘电阻一次回路大于或等于 2MΩ,二次回路大于或等于 1MΩ。

6)联动控制台安装要求

(1)联动控制台的安装位置必须保证操作视野开阔,便于操作,操作台必须和司机室中心轴线相平行或相垂直。

(2)安装的电气元件型号、规格应符合设计图纸要求,仪器、仪表、开关、按钮、指示灯性能良好,主令控制电器手感清楚、零位明显。

(3)控制台面板应铆装相应的指示牌或标牌,反面贴有相应的标记。

(4)安装后应作试操作,要求安装、接线无误,仪表调零,操作手柄或手轮在不同挡位时,触头分合顺序均应符合设计图纸要求。

(5)一次、二次回路绝缘电阻大于或等于 1MΩ。

7)发热元件的安装要求

(1)电阻器、变阻器、加热器、大功率照明灯等工作时能产生高温的设备应远离其他元件和易燃物,必要时加装保护装置,贴明显的高温警示标记。应使附近元件的温度保持在允许范围内。

(2)发热元件有足够的散热空间。与其他元件重叠安装时,安装在元件上方。通风口前保持一定通风距离。

(3)发热元件安装在人易接触的地方时,应有 IP23 的防护等级(对元件本身的发热体而言),使维修人员不宜直接接触而烫伤。

(4)电阻器的安装位置应远离其他电气设备及易燃体,电阻器背面应留有 10mm 以上的间隙作散热通道。

(5)电阻器重叠安装不应超过 4 箱,超过 4 箱应采用支架固定,但最多不得超过 6 箱,超过 6 箱应另列一组。

(6)电阻器和其他电器重叠安装时,电阻器应安装在上方。

(7)安装在司机室、电器室外的电阻器应有防护措施。

(8)电阻器的接线应符合以下要求:①引出线夹板或螺钉应有与设备接线图相同的标志。②叠装电阻箱的引线应有固定支架固定,但不应影响电阻器维修或更换。③不设接线端子的电阻器,其外部连线应有一段裸露,并应采用耐热绝缘材料保护以防短路。

(9)成套电阻器应标明与图纸一致的箱号。

(10)电阻器最下层应有接地螺钉,有良好的导电表面,并设有明显的接地标记。

8)集电器的安装要求

(1)集电器的安装位置必须严格执行安装施工图要求。

(2)集电器零部件检查及质量控制按下述要求进行:①滑环表面光滑、无毛刺、无黑斑、无油污,整个集电环表面的沙眼(直径小于 1mm,深度小于 0.5m)不得多于 5 个,且分布在每个电刷长度内不得多于两个。②绝缘体无裂纹、绝缘漆层均匀,无气泡,绝缘不低于 B 级。③同一集电器上电刷必须采用同一型号、同一厂家产品,电刷金属编织带应连接牢固。④集电器金属结构件均为镀锌件。⑤集电环和轴应同心,其摆度应满足设计要求。

(3)电刷刷架的安装及质量控制按下述要求:刷架的金属构件应牢靠,在正常振动条件下不应产生松动、扭转、移位等现象。

(4)电刷刷握的安装及质量控制按下述要求进行:①同一组刷握应均匀排列在同一线上。②刷握的排列,一般应使相邻不同极的一对刷架彼此错开。③刷握的安装位置应保证运行时,电刷保持在滑环表面中心位置,不得靠近滑环。

(5)电刷安装调整及质量控制按下述要求:①每块电刷与滑环的接触面积不少于电刷面积的80%,研磨调节后应将炭粉清扫干净。②电刷在刷握内应上下自由移动,电刷与刷握间隙一般为(0.10~0.20)mm。③电刷的金属编织带不得与转动部分或弹簧卡相碰触。④在电刷弹簧作用下,电刷对集电环接触压强应均匀,一般在(15~25)kPa。

(6)滑环电缆的安装及质量控制。接至滑环的电缆线应不触及集电器任何旋转部位,不得磨损绝缘,且不影响集电器的正常旋转。

(7)集电器上各种零件、辅件的安装及质量控制的要求是:①集电器各种零件、辅件必须按技术文件和工艺要求安装牢固,不因机械工作而产生松动、扭转、移位和脱落。②集电器组件的回转中心线应与回转轴中心线重合,允许偏差应满足设计要求。

9)可编程序控制器的安装

(1)可编程序控制器安装前的检查

安装前应检查可编程序控制器的工作条件和耐环境能力,要求其必须满足实际工况的要求。

(2)可编程序控制器的安装

①安装位置。选择安装位置时,多台控制器之间,或者与其他设备之间应保持一定的间距,以利于通风。一般情况下,控制器及其各单元间的间距不少于50mm;控制器与其他设备的间距不少于100mm;控制器与动力设备或动力线的间距不少于200mm。控制器应尽量远离高压设备、发电设备、变流设备及其他产生干扰的设备。也不应和可能产生较大振动、冲击的电气设备安装在同一面板上。

②敷线。输入、输出线与电源线分开敷设,一般采用不同管道走线,并保持一定的间距。所用导线的截面可按表3-39中所列的规格选取。

导线线径规格(单位:mm)　　　表3-39

导线名称	线径	导线名称	线径
电源线	≥2.0(绞线)	输入端线	0.5~1.25
接地线	≥4.0	输出端线	0.75~1.25

③直流的输入、输出信号线和交流的输入、输出信号线不得用同一根电缆线。为有效抑制干扰,输入信号线应采用屏蔽线,输出信号线除采用专用管道走线外,一律采用屏蔽电缆。

④输入、输出信号线应避免与高压线、动力线等平行敷设。

10)接地和屏蔽接地要求

(1)为抑制附加在电源或输入、输出端的干扰,控制器应有专用地线,禁止将其接到其他装置的地线上或利用其金属体作为地线。

(2)接地点应尽可能接近控制器,接地电阻应小于10Ω。

(3)输出电缆的屏蔽接地点应在接收信号端,电缆的另一端可不接地;输出电缆的接地点应在发出信号端,电缆的另一端不接地。

11)电源安装的要求

(1)为防止电源、大地、电线等引起的干扰,在电源和控制器之间可安装隔离变压器或滤波器,也可在输入回路中接入吸收回路。

(2)对于交流输入时,控制器的输入端应接入RC浪涌吸收回路;直流输入时,应接入二极管吸收回路,其反向峰值电压应选用额定电压的3倍以上。

12)照明设备的安装

(1)照明设备的安装位置应考虑发挥其最佳照明效果。成组排列的照明设施应做到整齐、均匀,如有分路电源,灯具应尽可能交叉安排。

(2)各类灯具的定位要求应符合设计及规范要求。

(3)照明设备的电源应由工程机械主断路器进线端分接,电源单独设置并设短路保护。固定照明装置的供电电压不超过220V,安全照明和携带式移动照明装置的供电电压不超过36V。

(4)交流照明电源须经变压器供电,变压器须采用双圈隔离变压器,初级应由双极开关或断路器控制,低压侧一端须可靠接地。除单一的24V以下蓄电池供电的系统外,严禁用接地线或金属结构作照明回路的载流零线。

(5)所有照明设备及其属具均应满足相关产品的技术标准,具有合格证件,且铆有铭牌。应接地(或接零)的照明设备及其属具的金属外壳须有接地螺栓可靠连接。

(6)照明导线的线间及对地的绝缘电阻必须大于$0.5M\Omega$。

(7)交流单相220V照明供电的总电源应装漏电保护装置。

(8)照明线路敷设及质量控制的要求如下:①照明线采用多股单芯铜线时,截面不小于$1.5mm^2$,用多股多芯线时,截面不小于$1.0mm^2$。②不同电压等级及交、直流电源照明导线穿管时分开。③室内线路应敷设于线槽或金属管中,确因敷设困难或有相对移动的电线,可用金属软管敷设。④电缆可直接敷设,但在有机械损伤、化学腐蚀或油污侵蚀场合,必须有防护措施。⑤线路敷设用的各种金属构件、金属管均应作防腐处理,一般为三层防锈底漆,二层面漆。⑥线路不允许在发热体表面敷设。因安装条件受限,沿发热体近距离敷设时,需采用隔热措施,同时应满足不小于最小距离,如表3-40所示。⑦导线的连接及分支处应设置接线盒或分支器,室外必须用防水型,线孔应有护套并装填防水密封填料。⑧所有敷设导线的两端,应有与安装图一致的永久性编号。

敷设导线与发热体间的最小净距 表3-40

敷 设 形 式	敷 设 位 置	导线与发热体间最小净距(mm)
平行	上方	≥30
	水平、下方	≥20
交叉	任何方位	≥20

13)线管、托架、电缆槽的安装

(1)线管敷设。

①一般在不相对移动的地方尽量采用硬管,有相对移动的地方以及到电气终端设备时(为隔离震动及方便拆装)可使用软管或裸线过渡。但金属软管不适用于快速和频繁运动的场合。

②金属 3/4″硬管相邻两个固定点之间的距离不应超过 2000mm(执行 CSA 标准时 3/4″电缆管的固定间距不大 1500mm),离弯头、端头和软管接头处 300mm 之内应设有固定点。如果安装的是金属软管,在每隔至多 900mm 应有固定。

③一般分线盒如相对两侧均有硬管时,硬管固定点不能超过距分线盒 900mm 以外,如相邻两侧有硬管时,硬管固定点一个应在 900mm 之内,一个在 450mm 之内,只有一端有硬管固定时分线盒需增加固定。

④硬管与分线盒、硬管与硬管、硬管与箱体连接后螺纹最多露出 3 牙。

⑤风速仪、航空灯使用 1 1/4″硬管,保证其刚性和穿线。

⑥机房内同排线管延伸应保持一致,固定夹在同一高度。

⑦当水平线管与垂直线管交叉敷设时,水平线管作延伸避让。同排敷设或交叉敷设时均要考虑到线管有油漆的空间。

⑧管道进入接线盒、箱处应顺直,在接线盒、箱内露出的长度小于 5mm。

⑨管路进入电气设备管口位置正确,应低于电气元件的进线口,管路最低点需有漏水孔。电缆管进入室外的接线箱、分线箱时,应优先考虑从底部进入。

⑩每一根独立的连续的电缆管,累计的弯曲角度必须小于 360°。超过 360°时,需要用分线盒或者三通过渡。每个弯头的弯曲角度不允许超过 90°。

⑪螺纹联接处加厚白漆。厚白漆的作用是防水防锈,在现场配管时涂漆,不可干了之后再配管或在车间内涂好漆后再拿到现场安装。使用厚白漆的元件安装要一次到位。

⑫开放式金属管路:a.敷设在非水平开放式金属管路中的电缆,在管口的上方出口处,用电缆扎带将电缆固定在专门的固定架上。b.相邻管口之间的裸线长度、管口到元件之间的裸线长度要符合设计要求。

⑬同一项目不同机上的管路走线,分线盒三通位置、使用软管还是硬管要统一。

⑭金属硬管的弯折必须采用专门的弯管机进行,弯曲处不应有明显的凹陷、褶皱、扁塌。硬管的中心弯曲半径应大于所穿电缆中允许的最小弯曲半径。

(2)金属软管配管。

①金属软管引入设备时,必须用软管接头与钢管或设备牢固连接,并作相应水密处理。除特别允许外,每一段软管的长度不能超过 0.9m。超过 0.9m 的软管要用 U 形螺栓、扎带或其他合适的方法在适当的地方加以固定。

②金属软管的配置必须保证足够的弯曲半径。

③金属软管应完好无损,无明显皱纹、伤痕和油漆污染。

(3)电缆槽、托架的安装。

①电缆槽和托架的切割不允许使用火焰切割,切割后必须打磨,非不锈钢材质的电缆槽/托架在现场切割,以及开孔后应对断面马上进行喷锌或者油漆处理,对不油漆的电缆槽/托架

处理时不得做与镀锌有色差的防锈漆。

②所有规格的电缆槽、托架终端的悬空距离≤150mm。

③垂直安装的电缆槽应使盖板连接处搭接片开口朝下。电缆槽排装完成后需及时对缺搭接板的电缆槽补烧搭接板。

④为确保电缆槽和托架的刚性,电缆槽和托架固定支架的间隔距离应符合表3-41的规定。

电缆槽和托架支撑的支架间隔(单位:mm)　　　　表3-41

电缆槽、托架放置形式	电缆槽宽度	托架宽度	花盘角铁固定间距 L
水平或侧置	所有宽度	所有宽度	≤1500
垂直	≤600	<600	≤1500
垂直	>600	≤600	≤1000

⑤电缆槽侧置时,需在电缆槽底部打漏水孔。

⑥托架内隔板的固定间距不得超过1m,而且每一段隔板上至少应有两个固定点,两隔板连接处应平滑过渡无可能损伤电缆的缺口。

⑦对于转弯电缆托架有专门135°和90°连接板,不得随意将连接板锯开连接。

⑧当托架上下两层敷设时,之间最小层间距不能小于100mm,上下两层扎线条位置应相互错开,以方便扎线。

(4) 箱、管接头、填料函。

①接头与元件口大小、螺纹制式要良好配合。特别是一些用于户外的外购限位、制动器接线盒进线口经常与普通的接头不匹配。施工时不得勉强,不得配小接头或将元件进线口丝口破坏以配合接头。且一般情况下这两种元件进线口均在侧面,密封不好导致进水的可能性很大。可以更换其他制式接头或申请单独加工。

②箱、管接头与元件或设备的连接必须要有密封垫圈。密封圈不应被挤出密封平面。对于进口垫圈,有文字的一面应对着元件或设备。

③填料函的橡皮圈内径必须与电缆外径相匹配,不允许使用胶带缠绕来增加电缆外径或削减电缆外皮来减小电缆外径的办法来与填料函匹配。

④各类接头的紧固应使用相对应的工具,拧紧接头帽盖时应使用两把扳手或管钳,分别卡在底座和帽盖上。六角形帽盖的应使用呆扳手紧固,塑料接头不允许使用管钳,以免损坏接头。

⑤穿线接线完成以后,接头必须立即紧固,使之水密。特别是从上面、侧面进线的元件和一些如重量传感器等重要元件,一些箱接头排列较多较紧凑时,等完工后再紧已没有空间下管钳了。重要设备从侧面和上部进线时必须单独加罩。

⑥金属以及非金属填料函的选择:原则上设备均都采用塑料填料函,对于金属设备本身有螺纹的情况下,考虑到塑料和金属膨胀系数不同,采用金属填料函。

⑦所有进口箱管接头上的接地桩头(如有)上的固定支头螺钉和连接螺钉应对如流换成不锈钢材料,防止生锈。

(5) 分线盒的安装应满足以下要求:

①分线盒的安装高度应以容易接近、方便操作和维修为标准。
②一个线盒至少有两个固定点,线盒盒盖应对着易于检修的方向。
③地板下等隐蔽的地方,不允许设置分线盒、接线盒等。
④金属接线盒内有接地点,需要将进出线的接地线和接地点上的引线用并帽并在一起。

14)电气设备进线的安装敷设应符合现行《电气装置安装工程 电缆线路施工及验收标准》(GB 50168)中有关条款的要求,并满足设计要求。港口起重设备的保护装置应符合现行《起重机设计规范》(GB/T 3811)和《起重机械安全规程 第1部分:总则》(GB 6067.1)的有关要求,并满足设计要求。接地安装必须符合现行《电气装置安装工程 接地装置施工及验收规范》(GB 50169)有关条款的要求,并满足设计要求。这里不再展开叙述。

5. 电气调试、检测阶段的质量控制

1)电气调试及检测质量控制的一般要求

(1)调试及检测环境条件应满足相应标准、规范的要求。

(2)调试及检测使用的仪表必须符合有关标准的要求。

(3)调试及检测结果的数据处理必须满足有关标准要求。

2)电气调试的质量控制

(1)调试必须按试验大纲逐项进行,并对逐项试验进行数据或波形记录。调试结果应有在场调试人员签字。

(2)调试过程中,因故对原设计、安装进行变动时,必须有详细记录,并有两名或两名以上现场调试人员签字。必要时应先经设计部门(单位)同意后再作调试。

3)电气检测的质量控制

(1)检测必须按要求的项目逐项进行,并逐项进行数据、波形记录。检测结果应有在场检测人员签字。

(2)检测的数据和波形会受电网、负载、环境条件(规范允许范围内)变化的影响,因此检测的最终结果,应是按有关标准要求取平均值。

(3)电气检测主要国内标准如表3-42所示,电气设备检测方法不再展开叙述。

电气检测的主要国内标准　　　　　　　　　表3-42

序号	标准号	标准名称
1	GB/T 14048.1~18	低压开关设备和控制设备
2	GB/T 1032—2012	三相异步电动机试验方法
3	GB/T 1311—2008	直流电机试验方法
4	GB/T 4025—2010	人机界面标志标识的基本和安全规则指示器和操作器件的编码规则
5	GB/T 3797—2005	电气控制设备
6	GB/T 3811—2008	起重机设计规范
7	GB 4208—2008	外壳防护分级(IP代码)
8	GB 6067.1—2010	起重机械安全规程
9	GB 11032—2010	高压开关设备通用技术条件

续上表

序号	标准号	标准名称
10	GB 50147~149—2010、GB50150—2016	电气装置安装工程施工及验收规范
11	JB/T 4315—1997	起重机电控设备
12	JT/T 557—2004	港口装卸区域照明照度及测量方法
13	GB/T 17495—2009	港口门座起重机
14		钢质海船入级与建造规范(中国船级社)

4)检测注意事项

(1)测量仪器、仪表的基本要求。

①应采用不低于0.5级精度的测量仪器、仪表(其中兆欧表、功率因数表及直流电桥应不低于1.0级)。

②仪器、仪表的选用应使所测量值在30%~95%仪器、仪表量程范围内。

③测量仪器、仪表必须有计量管理机构鉴定的证书,并且在有效使用期内方可使用。

(2)测量的环境条件。

①海拔高度<1000mm。

②环境温度-5~45℃。

③最大相对湿度不大于90%,可有凝露。

(3)电器检查注意事项。

①参加检测的电器操作人员不得少于两人,要有专人指挥。

②试验设备、电表及仪器及时检修,出现故障应停止使用。

③试验设备的固定线路不可任意更动。工作需要变动时,必须交代清楚,并做出明显标记。

④高低压系统的隔离开关、刀开关不得带电分合。在高低压投入运行时,须先合隔离开关,后合断路器,断电时相反。

⑤电源已经切除,电机仍在转动时,不得进行接线或拆线。

⑥工作前,容量大的电容应对地放电后才可工作。

⑦各种专用电器线路未经允许,严禁改动。

⑧高压试验、泄漏试验、介损试验完毕切除电源时,必须对被试器件放电后再拆线。

⑨试验用临时电源线要架空或加保护管,不得任意乱拉。试验用的开关需有专人看护。如果临时中断试验,继续试验时须检查线路,否则不得合闸。

⑩试验前应佩戴好防护用品。试验场地应有遮栏,并挂有警示牌。

(4)电机检查注意事项。

①工作前必须检查仪表、开关、电气设备、电机绝缘电阻等是否正常。

②严禁用手接触电机运转部位及电气设备带电部分。

③检查电机底脚螺丝是否可靠,旋转方向是否正确。一切正常,再进行试验。

④测量电机转速应在后端进行,若不允许时,可在轴前端进行,但要注意测量时的安全。试验时严禁跳越转动部位。

⑤被试的电机必须紧固在试验架上,未紧固前不得起动。

⑥空、负载试验注意事项:试验前用手转动几转;在电机运转时,不许任何人员停留在传动装置两端,传动装置应设保护罩或防护栏杆;进行线圈短路试验时,操作人员应坚守岗位,准确控制开关,发生故障立即切断电源。

(5)耐压试验注意事项。

①做耐压试验时,周围应设遮栏,并有"高压危险"等警示牌。试验时不得少于两人,并有专人监护。

②试验前检查地线是否接地,否则不准试验。

③耐压试验后,应对地放电,否则禁止拆线。

④耐压试验设备的引线、断路器应保持完好。

⑤耐压试验操作台下要垫绝胶皮。

⑥耐压试验区必须有警铃、警示牌和安全灯。

⑦非试验人员未经允许严禁进入高压试验区。

⑧电器试验完毕后必须对地放电。

⑨试验场地不准放置无关的电器、绝缘材料及易燃易爆物品。

(6)超速试验注意事项。

①测量线圈电阻、转子电阻、绝缘电阻时,应注意安全。

②超速试验时,试验人员不得立于机器旋转的径向位置,防止物件崩出。

③轴承状态及油压系统不良时,禁止进行试验,应在修复或更换后进行。

④超过额定转速后,任何人员不得接近转子。

⑤超速时应逐步增加到规定转数,不得延长超速时间。

⑥超速和降速时,应严格遵照工艺规程进行操作。

⑦超速时一切人员应在安全地带,防止事故发生。试验应在专门隔离的地方进行。

十、液压系统质量控制

1.液压油污染的质量控制

液压油污染控制的目的,是把油液中的污染控制到最低程度。控制液压油污染的主要途径如下。

1)减少潜伏的污物

(1)严格检验元件(特别是外购件)的污染,要向外购元件厂方提出严格要求,运输和保管元件时,所有油口都要加盖密封,防止污染物侵入。

(2)装配前(不论是新装还是检修后重装)所有元件和辅件都必须认真清洗,清洗完毕后用塑料塞子封闭所有的油口。

(3)加强油液的管理,油液进厂后须取样检验,检验合格后再过滤才能注入储油罐。要密封保管,防止油液氧化变质,并定期取样抽查。

2)防止污染物的侵入

防止污染物的侵入,主要从装配和使用两方面控制。

(1)防止环境污染。有条件的装配车间最好能充压,使室内压力高于室外,阻止灰尘进入车间。

(2)采用"湿加工、干装配"的方法。在所有加工工序中,液压零件用润滑剂或清洗液清洗,然后用干燥的压缩空气吹干,再进行装配。

(3)露天作业的液压系统,应防止雨水进入系统。

(4)油箱体与油箱盖交接处应防止漏水。

(5)液压系统主回油油管、溢流阀回油管应放置在油面以下,以免油管回油冲击,使油液产生扰动和飞溅,将空气带入系统。

(6)液压元件须进行台架试验,需要加载、高压跑合和清洗。此外,还得注意装配用具及加油容器、滤阀等的清洗,防止其将污物带入系统。

3)防止新生的污物

液压系统中新生的污物,主要有摩擦副磨损的金属颗粒、系统中的锈蚀、油漆的剥落和高温下油的变质等。为此应选择适当过滤精度滤油器(一般过滤器精度应与系统中关键元件的精度相适应)。

2.液压系统的安装

液压设备除了应按普通机械设备要求进行安装并注意有关固定设备的地基、水平校正等外,由于液压设备有其特殊性,还应注意下列事项:

(1)液压系统的安装应按液压系统工作原理图,系统管道连接图,有关的泵、阀、辅助元件使用说明书的要求进行。安装前应对上述资料进行仔细分析,了解工作原理,元件、部件、辅件的结构和安装使用方法等,按图样准备好所需的液压元件、部件、辅件。并要进行认真的检查,看元件是否完好、灵活,仪器仪表是否灵敏、准确、可靠。检查密封件型号是否合乎图样要求和完好。管件应符合要求,有缺陷应及时更换,油管应清洗干净、干燥。

(2)安装前要准备好适用的工具,严禁用起子、扳手等工具代替榔头,任意敲打等不符合操作规程的不文明的装配现象。

(3)安装装配前,对装入主机的液压元件和辅件必须进行严格清洗,清除液压油中的污物,液压元件和管道各油口所有的堵头、塑料塞子、管堵等在工程未完成前,不要先卸掉,防止污物从油口进入液压系统内部。

(4)在油箱上或近油箱处,应提供说明油品类型及系统容量的铭牌,必须保证油箱的内外表面、主机的各配合表面及其他可见组成元件是清洁的。油箱盖、管口和空气过滤器必须充分密封,以保证未被过滤的空气不能进入液压系统。

(5)将设备指定的工作液过滤到满足要求的清洁度后方可注入系统油箱。与工作液接触的元件外露部分(如活塞杆)应予以保护,以防止污物进入。

(6)液压装置与工作机构连接在一起才能完成预定的动作,因此,要注意两者之间的连接装配质量(如同心度、相对位置、受力状况、固定方式及密封完整等)。

3.液压缸安装的质量控制

(1)液压缸在安装时,先要检查活塞杆是否弯曲,特别对长行程液压缸。活塞杆弯曲会造成缸盖密封损坏,导致泄漏、爬行和动作失灵等现象,并且会加剧活塞杆的偏磨损。

(2)液压缸的轴心线应与导轨平行,特别注意活塞杆全部伸出时的情况,若两者不平行,会产生较大的侧向力,造成液压缸扭曲、换向不良、爬行和液压缸密封破损失效等故障,一般可以导轨为基准,用百分表调整液压缸,使伸出时的活塞杆的侧母线与V形导轨平行、上母线与平导轨平行,允许误差为0.04~0.08mm/m。

(3)活塞杆轴心线对两端支座的安装基面,其平行度误差不得大于0.05mm。

(4)对于行程长的液压缸,活塞杆与工作台的连接应保持浮动,以补偿安装误差产生的扭曲和补偿热膨胀的影响。

4. 液压泵和液压马达安装的质量控制

(1)液压泵和液压马达支架或底座应有足够的强度和刚度,以防止振动。

(2)泵的吸油高度应不超过使用说明书的规定(一般为500mm),安装时尽量靠近油箱油面。

(3)泵的吸油不得漏气,以免空气进入系统,产生振动和噪声。

(4)液压泵输入轴与电动机驱动轴的同轴度应控制在合理范围以内。安装好后用手转动时,应轻松无卡滞现象。

(5)液压泵的旋转方向要正确,液压泵和液压马达的进出油口不得接反,以免造成故障与事故。

5. 阀类元件安装的质量控制

(1)阀类元件安装前后应检查各控制阀移动或转动是否灵活,若出现呆滞现象,应查明是否由于脏物、锈斑、平直度不好或紧固螺钉扭紧力不均衡使阀体变形等情况引起的,应通过清洗、研磨、调整加以消除,如不符合要求应及时更换。

(2)对自行设计制造的专用阀应按有关标准进行性能试验、耐压试验等。

(3)板式阀类元件安装时,要检查各油口的密封圈是否漏装或脱落、是否突出安装平面而有一定压缩余量、各种规格同一平面上的密封圈突出量是否一致、安装O形圈各油口的沟槽是否拉伤、安装面上是否有碰伤等,经处理后再进行装配,O形圈涂上少许黄油以防止脱落。

6. 液压管道安装的质量控制

(1)管道的布置要整齐,油路走向应平直、距离短,直角转弯应尽量少,同时应便于拆装、检修。各平行与交叉的油管间距离应大于10mm,长管道应用支架固定。各油管接头要固紧可靠、密封良好,不得出现泄漏。

(2)吸油管与液压泵吸油口处应涂以密封胶,保证良好的密封;液压泵的吸油高度一般不大于500mm;吸油管路上应设置过滤器,过滤精度为0.1~0.2mm,要有足够的通油能力。

(3)回油管应插入油面以下足够的深度,以防飞溅形成气泡,伸入油中的一端管口应切成45°,且斜口向箱壁一侧,使回油平衡,便于散热;凡外部有泄油口的阀(如减压阀、顺序阀等),其泄油管路不应有背压,应单独设置泄油管通油箱。

(4)溢流阀的回油管口与液压泵的吸油管不能靠得太近,以免吸入温度较高的油液。

7. 液压系统清洗的质量控制

液压系统在制造、维修、试验、使用和储存中都会受到污染,而清洗是清除污染使液压油、液压元件和管道等保持清洁的重要手段。液压系统的清洗分两次进行。第一次清洗以回路为主,清洗油多采用液压系统工作用油或试车油,不要用煤油、汽油、酒精等,以防止液压元件、管路、油箱和密封件等受腐蚀。清洗油用量通常为油箱油量的60%~70%。注入前,先将油箱清洗干净并在系统回油口设置80~150目的过滤网。清洗油注满后,一边使泵运转,一边将油加热。清洗油一般对橡胶有溶蚀能力,当加热到50~80℃时,则油管内的橡胶渣等杂质容易清除。为使清洗效果好,应使泵转转停停,且在清洗过程中用木棒或橡皮锤不断轻轻敲击油管,清洗时间视系统复杂程度而定,要一直清洗到过滤器上无大量污染物为止,一般需十几个小时。第一次清洗结束后,应将系统中油液全部排出,并清洗油箱,用绸布或乙烯树脂海绵等擦净。对于新装设备,液压泵应在油温降低后再停止运转,以减少湿气停留在液压元件内部而使元件生锈的情况。对于不是新装的设备,应在油温升高后再排出,以便使可溶性油垢更多地溶解在清洗油中排出。第二次清洗是对整个液压系统进行清洗。清洗前先按正式工作油路接好,然后向油箱注入工作油液和所需油量,再启动液压泵进行空负荷运转。对于系统各部分进行清洗,清洗时间一般为2~4h,清洗结束后,过滤器的过滤网上应无杂质。

8. 液压系统调试的质量控制

1) 调试前的准备

(1) 要熟悉说明书等有关技术资料,力求全面了解系统的原理、结构、性能和操作方法。

(2) 了解液压元件在设备上的实际位置、需要调整的元件的操作方法及调节旋钮的旋向。

(3) 准备好调试工具和仪器、仪表等。

2) 调试前的检查

(1) 检查各手柄位置,确认"停止""后退"及"卸荷"等位置,各行程挡块紧固在合适位置。另外溢流阀的调压手柄基本上全松,流量阀的手柄接近全开,比例阀的控制压力流量的电流设定值应小于电流值等。

(2) 试机前对裸露在外表的液压元件和管路等再用海绵擦洗一次。

(3) 检查液压泵旋向,液压缸、液压马达及液压泵进出油管连接等是否正确。

(4) 按要求给导轨、各加油口及其他运动部件加润滑油。

(5) 检查各液压元件、管路等连接是否正确可靠。

(6) 旋松溢流阀手柄,适当拧紧安全阀手柄,使溢流阀调至最低工作压力,流量阀调至最小。

(7) 检查电动机电源是否与标牌规定一致,电磁阀上的电磁线圈电流形式和电压是否正确,电气元件有无特殊的启动规定等,弄清楚后才能合上电源。

3) 空载调试

空载调试的目的是全面检查液压系统各回路、各液压元件工作是否正常,工作循环或各种动作的自动转换是否符合要求,其步骤为:

(1) 启动液压泵,检查泵在卸荷状态下的运转。正常后,即可使其在工作状态下运转。

(2) 调整系统压力,在调整溢流阀压力时,从压力为零开始,逐步提高压力使之达到规定压力值。

(3) 调整流量控制阀,先逐步关小流量阀,检查执行元件能否达到规定的最低速度及平稳性,然后按其工作要求的速度来调整。

(4) 将排气装置打开,使运动部件速度由低到高、行程由小至大运行,然后运动部件全程快速往复运动,以排出系统中的空气,空气排尽后应将排气装置关闭。

(5)调整自动工作循环和顺序动作,检查各动作的协调性和顺序动作的正确性。

(6)各工作部件在空载条件下,按预定的工作循环或工作顺序连续运转 2～3h 后,应检查油温及液压系统所要求的精度(如换向、定位、停留等),一切正常后,方可进入负载调试。

4)负载调试

负载调试是使液压系统在规定的负载条件下运转,进一步检查系统的运行质量和存在的问题,检查设备的工作情况,安全保护装置的工作效果,有无噪声、振动和外泄漏等现象,系统的功率损耗和油液温升等。负载调试时,一般应先在低于最大负载和速度的情况下试车,如果轻载试车一切正常,才逐渐将压力阀和流量阀调节到规定值,以进行最大负载和速度试车,以免试车时损坏设备。若系统工作正常,即可投入使用。

9.液压系统的检查与验收

液压系统在调试过程中,应根据设计内容对所有设计值进行检验,根据实际记录结果判定液压系统的运行状况,由用户、设计单位、制造单位、安装单位、监理单位进行交工验收,并在有关文件上签字。

1)外观检查

(1)液压传动装置表面(除镀铬零件表面外)应按图纸要求喷漆。

(2)液压传动装置上所装设的元件(电气元件、液压元件、测量仪表等)均应符合图纸要求。

(3)油管的直径、壁厚和材质等应符合图纸要求;管道不得弯曲或起皱褶;在配管之前,管道一定要进行清洗,并进行耐压试验,不得漏油。

(4)管路的配置应横平竖直;回油管应伸入油箱面以下 200mm;泄油管出油口必须在油面以上;伸入油箱内的油管与油箱盖板之间应具有良好的密封。

2)运转检查

(1)外泄漏检查起动油泵电机(或原动机),将油泵出口油压力调节至额定压力。阀的螺丝堵、法兰、底面接合处及管接头等处均不得漏油。

(2)压力测量点检查按系统图检查各压力测量点的连接是否正确。旋转压力表开关手柄,检查各点压力是否有指示。

(3)液压传动装置中用的液压元件的性能与调节范围检查液压传动装置中所用的各液压元件,应具有设计图纸上所标定的各项性能及调节范围。工作中需要调节的元件,在调节过程中应灵活、平稳。

(4)工作循环的正确性检查按液压传动装置系统图的工作循环操纵换向阀时,传动装置所驱动的动作必须符合系统图的要求,各动作的转换应平稳,不得有停顿、冲击等异常现象。如系统中有压力继电器时,应检查压力继电器的动作是否正确,动作的压力是否符合系统图的要求。

(5)工作速度稳定性检查液压传动装置所驱动的执行元件的工作速度,除按设计系统图检查速度快慢外,还应检查外负载变化时工作速度的稳定性,应符合设计要求。

(6)液压传动装置工作可靠性检查按该设备所应完成的工作循环进行 1h 空运转试验,工作必须正常。再使该液压设备在最大负载和对应的设计速度下移动到终点,并在高压下停留

5min,工作仍然正常。

十一、机电设备运输、安装、调试和试运行质量控制

1. 设备发运

设备发运是指设备整机或散件装船(装车)直至送到目的地的工作过程,发运工作的好坏将直接影响设备的运输质量,因此,监理方应予以重点关注,并须注意以下两点:

(1)不论采用何种载运工具,待运的设备组件或整机必须合理地摆放,牢固地进行塞垫、捆绑、定位,确保运输途中免受机械损伤和外表擦碰。

(2)利用叉装船或滚装船整体运输大型港机设备时,尚须周密地考虑分析发运港、运输航线以及目的港的水文、气象、航道、码头等特点,结合载运船舶几何空间和结构情况,设计好装载方案、辅助支承结构和专用于拆卸、安装的工艺装置,要特别注意防止在设备离岸上船或离船上岸的位移过程中金属结构发生超量变形。

2. 开箱检验

1)开箱

开箱前,根据装箱清单清点箱数,检查包装是否符合要求。对关键设备应运至安装地点后开箱,以防止其因倒运而遭受损伤。开箱时,要注意以下几点:

(1)检查设备型号和箱号,以免开错箱。

(2)清除包装上的尘土。

(3)用起钉器或撬棍拆箱,对装有易振损件的箱,严禁用锤击拆箱,以减少箱板破损率和振坏设备。

(4)先拆箱盖板,必要时再拆除部件侧板,观察箱内件的安放情况,选定开箱和取件的步骤、方法。

(5)管理好拆松后的箱板,防止其倾倒而砸坏设备和伤人。

(6)拆下的包装要及时运出,堆在存放场内。

2)检验

检验的主要目的是检查设备有无损坏或变形,检查零部件有无短缺,检查内容为:

(1)检验时,对照装箱清单,清点货件的规格和数量。

(2)清点出厂合格证书和有关技术说明书。

(3)观察设备有无表面缺陷、生锈、损坏和变形,是否润滑良好。

(4)检查大件的吊点和重心位置标志。

3)检验后注意事项

(1)按原样恢复设备上的防护物,防护物如有破损应及时修补。

(2)切削加工的零、部件的存放,要用垫木支垫。

(3)精密的零、部件取出后,应及时入库存放。

(4)易损备件交使用单位保管。设备专用工具,安装工作完成后亦移交使用单位。在整个开箱检验中,应作好详细的检验记录,并把存在的问题通知有关单位。

3. 设备安装

设备安装通常是指大型机械或成套设备运抵使用现场的组合、连接、吊装和就位的过程。对于大型机械设备的安装,往往要借助于大型起重设备,大部分吊装作业须在高空进行,为了确保施工安全和安装质量,监理方应主要从以下3个方面做好质量控制:第一,检查设备安装的技术准备工作是否充分、合理、可行。第二,检验设备安装的施工准备以及作业过程是否符合规定的工作流程和工艺规程,发现偏差应及时提出,并由施工单位予以纠正。第三,按照产品技术标准和安装工程质量标准,对竣工的工程(设备)进行检查和质量评定。对不合格的项目,提出解决办法和要求。

1) 设备安装的技术准备

设备安装的技术准备是指设备安装工艺方案的制定及工艺文件的编制,主要包括安装工作流程、安装工艺及其他相关技术文件的编制。大型港口设备的安装是一项涉及地面运输调度、陆上或水上起重机设备协同工作、多工种人员相互配合的综合性工程,技术性强,施工难度大,其安装工作流程与安装工序、工步的设计质量,将直接关系到安装工程的施工质量、施工进度、工程费用与安全性,所以必须经主管技术部门审查批准后,才能实施。

2) 设备安装的施工准备

(1) 大型设备的安装,因设备总件数多,重、大、长构件多,大型吊装机械多,有时还与土建施工交叉作业,因此,除制定安装方案和吊装工艺外,尚须根据具体情况选择安装场地并做好平面布置。

(2) 安装用起重机械的选择与吊装要点:

选择起重机械须考虑的因素:①安装工程量、现场作业条件和工期要求。②待安装设备的外形尺寸、重量、重心和安装高度。③起重机主要技术性能,如起重量、作业半径、起吊高度、轮压、支腿压力、旋转速度、起落钩速度、行驶速度等。④起重机类型及其适用范围:汽车起重机、轮胎式起重机机动、灵活;履带起重机对地面压强小,并易于带载移动;浮式起重机在水域作业,不占用码头面积,且起重能力大,作业空间范围大,适宜于大型港口设备的岸边吊装作业。

吊装要点:①核算起重机在吊装过程中可能出现的最大轮压和支腿压力;②起重机吊装驻位处的地基要有足够的强度和稳定性,以防止起重机因地基强度不足而倾斜,甚至倾倒;③起重机的最大起升载荷,臂架不旋转时为所处状态(臂长、臂的仰角和平面转角位置、打支腿或不打支腿)允许起重量的10%;臂架旋转时为所处状态允许起重量的80%;④轮胎式起重机负载起吊时,其最大的起重量应不超过在相应幅度位置时允许起重量的50%;⑤用两台起重机联合作业时,应尽可能选用同类型的起重机,并合理分配负载,一般负载不宜超过所处状态允许起重量的80%。吊装过程中,两台起重机的动作必须协调,特别要注意防止起重机臂架承受水平力。

4. 设备调试

设备调试分为检查调整和试车两个阶段。在完成设备的结构、机构和电气系统的安装作业,并全面检验达到要求以后,才可进入调试阶段。调试工作不论是在制造厂内进行,还是在设备运抵港口码头安装后进行,都应该根据厂方制定的试车大纲要求,由制造厂的技术人员严格按顺序逐项完成。

1)设备检查与调整

检查调整阶段的任务,是对机械和电气进行全面检查的同时,进行局部的调整调试,为设备的全面试车做好准备。其主要工作包括4个方面:

(1)结构总体检查。检查结构的安装尺寸,各人行步道、扶梯栏杆、平台等附属构件的安装连接焊缝及紧固情况,铰轴的安装及固定,高强度螺栓的抽查等。

(2)各工作机构检查。各工作机构的安装应符合图纸要求和有关技术标准,如制动器的松闸间隙,开式齿轮传动的侧隙与顶隙,钢丝绳卷绕的路径和方向,车轮与轨道的接触状态,离合器或极限力矩限制器的结合力度等。

(3)润滑系统检查。润滑系统检查包括润滑系统的安装、泵送情况,减速箱内润滑油的添加和漏油情况等。

(4)电气部分检查。电气部分检查是较为复杂的工作,它主要包括以下几个方面:①线路正确性检查。本项检查包括检查外部敷设的高、低压线路的连接是否正确,是否符合国家电气线路规程(如安全距离、导线和端子的固定方式、防水措施、防机械碰伤措施、防干扰措施、安全接地等),以及电气元件间导线的连接是否正确,低压回路和绝缘值等。为此,必须对照图纸对电气原理图逐条检查,发现有错误应立即改正。②高压电路检查。采用高压供电和高压电机等器件的港口机械设备,必须对高压电柜、变压器、开关、继电器及有关电器的功能、绝缘程度逐一检查。测量高压线路相间及相地之间,操纵回路的相间及相地间的绝缘电阻,作高压耐压试验,且都须符合国家标准。③继电回路动作正确性检查。对于有 PC 控制系统的港口机械设备,须先将 PC 及故障诊断系统与常规的继电控制系统脱离,以人工操纵方式进行调试。调试过程中,所有主回路的自动开关全部置于开路状态,将控制电源分别引入各控制柜的控制回路,根据图纸分机构有序地操纵司机操纵手柄、按钮,注意观察相应继电器、接触器动作是否与图纸一致,各时间继电器动作时间是否符合要求,各限位开关能否正确控制有关电路,安装位置能够确定的即行调准固定好。观察验漏表的指示值是否在允许范围内。上述工作完成后,即控制回路一切正常时,才具备了主回路通电动车的条件。

2)设备空载试验

机械部分空载试车的工作内容是:

(1)分别开动各机构电动机,检查和校正电动机与各自控制器的转向是否一致,同时观察机构动作时有无异常冲击和振动。

(2)各机构在规定参数范围内,做 10~20min 的重复动作,调整限位开关和主令控制器的行程,初步测定各机构空载运行的电机电流、电压和转速。

(3)观察各机构运转情况,是否有异声、振动、发热、颤抖等异常情况发生。

(4)观察车轮与轨道、闸瓦和制动轮、齿轮与齿轮之间的接触情况和间隙情况。

(5)观测各种行程开关、安全保护装置的工作情况和控制保护功能,根据实际情况予以调整、定位。

(6)电气系统空载试车。根据设备不同的电力拖动方式和电控方式,对交流拖动系统、直流拖动系统、晶闸管整流柜、电缆卷筒系统等分别进行空载运行调试,直至正常。

3)负载运行状态

(1)设备在负载状态下,操作各机构手柄,考察机构的启动、加速、减速、停止的性能及工作状态下行程开关的动作情况,并予以必要的调整处理,如制动器上闸力、行程开关位置、电阻箱电阻阻值等。

(2)设有可编程序逻辑控制器(PC)系统的港口机械,待人工控制系统工作正常后,即可进行 PC 调试。将编程器接插到 PC 的主体 CPU 上,接入"试验"工况。操作编程器,对照 PC 控制梯形图,一项一项地"读"出 CPU 内存的数据是否与梯形图一致(控制柜出厂前已在工厂内输入梯形图),有错误的地方用编程器作"写入"修改,然后检查 PC 柜的输出是否正常。梯形图设计正确,即转入"运行"状态进行负载运行试验,根据机构实际负载运行的需要,分析需要做什么修改,通过编程器的键钮进行修改,直至正常。

5. 设备验收

设备的验收,通常是指设备的购方对供方所提供产品的质量及技术文件进行的检查与验收。检查验收合格并签字后,才能正式接收设备。

1)机电设备的验收

如前所述,机电设备根据其体积、质量、运输路径和运输方式的不同,设备的安装、交付方式可能有多种形式。但从设备购方的验收地点考虑,大体可分为两类:第一类,制造厂厂内验收,即设备在制造厂内总装、调试、检验和试验合格后,购方予以验收;第二类,使用现场验收,即设备在使用现场整体就位或现场安装、调试、检查和试验合格后,需进行生产性试运行 8h 或完成 1~2 条实船装卸作业,证明设备能满足使用要求,再由购方予以验收。如果不考虑运输过程以及设备整体就位或现场安装可能造成的损伤因素,以上两种验收方式均应按照产品出厂试验(或出厂检验)合格的条件进行检查、验收。

(1)检查项目。①由制造厂外购的重要机电配套产品(如支承转盘大轴承、电动机、减速器、电缆卷筒、力矩限制器)的合格证及有关使用说明书。②由制造厂外购或自行冶炼的重要结构材料或特殊材料(如高强度钢、低合金结构钢、特种耐腐蚀材料、工程塑料)的成分化验单和物理试验报告单。③对生产厂制造的重要零件、部件和构件的质量检验记录单和试验报告进行检查(如重要构件的焊缝探伤检查记录、高强螺栓的破坏试验报告、液压油缸的耐压试验报告、吊钩的检查报告等)。④检查制造厂提供的产品试车大纲是否符合该类产品现行的试验规范与标准。

(2)验收项目。

①出厂试验的验收。按照产品试验方法标准的规定,由制造厂逐项完成出厂试验必须进行的主要性能参数测定和产品工作性能试验,并出具试验报告。必要时购方监制人员可参加产品的出厂试验。在使用现场安装试车的设备,按相同的规定试验,制造厂必须派员参加现场试验和验收。

②设备外观检查。零、部件表面应光滑、平整,不得有明显变形及损伤,不得有余留冒口、黏砂和毛刺,焊缝要均匀、美观;油漆颜色应符合合同约定,色泽均匀,没有涂斑、漏漆和剥落;紧固件无松动、漏装,各相同部件的紧固件的外露长度要基本一致;电线管路线路和液压管路排列整齐,定位牢实;液压系统和稀油润滑的各密封端和结合部位不得有油液外漏;产品标牌、性能标牌、吊装标志、功能标志、警惕标志应齐全,安装位置要合理,表示要清楚。

③产品出厂应交付文件。产品合格证明书,产品使用与安装说明书,产品总图及部件图、电气原理图及布线图,试验报告,易损件清单及施工图,主要外购机电产品的合格证和说明书,

随机专用工具、用具清单,产品装箱发运清单。

④其他。设备运输与安装、就位过程中如出现结构变形、损伤和机械、电气部件的磕碰、破损等情况,应视其严重程度及产生原因,分别与制造厂、承运单位和安装单位进行交涉,形成处置意见并进行处理(包括修复、更换直至赔偿);设备的交付与验收按供购双方的合同进行,合同中约定不详的内容,供购双方应根据国家的有关规定、产品技术条件和试验方法标准协商解决,以保证验收和交付顺利进行。

2)机电设备的鉴定验收

机电设备中的新产品、改型产品和非标设计产品如需定型及批量生产,必须由生产厂上级主管部门或产品行业归口部门组织鉴定验收,由同行专家组成产品鉴定验收委员会对产品提出鉴定验收意见,确认该型产品的设计质量、制造质量、技术性能、经济性、定型生产的可能性及其推广应用价值。提交鉴定验收委员会审查的技术文件一般应包括如下内容:

(1)产品设计委托书与设计任务书。

(2)产品设计计算书与安装使用说明书。

(3)产品总图及主要装配图(新产品投产鉴定时,需提供产品全套图纸)。

(4)产品鉴定大纲。

(5)产品设计(研究)报告。

(6)产品制造报告。

(7)产品测试报告。

(8)工业性试验报告或用户使用意见报告。

(9)产品标准化审查报告。

(10)国际联机查新检索报告(必要时)。

3)设备试运行

设备验收并投入正常使用后,按合同的规定在一定期限内进行试运行,进一步验证产品适应实际生产的能力及工作可靠性、安全性。承包商应在售后服务方面做好工作,继续为业主提供技术服务。

第四章　水运工程进度目标控制基础知识

【备考要点】
1. 施工组织管理。
2. 施工过程的组织原则、流水施工的组织原理及参数计算。
3. 施工进度计划管理的特点、作用及工作程序。
4. 单代号、双代号、时间坐标网络图的绘制规则和绘制方法。
5. 网络计划时间参数计算。
6. 关键线路和关键工作确定。
7. 工程网络计划优化。

第一节　施工组织管理

一、施工组织设计

1）施工组织设计是为完成拟建工程项目施工、创造必要的生产前提条件、制定先进合理的施工工艺所做的规划设计。它是指导拟建工程项目进行施工准备和组织现场施工的基本文件，是指导工程施工各项活动的技术经济文件；经审查批准后的施工组织设计文件即成为现场施工准则。

2）施工组织设计主要作用，能成为工程设计与工程施工之间的桥梁，能明确施工重点和影响工期进度的关键施工过程，并提出相应的技术、质量、安全措施，保证各施工阶段的准备工作及时进行，协调各施工单位、各工种、各类资源、资金、时间等方面在施工程序、现场布置和使用之间的相互关系，为顺利进行工程项目建设提供基本保障。

3）施工组织设计任务是根据国家的有关技术政策和规定，依据工程项目的施工合同、设计图纸和组织施工的基本原则，从拟建工程项目施工全局出发，结合工程的具体条件，采用先进的施工技术，对工程施工中的人力与物力、时间与空间、技术与经济、计划和组织等各方面做出全面合理、具体有效的安排，以保证按照预定目标，优质、快速、低耗及安全地完成施工任务。

4）施工组织设计内容，一般情况下，施工组织设计应解决项目施工计划中的最基本问题，如项目施工的技术方案、时间计划、空间布置、资源安排、安全生产等；目前水运工程项目建设实施的施工组织设计，其基本内容包括以下几个主要方面：

(1)编制依据;
(2)工程项目概况及施工条件分析;
(3)施工管理组织;
(4)施工总体部署和主要施工方案;
(5)施工进度计划;
(6)施工资源需求、供应计划;
(7)施工平面布置图;
(8)技术、质量、安全管理和保证的技术组织措施;
(9)文明施工与环境保护;
(10)施工计划的主要技术经济指标;
(11)附图等。

二、施工组织管理

1. 施工组织设计编制程序

编制施工组织设计必须从实际出发,通过对施工项目的自然、社会、经济、环境等相关资料的调查研究,掌握施工的具体条件和施工对象的情况以及国家有关的规范、规程和设计文件有关技术要求入手;在编制过程中要遵守一定的程序,按照施工组织的一般规律,协调和处理好各种条件、各种要素及影响因素的相互关系,用科学的方法和规范的程序进行编制。一般工程项目施工组织设计的编制程序如下:

1)对工程项目设计图纸、合同技术规范等进行分析研究,必要时进行相关资料的收集和调研。
2)计算施工工程数量。
3)选择施工方案,确定施工方法。
4)编制工程进度计划。
5)计算人工、材料、机具需要量,编制相关计划。
6)确定临时工程,编制水、电、气、热供应计划。
7)设计和布置施工平面图。
8)确定技术措施计划与计算技术经济指标。
9)确定施工组织管理机构。
10)编制质量、安全、环保和文明施工措施计划。
11)编写说明书。

施工组织设计在施工项目部编制完成后应由承包人技术部门审查盖章后提交给监理机构进行审核。

2. 监理机构对施工组织设计的审核

监理审核施工组织设计中的下列主要内容:
1)施工组织设计编制和审查程序。
2)施工方案及技术措施。

3)质量、安全生产与施工环境保护管理体系。
4)保证施工质量、安全生产的措施及施工环境保护措施。
5)施工进度计划及劳动力、设备、材料等资源配备计划。
6)施工总平面布置。
7)临时工程的施工方案。
施工组织设计审核意见,应经总监理工程师签认后报送建设单位审批。

3. 施工组织设计的贯彻、检查和调整

1)施工组织设计的贯彻。
施工组织设计的贯彻,就是用一个相对静态方案,指导一个变化的动态的施工过程,以达到预定的目标。因此,施工组织设计贯彻应做好以下几方面的工作:
(1)做好施工组织设计的技术交底;
(2)制订各项管理制度;
(3)实行项目岗位责任制;
(4)统筹安排,搞好综合平衡;
(5)切实做好施工准备工作。

2)施工组织设计的检查。
施工组织设计在指导项目施工过程中,要加强施工组织设计内容的检查。这种检查工作主要体现在以下几方面:
(1)准备工作情况检查;
(2)施工过程的主要施工控制指标检查;
(3)施工现场布置合理性检查。

3)施工组织设计的调整。
根据施工组织设计执行情况和检查发现的问题及其产生的原因,拟定改进措施或调整方案进行纠偏,并通过不断调整实施计划来保证原施工组织设计的目标实现。

第二节 施工过程组织原理

一、施工过程组织原则

在水运工程项目施工中,施工过程多,影响施工过程组织的因素复杂,编制项目施工过程组织的难度较大、变化较多,为科学合理地进行组织,需要满足施工过程组织原则。

1. 连续性原则
施工过程组织的连续性是指建筑产品在施工过程中的各阶段、各工序环节在时间上是紧密衔接的;不发生各种不合理的施工中断。

2. 协调性原则
施工过程组织的协调性是指建筑产品生产各阶段、各工序环节之间,在施工资源形成的施工能力上保持合适的比例关系。

3. 均衡性原则

施工过程组织的均衡性是指项目施工中各个施工作业环节应按照施工组织计划的要求展开，保持施工作业量、工作资源负荷、施工资源的使用数量等保持相对稳定，不发生时松时紧、前松后紧的现象。

4. 经济性原则

施工过程的经济性是指施工过程组织除应满足技术和组织的要求外，还必须考虑经济效益，要用尽可能小的劳动消耗取得尽可能大的施工生产成果。

二、施工过程组织作业基本方式

在施工过程的生产组织中，施工班组按计划开展施工作业的方式一般有顺序施工、平行施工和流水施工3种基本作业方式。

1）顺序施工。按建筑产品的施工工艺流程或施工段的施工顺序，依次进行施工操作。如重力式码头基础施工，依照挖泥、抛石、夯实、整平的施工过程顺序进行。

顺序施工的组织，在施工段（即施工空间）多和工序多的情况下，可以有按施工工艺顺序或施工段（空间）先后顺序两种模式组织进行顺序施工。

某挡土墙工程施工任务内容见表4-1。

某挡土墙施工工作内容及作业时间（天）　　　　　　　　表4-1

施工过程	任务段		
	①	②	③
基础开挖 A	2	2	2
块石浆砌 B	3	3	3
墙后回填 C	1	1	1

某挡土墙的工艺过程（A、B、C）组织顺序施工或按挡土墙分段任务（空间①、②、③）先后组织顺序施工，分别见图4-1和图4-2。

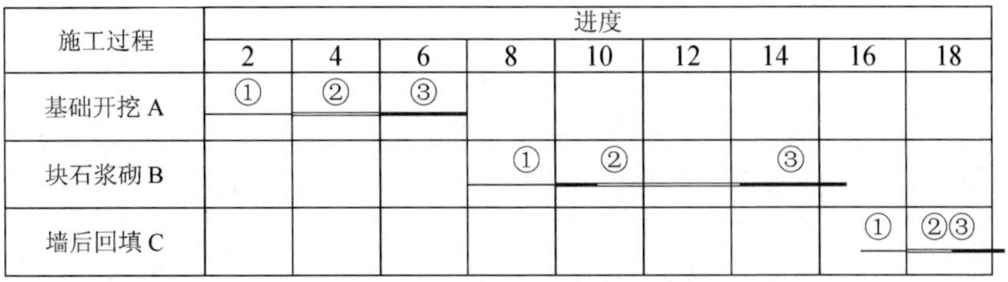

施工过程	进度								
	2	4	6	8	10	12	14	16	18
基础开挖 A	①	②	③						
块石浆砌 B				①	②		③		
墙后回填 C								①	②③

图4-1　按挡土墙的工艺过程组织的顺序施工图

2）平行施工。如表4-1所示的施工任务，采用平行施工组织的方案见图4-3。

3）流水施工。指将不同施工段上的同一施工过程组织专业施工班组施工，施工班组在统一计划安排下，依次在各施工段完成相同的施工操作；是以施工段顺序施工为基础、结合工艺顺序施工的组合顺序施工。

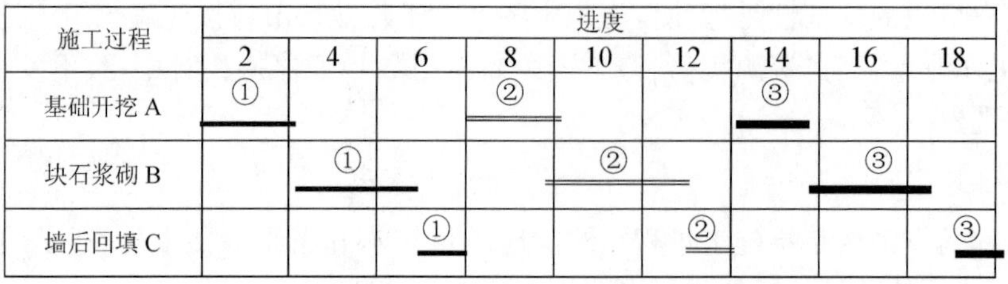

施工过程	进度								
	2	4	6	8	10	12	14	16	18
基础开挖 A	①			②			③		
块石浆砌 B			①			②		③	
墙后回填 C				①		②			③

图 4-2　按挡土墙的任务先后组织顺序施工图

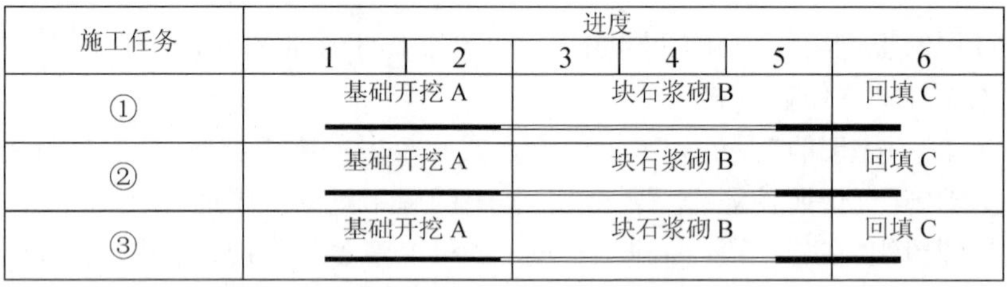

施工任务	进度					
	1	2	3	4	5	6
①	基础开挖 A		块石浆砌 B		回填 C	
②	基础开挖 A		块石浆砌 B		回填 C	
③	基础开挖 A		块石浆砌 B		回填 C	

图 4-3　挡土墙任务的平行施工组织图

如表 4-1 所示的施工任务,按流水施工方式组织的施工方案见图 4-4。

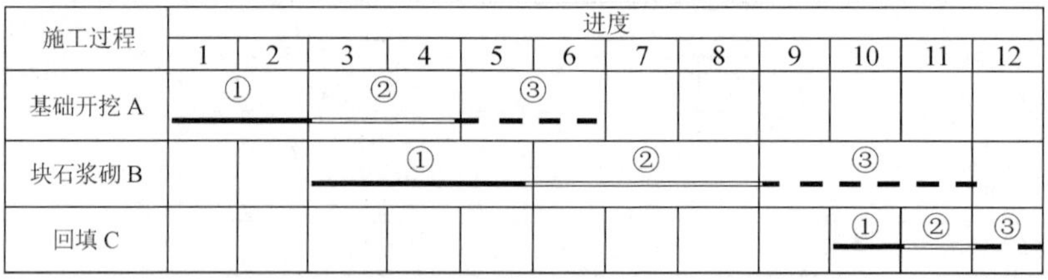

施工过程	进度											
	1	2	3	4	5	6	7	8	9	10	11	12
基础开挖 A	①		②		③							
块石浆砌 B				①		②			③			
回填 C										①	②	③

图 4-4　挡土墙的任务组织流水施工图

三、流水施工的组织原理

流水施工是指项目施工过程以专业化施工班组为基础,不同专业班组按一定的时间间隔依次投入施工操作;同一专业班组保持连续、均衡施工;不同施工班组间尽可能实现最大平行搭接施工的组织方式。流水施工是现代项目施工组织的主要方式。

组织流水施工的条件和要求主要有:

(1)把建筑产品的建造过程分解为若干施工过程,每个施工过程组建相应的专业施工班组负责实施。

(2)把建筑产品尽可能地划分为劳动量大致相等的结构施工段(称流水段)。

(3)主要施工过程必须连续、均衡的施工。

(4)相邻施工班组间应尽可能组织最大平行搭接施工。

水运工程项目受制于现场作业空间、作业船舶、水文泥沙条件等因素,一般都需要按照流水施工方式进行现场施工组织。

四、流水施工组织的参数计算

流水施工组织的作业参数有工艺参数、空间参数、时间参数三大类。

1. 工艺参数

工艺参数主要是指在组织流水施工时,用以表达流水施工在施工工艺方面展开状态的参数。通常有施工过程数和流水强度,也称工序数(n)和流水能力(V)。

1)施工过程数 n:

组织流水施工时,施工过程数应根据编制施工计划的对象范围和作用而确定。对于单位工程,施工过程数通常不等同于工艺流程计划中的施工工序。因为这些施工工序并非都能按流水方式组织施工。流水施工中的施工过程数 n,是指参与该阶段流水施工的施工过程数目。在实践中,施工过程数应根据结构特点、施工方法、资源条件、施工管理等多方面因素对施工工序进行组合后确定,数量适宜。

2)流水强度 V:

流水强度是指流水施工的每一个施工过程在单位时间内完成工程量,也称为流水能力或生产能力,用 V 来表示。它主要与施工班组配置的船机设备或作业人数有关。

施工过程的施工流水强度 V 可按式(4-1)计算:

$$V = \sum R_i \times C_i \qquad (4-1)$$

式中:R——施工资源数;

C——定额产量;

i——资源种类。

2. 空间参数

空间参数是指在组织流水施工时,用以表达流水施工在空间上展开状态的参数。主要有工作面和施工段。

1)工作面 A:

工作面是指专业班组施工资源进行施工作业的活动空间大小,以 A 表示。施工过程工作面的大小,应满足专业施工班组在确保生产作业效率、安全作业前提下的现场空间或平面要求。

2)施工段 m:

施工段是指把施工对象在空间或平面上划分成若干劳动量大致相等的施工段落。施工组织中应将施工任务划分为合理数量的施工段。划分施工段时,应遵守以下原则:

(1)在各施工段上的劳动量应大致相等。

(2)施工段数目要适宜。

(3)施工段大小应包含至少一个完整的工程结构段。

(4)划分施工段时要以对总工期起控制作用的主要施工过程为依据。

3. 时间参数

时间参数分为流水节拍(t_{ij})和流水步距($K_{i,i+1}$)。

1)流水节拍 t_{ij}:

流水节拍是指一个施工过程在一个施工段上的作业时间,用符号 t_{ij} 表示,即某个施工过程 i 在第 j 个施工段上的施工作业持续时间。它表示流水施工的速度和节奏性。流水节拍可按式(4-2)计算:

$$t_{ij} = \frac{Q_j}{V_i} \tag{4-2}$$

式中:Q_j——施工段 j 的施工工程量;

　　　V_i——施工过程(专业班组)i 流水施工强度。

2)流水步距 $K_{i,i+1}$:

流水步距是指两个相邻的施工班组先后进入第一施工段开始进行流水施工的时间间隔,用符号 $K_{i,i+1}$ 表示(i 表示本施工过程,$i+1$ 表示紧后施工过程)。n 个施工过程的流水步距数目为$(n-1)$个。

确定流水步距的目的是保证不同作业班组在各施工段上能连续作业,不出现窝工现象。

3)流水施工展开期:

从第一个专业班组开始流水作业至最后一个专业班组开始流水作业的时间间隔,也是各施工班组间施工流水步距之和。

4)流水施工工期 T:

施工任务组织流水施工作业的施工工期。其计算原理为式(4-3)。

$$T = \sum K_{i,i+1} + \sum t_{nj} \tag{4-3}$$

式中:$i = 1,2,\cdots,n-1;j = 1,2,\cdots,m$。

4. 流水步距的计算

流水施工类型可根据流水节拍的特征分为全等节拍流水、成倍节拍流水、异节拍流水和无节拍流水。

1)全等节拍流水施工:

全等节拍流水施工是指任一施工过程的流水节拍均为同一常数的一种流水施工方式。即流水节拍 t_{ij} 为常数 C,根据流水施工组织的规律,则任意相邻施工过程间的流水步距为:

$$K_{ij} = t_{ij} = C \tag{4-4}$$

2)成倍节拍流水施工:

成倍节拍的流水作业是指施工过程的流水节拍在各施工段上完全相等,不同施工过程的流水节拍相互成倍数关系。其施工组织方案为,计算各施工过程流水节拍的最大公约数 K,也称为公共流水步距;求不同施工过程所需的专业队数 b_i($b_i = t_i/K$);把专业队总数 $\sum b_i$ 看成工序数 n,即 $n = \sum b_i$,并将 K 看成流水步距;按全等节拍流水计算。

3)异节拍流水施工:

异流水是指施工过程的流水节拍在各施工段上相等,不同施工过程的流水节拍相互不完全相等,其特点是,$t_i \neq t_{i+1}$,流水步距 $K_{i,i+1}$ 按式(4-5)或式(4-6)计算确定。

当 $t_i \leq t_{i+1}$ 时,

$$K_{i,i+1} = t_i \tag{4-5}$$

当 $t_i > t_{i+1}$ 时

$$K_{i,i+1} = mt_i - (m-1)t_{i+1} \qquad (4-6)$$

式中符号含义同本节。

4) 无节拍流水施工:

施工过程在各施工段上的流水节拍不完全相等。这种流水作业情形比较普遍。其流水施工的流水步距 $K_{i,i+1}$ 采用"累加斜减计算法"确定,即:流水步距 $K_{i,i+1}$ 为前后专业班组施工时间累加数列错位相减的大差。具体计算过程如下。

第一步:将每个施工过程在各个施工段上的流水节拍依次累加,逐段求和,得出各施工过程流水节拍的累加数列;

第二步:错位相减,即从前一个施工班组由加入流水起到完成该段工作止的持续时间和,减去后一个施工班组由加入流水起到完成前一个施工段工作止的持续时间和(即相邻斜减),得到一组差数;

第三步:取上一步斜减差数中的最大值作为流水步距。

[**例 4-1**] 某工程任务为 4 个施工段(Ⅰ、Ⅱ、Ⅲ、Ⅳ)和 3 道施工工序(A、B、C)施工,各工序的流水节拍如表 4-2,试组织流水施工作业。

某工程施工任务流水节拍　　　　　表 4-2

施工工序	施工段上的流水节拍(d)			
	Ⅰ	Ⅱ	Ⅲ	Ⅳ
A	3	4	4	5
B	3	3	2	2
C	2	2	3	3

解:由上表知,$m=4$,$n=3$;流水步距 K_{AB}、K_{BC} 按"累计数列错位相减取大差法"计算,即 K_{AB} 为:

```
    3,  7, 11, 16
-)      3,  6,  8, 10
    3,  4,  5,  8, -10
```

$K_{AB} = 8(\text{d})$,

```
    3,  6,  8, 10,
-)      2,  4,  7, 10
    3,  4,  4,  3, -10
```

$K_{BC} = 4(\text{d})$,

流水施工工期 $T = \sum K + T_n$
$\qquad = (8+4) + (2+2+3+3)$
$\qquad = 22(\text{d})$

该流水施工作业计划横道图,如图 4-5 所示。

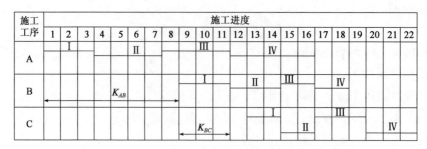

图 4-5 某工程任务流水施工进度横道图

第三节 施工进度计划管理

一、施工进度计划管理的特点

施工进度计划是对工程建设实施计划管理的重要手段,是在施工方案基础上,根据规定工期和施工资源供应条件,按照施工过程的合理施工顺序及组织施工原则,对工程的全部施工过程在时间上的合理计划安排。施工进度计划是工程项目施工过程的时间规划,规定了施工过程的施工起讫时间、施工顺序和施工速度,是控制工期的有效工具。

水运工程的施工进度,由于受水文、气象等自然条件的影响,在施工过程中形成了对施工进度计划起控制作用的环节,如导截流、防汛防台、通航保障等。

水运工程的施工进度计划管理的特点主要有:
(1)受水文、气象、泥沙运动、波浪等自然条件的影响大。
(2)受水上或水下施工作业工序影响大。
(3)受大型船机设备的调遣和现场协调影响大。
(4)受管理水平、管理手段和方法影响大。
(5)对施工成本影响大。

二、施工进度计划管理的作用

施工进度计划是控制工程施工活动进程实现合同工期目标的重要依据,工程施工进度计划决定工程项目中各施工过程的施工顺序、持续时间以及相互衔接配合关系;是指导编制各种资源需要量计划、供应计划、施工财务计划的依据;是编制施工班组施工作业计划的依据;是项目管理进行进度控制的目标;是评价施工组织管理水平的依据。

三、施工进度计划管理的工作程序

水运工程的施工进度计划管理是项目施工管理的中心环节,其他一切施工现场管理工作,都应围绕施工进度计划管理开展。施工进度计划管理的工作程序为施工进度计划的编制、进度计划的执行检查、进度计划的调整等环节。

1. 进度计划编制

施工进度计划的内容包括总体进度计划、年度进度计划、月(季)度进度计划及关键工程进度计划等。施工单位编制进度计划,监理工程师审批进度计划。进度计划一般用横道图和网络图表示。

2. 进度计划执行检查

施工单位应按照进度计划组织施工,实施中必须对进度计划执行情况进行检查。监理工程师对进度计划实施情况进行合理地监控,尽量保证实施进度符合计划要求。如果检查发现进度执行出现偏差,则要根据合同管理规则进行进度计划的调整。

3. 进度计划调整

在进度计划执行检查中,如发现存在影响工期目标实现的偏差,应及时分析导致偏差出现的原因和责任,监理工程师应严格按照合同管理规则进行管理,或发出指令要求承包人进行进度计划的调整,或按照工期补偿的管理程序和方法进行调整。

第四节 网络计划图绘制

一、双代号网络计划图三要素

网络图是由箭线、节点、线路3个基本要素组成。

1. 箭线

带方向箭头的线段,在双代号网络图中表示计划工作,有实箭线和虚箭线之分,二者表示的内容不同。

1)实箭线表达的内容有以下几个方面:

表示一项工作或一个施工过程,它是项目施工计划的工作单元。也表示工作消耗的时间或资源,用数字标注在箭线的下方。只消耗时间不消耗资源的混凝土自然养护、油漆干燥等技术间歇,若作为计划工作时,也应用实箭线表示。

箭线的方向表示工作进行的方向和前进的路线,箭尾表示工作的开始,箭头表示工作的结束。

2)虚箭线表示"虚工作",它既不消耗时间,也不消耗资源,是为了正确表示工作之间的逻辑关系。

2. 节点(也称事件)

双代号网络图中,节点是计划中的事件代号,用圆圈和编号表示。它表示的内容有:

1)节点表示工作的开始或结束或工作间的逻辑关系,不消耗时间和资源。

2)节点根据网络图中位置不同分为始节点、终节点、中间节点。始节点就是网络图的第一个节点,它表示一项计划的开始;终节点就是网络图的终止节点,它表示一项计划的结束。网络图中的其他节点就是中间节点,它既表示其紧前工作的结束,又表示其紧后各工作的开始。

3)一项工作必须用一根箭线和前后两个节点表示。

3. 线路

线路是指网络图中从始节点到终节点之间可连通的线路。网络图中,从始节点到终结点之间一般都存在着多条线路,每条线路都包含若干项工作。

二、双代号网络图的绘制

正确绘制双代号网络图是网络计划技术应用的前提和关键。因此绘图时,必须做好以下工作:正确表示各种工作逻辑关系;遵守绘图的基本规则;选择恰当的绘图排列方法;正确的绘图步骤。

1. 网络图计划的工作类型

紧前工作,一项工作的尾节点与本工作的首节点相连,该工作叫本工作的紧前工作。

紧后工作,一项工作的首节点与本工作的尾节点相连,该工作叫本工作的紧后工作。

平行工作,与本工作共首节点的工作或具备同时开工条件的工作,互叫平行工作。

起始工作,没有紧前工作的工作。

结束工作,没有紧后工作的工作。

先行工作,自起始工作开始至本工作之前的所有工作。

后续工作,本工作之后至工作结束为止的所有工作。

2. 网络图计划的逻辑关系

逻辑关系是指网络计划中各项工作之间客观上存在或主观上安排的先后顺序关系。这种关系分为两类:一类是施工工艺关系,称为工艺逻辑;另一类是施工组织安排,称为组织逻辑。

1)工艺逻辑关系:

工艺逻辑关系是由施工工艺和操作规程所决定的各项工作之间客观上存在的先后施工顺序。对于一个具体工程来说,当确定了施工方法以后,则该工程的各项工作先后顺序一般是固定的。

2)组织逻辑关系:

组织逻辑关系是施工组织安排中,考虑资源的有效利用,在各项工作之间安排的顺序施工、平行施工、搭接施工、流水施工等形成的逻辑关系。组织逻辑关系以遵守施工工艺逻辑为前提,在保证施工质量、安全和工期等前提下合理安排工作顺序。

3. 逻辑关系的表示方法

在绘制网络计划时,必须正确反映各工作之间的逻辑关系,其表达方法见表4-3。

工作之间的逻辑关系在网络图中的表示方法 表4-3

序号	工作之间的逻辑关系	双代号网络图表示方法	单代号网络图表示方法
1	工作A完成后进行工作B和C		

续上表

序号	工作之间的逻辑关系	双代号网络图表示方法	单代号网络图表示方法
2	工作 A、B 完成后进行工作 C 和 D		
3	工作 A 完成后进行工作 C；工作 A、B 完成后进行工作 D		
4	工作 A 完成后进行工作 C、D 工作 B 完成后进行工作 D、E		
5	先后工作 A、B 在 3 个施工段上顺序流水		

4. 网络图绘制的基本规则

1) 一个网络图只允许有一个始节点和一个终节点。

2) 网络图中不允许出现循环闭合线路。

3) 网络图是一种有向图，沿箭头的方向循序进行，一根箭线只有一个箭头。

4) 网络图中不允许出现编号相同的节点或箭线。

5) 网络图中箭尾的编号应小于箭头的编号，编号不能重复，可连续编号或跳号。

6) 网络图中不允许出现没有箭尾节点的箭线和没有箭头节点的箭线。

7) 网络图中尽量避免交叉箭线，当无法避免时，应采用过桥法、断线法或指向法表示。

8) 网络图中通常箭线应以水平为主，竖线为辅，尽量避免使用曲线。

9) 合理使用虚箭线表达工作间的逻辑关系。

5. 网络图的绘图步骤

1) 绘制步骤：

(1) 项目计划工作分解。

(2)分析和确定工作之间的逻辑关系。
(3)计算各工作的施工时间或消耗资源。
(4)按选定的网络图类型绘制网络图。
2)按照逻辑关系表示方法,运用规定符号,从起始工作开始,自左向右依次绘制,只有在先行工作全部绘制完成后,才能绘制本工作,直至结束工作全部绘完为止;检查工作和逻辑关系有无错漏,并进行修正;按网络图绘图规则的要求完善网络图;按网络图的编号要求将节点编号和进行其标注。

[例 4-2] 双代号网络图绘制。

已知某项目的工作任务计划如表 4-4,请绘制其双代号网络计划图。

工作任务计划　　　　　　　　　　表 4-4

工作名称	A	B	C	D	E	F	G	H
紧后工作	CD	EF	EF	G	G	GH	—	—
持续时间	1	5	3	3	4	6	5	3

解:按照绘图步骤和规则,绘制的双代号网络图如图 4-6 所示。

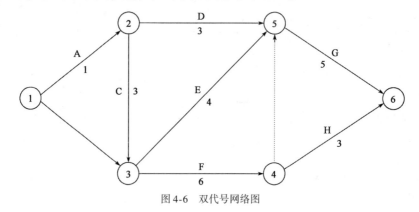

图 4-6　双代号网络图

三、单代号网络计划图绘制

1. 单代号网络图的三要素含义

1)节点:表示一项具体的工作,有时间和资源的消耗。工作的名称、节点的编号和工作时间都标注在圆圈内。一个编号表示一项工作,箭头节点编号大于箭尾节点的编号。

2)箭线:表示工作间的逻辑关系,没有虚箭线;逻辑关系表示形象直观。箭线的箭头表示工作的前进方向,箭尾节点表示的工作为箭头节点工作的紧前工作。

3)线路:与双代号相同。

2. 绘图规则

单代号网络图绘图规则有很多与双代号相同,基本规则有:

1)工作及逻辑关系按表示方法绘制。

2)线路不允许出现闭合回路。
3)网络图中禁止出现没有箭尾节点的箭线和没有箭头节点的箭线。
4)网络图的工作节点不出现重复编号,且紧后工作节点编号要大于紧前工作节点的编号。
5)除始节点和终节点外,其余各中间节点必须有内向和外向的箭线。
6)在工作计划中如有多项工作无紧前工作或多项工作无紧后工作时,需要在开始或结束增加始节点或终节点。

[**例 4-3**] 某护岸工程分三段施工,每段分三项工作:挖基础(4 天)、墙体块石浆筑(12 天)、墙后回填(3 天)土。承包人组织了流水施工,绘制其单代号流水施工网络进度计划图。

解:依据单代号网络图的绘制规则和方法,其单代号流水施工网络进度图见图 4-7。

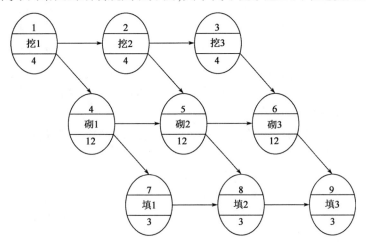

图 4-7　单代号流水施工网络进度图

四、时标网络图绘制

1. 时标网络图的概念及特点

时标网络图是双代号网络计划的一种形象直观表示形式,它是以时间坐标为尺度表示计划时间,以工作箭线在时间坐标上的位置和投影长度反映该工作施工作业计划的起止时间及持续时间。

时标网络图所具有的特点:
1)工作时间一目了然、直观易懂。
2)可直接看出网络图的时间参数。
3)可在网络图的下面绘制资源需要量曲线。

2. 时标网络图的绘制方法

时标网络图绘制方法有两种,即间接绘制法和直接绘制法。

1)间接绘制法。

间接绘制法是先绘制一般双代号网络图,算出时间参数,确定关键线路,最后绘制时标网络图。在画图时,宜先绘制出关键线路,再绘制非关键线路,当某些工作箭线长度不足以达到该工作的完工节点时,用波形线补足,且箭头画在波形线与节点连接处。间接绘制法可以根据工作时间参数的类型分别绘制"计划的最早可能开工时间"和"计划的最迟必须完工时间"的时标网络图。

2)直接绘制法。

直接绘制法就是不经过网络参数计算直接绘制时标网络图的方法。其绘制步骤有:

(1)确定坐标线所代表的时间,绘于图的上方;

(2)将项目开始节点定位在坐标线对应的时间进度起始点;

(3)在时标表中绘制始节点出发的外向箭线工作,并按其施工持续时间绘制其长度;

(4)其他节点的定位必须在指向该节点的内向箭线全部绘出后,定位在这些箭线工作最迟完成的实箭线箭头处,其他内向箭线长度不足以到达该节点时,可用波形线补足;

(5)其他节点的绘制应按照节点由小到大的顺序确定,依次确定其位置,直到终结点定位完成。

[例4-4] 某工程项目施工计划工作的施工时间及逻辑关系为表4-5,绘制其时标网络图。

施工计划工作的施工时间及逻辑关系　　　　表4-5

工作名称	A	B	C	D	E	G	H	I	J	K
紧后工作	CD	E	IJ	G	H	J	K	—	K	—
施工持续时间	15	25	30	25	10	15	25	40	35	10

解:根据逻辑关系及绘图步骤,绘制出如图4-8所示的时标网络图。

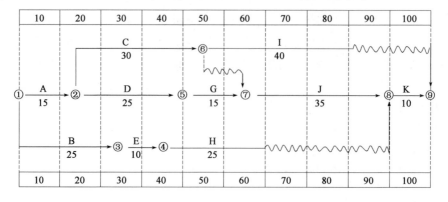

图4-8　某工程项目计划的时标网络图

第五节 网络计划参数计算及关键线路

一、双代号网络图的时间参数类型

1. 节点参数

节点也叫事件,节点参数反映项目计划的事件里程碑,一般分为节点最早可能实现时间 ET_i 和节点最迟必须实现时间 LT_i 两个。

1) 节点最早可能实现时间 ET_i:是该节点事件前面工作全部完成,后面工作最早可能开始的时间。

2) 节点最迟必须实现时间 LT_i:是指在不影响终节点的最迟时间约束的前提下,以该节点为完成节点的各工作最迟必须完成时间。

2. 工作参数

工作参数主要反映项目工作的计划开工、完工状态,一般分为 4 个:

1) 工作最早可能开工时间 ES_{ij}:指一项工作具备了相应的工作条件和资源条件后,可以开始工作的最早时间。

2) 工作最早可能完工时间 EF_{ij}:按 ES_{ij} 开工并完成施工工作的结束时间。

3) 工作最迟必须完工时间 LF_{ij}:该工作不影响整个网络计划按期完成的工作结束时间;是该工作最迟必须结束的时间,若超过此时间,会影响计划总工期并导致其后续各工作不能按时开工。

4) 工作最迟必须开工时间 LS_{ij}:不影响工作按 LF_{ij} 的条件下工作开始施工时间。

3. 管理控制参数

管理控制参数是指在计划实施过程中,管理者进行计划调整、过程状态控制和目标控制的参数。一般也分为 4 个:

1) 工作总时差 TF_{ij}:指本工作在不影响工程总工期(但可能影响前后工作结束或开始时间)的前提下,所具有的最大机动时间;即在不影响任何一项紧后工作的最迟必须开工时间条件下,本工作所拥有的最大机动时间。

2) 工作自由时差 FF_{ij}:指本工作在不影响紧后工作,按最早开工时间的条件下所具有的机动时间。

3) 工作相干时差 IF_{ij}:指本工作可以与紧后工作共同利用的机动时间。

4) 工作独立时差 DF_{ij}:为本工作独有,其前后工作不能利用的机动时间。它是在不影响其紧后工作按最早开工条件下,允许该工作推迟开工时间或延长其持续时间的幅度。

二、网络图时间参数计算

1. 常用参数指标的表示符号(表4-6)

常用参数指标的表示符号 表4-6

指标或参数	表示符号	指标或参数	表示符号
网络计划的计划工期	T_p	工作 $i-j$ 最早可能开工时间	ES_{i-j}
网络计划的计算工期	T_c	工作 $i-j$ 最早可能完工时间	EF_{i-j}
工作 $i-j$ 施工持续时间	t_{i-j}	工作 $i-j$ 最迟必须开始时间	LS_{i-j}
节点 i 最早可能实现时间	ET_i	工作 $i-j$ 最迟必须完工时间	LF_{i-j}
节点 i 最迟必须实现时间	LT_i	工作 $i-j$ 的相干时差	IF_{ij}
工作 $i-j$ 的总时差	TF_{ij}	工作 $i-j$ 的独立时差	DF_{ij}
工作 $i-j$ 的自由时差	FF_{ij}		

2. 双代号网络图时间参数计算

双代号网络图时间参数的计算方法有很多,如分析计算法、图上计算法、表上计算法、矩阵计算法、电算法等,其基本原理和思想都是一致的。主要从时间参数的概念出发,介绍其计算原理。

1) 节点最早可能实现时间 ET_i。

一般规定网络起始节点的最早实现时间为零(项目中为合同开工日期),其他节点的最早实现时间等于从起始节点顺着各线路计算至该节点的各线路施工持续时间之和的最大值。其式如下:

$$ET_1 = 0 \tag{4-7}$$

$$ET_j = \max\{ET_i + t_{ij}\} \tag{4-8}$$

2) 节点最迟必须实现时间 LT_i。

一般终节点的最迟必须实现时间应以项目计划工期为准,当无规定的情况下,假设终节点最迟必须实现时间等于终节点的最早可能实现时间;其他节点的最迟必须实现时间等于终节点最迟必须实现时间减去由本节点到终节点各线路工作施工时间累积和的最小值,其式如下:

$$LT_n = ET_n \quad (未规定工期时,n 为终节点) \tag{4-9}$$

$$LT_n = T_p \quad (规定工期为 T_p 时) \tag{4-10}$$

$$LT_i = \min\{LT_j - t_{ij}\} \tag{4-11}$$

3) 工作最早可能开工时间 ES_{ij}。

工作最早可能开工时间等于该工作首节点的最早可能实现时间,即:

$$ES_{ij} = ET_i \tag{4-12}$$

或

$$ES_{ij} = \max\{ES_{hi} + t_{hi}\} \tag{4-13}$$

hi 为工作 ij 紧前工作。

4) 工作最早可能完工时间 EF_{ij}。

工作最早可能完工时间等于该工作最早可能开工时间与本工作施工持续时间之和。其式如下：

$$EF_{ij} = ES_{ij} + t_{ij} \tag{4-14}$$

5）工作最迟必须完工时间 LF_{ij}。

工作最迟必须完工时间等于该工作尾节点的最迟必须实现时间，即：

$$LF_{ij} = LT_j \tag{4-15}$$

或

$$LF_{ij} = \min\{LF_{jk} - t_{jk}\} \tag{4-16}$$

jk 为工作 ij 紧后工作。

6）工作最迟必须开始时间 LS_{ij}。

工作最迟必须开始时间等于该工作最迟必须完工时间减去本工作施工作业持续时间。其式如下：

$$LS_{ij} = LF_{ij} - t_{ij} \tag{4-17}$$

7）工作总时差 TF_{ij}。

工作从最早可能开工时间到最迟必须开工时间之间开工，均不会影响项目计划工期，其计划机动总范围从最早可能开工时间到最迟必须完成时间之间，考虑本工作的施工持续时间，总时差等于本工作的最迟开始时间减去最早开始时间，或本工作最迟结束时间减去最早结束时间。其计算式如下：

$$TF_{ij} = LS_{jk} - EF_{ij} \tag{4-18}$$

或

$$TF_{ij} = LF_{ij} - EF_{ij} \tag{4-19}$$

8）工作自由时差 FF_{ij}。

不影响紧后工作按最早可能开工条件下本工作允许的机动时间叫工作的自由时差，其特点有：自由时差小于或等于总时差；以关键线路上的节点为尾节点的工作，其自由时差与总时差相等。其计算式如下：

$$FF_{ij} = ET_j - ET_i - t_{ij} \tag{4-20}$$

9）工作相干时差 IF_{ij}。

工作相干时差 IF_{ij}：通常在一条工作线路上的前后工作之间可以共用利用的机动时间。对于本工作而言实际上就是总时差中减掉自由时差的部分。其计算式如下：

$$IF_{ij} = TF_{ij} - FF_{ij} = LT_j - ET_j \tag{4-21}$$

10）工作独立时差 DF_{ij}。

在非关键线路上，工作线路存在分支的情况下，相应工作独立时差 DF_{ij} 的计算式如下：

$$DF_{ij} = FF_{ij} - IF_{hi} \quad (h < i) \tag{4-22}$$

或

$$DF_{ij} = ET_j - LT_i - t_{ij} \tag{4-23}$$

在项目施工计划执行管理中，应注意网络计划的工作管理性参数的特点：

工作的总时差是针对工作所在线路而言，它的利用会对紧前工作和紧后工作均会产生影响；

工作的自由时差，只限于本工作利用，不能转移给紧后工作，也不会对紧后工作的时差产生影响；如利用将对其紧前工作的时差产生影响；

工作的相干时差对其紧前工作无影响，但对紧后工作的时差有影响，如利用该时差，将使紧后工作的时差减少或消失，它可以转让给紧后工作变为其自由时差而加以利用；

工作的独立时差只能被本工作利用，利用与否对紧前紧后工作时差不产生任何影响。

三、关键工作和关键线路确定

1. 关键线路的概念

在网络计划中总时差最小的工作称为关键工作。关键工作连成的自始节点至终节点的线路，就是关键线路。该线路在网络图上一般用粗线、双线或彩色线标注。它是进行项目工作计划、施工过程控制和管理的重点。

2. 关键线路的特点

1）若合同工期等于计划工期时，关键线路上的工作总时差等于0。

2）关键线路是从网络计划始节点到终节点之间施工持续时间最长的线路。

3）关键线路在网络计划中可能不止一条。

4）关键线路上的工作称为关键工作，关键线路以外的工作称为非关键工作；如果使用了非关键工作的总时差时，非关键线路也可变成关键线路。

5）当非关键线路上的工作时间延长且超过它的总时差时，原关键线路就变成了非关键线路。

3. 基于关键线路的进度管理

1）确定关键线路，使得在项目工作中能抓住主要矛盾，确定计划控制的重点对象——关键工作。

2）计算非关键线路上的管理时差参数，明确其存在的机动时间，使得项目计划有一定的弹性，也可以作为项目施工资源调剂和优化的对象。

3）确定总工期，做到工程进度目标清晰。

在工程进度管理中，应把关键工作作为重点来抓，保证关键工作如期完成，同时要注意挖掘非关键工作的潜力，合理安排资源，节省工程费用。

[例4-5] 某工程双代号施工网络计划如图4-9所示，试对该计划各工作的时间参数进行计算，并根据计算确定关键线路与关键工作。

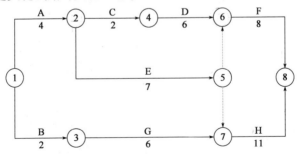

图4-9 某工程双代号施工网络计划图

解:根据网络计划工作时间参数的计算方法,按公式计算;
计算结果标注于图 4-10 中;关键线路如粗黑线所示。

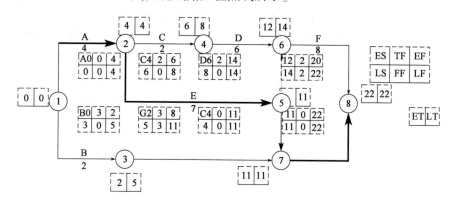

图 4-10　工作时间参数计算结果

第六节　工程网络计划优化

网络计划中用关键线路控制工期,利用时差进行网络计划的优化。网络计划的优化是通过时差不断地改善网络计划的初始可行方案,在满足既定约束条件下,按某一目标要求(如时间、成本、物资)来寻求最优方案。

网络计划的优化目标,应根据项目施工管理的目标和条件确定,通常包括工期目标、成本费用目标、资源强度目标等。根据目标不同,优化的原理和方法有不同。

工期优化的作用在于当网络计划计算工期不能满足工期要求时,通过不断压缩关键线路上的关键工作的持续时间,达到缩短工期,满足工期要求的目的。资源优化的作用在于,在资源有限条件下,寻求完成计划的最短时间,或者在工期规定条件下,力求资源消耗均衡。通常把这方面的问题分别称为"资源有限,工期最短"和"工期规定,资源均衡"。完成一项工作常可以采用很多种施工方法和组织方法,所以在安排一项工程计划时,就可能出现多种方案。它们的总工期和总成本也因此有所不同。如何在多种方案中确定一个最优或较优方案,需要用费用优化方法解决。

一、工期目标优化

1)工期目标优化,就是调整或改变项目各工作计划的施工时间或施工逻辑来达到调整优化工期的目的。其优化措施主要有技术措施和组织措施两大类。一般组织措施主要有:

(1)将串联工作调整为平行工作。
(2)将串联工作调整为交叉工作。
(3)相应地推迟非关键工作的开始时间,施工资源调整到关键工作。
(4)相应地延长非关键线路中工作的工作时间,调整部分施工资源到关键工作。
(5)从计划外增加资源加快关键工作,缩短工期等。

2）工期优化步骤。
（1）确定初始网络计划的计划工期和关键线路。
（2）将计划工期与目标工期比较，求出需要缩短的时间。
（3）采用适当的优化措施压缩关键线路的长度，并求出网络计划新的关键线路和工期。
（4）若调整后的工期符合规定要求，则优化结束，否则重复（1）~（3）直到符合要求为止。

[例4-6] 某工程双代号施工网络计划如图4-11所示，该进度计划已经监理工程师审核批准，合同工期为23个月。

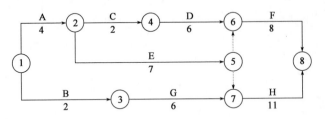

图4-11 某工程施工网络计划

如果计划工作C和工作G需共用一台施工机械且只能按先后顺序施工（工作C和工作G不能同时施工），该施工网络进度计划如何调整较合理？

解：（1）计算原进度计划的工期：
计算工期 $T_C=22$（月），符合合同工期要求。
关键线路为节点1—2—5—7—8，关键工作A、E、H；
（2）如果工作C和工作G共用一台施工机械且需按顺序施工时，有两种可行的方案：
①方案一，按先C后G顺序施工，调整后网络计划见图4-12。
计算工期 $T_1=23$（月），关键线路为节点1—2—3—4—7—8。

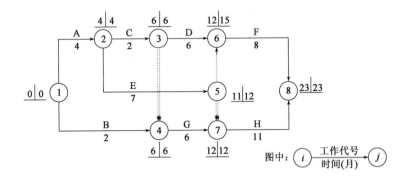

图4-12 方案一的调整计划图

②方案二，按先G后C顺序施工，调整后网络计划如图4-13。
计算工期 $T_2=24$（月），关键线路为1—3—4—5—6—8—10。
比较方案一和方案二，方案一工期短且满足合同工期要求，所以按先C后G的顺序施工较为合理。

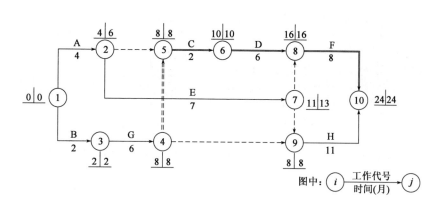

图 4-13 方案二的调整计划图

二、时间-费用优化

1. 时间与直接费的关系

最高直接费：工作的直接费增加到某一限值，此时再增加多少直接费，也不能缩短工作时间。此费用界限值为最高直接费 C_s。

最低工期：不能再缩短的时间界限值 T_s。

正常工期：最低直接费对应的工期 T_n。

最低直接费：工期曲线的最低点所对应的费用 C_n。

时间与直接费（T-C）关系，可简化为线性表示，单位时间费用变化率 e 等于：

$$e = C_s - \frac{C_n}{T_n - T_s} \tag{4-24}$$

对于不同的工作，其费用变化率是不一样的，因此进行优化时应首先压缩关键线路上单位费用变化率最小的工作，因为这样压缩工期，直接费增加的最少。

总费用最低的最优工期：明确了计划的时间与直接费的关系后，可以得到一条直接费曲线，如果知道了间接费曲线，则用图解法可求的总费用曲线。总费用曲线的最低点就是项目的最优方案。

2. 时间-费用优化步骤

按正常工期编制网络计划，并计算项目计划的工期和完成计划的直接费。

列出构成整个计划的各项工作在正常工期和最短工期时的直接费，以及工作缩短单位时间所增加的费用，即工作单位时间费用变化率。

根据费用最小原则，找出关键工作中单位时间费用变化率最小的工作首先予以压缩。这样使直接费增加的最少。

计算加快某关键工作后，计划的总工期和直接费，并重新确定关键线路。

重复上述工作，直到网络计划中关键线路上的工作都达到最短持续时间不能再压缩为止。

根据以上计算结果可以得到一条直接费曲线，如果间接费曲线已知，叠加直接费与间接费曲线得到总费用曲线。

总费用曲线上的最低点所对应的工期,就是整个项目的最优工期。

[**例 4-7**] 某单项工程,按图 4-14 进度计划图正在进行,图中所示箭线上方数字为工作缩短一天需增加的费用(元/天),箭线下括弧外数字为工作正常施工时间,箭线下括弧内数字为工作最快施工时间。原计划工期是 170 天,在第 75 天检查时,工作 1→2 已全部完成,工作 2→3 刚刚开工。由于工作 2→3 是关键工作,所以它拖后 15 天,将导致总工期延长 15 天完成。为使计划按原工期完成,则必须赶工,调整原计划,问应如何调整原计划,既经济又保证计划在 170 天内完成?

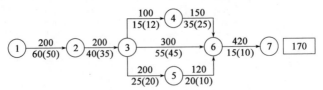

图 4-14 某工程实施进度计划图

解:(1)计算工作 2→3 拖延 15 天后的网络计划,关键线路为 1→2→3→6→7,工期 185 天。

关键工作中,工作 2→3 赶工费率最低,故可压缩工作 2→3。40 - 35 = 5(天),工作 2→3 可压缩 5 天,增加费用为 5×200 = 1000(元)。

总工期为 185 - 5 = 180(天)。

(2)其次工作 3→6 的赶工费率最低,压缩工作 3→6。

但必须考虑与工作 3→6 平行的各项工作,压缩时间不能超过平行工作的最小时差,$TF_{3-4} = TF_{4-6} = 5(天)$,$TF_{3-5} = TF_{5-6} = 10(天)$。

故一般只能压缩 $\min(TF_{3-4}, TF_{3-5}) = 5(天)$,增加费用为 5×300 = 1500(元)。

总工期为 180 - 5 = 175(天)。

(3)此时关键工作又增加了工作 3→4 和工作 4→6,必须同时压缩 3→6 和 3→4 或工作 3→6 和工作 4→6,工作 3→6 与工作 3→4 的赶工费率最低,但工作 3→4 只能压缩 3 天,同时压缩工作 3→6 和工作 3→4 各 3 天,增加费用 3×(300 + 100) = 1200(元),总工期为 175 - 3 = 172(天)。

(4)此时关键工作 6→7 赶工费率最低,压缩工作 6→7 为 2(天),增加费用 2×420 = 840(元),总工期为 172 - 2 = 170(天)。

通过以上调整,可将拖延的 15 天工期找回来,工期仍为 170 天,但增加了赶工费 1000 + 1500 + 1200 + 840 = 4540(元),按此调整即为最经济的赶工方案。

三、网络计划的资源优化

一项计划执行往往会受到资源的限制,开展计划的资源优化将通过合理地安排工作进度,解决资源的供需矛盾或实现资源的均衡利用。

1)工期限定、资源消耗均衡——在工期限定的条件下,安排工作进度,实现资源的均衡利用。

资源均衡优化的方法主要有最小方差法和消峰法。优化调整步骤为:

(1)绘制时标网络图。

(2)绘制资源图。

(3)求资源高峰值 R_m、平均值 $R_{平均}$ 或不均衡系数 K 或方差 σ。

(4)依次调整各非关键工作的开完工时间,使物资供应均衡。

(5)计算调整后的资源高峰值 R_m 或不均衡系数 K 或方差 σ,并与调整前进行比较。

(6)循环直到指标最合理。

2)资源有限、工期最短——在资源有限的情况下,安排工作进度,力求使工期增加最少。

在实际工作中,通常只针对项目部的紧缺资源进行优化,优化的方法主要有 RSM 法和编号法。优化调整步骤:

(1)绘制时标网络图。

(2)绘制资源需要量图。

(3)找出超过资源供给的使用计划时间段。

(4)调整该计划时段工作的开工时间或资源使用强度,使满足资源限制的条件,而工期又最短。

第五章 水运工程进度目标控制监理工作

【备考要点】
1. 监理的进度控制概念。
2. 进度控制的作用。
3. 监理进度控制的主要任务。
4. 进度控制的方法和措施。
5. 进度控制的主要程序。
6. 进度计划的编制。
7. 进度计划的审查程序和审查内容。
8. 工程施工中的进度检查方法。
9. 施工进度的调整。
10. 工程延期的处理。
11. 工程延误的处理。

第一节 进度监理概述

一、进度监理的概念

1. 工程进度

工程进度是指工程项目活动在时间上的开展顺序和节奏,反映工程项目的进展以及施工活动的衔接和配合。项目工期和施工作业时间是工程进度的表现形式。它与工程费用和质量有着辩证的统一关系,是项目目标控制的重要指标。

2. 工程进度控制

工程进度控制,是指按照目标工期的要求,编制技术可行且经济合理的工程进度计划以及各种资源的支持和保障计划;并在工程实施过程中经常检查实际进度是否按计划进度进行;若出现偏差,应及时找出原因,采取必要的补救措施或修改调整计划,以确保工程进度目标的合理实现。

工程进度控制可分为业主进度控制和承包人进度控制。

1) 业主进度控制

业主进度控制主要是控制总工期和阶段目标工期的完成情况,根据承包人的现金流量计划组织资金供应以及决定有关工程进度问题的重大事项。

2）承包人进度控制

承包人进度控制是根据合同工期和现场施工条件编制详细的施工方案和施工进度计划，报监理工程师审批，做好开工前的各项准备工作，组织劳动力、施工船机和各种材料的供应，协调各项工作在工程施工中搭接与配合，确保工程进度计划的实施和合同工期目标的实现。

3. 进度监理

进度监理是指监理工程师的进度控制，是以合同工期为目标，根据施工监理合同中业主授权和工程施工合同监理职权，通过对工程进度计划的审核、对工程进度计划实施过程的跟踪检查与分析等手段对工程进度实施控制和管理。

监理工程师进度控制，包括"计划—实施—检查—处理"4个循环阶段的工作任务。

(1) 计划阶段，监理工程师要以合同工期为目标，编制出控制性工程进度计划，并据此审批承包人提交的施工组织设计和施工进度计划。

(2) 实施阶段，监理工程师需要督促承包人按照批准的进度计划组织施工。

(3) 检查阶段，监理工程师主要是对计划的实施情况进行监测，并将实际进度与计划进度进行比较，发现和找出存在的偏差，分析产生偏差的原因。

(4) 处理阶段，要针对检查的结果采取处理措施，如果偏差很小，则允许承包人继续按原计划施工；如果施工进度落后并影响目标工期，必须下达相关工作指令，要求承包人立即采取纠偏措施，对原施工进度计划进行调整；当进度落后为非承包人原因引起且承包人有延期要求时，必须根据具体情况审批承包人的工程延期申请，经业主批准后下达工程延期决定通知。

监理工程师进度控制要按照动态控制原理，运用现代管理手段和方法，依靠工程师职权，协助计划执行者，用最合理的施工方案、组织管理方式，在确保工程质量和控制费用的前提下，按合同规定的竣工期限去完成工程项目。

二、进度控制的作用

工程项目如期完工，对业主和承包人都至关重要。对业主，按期或提前竣工能迅速形成固定资产和生产能力，具有显著的经济效益和社会效益；对承包人，可使其投入资源和施工工作按预期得到回报。如工程进度出现拖延，必然会出现业主和承包人一方或双方的违约责任和经济损失。

进度、质量和费用是相互影响的。一般来说，在工程进度和费用之间，工程进度越快，完成的工程量越多，则单位工程量的间接费越低；但对于突击性的赶工，却会由于各项资源投入的增加导致工程直接费的上升。因此，工程进度和费用之间有复杂的内在联系。在工程进度和质量之间，一般工期越紧，如采取快速突击、加快进度的方法，工程质量就可能受到影响，也加大了施工安全风险；反之，如果按照正常的工艺与时间安排，按部就班地推进工程进展，则工程质量就容易得到保证，安全风险也相对较小。因此，有效的进度控制应保证项目按期竣工并交付使用，但进度控制不能以工期为唯一目标，必须正确处理好进度、质量和费用的关系，应按技术规范和操作规程办事，应尽可能达到均衡和连续施工，应讲求工程建设的综合效益，这是进行工程进度控制必须遵循的重要准则。

三、监理进度控制的主要任务

1. 监理在施工阶段进度控制的主要任务

监理在施工阶段进度控制的主要任务有：

(1) 控制施工准备阶段的工作进度。

(2) 审批承包人提交的施工组织设计和施工总进度计划。

(3) 审批承包人根据总进度计划编制的年度计划、月度计划和资金流量计划。

(4) 适时发布开工令，并监督承包人尽快开工。

(5) 在施工过程中检查和监督进度计划的实施。

2. 监理在施工阶段进度控制工作

监理在施工阶段进度控制的主要工作要点有：

(1) 认真审批承包人提交的各种详细计划和变更计划，严格控制关键分部分项工程、关键工序的开工时间和完工时间。

(2) 督促承包人做好分项工程开工准备工作，及时审批分项工程开工报告，督促分项工程按时开工。

(3) 控制承包人的材料、设备按计划供应，技术管理人员和劳动力及时到位，以保证工程按计划实施。

(4) 协调好各承包人之间的施工安排，尽可能减少相互干扰，以保证工程顺利进行。

(5) 定期检查承包人的实际进度与计划进度是否相符，当对总体工程进度起控制作用的分项工程的实际进度明显滞后于计划进度，且承包人未获得延期批准时，必须督促承包人采取有效措施加快进度，及时修改施工进度计划以保证按期完工。修改后的进度计划必须重新报监理工程师审批。

(6) 定期向业主报告工程进度情况。

(7) 公正合理地处理好承包人的工期索赔要求。

四、进度控制的方法和措施

1. 进度控制的方法

进度控制的主要方法有进度表法、工程进度曲线法、工程进度管理曲线法和网络计划技术法四种。

1) 进度表法

施工进度表的表示方法很多，水运工程较常用的是横道图。横道图是以时间为横坐标，以水平线杆表示工作（线杆的长度代表该项工作的持续时间），绘制的施工进度计划图表。

利用横道图进行进度控制时，首先编制横道图施工进度计划，进而可编制与此进度要求相适应的机械、劳务、材料和财务收支等各种表格。

开始施工后，定期地（每周或每月）将工程施工实际情况记录在施工进度表内，用以比较计划进度与实际进度，检查实际执行的结果是超前、落后，还是按照预定计划进行。若检查结果表明工程目前进度落后了,则应进行详细分析,结合现场记录和各分项进度以及实际完成的工程量和工程支付的实际情况进行综合性评价,并采取必要措施,改变进度落后状况。某码头工程计划进度与实际进度横道图表见图 5-1。

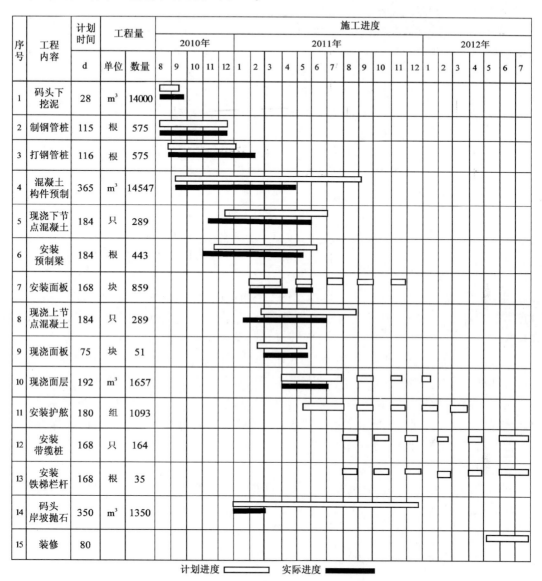

图 5-1 某码头工程计划进度与实际进度横道图

2) 工程进度曲线法

利用施工进度表进行进度控制时,横道图进度表在计划与实际的对比上,很难从整体上准确地表示出实际进度较计划进度超前或落后的程度。要全面了解工程进度计划执行情况,准确掌握总体施工进度状况,有效地进行进度控制,可利用工程进度曲线。

工程进度曲线图一般用横坐标代表工期,纵坐标代表工程完成数量的累计值(投资累计值、投资累计完成百分率或其他),将有关数据描绘在坐标纸上就可定出工程进度曲线。

— 315 —

利用工程进度曲线控制工程施工进度时,可预先按安排的进度计划绘制一条工程进度曲线,进而在同一坐标系内按实际工程进展作出另一条工程进度曲线,将两者进行比较,即可掌握工程进度情况并利用它来控制工程进度。某工程进度曲线比较图见图5-2。

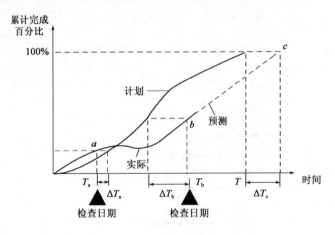

图 5-2　某工程进度曲线比较图

3) 工程进度管理曲线法

由于受各种外界因素的干扰,实际施工进度不可能完全按某一曲线运行,只要将实际施工进度控制在某一区域内,则可认为施工进度处于可控状态,这种方法称为施工进度管理曲线法。

工程进度管理曲线是两条工程进度曲线组合成的闭合曲线。从理论上讲,任何工程项目的进度计划总是分为最早和最迟两种开始与完成时间的。因此,任何工程项目的施工进度计划都可以绘制出两条曲线:其一是以各项工作的计划最早开始时间绘制的工程进度曲线,称为 ES 曲线;其二是以各项工作的计划最迟开始时间安排进度而绘制的工程进度曲线,称为 LS 曲线。两条曲线的起点和终点分别是项目的开工时刻和完工时刻,因此两条曲线是闭合的,围成形似香蕉的曲线,俗称香蕉曲线。

利用工程进度管理曲线控制施工进度时,只要实际进度点处在 ES 和 LS 两条工程进度曲线围成的香蕉形区域内,则认为工程进度合理。其控制原理见图5-3。

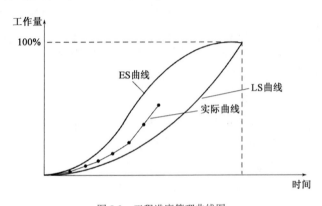

图 5-3　工程进度管理曲线图

4）网络计划技术法

网络计划技术是用于制定施工进度计划和进行工程进度控制的一种最有效方法，它可以使得工序安排紧凑，便于抓住关键，保证施工机械、人力、财力、时间，均获得合理的分配和利用。除此以外，它还有较好的可控制性。

工程施工不仅可采用网络计划技术编制施工进度计划，更具有价值的是可利用网络计划技术进行工程进度控制。

2.进度控制的措施

为了实现对进度的有效控制，监理工程师需要根据工程建设的具体情况，按照各阶段进度控制的要求，认真制定进度控制的措施，以确保进度控制目标的实现。进度控制的措施包括组织措施、技术措施、合同措施、经济措施和信息管理措施。

1）组织措施

（1）建立进度控制目标体系，制定各阶段进度控制的分目标和主要控制节点，落实监理机构中进度控制的人员、具体任务和职能分工。

（2）要求承包人进行项目分解，编制符合进度目标要求的进度计划，并将工作任务落实到施工班组，督促承包人做好施工机械、人员、资金和材料的组织调度工作。

（3）建立工程进度报告制度及进度信息沟通网络，保证业主、监理工程师和承包人之间进度信息渠道畅通。

（4）建立进度协调工作制度，包括进度协调会议举行的时间、地点以及与会的单位、部门和参加人员等。

（5）建立设计交底、图纸会审、工程变更等管理制度。

2）技术措施

（1）审查承包人的施工技术方案，使承包人在合理的状态下施工。鼓励技术创新，建议承包人用各种先进的技术手段和施工方法加快施工进度。

（2）编制进度控制工作细则，指导现场专业监理工程师和监理员有的放矢地实施进度控制。

（3）建立计算机网络系统，采用信息化施工管理手段，对工程进度实施动态控制。

3）合同措施

（1）建议业主采用分别发包和分阶段发包的招标方式，协调合同工期与进度计划之间的关系，保证合同中进度目标的实现。

（2）严格合同履约管理，保证承包人主要技术管理人员、主要机械设备及时有效到位，加强对承包人履约担保的管理，确保承包人资金流正常。

（3）严格控制合同变更，对各方提出的工程变更，监理工程师应严格按照规定程序进行管理。

（4）加强风险管理，在合同中应充分考虑风险因素对进度的影响，以及相应的处理方法。

（5）加强工程延期和索赔管理，经常与业主沟通，及早处理可能引起延期和索赔的各种因素，尽可能避免和减少工程延期和索赔，并公正地处理工程延期和索赔。

4）经济措施

（1）提醒业主按合同用款计划组织好资金供应，及时办理工程预付款并做好日常计量支付工作,为承包人实施工程进度计划提供资金支持。

(2)分解进度目标,制订主要节点进度里程碑计划。建议业主组织开展劳动竞赛,对承包人提前完工和提前完成节点进度目标给予奖励。

(3)严格履约管理,对承包人延误工期按合同规定进行误期经济赔偿,直至建议业主根据合同条款终止施工承包合同,对剩余工程量进行强制分包。

(4)建议业主与承包人协商,对非承包人原因造成的应急赶工给予合理的赶工费用。

5)信息管理措施

准确掌握实际工程进展情况,通过计划进度与实际进度的动态比较定期提供进度分析报告,了解实现进度目标的薄弱环节,抓住施工进度的重点和难点,督促承包人实现进度目标。

第二节 进度计划编制

施工进度计划是根据承包合同规定的工期要求,结合工程所在地的自然条件与技术经济,根据承包人自身的施工经验、装备、组织与技术管理水平编制出的表示各项工程(单位工程、分部工程或分项工程)的施工顺序、开始和完成时间以及相互衔接关系的计划。它既是承包人进行现场施工管理的核心指导文件,也是监理工程师实施进度控制的依据。按照计划的详略程度不同,主要有施工总进度计划和单位工程施工进度计划。

一、施工总进度计划编制

施工总进度计划是反映合同工程从施工准备到交工验收的全部工作过程的时间安排,用来确定合同工程所包含的各主要施工项目(单位工程、主要的分部工程)的施工顺序、施工时间及相互衔接关系的计划。编制施工总进度计划的依据有:施工图纸和合同文件、主体工程施工方案、规定的工期目标和节点目标、资源供应条件、工程所在地的自然条件和技术经济条件、各类定额资料等。

1. 划分工程项目

根据合同工程的特性,编列工程项目一览表。工程项目一览表应包括全部的单位工程;对主要的单位工程应划分到分部工程;对包含有控制性分部工程的单位工程也应划分到分部工程;有的甚至应划分到分项工程。

2. 计算工程量、确定施工期限

根据工程项目一览表,计算其实物工程量。工程量计算不仅是为了编制施工进度计划,也是作为确定施工方案和施工船机设备、安排施工过程的流水作业以及计算人工、施工船机设备和建筑材料需要量的依据。

根据各工程项目的工程量确定其施工期限。确定施工期限时要综合考虑其结构形式、施工方法和施工船机设备、施工管理水平以及现场施工条件等因素,并且必须满足合同工期的要求。

3. 确定各工程项目的开竣工时间和相互搭接关系

确定各工程项目的开竣工时间和相互搭接关系时主要考虑以下施工要求:

(1)根据合同段特点和工程量大小安排工程分区、分段施工。
(2)根据选定的施工方案和施工方法,确定工艺逻辑关系。
(3)急需的和关键的工程项目必须先施工,有节点工期限制的项目必须满足节点工期的要求。
(4)对某些技术复杂、施工周期较长、施工困难较多、施工过程中不确定因素较多的项目,尽可能安排提前施工。
(5)同一时期施工的项目不宜过多,尽量做到均衡施工,以使劳动力、施工船机设备和主要材料的供应在施工期达到均衡。
(6)主要工种和主要施工船机设备尽可能连续施工。
(7)尽可能提前建设可供施工使用的道路、码头等永久性工程,减少临时工程费用。
(8)考虑季节对施工安排和施工顺序的影响,使不利的季节条件不至于导致工程拖延,不影响工程质量。

4.草拟施工总进度计划

施工总进度计划应按照全工地流水作业方式进行安排。全工地流水作业安排应以工程量大、工期长的工程项目为主导,组织若干条流水线,兼顾其他工程。

施工总进度计划可用横道图表示,也可用网络图表示。

5.编制正式的施工总进度计划

对草拟的施工总进度计划进行检查。主要检查总工期是否符合要求,资源使用是否均衡、资源供应是否有保证、是否满足其他限制条件的要求。如果出现问题,则应进行调整。调整的主要方法是改变某些工程项目的起止时间或调整某些工程项目的施工期限。调整计算应以草拟网络计划为基础,应用专业计算机软件分别进行工期优化、费用优化和资源均衡优化,优化后形成正式的施工总进度计划。

正式的施工总进度计划确定后,据此编制劳动力、材料、施工船机设备等资源需用量计划,编制资金流量计划。

二、单位工程施工进度计划编制

单位工程施工进度计划是在既定施工方案的基础上,根据规定的工期和各种资源供应条件,对单位工程中的分部分项工程的施工顺序、时间衔接进行统筹安排,确定施工流程和其持续时间的计划安排。其编制的主要依据是施工图设计文件,施工总进度计划,单位工程施工方案,现场施工条件,资源供应条件,施工预算,当地自然、社会条件和气象资料等。

单位工程施工进度计划的编制程序主要有:

1.现场施工条件分析及相关资料收集

编制施工进度计划之前,除要研究施工合同条件、工期、质量和费用要求、工程价款支付方式、施工图纸、技术规范等,还应进行现场勘察,调查有关自然条件和技术经济条件资料,如地形、地质、水文、气象、供水供电、交通运输、工程用地、环境保护、地方材料、税收等。

2.确定单位工程的工程项目组成

在编制单位工程施工进度计划时,应根据施工图纸和施工工艺顺序把拟建工程的工程项目逐项列出,并填入施工进度计划的工程项目一览表。工程项目的划分主要是依据建筑物的性质及特点和选择的施工方案确定。单位工程施工进度计划的工程项目划分一般要划分到分项工程,但由于单位工程中分项工程较多,部分辅助工程和次要工程也可只划分到分部工程,但应突出主导工程,不可漏列、重列和错列项目。直接在拟建工程的工作面上施工的项目必须列入计划内,而在拟建工程工作面之外完成的施工项目如预制构件的生产、设备制造等,则可不列入施工进度计划之内,但应考虑供应情况,确保使用前运入施工现场。

3. 确定施工顺序

在水运工程施工中,由两类逻辑关系决定施工顺序。一类是工艺逻辑关系,一类是组织逻辑关系。安排施工顺序就是要遵照施工本身的工艺逻辑要求,合理确定组织逻辑关系,解决各工程项目之间在时间上的先后和搭接问题,以达到保证质量和安全,充分利用空间和时间,实现合理安排工期的目的。

一般来说,当施工方案确定之后,工程项目之间的工艺逻辑关系也就随之确定,必须得到遵守。

工程项目之间的组织逻辑关系是指在生产过程中,根据施工场地的空间限制、施工时间以及施工设备和其他资源等客观条件,由管理人员通过组织决策确定的逻辑关系。由于这种逻辑关系是人为确定的,可能会因人而异,并且不同的决策方案其经济效果也不一样,因而在决策过程中应进行反复的分析比较,将工艺逻辑关系和组织逻辑关系有机地结合起来,形成工程项目之间的合理施工顺序。

不同的工程项目,其施工顺序不同。即使是同一类工程项目,其施工顺序也难以做到完全相同。因此,在确定施工顺序时,必须根据工程的特点、技术组织要求及施工方案等进行综合研究,不能拘泥于某种固定的顺序。

4. 工程量的计算

施工过程项目列出后,即可根据设计图纸及有关工程量计算规则,逐项计算工程量。计算工程量时,应注意以下几个问题:

(1)各分部分项工程的计量单位应与采用的定额的计量单位一致,以便计算劳动力、材料、机械数量时直接套用定额,尽量减少换算。

(2)结合各分部分项工程的施工方法和技术要求计算工程量。

(3)结合施工组织的要求,按已划分的施工段分层、分段地计算工程量。

5. 劳动力和船机台班使用量的计算

所谓劳动量,就是工程细目工程数量与相应时间定额的乘积。它包括人工操作和船机作业两部分。它根据现行的定额,并结合当地的实际施工水平和具体情况来确定。

6. 确定工程项目的施工持续时间

按照工程项目的性质、施工条件的不同和工期要求不同分别确定,具体计算时有以下三种计算方法:

(1)根据承包人现有的人工、船机数量以及流水段工作面的大小安排,计算施工过程的作业时间。在计算工期基础上,应分析该工程项目施工的环境条件及其他不利因素干扰,加上合理预留富裕时间,形成该工程项目的施工(过程)作业时间计划。

(2)根据工期要求确定作业人数和船机台数。根据合同规定的工期,初步确定各分部分项工程的施工时间,再按各项工程需要的劳动量和船机台班数,确定每一分项工程和每一班所需的工人人数和船机台班数。

(3)由于采用新技术、新工艺而缺乏定额,或者由于影响施工的因素复杂使得工作时间为不确定时,通常采用三时估计法估计工程项目的持续时间。

7. 草拟施工进度计划

各施工项目的作业时间确定后,可编制施工进度计划。编制进度计划时,必须考虑各分部分项工程的流水施工顺序,力求同一工程项目连续施工,不同工程项目尽可能组织最大搭接施工。编制计划安排时注意事项有:

(1)编制施工进度计划时应先考虑主导分部分项工程的施工进度安排,其余工程应配合主导分部分项工程进行。同一时期开工的项目不应过多,以免人力物力过分集中或分散。

(2)编制施工进度计划时,应使工程项目的施工准备、水下施工、水上工程、主体和辅助工程等能相互配合、合理衔接。应做到连续、均衡的流水作业,同时应考虑到潮位和波浪、材料设备供应等可能出现的不利因素影响。做好施工工作面、劳动力、施工船舶机械、材料、构件的五大综合平衡。

单位工程施工进度计划可用横道图表示,也可用网络图表示。

8. 编制正式施工进度计划

草拟施工进度计划后,还应注意进行反复检查,做好平衡与调整工作。检查的内容主要包括以下几个方面:

(1)总工期和各分部分项工程的施工时间以及施工顺序是否合理且符合合同工期要求。

(2)各工程项目的施工顺序、平行搭接和技术间歇是否合理。

(3)主要工种施工、主要施工船机是否能连续作业。

(4)所安排的劳动力、材料、施工船舶机械需要量是否能保证供应,是否平衡等。

经过检查,对不合理的部分进行调整和优化。上述四个方面中,如果前两个方面不满足要求,则必须进行调整;如果后两个方面不满足要求,则可进行优化计算。优化计算目标主要是针对工期方案下劳动力、材料等均衡性及施工船舶机械利用率水平。

通过调整和优化后的施工进度计划是一个合理的可行的施工进度计划。

9. 编制各项资源需要量计划

在施工进度计划编制完成后,再编制相应的劳动力、材料、船舶机械、临时设施等需要量计划表。

(1)劳动力需要量计划。它主要用于调配劳力,安排生活福利设施。其编制的办法是将施工进度计划图内所列各施工过程每年(或每旬、每月)所需工人人数按工种进行汇总。劳动力需要量计划通常用劳动力需要量计划表或劳动力需要量图表示。

(2)主要材料需要量计划。它主要为组织备料、确定仓库、堆场面积、组织运输之用。它是根据施工进度每天(月、旬)完成的各项目的工程量,按定额计算后,逐天(月、旬)统计填列,编制主要材料需要量计划表。

(3)主要施工船舶机械需要量计划。根据采用的施工方案和施工进度确定施工船舶机械的类型、数量、进退场时间,编制船机需要量计划。一般是把施工进度图中每一施工过程、每天(月、旬)所需的船机类型、数量和施工时间进行汇总,编制主要施工船机需用量表。

(4)大型临时设施需要量计划。水运工程中的大型临时设施是指新设临时码头、临时性的现场预制场地、沉箱预制场地改建、疏浚工程中吹泥围堰、大型钢模板,以及施工船舶进入工地时的海上疏浚等。

(5)临时工程计划。临时工程是指生活房屋、生产房屋、便道便桥、电力和电信设施以及小型临时设施,它应根据施工进度图和施工平面图设计在不突破该项预算金额的条件下按实填列。

(6)施工准备工作计划。施工准备工作是指施工前承包人从组织、技术、经济、劳动力、物质、生活等各方面为了保证工程顺利地施工,事先做好的工作。主要内容包括技术准备、现场准备、冬雨季施工准备、施工队伍及后勤的准备等。

(7)现金流量计划。现金流量计划是承包人按照工程进度计划以及施工合同中的工程量和单价估算的现金需求用量计划,用现金流量图表示。

第三节 进度计划的管理

一、明确进度控制的目标体系

为有效进行进度控制,必须明确进度控制目标。对工程项目来说,进度的总目标通常是建设(或合同)工期。除进度总目标外,还应按工程建设的不同阶段及分工等设立不同层次的工程进度子目标,共同构成进度控制目标体系。工程进度控制的子目标可根据不同的要求而设立,一般有以下五种类型:

(1)按建设项目实施阶段设立阶段工作子目标。如按基本建设程序要求的不同阶段分解为项目建议书、可行性研究、初步设计、施工图设计、招标投标、施工准备阶段、施工阶段、交工验收和投产等不同阶段,分别设立阶段工作进度子目标。

(2)按建设项目所包含的工程项目设立工程项目进度子目标。如一个港口工程项目可按其包含的子项目分别设立码头工程、港池疏浚、陆域堆场、装卸工艺、进港道路等工程项目进度子目标。

(3)按实施单位设立承包合同进度子目标系统。工程项目通常由不同的承包人共同参与建设。工程项目建设可以按工程参建单位设立进度子目标体系,以保证各承包人之间工作的顺利衔接与配合。

(4)按承包合同工作范围的结构单元设立单位工程、分部工程、分项工程以及承包工作的进度子目标系统。

(5)按时间进程设立进度子目标系统。即将工程总进度计划、进度子目标计划分解为逐年、逐季、逐月、逐周的进度计划,提出相应的进度要求,以便随时检查工程进度情况。

二、施工进度计划编制管理

编制施工进度计划是承包人的责任。必要时,监理机构也应根据业主对工程管理要求,编制项目实施的控制性施工进度计划。此外,对单项工程较多、施工工期长,且采取分期分批发包又没有一个负责全部工程的总承包单位时,或者当工程项目由若干个承包单位平行承包时,监理工程师也必须编制施工总进度计划。

(1)施工进度计划按编制深度可分为施工总进度计划、单位工程施工进度计划和分部分项工程作业进度计划。

①施工总进度计划是反映整个工程从施工准备到工程交工验收的全部过程和时间安排,用来确定整个工程中所包含的各主要施工项目的施工顺序、施工时间及相互衔接关系的计划,它简明、扼要,具有规划性和指导意义,是控制性的进度计划。施工总进度计划由承包人编制,当一项工程有多个承包单位时,施工总进度计划应由总承包单位编制。

②单位工程施工进度计划是施工的实施性文件。它是在既定施工方案的基础上,根据规定的工期和各种资源供应条件,对单位工程中的分部分项工程的施工顺序、时间衔接进行统筹安排,确定施工流程和其持续时间的计划安排。单位工程施工进度计划由承担该单位工程施工任务的承包人编制。

③分部分项工程作业进度计划,当构筑物、建筑物的分部分项工程比较复杂时,需要编制较为详细的施工作业进度计划,对其每一道工序都进行具体的施工流程和时间的安排,这是指导施工最详细最直接的进度计划文件。

(2)施工进度计划按编制的时间阶段可划分为总体施工进度计划、年度施工进度计划和月(季)度施工进度计划。

①年度施工进度计划是反映该年度内施工项目的施工内容、施工时间、工程数量等主要生产指标安排,确定年度施工任务的计划文件。

②月(季)度施工进度计划反映该月(季)度内施工的分项工程内容、施工时间、工程数量和相互衔接关系,是确定月(季)度施工任务的计划文件;它是年度施工进度计划的月(季)度分解,并根据实际完成情况而相应调整编排。

(3)施工进度计划的表示形式主要有进度表计划、工程进度曲线、横道图计划和网络计划。

进度表计划编制比较简单,各项控制数据指标清晰,但工序衔接关系不清晰;工程进度曲线则更清晰地从总体上反映了工程进度情况;横道图计划的主要优点是形象、直观;网络计划的主要优点是各项工作之间的逻辑关系清晰。

三、施工进度计划实施

施工进度计划的实施是承包人的责任,监理工程师主要是做好督促工作。实施施工进度计划,要做好的三项工作包括:编制施工作业计划和施工任务书;做好记录,掌握现场施工实际情况;做好调度工作。

1)编制施工作业计划和施工任务书

施工总进度计划是合同范围工程的控制性的进度计划,指导施工作业需要进一步细化,需按照年度计划和月度计划的要求,编制施工作业计划和施工任务书,下发施工班组实施。

施工作业计划应依据年度和月度施工进度计划、依据现场实际施工环境、当前实际进度情况及施工资源投入等具体要求编制。施工作业计划以贯彻施工进度计划、明确当期任务及满足作业要求为前提。

施工作业计划通过施工任务书的形式付诸实施。施工任务书既是一份施工计划文件，也是一份核算文件，又是原始记录。它把作业计划下达到班组进行责任承包，并将计划执行与技术管理、质量管理、成本核算、原始记录、资源管理等融合为一体，是计划与作业的连接纽带。

2) 做好记录、掌握现场施工实际情况

在施工中，如实记载每项工作的开始日期、工作进程和结束日期，可为计划实施的检查、分析、调整、总结提供原始资料。要求跟踪记录，如实记录，并借助图表形成记录文件。

3) 做好调度工作

调度工作主要对进度控制起协调作用。协调配合关系，排除施工中出现的各种矛盾，克服薄弱环节，实现动态平衡。调度工作主要包括：检查作业计划执行中的问题，找出原因，并采取措施解决督促供应单位按进度要求供应资源；控制施工现场临时设施的使用；按计划进行作业条件准备；传达决策人员的决策意图；发布调度令等。

四、施工进度监测

施工进度监测是承包人的工作，也是监理工程师的工作。通过监测准确把握实际进度情况，分清造成实际进度偏差原因，是有效进行进度控制的前提。在项目实施过程中，监理工程师要经常定期地监测进度计划的执行，监测主要包括以下工作：

1. 进度计划执行中的跟踪检查

跟踪检查的主要工作是定期收集反映实际工程进度的有关数据。收集的方式：一是通过报表；二是进行现场实地检查。收集的数据尽可能准确和详细，为此监理工程师必须认真做好以下三个方面的工作：

1) 经常定期地收集进度报表资料

进度报表是反映实际进度的主要方式之一，监理工程师要在"监理规划"和"监理实施细则"中建立工程进度的日报、周报和月报制度，承包人要安排专人按照监理工程师规定的时间和报表内容，填写进度报表。监理工程师根据进度报表数据了解工程实际进度。

2) 监理工程师检查进度计划的实际执行情况

现场专业监理工程师和监理员应经常进行实际进度监测工作，掌握实际进度的第一手资料，负责对承包人的进度报表的真实和准确性进行核查。总监、副总监通过日常工地巡视，掌握施工总体进度情况。

3) 定期召开现场会议

定期召开现场会议，监理工程师与承包人有关人员面对面了解实际进度情况，同时也可以协调有关方面的进度。

2. 整理、统计和分析收集的数据

收集的数据要进行整理、统计和分析，形成与计划具有可比性的数据。例如根据本期检查实际完成量确定累计完成量、本期完成百分比和累计完成百分比等数据资料。

3. 实际进度与计划进度对比

实际进度与计划进度对比是将实际进度数据与计划进度数据进行比较。通常可以利用表格和图形进行比较,从而得出实际进度比计划进度是否存在偏差的结论。

五、施工进度计划偏差处理

在项目进度监测过程中,一旦发现出现严重的进度偏差时,监理工程师必须认真分析产生的原因及对后续工作和总工期的影响,及时督促承包人采取合理的调整措施进行处理,确保进度目标的实现。偏差处理工作具体内容及过程如下。

1. 分析产生进度偏差的原因

经过进度监测,了解到实际进度产生了较严重偏差。为了调整进度,监理工程师应深入现场,进行调查,分析产生偏差的原因。可能的原因包括承包人资源投入和技术管理水平、业主提供方面的延误和缺陷、设计图纸的延误和错误、不利的自然气候条件和不利的当地社会环境条件及施工进度计划本身的瑕疵等。

2. 分析偏差对后续工作和总工期的影响

在查明产生原因之后,要分析目前的进度偏差对后续工作和总工期的影响和影响程度,根据分析结论确定是否应当调整。

3. 确定影响后续工作和总工期的限制条件

在分析了对后续工作和总工期的影响后,需要采取一定的调整措施时,应当确定进度可调整的范围,主要是关键工作、后续工作的可调整程度以及总工期允许调整的范围。

4. 采取进度调整措施

要求承包人采取赶工措施,以保证目标工期的实现。承包人采取进度调整措施,应以后续工作和总工期的限制条件为依据,对进度计划进行调整。调整后施工进度计划必须重新报监理工程师审批。

5. 实施调整后的进度计划

承包人按监理工程师审批的调整后施工进度计划组织施工。监理工程师按照进度控制的工作内容和要求进行监理。

第四节　进度计划审查工作

根据《中华人民共和国标准施工招标文件》(2007年版)(以下简称《中华人民共和国标准施工招标文件》)通用合同条款的规定,承包人应按专用合同条款约定的内容和期限,向监理工程师提交一份格式和细节符合要求的施工进度计划和施工方案说明。监理工程师应在专用合同条款约定的期限内批复或提出修改意见,否则该进度计划视为已得到批准。经监理工程师批准的进度计划称为合同进度计划,是控制合同工程进度的依据。承包人还应根据合同进度计划,编制更为详细的分阶段或分项进度计划,报监理工程师审批。

不论何种原因造成工程的实际进度与合同进度计划不符时,承包人可以在专用条款约定的期限内向监理工程师提交修订合同进度计划的申请报告,并附有关措施和相关资料,报监理工程师审批;监理工程师也可以直接向承包人作出修订合同进度计划的指示,承包人应按该指示修订合同进度计划,报监理工程师审批。监理工程师应在专用合同条款约定的期限内批复,批复前应获得业主的同意。

一、进度计划审查程序

项目监理机构对工程进度的控制应在确保工程质量和安全生产的基础上,以合同约定的总工期和节点工期为目标,根据施工监理合同中业主授权和工程施工合同履行监理职责。

项目监理机构在收到承包人提交的施工进度计划后,应组织有关人员进行认真、仔细的审查,对工程施工进度计划的审核应符合下列规定:

(1)项目监理机构应审核承包人报送的工程施工总进度计划,经总监理工程师签署审核意见,报送业主批准后实施。

(2)专业监理工程师应对承包人报送的年度、季度、月度等阶段性工程施工进度计划进行审核,签署审核意见,经总监理工程师批准后实施。

二、进度计划审查内容

监理工程师应审查施工进度计划的符合性、合理性和可行性,在规定的时间内,以书面形式向承包人说明是否批准计划并提出修改意见。

审查的内容应主要包括以下几方面:
(1)与合同工期、阶段性目标的响应性与符合性。
(2)工序间衔接的合理性。
(3)劳动力、船机、材料、施工设备等资源配置的充分性。
(4)与其他相关项目计划的协调性。
(5)进度计划完成的可行性及防范措施。
(6)要求业主提供施工条件的合理性。

第五节 工程施工中的进度检查工作

一、工程施工中的进度检查

项目监理机构应通过对工程施工进度计划的审核、对工程施工进度计划实施过程的跟踪检查与分析等手段对工程进度实施控制。

项目监理机构对工程施工进度计划的过程控制应符合下列要求:

(1)监理人员应对承包人资源投入、工程是否按计划进行等工程实施进展情况进行跟踪检查,并做好相关记录。

(2)项目监理机构应按业主项目管理要求审核与工程进度有关的报表,并将工程实际进度与计划进度进行比较和分析。

(3)当实际进度与计划进度出现实质性偏差时,项目监理机构应督促承包人及时采取相应的整改措施;当关键路线工期滞后时,总监理工程师应签发监理通知单,要求承包人采取保证合同工期的措施,并向项目监理机构报送相应的监理通知回复单,项目监理机构应检查有关措施的落实情况并签署意见。

(4)项目监理机构应通过工地例会、有关工程进度的专题会议等形式,协调解决影响工程进度的有关问题。

二、施工进度计划的调整

1. 工程进度分析

作为负责进度控制的监理工程师必须要监控工程进度的有关要素,掌握工程进展的反馈信息,以便必要时采取措施或通知承包人进行调整。

2. 工程进度分析步骤

为了分析工程进度计划的完成情况,监理工程师必须确定所有信息的可靠来源,取得有关数据,再进行影响因素的分析,找出其中起关键性作用的因素,并采取对策,进行调整。

分析步骤一般分为三个阶段:第一阶段是找出工程完成情况差的原因;第二阶段是进行因素分析,找出影响最重要的因素;第三阶段是提出建议和结论。如此反复进行,直到工程竣工为止。

3. 影响工程进度的因素

为了进行进度控制,无论是监理工程师还是承包人,都必须在施工进度计划实施前充分考虑影响施工进度的诸多因素,提出保证施工进度计划成功实施的措施。

影响工程进度实施的因素很多,如经济原因、技术原因、地质条件、气候条件、人文社会条件、人力原因、材料设备原因、资金原因、组织协调原因和政治原因等,涉及业主、承包人、勘察设计单位、监理单位、设备制造和运输单位、社会环境和自然环境条件以及政府职能部门等,都需要监理工程师和承包人在进度控制中仔细分析,以实现对工程进度的主动控制。

4. 工程进度分析的内容

当工程实际进展情况与原定计划出现较大偏差时,应进行分析,找出影响的因素及起关键作用的因素,以便制订对策和调整。

工程进度分析的主要内容包括以下几项:

(1)分析工程进度计划完成的比率(工程量、工作量完成的百分率),是否影响按期竣工。

(2)考察关键线路,关键工作是否出现拖延,非关键线路时差是否用完,并已转变为关键线路。

(3)考察有哪些工作(工程项目)影响了工程的工期。

(4)对上述这些工作进行详细的分析,确定影响各工作计划的关键因素。详细分析的内容主要有以下几点:

①劳动力情况分析。

实际投入劳动力数量与计划劳动力数量的关系,直接生产工人与管理人员的比例;施工顺序、工作流程是否合理;返工率和废品率状况;劳动组织与生产效率是否满意;工程变更和事故率是否正常;天气情况等。

②材料情况分析。

材料供应是否及时,有无待料情况,料场布置是否合理,材料的运距是否太远同,材料的储备周期是否合理等。

③船机设备情况分析。

船机设备是否满足工程进展的要求,船机设备的利用率和完好率如何,设备是否陈旧。船机设备的停工时间所占的百分比有多大,工地是否有备用零件,维修是否及时,有没有预防性的维修计划,船机设备的生产率是否能达到额定的要求等。

④试验检测情况分析。

工地的试验仪器和设备能否满足工程的需要;试验和检测的组织体系是否健全和有效;试验人员是否满足试验检测工作的需要;试验的数据和成果是否在有效的时间内反馈到各有关人员手中等。

⑤财务情况分析。

承包人是否有足够的资金垫付材料、设备、人员工资等款项;业主是否按期支付工程进度款,各种资金的支出是否比例失调等。

⑥其他情况分析。

天气是否特别恶劣,业主是否履行了应尽的义务,有无责任,如延迟占用土地,延期交图、工程暂停、额外或附加工程等;监理工程师是否正确履行了职责,如文件未及时批复,监理人员不足,未及时检测验收等。

(5)针对上述分析得出的主要因素,拟定采取的措施,加以改进,以使工程按期完工。

5. 施工进度计划的调整

通过对实际进度与施工进度计划的比较,可以发现进度偏差。如果这种偏差严重到无法确保工程按期完工,就有必要对计划进行调整。计划的调整是承包人的责任。监理工程师在发现实际进度与计划有较大偏差时,就必须要求承包人对进度计划进行调整,以符合实际施工的需要。

计划执行中的调整,一般有以下几种原因:

(1)因某种原因需要将网络计划中的某些工作删除。

(2)由于编制网络计划时考虑不周或设计变更需要在网络计划中新添工作。

(3)由于实际工程进度有提前或拖延现象,需要修改某些工作的持续时间等。

(4)因为施工组织方式改变,需要改变网络计划中某些工作的衔接关系。

施工进度计划的调整可通过工期优化来进行,调整的方法主要有以下两类:

(1)缩短关键线路的持续时间。

通过增加关键线路上工作的人力和设备等施工力量,以缩短关键工作持续时间。一般来说,关键线路缩短势必引起资源需要量的增加,可能会带来新的矛盾。因此,缩短关键线路上工作的持续时间,需要增加资源时应尽量从内部解决:在时差范围内将其工作时间错开,从而避开资源利用的高峰;或将有关工作持续时间延长,减小该工作的资源强度,以便从中抽出部分资源支援其他需要缩短持续时间的工作。如果通过分析计算确认内部资源不足,则应考虑从外部调入资源。

(2)改变网络计划的逻辑关系。

改变网络计划的逻辑关系进行工期优化,要求通过重新考虑施工作业方式、采用不同施工方法和设备、合理安排施工顺序来缩短网络计划的工期。改变网络逻辑关系包括两个方面:

①改变施工作业方式。

在条件允许的前提下,施工中一般应尽量组织流水作业,使得资源需要量和工期两者较合理。不便组织流水作业时,也应尽可能采用搭接施工,以缩短总工作时间。如果需要赶工,则可将其中某些关键工作改为平行作业。

②合理安排工程项目的施工顺序。

通过流程优化合理安排施工顺序,以缩短工期。这可以通过对那些无工艺技术逻辑关系的工作安排出最合理的施工顺序来进行。

第六节 工程延期和工程延误的管理工作

当承包人需要对工程施工进度计划进行调整时,项目监理机构应要求承包人报送调整后的施工进度计划并予以审核,并经业主批准后实施。

对非承包人原因造成的工程延期,在获得延期批准后,项目监理机构应要求承包人根据延期批复报送调整后的施工进度计划并予以审核,经业主批准后实施。

由于承包人原因造成工程进度延误,在总监理工程师签发监理通知单后,承包人未有明显改进,可能导致工程难以按合同目标工期要求完成时,项目监理机构应及时向业主提交书面报告,并按合同约定处理。

一、工程进度拖延

在工程建设中,工程的竣工日期应该是工程开工日期加合同约定的工期。由于影响工程进度的因素众多且非常复杂,在一定程度上具有不可控性,有时会出现工程不能按期竣工,使完工时间延长的情况。

按照引发工期延长的原因和责任归属不同可简单分为两类:一类是因非承包人的责任和风险等因素造成、承包人依据合同规则提出延期申请并经监理工程师审查和业主批准的工期延长,称为工程延期;其他情形导致的工期延长都属于第二类,称为工程延误。

这两类工期延长的性质不同,业主与承包人所承担的责任也就完全不一样。如果属于工程延误,则由此造成的一切损失完全由承包人承担,同时业主还有权依据合同条款要求承包人承担逾期违约赔偿;如果属于工程延期,则承包人不仅有权得到工期延长,而且还有可能得到费用补偿。因此,当发生工程进度拖延时,监理工程师应依据合同授予的权力及有关合同条款,公正、合理地处理此类问题。

在合同约定的施工期限内,保质保量地完成所承包的工程,是承包人的合同义务。如果工期延长,除非监理工程师根据承包人的申请,书面批准将竣工期限延长,否则,承包人应按合同条款的约定向业主交纳延误工期的违约赔偿费。竣工工期拖延,对业主和承包人来说,都是重大的利益和责任问题,如何处理对双方都至关重要。对业主来说,同意延期,不仅由于工程项目竣工工期拖延,使其不能按期投产,造成经济损失,同时还可能面临承包人的费用索赔;对承包人来说,获得工程延期,不仅可免于由于工期拖延而支付的延期损害赔偿,而且还可能从业主处获得额外的费用补偿;如果被判为工程延误,承包人不能按期竣工,不仅不能获得费用补偿,可能还会面临逾期违约赔偿,甚至可能会被业主采取强制分包或被驱逐出工地、造成严重的经济损失和信誉损失。

因此,对监理工程师而言,监理工作应尽可能避免工作拖延,同时也要公正、客观地处理工程进度拖延问题。在工期拖延事件发生时,监理工程师应仔细分析造成此种工期延长的原因和责任;如果属于工程延期情形,监理工程师还应对同意承包人延长工期与通过给予承包人赶工费用进行方案比较,以便正确地向业主推荐公正合理的处理方案。

二、工程进度拖延的分类

工程进度拖延可分为工程延期和工程延误两类。

1. 工程延期

工程延期是指因非承包人的责任和风险等因素造成工期延长,承包人依据合同规则提出延期申请并经监理工程师审查和业主批准的工期延长。业主及监理工程师应依据合同约定为承包人延长施工工期,该延期必须满足工期索赔的管理要求。

工程延期产生的原因较多,如异常的天气、大海潮、罢工、不可抗拒的天灾、业主变更设计、业主未及时提供施工进场道路、地质条件恶劣等。

在批准工程延期时,如存在有事实证明的经济损失,且承包人已按合同约定提出了费用索赔的要求,则监理工程师和业主除批准工期延长外,还应依据合同的约定批准承包人合理的费用索赔要求;当然也有可能不批准工期延长而给予承包人赶工费用补偿。

2. 工程延误

工程延误是指由于承包人的责任而引起的工期拖延。如施工组织协调不好,人力不足,设备不足或完好率较低,劳动生产率低,施工管理混乱,工程质量不符合合同约定的技术标准而造成返工等引起的工期延误。对于非承包人责任等因素导致进度拖延后承包人放弃权利的,也属工程延误。

出现工程延误时,承包人不仅不能获得工期和费用索赔,而且还要向业主赔偿违约金。出现工程延误时,监理工程师可依据合同授予的权力,指令承包人加快工程进度,并向业主报告提出采取措施的建议供其决策,包括采取强制分包或终止合同等。这时,加快施工、强制分包、终止合同等造成的一切经济损失,均应由承包人承担。

三、施工进度拖延的原因分析

造成进度拖延的原因是多方面的,有属于业主责任(含监理工程师)方面的,有属于承包人责任方面的,也有属于不可抗力事件方面的。因此,在工程项目的建设中,业主、监理工程师和承包人三方,都应以客观的态度认真对待工作计划安排,采取有效预防措施,尽量避免进度拖延事件发生,为进度计划顺利开展创造条件。

1. 合同约定承包人有权提出工程延期的情形

1) 任何形式的额外或附加工程

在施工过程中,由于设计的变更或其他条件的变化,业主提出增加合同的工程项目或附加工程,从而使承包人增加工作,延长了工程的完工时间。

2) 未能给出占有权

业主未能按合同约定的时间给承包人提供现场占有权和出入权,并导致承包人延误了工期。

3) 遗留构筑物的处理

承包人在工程现场施工中发现化石、文物、建筑结构,以及具有地质和考古价值的遗物等时,应及时通知监理工程师进行处理,由于监理工程师在处理这些问题时,造成了承包人工期的延误。

4) 图纸、指令等的延迟发出

业主和监理工程师未能在合理的时间内,按承包人提出的通知要求给承包人提供施工图纸或指令,从而耽误了承包人的施工,造成了工程的延期。

5) 工程的暂时停工

根据业主和监理工程师的指示,承包人暂时停止施工,当暂时停止施工的原因除合同中另有约定,或由于承包人一方的失误或违约导致的,或属于承包人应对其负责的,或由于现场天气条件导致的及为了工程的合理施工或其任何部分的安全所需的暂停之外,且造成了承包人不能按期竣工时,监理工程师和业主应给予承包人延长工期的权力。

6) 样品与试验

在工程抽查中,如果监理工程师要求做的检验是属于下述情形:

(1) 合同中未曾指明或未作规定的;

(2) 合同中没有特别说明的;

(3) 虽然已说明或作了规定,但监理工程师要求做的检验是在被检验的材料或设备的制造、装配或准备地点场地以外的其他地方进行。

如果上述情形的检验结果表明操作工艺、材料符合合同约定的要求,且耽误了施工进度,则监理工程师在与业主和承包人协商之后给予承包人延长工期。

7) 不利的实物障碍或自然条件

在工程施工中,承包人遇到了现场气候条件以外的,即使一个有经验的承包人也无法合理预见到的外界障碍或自然条件,承包人应立即通知监理工程师,如果监理工程师认为此类障碍或条件确实不可能为一个有经验的承包人所合理预见,且承包人为此耽误了进度,造成了工期的拖延,则监理工程师可考虑给予承包人延期。

8) 异常恶劣的气候条件

在工程施工过程中,承包人在现场遇到了特别异常恶劣的气候条件,且是一个有经验的承包人也无法合理预见的情况,造成了工期的延长。此时,监理工程师可考虑给予延期。

9) 业主造成的延误、障碍等

业主在工程施工过程中,违反了合同约定的应负责任而导致了工程的延期,如由业主负责采购的材料、设备未能按合同要求按时交付给承包人,业主不能按期支付工程进度款而使承包人因缺乏资金无法进行施工等所造成的工程延期;或由于业主在现场对承包人指挥失误而导致施工秩序混乱引起的工程延期。

10) 任何其他的特殊情况

除以上原因外,属于业主、设计单位、监理工程师等的责任或不可抗力所造成的工程延期。如由于战争、叛乱、军事政变或内战;离子放射或放射性的污染;因工程设计不当造成的损失或破坏;因业主使用或占用部分已交的永久工程不当造成的损失或破坏;一个有经验的承包人通常也无法预测和防范的任何自然界力量的破坏;监理工程师未及时批复承包人的有关请示文件;监理工程师未及时检测验收等。

对于合同约定承包人可以有权获得工程延期的情况,承包人应以书面形式实事求是地提出有关工程延期的要求,并提供充分的证据,以供监理工程师和业主审批。

2. 承包人自身原因造成的工程延误情形

1) 不能按期开工

在业主与承包人签订施工承包合同后,承包人未能在业主规定的开工时间进驻施工现场施工所造成的工程拖延、工期延长,致使监理工程师不能按时发布开工令。

2) 设备不能满足工程需要

承包人按合同约定应进场的设备不能按期进场,设备数量不足,生产率达不到预定的要求;或者是设备的完好率较低,虽然进场了大量的设备,数量上满足要求,但完好率较低,实际使用的设备不能满足施工进度要求,而造成的工期延误。

3) 人力不足

承包人所投入的劳动力、技术人员、管理人员等不能满足工程进度计划的要求,而导致工期延误。

4) 施工组织不善

承包人对工地各方面的组织、管理不当造成施工程序或秩序混乱;或由于管理手段落后,使各方面的行动不能协调一致,造成工、料、机等的浪费;工地出现工人消极怠工、施工混乱等而造成的工程延误。

5) 材料短缺

承包人自行采购的材料、构件等不能按期到货,致使工程中断、停工待料所造成的工程延误。

6) 质量事故

承包人在工程施工中,未能按合同约定的技术标准和规范进行施工,从而造成工程质量不符合检测验收标准。或判定为不合格产品,而需返工或重建的工程,并因此而引起工程的延误。

7) 安全事故

承包人在工程建设中,未能遵守安全操作规程或出现意想不到的安全事故,从而造成损失和工程的延误等。

对于因承包人自身原因所造成的工程延误,业主也可采用反索赔的措施,以维护自己的利益。一般在合同文件中都列有工程延误的违约赔偿的条款,明确规定赔偿额的计算方法和标准。

在工程建设实践中,造成工程延误的原因是多方面的,有时甚至是十分错综复杂的,分清是属于哪一方的责任有时甚至是十分困难的。因此,作为监理工程师,要充分地理解和掌握合同文件,当工程建设中出现延误的苗头时,应注意搜集有关的证据资料,以便作出公正合理的判断。

四、工程延误的处理

当工程建设由于承包人自身原因造成工程延误时,监理工程师、业主、承包人都应积极地采取有效措施,尽可能使工程能按合同约定的工期完工。监理工程师在处理工程延误时,应充分掌握合同条件,利用合同授予监理工程师的权力,根据工程延误的严重程度,运用工作指令,停工指令、停止支付进度款,要求承包人按投标书附件中规定的金额进行误期赔款,建议终止对承包人的雇用等措施,公正合理地处理工程延误事件。

1. 未按施工进度计划施工的处理

按《中华人民共和国标准施工招标文件》规定,承包人应按专用合同条款约定的内容和期限,向监理工程师提交一份格式和细节符合要求的施工进度计划和施工方案说明。监理工程师应在专用合同条款约定的期限内批复或提出修改意见,否则该进度计划视为已得到批准。经监理工程师批准的进度计划称合同进度计划,是控制合同工程进度的依据。承包人还应根据合同进度计划,编制更为详细的分阶段或分项进度计划,报监理工程师审批。

不论何种原因造成工程的实际进度与合同进度计划不符时,承包人可以在专用条款约定的期限内向监理工程师提交修订合同进度计划的申请报告,并附有关措施和相关资料,报监理工程师审批;监理工程师也可以直接向承包人作出修订合同进度计划的指示,承包人应按该指示修订合同进度计划,报监理工程师审批。监理工程师应在专用合同条款约定的期限内批复,批复前应获得业主的同意。

若监理工程师不满意承包人所提供的修正合同进度计划,应拒绝采纳。监理工程师批准修正合同计划,并不免除承包人履行合同的责任,且任何时候都应有一个有效的经批准的合同进度计划在使用。但是监理工程师应注意,提供意见和协助是必要的,但切勿指示承包人如何加快施工。

监理工程师必须注意,批准修正的合同进度计划仍以合同工期目标为依据;否则,将会被视为准许延长施工期限的批复。

2. 施工进度过于缓慢的处理

1) 工程进度过于缓慢的处理

工程进度缓慢,使工程明显无法如期完成时,监理工程师应在认为合理的时候发出通知,告知承包人工程进度过于缓慢,以引起承包人的高度重视。

承包人应尽可能采取一切有效措施,以确保工程的按时完成。如承包人没有采取措施或采取措施不力,无法加快工程进度时,监理工程师应采用如下行动,以提升进度管理效果。

(1) 访问工地取得问题的第一手资料,并加以研究,找出存在问题的关键及研讨可能解决的办法。

(2) 约见承包人的法人代表,协商可能采取的行动计划。

(3)要求承包人公司领导率应急工作组进驻施工项目部,保持与应急工作组的经常联系,经常召开联席会议,以加强对工程进度的监控,促使承包人履行承诺。

(4)邀请业主主要领导参加工地会议和上述联席会议,以便协商解决进度中的突出问题。值得注意的是,进度越延迟,问题越难以解决。因此,监理工程师对此应尽早采取有效措施。

倘若业主决定进入工地及将承包人逐出,则监理工程师必须确定及记录承包人被逐时应得的款项和已完工程的施工设备及临时工程的价值。

2)工程进度受严重阻延的处理

当工程进度计划受到严重阻延且有理由确认承包人无法按期完成工程时,或确认有下列情况者,监理工程师必须及时向业主证实承包人违约的事实,然后由业主决定是否按监理工程师所证实的违约事宜采取行动。

(1)承包人无法继续履行或明确表示不履行或实质上已停止履行合同。

(2)承包人未按合同进度计划及时完成合同约定的工作,已造成或预期造成工期延误。

(3)虽然监理工程师提出警告,但承包人并没有遵从合同作业;或当作业时,持续地或者公然地不理会合同约定应负的责任。

业主可采取的行动主要有以下几种:

(1)终止与承包人的合同。

(2)将部分(或剩余)工程强制分包给其他承包人或自己完成。

业主向承包人发出解除合同通知后,可派人进驻施工场地,并可根据需要扣留使用其认为合适的那部分承包人在现场的设备、临时设施和材料。

五、工程延期的处理

当工期拖延为非承包人原因造成时,如果承包人提出延期申请,监理工程师应按照合同约定,进行认真的调查研究、计算和审核并报业主批准,同意承包人延长工期的权利。当然,如果采用赶工更合理,且承包人也同意赶工,监理工程师也可通过与业主、承包人协商,由业主支付额外的赶工费用,使工程项目按合同工期完工。

1. 承包人申请延期

根据《中华人民共和国标准施工招标文件》通用合同条款规定,承包人在有延期理由的情况下,应在发生此类事件的 28 天内,向监理工程师发出延期意向通知书,并向业主递交延期意向通知书的副本,才真正具有延期申请的资格。如果承包人未在前述 28 天内发出索赔意向通知书,则丧失要求延长工期的权利,监理工程师将不予考虑延期。

承包人在递交了延期意向通知书后,还应在 28 天内递交最终延期申请通知书,详细地列出认为有权要求延期的具体情况、证据、记录、网络进度计划图、工程照片等。

如所发生的延期事件具有连续影响性,则承包人应在合理的时间间隔向监理工程师和业主提交分阶段的情况报告(副本),说明连续影响的实际情况和记录,列出累计的工期延长天数,并在事件影响结束后的 28 天内提交最终的详细情况报告,以便监理工程师研究审批此事件的延期申请,做出延期决定,并在收到最终延期通知书或有关延期的进一步证明材料后的 42 天内,将延期处理结果答复承包人。

2. 监理工程师批准延期申请

1) 审查的主要内容

监理工程师在收到承包人提交的延期意向通知书后,应指示现场监理工程师及有关监理人员做好资料的记录,并检查监理机构有无影响工程延期的情况。然后对承包人的延期申请和详细的补充情况资料及证据进行细致的研究。主要审查内容如下:

(1) 此延期事件是否符合合同约定的索赔条件。

(2) 延期事件是否会影响合同项目的按期完工。

(3) 延期事件是否发生在施工进度计划中的关键线路上。

(4) 延期申请所提交的情况说明、证据、资料等是否准确、符合实际。

2) 延期审批期限

监理工程师应在收到最终延期申请通知书后,应及时审查延期申请通知书的内容,查验承包人的记录和证明材料,必要时监理工程师可要求承包人提交全部原始记录副本。监理工程师应就延期事宜及处理意见与业主、承包人充分协商,尽量达成一致。并在收到最终延期通知书或有关延期的进一步证明材料后的 42 天内,将延期处理结果答复承包人。

3) 延期审批的关键

承包人的延期申请能够成立并获得批准的条件如下:

(1) 延期事件的发生是真实的,并有证据表明。

(2) 延期事件产生的原因,是在承包人所承担的责任和风险之外,且符合合同约定的延期索赔条款。

(3) 延期事件是发生在已批准的工程进度计划的关键线路上。

(4) 承包人在 28 天内(或尽可能提前)向监理工程师提供了工期索赔的申请。

(5) 计算正确、合理。

上述五条中,只有同时满足前四条延期申请才能成立,至于延长时间的计算,监理工程师可以根据自己的记录资料,做出公正合理的计算分析。

3. 工期索赔必需的证据

承包人根据合同约定向监理工程师报送延期申请资料时,应注意尽可能地使所报送的资料和证据准确、完备,符合合同条款约定,有说服力。工期索赔的资料应包括以下内容:

(1) 提出合同条款的法律论证部分,以证实自己提出索赔要求的法律依据。

(2) 提出原合同协议工期应延长的时间数,以说明自己应获得的展延工期。

证据对索赔工作具有决定性的作用。在施工过程中,应始终做好资料的积累工作,建立完善的资料记录制度,认真系统地积累合同、施工进度、质量及财务收支资料。对于要发生索赔的一些工作项目,从准备向监理工程师提出索赔要求起,就要有目的地收集证据资料,寻找合同依据,系统拍照工地现场,妥善保管开支收据,有意识地为索赔文件积累必要的证据。

(3) 在工程索赔工作中,一般需要以下几个方面的资料。对某些特殊的索赔项目,除下述证据资料外,还需准备其他专门的证据。

施工记录方面:

①施工日志；
②施工检查员的报告；
③逐月分项施工纪要；
④施工工长的日报；
⑤每日工时记录；
⑥同监理工程师的往来通信及文件；
⑦施工进展及特殊问题的照片；
⑧会议记录或纪要；
⑨施工图纸；
⑩同监理工程师或业主的电话记录；
⑪投标时的施工进度计划；
⑫修正后的施工进度计划；
⑬施工质量检查记录；
⑭施工设备使用记录；
⑮施工材料使用记录；
⑯工地气候记录等。

财务记录方面：
①施工进度款支付申请单；
②工人劳动记时卡；
③工人分布记录；
④工人工资单；
⑤材料、设备、配件等的采购单；
⑥付款收据；
⑦收款单据；
⑧标书中财务部分的章节；
⑨工地的施工预算；
⑩工地开支报告；
⑪会计日报表；
⑫会计总账；
⑬批准的财务报告；
⑭会计来往信件及文件；
⑮通用货币汇率变化表。

上述资料，承包人、监理工程师、业主都应经常地、系统地积累，以备开展索赔管理需要。在报送索赔报告文件时，仅摘取直接论证的部分，并尽可能利用图表对比的方式，并附有关的照片，使其一目了然，有说服力。同时，要根据索赔内容，查找上述资料范围以外的证据。例如，在要求延长工期时，应补充气象、水文各类资料，进行对比，以论证自然条件对工期的严重影响等。索赔报告中包括的财务方面的证据资料，除索赔人的论证外，最好附有注册会计师或审计部门的审计报告，以证明财务方面证据的正确性。

4. 工程延期的计算

延期索赔的工期计算是一项十分复杂的问题,这是由于工程的进展情况千变万化,错综复杂,具有单一性、不可重复性。因此,在延期索赔的工期计算中不可能千篇一律。

开展延期索赔计算分析时应遵守以下基本原则:

(1)延期的时间必须影响到整个合同工程,而不是某一单体工程或某一分包单位所承包的工程。

(2)延期的工程项目必须是现行的施工进度计划中的关键项目。

在工程进展中,承包人的某些工程项目,虽然根据合同条件约定可以申请延期,但由于此工程项目不处于监理工程师批准的施工进度计划中的关键线路上,只要此事件所造成延误的时间不超过该工程项目的时差范围,也就是说没有转化为关键工作,成为新的关键线路,则此延期申请是不合理的,监理工程师应拒绝其延期。因此,在工程实施过程中始终存在一个有效的经监理工程师批准的合同进度计划,否则,发生延期事件,监理工程师将无法合理评价分析和审批。

(3)异常恶劣的气候条件不是简单地与平均、正常的天气作比较,而是要侧重异常、恶劣的程度来论证。因为承包人按招标文件规定,进行现场自然条件和技术经济条件的调查,取得有关统计基础资料后才能投标报价,而天气异常恶劣是一个有经验的承包人也无法预料的情况。

5. 工程延期的控制

发生工程延期事件,不仅影响工程的进展,而且会给业主带来损失。因此,监理工程师应做好以下工作,以减少或避免工程延期事件的发生。

1)选择合适的时机下达工程开工令

监理工程师在下达工程开工令前,应充分考虑业主的前期准备工作是否充分。特别是征地、拆迁问题是否已解决,设计图纸能否及时提供,施工许可是否已经办理,以及付款方面有无问题等,以避免由于上述问题缺乏准备而造成工程延期。

2)提醒业主履行施工承包合同中所约定的职责

在施工过程中,监理工程师应经常提醒业主履行自己的职责,提前做好施工场地及设计图纸的提供工作,及时支付工程进度款,以减少或避免由此而造成的工程延期。

3)妥善处理工程延期事件

当延期事件发生以后,监理工程师应根据合同约定及时进行妥善处理。既要尽量减少工程延期时间及其损失,又要在详细调查研究的基础上合理批准工程延期时间。

此外,业主在施工过程中应尽量少干预、多协调,以避免由于业主的干扰和阻碍而导致延期事件的发生。

第六章 水运工程费用目标控制基础知识

第一节 资金时间价值

【备考要点】
1. 资金时间价值和现金流量概念。
2. 资金时间价值(单利、复利)计算。
3. 现值概念及计算。
4. 终值(未来值)概念及计算。

一、基本概念

在经济社会的发展中,资金的时间价值是普遍存在的,资金是属于商品经济的范畴,伴随着商品生产与商品交易活动的发生而产生变化,这种变化往往产生了资金的增值,这种增值的实质就是劳动者在生产过程中创造的剩余价值。因此只要商品生产存在,资金就具有时间价值。

资金时间价值,可以从投资者和消费者两个角度来理解,从投资者的角度来看,正是资金时间价值的存在给投资者带来了投资收益,激发了投资者的投资冲动。从消费者的角度来看,资金一旦用于投资,就不能用于现期消费,牺牲现期消费是为了能在将来得到更多的消费,因此,资金的时间价值又可以理解为对放弃现期消费损失所作的必要补偿。

二、资金时间价值计算

在借贷关系中的利息反映了资金的时间价值,银行利息也是一种资金时间价值的表现方式。利息是银行占用储户资金应付的代价,或者说利息是储户放弃使用资金应该所得的报酬。利息通常有单利计息和复利计息之分。

1. 单利计息

单利计息时,每期只对原始本金计息,对所获得的利息不再计息。其利息的计算公式为:

$$I_n = P \cdot i \cdot n \tag{6-1}$$

式中:n——年数(计息期数量);

P——原始本金;

i——利率(年利率);

I_n——n 年后的利息。

注意式中的计息期与利率一定是对应的,计息期为天对应日利率、计息期为月对应月利率、计息期为年对应年利率。除特殊说明外,一般都是指年利率、计息期以年为单位。

若要计算 n 年后的本金和利息共为多少,设 n 年后本利和为 F,则:

$$F = P(1 + i \cdot n) \tag{6-2}$$

2. 复利计算

复利计息时,不仅计算当期本金的利息,而且还要计算前期利息的利息,即将上期的利息并入本金作为本周期计算利息的本金继续计息。这种计息方式称为复利计息。

$$I_n = P \cdot (1+i)^n - P = P[(1+i)^n - 1] \tag{6-3}$$

通过上述计算所得到利息,就是本金 P 经过 n 个计息期得到的资金增加值(资金的时间价值)。

从资金在整个生产过程中运动的实际情况来看,采取复利计息更符合资金的运动规律。因此,在技术经济方案分析中,对资金时间价值一般都采用复利法计算。

在经济分析中,按复利计息,资金随时间变化而增值,时间增值按复利计息的,我们称为"动态计算";时间增值按单利计息的,称为半动态(或半静态)计算;不考虑时间因素(不计时间价值)的计算则称为静态计算。

三、现值和终值

1. 现金流量

对于任何商品生产活动而言,所产生的物质消耗及产品价值都可以用资金的形式来描述,通常把各个时间点上实际发生的所有资金流出和资金流入统称为现金流量。对于同一个时间点,可以有资金流出,也可以有资金流入,将资金流出和流入取其代数和,则为该时间点的净现金流量。在一个时间点发生的资金金额换算成另一个时间点的等值金额的过程称为资金等值计算。

在技术经济分析中,为了分析评价方案的经济效果,常常应该对方案在不同时间点发生的全部费用和全部收益进行计算和分析,并且只能通过资金的等值计算将它们换算到同一个时间点上进行分析(因为资金具有时间价值),才能分析评价方案的好坏。把将来某一时间点的资金金额换算成当前时间点的等值金额的计算过程称之为折现,其折现后的资金金额称为现值。与现值等价的将来某个时间点的资金金额称为终值或未来值。

2. 现金流量图

利用计算利息的方法,把发生在不同时间点的现金流量在时间轴上进行等值换算,这就是资金等值计算。为了计算分析评价的方便,把能够反映项目方案经济评价年限、年利润率、现金流量(流入或者流出性质、大小、发生的时间点)的时间数轴图形称为现金流量图(图6-1)。

对现金流量图特性和规定作以下说明:

水平线表示为时间坐标,每个分格代表一个时间单位(在图6-1中为1年),时间的推移自左向右。每一时段末尾标注的号码即为该时间的末尾,图6-1中即为某年末。零(0)表示零时段的末尾,即第1年的开始,通常对应于"现在"这一时刻,当前的计算时点。

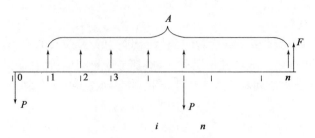

图 6-1 现金流量示意图

箭线表示现金流量的大小和方向,一般以箭头向上并位于水平线上方为现金流入;箭头向下并位于水平线下方为现金流出,或称投资、支出、费用等。线段长短可与现金流量的大小成比例(一般不成比例,分析者只看图中表示的数值),箭线起点在水平线上的位置,表示该现金流量发生的时间点。

百分率(年利率)与项目分析年限写在现金流量图右下方。

时间常规:一般在项目分析中只指明现金流量发生在哪一年是不够准确的,因为该项费用既可发生在该年年初,也可发生在该年年末。现金流量图已经成为经济分析人员的共同语言,绘制时必须遵照以下时间常规:

(1)全部投资费用均发生在年初,如初始一笔投资,即指发生在分析期初的零点处,如无特殊说明,在分析期内发生的集中投资,均定义为该年年初。

(2)每年都会发生的现金流量(年收益、年支出或年费用),不管其实际如何,收入和支出均规定其发生在每年的年末。

(3)若分析项目方案有残值,则残值必然发生在分析期末,即最后一年的年末。

(4)终值(未来值)均定义为发生在年末(除特殊说明)。

3. 现值和终值计算公式

在资金等值计算的公式中,各符号表示的意义如下:

P——本金,指一笔集中的现金流量(投资额),表示资金的现值,一般出现在时间轴上的零点,或定义为发生在年初。

F——终值(未来值),也是一笔集中的现金流量。它出现在时间轴上除零点以外的任何一个时点上,定义为该年的年末。

A——系列年值(或称年金),表示一系列等额的现金流量,每一个 A 值均发生在每一年的年末。

i——表示时间价值的百分率(利率或折现率)。

n——时间,计算分析期年数。

(1)一次支付终值计算公式。

给定一个现值 P,若复利率为 i,在第 n 周期末的价值 F 为多少?其实,问题是已知 P、i、n 求 F。

即:

$$F = P(1+i)^n \qquad (6-4)$$

式(6-4)给出了终值 F 与现值 P 的关系,其中 $(1+i)^n$ 称为一次支付复利终值系数。也可用函数符号$(F/P,i,n)$表示。

[例 6-1] 某企业为开发新产品,向银行贷款 100 万元,年利率为 6.5%,借期 8 年,问 8 年后一次归还银行的本利和是多少?

解: 8 年后归还银行的本利和应与现在的借款金额等值,其折现率就是银行利率。由式(6-4)得:

$F = P(1+i)^n = 100 \times (1+6.5\%)^8 = 100 \times 1.655 = 165.5$(万元)

即 8 年后一次归还银行的本利和为 165.5 万元。

(2)一次支付现值计算公式。

已知终值 F,求现值 P,是一次支付复利终值公式的逆运算,由式(6-4)直接推导得:

$$P = F(1+i)^{-n} \tag{6-5}$$

系数$(1+i)^{-n}$称为一次支付现值系数,也可记为$(P/F,i,n)$,它和一次支付终值系数互为倒数。即$(P/F,i,n) \times (F/P,i,n) = 1$。

[例 6-2] 如果银行利率为 12%,为在 5 年后获得 10000 元款项,现在应存入银行多少?

解: 由式(6-5)可得出:

$P = F(1+i)^{-n} = 10000 \times (1+12\%)^{-5} = 10000 \times 0.5674 = 5674$(元)

即现在应存入银行 5674 元人民币。

(3)等额支付终值计算公式。

从第 1 周期末至第 n 周期末有一系列的等额现金流量,每一年末的金额都为 A,称为等额年值。F 相当于 n 周期等额年值的终值。这类问题是已知 A、i、n,求 F。解决这类问题的思路是把等额系列视为 n 个一次支付的组合,而利用一次支付终值公式推导出等额支付终值公式,见图 6-2。

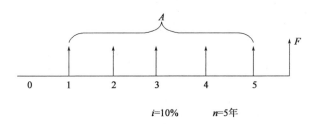

图 6-2 现金流量示意图

$$F = A[(1+i)^n - 1]/i \tag{6-6}$$

式(6-6)为等额支付终值公式。$[(1+i)^n - 1]/i$ 称为等额支付终值系数,可记符号为$(F/A,i,n)$。

[例 6-3] 某校为设立奖学金,每年年末存入银行 2 万元,如存款利率为 5%,第 5 年末可得资金总额是多少?

解: 由式(6-6)可得:

$F = A[(1+i)^n - 1]/i = 2 \times [(1+0.05)^5 - 1] \div 0.05 = 2 \times 5.526 = 11.05$(万元)

即第 5 年末可得资金总额 11.05 万元。

(4)等额支付现值计算公式。

从第一周期末至第 n 周期末有一系列等额现金流 A,考虑资金时间价值,这些资金相当于时间轴上零年末(或第一年年初)上的价值是 P，P 就相当于等额年值的现值。即已知 A、i、n，求 P。公式如下：

$$P = A[1-(1+i)^{-n}]/i \qquad (6-7)$$

式中 $[1-(1+i)^{-n}]/i$ 称为等额支付现值系数，符号记为 $(P/A, i, n)$。

[例 6-4] 假定预计在 10 年内，每年年末从银行提取 100 万元，在年利率为 6% 的条件下，现在银行应有多少现金？

解：由式(6-7)得：

$P = A[1-(1+i)^{-n}]/i = 100 \times [1-(1+0.06)^{-10}]/0.06 = 736 (万元)$

即现在银行应有现金 736 万元。

(5) 等额支付资金回收计算公式。

等额支付资金回收公式是等额支付现值公式的逆运算，即已知现值 P，求与之等价的等额年值 A。由式(6-7)可直接导出：

$$A = P \times i/[1-(1+i)^{-n}] \qquad (6-8)$$

式中 $i/[1-(1+i)^{-n}]$ 称为等额支付资金回收系数，亦可记为 $(A/P, i, n)$。这个系数表示在考虑资金时间价值的条件下，对应于工业项目的单位投资，在项目寿命期内每年至少应回收的金额。如果对应于单位投资的实际回收金额小于这个值，在项目的寿命期内就不可能将全部投资收回。

[例 6-5] 某工程项目投资 1 亿元，年利率为 8%，预计 10 年内全部回收，问每年年末等额回收资金应该是多少？

解：由式(6-8)得：

$A = P \times i/[1-(1+i)^{-n}] = 10000 \times 0.08/[1-(1+0.08)^{-10}] = 1490.3 (万元)$

即：每年年末等额回收资金至少 1490.3 万元。

第二节　经济分析评价基本方法

【备考要点】

1. 净现值、净年值、内部收益率、投资回收期等经济评价方法的基本概念、计算方法及其适用范围。

2. 国民经济评价、财务评价、综合评价的基本概念和主要区别。

一、经济分析评价

关于工程建设项目的评价，一般包括财务评价、国民经济评价和综合评价。财务评价又称企业经济评价，是从企业本身利益出发，考察建设项目给企业带来多大的经济效益，是一种微观评价。国民经济评价是宏观评价，它是从国民经济建设、规划的整体利益出发，考察建设项目或方案为国民经济建设带来多大的效益。综合评价是在财务评价、国民经济评价的基础上，还要考虑社会效益、环境效益、社会平衡发展等政治、经济、社会因素，是一种复杂的综合性评价分析。

二、经济分析评价基本方法

水运工程建设项目经济效果可以用一系列的经济指标来反映,常用的经济分析评价基本方法有净现值法、净年值法、内部收益率法、投资回收期法等。

1. 净现值法(NPV)

净现值是实践中常用来评价项目方案经济效果的指标,它可以反映出项目在经济寿命期内的获利能力。选定一个百分率(折现率),把每个方案的所有现金流量都换算到基准时间点(分析期的零点处),各方案收益的总现值减去支出(费用)的总现值,其代数和为净现值。用净现值对方案进行评价,称净现值法。用公式表示为:

$$NPV = \sum_{t=0}^{n} \frac{CF_t}{(1+i_0)^t} \tag{6-9}$$

式中:NPV——净现值;

CF_t——t 年的净现金流量,$CF_t = CI_t - CO_t$;

CI_t——t 年现金流入;

CO_t——t 年现金流出;

n——分析计算期;

i_0——基准收益率(即选定的百分率)。

NPV 值可以有下述三种情况:

(1)NPV > 0,表示项目实施后的经济效益,不仅达到了基准收益率的要求,而且还有富余。

(2)NPV = 0,表示项目实施后的投资收益率正好达到基准收益率。

(3)NPV < 0,表示项目实施后的经济效益达不到基准收益率的要求。

因此,用净现值法对方案评价时,对于单个的独立方案而言,当 NPV≥0 时,则认为方案是可取的。对于多个方案,则不仅要求方案 NPV≥0,且选择一个方案时,应选 NPV 值中最大的。使用净现值法进行经济评价时,应注意以下几点:

(1)如果该方案有残值,且残值是正的,则表示期末有一笔资金回收;如果残值是负的,则表示期末要支出一笔拆除、清理费用。

(2)折现率越大,其净现值越小。说明在取用的折现率较高时,残值对现值的影响很小,所以在分析年限较长时,对较小的残值可估计为 0(或称不计残值);反之亦然。

(3)用净现值法比较方案,有时会出现两个方案净现值相同或相近,但投资额却相差悬殊的情况。从净现值的角度看,两方案的净现值可看成同一量级,相差不多,但两个方案对投资者的吸引力却截然不同,因此,我们可以从两方案的净现值率(即单位投资所得的净现值)或益本比(效益总现值与费用总现值之比)进一步比较出两方案的优劣。

(4)净现值 = 收益现值 − 费用现值,由此可延伸出净现值法、收益现值法和费用现值法,三者统称为现值法。在费用(成本)相同时,可使用收益现值法进行比较,收益现值大者方案优选;在收益(产品及产量)相同时,可使用费用现值法进行比较,费用现值小者方案优选。

[例 6-6] 某企业投资项目设计方案的总投资是 2500 万元,投产后年经营成本为 500 万元,年销售额 1500 万元,若计算期为 5 年,基准收益率为 10%,不计残值,试计算投资项目的

净现值。

解:(1)绘制现金流量图(略)。

(2)净现值计算:

NPV = $-2500 + (1500 - 500) \times (P/A, 10\%, 5) = -2500 + 1000 \times 3.7908 = 1290.8$(万元)

该项目净现值为1290.8万元,说明该项目实施后的经济效益除了达到10%的收益率外,还有1290.8万元的净现值,项目是经济合理的。

[**例6-7**] 现有三个互斥方案的现金流量情况见表6-1,基准收益率为10%,试分析比较,哪个方案为最优。

三个互斥方案的现金流量情况表　　　　　表6-1

方　案	投资(万元)	年净现金流量(万元)	残值(万元)	分析年限(年)
方案Ⅰ	2000	300	0	20
方案Ⅱ	4000	500	0	20
方案Ⅲ	10000	900	1000	20

解:(1)绘制现金流量图(略)。

(2)计算三个方案的净现值:

方案Ⅰ:

$NPV_1 = -2000 + 300 \times (P/A, 10\%, 20) = -2000 + 300 \times 8.5136 = 554$(万元) > 0

所以方案Ⅰ可行。

方案Ⅱ:

$NPV_2 = -4000 + 500 \times (P/A, 10\%, 20) = -4000 + 500 \times 8.5136 = 257$(万元) > 0

所以方案Ⅱ可行。

方案Ⅲ:

$NPV_3 = -10000 + 900 \times (P/A, 10\%, 20) + 1000 \times (P/F, 10\%, 20)$

$= -10000 + 900 \times 8.5136 + 1000 \times 0.1487$

$= -2189$(万元) < 0

所以方案Ⅲ不可行。

(3)分析比较:

将三个方案的净现值进行比较,方案Ⅲ的NPV值小于0,不可行。在可行方案Ⅰ和方案Ⅱ中选取净现值比较大的。方案Ⅰ具有最大的净现值,因此选取方案Ⅰ。

2.净年值法(NAV)

净年值是通过资金的等值计算将项目的净现值分摊到寿命期(分析期)内各年(从第1年到第n年)末的等额年值。净年值的计算公式如下:

$$NAV = \left[\sum_{t=0}^{n} \frac{CF_t}{(1+i_0)^t}\right](A/P, i_0, n) \qquad (6-10)$$

即:

$$NAV = NPV \cdot (A/P, i_0, n) \qquad (6-11)$$

式中:NAV——净年值。

NAV 可以有下列三种情况：

(1) NAV >0，表示建设项目实施后平均每年的经济效益不仅达到了基准收益率的要求，而且还有富余。

(2) NAV =0，表示项目实施后平均每年的经济效益正好达到基准收益率。

(3) NAV <0，表示项目实施后平均每年的经济效益达不到基准收益率的要求。

因此，用净年值法对方案评价时，对于单个的独立方案而言，只要 NAV≥0，则认为方案是可取的；对于多个方案，则不仅要求 NAV≥0，且在互斥方案中，选取 NAV 中的最大值为佳。

需要说明的是：

(1) 净年值法与净现值法有许多共同的特点，同样可得：净年值 = 收益年值 − 费用年值，由此可延伸出净年值法、收益年值法和费用年值法，三者统称为年值法。在费用（成本）相同时，可使用收益年值法进行比较，收益年值大者方案优选；在收益（产品及产量）相同时，可使用费用年值法进行比较，费用年值小者方案优选。

(2) 年值法与现值法的不同之处为：用现值法进行比较时，要求不同方案的分析期长短相等；而使用年值法比较时，不考虑方案分析期的长短，同样可以用净年值法、收益年值法或者费用年值法对方案进行分析比较。

[例6-8] 某投资方案的现金流量如图 6-3 所示，设基准收益率为 10%，求该方案的净年值，并且对其评价。

解：绘制现金流量图（图 6-3）。

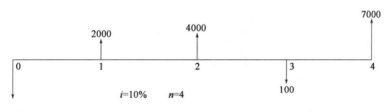

图 6-3　现金流量图

由公式(6-11)可得：

$$NAV = [-5000 + 2000 \times (P/F,10\%,1) + 4000 \times (P/F,10\%,2) - 1000 \times (P/F,10\%,3) + 7000 \times (P/F,10\%,4)] \times (A/P,10\%,4)$$

$$= 1311(万元) > 0$$

所以该投资经济合理，方案可取。计算结果表明，该项目方案实施后，不仅能达到 10% 的收益率，而且每年还有 1311 万元的富余，因此该方案是可接受的。

3. 内部收益率法(IRR)

如果将净现值、净年值指标作为价值型指标，那么内部收益率就是一个比率型指标。在所有经济评价指标中，除净现值外，内部收益率是另一个重要的指标，该指标是投资项目财务盈利性分析的重要评价依据。所谓内部收益率是指把某项目方案的所有现金流量在某一个折现率（未知）的基础上均折现到基准时间点（分析期的零点处），其收益总现值与支出总现值代数和为0，这一个折现率即为该项目方案的内部收益率。简单来说，就是项目方案净现值为0时的折现率。项目的内部收益率可以理解为是该项目本身具有的收益能力，它是一个无因次量(%)，

也称内部报酬率、内部回收率、内部获利率等。此项指标用来评价项目的盈利能力,其数学公式为:

$$\sum_{t=0}^{n} \frac{CF_t}{(1+IRR)^t} = 0 \tag{6-12}$$

式中:IRR——内部收益率。

式(6-12)是一个"一元多次方程",要求解这个方程是很麻烦的,通常需要反复试算,再通过近似估算求得。其求解步骤为:

(1)选取一个 i_1,以 i_1 为折现率,求得净现值 $NPV_1 > 0$(NPV_1 为一个比较接近 0 的正值),即:

$$NPV_1 = \sum_{t=0}^{n} \frac{CF_t}{(1+i_1)^t} > 0 \tag{6-13}$$

(2)再选取一个 i_2,要求 $i_2 > i_1$,因为随着折现率的增大,其净现值减小,使净现值为一个接近 0 的负值,即 $NPV < 0$,则:

$$NPV_2 = \sum_{t=0}^{n} \frac{CF_t}{(1+i_2)^t} < 0 \tag{6-14}$$

(3)因为试算,除要求 $i_1 < i_2$,还要求 i_2 与 i_1 相差甚小,相差越小,其估算越准确。式(6-12)的试算过程,实际上相当于寻找一条曲线与横坐标相交的点(图6-4),即为 $NPV = 0$ 时的折现率就是 IRR。当然 $IRR > i_1$,$IRR < i_2$,IRR 在 i_1 与 i_2 之间。

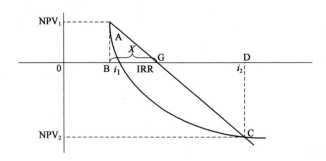

图 6-4　IRR 线性插值法图解

(4)用线性插值法可近似求得内部收益率 IRR。当曲线上任意两点靠得很近时,我们可近似地用直线代替曲线,即用直线与横坐标交点 G,代替曲线与横坐标交点,从图6-4中可知:△ABG ~ △CDG,即:

$$AB : CD = BG : DG$$

$$NPV_1 : [NPV_2] = X : [(i_2 - i_1) - X]$$

$$IRR = i_1 + \frac{NPV_1}{NPV_1 + |NPV_2|} \times (i_2 - i_1) \tag{6-15}$$

式中:i_1——试算用的低折现率;

i_2——试算用的高折现率;

NPV_1——用 i_1 计算的项目净现值(正值);
$|NPV_2|$——用 i_2 计算的项目净现值(负值)的绝对值。

图 6-4 中,直线段 AC 近似净现值函数曲线段 AC,其与横坐标交点 G,即为该项目内部收益率 IRR 的近似值。

设基准收益率为 i_0,项目方案求得的内部收益率为 IRR,则:
(1)当 $IRR \geq i_0$ 时,项目在经济上可行合理,即接受该项目。
(2)当 $IRR < i_0$ 时,项目不可行、不合理,应予拒绝。

采用项目的内部收益率与基准收益率相比较来评价项目投资的经济合理性的方法,是因为项目的内部收益率如果达不到最低期望的收益率(基准收益率),则投资项目要冒无法收回投资的风险。

[**例 6-9**] 某工程项目初投资 130 万元,每年净收益 35 万元,不考虑固定资产的残值,设基准收益率为 10%,试计算该项目投资的内部收益率 IRR,并对项目作评价。

解:设 $i_1 = 15\%$,$i_2 = 16\%$,计算结果列于表 6-2 中。

净现金流量折现计算表   表 6-2

项目	年份(年)						
	0	1	2	3	4	5	6
现金流出量(万元)	-130						
现金流入量(万元)		35	35	35	35	35	35
折现系数($i_1 = 15\%$)	1.000	0.870	0.756	0.658	0.572	0.497	0.432
现值(万元)	-130	30.5	26.5	23.0	20.0	17.4	15.1
折现系数($i_2 = 16\%$)	1.000	0.862	0.743	0.641	0.552	0.476	0.410
现值(万元)	-130	30.17	26.01	22.42	19.33	16.66	14.36

设 $i_1 = 15$ 时,
$NPV_1 = -130 + 35 \times (P/A, 15\%, 6) = -130 + 132.5 = 2.5$(万元)
设 $i_2 = 16$ 时,
$NPV_2 = -130 + 35 \times (P/A, 16\%, 6) = -130 + 128.95 = -1.05$(万元)
则:$IRR = 15\% + \dfrac{2.5}{2.5 + |-1.05|} \times (16\% - 15\%) = 15.7\% \geq i_0 = 10\%$

说明该项目在经济上是有效益的,方案可以接受。

4. 投资回收期法(T)

投资回收期又称投资偿还期,它是指建设项目以其每年的净收益抵偿其全部投资所需的时间长度。投资回收期是考察项目在财务上投资回收能力的综合性指标。一般情况下,这一指标越短越好。投资回收期若小于国家规定的标准投资回收期,则建设项目可行。反之,则不可行。

考察投资回收期有静态投资回收期和动态投资回收期两种,常使用的是动态投资回收期。动态投资回收期是指考虑资金的时间价值,以建设项目所产生的净收益来抵偿其总投资所需要的时间长度。其计算公式为:

$$\sum_{t=0}^{T} \frac{CF_t}{(1+i_0)^t} = 0 \tag{6-16}$$

式中:T——以年表示的投资回收期;

CF_t——t 年的净现金流量;

t——年份。

投资回收期也可按照内部收益率试算的基本原理进行试算,基本公式为:

$$T = T_1 + \frac{NPV_1}{NPV_2 + |NPV_1|} \times (T_2 - T_1) \quad (6\text{-}17)$$

式中:T_1——累计净现值为负值的某个年份(最好是最后一个年份);

T_2——累计净现值开始出现正值的年份(最好是最早的一个年份);

NPV_1——为 T_1 年当年的累计净现值;

NPV_2——为 T_2 年当年的累计净现值;

T——投资回收期。

上述公式求出的投资回收期 T,要与行业的基准投资回收期 T_0 比较。当 $T \leq T_0$ 时,认为项目是可以接受的;当 $T > T_0$ 时,认为项目不可取,应予拒绝。

[例 6-10] 某投资项目的期初投资额为 1000 万元,估计每年净收益 230 万元,折现率取 $i = 6\%$,标准投资回收期 T_0 为 8 年,试计算该项目的投资回收期,并且加以评价。

解:列表计算(万元),见表 6-3:

净现金流量计算表 表 6-3

年份	净现金流量	折现系数 ($i=6\%$)	净现值	累计净现值	年份	净现金流量	折现系数 ($i=6\%$)	净现值	累计净现值
0	-1000	1.0000	-1000		4	230	0.7921	182.18	-203.03
1	230	0.9434	216.98	-783.02	5	230	0.7473	171.88	-31.15
2	230	0.8900	204.7	-578.32	6	230	0.7050	162.15	131.0
3	230	0.8396	193.11	-385.21	7	230	0.6651	152.97	283.97

从表中可知 T,在第 5 年与第 6 年之间,利用公式(6-17)计算得:

$T = 5 + 31.15/(31.15 + 131) = 5.19 < T_0 = 8$(年)

所以该投资项目可行。

投资回收期作为经济评价的指标之一,其优点在于:

(1)它反映了资金的周转速度,以建设项目投资回收的快慢作为决策依据。在我国建设资金短缺的情况下,它是一个较好的评价依据。

(2)它能为决策提供一个原始投资未得到回收抵偿以前必须承担风险的时间。

(3)它具有概念直观、通俗易懂、易于接受的特点。

但是,使用投资回收期对方案进行分析评价时,对回收期以后的情况,包括净效益的大小和时间、投资的寿命以及投资盈利率都没有考虑,正是因为有这些不足,投资回收期法趋向于使用在分析期较短的方案中。

[例 6-11] 某企业 4 年前以原始费用 220 万元建设了主要生产线,估计该生产线还可以继续使用 6 年,年经营成本为 75 万元,到第 6 年末估计残值为 20 万元。现在市场上出现了计算机自动化控制生产线,估计建设新生产线需投入 240 万元,生产能力与老设备相当,使用时

间为 10 年。第 10 年末估计残值为 40 万元,年经营成本为 35 万元。现有两个方案:A. 继续使用原生产线;B. 将生产线出售,目前售价是 80 万元,然后购买新生产线。已知基准折现率为 15%。试比较这两个方案的优劣。

解:(1)分析题意可得:A 方案的现金流量是年经营成本为 75 万元、残值为 20 万元、使用年限 6 年;B 方案的现金流量是投入 240 万元、年经营成本为 35 万元、出售原生产线收入 80 万元、使用年限 10 年、残值为 40 万元;新老设备的生产能力相同。结论:年收入相同、分析周期不同,可以考虑用年值法来分析评价,分析哪个方案的费用年值低,费用年值低者为优选方案。

(2)计算费用年值。

A 方案:

$$AF_1 = 75 + 20 \times (A/F, 15\%, 6) = 75 + 20 \times 0.11424 = 77.28(万元)$$

B 方案:

$$AF_2 = 35 + (240 - 80) \times (A/P, 15\%, 10) + 40 \times (A/F, 15\%, 10)$$
$$= 35 + 160 \times 0.19925 + 40 \times 0.04925$$
$$= 68.85(万元)$$

(3)分析评价:因为 $AF_1 = 77.28(万元) > AF_2 = 68.85(万元)$,所以优选方案是 B 方案。

三、财务评价与国民经济评价的主要区别

1. 评价角度不同

财务评价是从财务角度考察项目货币收支、盈利状况和借款清偿能力,并从项目的经营者、投资者和债权人角度进行分析评价;国民经济评价是从国家整体的角度考察项目需要国家付出的代价和对国家的贡献,确定投资行为的经济合理性。

2. 项目费用、效益的含义和范围划分不同

财务评价是根据项目的实际收支情况确定项目的效益和直接费用;国民经济评价则是根据项目给国家带来的效益和消耗国家资源的多少,来考察项目的效益和费用。国家给项目的补贴、项目向国家上交的税金及国内借款的利息,均视为转移支付,不作为项目的效益和直接费用,但是要计算项目的间接效益和间接费用,即外部效果。

3. 评价采用的价格不同

财务评价对投入物和产出物采用市场价格;国民经济评价采用影子价格。

4. 主要参数不同

财务评价采用国家公布的汇率和行业基准收益率或银行贷款利率;国民经济评价采用国家统一测定的影子汇率和社会折现率等。

由于上述区别,两种评价有时可能导致相反的结论。如果某项目所用原料的国内价格低于国际市场价格,其产出的产品价格国内价格又高于国际市场价格,从财务评价考虑,企业利润很高,项目是可行的;如果进行国民经济评价,采用以国际市场价格为基础的影子价格来计算,该项目就可能对国民经济没有那么大贡献。又如,某些矿产品国内价格偏低,企业利润很

少,财务评价的结果可能不易通过,如果用影子价格对这些国计民生不可缺少的物资生产项目进行国民经济评价,该项目对国民经济的贡献可能很大,就能通过。

第三节 不确定性分析

【备考要点】
1. 产生不确定性的因素。
2. 不确定性分析的基本分析方法。
3. 线性盈亏平衡分析的假定条件、盈亏平衡点、敏感性分析及方法。
4. 概率分析方法、种类、特点和应用。

一、概述

由于客观事物发展多变的特点以及人们对客观事物认识的局限性,使得人们对客观事物的预测结果可能偏离人们的预期,具有不确定性,水运工程投资项目也不例外。尽管在投资项目决策分析与评价工作中已经进行了详尽的研究,但项目经营的未来实际状况仍然可能与设想状况发生偏离,项目实施后的实际结果可能与预测的基本方案产生偏差,投资项目因而有可能面临潜在危险。前述投资项目决策分析与评价工作所采用的各项数据都是历史数据和经验预测结果,因此这些数据或多或少都带有某种不确定性,致使投资项目的决策分析与评价结果具有不确定性。

不确定性分析就是对生产、经营过程中各种事前无法控制的外部因素变化与影响所进行的估计和研究。水运工程的建设决策在实施过程中,将受到许多因素的影响。产生不确定性的主要因素有:

(1)未来经济形势(物价)的变化。
(2)技术装备和生产工艺的变革。
(3)生产能力的变化。
(4)建设资金和工期的变化。
(5)国家经济政策和法规的变化。

例如,企业的经营决策将受到国家经济政策调整、市场需求变化、原材料和外协件供应条件改变、产品价格涨落、市场竞争加剧等因素的影响,这些因素大都无法事先加以控制。

为了事先了解可能存在的决策风险,就需计算各因素发生的概率及对决策方案的影响,从中选择最佳方案。其基本分析方法有盈亏平衡分析、敏感性分析、概率分析方法。

二、盈亏平衡分析

1. 盈亏平衡分析的概念

盈亏平衡分析是在一定市场和经营管理条件下,根据达到设计生产能力时的成本费用与收入数据,通过求取盈亏平衡点,研究分析成本费用与收入平衡关系的一种方法。随着相关因素的变化,企业的盈利与亏损会有个转折点,称为盈亏平衡点(BEP,Break-even Point)。在该点上销售收入(扣除销售税金与附加)等于总成本费用,刚好盈亏平衡。

盈亏平衡分析可以分为线性盈亏平衡分析和非线性盈亏平衡分析,投资项目决策分析与评价中一般仅进行线性盈亏平衡分析。

盈亏平衡点的表达形式有多种,可以用产量、产品售价、单位可变成本和年总固定成本等绝对量表示,也可以用某些相对值表示。投资项目决策分析与评价中最常用的是以产量和生产能力利用率表示的盈亏平衡点,也有采用产品售价表示的盈亏平衡点。

2. 盈亏平衡分析的作用

通过盈亏平衡分析可以找出盈亏平衡点,考察企业(或项目)对市场导致的产出(销售)量变化的适应能力和抗风险能力。

用产量和生产能力利用率表示的盈亏平衡点越低,表明企业适应市场需求变化的能力越大,抗风险能力越强;用产品售价表示的盈亏平衡点越低,表明企业适应市场价格下降的能力越大,抗风险能力越强。

盈亏平衡分析只适宜在财务分析中应用。

3. 线性盈亏平衡分析的条件

进行线性盈亏平衡分析要符合以下四个条件:

(1)产量等于销售量,即当年生产的产品(扣除自用量)当年完全销售。
(2)产量变化,单位可变成本不变,即总成本费用是产量的线性函数。
(3)产量变化,产品售价不变,即销售收入是销售量的线性函数。
(4)只生产单一产品,或者生产多种产品,但可以换算为单一产品计算,也即不同产品负荷率的变化是一致的。

4. 盈亏平衡点的计算方法

盈亏平衡点可以采用公式计算法,也可以采用图解法求取。

(1)公式计算法。

盈亏平衡点计算公式:

$$BEP(生产能力利用率) = \frac{年总固定成本}{年销售收入 - 年总可变成本 - 年税金及附加} \times 100\% \quad (6\text{-}18)$$

$$BEP(产量) = \frac{年总固定成本}{单位产品价格 - 单位产品可变成本 - 单位产品年税金及附加} \times 100\% \quad (6\text{-}19)$$

$$BEP(产品售价) = \frac{年总固定成本}{生产设计能力} + 单位产品可变成本 + 单位产品税金及附加 \times 100\% \quad (6\text{-}20)$$

以上计算公式中的收入和成本均为不含增值税销项税额和进项税额的价格(简称不含税价格)。如采用含税价格,式(6-18)分母中应再减去年增值税;式(6-19)分母中应再减去单位产品增值税;式(6-20)中应加上单位产品增值税。

(2)图解法。

盈亏平衡点可以采用图解法求得,见图6-5。

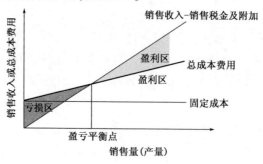

图6-5 盈亏平衡分析图

图中销售收入线(如果销售收入和成本费用都是按含税价格计算的,销售收入中还应减去增值税)与总成本费用线的交点即为盈亏平衡点,这一点所对应的产量即为BEP(产量),也可换算为BEP(生产能力利用率)。

5. 盈亏平衡分析注意要点

(1)盈亏平衡点应按项目达产年份的数据计算,不能按计算期内的平均值计算。这是由于盈亏平衡点表示的是相对设计能力下,达到多少产量、负荷率多少才能盈亏平衡,或为保持盈亏平衡最低价格是多少。故必须按项目达产年份的销售收入和成本费用数据计算,如按计算期内平均数据计算,就无意义。

(2)当计算期内各年数值不同时,最好按还款期间和还完借款以后的年份分别计算。在达产后,由于固定成本中的利息各年不同,折旧费和摊销费也不是每年相同,所以成本费用数值可能因年而异,具体按哪一年的数值计算盈亏平衡点,可以根据项目情况进行选择。一般而言,最好选择还款期间的第一个达产年和还完借款以后年份分别计算,以便分别给出最高的盈亏平衡点和最低的盈亏平衡点。

[例6-12] 盈亏平衡分析案例。

假设某项目达产第一年的销售收入为31389万元,税金及附加为392万元,固定成本10542万元,可变成本9450万元,销售收入与成本费用均采用不含税价格表示,该项目设计生产能力为100万吨。

问题:(1)分别计算该项目以生产能力利用率、产量和产品售价表示的盈亏平衡点。

(2)计算该项目达到设计生产能力时的年利润。

(3)计算该项目年利润达到5000万元时的最低年产量。

解:(1)BEP(生产能力利用率) = [10542/(31389 − 9450 − 392)] × 100% = 48.93%

BEP(产量) = 100 × 48.93% = 48.93(万吨)

或 BEP(产量) = [10542/(31389/100 − 9450/100 − 392/100)] = 48.93(万吨)

BEP(产品售价) = (10542/100) + (9450/100) + (392/100) = 204(元/吨)

因达产第一年时,一般项目利息负担较重,固定成本较高。该盈亏平衡点实为项目计算期内各年的较高值。计算结果表明,在生产负荷达到设计能力的48.93%时即可盈亏平衡,说明项目对市场的适应能力较强。而为了维持盈亏平衡,允许产品售价最低降至204元/吨。

(2)该项目达到设计生产能力时的年利润 = 31389 - 392 - (10542 + 9450) = 11005 万元。

(3)设该项目年利润达到 5000 万元时的最低年产量为 Q 则:

$$[(31389-392)/100] \times Q - [10542+(9450/100) \times Q] = 5000$$

可得:$Q = 72.13$(万吨),即该项目年利润达到 5000 万元的最低产量应为 72.13 万吨。

三、敏感性分析

1. 敏感性分析的作用

敏感性分析是投资项目经济评价中应用十分广泛的一种技术,用以考察项目涉及的各种不确定因素对项目效益的影响,找出敏感因素,估计项目效益对它们的敏感程度,粗略预测项目可能承担的风险,为进一步的风险分析打下基础。敏感性分析对投资项目财务评价和国民经济评价同样适用。

2. 敏感性分析的内容

敏感性分析的做法为:改变一种或多种不确定因素的数值,计算其对项目效益指标的影响,通过计算敏感度系数和临界点,估计项目效益指标对它们的敏感程度,进而确定关键的敏感因素。通常将敏感性分析的结果汇总于敏感性分析表,也可通过绘制敏感性分析图显示各种因素的敏感程度并求得临界点。

敏感性分析包括单因素敏感性分析和多因素敏感性分析。单因素敏感性分析指每次只改变一个因素的数值来进行分析,估算单个因素的变化对项目效益产生的影响;多因素分析则同时改变两个或两个以上因素进行分析,估算多因素同时发生变化的影响。为了找出关键的敏感性因素,通常进行单因素敏感性分析。

敏感性分析一般只考虑不确定因素的不利变化对项目效益的影响。为了作图的需要也可考虑不确定因素的有利变化对项目效益的影响。

3. 敏感性分析的方法与步骤

(1)敏感性分析中不确定因素的选取。

不确定因素指那些在投资项目决策分析与评价过程中涉及的对项目效益有一定影响的基本因素。

(2)敏感性分析中不确定因素变化程度的确定。

敏感性分析通常是针对不确定因素的不利变化进行,为绘制敏感性分析图的需要也可考虑不确定因素的有利变化。不确定因素变化的幅度通常可能 ±10%。

(3)敏感性分析中项目效益指标的选取。

投资项目经济评价有一整套指标体系,敏感性分析选定其中一个或几个主要指标进行。

最基本的分析指标是内部收益率,通常财务评价敏感性分析中必选的分析指标是项目财务内部收益率,根据项目的实际情况也可选择净现值或其他评价指标,必要时可同时针对两个或两个以上的指标进行敏感性分析。

(4)敏感性分析的计算指标。

①敏感度系数。是项目效益指标变化的百分率与不确定因素变化的百分率之比。敏感度

系数高,表示项目效益对该不确定因素敏感程度高,应重视该不确定因素对项目效益的影响。敏感度系数计算公式如下:

$$某不确定因素敏感度系数 = \frac{评价指标相对基本方案的变化率}{该不确定因素变化率} \quad (6-21)$$

②临界点。是指不确定因素的极限变化,即该不确定因素使项目内部收益率等于基准收益率或净现值变为零时的变化百分率。当该不确定因素为费用科目时,即为其增加的百分率;当其为效益科目时为降低的百分率。可以通过敏感性分析图求得临界点的近似值,但由于项目效益指标的变化与不确定因素变化之间不是直线关系,有时误差较大,因此最好采用专用函数求解临界点。

③敏感性分析图。在图6-6中,横轴为不确定因素的变化率,纵轴为内部收益率。图中共有四条内部收益率随不确定因素的变化曲线,还有一条基准收益率线。

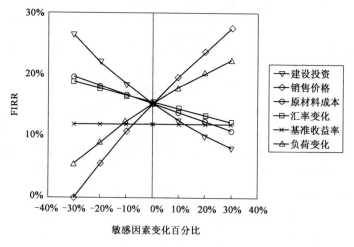

图6-6 敏感性分析图

以销售价格为例,当销售价格提高时,内部收益率随之提高,而销售价格降低时,内部收益率随之降低。内部收益率随销售价格的变化曲线与基准收益率线相交的交点,就是销售价格变化的临界点,用该点对应的不确定因素的变化率表示。用该变化率换算的不确定因素的变化数值就称为临界值。可以看出,销售价格降低的临界点约为7%,说明在基准收益率为12%时允许销售价格降低的极限是7%。

(5)敏感性分析应用。

应对敏感性分析图显示的结果进行文字说明,将不确定因素变化后计算的经济评价指标与基本方案评价指标进行对比分析,注重以下三个方面:一是确定敏感因素,结合敏感度系数及临界点的计算结果,按不确定因素的敏感程度进行排序,找出哪些因素是较为敏感的不确定因素,敏感度系数较高者或临界点较低者为较为敏感的因素;二是定性分析临界点所表示的不确定因素变化发生的可能性;三是归纳敏感性分析的结论,指出最敏感的一个或几个关键因素,粗略预测项目可能的风险,提请项目发包人、投资者和有关各方在决策和实施中注意,以尽可能降低风险,实现预期效益。

(6)敏感性分析的不足。

敏感性分析虽然可以找出对项目效益比较敏感的不确定因素,并估计其对项目效益的影响程度,但并不能得知这些影响发生的可能性有多大,这是敏感性分析最大的不足之处。

四、概率分析

为了作出正确决策,需要对不确定因素进行技术经济分析,计算其发生的概率及对决策方案的影响程度,从中选择经济效果最好(或满意)的方案,这是概率分析最显著的特点。

前面我们讨论了敏感性分析的概念和方法,它是在不确定条件下,分析经济效果的可靠性,用来描述当经济参数存在估计误差或发生变化时,该项目的经济效果的相应变化,以及变化的敏感程度。

概率分析不同于敏感性分析,它可根据各种可变参数的概率分布来推求一个条件下获利的可能性大小,或者是项目所承担的风险大小。概率分析中的可变参数,一般包括现金流量、寿命期、贴现率等。这些参数可以是独立的、与时间相关的或者是彼此相关的。概率分析一般有蒙特卡洛方法和决策树方法两种方法,这里仅介绍决策树方法。

1. 决策树方法

决策树法是利用一种树形决策网络来描述与求解风险型决策问题的方法。它的优点是能使决策问题形象直观,便于思考与集体讨论。特别在多级决策活动中,有着层次分明、一目了然、计算简便的特点。

风险型决策问题一般都具有多个备选方案,每个方案又有多种客观状态,因此决策由左向右,由简入繁,形成一个树形的网络图。

运用决策树进行决策通常分为两个过程:先从左向右的建树过程,即根据决策问题的内容(备选方率、客观状态及其概率、损益值等)从左向右逐步分析,绘制决策树。决策树绘制好以后,再从右向左,计算各个方案在不同状态下的期望损益值,然后根据不同方案的损益值的大小作出选择,去除被淘汰的方案,最后留下的唯一方案就是最优方案。

2. 决策树方法的应用

决策树方法的应用通过下列案例来说明。

[例 6-13] 某潜在投标人拟参加某工程项目施工的投标。该工程招标文件已明确,采用固定总价发包,估算直接成本为1500万元,投标人根据有关专家的咨询意见,认为该工程项以10%、7%、4%的利润率投标的中标概率分别为0.3、0.6、0.9。中标后如果承包效果好能够达到预期利润率,其概率为0.6;中标后效果不好,所得利润将低于预期利润两个百分点。投标成本(含编制投标文件的费用)为5万元。试帮助投标人确定投标方案。

解:(1)计算各投标方案的利润,形成各投标方案利润表,见表6-4。

投利润率10%、承包效果好的利润:$1500 \times 10\% = 150$(万元)

投利润率10%、承包效果不好的利润:$1500 \times 8\% = 120$(万元)

投利润率7%、承包效果好的利润:$1500 \times 7\% = 105$(万元)

投利润率7%、承包效果不好的利润:$1500 \times 5\% = 75$(万元)

投利润率4%、承包效果好的利润:$1500 \times 4\% = 60$(万元)

投利润率4%、承包效果不好的利润:1500×2% =30(万元)

各投资方案的利润表　　　　　　　　　　　　　　　　表6-4

不同利润的方案	效果	概率	利润(万元)
10%利润率	好	0.6	150
	差	0.4	120
7%利润率	好	0.6	105
	差	0.4	75
4%利润率	好	0.6	60
	差	0.4	30

(2)绘出决策树,标明各方案的概率和利润,如图6-7所示。

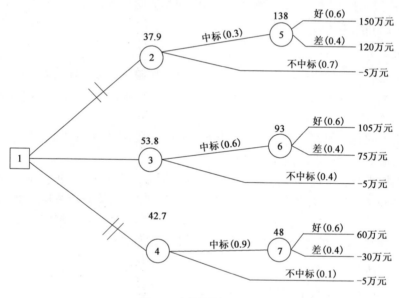

图6-7　决策树分析示意图

(3)计算图中各机会点的期望值:
点⑤:150×0.6+120×0.4=138(万元)
点②:138×0.3-5×0.7=37.9(万元)
点⑥:105×0.6+75×0.4=93(万元)
点③:93×0.6-5×0.4=53.8(万元)
点⑦:60×0.6+30×0.4=48(万元)
点④:48×0.9-5×0.4=42.7(万元)

(4)分析比较决策点②、点③、点④的期望值。
决策点③的期望值最大,因此选择利润率为7%的投标方案。
相应的投标报价是1500×(1+7%)=1605(万元)。

第四节 价值工程

【备考要点】
1. 价值工程、价值、功能、成本的基本概念以及相互之间的关系。
2. 价值工程在判断最优方案和进行限额设计中的应用。

一、价值工程概念

价值工程也称价值分析,是指以产品或作业的功能分析为核心,以提高产品或作业的价值为目的,力求以最低寿命周期成本实现产品或作业必要功能的一项有组织创造活动,有些人也称其为功能成本分析。价值工程涉及价值、功能和寿命周期成本等三个基本要素。价值工程是一门工程技术理论,其基本思想是以最少的费用换取所需要的功能。这门学科以提高工业企业的经济效益为主要目标,以促进老产品的改进和新产品的开发为核心内容。

1. 价值概念

价值工程中所说的"价值"有其特定的含义,与哲学、政治经济学、经济学等学科关于价值的概念有所不同。价值工程中的"价值"就是一种评价事物有益程度的尺度。价值高说明该事物的有益程度高、效益大、好处多;价值低则说明有益程度低、效益差、好处少。例如,人们在购买商品时,总是希望物美而价廉,即花费最少的代价换取最多、最好的商品。价值工程把"价值"定义为"对象所具有的功能与获得该功能的全部费用之比",即:

$$V = \frac{F}{C} \tag{6-22}$$

式中:V——"价值";
    F——功能;
    C——成本。

2. 功能概念

价值工程认为,功能对于不同的对象有着不同的含义。对于物品来说,功能就是它的用途或效用;对于作业或方法来说,功能就是它所起的作用或要达到的目的;对于人来说,功能就是他应该完成的任务;对于企业来说,功能就是它应为社会提供的产品和效用。总之,功能是对象满足某种需求的一种属性。

3. 成本概念

价值工程所谓的成本是指人力、物力和财力资源的耗费。其中,人力资源实际上就是劳动价值的表现形式,物力和财力资源就是使用价值的表现形式,因此价值工程所谓的"成本"实际上就是价值资源(劳动价值或使用价值)的投入量。

二、分析指数计算

1. 功能指数计算

一个项目都由若干个不同功能的部件(子项目)组成,不同的功能部件在整个项目中所发挥的作用也是不一样的,首先通过专家组采用一定评价方法可以得到每一个功能部件的重要性系数(所有功能部件的重要性系数之和等于1)。其次在多方案评价分析时,通过专家组成员对每一个方案的所有功能部件进行逐一打分,以各部件功能得分占总分的比例确定各部件功能评价指数:

$$第i个评价对象的功能指数\ F_i = \frac{第i个评价对象的功能的分值\ f_i}{全部功能得分值} \qquad (6-23)$$

功能评价指数大,说明功能重要;反之,功能评价指数小,说明功能不太重要。

2. 成本指数计算

成本指数是指某个评价对象现实成本(投入)占全部成本之比。

$$第i个评价对象的成本指数\ C_i = \frac{第i个评价对象的现实成本\ c_i}{全部成本} \qquad (6-24)$$

3. 价值指数计算

价值指数定义为单位成本能够创造的项目功能,价值指数等于功能指数与成本指数之比。

$$第i个评价对象的价值指数\ V_i = \frac{第i个评价对象的功能评价指数\ F_1}{第i个评价对象的实现成本指数\ C_1} \qquad (6-25)$$

价值指数的计算结果分析:

(1) $V_i = 1$。评价对象的功能比重与成本比重大致平衡,合理分配,可以认为功能的现实成本是比较合理的。

(2) $V_i < 1$。评价对象的成本比重大于其功能比重,表明相对于系统内的其他对象而言,目前所占的成本偏高,从而会导致该对象的功能过剩。应将评价对象列为改进对象,改善方向主要是降低成本。

(3) $V_i > 1$。评价对象的成本比重小于其功能比重。出现这种情况的原因可能有三种:

第一,由于现实成本偏低,不能满足评价对象实现其应具有的功能的要求,致使对象功能偏低。这种情况应列为改进对象,改善方向是增加成本。

第二,对象目前具有的功能已经超过其应该具有的水平,即存在过剩功能。这种情况也应列为改进对象,改善方向是降低功能水平。

第三,对象在技术、经济等方面具有某些特征,在客观上存在着功能很重要而消耗的成本却很少的情况。这种情况一般不将其列为改进对象。

三、价值工程的基本特点

(1) 以使用者的功能需求为出发点。
(2) 对功能进行分析。
(3) 系统研究功能与成本之间的关系。
(4) 努力方向是提高价值。
(5) 需要由多方协作,有组织、有计划、按程序地进行。

四、价值工程分析实例

[例6-14] 利用价值工程分析方法进行方案选择。

某水运工程项目的开发征集到其中较为出色的四个设计方案作进一步的技术经济评价。

有关专家决定从五个方面(分别以 $F_1 \sim F_5$ 表示)对不同方案的功能进行评价,各功能的重要性系数和各专家对该四个方案的功能满足程度分别打分,其结果见表 6-5。据造价工程师估算,A、B、C、D 四个方案的造价分别为 1420 万元、1230 万元、1150 万元、360 万元。试分析确定最佳方案。

方案功能得分表 表 6-5

功能项目	功能的重要性系数	方案功能得分			
		A	B	C	D
F_1	0.350	9	10	9	8
F_2	0.225	10	10	8	9
F_3	0.225	9	9	10	9
F_4	0.100	8	8	8	7
F_5	0.100	9	7	9	6

解:分别计算各方案的功能指数、成本指数、价值指数如下:

(1)计算功能指数。

将各方案的各功能得分分别与该功能的权重相乘,然后汇总即为该方案的功能加权得分,各方案的功能加权得分为:

$W_A = 9 \times 0.350 + 10 \times 0.225 + 9 \times 0.225 + 8 \times 0.100 + 9 \times 0.100 = 9.125$

$W_B = 10 \times 0.350 + 10 \times 0.225 + 9 \times 0.225 + 8 \times 0.100 + 7 \times 0.100 = 9.275$

$W_C = 9 \times 0.350 + 8 \times 0.225 + 10 \times 0.225 + 8 \times 0.100 + 9 \times 0.100 = 8.900$

$W_D = 8 \times 0.350 + 9 \times 0.225 + 9 \times 0.225 + 7 \times 0.100 + 6 \times 0.100 = 8.150$

各方案功能的总加权得分为:

$W = W_A + W_B + W_C + W_D = 9.125 + 9.275 + 8.900 + 8.150 = 35.45$

因此,各方案的功能指数为该方案功能加权得分占所有方案功能加权得分总和的比例为:

$F_A = 9.125/35.450 = 0.257$

$F_B = 9.275/35.450 = 0.262$

$F_C = 8.900/35.450 = 0.251$

$F_D = 8.150/35.450 = 0.230$

(2)计算各方案的成本指数。

$C_A = 1420/(1420 + 1230 + 1150 + 1360) = 1420/5160 = 0.275$

$C_B = 1230/5160 = 0.238$

$C_C = 1150/5160 = 0.223$

$C_D = 1360/5160 = 0.264$

(3)计算各方案的价值指数 $V = F/C$。

$V_A = F_A/C_A = 0.257/0.275 = 0.935$

$V_B = F_B/C_B = 0.262/0.238 = 1.101$

$V_C = F_C/C_C = 0.251/0.223 = 1.126$

$V_D = F_D/C_D = 0.230/0.264 = 0.871$

由于 C 方案的价值指数最大,所以 C 方案为最佳方案。

[例 6-15]　利用价值工程分析方法进行方案优化或者限额设计:

某建设项目由 A、D、C、D、E、F 六大功能组成。现已完成初步设计,项目发包人聘请某咨询单位进行初步设计的价值工程分析工作。下面是咨询单位在开展价值工程工作中功能评价的过程。

(1)为了计算功能指数,首先对项目各功能重要程度进行评分,评分结果如表 6-6。

评 分 结 果 表　　　　　　　　　　表 6-6

评价对象	A	B	C	D	E	F	合计
功能得分	5	3	4	6	1	2	21
功能指数计算							

(2)计算成本指数。

按初步设计,项目计划总投资概算为 5000 万元,六大功能块的投资概算见表 6-7,计算成本指数。

(3)计算价值指数。

根据计算出的成本指数和功能指数,计算六大功能块的价值指数见表 6-7。

价 值 指 数 表　　　　　　　　　　表 6-7

评价对象	功能指数	投资概算(万元)	成本指数	价值指数
A		1800		
B		1210		
C		880		
D		710		
E		220		
F		180		
合计		5000		

(4)根据价值指数对功能进行分析。

(5)提出初步设计改进方案。

问题:(1)完成题中表格的各项计算,并填写完整。

(2)根据价值指数,对各功能块进行分析。

(3)如果按 5000 万元的投资额,如何对上述功能块进行改进?

(4)由于预备项目建设中可能会出现价格、利率和工程变更等风险,为留有足够的预备金,发包人希望将投资概算额控制在 4500 万元以下,又如何改进?

解:(1)分别计算功能指数、成本指数和价值指数,填写与表 6-8 和表 6-9 中。

评 分 结 果 表   表6-8

评价对象	A	B	C	D	E	F	合计
功能得分	5	3	4	6	1	2	21
功能指数计算	0.238	0.143	0.190	0.286	0.048	0.095	1.000

价 值 系 数 表   表6-9

评价对象	功能指数	投资概算(万元)	成本指数	价值指数
A	0.238	1800	0.36	0.661
B	0.143	1210	0.242	0.591
C	0.190	880	0.176	1.080
D	0.286	710	0.142	2.014
E	0.048	220	0.044	1.091
F	0.095	180	0.036	2.639
合计	1.000	5000	1.000	

(2) 从上表中价值指数进行分析：C 和 E 的价值指数接近1，说明功能与成本大致相当。可以认为该功能块比较合理，无须改进。A 和 B 功能块的价值系数均小于1，说明其成本比重大于其功能比重，应列为改进对象。D、F 部件的价值指数均大于1，也应列为价值工程工作的改进对象。

(3) 投资总额控制在 5000 万元，按功能指数重新分解总投资额，计算各功能块投资额的变化，见表6-10。

各功能块投资额变化表   表6-10

分块部件	功能指数	目前投资概算	成本指数	价值指数	按功能分配概算投资额	应增减概算投资额	按功能目标投资额	按目标投资额增减投资指标
(1)	(2)	(3)	(4)	(5)=(2)/(4)	(6)=(2)×5000	(7)=(6)−(3)	(8)=(2)×4500	(9)=(8)−(3)
A	0.238	1800	0.36	0.661	1190	−610	1071	−729
B	0.143	1210	0.242	0.591	715	−495	643.5	−566.5
C	0.190	880	0.176	1.080	950	70	855	−25
D	0.286	710	0.142	2.014	1430	720	1287	577
E	0.048	220	0.044	1.091	240	20	216	−4
F	0.095	180	0.036	2.639	475	295	427.5	247.5
合计	1.000	5000	1.000		5000		4500	

通过表6-10 的计算和价值分析，确定了 A、B、D、F 为改进对象。

根据表6-10 的第(2)和第(6)列的分析，得到如下结果：

①A 的功能指数较大，主要应考虑在保持现行设计的功能不变的情况，通过设计变更、材料代换等降低其建造成本。

②B 的功能指数不高，表明它在项目中的功能并不是特别重要，但其占据了大量的投资份额。不仅要考虑降低其建造成本，更要考虑减少其功能，使得项目投资能大幅度下降。

③从功能指数分析，D 是一个重要的功能。但现有方案中其所耗费的投资比较低，一种可能是其方案比较合理，建造成本较低；另一种可能是现有方案中设计标准偏低，可增加该功能

块的投资。提高设计标准,使项目对市场更有吸引力。

④从功能指数看,对该项目来说,F 是一个并不太重要的功能,同时价值指数也较大。可考虑在保持现有投资额不增加或增加额不大的情况下,能进一步完善 F 功能块。

(4) 发包人要求的 4500 万元为投资限额目标。按功能指数将其分配到各功能块,目标投资额增减指标见表 6-10 的计算结果。从计算的结果来看,实现投资额降低目标的主要工作对象还是在 A 和 B 两个功能块上。

第五节 工程项目投资构成与估算

【备考要点】
建设项目总投资的费用构成,水运建设项目工程造价的构成。

一、工程总投资构成与计算

建设项目总投资是指工程项目建设阶段所需要的全部费用的总和,包括固定资产投资和流动资产投资两部分。其中固定资产投资包括建设投资和建设期利息,流动资产投资是指生产性的建设项目投入的流动资金的总额。生产性建设项目总投资包括建设投资、建设期利息和流动资金三部分;非生产性建设项目总投资包括建设投资和建设期利息两部分。建设投资包括工程费用、工程建设其他费用和预备费三部分。工程费用是指直接构成固定资产实体的各种费用,可以分为建筑安装工程费和设备及工器具购置费;工程建设其他费用是指根据国家有关规定应在投资中支付,并列入建设项目总造价或单项工程造价的费用;预备费是为了保证工程项目的顺利实施,避免在难以预料的情况下造成投资不足而预先安排的一笔费用;建设期利息是指工程项目建设期间内发生并计入固定资产的利息,主要是建设期发包人发生的支付银行贷款、出口信贷、债券等的借款利息和融资等的费用。项目运营需要流动资产投资,指运营期内长期占用并周转使用的运营资金,不包括运营中需要的临时性运营资金。

建设项目总投资的具体构成如图 6-8 所示。

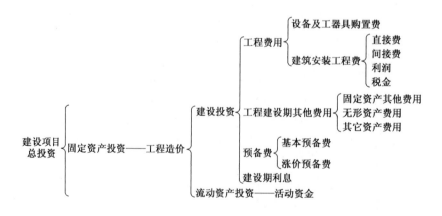

图 6-8 建设项目总投资构成

工程造价是工程项目按照确定的建设内容、建设规模、建设标准、功能要求和使用要求等全部建成并验收合格交付使用所需的全部费用。工程造价的构成按工程项目建设过程中各类费用支出或花费的性质、途径等来确定,包括用于购买工程项目所含各种设备的费用,用于建筑施工和安装施工所需支出的费用,用于委托工程勘察设计应支付的费用,用于购置土地所需的费用,也包括用于发包人自身进行项目筹建和项目管理所花费费用及借款利息等,可以概括为建设投资和建设期利息。从工程造价的构成和固定资产的构成可以得出,建设项目的工程造价在量上与建设项目总投资中的固定资产投资相等。

二、水运工程建设项目工程造价的构成

水运工程建设项目的投资构成与一般建设项目相同,包括固定资产投资和流动资金投资两部分。但水运工程建设项目工程造价构成与一般建设项目有所区别。根据现行的《水运建设工程概算预算编制规定》(JTS/T 116—2019),水运建设工程工程造价的具体构成见图6-9。

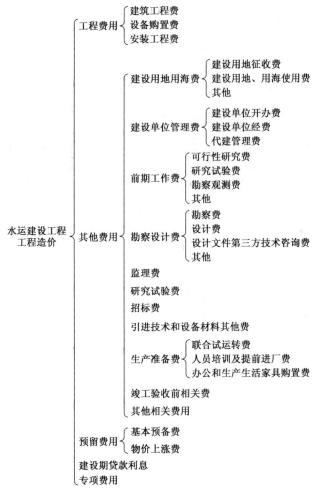

图6-9 水运建设工程工程造价构成

三、水运工程建设项目的投资计算

水运工程建设项目的投资计算具体按照《水运工程建设项目投资估算编制规定》（JTS 115—2014）和《水运建设工程概算预算编制规定》（JTS/T 116—2019）规定的办法计算。在本章第六节、第七节中有介绍。

第六节　工程建设项目投资估算

【备考要点】
1. 投资估算的作用、阶段划分、费用组成及估算方法。
2. 工程概算的作用的含义、作用。
3. 工程预算的作用的含义、作用。

估算是指在工程建设项目决策过程中，依据现行法律法规、规章、技术经济标准以及相关资料，采用一定的方法，对拟投资建设项目的资金额度进行的计算或估计。它是项目建设前期编制项目建议书和可行性研究报告的重要组成部分，是项目决策的重要依据之一。

一、水运建设项目的投资估算阶段划分

1. 预可行性研究阶段

在项目的预可行性研究阶段，是按项目的建设条件、建设规模等，估算建设项目所需要的投资额。其对投资估算精度的一般要求为误差控制在±30%以内。此阶段项目投资估算的意义是可据此判断一个项目是否需要进行下一阶段的工作。

2. 工程可行性研究阶段

工程可行性研究阶段的投资估算至关重要，该阶段的投资估算是项目决策的重要依据，是项目实施阶段控制投资的基础。

以下主要介绍工程可行性研究阶段的投资估算。

二、投资估算的范围与内容

投资估算是在对项目的建设规模、总平面布置、装卸工艺、港作车船、水工建筑物、配套工程及项目进度计划等进行研究并初步确定的基础上，估算项目建设投资，并测算建设期内分年资金需要量的过程。

进行投资估算，首先要明确投资估算的范围。投资估算的范围应与项目建设方案设计所确定的研究范围和各单项工程内容相一致。

投资估算的具体内容一般包括：
(1) 工程费用；
(2) 工程建设其他费用；

(3)预留费用;
(4)建设期贷款利息;
(5)专项估算。

三、投资估算的依据和基本步骤

(1)投资估算的编制依据主要有:
①国家和行业主管部门及省级人民政府发布的有关法律、法规等。
②建设项目可行性研究报告。
③国家和地区所颁发的规定及有关定额、计费标准、估算指标等。
④工程所在地材料市场价格以及由行业或当地建设主管部门发布的材料价格信息和相关规定。
⑤设备的市场询价。
⑥银行利率、汇率、物价指数及其他有关资料。
(2)以工程可行性研究阶段沿海港口建设工程为例,投资估算的基本步骤如下:
①熟悉可行性研究的内容,了解设计标准、内容,明确设计范围及边界,全面掌握可行性研究的内容,特别是要明确工程项目的组成,要注意设计范围的划分,设计分工要明确,尤其注意港外配套设施的设计分工或投资的分摊,使估算能全面地、完整地反映建设内容。
②收集有关资料。
掌握准确的投资估算编制所需要的第一手资料,对于提高估算的正确性是必不可少的条件。收集的有关资料一般包括如下内容:
　　a. 工程所在地建筑材料和燃料油的市场价格,包括主要材料(钢材、木材、水泥等)及地方材料(块石、卵石、碎石、砂等)、燃料油等价格;
　　b. 当地有关工程的竣工资料或招投标的中标价等;
　　c. 当地的有关规定,主要指当地省、市现行的建筑工程的估算指标、概算指标、概算定额或预算定额、全国统一安装工程定额当地估价表等;
　　d. 工程所在地的建设条件,包括自然条件,水、电资源及供应情况,运输条件,通信条件,地方建筑材料资源情况、开采运输能力,建筑市场情况,可以利用的预制场和施工码头设施等;
　　e. 工程所在地有关工程造价的信息资料。
③编制施工组织设计。
施工组织设计一般由专业人员完成。根据设计方案和当地的建设条件,选择技术可行、经济合理的施工方案,使估算编制时能够合理选用定额和计算费用,保证估算能正确地反映设计内容。
④编制单项或单位工程的建筑工程费、安装工程费、设备购置费。
⑤计算工程建设其他费用和基本预备费。
⑥计算物价上涨费。
⑦计算建设期贷款利息。
⑧计列专项估算。
⑨汇总投资估算的编制成果,主要内容包括:编制说明、总估算表、主体工程单项(单位)

工程估算表、其他专业工程单项(单位)工程费用汇总表、设备购置及安装工程估算表、其他费用估算表、主要材料单价表等。

四、水运工程投资估算方法

水运工程建设项目投资总估算,应包括建设项目筹备至竣工验收的全部建设费用。

对于使用外资的建设项目,应根据有关规定计算外币及与之有关的其他费用,并按内币和外币分列的形式编制估算。

下面以沿海港口建设工程为例,介绍投资估算的工程项目与费用项目划分及编制方法(表6-11)。具体沿海港口工程、内河航运工程、疏浚工程的工程项目与费用项目划分及编制方法按相应的编制规定执行。

沿海港口工程投资估算工程项目与费用项目的划分及编制方法(参考)　　表6-11

序号	工程或费用项目名称	预可行性研究估算编制方法	工程可行性研究估算编制方法
	第一部分　工程费用		
一	疏浚	单方指标法或用"估算指标"	"疏浚定额乘系数法"
二	水工建筑	用"估算指标"	"水工定额"乘系数法
1	码头		
2	栈(引)桥		
3	护岸		
4	防波堤(引堤)		
5	……		
三	软基加固	平米指标法或用"估算指标"	平米指标法或用"估算指标"或"水工定额"乘系数法
四	陆域形成	单方指标法	单方指标法
五	港区道路、堆场	平米指标法或用"估算指标"	平米指标法或用"估算指标"或"水工定额"乘系数法
六	装卸机械设备及维修设备的购置与安装	设备询(估)价、安装费率;或用"估算指标"	设备询价、"安装定额"乘系数法(定额缺项可用安装费率)
七	港作车船	车船询(估)价法	车船询(估)价法
八	供电与照明	用"估算指标"	用"估算指标"或单位指标法
九	给排水及污水处理	用"估算指标"	用"估算指标"或单位指标法
十	通信与导航	用"估算指标"或设备询价法	用"估算指标"或设备询价法
十一	港区铁路	用km指标法	用km指标法(注意指标中应包括道岔、信号、桥涵)
十二	采暖供热	用"估算指标"	用"估算指标"
十三	土建工程	用"估算指标"或平米指标法	

续上表

序号	工程或费用项目名称	预可行性研究估算编制方法	工程可行性研究估算编制方法
1	生产建筑(含生产构筑物)及生产辅助建筑		用"概算指标""概算定额"或平米指标法
2	生活福利建筑		平米指标法
十四	消防工程	设备询(估)价法或单位指标法	设备询(估)价法或单位指标法
十五	环保工程	用"估算指标"	用"估算指标"
十六	自动控制	用"估算指标"	用"估算指标"、设备询价法
十七	通风与空调	设备询(估)价法	设备询(估)价法或单位指标法
十八	供油设施	单位指标法	设备询(估)价法或单位指标法
十九	临时工程	用竣工资料估价或用"估算指标"	用竣工资料估价或用"估算指标"
二十	劳保与安全卫生设施	用竣工资料估算	用竣工资料估算
	第二部分 工程建设其他费用	用"编制规定"	用"编制规定"
一	土地征用与拆迁补偿费		
二	海域使用费		
三	生产准备费		
四	联合试运转费		
五	工器具及生产家具购置费		
六	研究试验费		
七	前期工作费及勘察设计费		
八	进口设备和材料的其他费		
九	其他		
	第三部分 预留费用	用"编制规定"	用"编制规定"
一	基本预备费		
二	物价上涨费		
	第四部分 费用	用"编制规定"	用"编制规定"
一	建设期贷款利息		
	港内投资估算合计		
	第五部分 专项估算		
	估算投资合计		

注:1. 表中的"估算指标"系指"沿海港口建设工程投资估算指标"。
2. 表中的"水工定额"系指"沿海港口水工建筑工程定额"。
3. 表中的"安装定额"系指"沿海港口工程船舶机械艘(台)班费用定额"。
4. 表中的"编制规定"系指"水运工程建设项目投资估算编制规定"。
5. 表中的"概算指标"或"概算定额"指工程所在地的省、市定额。

第七节　工程建设项目概算、预算

【备考要点】
1. 工程概算的含义及作用。
2. 施工图预算的作用、编制依据。
3. 水运建设工程概算预算基本规定及费用组成。

一、工程建设项目概算

工程概算是初步设计文件的重要组成部分,是具体体现设计成果和设计水平的一个重要内容,是全面反映建设项目的投资规模和投资构成的重要文件。

随着社会主义市场经济的发展,水运工程固定资产投资的不断增长必然会对工程概算提出更高的标准和更严的要求。因此,编制工程概算时,必须严格执行国家的方针政策和有关规定,实事求是地根据工程所在地的建设条件及工程实际情况,正确选用定额、费用和价格等各项编制依据。工程概算必须完整地、准确地反映建设内容,坚决反对弄虚作假、高估冒算或预留投资缺口。要不断提高工程概算的科学性、准确性和公正性;要积极探索新问题、创造新经验、积累新资料。从而使设计工程概算的编制质量得以提高,满足水运工程建设的需要。

(一)工程概算的含义

工程概算是在投资估算的控制下由设计单位根据初步设计图纸、概算定额(或概算指标)、各项费用定额或取费标准(指标)、建设地区自然、技术经济条件和设备、材料预算价格等资料,编制和确定的建设项目从筹建至竣工交付使用所需全部费用的文件。采用两阶段设计的建设项目,初步设计阶段必须编制工程概算。

(二)工程概算的作用

工程概算经批准后,具有以下作用:

国家规定,编制年度固定资产投资计划确定计划投资总额及其构成数额,要以批准的初步设计概算为依据,没有批准的初步设计概算的建设工程不能列入年度固定资产投资计划。

(1)工程概算是编制建设项目投资计划、确定和控制建设项目投资的依据。

经批准的建设项目设计总概算的投资额,是该工程建设投资的最高限额。工程概算是签订建设工程合同和贷款合同的依据。工程概算是银行拨款或签订贷款合同的最高限额,建设项目的全部拨款或贷款以及各单项工程的拨款或贷款的累计总额,不能超过工程概算。

(2)工程概算是控制施工图设计和施工图预算的依据。

经批准的工程概算是建设项目投资的最高限额,设计单位必须按照批准的初步设计及其总概算进行施工图设计,施工图预算不得突破设计工程概算。如确需突破总概算时,应按规定程序上报审批。

(3)工程概算是衡量设计方案经济合理性和选择最佳设计方案的依据。

工程概算是设计方案技术经济合理性的综合反映,据此可以用来对不同的设计方案进行技术与经济合理性的比较,以便选择最佳的设计方案。

(4)工程概算是工程造价管理及编制招标最高招标限价和投标报价的依据。

设计总概算一经批准,就作为工程造价管理的最高限额,并据此对工程造价进行严格的控制。以工程概算进行招投标的工程,招标单位编制最高招标限价是以工程概算造价为依据的,并以此作为评标定标的依据。承包单位为了在投标竞争中取胜,也必须以工程概算为依据,编制出合适的投标报价。

(5)工程概算是考核建设项目投资效果的依据。

通过工程概算与竣工决算对比,可以分析和考核投资效果的好坏,同时还可以验证工程概算的准确性,有利于加强工程概算管理和建设项目的造价管理工作。

二、工程建设项目施工图预算

施工图预算是根据施工图设计要求所计算的工程量、施工组织设计、现行水运工程预算定额及取费标准、人工费单价、材料预算价格和国家制定的其他取费规定,进行计算和编制单位工程建设费用的文件。按交通运输部颁发的概、预算管理规定,施工图预算由承担设计任务的设计单位负责编制。

(一)施工图预算的意义

施工图预算是建筑产品的计划价格或称预算成本。由于建筑产品生产的复杂性,影响其定价的因素较一般工业产品更多。即使是相同项目的工程,因现场施工条件不同、原材料来源和运输方式的不同、采用施工船机和施工方法不同、发包人和承包人的经营管理水平不同、编制人员业务水平不同以及其他各种难以预见因素的影响等,也会使得预算结果相差较大。一个编制完全、准确、合理的施工图预算,可以促使施工企业遵循经济的原则,合理地选用施工船机,改进施工技术,合理调配和使用劳动力,节省各项费用开支,以较低的工程造价,较短的工期和满意的质量完成项目建设。

(二)经批准的施工图预算的主要作用

(1)施工图预算是确定建筑安装工程造价的依据。为了控制固定资产的投资规模,各级政府主管部门编制、审定了一系列概预算定额和相应的取费标准和编制规定,用以确定建筑产品的价格。因而,经审批的施工图预算是确定建筑安装工程造价的依据。

(2)施工图预算是设计阶段控制工程造价的重要环节,是控制施工图设计不突破设计概算的重要措施。

(3)施工图预算是编制或调整固定资产投资计划的依据。

(4)对于实行施工招标的工程,施工图预算是编制最高招标限价的依据,是投标报价的基础。

三、水运建设工程概算预算基本规定

目前,水运建设工程的概算、预算按《水运建设工程概算预算编制规定》(JTS/T 116—

2019)(下简称《编制规定》)执行。

(一)基本规定

水运建设工程包括我国境内远海、沿海和内河区域建设的各类港口、航道、航运枢纽及通航建筑物、修造船厂水工建筑物等工程,水运建设工程初步设计概算和施工图预算的编制及管理应符合下列规定。

(1)远海区域水运建设工程造价编制及管理应执行交通运输部颁布的远海区域水运建设工程造价编制及管理相应规定。

(2)沿海和内河区域水运工程应按下列规定划分:

沿海区域水运工程指在我国入海河流口门及以下、沿海(包括海南岛、长山列岛舟山群岛)和沿海海域海岛(含人工岛)建设的港口工程、航道工程、修造船厂水工建筑物工程、水运支持系统工程和水运其他工程。

内河区域水运工程指在江河、湖泊水域及入海河流口门以上水域建设的内河航运工程,内河航运工程主要包括港口工程、航道工程、航运枢纽及通航建筑物工程、修造船厂水工建筑物工程、水运支持系统工程和水运其他工程。

(二)水运建设工程概算预算编制及管理

1.概算编制及管理

1)一般规定

(1)工程概算是初步设计文件的重要组成部分,应由项目设计单位负责编制。设计单位进行初步设计时,应根据工程的构成和工程造价管理的有关规定及计价标准编制建设项目工程概算。

(2)工程概算编制必须严格执行国家的方针政策和有关规定,根据工程所在地的建设条件、设计及施工方案,合理选用定额、费用标准和价格等分项编制要素,工程概算应完整、正确、客观、合理地计列建设项目总概算各部分费用项目及内容。

(3)总概算应控制在建设项目工程可行性研究阶段批准的投资总估算允许范围内。

(4)由多个设计单位共同承担建设项目设计工作时,应由总体设计单位负责协调确定概算的编制原则和依据、统一材料价格水平、汇编总概算,并应对全部概算的编制质量负责。参与设计单位应对所承担设计对应范围内的工程概算负责。

(5)使用外币的建设项目,应根据本规定编制全部折算人民币后的工程概算,需要时应同时编制人民币和外币概算。外币汇率应以概算编制时中国人民银行公布的汇率为准。

2)概算编制依据

概算编制依据主要包括下列内容:

①国家及省级人民政府发布的有关法律、法规、规范、规章、规程等;

②项目可行性研究投资估算;

③初步设计文件的有关内容;

④基本规定和相关计价标准;

⑤生产厂家或供应商的设备价格;

⑥工程所在地的材料、构配件、零件、半成品或成品及各种设备器材的市场价格,有关部门发布的材料信息价格和相关规定等;

⑦有关合同协议和其他相关资料。

建设项目总概算应包括项目从筹建到竣工验收所需的全部建设费用。

3)概算管理

工程建设的发包人应认真执行项目工程概算。如必须增加投资时,应在工程费用或工程建设其他费用范围内调剂解决;无法调剂时,应按相应程序办理,使用预留费用解决。

在建设过程中,由于政策调整、不可预见因素、重大设计变更等原因导致原概算不能满足工程建设实际需要,必须突破总概算时,应按照相关规定编制项目调整概算。

2. 施工图预算编制及管理

1)一般规定

施工图预算是施工图设计文件的组成部分。进行施工图设计时,应根据设计划分的单位工程编制预算,可根据需要编制建设项目总预算。

施工图预算可由承担设计任务的设计单位编制或委托有相应资质能力的造价咨询机构编制。

预算编制应严格执行有关规定,根据施工图、工程所在地的建设条件和施工组织设计或施工方案等,合理选用定额、确定费用标准和价格等各项要素,客观、准确地反映工程实际情况。

按施工图预算承包的工程,预算是确定工程造价、签订工程建设合同和办理工程结算的基础;实行施工招标的工程,预算可作为编制工程最高招标限价或标底的基础;对在设计单位内部,预算有时作为考核施工图设计经济合理性的依据。

施工图预算宜控制在初步设计概算相应范围之内;总预算费用项目内容,根据需要,可参照总概算工程建设的相关内容。

2)预算编制依据

施工图预算的编制依据主要包括下列内容:

①国家及省级人民政府发布的有关法律、法规、规范、规章、规程等;

②本工程初步设计概算文件;

③施工图设计和施工组织设计或施工方案;

④工程所在地的自然、技术、经济条件等资料;

⑤基本规定及有关专业工程定额和相关计价依据;

⑥工程所在地的材料、构配件、零件、半成品或成品及各种设备器材的市场价格有关部门发布的材料信息价格和相关规定等;

⑦有关合同协议及其他有关资料。

施工图预算文件应由封面、扉页、目录、编制说明、预算表格及附件等组成,编制预时要严格按照编制规定执行。

3)预算管理

发包人应根据设计要求,按相应技术标准对施工图预算文件进行审核。当单位工程预算突破相应概算时,应分析原因,对不合理部分进行修改,对合理部分可在总概算范围内调剂解决。

3.概算预算费用组成

水运工程建设项目总概算应由工程费用、工程建设其他费用、预留费用、建设期利息和专项概算组成。各项费用见表6-12。

概算预算费用表 表6-12

建设项目总概算	第一部分 工程费用		建设工程费
			设备购置费
			安装工程费
	第二部分 工程建设其他费用	建设用地用海费	建设用地征收费
			建设用地(用海)使用费
			其他
		建设单位管理费	建设单位开办费
			建设单位经费
		前期工作费	可行性研究费
			研究试验费
			勘察观测费
			其他
		勘察设计费	勘察费
			设计费
			设计文件第三方技术咨询费
			其他
		监理费	
		研究试验费	
		招标费	
		引进技术和设备材料其他费	
		生产准备费	联合试运转费
			人员培训及提前进厂费
			办公和生产生活家具购置费
		竣工验收前相关费	
		其他相关费用	
	第三部分 预留费用	基本预备费	
		物价上涨费	
	第四部分 建设期贷款利息		
	第五部分 专项费用		

（1）建筑工程费、安装工程费应由定额直接费、其他直接费、企业管理费、利润、规费增值税和专项税费组成。设备购置费应由设备原价、运杂费等费用组成。

可以使用《编制规定》水运工程工程费用计算规则、沿海港口工程定额和内河航运工程定额计算。

(2)建设用地征用费指根据国家相关法律规定,征用工程建设用地和施工用地所需的费用,主要包括土地补偿费、地上附着物及青苗补偿费、安置补助费等,费用应根据有关部门批准的工程建设用地和施工用地范围以及实际发生的费用项目,依据有关法律法规及建设项目所在地省级人民政府颁布的费用项目标准,以及相关行业颁布的专业标准计算。

(3)建设用地、用海使用费指根据国家相关法律法规,经有关部门批准获得土地海域(或水域)使用权所需的建设用地、用海(或水域)使用费及相关费用等。费用应根据国家、省级人民政府有关规定按相应标准计算。

(4)建设用地其他费用,指依据国家、省级人民政府相关规定需要计列的建设用地所需的其他有关费用,如环境补偿费、森林植被恢复费等。费用根据国家、省级人民政府有关规定按相应标准计算。

(5)建设单位开办费指新组建的建设单位为保证正常开展管理工作所需的初始费用。费用内容主要包括办公和生活临时用房、车船和办公生活设备、其他用具用品购置或租赁所需的费用,以及用于开办工作所需的其他费用。

(6)建设单位经费指发包人对工程建设实施日常管理所需的经常性费用。费用内容主要包括不在原单位发工资的工作人员工资及相关费用(工资、工资性补贴、施工现场津贴、职工福利费、社会保险费和住房公积金等)、办公和差旅交通费、劳动保护费、工具用具使用费、固定资产使用费、办公和生活用品购置费、零星固定资产购置费、招募生产工人费、技术图书资料费(含软件)、业务招待费、合同契约公证费、法律顾问费、咨询费、竣工验收费、土地使用税、房产税、车船税、印花税、水电费、信息通信费、采暖费等,以及其他管理性质支出所需的费用。费用应根据建设管理需要,以工程费用为基数乘以《编制规定》费率计算。

(7)代建管理费指发包人根据相关规定,委托代建单位进行项目建设管理所需的费用。费用应根据代建管理内容、要求及市场因素计算,条件不具备的,可参照相关标准或办法计列;代建管理费的费用项目及内容不得与发包人开办费和发包人经费重复计列。

(8)可行性研究费(或项目申请书编制费)、研究试验费、勘察观测费及其他。各项费用应据实计列,尚未确定费用额度的项目,应根据实际情况按相关标准或办法编制费用项目分项概算,并应列明相应依据及计算办法;条件不具备的,可参考有关资料计列,并应列明相应资料信息及计算办法。

(9)勘察费指进行各类工程勘察(含施工前第三方测量)所需的费用。

(10)设计费指进行建设项目设计和编制初步设计文件、施工图设计文件、非标准设备设计文件、编制相应造价文件,以及编制竣工图文件、进行工程专项咨询等所需的费用。费用根据合同计列;条件不具备的,可按基本设计费与其他设计费之和计列。

(11)设计文件第三方技术咨询费指根据相关规定,为保证工程设计质量,由第三方对初步设计文件、施工图设计文件进行技术审查咨询,以及对造价文件进行专项审查咨询所需的、由发包人支付的费用。费用按相关规定计列或根据咨询工作量考虑;条件不具备的,可按建筑安装工程费为基数乘以《编制规定》费率计算。

(12)勘察设计其他费,指为建设项目勘察设计所进行的其他工作所需的费用。如勘察设计专项评审、咨询会议、设备采购技术规格书编制等;对于已实施的项目,费用应据实计列;未实施的,费用根据实际需要和工作内容及深度要求,参照相关标准或计算办法计列,并列明相应依据及计算办法。

(13)监理费指根据国家相关规定和工程建设需要，由监理人开展建设工程监理与相关服务、施工期环境监理等所需的费用，主要包括建设工程施工监理服务费、其他相关服务费及施工期环境监理费等，各项费用应符合下列规定。

建设工程施工监理服务费指开展建设工程施工阶段的质量、进度、费用控制管理和安全生产监督管理，合同、信息等方面协调管理等服务所需的费用。费用应根据项目需要和工作内容计列；条件不具备的，可按需将监理服务工程项目的工程费用乘以《编制规定》费率计算。

其他相关服务费指为建设项目勘察、设计、保修等阶段提供相关服务所需的费用，费用应根据监理服务工作内容计列；条件不具备的，可按施工监理服务费的5%~10%估列。

施工期环境监理费指根据环境保护审批要求，环境监理单位实施工程施工环境监理等相关服务所需的费用，主要包括施工期环境监测费、环境跟踪监测等。费用应根据环境评价及批复意见的有关内容，按相关标准或参考有关资料计列，并应列明相应依据、资料信息及计算办法。

利用外资贷款建设项目的外方监理费，其项目及费用应按有关协议计列；条件不具备的，可按相关标准或参照相关资料计列，并列明相应依据、资料信息及计算办法。

(14)研究试验费指项目建设期间，为工程建设提供或验证设计参数、资料等进行必要的研究试验，以及按照设计需要，在建设过程中必须进行试验、观测、验证等工作所需的费用。

(15)招标费指根据相关规定和管理需要，进行工程建设招标活动所需的费用，主要包括招标代理费、编制最高招标限价或标底费用，以及进场交易费用等。可按拟定招标方案项目的概算金额乘以《编制规定》费率或者按照有关规定计算。

(16)引进技术和进口设备材料其他费指为引进技术和进口设备材料所需的、在设备材料价格以外的各类费用。主要包括技术合作费和银行担保承诺费等。费用应根据建设需要，按相关协议计列；条件不具备的，可按相关标准或参照相关资料计列，并列明相应依据、资料信息及计算方法。

(17)联合试转费指建设项目的各种生产设备、设施等在施工安装完毕，按照设计规定的工程质量标准进行的单机重载试运转或生产系统重载联台试运转所需的费用。费用内容主要包括联合试运转所需的材料、燃油料动力的消耗，船舶和机械使用费，工具用具和低值易耗品费，以及其他有关费用。

(18)人员培训及提前进厂费指建设项目竣工验收或交付使用前，生产单位为保证生产的正常运行，安排的需提前进厂（港）生产人员的经费和自行组织对生产人员培训所需的经费。

(19)办公和生活家具购置费指为保证建设项目初期正常生产、运营和管理必须购置的办公、生活家具和用具等所需的费用。费用内容主要包括办公室、会议室、资料档案室、食堂、浴室、单身职工宿舍等所需的家具、用具等的购置费用；费用应根据建设项目需要按相关标准或办法编制费用项目分项概算，并列明相应依据及计算方法；条件不具备的，可按设计定员乘以费用参考指标计列，费用参考指标为每人5000~10000元。

(20)竣工验收前相关费指根据国家及行业有关规定、技术标准和建设项目的实际需要，在项目竣工验收前必须进行的工作（工程）所需的费用，主要包括竣工前测量费、实船适航试

验费、航道整治效果观测费、断航损失补偿费等。费用应符合下列规定:

①竣工前测量费指工程竣工验收前,根据有关规定和标准对港口工程施工水域内港池、航道、锚地等进行扫测,对航道工程施工区域和航行区域进行测量,以及竣工验收现场核查时进行测量等所需的费用。费用应根据工程需要按相关标准或办法编制费用项目分项概算,并列明相应依据及计算方法;条件不具备的,可参考相关资料计列,并列明相应资料信息及计算方法。

②实船适航试验费指航道工程中新开航道、整治后提高航道等级或通航标准的航道或渠化后的航道,在竣工验收前按设计确定的通航船舶标准,组织实船通航试验所需的费用。费用内容主要包括试航船队的准备、航行费用,护航船舶航行费用,承包人及有关单位参加实船适航试验人员的人工费等(扣除试航船舶营运收益)。费用应根据工程项目需要及拟定试航次数天数等因素,按相关标准或计算办法编制费用项目分项概算,并列明相应依据及计算方法;条件不具备的,可参考相关资料或营运船舶的费用计算标准计列,并列明相应依据、资料信息及计算方法。

③航道整治效果观测费指航道整治工程项目竣工验收前,为验证设计及整治效果,对整治后的航道区段进行水下地形和水文情况的观测分析等工作所需的费用。费用应根据工程项目需要按相关标准或计算办法编制费用项目分项概算,并列明相应依据及计算方法;条件不具备的,可参考相关资料计列,并列明相应资料信息及计算方法。

④断航损失补偿费指通航河段因进行施工而临时断航,对造成的第三方损失进行补偿所需的费用。费用应根据断航期限、航段通航及运量情况、需要采取的措施及补偿范围等,按相关标准或计算办法编制分项概算,并列明相应依据及计算方法;条件不具备的,可参考相关资料计列,并列明相应资料信息及计算方法。

(21)其他相关费用指根据国家及行业有关规定、技术标准和建设项目的实际需要,为保证建设项目实施所必须进行的、需要在工程建设其他费用中计列的、上述费用以外的费用项目,包括工程保险费、各类检验及检(监)测费、各类专项评价及评估费、第三方审计服务费等;各项费用应根据工程项目需要按相关标准或计算办法编制费用项目分项概算,并列明相应依据及计算方法;条件不具备的,可参考相关资料计列,并列明相应资料信息及计算方法。各项费用项目内容应明确,依据应合理有效。

(22)基本预备费指初步设计阶段预留的工程实施中不可预见的工程或费用。

基本预备费应根据工程复杂程度,按工程费用与工程建设其他费用之和乘以2%~5%计算。

(23)物价上涨费指建设项目自概算编制时起至竣工投产期间内,由于利率、汇率或价格等因素的变化而预留的可能增加的、需要在概算中计列的费用。费用应根据计算建设工期、分年度计划投资概算金额等参数按下式计算:

$$E = \sum_{n=1}^{N} F_n [(1+P)^n - 1] \tag{6-26}$$

式中:E——物价上涨费(万元);

N——计算建设工期(年),自概算编制始至计划竣工验收期止;

n——建设年度;

F_n——第 n 年的年度投资概算金额(万元),为工程费用与不含建设用地用海费用的工程建设其他费用之和;

P——年投资价格指数,为国家或行业发布的投资价格指数。

(24)建设期利息指在项目建设期内为工程项目筹措资金所需的债务资金利息和融资费用。债务资金利息指建设项目投资中分年度使用国内或国外债务资金,在建设期内应归还的利息,主要包括贷款利息及其他债务利息支出所需的费用;费用及计算应按相关规定执行。融资费用指项目资金筹措所需的费用,主要包括贷款评估费、国外借款手续费及承诺费、股票或债券发行费用及其他融资费用。各项费用应根据相关规定、合同或协议,按相应标准或办法计列。

(25)专项概算项目指应在水运工程建设项目范围内需要单独列项、单独组织实施,并需要其他行业或地方管理的配套项目。

第八节 工程建设项目竣工决算

【备考要点】
1. 竣工决算的意义、作用、依据。
2. 竣工决算编制工作步骤。
3. 竣工决算与竣工结算的区别。

一、建设项目竣工决算概述

(一)竣工决算的概述

建设项目竣工决算是以实物数量和货币指标为计量单位,综合反映建设项目从筹建开始到项目竣工交付使用为止的全部建设费用、建设成果和财务情况的总结性文件,是竣工验收报告的重要组成部分。竣工决算是正确核定新增固定资产价值,反映竣工项目建设成果的文件,是办理固定资产交付使用手续的依据,是反映建设项目实际造价和投资效果的文件。各编制单位要认真执行有关的财务核算办法,严肃财经纪律,实事求是地编制基本建设项目竣工财务决算,做到编报及时、数字准确、内容完整。

按照国家关于基本建设项目竣工验收的规定,所有的新建、扩建、改建和恢复项目竣工后都要编制竣工决算。

为严格执行基本建设项目竣工验收制度,正确核定新增资产价值,全面反映投资者的权益,交通基本建设项目竣工后,应按照交通运输部和财政部有关规定办法编制竣工决算报告。没有编制竣工决算报告的项目不得进行竣工验收。设计、施工、监理等单位应积极配合发包人做好竣工决算报告的编制工作。

(二)建设项目竣工决算的分类

根据建设项目投资与规模,分为中央级项目、地方级项目两大类。中央级项目又分为大、中型项目和小型项目：①大、中型基本建设项目竣工财务决算，经主管部门审核后报财政部审批；②小型项目，属国家确定的重点项目，其竣工财务决算经主管部门审核后报财政部审批，或由财政部授权主管部门审批，其他项目竣工财务决算报主管部门审批。地方级项目、基本建设项目竣工财务决算的报批，由各省、自治区、直辖市、计划单列市财政厅(局)确定。

(三)建设项目竣工决算的作用

建设项目竣工决算的作用主要体现在以下几个方面：

(1)竣工决算是国家对基本建设投资实行计划管理的重要手段。

根据国家和交通运输部关于基本建设投资的相关要求，在批准项目计划任务书时，根据投资估算确定基本建设计划投资额。在确定项目建设方案时，按设计概算确定基本建设项目计划投资最高限额。为保证投资计划的实施，在施工图设计时编制施工图预算，确定单项工程或单位工程的计划价格，并规定它一般不能超过相应的设计概算。通过竣工决算，将项目从筹建到竣工全过程的各项费用数额与批复设计概算中的相应费用指标相比较，可了解节约或超支的情况，通过分析原因，总结经验，加强投资管理，提高基本建设投资效果。

(2)竣工决算是竣工验收的主要依据。

根据国家基本建设及交通运输部水运工程基本建设程序的相关规定，在竣工验收前，发包人向主管部门提出验收报告，其中发包人编制的竣工决算文件中重要的组成部分，作为验收委员会(小组)的验收依据，验收人员要检查建设项目的实际建筑物、构筑物与设施的使用情况，同时审查竣工决算文件中的有关内容和指标，以确定建设项目的验收效果。

(3)竣工决算是正确核定新增固定资产价值的依据。

建设项目竣工决算中计算了所有的工程费用、设备费用和其他费用，发包人与使用单位在办理交付资产的验收手续时，通过竣工决算反映了交付使用资产的全部价值，包括新增固定资产、流动资产、无形资产和递延资产、其他资产等。同时，它还详细提供了交付使用资产的名称、规格、数量、型号和价值等明细资料，是管理、使用单位确定各项新增资产价值并移交、登记入账的依据。

(4)竣工决算是基本建设成果和财务的综合反映。

建设项目竣工决算是综合、全面地反映竣工项目建设成果及财务情况的总结性文件，它不仅采用货币形式表达基本建设项目的实际成本和相关指标，还包括建设工期、工程量和生产的实物数量，以及是否遵守国家财政纪律和投资计划的执行情况，全面地反映建设项目自开始建设到竣工为止的全部建设成果和财务状况。

(5)竣工决算为建立交通基本建设工程技术经济档案、工程定额修编提供资料。

竣工决算综合反映了竣工项目计划和实际的建设规模、建设工期以及设计和实际的生产能力，反映了概算总投资和实际的建设成本，同时还反映了所达到的重要技术经济指标。通过对这些指标计划数、概算数与实际数进行对比分析，不仅可以全面掌握建设项目计划和概算执行情况，而且可以考核建设项目投资效果，为今后制订基建计划、降低建设成本、提高投资效果提供了工程技术经济档案，同时，采用的新技术、新材料、新工艺、新设备等为交通工程定额提供了相关基础资料。

(四)竣工决算与竣工结算的区别与联系

1. 竣工决算与竣工结算的区别

(1)竣工决算与竣工结算的作用不同。

竣工决算是发包人站在财务的角度上,核定建设工程从筹建开始到竣工交付使用为止所花费的全部实际费用,其作用是作为发包人办理交付、验收、动用新增各类资产的依据。而竣工结算是承包方对所承包的工程按合同完成后实际所获得的最终工程价款,其作用是作为承包人办理最终结算的依据,是承包合同终结的凭证。

(2)竣工决算与竣工结算的编制单位不同。

竣工结算由承包人编制,而竣工决算由发包人编制。

(3)竣工决算与竣工结算的编制范围不同。

竣工决算以单项工程或建设项目为对象编制,必须在整个单项工程或建设项目全部竣工后才能进行编制,而竣工结算以单位工程为对象编制,每个单位工程交工后,便可编制相应的竣工结算。

2. 竣工决算与竣工结算的联系

竣工决算与竣工结算的联系主要体现在:建设项目竣工决算是以工程竣工结算为基础进行编制的,竣工结算是竣工决算的一个组成部分。

二、竣工决算编制依据

根据财政部有关规定,基本建设项目竣工决算的依据主要包括:可行性研究报告、初步设计文件、概算调整及其批准文件;招投标文件;历年投资计划;经财政部门审核批准的项目预算;承包合同、工程结算等有关资料;有关的财务核算制度、办法;其他有关资料。

在编制基本建设项目竣工财务决算前,发包人要认真做好各项清理工作。清理工作主要包括基本建设项目档案资料的归集整理、账务处理、财产物资的盘点核实及债权债务的清偿,做到账账、账证、账实、账表相符。各种材料、设备、工具、器具等,要逐项盘点核实,填列清单,妥善保管,或按照国家规定进行处理,不准任意侵占、挪用。

三、竣工决算编制工作步骤

根据有关规定,竣工决算报告应当按项目类型(大中型、小型)编制,发包人负责编制的竣工决算报告需提交竣工验收委员会审查,未经竣工委员会审查的竣工决算报告不能作为正式报告上报。通过竣工验收委员会审查的竣工决算报告作为资产移交、财务处理并结束有关待处理事宜的依据。

竣工决算编制一般可按如下步骤进行:

(1)收集整理和分析有关文件、资料。在编制竣工决算文件之前,系统地整理所有的技术资料、工程结算的经济文件、施工图纸(竣工图)和各种变更与签证资料,并分析它们的准确性及合法性。完整、齐全的资料,是编制竣工决算的必要条件。

(2)清理各项账务、债务和结余物质。在收集、整理和分析相关资料时,要注意建设工程使用的全部费用的各项账务、债权和债务的清理,做到工程完毕账目清晰。对结余的各种材料、工器具和设备要逐项清点核实,妥善管理,按规定及时处理,收回资金。对各种往来款项要及时进行全面清理,为编制竣工决算提供准确的数据和结果。

(3)核实工程变动情况。重新核实各单位工程、单项工程造价,将竣工资料与原设计图进行查对、核实,必要时实地测量,确定实际变动情况;根据经审定的承包人竣工结算等原始资料,按照有关规定对原概算、预算进行增减调整,重新核定工程造价。

(4)填写竣工决算报表。根据编制依据中的有关资料进行统计或计算各个项目和数量,并将其结果填到相应表格的栏目内,完成所有报表的填写。

(5)编写竣工决算说明书。按照建设工程竣工决算说明的内容要求,根据编制依据的材料在报表中填写结果,编写文字说明。

(6)做好工程造价对比分析。对比整个项目的总概算,将建筑安装工程费、设备工器具费和其他工程费与竣工决算表中的实际数据和相关资料及批准的概算、概算指标、实际的工程造价等进行对比分析,以确定竣工项目的经营成果。

(7)清理、装订好竣工图。

(8)上报主管部门审查。

上述编写的文字说明和填写的表格经核对无误后,装订成册,即为建设工程竣工决算文件。将其上报主管部门审查,并把其中财务成本部分送交开户银行签证。竣工决算在上报主管部门的同时,抄送有关设计单位及相关部门。

四、竣工决算报告的内容与要求

根据2016年9月1日起施行的财政部令第81号文《基本建设财务规则》规定,基本建设竣工财务决算主要包括基本建设项目财务决算报表和竣工财务决算书(竣工决算财务报告通常由财务部门牵头办理)。

第九节 投融资模式

【备考要点】
1. 工程项目投融资概念、投融资环境。
2. 水运工程项目融资模式类别、内容、特点、方式。

一、工程项目投融资概述

融资,可以理解为为了建设一个项目而进行的资金筹措行为。项目融资主要不是以项目发起人或投资者的信用或者项目有形资产的价值作为担保来获得贷款,而是依赖项目本身良好的经营状况和项目建成、投入使用后的现金流量作为偿还债务的资金来源;同时将项目的资产而不是项目发起人的其他资产作为借入资金的抵押。

项目的投融资主体是指进行项目投资及融资活动的经济实体。按照是否依托于项目组建的经济实体划分,项目的投融资主体分为两类:新设项目法人和既有项目法人。

项目的投融资模式是指项目投资及融资所采取的基本方式。按照形成项目的融资信用体划分,项目的融资分为两种基本的融资方式:新设项目法人融资与既有项法人融资。

项目的资金结构是指项目资金的组合,是项目筹集资金中各种资金占全部资金的比例。资金结构的合理性由公平性、融资风险、资金成本等多方因素决定。

二、投融资环境

国家和地区的投融资环境对项目的成败有着至关重要的影响。重要项目的投资选址首先要考察项目所在地的投融资环境。投融资环境调查内容主要包括法律法规、经济环境、融资渠道、税务条件和投资政策等。

三、水运工程项目融资模式

按照形成项目的融资信用体系划分,项目融资分为两种基本的融资方式:新设项目法人融资与既有项目法人融资,即项目融资和公司融资。

(一)新设项目法人融资

1. 新设项目法人融资的概念

新设项目法人融资又称为项目融资(以下称项目融资)。项目融资是指为了实施新项目,由项目的发起人及其他投资人出资,建立新的独立承担民事责任的法人-项目公司(公司法人或事业法人),由项目公司完成项目的投资建设和经营还贷,以项目投资所形成的资产、未来的收益或权益作为建立项目融资信用的基础,取得债务融资。

2. 新设项目法人融资的特点

(1)项目导向。投资决策由项目发起人(企业或政府)作出,项目发起人与项目法人并非一体;项目公司承担投资风险,无法承担决策责任,只能承担建设责任;项目法人也不可能负责筹资,只能是按已经由投资者拟定的融资方案去具体实施(签订合同等)。项目融资的贷款期限可以根据项目的具体需要和项目的经济寿命期来安排设计,可以做到比一般商业贷款期限长。

(2)有限追索。追索是指在借款人未按期偿还债务时贷款人要求借款人用以除抵押财产之外的其他资产偿还债务的权力。作为有限追索的项目融资,项目的发起人或股本投资只对项目的借款承担有限的担保责任,即项目公司的债权人只能对项目公司的股东或发起人追索有限的责任。

(3)风险分担。为实现项目融资的有限追索,对于与项目有关的各种风险要素,需要以某种形式在项目投资者(借款人)、与项目开发有直接或间接利益关系的其他参与者和贷款人之间进行分担。项目的风险分担机制是保证项目实施达到预期目的的重要保障,一个成功的项目融资结构应该是在项目中没有任何一方单独承担起全部项目债务的风险责任。在项目融资和实施过程当中,主要承担的风险有:信用风险、完工风险、生产风险、市场风险、金融风险、政治风险、法律风险、环境保护风险。

(4)非公司负债型融资。非公司负债型融资亦称为资产负债表之外的融资,是指项目的债务不表现在项目投资者(即实际借款人)的公司资产负债表中的一种融资形式。

(5)信用结构多样化。在项目融资中,用于支持贷款的信用结构的安排是灵活和多样化的。项目融资的框架结构由四个基本模块组成,即项目投资结构、项目融资结构、项目资金结构和项目的信用保证结构。

(6)融资成本较高。项目融资涉及面广、结构复杂,需要做好大量有关风险分担、税收结构、资产抵押等一系列技术性的工作,所需文件比传统的资金筹措往往要多出好几倍,需要几十个甚至上百个法律文件才能解决问题。因此,与传统的资金筹措方式相比,项目融资存在的一个主要问题是相对融资成本较高,组织融资所需要的时间较长。

3. 项目融资的参与者

以项目融资方式进行项目建设,一般有三类参与者:一是项目发起人,可能是企业也可能是政府,可能是一家也可能是多家,它们是项目实际的投资决策者,通常也是项目公司的股东;二是项目公司,它是投资决策产生的结果,因而无法对投资决策负责,只负责项目投资、建设运营、偿贷;三是当需要债务资金支持时,银行(及其他债务资金提供方)要作出信贷决策。

4. 项目融资的实施步骤

从项目的投资研究起,到选择采用项目融资的方式为项目的投资筹集资金,一直到最后完成该项目融资,通常按照七个阶段实施:项目投资研究、初步投资决策、融资研究、融资谈判、完善融资方案、项目最终决策、融资实施。

(二)既有项目法人融资

1. 既有项目法人融资的概念

既有项目法人融资又称公司融资,是指由现有公司筹集资金并完成项目的投资建设,无论项目建成之前或之后,都不出现新的独立法人,负债由既有项目法人及其合作伙伴公司承担。公司融资是以已经存在的公司本身的资信对外进行融资,取得资金用于项目投资与经营。

2. 公司融资的特点

(1)承担借款偿还的完全责任。在公司融资方式下,贷款和其他债务资金虽然实际上是用于项目,但是承担债务偿还责任的是项目发起人公司。

(2)要进行投资决策、信贷决策。在公司融资方式下对项目投资,既有项目法人(公司或事业单位)作为投资者,要作出投资决策。

(3)项目资本金来自公司自有资金。采取公司独资方式,项目的融资方案需要与公司的总体财务安排相协调,需要将项目的融资方案作为公司理财的一部分考虑。

3. 公司融资的参与者

一是公司作为投资者,要作出投资决策;二是当需要债务资金支持时,银行(及其他债务资金提供者)要作出信贷决策。

当项目规模较大,或者投资对公司发展有重大影响,或者要改变股权结构来筹集权益资本时,公司的股东会作为第三参与方,对项目的投融资提出意见。

4. 公司融资的项目方式

公司融资投资于项目有多种形式,主要有建立单一子公司、非子公司式投资、由多家公司以契约式合作结构投资等。

(三) 水运工程项目融资方式

近年来国家投资体制改革,水运工程建设改变了过去单纯依靠国家投资的局面,开始引入新的投资机制,除了 BOT 方式逐渐成熟与丰富之外,还同时诞生了几种不同的融资方式,并且伴随着不同的融资方式有不同的融资结构和融资过程。

1. BOT

BOT(Build Operate Transfer),即建设-经营-移交。投资财团愿意自己融资建设某项基础设施,并在项目所在国政府授予的特许期内经营该公共设施,以经营收入抵偿建设投资并获得收益,经营期满后将此设施转让给项目所在国政府。

近年来,经常与 BOT 相提并论的项目融资模式是 PPP(Public Private Partnership)。所谓 PPP(公私合作),是指政府与民营机构(或任何国营、民营、外商法人机构)签订长期合作协议,授权民营机构代替政府建设、运营或管理基础设施(如道路、桥梁、电厂、水厂等)或其他公共服务设施(如医院、学校、警岗等),并向公众提供公共服务。当然,PPP 与 BOT 在细节上也有一些差异。例如在 PPP 项目中,民营机构做不了的或不愿做的,需要由政府来做,其余全由民营机构来做,政府只起监管作用。

2. ABS

ABS(Asset Backed Securitization)是以资产支持的证券化。具体讲,它是以目标项目所拥有的资产为基础,以该项目资产的未来收益为保证,通过在国际资本市场上发行债券筹集资金的一种项目融资方式。ABS 的目的在于,通过其特有的提高信用等级方式,使原本信用等级较低的项目照样可以进入高等级证券市场,利用该市场信用等级高、债券安全性和流动性高、债券利率低的特点大幅度降低发行债券筹集资金的成本。

3. TOT

TOT(Transfer Operate Transfer),即移交-经营-移交,是项目融资的一种新兴方式。它是指通过出售现有投产项目在一定期限内的现金流量,从而获得资金来建设新项目的一种融资方式。具体说来,是政府部门或国有企业把已经投产运行的项目在一定期限内移交给(T)外资经营(O),以项目在该期限内的现金流量为标的,一次性地从外商那里融得一笔资金,用于建设新的项目;外资经营期满后,再把原来项目移交(T)回政府部门或国有企业。

4. PFI

PFI(Private Finance Initiative)即私人主动融资,是指由私营企业进行项目的建设与运营,从政府或接受服务方收取费用以回收成本。在这种方式下,政府不采取传统的由政府负责提供公共项目的产出方式,而采取促进私人部门有机会参与基础设施和公共物品的生产和提供公共服务的一种全新公共项目产出方式。该方式是政府和私人部门合作,由私营部门承担部分政府公共物品的生产或提供公共服务,政府购买私营部门提供的产品或服务,或给予私营部门以收费特许权,或政府与私营部门以合伙方式共同营运等方式,来实现政府公共物品产出中的资源配置最优化、效率和产出最大化。

第十节　工程量清单与招标限价、投标报价

【备考要点】
1. 工程量清单概念、内容。
2. 编制依据、格式、内容、强制性条款。
3. 招标限价的概念、编制原则、方法。
4. 投标报价前期工作、编制依据、原则、方法。
5. 投标报价的编制技巧。

一、工程量清单

工程量清单是编制投标报价的重要依据,是签订工程合同、调整工程量和办理竣工结算的基础,由工程量清单和工程量清单计价两部分表格构成。

工程量清单表格是由报标人发出的一套注有拟建工程各实物工程名称、性质、特征、单位、数量及税费等相关表格组成的文件。

工程量清单计价表格是投标人根据招标文件、设计图纸、施工条件、自身的综合能力,按照清单计价规范要求进行编制的相关表格组成的文件。

在理解工程量清单的概念时,首先应注意到工程量清单是一份由招标人提供的文件,编制人是招标人或其委托的工程造价咨询单位。其次,在性质上说,工程量清单是招标文件的组成部分,工程量清单计价是投标文件的组成部分,一经定标且签订承发包合同,投标人填写完成的工程量清单即成为合同文件的组成部分。

二、水运工程工程量清单计价规范

目前使用的水运工程工程量清单是交通运输部《水运工程工程量清单计价规范》(JTS 271—2008),《水运工程工程量清单计价规范》(JTS 271—2008)主要包括工程量清单编制、工程量清单计价、工程量清单及其计价格式等内容;明确规定必须严格执行的强制性规定条文,要求水运工程工程量清单计价活动应遵循客观、公正、公平的原则。《水运工程工程量清单计价规范》(JTS 271—2008)适用于港口工程、航道工程、修造船厂水工建筑物工程以及与之配套的水运建设工程的工程量清单编制和计价活动。

(一) 基本要求

(1)工程量清单中的计量单位应满足下列要求(除另有规定):
①按长度计算的项目以"米"计;
②按面积计算的项目以"平方米"或"平方千米"计;
③按体积计算的项目以"立方米"或"万立方米"计;
④按质量计算的项目以"千克"或"吨"计;
⑤按自然计量单位计算的项目以"个""根""件""台""套""组"等计;

⑥没有具体工程数量的项目以"项"计。

(2)工程量清单中的工程数量的有效位数除另有规定外,应符合下列规定:

①以米、平方米、平方千米、立方米、万立方米、千克、吨等为计量单位的,保留小数点后二位小数,第三位数字四舍五入。

②以个、根、件、台、套、组、项等为计量单位的,取整数。

(3)工程量清单中的项目名称可由一个主要项目与若干个相关项目名称组成。

(4)招标人应按《水运工程工程量清单计价规范》(JTS 271—2008)的规定编制工程量清单表,投标人应按《水运工程工程量清单计价规范》(JTS 271—2008)的规定填写工程量清单计价表。

(5)项目编码是指采用12位阿拉伯数字表示工程项目内容的数字代码,由左至右第一、二位为水运工程行业码,第三、四位为专业工程顺序码,第五、六位为分类工程顺序码,第七、八、九位为分项工程顺序码,第十至十二位为特征项目顺序码。其中一至九位为统一编码。

《水运工程工程量清单计价规范》(JTS 271—2008)规定了11个分类工程(相当于分部工程):

①一般项目(编码为100100);

②疏浚工程项目(编码为100200);

③测量工程项目(编码为100300);

④导航助航设施工程项目(编码为100400);

⑤土石方工程项目(编码为100500);

⑥地基与基础工程项目(编码为100600);

⑦混凝土工程项目(编码为100700);

⑧钢筋工程项目(编码为100800);

⑨金属结构工程项目(编码为100900);

⑩设备安装工程项目(编码为101000);

⑪其他工程项目(编码为101100)。

在每个分类工程中可以分成若干种,例如:土石方工程项目分成了陆上开挖工程(编码为100501)、水下开挖或炸礁工程(编码为100502)、填筑工程(编码为100503)、砌筑工程(编码为100504)四种。在每种分类工程中可以分成若干分项工程,在每个分项工程中可以分成若干个工程子目。例如:某个项目编码"100702008001"表示的是水运工程行业码"10"、混凝土工程码"07"、现浇混凝土分类工程码"02"、箱形梁分项工程码"008"、箱形梁的特征顺序码"001"。特征顺序码的范围为(001~999),可以按照箱形梁的浇筑部位、构件规格、混凝土强度等级、运距等划分工程子目,按顺序编码。

(6)综合单价是指为完成工程量清单中一个质量合格的规定计量单位项目所需的直接费、间接费、利润和税金,并考虑风险因素的价格。

(7)暂列金额是指招标人为暂列项目和可能发生的合同变更而预留的费用。

(二)分项工程量清单

(1)分项工程量清单的编制依据包括下列内容:

①国家和行业有关招标投标的法律、法规和规章；
②招标文件；
③设计文件；
④《水运工程工程量清单计价规范》(JTS 271—2008)。

(2)分项工程量清单编制格式。

分项工程量清单应根据《水运工程工程量清单计价规范》(JTS 271—2008)规定的统一格式编制。包括序号、项目编码、项目名称、计量单位、工程数量、项目特征等均应采用统一格式进行编制。当发生《水运工程工程量清单计价规范》(JTS 271—2008)未列项目时，编制人可作补充。

分项工程量清单的项目编码中的第十至十二位为000时，应仅作为表示同类分项工程量清单项目的编码；自001起应根据招标工程的工程量清单项目特征由其编制人设置，并应顺序编码。

分项工程量清单的项目名称应根据招标工程和《水运工程工程量清单计价规范》(JTS 271—2008)中的项目名称及工程内容、项目特征确定；工程内容应包括完成对应清单项目的全部可能发生的具体工作；项目特征应对工程项目的要求进行具体准确的描述；工程量的计算应按工程量计算规则计算，工程数量应以设计图纸净尺度为准。

分项工程量清单举例，疏浚工程项目清单如表6-13所示。

疏浚工程项目清单(编码100200) 表6-13

项目编码	项目名称	计量单位	工程内容	项目特征
100200001000	港池挖泥	m³	移船定位、测量、挖泥、运输、卸(吹)泥等	工程性质(基建或维护)、挖泥范围及尺度、工况级别、土质级别(各级土所占比重)、挖泥平均水深、泥层厚度、泥土处理方式(外抛或吹填)、运泥距离、排泥距离(包括水下、水上、陆上的排泥距离)、计算方法等
100200002000	航道挖泥	m³	移船定位、测量、挖泥、运输、卸(吹)泥等	
100200003000	岸坡挖泥	m³	移船定位、测量、挖泥、运输、卸(吹)泥等	
100200004000	沟槽挖泥	m³	移船定位、测量、挖泥、运输、卸(吹)泥等	
100200005000	清淤	m³	移船定位、卸(吹)泥等	工况、土类、水深、泥层厚度、排泥运距等
100200006000	吹填	m³	靠离驳、挖泥、吹泥、安拆、移动排泥管等	吹填范围及尺度、工况级别、土质级别(各级土所占比重)、取砂区平均水深、运泥距离、排泥距离(包括水下、水上、陆上的排泥距离)、计算方法等

(三)一般项目清单

一般项目是指为完成工程项目施工，招标人要求计列的、不以图纸计算工程数量的费用项目，或发生于该工程施工准备和施工过程中招标人不要求列示工程数量的措施项目和其他项目。《水运工程工程量清单计价规范》(JTS 271—2008)规定的一般项目通常包括表6-14所示的项目。

一般项目清单表 表 6-14

序号	项目编码	项目名称	计量单位	序号	项目编码	项目名称	计量单位
1	100100101000	暂列金额	项	9	100100109000	临时用水	项
2	100100102000	规费	项	10	100100110000	临时通信	项
3	100100103000	保险费	项	11	100100111000	临时用地	项
4	100100104000	安全文明施工费	项	12	100100112000	临时码头	项
5	100100105000	施工环保费	项	13	100100113000	预制厂建设	项
6	100100106000	生产及生活房屋	项	14	100100114000	临时工作项目	项
7	100100107000	临时道路	项	15	100100115000	竣工文件编制	项
8	100100108000	临时用电	项	16	100100116000	施工措施项目	项

(四)计日工项目清单

计日工项目是为完成招标人临时提出的合同范围以外的零散工作,又不能以实物量计量支付工程费用的零星项目。计日工项目的计价按完成批准的计日工项目所需的人工、材料、船舶机械综合单价计算。计日工项目清单如表 6-15 所示。

计日工项目清单 表 6-15

序号	名称	规格(工种)	计量单位	数量
1	人工		工日	
2	材料			
3	船舶机械		艘(台)班	

三、工程量清单计价

实行工程量清单计价招标投标的水运工程,其招标最高招标限价和投标报价的编制、合同价款的确定与调整、工程价款的结算均应按《水运工程工程量清单计价规范》(JTS 271—2008)执行,工程量清单计价采用综合单价。工程量清单计价应包括按招标文件规定的分项工程量清单费用、一般项目清单费用、计日工项目清单费用等全部费用。一般项目清单的费用应根据招标文件的要求以及施工方案或施工组织设计,以项为单位计价;计日工项目清单费用,应由投标人按招标文件要求确定;工程量清单计价金额以人民币表示,单位为"元",小数点后保留两位。

投标报价应根据招标文件中的工程量清单和有关要求、现场施工条件以及施工方案或施工组织设计,按照企业施工能力和技术水平进行编制。一般项目清单中的安全文明施工费应按国家有关部门的规定计价,不得作为竞争性费用。规费和税金应按国家有关部门的规定计算,不得作为竞争性费用。

工程量清单的合同结算工程量,除另有约定外,应按《水运工程工程量清单计价规范》(JTS 271—2008)和合同文件约定的有效工程量进行结算。在合同履行过程中,工程量或单价由于设计变更或工程量清单漏项等原因发生变化时,应按《水运工程工程量清单计价规范》

（JTS 271—2008）规定和合同约定调整。

四、工程量清单及其计价格式

（一）工程量清单格式

《水运工程工程量清单计价规范》（JTS 271—2008）明确要求工程量清单应采用统一格式；工程量清单文件应由封面、总说明、工程量清单项目汇总表、分项工程量清单、一般项目清单、计日工项目清单和招标人供应材料设备表等内容组成。

（二）工程量清单计价格式

《水运工程工程量清单计价规范》（JTS 271—2008）规定工程量清单计价应采用统一格式。工程量清单报价文件应由封面、工程量清单项目总价表、分项工程量清单计价表、一般项目清单计价表、计日工项目清单计价表、分项工程量清单综合单价汇总表、综合单价分析表和主要材料价格表等组成。

五、强制性条款

《水运工程工程量清单计价规范》（JTS 271—2008）明确规定了强制性条款，要求在执行规范的过程中必须严格执行。强制性条款见表6-16。

水运工程工程量清单计价规范规定的强制性条款表　　　表6-16

序号	条款编号	强制性条款内容
1	3.2.2	分项工程量清单应采用统一格式，并应包括序号、项目编码、项目名称、计量单位、工程数量、项目特征等
2	3.2.3	分项工程量清单应根据附录C中规定的统一项目编码、项目名称、计量单位进行编制
3	3.2.4	分项工程量清单的项目编码中的第十至十二位为000时，应仅作为表示同类分项工程量清单项目的编码；自001起应根据招标工程的工程量清单项目特征由其编制人设置，并应顺序编码
4	3.2.7	分项工程量清单的项目名称应根据招标工程和附录C中的项目名称及工程内容、项目特征确定
5	3.2.8	工程量的计算应按附录D中的工程量计算规则执行，工程数量应以设计图纸净尺度为准
6	4.0.4	工程量清单计价应采用综合单价
7	4.0.8	一般项目清单中的安全文明施工费应按国家有关部门的规定计价，不得作为竞争性费用
8	4.0.9	规费和税金应按国家有关部门的规定计算，不得作为竞争性费用

六、招标限价

根据《工程建设项目施工招标投标办法》（九部委23号令）第三十四条："招标人设有最高招标限价的，应当在招标文件中明确最高招标限价或者最高招标限价的计算方法。招标人不得规定最低投标限价"。

设有最高招标限价时，投标人投标价如超过最高招标限价则为废标；最高限价与标底不同，标底是招标人的心理价位，接近标底的投标报价得分最高，但在报价均高于标底时，最低的投标价仍能中标；最高招标限价是公开的，标底是绝对保密的。最高招标限价在招标文件投标人须知中写明，对于招标人也称为招标控制价、招标限价、拦标价等。

最高招标限价与标底的编制基本方法是一致。由招标人根据国家或省级、行业主管部门颁发的有关计价依据和办法，以及拟定的招标文件和招标工程量清单，结合工程具体情况编制。

(一)编制依据

(1)国家的有关法律、法规以及国务院和省、自治区、直辖市人民政府建设行政主管部门制定的有关工程造价的文件、规定。

(2)工程招标文件中确定的计价依据和计价办法，招标文件的商务条款，包括合同条件中规定由工程承包方应承担义务而可能发生的费用，以及招标文件的澄清、答疑等补充文件和资料。在最高招标限价价格计算时，计算口径和取费内容必须与招标文件中有关取费等的要求一致。

(3)工程设计文件、图纸、技术说明及招标时的设计交底，按设计图纸确定的或招标人提供的工程量清单等相关基础资料。

(4)国家、行业、地方的工程建设标准，包括建设工程施工必须执行的建设技术标准、规范和规程。

(5)采用的施工组织设计、施工方案、施工技术措施等。

(6)工程施工现场地质、水文勘探资料，现场环境和条件及反映相应情况的有关资料。

(7)招标时的人工、材料、设备及施工机械台班等要素市场价格信息。

(二)编制程序

(1)确定最高招标限价的编制单位。

(2)收集编制资料。

(3)参加交底会及现场勘察。

(4)编制最高招标限价。

(5)审核最高招标限价价格。

(6)编制最高招标限价的注意事项；最高招标限价一般应控制在批准的总算(或修正算)及投资包干的限额内；一个工程只能编制一个最高招标限价。

(三)招标限价文件的主要内容

(1)最高招标限价编制说明。

(2)最高招标限价价格审定书、价格计算书、带有价格的工程量清单、现场因素、各种施工措施费的测算明细以及采用固定价格工程的风险系数测算明细等。

(3)主要人工、材料、船机设备用量表。

(4)最高招标限价附件：如各项交底纪要、各种材料及设备的价格来源、现场的气象、地质、水文、地上情况的有关资料、编制最高招标限价所依据的施工方案或施工组织设计等。

(5)最高招标限价编制的有关表格。

(四)价格的编制方法

1. 以定额计价法编制最高招标限价

定额计价法编制最高招标限价的方法与概预算的编制方法基本相同。

最高招标限价应考虑人工、材料、设备、船机等价格变化因素,还应包括不可预见费(特殊情况)、预算包干费、现场因素费用、保险以及采用固定价格的工程的风险金等。

2. 以工程量清单计价法编制最高招标限价

(1)工程量清单最高招标限价的编制。工程量清单下的最高招标限价必须严格按照规范进行编制,以工程量清单给出的工程数量和综合的工程内容,按市场价格计价。对工程量清单开列的工程量和综合的工程内容不得随意更改、增减,必须保持与各投标单位计价口径的统一。

(2)编制工程量清单最高招标限价应注意的问题,主要包括:

①无论采用何种计价方式,招投标法中规定的程序是基本保持不变的,不同的是招标过程中计价形式和招标文件的组成及相应的评标、定标办法等有所变化。

②若编制工程量清单与编制招标最高限价不是同一单位,应注意发放招标文件中的工程量清单与编制最高招标限价的工程量清单在格式、内容、描述等各方面保持一致,避免由此而造成招标失败或评标的不公正。

③仔细区分清单中分项工程量清单、一般项目清单和计日工项目清单等费用的组成,避免重复计算。

④注意技术标报价与商务标不得重复,尤其是在技术标中已经包括的一般项目清单报价,在一般项目清单及做最高招标限价时应避免重复报价。

3. 编制最高招标限价价格需考虑的其他因素

(1)最高招标限价必须适应目标工期的要求,对提前工期因素有所反映。

(2)最高招标限价必须适应招标方的质量要求,对高于国家验收规范的质量因素有所反映。

(3)最高招标限价必须适应建筑材料采购渠道和市场价格的变化,考虑材料差价因素,并将差价列入最高招标限价。

(4)最高招标限价必须合理考虑招标工程的自然地理条件和招标工程范围等因素。

(5)最高招标限价价格应根据招标文件或合同条件的规定,按规定的工程发承包模式,确定相应的计价方式,考虑相应的风险费用。

七、投标报价

投标报价是承包人采用投标方式承揽工程项目时,计算和确定承包该工程项目的投标总价格。招标人把承包人的报价作为主要标准来选择中标者,报价是工程投标的核心问题。

(一)投标报价前期工作

(1)投标报价前期的调查研究,收集信息资料。

(2)对是否参加投标做出决策。
(3)研究招标文件并制定施工方案。
①研究招标文件。
②制订施工方案。

施工方案是投标报价的一个前提条件,也是招标单位评标时要考虑的因素之一。施工方案应由投标单位的技术负责人主持制订,主要应考虑施工方法,主要施工机具的配置,各工种劳动力的安排及现场施工人员的平衡,施工进度及分批竣工的安排,安全措施等。施工方案的制订应在技术和工期两方面对招标单位有吸引力,同时又有助于降低施工成本。

(二)投标报价的编制

投标报价的编制主要是投标单位对承建招标工程所要发生的各种费用的计算。投标报价有定额计价和工程量清单计价两种方式。这里主要介绍工程量清单计价方式。

实行工程量清单计价招标投标的水运工程,其招标最高招标限价和投标报价的编制、合同价款的确定与调整、工程价款的结算均应按《水运工程工程量清单计价规范》(JTS 271—2008)执行。

1. 投标报价的编制依据

(1)《水运工程工程量清单计价规范》(JTS 271—2008)。
(2)国家或省级、行业建设主管部门颁发的计价办法。
(3)企业定额,国家或省级、行业建设主管部门颁发的计价定额。
(4)招标文件、工程量清单及其补充通知、答疑、纪要。
(5)设计文件及相关资料。
(6)施工现场情况、工程特点。
(7)拟采用的施工组织设计或施工方案,进度计划。
(8)相关的标准、规范等技术资料。
(9)有关法规。
(10)工程材料、设备的价格和运费,劳务工资标准,当地生活物资价格水平。
(11)工程造价管理机构发布的工程造价信息。
(12)其他间接因素。

2. 投标报价的编制程序及方法

(1)根据调查,确定工程材料、设备的价格和运费,劳务工资标准,当地生活物资价格水平。
(2)根据施工组织设计或施工方案组价,投标报价要考虑投标人有能力自行施工部分和工程分包部分。
(3)确定利润。
(4)确定风险费。
(5)计算综合单价。
(6)一般项目清单报价。

投标人可根据工程实际情况结合施工方案或施工组织设计,自主确定一般项目清单内容,对招标人所列一般项目可以进行增补;可以计算工程量应采用综合单价计价。

3.填报综合单价时应重点注意的问题

(1)项目特征。

(2)工程内容。

(3)拟采用的施工方法。

(4)投标人类似工程的经验数据。

在工程量清单计价模式中,投标报价的形成是投标人自主决定的,反映投标人的自身实力,因此对类似工程经验数据的使用显得尤为重要,投标人必须事先对于从事的不同类型的工程历史数据进行加工和整理,使经验数据与规范的项目设置规则有良好的接口,以提高报价的速度和准确性。

(5)对各生产要素的询价。

(6)风险预测。

(7)确定投标价格。

(8)复核或计算工程量。

(三)投标报价的策略

投标策略是指承包人在投标竞争中的系统工作部署及其参与投标竞争的方式和手段,投标策略作为投标取胜的方式、手段和艺术,贯穿于投标竞争的始终,内容十分丰富。

常用的投标策略主要有:

(1)根据招标项目的不同特点采用不同报价。

(2)不平衡报价法。

(3)计日工单价的报价。

(4)可供选择的项目的报价。

(5)暂定工程量的报价。

(6)多方案报价法。

(7)增加建议方案。

第七章 水运工程费用目标控制监理工作

第一节 工程费用控制的目标、任务及措施

【备考要点】
1. 费用控制的概念与作用、目标、内容和任务。
2. 费用控制的监理职责和权限。

一、工程费用控制

工程费用控制是指监理人按合同文件,依据工程实际情况对工程费用的计算与支付实行监督管理。工程费用控制是投资控制中的一项关键工作和主要环节,具有极其重要的作用。进行有效的费用控制,一方面直接关系到工程造价和投资效益,关系到合同的实施和投资目标的实现;另一方面也是保证监理人采取监理措施,是有效地进行质量控制、进度控制、安全监理、环保监理的有力手段。工程费用控制直接涉及发包人与承包人的经济利益,是各方都关注的焦点和核心。因此,搞好费用控制,是保证工程项目施工任务顺利完成的前提和条件。

工程费用控制的目标是组织和协调好发包人与承包人之间的收支行为,使他们之间发生的每一笔工程费用都符合合同的要求,并且做到准确合理。

二、工程费用控制的内容、任务

工程费用控制的内容包括各项工程费用。施工活动中所发生的费用都应计价、记录,为各项工程费用的签认与支付做好准备。

工程费用控制的核心工作任务是工程计量和费用支付,由于《水运工程标准施工招标文件》(JTS 110-8—2008)采用以单价为基础的支付办法,所以监理人除了控制好合同中工程量清单所列各项费用的计量与支付外,还应对合同中清单之外的各类费用支付进行严格监理,尽可能减少各类附加费用。

三、工程费用控制的措施

监理人在工程费用控制方面的工作通过明确职责和权限来体现。也就是说,只有对工程计量和工程费用支付拥有监理权,才能真正搞好费用控制的监理工作。若对工程计量无权过

问,就无法准确掌握实际完成的工程量,无从确定工程价值。若对工程费用支付无权过问,就无法保证工程费用支付是否符合合同要求,无法利用经济杠杆协调发包人与承包人在施工活动中的关系,从而不仅不能完成工程费用控制的监理工作,而且还直接影响监理人对工程质量和工程进度进行监理,最终导致无法对整个承包合同实现严格管理。

工程费用控制的监理职责和权限主要体现在以下两个合同文件中,并且给予明确规定。

1. 发包人与监理人签订的工程监理服务合同

该合同全面明确监理人和发包人双方的权力和义务,明确监理人的职责范围。监理人必须遵守该合同中所约定的职责,否则,他将对自己失职所造成的损失负责。同时,他还必须严格遵守该合同中约定的权限,不得越权,否则,他也同样承担由此而造成的后果。如监理人不得在发包人无书面同意的情况下,将监理合同中约定的监理人义务、权力或款项随意转让给他人。又如总监理工程师认为必要时,可对合同作出微小修改,但对实质性的修改,应事先取得发包人的书面认可,因为实质性的修改将直接涉及发包人的重大利益,此时监理人无权在没有发包人书面同意的情况下作出决定。又如,对于工程变更,一般也应同发包人协商并取得同意等。这些方面的约束和限制,都应该在合同中明确,并采用由发包人授权的方式来落实其权限。

2. 发包人与承包人签订的工程承包合同

发包人与承包人签订的工程承包合同文件,包括合同协议书、合同条件、工程量清单、技术规范、来往函件等。在合同的通用条件中明确了监理人的职责和权力,在专用条件中则明确对权力的限制。

此外,国家法律和政府有关职能部门的相关政策、规章制度对监理人的职责和权力从外部加以约束和限制。因此,监理人在履行合同约定的职责和行使合同所赋予的权力的同时必须自觉接受政府的监督。

第二节 工程费用监理的作用、原则与方法

【备考要点】

费用监理作用、内容、原则和方法。

一、费用监理的作用

20世纪90年代以来,随着全面施工监理制度的推广,费用监理的作用越来越为人们所重视。

(一) 费用监理是控制施工合同造价的核心环节

在施工承包合同履行过程中,合同造价是发包人和承包人关注的焦点,发包人、承包人由于各自利益的不同,会对施工造价的大小及费用的支付产生各种各样的矛盾和分歧,从而影响合同的正常履行。通过费用监理,可以及时处理承包人在造价结算中存在的高估冒算现象,有效控制工程变更的发生,积极预防违约所产生的索赔费用,解决造价结算中的各种矛盾和纠

纷,保证造价计算的合法性、公平性、合理性和及时性,达到动态控制工程造价的目的。此外,当造价出现超支现象时,通过费用监理,可以有效利用投资控制的理论和方法,认真分析产生费用偏差的原因,并采取积极的纠偏措施予以控制。因此,费用监理是控制施工合同造价的核心环节。

(二) 费用监理是质量控制的重要手段

由于质量合格是支付施工费用及办理施工合同造价结算的前提,因此,费用监理是质量控制的重要手段,是促使承包人履行质量义务的保障。通过费用监理中的拒付、扣款等方式,可以有力地制约和激励承包人履行质量义务,保证施工质量。

(三) 费用监理是进度控制的基础

由于施工合同的进度完成情况是通过累计支付曲线来反映的,因此,通过费用监理中的计量、支付数据可以动态反映施工合同的实际进度情况,及时发现进度偏差,为监理工作中动态进行施工进度监理提供有力的依据。

(四) 费用监理是保护承包人合法权益的重要途径

由于费用监理也是对发包人履行付款义务及其他相关义务的监理,因此,费用监理的过程,实际上也是保护承包人合法权益的过程。按时得到根据施工合同承包人有权得到的各种款项既是承包人的合法权益,也是费用监理的义务。通过费用监理,可以及时办理计量支付签证,及时办理工程变更、施工索赔及价格调整等审批签证,从而保护承包人的合法权益。并且,通过费用监理,可以促进发包人严格按基本建设程序办事,认真做好施工项目的前期准备工作,尽量减少工程变更及违约现象导致的施工索赔,从而提高施工合同履行的质量和效率。

总之,费用监理工作的作用是全面的、综合性的,它和质量监理、进度监理及合同管理紧密地联系在一起。实践证明,凡是项目施工质量、进度和造价得到有效控制的项目,都是非常重视费用监理工作的。

二、费用监理原则

工程费用控制是工程监理的主要调控手段、关键性工作环节。根据《水运工程施工监理规范》(JTS 252—2015)和《水运工程工程量清单计价规范》(JTS 271—2008)规定,在工程费用控制中,监理人必须遵守以下基本原则。

1. 依法原则

费用控制的监理工作本身是一项政策性、法律性、经济性和技术性都很强的工作,必须依据国家法规、技术标准和合同文件等有效控制工程费用。要严格遵守国家的法律和制度,正确处理国家整体利益、发包人利益和承包人利益的关系。监理人必须做到经签认的每一笔工程费用都符合我国有关政策的规定和要求,并协调好发包人与承包人的利益关系。

2. 质量合格原则

工程费用控制与质量控制有着极为密切的关系,它既直接以质量控制为基础,又是质量控制的基本保障。当然，两者的内容和侧重点不同，质量控制是对工程项目施工各环节中的工艺、技术以及所用材料的质量进行全面监督和管理。另外，对承包人所完成工程与设计图纸、技术规范等进行分析对比，并对工程性能进行检测，以判断其是否满足合同约定要求。而费用控制主要是通过计量、支付，对承包人的施工活动及成果进行计量并估价。对报验资料不全、与合同文件约定不符或质量不合格的工程，不予进行工程计量。

3. 期限原则

承包人完成工程项目，工程质量经监理人检查并确认其合格，工程量的计量结果经监理人确认后，承包人提出付款要求，则监理人应在规定的期限内签认工程付款申请。

4. 公正原则

监理人是作为独立的中介人参与工程项目管理的，工程费用支付的审核、签认直接涉及发包人和承包人的经济利益，因此，监理人必须恪守合理、公正的原则。保持公正立场，是对监理人的基本要求，如果监理人缺乏公正，就不能准确地进行工程计量，不能正确地作出判断，从而直接影响发包人与承包人之间公平交易。特别是当施工过程中发生工程变更、工程索赔等情况时，更要求监理人独立而公正地作出判断，既不偏向发包人，也不偏向承包人。在《水运工程施工监理规范》(JTS 252—2015)中，非常明确地指出"对工程费用的索赔应合理、公正"。监理人必须以实事求是的精神，认真负责地做好每一项工作，确保自己始终站在客观、公正的立场上。

目前在有些项目监理中，发包人由于对工程费用控制的监理工作理解不准确，往往认为监理人只有使实际支付的工程费用少于承包合同签订的合同价，才算监理人在费用监理中做出了成绩，一旦实际支付的工程费用超过了原定的合同价格，就认为监理人没有搞好费用控制，这其实是一种片面的、不正确的看法。因为监理的中立立场决定了其行为的客观性、科学性，费用控制的监理目标是使实际支付的工程费用合理，符合合同的要求，而不是使实际支付的工程费用等于或少于合同价。影响工程费用的因素很多，其中不少因素是无法预料、无法控制的。

三、费用监理方法

费用监理的方法很多，从不同的角度可以进行不同的分类和总结。从监理措施采取的时间不同分类，可以将费用监理分为事后监理(反馈监理)、事前监理(前馈监理)和跟踪监理(过程监理)三类。

1. 事后监理

事后监理是指监理人将费用监理信息输送出去后又把作用结果返送回来，并对信息的再输出发生影响，以起到费用监理的作用。在费用监理中，为了对施工中的各种耗费进行有效的监理，要求把实际耗费同合同价进行比较，并把发生偏差的信息反馈给各方，以便及时进行调整，保证费用监理目标的实现。

2. 事前监理

事前监理又叫主动监理，是指在发生目标偏差以前，即在实际工程费用超过合同价格之前,根据预测的信息,采取相应的措施予以调节,使工程费用不偏离或尽量少偏离合同价。比如,对工程量清单中的分项工程(工程子目)做出单价分析表,了解承包人的报价水平,对各种单价(计日工单价)做出分析,以便掌握在出现工程意外时采用的措施。

从事后监理来说,往往由于在监理人获得偏差信息的时间和偏差发生的时间之间有时间差,所以这种信息反馈的滞后性使得偏差无法立即被发现,影响纠正偏差的时效和作用。尤其在工程施工过程中,各种意外情况如地下埋藏物等经常发生,单纯依靠承包人来报告意外事件的发生之后再去处理,将造成不必要的损失。因此,应加强预防,进行事前的主动监理。这意味着监理人必须在全面了解工程特点、承包人的施工能力及技术水平、施工环境和地质地形及原材料等情况的基础上,对下阶段施工中可能出现的意外情况进行预测。在预测的基础上,采取预防措施,从而做到更有效的监理。

3. 跟踪监理

跟踪监理是指监理人跟踪施工过程,并对其进行监理的一种监理方法。旁站监理即是一种典型的跟踪监理。

跟踪监理与事前监理的区别是,前者在工程费用发生的当时就在现场进行监理,而后者则是通过制定措施、明确合同价款等来进行监理;后者还有可能对现有施工条件进行改变,可以较远的时间和较好的施工条件为前提加以考虑,而跟踪监理就没有这些条件。

跟踪监理与事后监理的区别是,跟踪监理的反馈时间很短,几乎是瞬时反馈,采取的措施必须是当机立断,没有过多的时间来全盘考虑;而事后监理则不同,它可以把实际的工程费用及工程费用的目标值与合同价进行比较,把差异原因搞清楚,把差异责任查明白,并提出全面的处理措施和意见,作为下一步工作的依据,而跟踪监理就无此可能。

跟踪监理是一种日常的监理,事前监理与事后监理最后都要通过日常监理才能起作用。没有跟踪监理,事前监理和事后监理就没有意义。另一方面,跟踪监理能及时反馈信息,可以立即采取措施加以调整,监理效果立竿见影。

因此,费用监理事实上存在三种方法,只有将三者有机地结合起来,才能搞好费用监理,片面或单纯采用某一方法都无法有效地搞好费用监理工作。

第三节 工 程 计 量

【备考要点】
1. 工程计量基本概念、计量目的、计量依据、计量原则、计量方法、计量程序。
2. 监理人在计量工作中的职责与权限。
3.《水运工程工程量清单计价规范》(JTS 271—2008)关于计量工作的规定及计算规则。

一、工程计量定义

《水运工程施工监理规范》(JTS 252—2015)明确将工程计量定义为:按合同文件规定的计算方式与方法,对承包人完成的质量合格的工程或工作进行审核,确认其工程量或工作量。也对工程计量提出了明确的要求,要求工程计量应符合下列规定。

(1)对单价合同,应根据合同文件规定,核实和确认工程实际发生的工程量。

(2)对总价合同,应根据承包人中标价,按项目进行分解,并将管理费等其他费用分摊在各项中,形成调整单价,报项目法人批准后执行。

(3)工程计量按合同规定的方法,可每月或按时限计量一次,也可按工程部位计量。

(4)工程量的核查应以施工图为依据。

(5)对承包人填报的工程量有异议时,应会同承包人对工程量进行核定,总监理工程师应对核实的工程量进行签认,并通知承包人。

二、工程计量依据

工程计量的依据主要有质量合格证书、工程量清单、设计图纸和合同文件。

1. 质量合格证书

对于承包人已完成的工程数量,并不是全部进行计量,而只是质量达到合同标准的工程量才准许计量。因此,工程计量必须与质量监理紧密配合,经过监理人检验,工程质量达到合同规定标准后,由监理人签发质量合格证书,有了质量合格证书的工程才准许计量。所以说质量监理是计量的基础,计量又是质量监理的保障,通过工程计量可大大强化承包人的质量意识。

2. 工程量清单

工程量清单的序言和技术规格书是确定计量方法的依据。因为工程量清单序言和技术规格书的"计量支付"条款规定了清单中每一项工程数量的计算方法,同时明确规定了该项目单价所包括的工作内容和范围,它们是工程计量十分重要的依据。例如,关于重力式挡土墙的计量,技术规格书中规定:其计量单位为延长米,工作内容包括基础、墙身、踏步、混凝土压顶、栏杆、扶手等全部结构物的施工和安装工作。承包人在投标报价时,应该根据清单序言和技术规格书的要求将所有工作内容包含在报价之中;监理人在计量支付时只能按总的延长米计算,对踏步、混凝土压顶、栏杆、扶手等项目的测量和检查,仅是确认项目是否完成,不再另外计量支付。

3. 设计图纸

单价合同以实际完成的工程数量进行结算,其实际完成的工程量是指被监理人计量确认的工程数量,而不是承包人实际施工的数量。监理人对承包人超出设计图纸尺寸增加的工程量和由于自身原因造成返工的工程数量,不予计量。即计量的几何尺寸应以设计图纸为准,而不是以工程施工实际尺寸计算。

4. 合同文件

除了工程量清单中的工程项目以外,在合同文件中通常还规定了一些包干项目(如直接分包的项目等)和其他支付项目;合同文件中还明确规定了监理人进行计量的权限和职责等等内容。

三、工程计量原则

为做好费用控制的基础工作,监理人必须认真做好计量工作,严格把好计量关,一般应遵循以下原则。

1. 工程质量不符合合同文件要求的不合格工程,不得计量的原则

工程的施工质量达到合同文件规定的合格要求是计量最重要的前提,是工程计量的首要条件。如果工程质量不合格,或者未经监理人质量检验已达合格标准的工程项目,不管承包人以什么理由请求计量,监理人均应拒绝。

对于隐蔽工程,应在工程被覆盖之前进行质量检验,驻地监理工程师对其质量认可后,在覆盖前进行计量;对未经质量检验被覆盖的隐蔽工程,监理人有权拒绝计量,以此方式迫使承包人重视工程质量的验收、检验,增强工程质量意识。

2. 计量方法、范围、内容和单位应与合同文件(工程量清单)的规定相一致的原则

工程计量的方法、范围、内容和单位在招标文件中都有明确的规定。工程量清单的内容、范围、数量等都是承包人投标报价最基本的数据,在对实际工程计量时,仍然按招标过程中计算工程量的方法、范围、内容和单位进行计量。一方面,要求实际工程数量和工程量清单数量应基本一致,为实现费用控制目标,两者的差距是越小越好。另一方面计量内容、单位的一致性,给支付工程款项提供了方便,否则投标竞价就完全失去了意义。

3. 监理人在计量中的权威性原则

对承包人完成的合格工程或所完成的工作内容的计量,是监理人控制进度、控制费用的主要手段。为此监理人对计量工作必须具有权威性,否则就无法保证监理人三大监理目标的实现。监理人对工程计量的权威性主要表现在:

(1)工程计量的结果必须得到监理人的确认。

(2)监理人有权对工程的任何部分进行计量。

(3)工程计量应按监理人同意的方式、方法进行。

(4)监理人对承包人为计量准备的资料和设备不符合要求时,可暂不计量。

四、工程计量方法

工程计量的方法与工程数量的测量、计算方法不完全相同。工程计量的方法,主要有以下几种:

1. 断面法

水运工程中大量的土石方工程,土石方的挖除和填筑,疏浚开挖运河、挖基坑、炸礁、建筑防波堤及整治工程,拦河大坝等,都可用断面法来计算其工程数量。

2. 图纸法

工程设计图纸是工程计量的主要依据之一,有些工程项目的计量,可直接根据设计图纸进行计算,现场测量主要是为检验其施工质量是否达到要求。如现浇混凝土的体积、钢筋的长度、钻孔灌注桩的桩长、通航建筑物的基坑开挖、航道土方开挖等,都可以用图纸法来计量;在实际施工中,几何尺寸小于设计值(或超出允许范围)为不合格工程,大于设计值时多出部分不计量。计算净值的工程项目,通常都可采用图纸法进行计量。

3. 分解计量法

对一个相对独立的整体工程项目，施工工期大于一个支付期限（一个月）时，这个工程项目的支付有必要分次支付，这时可采用分项计量法来计量。分项计量就是将一个整个项目根据工序或部位（分项）分成若干子项，对已完成的各子项先行计量，按各子项所占总量的比例，计算支付款额，但各子项支付的合计款额应与整体项目款额相等。

4. 均摊法

均摊法就是将在合同工期内每月都有发生的费用（且无法准确计算在各个时期发生量的多少），可按合同工期每月平均分摊计量的方法。这些费用包括临时码头、通航标志、道路及设施、办公室的维修、测量设备的保养等单项费用。

5. 凭证法

凭证法就是根据合同的要求，承包人应提供票据才能计量支付的方法，如保险费就是以承包人每次交付费用的凭证或单据才能进行计量支付。又如对承包人有些索赔项目的计量，有时可根据实际发生的费用进行计量，而实际发生的费用就需要有票据或凭证作证明。

五、工程计量程序

承包人对已完成工程项目或工作内容，认为其已具备计量条件，则可以提出计量申请并随同有关资料一起报监理人，以便监理人安排工程计量工作。根据工程项目的特点，有的必须到工地现场进行计量，有的可依据工程设计图纸和有关施工计划、施工记录进行计量，如何计量应由监理人安排。

（一）现场计量程序

当监理人安排对某工程项目（或某部分）进行现场计量时，应按照通用条件的规定，事先通知承包人或承包人代表，承包人或承包人代表在接到通知后，应准时参加或立即派出合格的代表准时参加，协助监理人进行上述计量工作，并按照监理人通知要求提供必要的工作条件和一切详细资料，计量工作由监理人和承包人双方委派的合格人员在现场进行工程计量，对计量结果双方签字认可。如果承包人不参加，则应将由监理人进行的或由他批准的计量认为是对该工程项目（或工作内容）的正确计量，其可作为支付的依据，承包人不能对此种计量及结果提出异议。

（二）非现场计量程序

对某些永久性工程项目的计量，可采用施工记录和工程设计图纸进行计量。当采用这种非现场方式计量时，监理人应准备该工程项目的图纸和有关记录；当承包人被通知要求参加此项计量时，承包人应在规定的时间内同监理人一道审查、计算该工程项目的工程数量，双方意见一致时，则双方签名确认。如果双方意见不一致（即承包人不同意计量结果），承包人可以在合同规定的时间内向监理人提出申辩，说明申辩原因，监理人在接到申辩后，应复查相关记录、工程图纸及其计量结果，或者维持原计量结果，或者进行修改，并将复议后的结果通知承包人。如果承包人不出席、不参加此类计量工作，则应认为监理人对相应工程项目的计量结果是正确无误的。

(三)《中华人民共和国标准施工招标文件》规定

1. 单价子目的计量

(1)已标价工程量清单中的单价子目工程量为估算工程量。结算工程量是承包人实际完成的,并按合同约定的计量方法进行计量的工程量。

(2)承包人对已完成的工程进行计量,向监理人提交进度付款申请单、已完成工程量报表和有关计量资料。

(3)监理人对承包人提交的工程量报表进行复核,以确定实际完成的工程量。对数量有异议的,可要求承包人按第 8.2 款(施工测量条款)规定进行共同复核和抽样复测。承包人应协助监理人进行复核并按监理人要求提供补充计量资料。承包人未按监理人要求参加复核,监理人复核或修正的工程量视为承包人实际完成的工程量。

(4)监理人认为有必要时,可通知承包人共同进行联合测量、计量,承包人应遵照执行。

(5)承包人完成工程量清单中每个子目的工程量后,监理人应要求承包人派员共同对每个子目的历次计量报表进行汇总,以核实最终结算工程量。监理人可要求承包人提供补充计量资料,以确定最后一次进度付款的准确工程量。承包人未按监理人要求派员参加的,监理人最终核实的工程量视为承包人完成该子目的准确工程量。

(6)监理人应在收到承包人提交的工程量报表后的 7 天内进行复核,监理人未在规定时间内复核的,承包人提交的工程量报表中的工程量视为承包人实际完成的工程量,据此计算工程价款。

2. 总价子目的计量

除专用合同条款另有规定外,总价子目的分解和计量按照下述约定进行。

(1)总价子目的计量和支付应以总价为基础,不因物价波动、法律变化等因素而进行调整。承包人实际完成的工程量,是进行工程目标管理和控制进度支付的依据。

(2)承包人在合同约定的每个计量周期内,对已完成的工程进行计量,并向监理人提交进度付款申请单、专用合同条款规定的合同总价支付分解表所表示的阶段性或分项计量的支持性资料,以及所达到工程形象目标或分阶段需完成的工程量和有关计量资料。

(3)监理人对承包人提交的上述资料进行复核,以确定分阶段实际完成的工程量和工程形象目标。对其有异议的,可要求承包人按第 8.2 款(施工测量条款)规定进行共同复核和抽样复测。

(4)除按照第 15 条(变更条款)规定的变更外,总价子目的工程量是承包人用于结算的最终工程量。

六、监理人在计量中的职责与权限

《中华人民共和国标准施工招标文件》明确规定:"监理人受发包人委托,享有合同规定的权力。监理人在行使某项权力前需要经发包人事先批准而通用合同条款没有指明的,应在专用合同条款中指明。"因此在合同文件中同样必须明确监理人在计量工作中的职责和权限,只有这样才能开展正常的计量工作,才能确保费用控制目标的实现。反之,若监理人对工程计量不负责任或者无权过问,承包人实际完成的工程数量就无法准确掌握,工程价值就无从确定;没有准确的计量就没有合理的支付,就无法保证工程费用支付完全符合合同要求,无法利用计量支付这一经济杠杆协调好项目法人与承包人在施工活动中的关系,会直接影响监理人对工程进度和工程质量的监理工作,最终会导致三大监理目标无法实现。

工程计量工作是监理人实现三大控制的重要工作。不管采用什么方式、何种方法进行计量,最终确认权归属于监理人。《水运工程施工监理规范》(JTS 252—2015)规定,监理人有权对工程的任何部分进行计量,有权要求承包人委派代理人协助其对已完工程进行审核、计量,最终确认工程数量。监理人有权拒绝对质量不合格部分的计量,有权核减、删除、调整承包人计量的不合理部分。所谓不合理是指工程质量虽然合格,但没有按照技术规格书指定的计量规则和计量方法计量;或者有多计、冒计现象;或者大部分项目的质量是合格的,其中混入少量不合格的项目等现象。因此,监理人的计量权力实际上是对工程计量的确认权和审定权。

关于对监理人计量权力的限制主要靠三条,一是监理人及其监理工作人员本身的职业道德和工作责任心;二是行业主管部门关于监理工作的规章制度;三是项目法人的监理授权范围及其规定。由于监理人拥有工程数量的确认权,因此,承包人会千方百计设法让监理人多批工程数量,达到多获工程进度款的目的。为了规范监理行为、保护项目法人的利益、促使监理人独立公正地行使监理职权,交通运输部颁发了一系列的规章制度和管理办法。以下列举部分内容供参考:

根据《公路水运工程监理工程师资质管理办法》第二十七、二十八条的规定,对不能自觉遵守监理人职业道德、缺乏监理工作责任心的,监理工作失误、造成工程质量事故或经济损失的,将根据情节分别给予通报批评、停止执业、取消监理资格并收缴证书及5年内不得再申报监理人的处罚;对丧失职业道德、贪污索受贿赂、玩忽职守或因监理工作失误造成重大工程质量事故和严重经济损失并构成犯罪的,除取消监理资格并收缴证书外,还将由司法机关追究其刑事责任。

《水运工程施工监理合同范本》第六条规定了监理人的职责与义务,监理人应接受交通行政主管部门及其授权的水运工程质量监督机构以及项目法人对监理工作的监督和检查,不得泄露本工程需要保密的技术与经济资料,不得与第三方发生直接或间接的经济关系。

根据《交通部水运工程施工监理规定(试行)》第八、九条的规定,监理单位和监理人员应恪守"严格监理、热情服务、秉公办事、廉洁自律"的准则,积极工作,勤奋学习,与建设、设计、承包人及质量监督部门密切合作,全面履行施工监理的职责和义务。对擅离职守、营私舞弊,造成较大工程事故和经济损失的监理单位及个人,发包人可视情节扣减工程监理费、终止监理合同、责令其退场;交通工程主管部门可分别给予通报批评、警告、责令停业整顿、降低资质等级、吊销监理资格证书等处罚;对情节严重的依法追究其经济和刑事责任。

七、工程量计算规则

交通运输部《水运工程工程量清单计价规范》(JTS 271—2008)明确规定了水运工程工程量计算规则。监理人在计算工程数量时,当合同文件有明确规定的应该按照合同规定执行,当合同文件没有明确规定的应该按照《水运工程工程量清单计价规范》(JTS 271—2008)中的工程量计算规则执行。《水运工程工程量清单计价规范》(JTS 271—2008)规定水运工程工程量计算规则的具体内容介绍如下。

(一) 一般规定

(1) 工程量计算的计算依据主要有下列文件：

① 招标文件及设计图纸。

② 技术规范、工程质量检验标准。

③ 经有关部门批准的技术经济文件。

(2) 施工过程中损耗或扩展而增加的工程量不得计算在工程量清单的工程数量中,所发生的费用可在工程单价中考虑(除非另有规定)。

(3) 工程量清单的工程项目应按照设计图纸、工程部位和分部分项工程顺序依次排序。

(4) 施工水位应采用设计文件提供的数值。当设计文件未作明确规定时,施工水位可按下列要求确定：

① 有潮港采用工程所在地的平均潮位。

② 无潮港采用工程所在地施工季节的历年平均水位。

③ 内河航道工程,根据工程类型、《内河航运工程水文规范》(JTS 145-1—2011)、《内河航道与港口水文规范》(JTJ 214—2000)中关于施工水位的规定确定。

(5) 水工工程与陆域工程界线的划分应根据工程部位、结构要求确定,并应以保证水工建筑物结构及各组成部分的完整性为原则。

(6) 水工工程应以施工水位为界,划分水上工程和水下工程。

(7) 测量工程的工程量应按设计图示区域、图比要求,按面积计算。

(8) 导航助航设施工程量的计算应区分不同结构形式分别计算。

(二) 疏浚工程

(1) 挖泥工程量应按设计图纸计算净量。

(2) 疏浚岩土的分类、分级应根据疏浚岩土的勘察报告和岩土试验报告确定,并应符合现行行业有关标准的规定。

(3) 对于有自然回淤的施工区域,施工期回淤量可在工程单价中考虑。

(4) 招标人应在招标文件中明确计算工程量的方法。

(5) 在同一施工区域出现不同疏浚岩土级别时,应分别计算工程量。

(6) 吹填工程量应按设计图示轮廓尺寸,扣除吹填区围(子)堰等的体积,计算有效净量,原土体的沉降应计入工程量；吹填土体的流失、固结量等可在工程单价中考虑。

(三) 土方工程

(1) 不同岩土级别的工程量应分别计算,回填工程中原土体的沉降应计入工程量(石方工程同样适用)。

(2) 坡度陡于 1∶2.5 的陆上坡面开挖,应按岸坡挖土计算。

(3) 槽底开挖宽度在 3m 以内,且槽长大于三倍槽宽的陆上开挖工程可按地槽挖土计算,不满足上条规定且坑底面积在 20m² 以内的陆上开挖工程应按地坑挖土计算。

(4)土方开挖各类槽、坑的计算长度应根据自然地面起伏状况划分成若干段,每段长度一般不宜大于10m。

(5)按设计图纸计算铺填工程量时,不应扣除预埋件和面积在0.20m^2以内的孔洞所占的体积。

(6)平均高差超过0.3m的陆上土方工程,应按土方挖填以体积计算工程量。反之,应按场地平整以面积计算工程量。

(7)洞室土方开挖断面积大于2.5m^2时,水平夹角不大于6°应按平洞土方开挖计算;水平夹角在6°~75°的应按斜井土方开挖计算;水平夹角大于75°且深度大于上口短边长度或直径的应按竖井土方开挖计算工程量。平洞、斜井、竖井土方开挖的工程量应按设计图纸以体积计算。

(8)夹有孤石的土方开挖,大于0.7m^3的孤石应按石方开挖计算。

(9)土方开挖工程量不应计算工作面开挖小排水沟、修坡、铲坡、清除草皮、工作面范围内的小路修筑、交通安全以及必需的其他辅助工作等。

(四)石方工程

(1)设计坡度陡于1:2.5,且平均开挖厚度小于5m的应按坡面石方开挖计算。

(2)陆上石方工程沟槽底宽在7m以内且长度大于三倍宽度可按沟槽计算。不满上条规定且底面积小于200m^2,深度小于坑底短边长度或直径可按基坑计算。

(3)陆上洞室石方开挖断面积大于5m^2时,水平夹角不大于6°应按平洞石方开挖计算;水平夹角在6°~75°的应按斜井石方开挖计算;水平夹角大于75°且深度大于上口短边长度或直径的应按竖井石方开挖计算工程量。平洞、斜井、竖井石方开挖的工程量应按设计图纸以体积计算。

(4)除坡面、沟槽、墓坑、洞室以外的陆上石方开挖应按一般石方计算。

(5)不允许破坏岩层结构的陆上保护层石方开挖,设计坡度不陡于1:2.5时,应按底部保护层石方开挖计算;设计坡度陡于1:2.5时,应按坡面保护层石方开挖计算。

(6)陆上石方开挖保护层应按设计图纸计算工程量,当设计文件未提供时,保护层厚度可按表7-1确定。

保护层厚度表　　　　　　　　　　　　　　　　　　　　　　表7-1

保护层名称	软质岩石Ⅴ~Ⅶ	中等硬度岩石Ⅶ~Ⅸ	坚硬岩石Ⅹ以上
垂直保护层(m)	2	1.5	1.25

(7)预裂爆破应按预裂面内的岩石开挖计算。

(五)水下工程

水下挖泥水深应按施工水位与设计挖槽底高程之差扣除平均泥层厚度的一半确定。水下抛填工程应计入原土沉降增加的工程量。水下抛填水深应按施工水位与设计挖槽底高程之差加上基床厚度的一半确定。基床夯实范围应按设计文件确定,当设计文件未规定时,应按建构筑物底面尺寸各边加宽1.0m确定;若分层抛石、夯实应按分层处的应力扩散线各边加宽1.0m确定。基床整平范围的确定规定如下:①粗平时,建构筑物取底面尺寸各边加宽1.0m,有护面块体时取压脚块底边外加宽1.0m,码头基床取全部前肩范围;②细平时,建构筑物取底面尺寸各边加宽0.5m,有护面块体时取压脚块底边外加宽0.5m,码头基床取全部前肩范围。基床理坡工程量应以面积计算。

(六)砌筑工程

砌筑工程量应按设计砌体外形尺寸以体积计算。砌体表面加工应按设计要求计算砌体表面展开面积。砌体砂浆勾缝应按不同的砌体材料区分平面、斜面、立面、曲面以及平缝、凸缝,分别按砌体表面展开面积以面积计算。砌体砂浆抹面应按不同厚度区分平面、斜面、立面、曲面、拱面,分别按砌体表面展开面积以面积计算。

(七)地基与基础工程

(1)基础打入桩应根据不同的土质类别、桩的类别、断面形式、桩长,以根或体积计算混凝土桩工程量,以根或质量计算钢桩工程量。

(2)基础打入桩工程量计算:斜度小于或等于8∶1的基桩按直桩计算;斜度大于8∶1的基桩按斜桩计算;在同一节点由一对不同方向的斜桩组成的基桩按叉桩计算;在同一节点中由两对不同方向叉桩组成的基桩组按同节点双向叉桩计算;独立墩或独立承台结构体下的基桩,或含三根及三根以上斜桩且不与其他基桩联系的其他结构体下的基桩按墩台式基桩计算;引桥设计纵向中心线,岸端起点至码头前沿线最远点垂线距离大于500m时,码头部分的基桩按长引桥码头基桩计算。

(3)陆上施打钢筋混凝土方桩、管桩,当桩顶低于地面2m时,应按深送桩计算;设计文件要求试桩时,试桩工程量应单独计算。

(4)基础灌注桩工程量计算:

①成孔工程量按不同的设计孔深、孔径、土类划分,以根或体积计算,孔深按地面至设计桩底计算。

②灌注桩混凝土工程量根据不同的混凝土强度等级,按设计桩长、桩径计算,扩孔因素不计入工程量。

③灌注桩桩头处理以根计算。

(5)地下连续墙工程量应根据成槽土类、混凝土强度等级,按设计延米、宽度、槽深折算为体积表示。

(6)软土地基加固堆载预压工程量计算:堆载预压工程量根据不同的预压荷载、堆载料的要求以面积计算;堆载材料用量以体积计算;设计文件未明确堆载材料放坡系数时,放坡系数按1∶1计算;原土体的沉降,应单独计算工程量。

(7)软土地基加固真空预压工程量根据不同的真空预压要求以面积计算;采用联合堆载、真空预压时应分别计算堆载工程量和真空预压工程量;采用塑料排水板加固软土地基时工程量应以根或长度计算;采用陆上强夯加固软土地基时,其工程量应根据不同的夯击能量、每100m^2的最终夯点数、点夯击数、普夯遍数及击数,按设计强夯加固面积计算;夯坑填料应计入工程量以体积计算;采用打砂桩(砂井)加固软土地基时,工程量应以根或体积计算,袋装法以根或长度计算;采用陆上打碎石桩加固软土地基时,工程量应以根或体积计算。

(8)深层水泥拌和加固水下基础工程,应根据不同的水深、加固深度、土质类别,按设计加固体积计算。加固单元体之间的空隙部分不扣除,搭接部分亦不增加。

(9)软土地基加固如需试验,应单独计算工程量。

(10)钻孔灌浆中的钻孔工程量应根据设计图纸、钻孔角度、岩石级别或砂砾石层类别、孔深、孔径,按设计进尺计算长度;其灌浆工程量应根据设计图纸、灌浆材料、岩体吸水率或灌浆干料耗量,按设计灌浆深度以长度计算。

(11)砂砾石层帷幕灌浆、土坝劈裂灌浆工程量,应按设计图纸的有效灌浆长度计算。

(12)岩石层帷幕灌浆、固结灌浆工程量,应按设计图纸计算的有效灌浆长度或设计净干耗灰量计算。

(13)接缝灌浆、接触灌浆工程量,应按设计图纸计算的混凝土施工缝或混凝土坝体与坝基、岸坡岩体的接触缝有效灌浆面积计算。

(14)高压喷射防渗墙灌浆工程量,应按设计图纸的不同墙厚的有效连续墙体截水面积计算;灌浆压力大于或等于3MPa应划分为高压灌浆,小于1.5MPa应划分为低压灌浆,其余应划分为中压灌浆。

(15)基础岩石层帷幕灌浆和基础破碎、多裂隙岩层固结灌浆的岩体吸水率可根据地质勘察压水试验确定。压水试验工程量应按试段计算。

(16)化学灌浆中的灌浆工程量应根据不同的灌浆材料、裂缝部位、缝宽和缝深以质量计算。

(17)沉井下沉工程量应根据设计图纸、整体下沉深度、土类划分按设计沉井平面投影面积乘以下沉深度计算。沉井的井壁、封底、填心、封顶等应按有关规定分别计算。

(八) 混凝土工程

(1)混凝土及钢筋混凝土的工程量应根据设计图纸、浇筑部位及混凝土强度、抗冻、抗渗等级以体积计算。不应扣除钢筋、铁件、螺栓孔、三角条、吊孔盒、马腿盒等所占体积和单孔面积在 $0.2m^2$ 以内的孔洞所占体积。

(2)陆上现浇混凝土工程量计算。

陆上现浇混凝土基础工程:独立基础根据断面形式以体积计算;带形基础根据断面形式以体积计算;其中有肋带形基础的肋高与肋宽之比在4:1以内时按有肋带形基础计算;超过4:1时底部按板式基础计算,底板以上部分的肋按墙计算;无梁式满堂基础的扩大角或锥形柱墩并入满堂基础内计算工程量;箱式满堂基础按无梁式满堂基础、柱、梁、板、墙等项目分别计算工程量;除块形以外其他类型的设备基础分别按基础、梁、柱、板、墙等项目计算。

陆上现浇混凝土柱:柱高自柱基上表面算至顶板或梁的下表面,有柱帽时柱高自柱基上表面算至柱帽的下表面;牛腿并入柱身以体积计算。

陆上现浇混凝土梁:基础梁按全长计算体积;主梁按全长计算,次梁算至主梁侧面;梁的悬臂部分并入梁内一起计算;梁与混凝土墙或支撑交接时,梁长算至墙体或支撑侧面;梁与主柱交接时,柱高算至梁底面,梁按全长计算;梁板结构的梁高算至面板下表面。

陆上现浇混凝土板:由梁板按梁板体积之和计算;无梁板按板和柱帽体积之和计算;平板按板混凝土实体体积计算;伸入支撑内的板头并入板体积内计算。

陆上现浇混凝土墙:墙体的高度由基础顶面算至顶板或梁的下表面,墙垛及突出部分并入墙体积内计算；墙体按不同形状、厚度分别计算体积。

陆上现浇混凝土廊道、坑道、沟涵、管沟：计算工程量时可将底板、墙体、顶板合并整体计算。陆上现浇混凝土拨车机基础、牵引器基础、夹轮器基础、带排水沟的挡土墙工程量，按不同作用可分别整体计算。

陆上现浇混凝土池：池底板、池壁、顶板分别计算；池底板的坡度缓于1：1.7按平面底板计算，陡于1：1.7的按锥形底板计算；池壁高度从底板上表面算至顶板下表面，带溢流槽的池壁将溢流槽并入池壁体积计算；污水处理系统中澄清池中心结构按整体计算。

陆上现浇混凝土卸车坑：底板、墙体、梁、面板、漏斗分别计算；火车轨道梁和框架梁单独计算，其他梁按断面形式分别计算；漏斗按整体计算，并算至墙体或梁的侧面。

陆上现浇混凝土筒仓：筒仓底板上的各种支座混凝土并入底板计算；底板顶面以上至顶板底面以下为筒壁，筒壁工程量计算扣除门窗洞口所占体积；各仓间连接部分并入筒壁计算；钢制漏斗的混凝土支座环梁及板，算至筒壁内表面；现浇混凝土漏斗将环梁、板并入漏斗一并计算；筒仓顶板、进料口和顶面设备支座混凝土一并计算。

(3)预制梁、板、柱的接头和接缝的现浇混凝土工程量应单独计算。

(4)翻车机房基础工程：翻车机房基础混凝土按不同结构部位分为底板、墙体、梁、板、柱等分别计算体积；当单侧翼板长度为墙身厚度的2.5倍以上时按带翼板墙计算；当单侧翼板长度为墙身厚度的2.5倍以下时按出沿墙计算，其翼板及出沿部分并入墙身体积计算；翻车机房基础的扶壁并入与其连接的墙体体积内计算；底板、墙体等为防渗而设置的闭合块混凝土单独计算工程量。

(5)通航建筑物及挡泄水建筑物混凝土工程：

闸首混凝土工程量计算：以闸首底板与边墩的施工缝为界划分边墩与底板，分别计算工程量；带输水廊道的实体边墩以廊道顶高程以上1.5m为界，带输水廊道的空箱边墩以廊道顶板顶高程为界，分别计算工程量；闸首的门槛、检修平台、消力槛等并入底板计算，帷幕墙单独计算；边墩顶部的悬臂板、胸墙、挡浪墙、磨耗层、踏步梯等工程量单独计算。

闸室混凝土工程量计算：分离式以底板与闸墙竖向分缝处为界，整体式以底板与闸墙连接处底板顶高程为界划分闸墙与底板；墙体顶部的靠系船设施、廊道以及墙体上的阶梯可并入墙体计算。

平底板工程量应包括齿槛体积；空箱底板应包括隔墙、分流墩、消力梁及面板，孔洞体积应扣除；反拱底板的拱部结构应按反拱底板计算，拱上结构应按梁计算。闸墙和系船墩上的系船环、系船钩等孔洞体积不应扣除。边墩、闸墙与其他混凝土构件交接时除另有说明外，其他混凝土构件均应计算至边墩和闸墙外表面。消力槛、消力齿、消力墩、消力梁、消力格栅等工程量，应分别计算；消力池如直接设置在底板上可并入底板计算工程量。

二期混凝土工程量应单独计算；升船机基础工程量应按轨道梁、联系梁、滑轮井、绳槽、车挡、托辊墩等分别计算；泄水闸底板、闸墩、溢流坝、溢流面、厂房等工程量应分别计算。

其他现浇混凝土工程量计算：胸墙、导梁及帽梁的工程量，不扣除沉降缝、锚杆、预埋件、桩头嵌入部分的体积；挡土墙、防浪（汛）墙的工程量，不扣除各种分缝体积；堆场地坪、道路面层，按不同厚度分别计算，不扣除各种分缝体积。

(6)碾压混凝土工程量、应按设计图纸以体积计算；回填混凝土工程量应按设计图纸或实际测量尺寸以体积计算;沥青混凝土工程量应按设计图纸以面积计算,封闭层按设计图纸或实际测量尺寸以面积计算。

(7)水上现浇混凝土构件:

水上现浇混凝土构件工程量应区分不同形状按设计图纸以体积计算。水上现浇混凝土桩帽、帽梁、导梁工程量,不应扣除桩头嵌入部分的体积;水上现浇混凝土桩基式墩台、墩帽、台身、支座工程量,不应扣除桩头嵌入墩帽的体积;水上现浇混凝土码头面层、磨耗层工程量不应扣除分缝体积;水上现浇预制构件接缝、节点、堵孔工程量,应按不同接缝种类以体积计算。

(8)水下现浇混凝土工程量应按设计图纸要求以体积计算。

(9)混凝土及钢筋混凝土预制构件的预制和安装工程量应分别按设计图纸,区分不同构件形状、质量等特征以体积和件计算。预制混凝土空心方桩、大管桩和 PHC 桩的工程量,应扣除中空体积;单件体积小于 $0.5 m^3$ 的预制混凝土小型构件的预制和安装工程量应区分不同构件类型等特征以体积或件计算;超过六个面的混凝土方块工程量,应按异形方块以体积计算。

(九)钢筋、金属结构制作安装工程

(1)现浇、预制构件的钢筋工程量应根据不同材质分别按设计图纸以质量计算。混凝土预制构件钢筋工程量应按预应力和非预应力分别计算;设计图纸未标示的搭接钢筋、架立钢筋、空心方桩胶囊定位钢筋,灌注桩、地下连续墙悬吊钢筋及其他加固钢筋等的工程量可在工程单价中考虑。

(2)金属结构制作工程量应按设计图纸以质量计算。钢材质量应按设计图纸计算,不应扣除切肢、断边及孔眼的质量;多边形或不规则形钢板应按外接矩形计算。

(3)除锈、刷涂料工程量应按设计要求以展开面积计算。

(4)闸阀门、拦污栅制作工程量,应根据不同的门型、单扇门质量,按钢结构本体、止水件、防腐处理等分别计算。门质量应包括门体质量和安装于门叶上的运转支撑件的质量。

(5)钢轨、系船柱等各种成品件、闸阀门、拦污栅、启闭机及其他金属构件的安装工程量,应包括本体、附件及埋件,并按设计图纸及相应的计量单位分别计算。

(十)设备安装工程

(1)港口装卸、配套设备安装工程量,应按不同的规格、能力、高度及质量,分别以台、套或质量计算。

(2)航运枢纽设备、修造船厂设备安装工程量,按其不同的规格、能力及结构形式,分别以台、套、扇或质量计算。

(3)启闭机与电气设施安装工程量应按设计图示数量计算。启闭机电动机接线端子以内应按启闭机安装计算;启闭机设备主体第一个外接法兰或管接头以外的管道铺设以及设备用油应单独计算。启闭机设备的轨道铺设应单独计算。

(4)航运枢纽发电主要设备,由设备本体和附属设备及埋件组成,其安装工程量应按设计图示数量计算。航运枢纽滑触线、水力机械辅助设备、发电电压设备、发电机—电动机静止变频启动装置、发电电压母线、接地装置、高压电气设备、一次拉线、控制保护测量及信号系统设备、直流系统设备、电工试验室设备等其他机电设备安装工程量,应按设计图示数量计算。

(5)用电系统设备、照明系统、电缆敷设、计算机监控系统设备、计算机管理系统设备、工业电视系统设备、通信系统设备、消防系统设备、通风空调采暖及其监控设备、机修设备、电梯设备等其他机电设备安装工程量应按设计图纸计算。

(6)航运枢纽安全监测设备安装工程量应按各种仪器设备的种类规格分别计算。

(十一)其他工程

(1)土工织物、尼龙编织布及竹笆、荆笆的铺设工程量,应按设计图纸以覆盖面积计算;材料搭接工程量可在工程单价中考虑。

(2)栽植树木、乔灌木、竹类、攀缘植物、水生植物等工程量,应按设计图示品种以数量或面积计算。栽植绿篱类工程量,应按设计图示品种以长度计算;栽植片植绿篱、色带、花卉及植草等工程量,应按设计图示品种以面积分别计算。

(3)伐树及挖树根工程量,树身直径在 0.2m 以上的应按不同的树身直径,以棵计算。挖除树身直径在 0.2m 以内的小树及竹(苇)根、铲草皮等工程量,应按面积计算。

(4)拆除混凝土、钢筋混凝土、土石堤、围捻、砌体等工程量,应按体积计算。

(5)清理障碍物工程量,应按设计图示或实际测量结果按相应计量单位计算。

(6)拔钢板桩工程量应按不同桩长以根或质量计算。

(7)预应力锚索工程的工程量,应按嵌入结构体内的有效设计长度以根或质量计算。

第四节 工程费用支付

【备考要点】

1. 工程费用支付种类、支付原则、支付权限、进度款支付、工结算支付、最终结清支付、暂列金额、计日工等基本概念。

2. 工程量清单内支付项目及方法。

3. 工程量清单外支付项目及方法。

4. 合同中止后的支付内容及方法。

一、费用支付种类

工程费用支付就是根据工程计量确认的工程量或工作量,按合同文件约定的价款及方法付款给承包人的过程。不同种类的支付分别有不同的支付程序和办法。依据支付的时间、内容和合同的执行情况有三种不同的支付分类办法:

(一)按时间分类

工程费用支付按时间分类可分为:前期支付、进度款支付、竣工结算支付、最终结清支付。

1. 前期支付

前期支付是指开工之前的费用支付,有动员预付款,履约保函手续费和保险手续费等的支付。其中动员预付款是由发包人提供给承包人的无息贷款,按一定的费用标准支付,并按一定的条件扣回。

2. 进度款支付

进度款支付又称为阶段付款或者中期支付，是指在施工过程中，根据被批准的承包人的支付申请，按合同文件的有关条款，对承包人已完成的工程进行的付款。一般按月进行，由监理人开具中期付款证书来实施，其内容有工程进度款、暂列金额、计日工、工程变更费用、索赔费用、价格调整费用、质量保证金、迟付款利息、对指定分包人的支付等项目。

3. 竣工结算支付

合同工程项目通过竣工验收，工程质量验收合格，发包人同意接受工程并交付使用，同时颁发工程接收证书。费用支付进入竣工结算阶段，承包人应按专用合同条款约定的份数和期限向监理人提交竣工付款申请单，并提供相关证明材料。通过监理人的审核和审查，发包人委托工程造价咨询机构进行竣工结算的专项审计，最终确定工程造价。除专用合同条款另有约定外，竣工结算付款金额是竣工结算合同总价扣除发包人已支付承包人的工程价款和扣留的质量保证金后的剩余金额。

4. 最终结清支付

最终结清支付是发包人与承包人之间的最后一次结算，也就是在签发"工程保修终止证书"后，根据承包人的申请，按合同文件的约定，付清全部工程款。正因为它是正常履行合同的最后一次支付，所以监理人必须确认承包人的遗留工程及缺陷工程已完成并达到本项目合同标准后，准确无误地签发最终支付证书。

(二) 按支付的内容分类

按支付的内容可分为工程量清单内的支付和工程量清单外的支付两种。工程量清单内的支付就是监理人首先按照合同条件、技术规格书和工程量清单的有关规定进行计量，确认已完成的实际工程量，然后根据已经确认的工程数量和报价单中的报价，计算并支付工程量清单中各项工程费用，因此简称为清单内支付。工程量清单之外的支付就是监理人按照合同条件的约定，根据工程实际进展情况及日常记录，对工程量清单以外的各项费用进行计算和支付，简称清单外支付。不管是清单内还是清单外的所有支付内容，都必须是合同中约定的支付项目和内容。

清单内支付在支付总额中所占比例较大，是主要支付，由于它在合同文件中约定得比较明确，因此操作起来比较容易。清单外支付在支付总额中所占比例较小，但支付难度较大，头绪也比较多。这是因为合同文件中无法对这些项目作出准确估计和详细规定，发生这些支付取决于多方面的情况，例如工程施工过程中本身遇到的各种客观意外情况和工程管理中发生的各种问题，法规变动，物价涨落等政治、经济和社会环境的影响。由此可见，清单外支付是否合理、准确，完全取决于监理人对合同条件的正确理解以及是否及时掌握现场实际情况。

(三) 按合同执行情况分类

按合同执行情况可分为正常支付和非正常支付两类。正常支付是指发包人与承包人双方共同努力使整个合同得以顺利履行而产生的支付结果。非正常支付是指由于一些非正常情况导致合同无法继续履行而出现的支付结果，也称合同中止支付。如工程遇到战争、骚乱等合同约定的特殊风险、承包人违约及发包人违约等原因导致合同中止。无论何种原因导致合同中止,监理人都应该按照合同条件、技术规格书等有关文件的规定处理好各项费用的支付。

二、费用支付职责与权限

工程费用支付就是承包人向监理人提出付款申请,并提供月结账单,监理人审核后开具付款证书交发包人,发包人在规定时间内向承包人付款的过程。

(一)工程费用支付职责

监理人在工程费用支付中的职责就是定期(一般按月进行)审核承包人的各类付款申请,为发包人提供付款凭证,保证发包人对承包人的支付公平、合理。具体的职责就是审核付款申请和开具付款证书。一方面,监理人必须按时处理承包人的付款申请,以便承包人能够及时获得各种应得款项;另一方面,监理人还必须根据合同文件的要求和原则认真进行审核,开具付款凭证书,向发包人证明承包人在本阶段所完成各项工程的实际价值。这就要求监理人站在公正的立场,确保发包人和承包人双方的经济利益。

(二)工程费用支付权限

工程费用支付是监理人在发包人明确授权的范围内,直接运用合同的约定,通过计量和支付手段进行的费用控制活动。发包人聘请监理人对工程实施监督、管理,其授权方式有以下两种。

(1)全面授权。按工程量清单上的项目进行的进度款支付,是以监理人的计量结果、合同约定的单价或者费用为依据计算的支付项目,发包人对于这种支付一般全面授权给监理人。因为这种支付发生争议的可能性不大,发包人也需要通过监理人的进度款支付来约束承包人全面履行合同义务。

合同中预付款的支付和扣还,也只是程序问题,监理人在合同通用条件和专用条件的有关规定下进行监督、审查,按程序支付和扣还,发包人同样是全面授权的。

(2)有限授权。发包人在施工阶段聘请监理人进行费用控制,而合同条件中明确指出:由发包人主办工程,发包人对永久工程项目投资活动的成败负有全部责任,发包人是施工阶段全部活动的施控主体。因此,除了在程序性控制工作之外,发包人对涉及费用变动的问题必然对监理人的权力具有有限授权的一面。即使在程序性控制的全面授权中,发包人对监理人费用监理的基础工作——质量检查和计量工作,仍然需进行必要的检查和监督。

在涉及费用变动的支付中,发包人往往采取有限授权的办法来限制监理人的权力,以使实际工程费用不致超出其可接受的一定范围。发包人对监理人在费用变动方面的有限授权具有普遍性,然而授权范围的大小对不同的具体合同却有很大差别,授权的限制程度与发包人的资金状况、发包人对监理人能力的信任以及承包人的素质情况等多种因素有关。

(三)《水运工程施工监理规范》规定

根据《水运工程施工监理规范》(JTS 252—2015),将监理人在费用支付方面的权限归纳如下:

(1) 审查、签发进度款支付证书,合同得到正常履行的最终支付证书以及合同中止后任何款项的支付证书。进度款支付申请应以核实的工程量和工程费用为准,由总监理工程师签认。进度款支付应依据合同文件的规定扣除工程预付款等。

(2) 对不符合合同和技术规格书要求的工程细目和施工活动,有权暂时拒绝支付,待上述细目和活动达到要求后再予支付。

(3) 因工程变更、物价和费率调整等原因引起工程费用的变化,应按合同文件约定,与发包人和承包人协商确定新的工程费用,并签认变更支付申请。

(4) 根据合同文件的约定对承包人提出的索赔报告进行审查,或对承包人造成的工程损失进行测算,并经发包人和承包人协商一致后签认索赔费用。

三、费用支付原则

工程费用支付的目标是组织和协调好发包人与承包人之间的收支行为,使他们双方发生的每一笔工程费用都符合合同的要求,而且公平合理。为了达到这一目标,监理人就必须站在公正的立场上,不偏不倚,客观、准确地评价承包人的施工质量,认真进行工程计量,仔细计算各项工程费用,及时地签发付款证书。这样做一方面使承包人及时得到费用补偿,另一方面使已支出费用的发包人能按时得到质量合格的工程实体。由此可见,监理人在工程费用支付中责任重大,为了真正做好这一工作,监理人必须遵循以下基本原则。

(1) 支付必须以工程计量为基础。

准确的实际工程量只有通过计量才能获得,对于单价合同,计量是支付的基础,可以说,没有准确的计量就不可能有准确的支付。由于工程计量最根本的前提是工程质量必须合格,所以工程费用的支付就必须在质量监理和准确计量的基础上进行。因此,在费用支付过程中,应当对这两个环节的工作进行严格检查和认真分析,以确保费用支付准确可靠。

(2) 支付必须以《水运工程工程量清单计价规范》(JTS 271—2008)为依据。

《水运工程工程量清单计价规范》(JTS 271—2008)第4.0.1条规定:"实行工程量清单计价招标投标的水运工程,其招标标底和投标报价的编制、合同价款的确定与调整、工程价款的结算均应按本规范执行。"可见发包人在招标时按照《水运工程工程量清单计价规范》(JTS 271—2008)编制工程量清单,承包人在投标报价时也是按照《水运工程工程量清单计价规范》(JTS 271—2008)的要求进行竞争报价的,签订合同时承包人的工程量清单报价是工程承包合同的重要组成部分,监理人在进行工程计量时同样也是按照《水运工程工程量清单计价规范》(JTS 271—2008)和合同文件的要求进行计量的。因此《水运工程工程量清单计价规范》(JTS 271—2008)是费用支付时的依据。工程量清单编制说明、清单项目的工程量和特征描述、工程量计算规则等都是招标文件中的核心文件,直接体现买、卖双方的权利和义务;对于报价单中没有单价的工程细目,其单价为零,但承包人必须完成合同文件和图纸所规定的全部工作内容并达到规定的要求。因为根据工程量清单计价规范的规定,对于某些没有单价的工程细目,其费用已作为摊销费摊入到其他细目的单价之中。对于有单价的工程细目,则以此单价计算工程费用,但应注意其单价的包容程度。单价的包容程度一方面是指单价的价值构成,另一方面是指单价中所包含的工程或工作内容。

单价的价值构成是指为完成工程量清单中一个质量合格的规定计量单位项目所需的所有

费用、并考虑风险因素的价格。

单价所包含的工程或工作内容是指该计量单位项目的特征描述所规定应包含的内容。工程量清单中的每一个工程项目，都会有一定的概括性、包容性，概括和包容得最完整的是一些包干的工作项目——工作包干或费用包干。

(3) 支付必须坚持合同条款和日常记录相结合。

对于一个整体工程项目，除了工程量清单内的常规支付外，还有许多工程量清单以外的费用需要支付，这些支付费用在招标时往往无法准确估计或者根本不可能预先估计的，无法在工程量清单中一一予以列明。但是，这些费用的支付又是工程费用支付中极其重要的内容，通常要花费监理人大量的精力。例如，物价上涨或新的法规颁布、工程变更、索赔等费用支付在工程量清单中没有，也无法明确，但在合同条款中给出了明确的规定。驻地监理人只有将合同条款的约定与工程实施中的日常记录结合起来，方能搞好这些费用的支付工作。

(4) 支付必须及时。

工程费用支付是资金运动中的一个环节，而且还是关键环节。资金的运动，其本质特征之一就是资金具有时间价值，因此，资金运动的内在规律和特征要求监理人按时签认和支付工程费用。同时，工程施工活动的特点也决定了要进行进度款的支付，其原因在于施工生产需要占用大量的资金，而承包人没有能力或不愿意垫付如此巨大的资金。因此，监理人必须按时进行工程费用的支付。

除此之外，工程费用结算的特点决定了必须由监理人出具其签认的支付证书。及时支付工程费用不仅是合同本身的要求，它还是财务部门和银行结算的要求。

(5) 支付必须遵循严格的程序。

工程费用的支付必须遵循严格的程序。为了确保工程费用支付的合理性、合法性和准确性，每个工程项目的合同文件都对费用支付作出了严格的规定。这些程序具体规定了各项费用的支付条件、支付方法和申报、计算、复核、审批等要求，从组织上和技术上确保支付质量。

四、清单项目支付

清单内项目支付的项目包括分项工程项目、一般项目、计日工项目三种。结合工程费用支付的主要形式，本节仅对进度款支付、竣工结算支付、最终结清支付、一般项目支付和计日工支付作详细介绍。

(一) 进度款支付

进度款支付一般以月(或者合同约定时间)为时间间隔，亦称中期支付。虽然，其支付内容非常广泛，但都是按照工程量清单计价规范的要求进行的。

1. 进度款支付的内容

承包人在向监理人提交的支付申请中，所包括的是这一个月完成施工任务的全部工作，以及为这些工作他有权获得的款额。主要内容包括：

(1) 本月已完成的永久工程价值。

(2) 所完成工程量清单中其他表列项目的价值。

(3) 按照合同约定他有权得到的其他费用。

2. 进度款支付的程序

(1) 进度款支付申请。

承包人应在每个付款周期末,按监理人批准的格式和专用合同条款约定的份数,向监理人提交进度付款申请单,并附相应的支持性证明文件。除专用合同条款另有约定外,进度付款申请单应包括下列内容:

①截至本次付款周期末已实施工程的价款。
②根据合同条款应增加和扣减的变更金额。
③根据合同条款应增加和扣减的索赔金额。
④根据合同条款约定应支付的预付款和扣减的返还预付款。
⑤根据合同条款约定应扣减的质量保证金。
⑥根据合同条款应增加和扣减的其他金额。

(2) 进度款支付的审定。

监理人应在合同约定的时间内对承包人的付款申请进行审定。
①付款申请的格式和内容应满足合同要求。
②各项证明文件及有关手续齐全。
③核对当月完成的工程量。
④核对根据合同条款应增加和扣减的费用。
⑤审核并修正承包人的支付申请,将需扣留、扣回和扣减款项从承包人应得金额中扣除后,计算付款净金额。
⑥将付款净金额与合同中约定的进度款支付的最小限额相比较(每次进度款支付的最低限通常为合同总价的2%左右)。若净金额大于最小限额,监理人应向发包人签发"进度款支付证书",副本抄送承包人;若净金额小于最小限额,则暂不签发"进度款支付证书",转入下期支付一并签发。
⑦对前期已支付的工程款项发现的问题或前期支付证书的错误进行纠正。
⑧审查无误后计量监理人签字。

审核中若发现所列出的数量不正确或者任何一个工程项目的质量不符合要求,则可调整承包人的付款申请表。

(3) "进度款支付证书"的签发。

监理人在接到承包人的进度款支付申请后,应及时审核付款申请,并在合同约定的时间内,由总监理工程师复核审查无误后签发进度款支付证书。

(4) 发包人付款。

发包人应及时审定支付款额,在合同规定的时间给承包人付款。

3. 关于进度款支付的规定

(1)《中华人民共和国标准施工招标文件》中的通用合同条款第17.3.3和17.3.4项,关于工程进度付款证书和支付时间明确规定如下:

①监理人在收到承包人进度付款申请单以及相应的支持性证明文件后的14天内完成核查,提出发包人到期应支付给承包人的金额以及相应的支持性材料,经发包人审查同意后,由

监理人向承包人出具经发包人签认的进度付款证书。监理人有权扣发承包人未能按照合同要求履行任何工作或义务的相应金额。

②发包人应在监理人收到进度付款申请单后的28天内,将进度应付款支付给承包人。发包人不按期支付的,按专用合同条款的约定支付逾期付款违约金。

③监理人出具进度付款证书,不应视为监理人已同意、批准或接受了承包人完成的该部分工作。

④进度付款涉及政府投资资金的,按照国库集中支付等国家相关规定和专用合同条款的约定办理。

⑤在对以往历次已签发的进度付款证书进行汇总和复核中发现错、漏或重复的,监理人有权予以修正,承包人也有权提出修正申请。经双方复核同意的修正,应在本次进度付款中支付或扣除。

(2)《水运工程标准施工招标文件》中专用合同条款第17.3款规定:

①工程进度支付的方式和时间:按照月度工程计量的＿＿%(不少于80%)支付;当工程款支付达到合同总价＿＿%(不少于80%)时,停止支付;待工程全部竣工验收合格后支付至全部工程结算值的95%;尾款5%待工程缺陷责任期满60天内付清,尾款不计利息。

②若发包人在合同约定的支付限期满14天后未予支付,承包人可向发包人发出催付款的通知,发包人在收到承包人通知后仍不能按要求支付,承包人可在发出催付款通知14天后暂停施工,发包人承担延期支付的利息和违约责任以及停工损失。

(二)竣工结算支付

《中华人民共和国标准施工招标文件》中的通用合同条款第17.5款关于竣工结算支付规定如下:

1. 竣工付款申请单

(1)工程接收证书颁发后,承包人应按专用合同条款约定的份数和期限向监理人提交竣工付款申请单,并提供相关证明材料。除专用合同条款另有约定外,竣工付款申请单应包括下列内容:竣工结算合同总价、发包人已支付承包人的工程价款、应扣留的质量保证金、应支付的竣工付款金额。

(2)监理人对竣工付款申请单有异议的,有权要求承包人进行修正和提供补充资料。经监理人和承包人协商后,由承包人向监理人提交修正后的竣工付款申请单。

2. 竣工付款证书及支付时间

(1)监理人在收到承包人提交的竣工付款申请单后的14天内完成核查,提出发包人到期应支付给承包人的价款送发包人审核并抄送承包人。发包人应在收到后14天内审核完毕,由监理人向承包人出具经发包人签认的竣工付款证书。监理人未在约定时间内核查,又未提出具体意见的,视为承包人提交的竣工付款申请单已经监理人核查同意;发包人未在约定时间内审核又未提出具体意见的,监理人提出发包人到期应支付给承包人的价款视为已经发包人同意。

(2)发包人应在监理人出具竣工付款证书后的14天内,将应支付款支付给承包人。发包人不按期支付的,按合同条款的约定,将逾期付款违约金支付给承包人。

(3)承包人对发包人签认的竣工付款证书有异议的,发包人可出具竣工付款申请单中承包人已同意部分的临时付款证书。存在争议的部分,按合同条款中有关争议事项解决条款的约定办理。

(4)竣工付款涉及政府投资资金的,按相关合同条款的约定办理。

(三)最终结清支付

《中华人民共和国标准施工招标文件》中的通用合同条款第17.6款关于最终结清支付规定如下。

1.最终结清申请单

(1)缺陷责任期终止证书签发后,承包人可按专用合同条款约定的份数和期限向监理人提交最终结清申请单,并提供相关证明材料。

(2)发包人对最终结清申请单内容有异议的,有权要求承包人进行修正和提供补充资料,由承包人向监理人提交修正后的最终结清申请单。

2.最终结清证书和支付时间

(1)监理人收到承包人提交的最终结清申请单后的14天内,发包人应支付给承包人的价款送发包人审核并抄送承包人。发包人应在收到后14天内审核完毕,由监理人向承包人出具经发包人签认的最终结清证书。监理人未在约定时间内核查,又未提出具体意见的,视为承包人提交的最终结清申请已经监理人核查同意;发包人未在约定时间内审核又未提出具体意见的,监理人提出应支付给承包人的价款视为已经发包人同意。

(2)发包人应在监理人出具最终结清证书后的14天内,将应支付款支付给承包人。发包人不按期支付的,按相关合同条款的约定,将逾期付款违约金支付给承包人。

(3)承包人对发包人签认的最终结清证书有异议的,按合同条款中有关争议事项解决条款的约定办理。

(4)最终结清付款涉及政府投资资金的,按相关合同条款的约定办理。

(四)一般项目支付

《水运工程工程量清单计价规范》(JTS 271—2008)的一般项目清单中列入了暂列金额、规费、保险费、安全文明施工费、施工环保费等16个项目,计量单位均以"项"计算。在一般项目中暂列金额的大小由招标人确定,而规费和安全文明施工费必须按国家有关部门的规定计算,在投标时属于不可竞争费用。

1.暂列金额支付

(1)暂列金额的定义和性质。

暂列金额是指已标价工程量清单中所列的暂列金额,用于在签订协议书时尚未确定或不可预见变更的施工及其所需材料、工程设备、服务等的金额,包括以计日工方式支付的金额。在《水运工程工程量清单计价规范》(JTS 271—2008)中暂列金额被列入一般项目清单,项目编号是100100101000。可见暂列金额具有不可预见费(或者备用金)的性质。

(2)暂列金额的使用权。

暂列金额只能按照监理人的指示和决定动用,是由监理人直接控制的,因此,未经监理人的批准,承包人对暂列金额项目进行的任何工作均不予支付。

动用暂列金额时,监理人应审批承包人提交的相应工程的施工组织计划及其所需的人工费、材料费、机械台班费、设备费及相应的计算说明,并与发包人就暂列金额的支付进行协商。如果该款项全部或部分未经动用,则应从合同价格中减去未动用的暂列金额。

(3)暂列金额的执行者。

动用暂列金额进行的工作由承包人或指定的分包人完成。

(4)暂列金额的支付条件。

根据监理人的要求,承包人应提交有关暂列金额项目开支的全部报价、发票、凭证、账目和数据,经审核后,监理人才能开具相应的支付证书,给予费用支付。

(5)暂列金额的支付价格。

暂列金额项目的支付价格有两种方式,一是按工程量清单的报价和标书附录中的费率或价格支付,如果由指定的分包人完成这些工作,则按合同约定的办法进行支付;二是按计日工的计价方式进行支付。

2. 其他项目支付

其他项目是由投标人结合自身的具体情况进行竞争报价,这些项目的费用支付,通常可以结合工程施工的实际完成情况或者形象进度进行支付。其中规费、保险费、安全文明施工费、施工环保费四项费用是不可竞争费用;生产及生活房屋、临时道路、临时用水、临时通信、临时用地、临时码头、预制厂建设、临时工作项目、临时用电等项目都是为了完成工程项目所采取的临时设施项目,投标人可以竞争报价,在支付时可以控制在项目总金额以内,按照实际(或者形象)进度的完成情况支付,有复耕要求的必须扣除复耕需要的费用,复耕任务完成后付清费用;施工措施项目费用可以按照形象进度的完成情况支付;竣工文件编制项目费用可以在竣工结算支付时进行支付。

(五)计日工项目支付

计日工也是工程量清单中标明的支付项目,根据合同条件约定,监理人可指令承包人按计日工完成特殊的、较小的变更工程或附加工程。因此,计日工具有暂列金额性质。

凡以计日工的形式进行的工程,必须有监理人的指令。未经监理人批准,承包人不得以计日工的形式进行任何工作,当然,发包人也不会支付任何款项。

监理人指令使用计日工时,要认真、负责地检查、旁站、记录,承包人应每日填写有关该计日工工程的下列报表:

(1)用工清单。包括从事该项工程的人数、工种和工作时间。值得注意的是,用于计日工的劳动力,未经监理人的同意不得加班,否则,不支付加班费用。

(2)材料清单。包括材料名称、单位、单价和实际数量。未经监理人认可的材料不得使用。

(3)机械、设备清单。包括机械、设备类型、实际使用工时和单价。用于计日工的施工机械应有承包人提供,因故障或闲置的施工机械不支付费用。

(4)费用清单。监理人应根据承包人在投标文件中列出的计日工劳务、计日工材料、计日工机械与设备的单价计算其费用,汇总形成费用清单,并附上证明其价值的收据和凭证等资料。必须注意,除非监理人在使用计日工之前同意,否则计日工工作承包人无权任意分包。

五、清单外项目支付

工程费用支付除了清单内项目支付外,还有许多其他的支付项目,它们虽然没有列在工程量清单内,但是均属工程承包合同条件约定的支付范围,将这些支付内容统称为清单外项目支付。

尽管它在工程费用支付中所占比例较小,但其灵活性比清单内项目支付大,比较难以把握和控制,这些内容的支付是监理人费用监理工作中的重点和难点。

清单外项目支付一般包括:预付款支付、质量保证金支付、变更费用支付、索赔费用支付、价格调整费用支付、逾期竣工违约金支付、提前竣工奖金支付、逾期付款违约金支付等共八项。其中变更费用、价格调整费用和索赔费用的支付另列章节介绍。

(一)预付款支付

1. 预付款的定义

预付款是发包人提供给承包人用作开办费用的款项,是使承包人在合同签约后尽快动员,作好施工准备,并用于工程初期各项费用支出的一笔费用。《中华人民共和国标准施工招标文件》中的通用合同条款第17.2.1项规定,预付款用于承包人为合同工程施工购置材料、工程设备、施工设备、修建临时设施以及组织施工队伍进场等。预付款的额度和预付办法在专用合同条款中约定。预付款必须专用于合同工程。

2. 预付款的性质

发包人要求承包人提交履约保函是承包人对发包人的承诺,承包人中标后得到发包人支付的预付款,也表示发包人对承包人的一种承诺,对购销双方的交易活动都是正常的。工程项目动员预付款既是发包人对承包人的承诺,又是发包人对承包人的支持。预付款的支持性与承诺性决定了它是无息的,是有借有还的。《中华人民共和国标准施工招标文件》通用合同条款第17.2.2项关于预付款保函提出了明确规定:"除专用合同条款另有约定外,承包人应在收到预付款的同时向发包人提交预付款保函,预付款保函的担保金额应与预付款金额相同。保函的担保金额可根据预付款扣回的金额相应递减。"

3. 预付款额度

预付款的额度(占合同总价的比例)在招标文件或承包合同中有明确规定,一般规定的范围是合同价的(10%~20%),最多不超过合同价的20%。

4. 动员预付款支付依据

根据通用合同条款规定,在承包人完成下述工作后的14天内,监理人应按投标书附件中规定的额度向发包人提交动员预付款证书,其副本交承包人保存。承包人应完成的工作内容包括:

(1)签订合同协议书;
(2)提交履约银行保函;
(3)提交预付款保函。

发包人在收到监理人开具的动员预付款证书后14天内核批,并采用进度款支付的形式支付给承包人,支付的货币种类按投标书附件的规定办理。

承包人在提交履约保函的同时,还应向发包人提交由国内银行,或外国银行通过其驻中国的银行,或承包人指定的、为发包人所接受的外国银行出具的不得撤销的、无条件的银行保函。银行保函的正本由发包人保存,该保函在发包人将预付款全部扣回之前一直有效,但其担保的金额将随着预付款的逐次扣回而减少,执行上述要求所需费用由承包人承担。

5. 预付款的扣回

《中华人民共和国标准施工招标文件》中的通用合同条款第17.2.3项规定:"预付款在进度付款中扣回,扣回办法在专用合同条款中约定。在颁发工程接收证书前,由于不可抗力或其他原因解除合同时,预付款尚未扣清的,尚未扣清的预付款余额应作为承包人的到期应付款。"预付款以逐次从进度款支付中扣除的方式通常有以下两种。

(1)第一种方法是按时间等额扣回,即规定在一定的时间内全部予以扣回。其扣回的时间开始于进度款支付证书中工程量清单项目累计支付金额超过合同总价20%的当月,止于合同规定竣工日期前3个月的当月。在这段时间内,从每月进度款支付证书中等额扣回。扣回的货币种类和比例与付款的货币种类和比例相一致。其计算公式为:

$$G = \frac{F}{E - (D - 1) - 3} \tag{7-1}$$

式中:G——每月扣除动员预付款数额;
F——已付预付款总额;
E——合同工期(月);
D——进度款支付证书中工程量清单项目累计支付额达到合同总价20%的时间(月)。

[例7-1] 某建设工程项目合同价为30000万元,合同工期为36个月,动员预付款在标书附录中规定的额度为合同价的20%,到第4个月时累计支付工程款金额为6200万元,试计算扣回动员预付款的金额。

解:已知 $D = 4, E = 36, F = 30000 \times 20\% = 6000$(万元)

则:$G = \dfrac{F}{E - (D - 1) - 3} = \dfrac{6000}{36 - (4 - 1) - 3} = 200$(万元/月)

前3个月不扣,从第4个月开始每月扣回动员预付款为200万元,30个月内扣完。

(2)第二种方法是按当月支付金额的比例扣回,即在一定的工程支付金额范围内予以扣回。扣回的时间同样开始于进度款支付证书中工程量清单项目累计支付金额超过合同总价的20%的当月,但止于支付金额累计达合同总价80%的当月。在此期间,按进度款支付证书当期完成的工程款占合同总价60%的比例予以扣回。扣回的货币种类和比例与付款时的货币种类和比例相一致。计算公式为:

$$G = M \times \frac{B}{\text{合同价} \times 60\%} \tag{7-2}$$

式中：G——在进度款支付证书中应该扣回预付款的数额；

M——进度款支付证书当期完成的工程量清单项目金额；

B——已付预付款金额。

第一种方法，每月的扣回额度是不变的，与每期应支付的工程款多少没有关系，因而简单易掌握。但是，当工程进度缓慢或因其他原因工程款支付不多的情况下，会出现扣回额大于或接近工程款支付额，而使进度款支付证书出现负值或接近于零。第二种方法是按支付金额的比例予以扣回，即规定在一定的工程支付金额范围内予以扣回。这种方法与每期应支付的工程款有直接关系，每次扣回金额随每次的工程支付额不同而改变，每次都需要计算，比较麻烦。但是，相对于按月等值扣除的方法要合理些，也就是说，工程项目完成额多，则多扣，完成额少，则少扣。

(二) 质量保证金支付

质量保证金是发包人持有的一种保证。为了确保在工程建设中和竣工移交后一段时间内承包人仍然能够完全履行合同义务(修补工程缺陷的义务)，使永久工程能正常运用，监理人根据合同条件的约定，从支付给承包人的款项中替发包人暂时扣留的一种款项。《中华人民共和国标准施工招标文件》中的通用合同条款第1.1.5.7目规定，质量保证金(或称保留金)是指按第17.4.1项规定用于保证在缺陷责任期内履行缺陷修复义务的金额。

1. 质量保证金的性质

设置质量保证金的目的在于使承包人能完全履行合同，如果承包人未能履行合同中约定应承担的责任，则扣除质量保证金成为发包人的财产，监理人可以用质量保证金支付属承包人义务而发生的费用。

从另一个方面讲，质量保证金对承包人的意义重大。对资金流动过程分析可见，承包人在每次进度款支付中都可以分离出一定的利润，但在资金需求量大的时候，为了顺利地进行施工，他将所分离出的利润再投入下一阶段工程施工，可以改善其资金状况；直到工程后期，其资金状况明显好转，逐渐集中分离利润，到竣工时，发包人所扣留的质量保证金总额几乎全都是承包人的纯利润。这部分款项能否尽早取走，对承包人十分重要。因此，质量保证金对承包人在缺陷责任期继续履行合同义务具有很强的约束。

2. 质量保证金的扣留

(1) 根据合同条件的约定，扣除质量保证金的总额为合同总价的5%。

(2) 从第一次工程量清单项目支付开始，发包人每次从付给承包人的款额中，按其中永久性工程付款金额的10%扣留，直到累计扣留总额达合同总价的5%为止。所谓永久性工程通常可以理解为工程量清单中所有分项工程的总和。

(3) 如果合同有约定，即承包人在提交第一次付款申请，或者在此之前提交一份由发包人认可的银行保函，其担保金额为合同总价的5%时，可不扣质量保证金。则监理人就不再替发包人从"进度款支付证书"中扣留质量保证金。

(4)《中华人民共和国标准施工招标文件》中的通用合同条款第17.4.1项规定："监理人应从第一个付款周期开始，在发包人的进度付款中，按专用合同条款的约定扣留质量保证金，直至扣留的质量保证金总额达到专用合同条款约定的金额或比例为止。质量保证金的计算额度不包括预付款的支付、扣回以及价格调整的金额。"

3. 质量保证金的退还

如果承包人按期完成全部工程并通过验收,发包人可以分两次将质量保证金退还给承包人。第一次为当颁发整个工程的交接证书时,监理人应开具退还一半质量保证金的证明书,在退还的质量保证金中应当扣除已经使用的质量保证金金额,发包人根据监理人开具的支付证书,向承包人退还质量保证金。第二次为当合同工程项目的缺陷责任期满时,另一半质量保证金将由监理人开具证书退还给承包人,同时扣除已使用的质量保证金金额。

《中华人民共和国标准施工招标文件》中的通用合同条款第17.4.2项规定:"在第1.1.4.5目约定的缺陷责任期满时,承包人向发包人申请到期应返还承包人剩余的质量保证金金额,发包人应在14天内会同承包人按照合同约定的内容核实承包人是否完成缺陷责任。如无异议,发包人应当在核实后将剩余保证金返还承包人。"

《中华人民共和国标准施工招标文件》中的通用合同条款第17.4.3项规定,在约定的缺陷责任期满时,承包人没有完成缺陷责任的,发包人有权扣留与未履行责任剩余工作所需金额相应的质量保证金余额,并有权根据第19.3款约定要求延长缺陷责任期,直至完成剩余工作为止。按照第19.3款约定,由于承包人原因造成某项缺陷或损坏使某项工程或工程设备不能按原定目标使用而需要再次检查、检验和修复的,发包人有权要求承包人相应延长缺陷责任期,但缺陷责任期最长不超过2年。

4. 缺陷责任期

缺陷责任期自实际竣工日期起计算,在全部工程竣工验收前,经发包人提前验收的单位工程,其缺陷责任期的起算日期相应提前。《水运工程标准施工招标文件》(JTS 110-8—2008)的专用合同条款19.1款规定:①疏浚工程不设缺陷责任期;②水工工程缺陷责任期为一年;③其他工程由发包人设定。

5. 缺陷责任

《中华人民共和国标准施工招标文件》通用合同条款第19.2款规定,承包人应在缺陷责任期内对已交付使用的工程承担缺陷责任。在缺陷责任期内,发包人对已接收使用的工程负责日常维护工作,在使用过程中发现已接收的工程存在新的缺陷或已修复的缺陷部位或部件又遭损坏的,承包人应负责修复,直至检验合格为止;监理人和承包人应共同查清缺陷和(或)损坏的原因,经查明属承包人原因造成的,应由承包人承担修复和查验的费用;经查验属发包人原因造成的,发包人应承担修复和查验的费用,并支付承包人合理利润;承包人不能在合理时间内修复缺陷的,发包人可自行修复或委托其他人修复,属承包人原因造成的,应由承包人承担修复和查验的费用,属发包人原因造成的,发包人应承担修复和查验的费用,包括合理的利润。

(三)逾期竣工违约金支付

由于承包人原因,未能按合同进度计划完成工作,或监理人认为承包人施工进度不能满足合同工期要求的,承包人应采取措施加快进度,并承担加快进度所增加的费用。由于承包人原因造成工期延误,承包人应支付。逾期竣工违约金的计算方法在专用合同条款中约定。承包人支付逾期竣工违约金,不免除承包人完成工程及修补缺陷的义务。

逾期竣工违约金是承包人延误合同工期,使发包人造成损失而给予的一种赔偿,不是罚款。

1. 开、竣工日期

《中华人民共和国标准施工招标文件》通用合同条款第11.1和11.2款规定,监理人应在开工日期7天前向承包人发出开工通知,监理人在发出开工通知前应获得发包人同意,工期自监理人发出的开工通知中载明的开工日期起计算;承包人应在承包合同约定的期限内完成合同工程,实际竣工日期在接收证书中写明。

承包人完成合同工程或某区段或某单项工程的实际施工工期,开始于监理人发出的开工通知中载明的开工日期,终止于交接证书写明的竣工日期,按天计算。即:

$$实际施工工期(天) = 合同工期 + 批准的延长工期 \pm 竣工逾期工期 \quad (7-3)$$

$$逾期竣工时间(天) = 实际施工工期 - 合同工期 - 批准的延长工期 \quad (7-4)$$

如果在合同工程竣工之前,已对合同工程内的某区段或单项工程签发了交接证书,且上述交接证书中写明的竣工日期并未延误,而是合同工程中的其他部分产生了工期延误,则合同工程的逾期竣工违约金应予减少,减少的幅度按已签发交接证书的某区段或某单项工程的价值占合同工程价值的比例计算。但这一规定不应该影响逾期竣工违约金的限额。

2. 逾期竣工违约金的限额

《水运工程标准施工招标文件》(JTS 110-8—2008)在专用合同条款第11.5.1项规定:"由于承包人原因造成工期延误,承包人应向发包人支付逾期竣工违约金。逾期竣工违约金的计算方法为:工期延误天数×P_1,其中P_1:____。逾期竣工违约金累计最高不得超过合同总价的5%。"P_1数值的大小必须在专用合同条款中约定。

3. 逾期竣工违约金的支付

逾期竣工违约金应从承包人履约保证金或进度款支付证书或最终支付证书中扣除,但要注意,此项扣除不应解除承包人对完成该项工程的义务或合同约定的其他义务和责任。

(四)提前竣工奖金支付

既然承包人拖延工期要支付违约金,那么,提前竣工承包人理应得到奖励。为了调动承包人的积极性,使其合理地加快工程进度,从而提前完成工程施工,使发包人提早收益,因此在合同条件中设立了与逾期竣工违约金相对应的提前竣工奖金。

《中华人民共和国标准施工招标文件》通用合同条款第11.6款规定,发包人要求承包人提前竣工,或承包人提出提前竣工的建议能够给发包人带来效益的,应由监理人与承包人共同协商采取加快工程进度的措施和修订合同进度计划。发包人应承担承包人由此增加的费用,并向承包人支付专用合同条款约定的相应奖金。

《水运工程标准施工招标文件》(JTS 110-8—2008)在专用合同条款第11.6.1项规定:"发包人_____(同意或不同意)向承包人支付提前工期奖。提前工期奖金的计算方法为:提前工期天数×P_2,其中P_2:____。提前工期奖金累计最高不得超过合同总价的5%。"P_2数值的大小必须在专用合同条款中约定。

(五)逾期付款违约金支付

1. 关于逾期付款违约金的有关规定

如果发包人在合同规定的时间内没有向承包人付款,则发包人在以后除了按款额付款外,还应向承包人支付逾期付款违约金;逾期付款违约金常常按迟付款利息的方式计算,按合同文件约定的利率,从约定的付款截止日期起至恢复付款日止,按照日复利率计算利息。

显而易见,逾期付款违约金对于发包人来说是一种约束,监理人应督促发包人按合同有关约定,及时付款给承包人。《中华人民共和国标准施工招标文件》通用合同条款第17.3款规定,发包人应在监理人收到进度付款申请单后的28天内,将进度应付款支付给承包人,发包人不按期支付的,按专用合同条款的约定支付逾期付款违约金。

2. 计算公式

逾期付款违约金可按下式计算:

$$FKWYJ = P[(1+r)^n - 1] \tag{7-5}$$

式中:FKWYJ——逾期付款违约金;

P——逾期付款的金额;

r——日复利率;

n——逾期付款天数。

关于日复利率 r,世界银行推荐值为 0.033%~0.04%,具体多少应以合同文件的约定为准。逾期付款违约天数指发包人的实际付款时间超过约定进度款支付或最终支付的截止日期的天数。

3. 计算示例

[**例7-2**] 某工程项目第8期进度款支付证书,支付净额为5650000元,监理人于3月28日收到承包人的进度付款申请,监理人于4月7日发出支付证书,而发包人直到6月5日才支付该证书的付款,按照《中华人民共和国标准施工招标文件》通用合同条款第17.3款规定,如果 $r = 0.033\%$,那么这笔逾期付款违约金为多少?

解:(1)逾期付款天数计算:6月份4天,5月份31天,4月份30天,3月份3天。

$n = (3 + 30 + 31 + 4) - 28 = 40(天)$

$P = 5650000(元)$

(2)逾期付款违约金计算:

$$\begin{aligned} FKWYJ &= P \times [(1+r)^n - 1] \\ &= 5650000 \times [(1 + 0.033\%)^{40} - 1] \\ &= 75060(元) \end{aligned}$$

应当支付逾期付款违约金75060元。

(六)合同中止后的支付

在工程施工中,意外情况十分严重时将会导致合同中止的局面。合同中止往往是由不可抗力、承包人违约、发包人违约等三个方面的原因引起的。

1. 不可抗力导致合同中止的支付

不可抗力(特殊风险)是指承包人和发包人在订立合同时不可预见,在工程施工过程中不可避免发生并不能克服的自然灾害和社会性突发事件,如地震、海啸、瘟疫、水灾、骚乱、暴动、战争和专用合同条款约定的其他情形。

《中华人民共和国标准施工招标文件》第21.1.2项规定,不可抗力发生后,发包人和承包人应及时认真统计所造成的损失,收集不可抗力造成损失的证据。合同双方对是否属于不可抗力或其损失的意见不一致的,由监理人按第3.5款商定或确定。发生争议时,按第24条的约定办理。

除专用合同条款另有约定外,不可抗力导致的人员伤亡、财产损失、费用增加和(或)工期延误等后果,由合同双方按以下原则承担:

(1)永久工程,包括已运至施工场地的材料和设备的损害,以及因工程损害造成的第三者人员伤亡和财产损失由发包人承担。

(2)承包人设备的损坏由承包人承担。

(3)发包人和承包人各自承担其人员伤亡和其他财产损失及其相关费用。

(4)承包人的停工损失由承包人承担,但停工期间应监理人要求照管工程和清理、修复工程的金额由发包人承担。

(5)不能按期竣工的,应合理延长工期,承包人不需支付逾期竣工违约金。发包人要求赶工的,承包人应采取赶工措施,赶工费用由发包人承担。

(6)不可抗力发生后,发包人和承包人均应采取措施尽量避免和减少损失的扩大,任何一方没有采取有效措施导致损失扩大的,应对扩大的损失承担责任。

《中华人民共和国标准施工招标文件》第21.3.4项规定,合同一方当事人因不可抗力不能履行合同的,应当及时通知对方解除合同。合同解除后,承包人应按照第22.2.5项规定撤离施工场地。已经订货的材料、设备由订货方负责退货或解除订货合同,不能退还的货款和因退货、解除订货合同发生的费用,由发包人承担,因未及时退货造成的损失由责任方承担。合同解除后发包人应在解除合同后28天内向承包人支付下列金额,承包人应在此期限内及时向发包人提交要求支付下列金额的有关资料和凭证:

(1)合同解除日以前所完成工作的价款。

(2)承包人为该工程施工订购并已付款的材料、工程设备和其他物品的金额。发包人付还后,该材料、工程设备和其他物品归发包人所有。

(3)承包人为完成工程所发生的而发包人未支付的金额。

(4)承包人撤离施工场地以及遣散承包人人员的金额。

(5)由于解除合同应赔偿的承包人损失。

(6)按合同约定在合同解除日前应支付给承包人的其他金额。发包人应按本项约定支付上述金额并退还质量保证金和履约担保,但有权要求承包人支付应偿还给发包人的各项金额。

2.承包人违约导致合同中止的支付

《中华人民共和国标准施工招标文件》第22.1.1项规定,在履行合同过程中发生下列情况属承包人违约:

(1)承包人违反第1.8款或第4.3款的约定,私自将合同的全部或部分权利转让给其他人,或私自将合同的全部或部分义务转移给其他人。

(2)承包人违反第5.3款或第6.4款的约定,未经监理人批准,私自将已按合同约定进入施工场地的施工设备、临时设施或材料撤离施工场地。

（3）承包人违反第5.4款的约定使用了不合格材料或工程设备，工程质量达不到标准要求，又拒绝清除不合格工程。

（4）承包人未能按合同进度计划及时完成合同约定的工作，已造成或预期造成工期延误。

（5）承包人在缺陷责任期内，未能对工程接收证书所列的缺陷清单的内容或缺陷责任期内发生的缺陷进行修复，而又拒绝按监理人指示再进行修补。

（6）承包人无法继续履行或明确表示不履行或实质上已停止履行合同。

（7）承包人不按合同约定履行义务的其他情况。

承包人无法继续履行或明确表示不履行或实质上已停止履行合同的情形属严重违约，发包人可通知承包人立即解除合同；对承包人发生的其他违约情况，监理人可向承包人发出整改通知，要求其在指定的期限内改正。监理人发出整改通知28天后，承包人仍不纠正违约行为的，发包人可向承包人发出解除合同通知。合同解除后，发包人可派员进驻施工场地，另行组织人员或委托其他承包人施工。发包人因继续完成该工程的需要，有权扣留使用承包人在现场的材料、设备和临时设施。但发包人的这一行动不免除承包人应承担的违约责任，也不影响发包人根据合同约定享有的索赔权利。

《中华人民共和国标准施工招标文件》第22.1.4和22.1.5项规定，因承包人违约合同解除后的估价、付款、结清和协议利益，按照以下原则处理：

（1）合同解除后，监理人按第3.5款商定或确定承包人实际完成工作的价值，以及承包人已提供的材料、施工设备、工程设备和临时工程等的价值。

（2）合同解除后，发包人应暂停对承包人的一切付款，查清各项付款和已扣款金额，包括承包人应支付的违约金。

（3）合同解除后，发包人应按第23.4款的约定向承包人索赔由于解除合同给发包人造成的损失。

（4）合同双方确认上述往来款项后，出具最终结清付款证书，结清全部合同款项。

（5）发包人和承包人未能就解除合同后的结清达成一致而形成争议的，按第24条的约定办理。

（6）因承包人违约解除合同的，发包人有权要求承包人将其为实施合同而签订的材料和设备的订货协议或任何服务协议利益转让给发包人，并在解除合同后的14天内，依法办理转让手续。

由此可见，承包人违约导致合同中止的支付与特殊风险导致合同中止的情况不同，承包人违约导致合同中止的付款规定对承包人带有惩罚性。

3. 发包人违约导致合同中止的支付

《中华人民共和国标准施工招标文件》第22.2.1项规定，在履行合同过程中发生下列情形的，属发包人违约：

（1）发包人未能按合同约定支付预付款或合同价款，或拖延、拒绝批准付款申请和支付凭证，导致付款延误的。

（2）发包人原因造成停工的。

（3）监理人无正当理由没有在约定期限内发出复工指示，导致承包人无法复工的。

(4) 发包人无法继续履行或明确表示不履行或实质上已停止履行合同的。

(5) 发包人不履行合同约定其他义务的。

发包人发生除第 22.2.1(4) 目以外的违约情况时，承包人可向发包人发出通知，要求发包人采取有效措施纠正违约行为。发包人收到承包人通知后的 28 天内仍不履行合同义务，承包人有权暂停施工，并通知监理人，发包人应承担由此增加的费用和(或)工期延误，并支付承包人合理利润。

当下列情况之一时，承包人可以提出由于发包人违约解除合同的要求：

(1) 发包人无法继续履行或明确表示不履行或实质上已停止履行合同时，承包人可书面通知发包人解除合同。

(2) 由于发包人发生违约情况时，承包人向发包人发出要求纠正违约行为通知，并且采取了暂停施工的进一步措施。承包人按合同约定暂停施工 28 天后，发包人仍不纠正违约行为的，承包人可向发包人发出解除合同通知。但承包人的这一行动不免除发包人承担的违约责任，也不影响承包人根据合同约定享有的索赔权利。

《中华人民共和国标准施工招标文件》第 22.2.4 和 22.2.5 项规定，因发包人违约解除合同的，发包人应在解除合同后 28 天内向承包人支付下列金额，承包人应在此期限内及时向发包人提交要求支付下列金额的有关资料和凭证：

(1) 合同解除日以前所完成工作的价款。

(2) 承包人为该工程施工订购并已付款的材料、工程设备和其他物品的金额。发包人付还后，该材料、工程设备和其他物品归发包人所有。

(3) 承包人为完成工程所发生的，而发包人未支付的金额。

(4) 承包人撤离施工场地以及遣散承包人人员的金额。

(5) 由于解除合同应赔偿的承包人损失。

(6) 按合同约定在合同解除日前应支付给承包人的其他金额。发包人应按本条约定支付上述金额并退还质量保证金和履约担保，但有权要求承包人支付应偿还给发包人的各项金额。

(7) 因发包人违约而解除合同后，承包人应妥善做好已竣工工程和已购材料、设备的保护和移交工作，按发包人要求将承包人设备和人员撤出施工场地。承包人撤出施工场地应遵守第 18.7.1 项的约定，发包人应为承包人撤出提供必要条件。

(七) 工程停工后的支付

对于水运工程建设项目，在其施工过程中，由于诸多影响因素，承包人的管理水平参差不齐，所以在施工活动的组织和安排上，难免会出现各种停工现象，使工程无法按进度计划正常进行。毫无疑问，一旦发生停工，将会对工程的投资效益产生严重影响，因此，发包人会高度重视对这类现象的控制，同样，工程停工也将给承包人造成损失。

由于工程停工的现象和种类较多，不可能在此一一全面阐述，因此，下面只简单介绍合同执行过程中需要监理人处理的各种停工的支付问题。

首先，应当明确，无论是什么原因导致停工，都将对工程的竣工和交付使用产生不利影响，从而使发包人的利益受到损害，例如现场管理费用和监理费用增加、资金占用时间延长、项目效益推迟产生等。在现金流量图上将表现为建设期加长、成本升高、效益减少，从而使投资回收期延长,投资收益率下降。在出现这种情况时,尽管发包人可以要求承包人进行适当赔偿,例如要求承包人支付拖期违约损失偿金,但也只能在很小的程度上减少所造成的损失,对发包人遭受的各种潜在损失是无法补偿的。

其次,一旦停工,承包人也会受到损失,例如承包人的人员窝工、设备闲置、管理费用增加等,即使发包人给予一定的补偿,也只是一部分成本,而无法实现利润。

总之,无论从哪方面来说,工程停工都是不利的。停工会直接导致工期延长和费用增加,但相比之下,发包人将受到更大的损害。

1. 发包人导致的停工及费用支付

由发包人造成的停工情况归纳,并且列入表7-2。表7-2所示都是指合同中应由发包人支付的情况。表中所指成本分为两类:一类是由于发生了各种事件,监理人要求承包人进行有关工作,这些工作的成本包括直接费和管理费;另一类是由于出现这些情况,承包人的工作停止进行,此时只支付人员窝工的工时费和机械设备的闲置费。总之,由于发包人方面的原因而造成的停工,应根据合同中相应的规定和条款,对承包人给予补偿。这种补偿的具体计算应视现场情况及随后采取措施的内容和设备的闲置情况来定,并且一般只支付成本。

停工原因及支付处理汇总表　　　　　　表7-2

序号	停 工 原 因	支 付 处 理
1	合同文件内容出错	只付费用,不付利润
2	图纸延迟发出	只付费用(成本)
3	有关放线资料不准确	针对资料出错的补救工程,付成本+利润;若因此停工,只付成本
4	发包人风险造成的破坏	只付成本,不付利润
5	化石、矿石、文物等	根据现场情况,采用不同措施,通常情况只付成本
6	由于其他承包人的原因	视承包人被要求的工作情况付款,为其他承包人提供服务;成本+利润;由于其他承包人的原因停工,付成本
7	样品与试验	监理人下令的附加试验,付成本,无利润
8	工程的揭露	合格:成本+利润;不合格:不付费用
9	工程暂停	工程中所产生的费用,不付利润
10	工地占用	只付费用,不付利润
11	后续法规	只付费用
12	延期付款	付延期部分利息及停工费用

2. 承包人导致的停工及费用支付

由于承包人自己的工作失误或所承担的风险而导致工程停工,其所有费用必须由承包人自己承担。只是往往由于工程情况比较复杂,承包人总是设法将自己应承担的费用说成是由于发包人的原因,从而要求费用赔偿。因此,监理人必须掌握现场情况,对一些问题当机立断,明确其责任在谁。

《中华人民共和国标准施工招标文件》第12.1款规定,因为下列因素引起的暂停施工,造成的费用增加和(或)工期延误由承包人承担:

(1)承包人违约引起的暂停施工;

(2) 由于承包人原因为工程合理施工和安全保障所必需的暂停施工;
(3) 承包人擅自暂停施工;
(4) 承包人其他原因引起的暂停施工;
(5) 专用合同条款约定由承包人承担的其他暂停施工。

同时,一旦明确属于承包人责任,承包人除了自己负担有关损失外,如果停工影响到工程的竣工或影响到其他承包人的工作,则对于影响竣工的情况,应向发包人支付拖期违约损失偿金,如果严重影响工作,他还可能被发包人驱逐;还应向被其影响的其他承包人支付相应的款项,只是这种支付也是通过发包人进行,一般通过从负有责任的承包人的付款中扣减的方式来实现。

最后,还必须指出一点,如果承包人因合同条件第 11 条所指的恶劣气候而停工,则一方面发包人不但不能要求承包人赔偿,而且还应给予工程延期,另一方面承包人也不能向发包人提出停工的费用补偿要求。

第五节 工 程 变 更

【备考要点】
工程变更的范围和内容、权限和程序、估价原则及确定方法、变更支付依据。

一、工程变更的依据

工程变更的依据是工程变更令和监理人对变更项目所确定的变更费用清单(工程变更清单),支付方式采用列入"进度款支付证书"的形式进行,支付货币的种类与其他支付项目相同,即按承包人投标时提出的货币种类和比例进行付款。具体的变更支付依据包括:

(1) 对于发包人提出的设计变更,要有反映发包人变更要求的监理人的变更令和设计变更图纸及说明,同时,还要有工程变更清单。

(2) 对于监理人提出的现场变更,必须有监理人变更令,监理人现场口头指示必须在随后 7 天之内以书面指示加以确认。特别指出,工程变更的权力在总监理工程师,一般不得进行委托。有些合同还在专用条件中对监理人进行工程变更的权力作了某种限制,超过一定限度时,必须由发包人授权。

(3) 对于承包人提出的变更意见,必须有监理人的确认或批准、批复的文件。

(4) 对于因工程变更引起的价格调整,要有双方协商一致的计算办法;协商结果可以用会议纪要等文件作证明。

(5) 对于某方不履行合同义务造成的变更,要有相应的旁证材料。

鉴于工程变更项目的复杂性和特殊性,监理人应对工程变更项目的审批制定严格的管理程序。

二、关于工程变更的若干规定

1. 变更指令

没有监理人的变更指令,承包人不能进行任何变更工程。但是,任何工程量清单子目的工程量数量超过或少于工程量清单所列数量,则该项增加或减少不需要任何变更指令。也就是说,所计量的实际工程量与工程量清单中所列的数量有部分差异则不应列入工程变更的范围。

2. 工程变更不改变合同的效力

任何工程变更,均不应以任何方式使合同作废或无效,从而导致承包人责任的解除。如果发出本工程的变更指令是因承包人过错、承包人违反合同或承包人责任造成的,则这种违约引起的任何额外费用应由承包人承担。

3. 工程变更后单价调整的条件

我国《水运工程标准施工招标文件》(JTS 110-8—2008)专用合同条款15.1款规定,"工程量清单中某单项工程量的变化幅度超过20%,且对合同总价影响幅度超过2%时,应调整该工程量清单项目的综合单价。"

特别强调,单项工程变更后的价格调整采用双控指标是十分必要的。因为变更数量大于或小于工程量清单所列数量的20%,只是个必要条件,充分条件是该变更的发生确实给承包人的施工成本带来了影响,对合同总价影响幅度超过2%。在实际工作中,单个工程项目的变更往往很容易突破±20%,在这种情况下,会给合理处理变更带来困难,还经常因这突破的部分(有时仅为几元或几十元)而花费大量的时间和人力进行费用调整计算。因此,采用双指标进行控制,既可简化监理人的工作,又能保证工程变更费用支付的合理性。

现以一个简单的问题为例进一步说明,某港口工程原设计为100根钻孔灌注桩,变更设计增加30根桩,假定变更后的金额超过合同价的2%,那么所增加数量中的20根桩使用原单价,而超过100根桩20%的10根桩可采用新单价。

4. 单价确定的原则

根据合同条件约定,变更工程的单价按下述原则确定:

(1)如果工程量清单的单价或价格适宜,就应用于变更工程项目。

(2)如果工程量清单的单价没有适合于变更工程的单价或价格,则由发包人和承包人一起协商单价或价格,意见不一致时,由监理人进行最终确定。

(3)当工程变更规模超过合同约定的某个范围时,则单价或合同价格应予以调整。

(4)如果监理人认为有必要和可取,对变更工程也可以采取计日工的方法进行估价并支付。特别指出,此条应尽量少用,因为种类单一而价格普遍较高的计日工,不适合于种类繁杂而难易程度不定的变更工程。

5. 单价确定的方法

(1)直接套用工程量清单报价。

工程量清单上的价格是承包人投标时测算后填报的,用于变更工程,容易被发包人、承包人及监理人所接受,而且从合同意义上来说,也比较公平合理。即直接采用工程量清单上的价格。

(2)间接套用工程量清单报价。

依据工程量清单报价,经换算后采用。如某合同新增附属工程项目,需要浇筑C25混凝土,在工程量清单中,虽然可以找到C25混凝土的价格,但在不同的构造物中,由于几何尺寸、工程部位和施工条件不尽相同,尽管混凝土强度等级一样,但单价却不一样,并且没有一个明显可与新增的附属工程情况靠近的单价。监理人在处理这项变更的定价问题时,首先将工程量清单中所有 C25 混凝土价格取出,然后计算其平均值,并以此平均值作为新增工程中 C25 混凝土的单价;实在不行,还可取其加权平均值为变更工程的单价。

(3)部分套用工程量清单报价。

依据工程量清单报价分析结果,取用其价格中的某一部分。如某合同工程中使用的钻孔桩有如下 3 种:直径为 1.0m 的共计长 1501m,直径为 1.2m 的共计长 8178m,直径为 1.3m 的共计长 2017m,原合同约定选择直径为 1.0m 的钻孔桩做静载破坏试验。显而易见,如果选择 1.2m 的钻孔桩作静载破坏试验,对该工程来说,更具代表性和指导意义。因此,监理人决定对工程进行变更。但在原工程量清单中仅有 1.0m 直径桩的静载破坏试验价格,经过认真分析,监理人认为钻孔桩静载破坏试验的主要费用由两部分组成,其一为试验费用,其二为桩的成本费用,试验方法和设备并未因试验桩直径改变而发生变化。因此,费用增减主要是由钻孔桩直径的变化引起的,而试验费可以认为没有变化。由于普通钻孔桩的单价在工程量清单中可以找到,故改用直径为 1.2m 钻孔桩进行静载试验的费用 = 直径1.0m桩静载破坏试验费 + 直径 1.2m 钻孔桩的清单价格。

(4)采用水运工程预算定额来估算其单价。

当原报价单中没有相应单价或虽然有却明显不合理时,为了加快进程、减少矛盾,避免纠纷和索赔,应尽量采用既有真实性和代表性,又有权威性的价格作为参考价格,如可采用水运工程预算定额来估算其单价。

(5)采用票据价格计算单价。

当国家部门的价格表也没有相应的单价或虽有却价格明显不合理,在极其特殊的情况下,监理人也可用实际发货票据作为定价依据之一。但是,由于市场价格变化太大,再加上地区差价和部门差价,监理人必须进行一定的市场调查,以验证发货票据的真实性和与实际发生费用的符合性,而且监理人必须认真旁站、监督、真实记录。

三、核算变更工程数量

核算变更项目的工程量是另一个重要内容。毫无疑问,变更将引起工程量的变化,如果对原工程量清单已有的项目进行变更,则应将变更后的数量与变更前的数量进行对比,从而确定工程量的增加量或减少量并计算出相应的百分比;如果原工程量清单中无此项目,则此变更属于新增加项目,也需要准确计算工程量。总之,不论哪一种情况,都必须通过准确计算工程量形成工程变更清单(即修改的工程量清单),以此作为变更费用支付的依据。准确的工程数量可以从如下三方面获取:

(1)设计图纸和合同文件及技术规格书。

设计图纸和合同文件及技术规格书是计算变更工程量的基本依据,因为变更前的工程量就是按设计图纸和合同文件及技术规格书计算出来的。

(2)监理人的记录。

在讨论支付原则时就已经强调了日常记录的重要性,驻地监理人和旁站人员的现场记录是核算变更项目实际工程量的重要依据,因此,监理人应高度重视现场记录和原始证明材料的积累。

(3)承包人提供的工程数量。

承包人提供的工程数量如果经过监理人审核,也可以作为核算工程量的依据。所以,由承包人提供的没有经过监理人证明和签认的工程量只能作为参考,不能作为依据。已经确定了变更的单价,又核实了变更项目的工程量,即可作出总费用的估价。计算同工程量清单项目的支付计算一样。

四、《中华人民共和国标准施工招标文件》关于工程变更的规定

1. 变更的范围和内容

《中华人民共和国标准施工招标文件》第15.1款指出,除专用合同条款另有约定外,在履行合同中发生以下情形之一,应按照本条规定进行变更。

(1)取消合同中任何一项工作,但被取消的工作不能转由发包人或其他人实施;
(2)改变合同中任何一项工作的质量或其他特性;
(3)改变合同工程的基线、高程、位置或尺寸;
(4)改变合同中任何一项工作的施工时间或改变已批准的施工工艺或顺序;
(5)为完成工程需要追加的额外工作。

2. 变更权和变更程序

《中华人民共和国标准施工招标文件》第15.2款指出,在履行合同过程中,经发包人同意,监理人可按第15.3款约定的变更程序向承包人作出变更指示,承包人应遵照执行。没有监理人的变更指示,承包人不得擅自变更。

《中华人民共和国标准施工招标文件》第15.3.1项对变更的提出程序明确规定如下:

(1)在合同履行过程中,可能发生第15.1款约定情形的,监理人可向承包人发出变更意向书。变更意向书应说明变更的具体内容和发包人对变更的时间要求,并附必要的图纸和相关资料。变更意向书应要求承包人提交包括拟实施变更工作的计划、措施和竣工时间等内容的实施方案。发包人同意承包人根据变更意向书要求提交的变更实施方案的,由监理人按第15.3.3项约定发出变更指示。

(2)在合同履行过程中,发生第15.1款约定情形的,监理人应按照第15.3.3项约定向承包人发出变更指示。

(3)承包人收到监理人按合同约定发出的图纸和文件,经检查认为其中存在第15.1款约定情形的,可向监理人提出书面变更建议。变更建议应阐明要求变更的依据,并附必要的图纸和说明。监理人收到承包人书面建议后,应与发包人共同研究,确认存在变更的,应在收到承包人书面建议后的14天内作出变更指示。经研究后不同意作为变更的,应由监理人书面答复承包人。

(4)若承包人收到监理人的变更意向书后认为难以实施此项变更,应立即通知监理人,说明原因并附详细依据。监理人与承包人和发包人协商后确定撤销、改变或不改变原变更意向书。

3. 变更估价

《中华人民共和国标准施工招标文件》第15.3.2项对变更的估价程序明确规定如下:

（1）除专用合同条款对期限另有约定外，承包人应在收到变更指示或变更意向书后的14天内，向监理人提交变更报价书，报价内容应根据第15.4款约定的估价原则，详细开列变更工作的价格组成及其依据，并附必要的施工方法说明和有关图纸。

（2）变更工作影响工期的，承包人应提出调整工期的具体细节。监理人认为有必要时，可要求承包人提交要求提前或延长工期的施工进度计划及相应施工措施等详细资料。

（3）除专用合同条款对期限另有约定外，监理人收到承包人变更报价书后的14天内，根据第15.4款约定的估价原则，按照第3.5款商定或确定变更价格。

4. 变更指示

《中华人民共和国标准施工招标文件》第15.3.3项对变更指示规定如下：

（1）变更指示只能由监理人发出。

（2）变更指示应说明变更的目的、范围、变更内容以及变更的工程量及其进度和技术要求，并附有关图纸和文件。承包人收到变更指示后，应按变更指示进行变更工作。

5. 变更的估价原则

《中华人民共和国标准施工招标文件》第15.4款对变更的估价原则明确规定，除专用合同条款另有约定外，因变更引起的价格调整按照本款约定处理。

（1）已标价工程量清单中有适用于变更工作的子目的，采用该子目的单价。

（2）已标价工程量清单中无适用于变更工作的子目，但有类似子目的，可在合理范围内参照类似子目的单价，由监理人按第3.5款商定或确定变更工作的单价。

（3）已标价工程量清单中无适用或类似子目的单价，可按照成本加利润的原则，由监理人按第3.5款商定或确定变更工作的单价。

第六节 工 程 索 赔

【备考要点】
1. 索赔的基本概念、索赔成立的基本条件及基本程序。
2. 索赔费用的计算原则和计算方法。
3. 监理人对索赔事件常见处理原则和方法。
4.《水运工程标准施工招标文件》(JTS 110-8—2008)规定的"异常恶劣的气候条件"。
5. 索赔处理的争议评审程序。

一、索赔的定义

索赔是工程承包中经常发生的正常现象。由于施工现场和气候条件的变化、施工进度及物价的变化，合同条款、规范、标准和施工图纸等合同的变更等因素的影响，使得工程实施过程中不可避免地出现索赔。关于索赔的定义可以从多个方面来解释：从"索赔"的词面上看，"索赔"是指一方向另一方索取赔偿的行为。从经济合同的履行角度来看，"索赔"是当事人一方因对方不履行或不完全履行既定的合同义务，或者由于对方的行为使权利人受到损失时，要求对方补偿损失的权利。在工程承包合同的履行过程中,"索赔"可定义为:由于发包人的原因或其他非承包人自身的原因,使承包人的经济利益受到损失时,承包人根据合同约定,通过监理人,要求发包人补偿损失的行为。

二、索赔的分类

索赔的分类方法甚多,有的按当事人划分,有的按发生索赔的原因划分,有的按索赔的目的划分等。这些划分方法从各个角度剖析了索赔工作的性质和内容。

(1)按索赔涉及有关当事人分类,可以分为:
①承包人同发包人之间的索赔。
②承包人同分包人之间的索赔。
③承包人同供货人之间的索赔。
④承包人向保险公司的索赔。

(2)按索赔发生的原因分类,这是比较常见的分类法,但在水运工程的索赔实践中,发生索赔的原因很多,较常见的有:
①地质条件变化引起的索赔。
②施工中人为障碍引起的索赔。
③工程变更指令引起的索赔。
④工期延长引起的索赔。
⑤加速施工引起的索赔。
⑥设计图纸错误引起的索赔。
⑦施工图纸拖延引起的索赔。
⑧增减工程量引起的索赔。
⑨发包人拖延付款引起的索赔。
⑩发包人风险引起的索赔。
⑪不可抗拒的自然灾害引起的索赔。
⑫暂停施工引起的索赔等。

(3)按索赔目的分类,可分为:
①工期索赔,目的是延长施工时间,使原约定的完工日期顺延,避免支付工期延误违约金的风险。
②费用索赔,目的是得到费用补偿,使承包人所遭遇到的、超出工程计划成本的附加开支得到补偿。

三、索赔成立的基本条件

索赔成立的基本条件主要有以下四个方面:

(1)承包人按工程承包合同条款,在索赔事件发生后的规定时间内,向监理人和发包人提交了索赔意向报告。

(2)索赔报告中引用的合同条款正确,所报事件真实、资料齐全;报告中所提供的资料和证据应能说明索赔事件的全过程、索赔理由、索赔影响和索赔费用等;提供的相应证据(文书),应足以证明索赔事件已经造成了实际的、额外的费用增加或工期损失,且不是承包人应承担的风险所致。否则,监理人可退回报告,要求重新补充证据。

(3)索赔报告中提出的索赔要求基本合理,索赔费用在合同中没有被包含。对合同中明示或暗示的不予支付的费用和已包含在合同其他项目中支付的费用不得提出索赔。

(4)索赔事件对承包人的影响是客观存在的。

四、索赔的基本程序

在国际工程实践中,索赔工作通常可细分为以下步骤:

1. 承包人提出索赔意向通知

在索赔事件发生后,承包人会抓住索赔机会,迅速作出反应,在合同约定的时间内(28天)向监理人和发包人递交索赔意向通知,声明将为此索赔事件提出索赔。该项通知是承包人就具体的索赔事件向监理人和发包人表示的索赔愿望和要求。如果超出这个期限,监理人和发包人有权拒绝承包人的索赔要求。

2. 承包人对索赔事件进行分析

一旦索赔事件发生,承包人应进行索赔处理工作,直到正式向监理人和发包人提交索赔报告。这一阶段要做许多具体的、复杂的工作,主要有:

(1)事态调查,找准索赔机会。通过对合同实施的跟踪、分析、诊断,发现了索赔机会,对它进行详细调查和跟踪,以了解事件经过、前因后果,掌握事件详细情况。

(2)索赔事件原因分析。即分析这些干扰由谁引起,它的责任该由谁来负担。一般只有非承包人责任的干扰事件才有可能提出索赔。在实际工作中,干扰事件责任常常是多方面的,故必须进行责任分解,划分各人的责任范围,按责任大小,分担损失。这里特别容易引起合同双方争执。

(3)索赔根据分析、研究索赔理由。主要是指对合同条文的研究分析,必须按合同约定判明这些干扰事件是否违反合同,是否在合同约定的赔(补)偿范围之内。只有符合合同约定的索赔要求才有合法性,才能成立。

(4)损失调查,即为干扰事件的影响分析。它主要表现为工期的延长和费用的增加。如果干扰事件不造成损失,则无索赔可言。损失调查的重点是收集、分析、对比实际和计划的施工进度,工程成本和费用方面的资料,在此基础上计算索赔值。

(5)收集证据。索赔事件一发生,承包人应该抓紧进行证据的收集工作,并在干扰事件持续期间一直保持有完整的当时记录,这是索赔有效的前提条件。如果在索赔报告中提不出证明其索赔理由、干扰事件的影响、索赔值计算等方面的详细资料,索赔是不能成立的。在实际工程中,许多索赔要求因没有或缺少书面证据而得不到合理的解决。承包人应按监理人的要求做好并保持当时记录,并接受监理人的审查。

(6)起草索赔报告。索赔报告是上述各项工作的结果和总结,它是由合同管理人员在其他项目管理职能人员配合和协助下起草的;它表达了承包人的索赔要求和支持这个要求的详细依据;它将经由监理人、发包人或调解人或仲裁人的审查、分析、评价,所以它决定了承包人的索赔地位,是索赔要求能否得到有利、合理解决的关键。

3. 承包人提交索赔报告

承包人必须在合同约定的时间内向监理人和发包人提交索赔报告,或经监理人同意的合理时间内递交索赔报告。如果干扰事件持续时间长,则承包人应按监理人要求的合理时间间隔,提交中间索赔报告(或阶段索赔报告),并于干扰事件影响结束后的28天内提交最终索赔报告。

4. 监理人审查、分析、处理承包人的索赔要求

监理人在处理索赔问题中有以下权利:

(1)在承包人提出索赔意向通知后,监理人有权指令承包人作当时记录,并可以随时检查这些记录。

(2)监理人对承包人的索赔报告进行分析,通过分析索赔理由、索赔事件过程、索赔值计算,以评价索赔要求的合理性和合法性。如果认为理由不足,可以要求承包人作出解释,或进一步补充证据,或要求承包人修改索赔要求,除去不合理的索赔要求或索赔要求中的不合理部分。监理人作出索赔处理意见,并提交发包人。

(3)发包人在接到监理人的处理意见后,继续审查、批准承包人的索赔要求。此时常常需要承包人作出进一步的解释和补充证据,监理人也需就处理意见作出说明。三方就索赔的解决进行磋商,这里可能有复杂的谈判过程,经过多次讨价还价。对达成一致意见的,或经监理人和发包人认可的索赔要求(或部分要求),承包人有权在工程进度付款中获得支付。如果达不成协议,则监理人有最后决定的权利。如果有一方或双方都不满意监理人的处理意见(或决定),则产生了争议。为此,双方可以按照合同约定的程序解决争议。

(4)对合理的索赔要求,监理人有权将它纳入中期支付中,出具付款证书,发包人应在合同约定的期限内支付。

总之,从承包人递交索赔报告到最终获得赔偿的支付是索赔的解决过程。这个阶段工作的重点是,通过谈判、调解、或仲裁,使索赔得到合理的解决。监理人应该依据合同赋予的权利,认真做好审查、分析工作,力求提出承包人和发包人双方容易接受的、合理的处理意见,为使索赔得到合理解决奠定基础。

五、《中华人民共和国标准施工招标文件》关于索赔处理的规定

(一)承包人提出索赔

根据合同约定,承包人认为有权得到追加付款和(或)延长工期的,应按以下程序向发包人提出索赔:

(1)承包人应在知道或应当知道索赔事件发生后28天内,向监理人递交索赔意向通知书,并说明发生索赔事件的事由。承包人未在前述28天内发出索赔意向通知书的,丧失要求追加付款和(或)延长工期的权利。

(2)承包人应在发出索赔意向通知书后28天内,向监理人正式递交索赔通知书。索赔通知书应详细说明索赔理由以及要求追加的付款金额和(或)延长的工期,并附必要的记录和证

明材料。

(3)索赔事件具有连续影响的,承包人应按合理时间间隔继续递交延续索赔通知,说明连续影响的实际情况和记录,列出累计的追加付款金额和(或)工期延长天数。

(4)在索赔事件影响结束后的28天内,承包人应向监理人递交最终索赔通知书,说明最终要求索赔的追加付款金额和延长的工期,并附必要的记录和证明材料。

(二)承包人索赔处理程序

(1)监理人收到承包人提交的索赔通知书后,应及时审查索赔通知书的内容、查验承包人的记录和证明材料,必要时监理人可要求承包人提交全部原始记录副本。

(2)监理人应按第3.5款商定或确定追加的付款和(或)延长的工期,并在收到上述索赔通知书或有关索赔的进一步证明材料后的42天内,将索赔处理结果答复承包人。

(3)承包人接受索赔处理结果的,发包人应在作出索赔处理结果答复后28天内完成赔付。承包人不接受索赔处理结果的,按第24条约定的争议解决方式办理。

(三)承包人提出索赔的期限

(1)承包人按第17.5款的约定接受了竣工付款证书后,应被认为已无权再提出在合同工程接收证书颁发前所发生的任何索赔。

(2)承包人按第17.6款的约定提交的最终结清申请单中,只限于提出工程接收证书颁发后发生的索赔。提出索赔的期限自接受最终结清证书时终止。

(四)发包人提出索赔

(1)发生索赔事件后,监理人应及时书面通知承包人,详细说明发包人有权得到的索赔金额和(或)延长缺陷责任期的细节和依据。发包人提出索赔的期限和要求与承包人提出索赔的期限和要求相同,延长缺陷责任期的通知应在缺陷责任期届满前发出。

(2)监理人按第3.5款商定或确定发包人从承包人处得到赔付的金额和(或)缺陷责任期的延长期。承包人应付给发包人的金额可从拟支付给承包人的合同价款中扣除,或由承包人以其他方式支付给发包人。

(五)争议的解决方式

发包人和承包人在履行合同中发生争议的,可以友好协商解决或者提请争议评审组评审。合同当事人友好协商解决不成,不愿提请争议评审或者不接受争议评审组意见的,可在专用合同条款中约定,采用向约定的仲裁委员会申请仲裁或者向有管辖权的人民法院提起诉讼方式中的一种解决。

1. 友好解决

在提请争议评审、仲裁或者诉讼前,以及在争议评审、仲裁或诉讼过程中,发包人和承包人均可共同努力友好协商解决争议。

2. 争议评审

友好协商解决不了的争议可采用争议评审,争议评审的程序是:

(1)成立争议评审组。发包人和承包人应在开工日后的28天内或在争议发生后,协商成立争议评审组。争议评审组由有合同管理和工程实践经验的专家组成。

（2）提交申请报告。由申请人向争议评审组提交一份详细的评审申请报告，并附必要的文件、图纸和证明材料，申请人还应将上述报告的副本同时提交给被申请人和监理人。

（3）提交答辩报告。被申请人在收到申请人评审申请报告副本后的 28 天内，向争议评审组提交一份答辩报告，并附证明材料。被申请人应将答辩报告的副本同时提交给申请人和监理人。

（4）举行调查会。争议评审组在收到合同双方报告后的 14 天内（专用合同条款另有约定除外），邀请双方代表和有关人员举行调查会，向双方调查争议细节；必要时争议评审组可要求双方进一步提供补充材料。

（5）作出书面评审。在调查会结束后的 14 天内（专用合同条款另有约定除外），争议评审组应在不受任何干扰的情况下进行独立、公正的评审，作出书面评审意见，并说明理由。在争议评审期间，争议双方暂按总监理工程师的决定执行。

（6）执行评审意见。发包人和承包人接受评审意见的，由监理人根据评审意见拟定执行协议，经争议双方签字后作为合同的补充文件，并遵照执行。

3. 仲裁或起诉

发包人或承包人不接受评审意见，并要求提交仲裁或提起诉讼的，应在收到评审意见后的 14 天内将仲裁或起诉意向书面通知另一方，并抄送监理人，但在仲裁或诉讼结束前应暂按总监理工程师的指令执行。

合同争议发生后，除双方均同意停工外，双方都应继续履行合同，否则视为违约。

六、索赔费用的计算

索赔费用的主要组成部分同工程款的内容相似，按国际惯例一般包括直接费、间接费、利润和税金。直接费包括人工费、材料费和机械使用费；间接费包括工地管理费、保险费、利息、总部管理费等。

（一）索赔费用的计算原则

索赔费用都以赔（补）偿实际损失为原则，在索赔费用计算中主要体现以下两个原则：

1. 索赔的费用应反映实际损失

索赔事件对承包人工程成本和费用的实际影响，这个实际影响也就是费用索赔值。实际损失包括直接损失和间接损失两个方面，直接损失是指承包人财产的直接减少，在实际工程中，常常表现为成本的增加和实际费用的超支；间接损失是指承包人可能获得利益的减少。

2. 实际损失必须是索赔事件引起

所有索赔事件直接引起的实际损失，以及这些损失的计算，都应有详细、具体的证明材料。在索赔报告中必须出具这些证明，没有证据，索赔是不能成立的。这些证据包括：各种费用支出的账单、工资表（工资单），现场用工、用料、用机证明，财务报表，工程成本核算资料等。

(二)计算内容及方法

1. 人工费

对于索赔费用中的人工费用部分而言,人工费是指完成合同之外的额外工作所花费的人工费用和由于非承包人责任的工效降低所增加的人工费用。计算方法是:

$$人工费用索赔额 = 各类人员的工资单价(按合同约定或计日工资) \times 各类人员的人工数 \times 应赔偿(或延长)的天数 \tag{7-6}$$

2. 材料费

由于发包人修改了工程内容,或需要重新施工,致使工程材料用量增加,则承包人可向发包人提出材料费用索赔。其计算方法是:

$$材料费用索赔额 = (实际使用的材料数量 - 原来材料数量) \times 使用材料的单价 \tag{7-7}$$

3. 机械使用费

机械使用费的索赔包括:①由于完成额外工作增加的机械使用费;②非承包人责任工效降低增加的机械使用费;③由于发包人或监理人原因导致机械停工的窝工费。台班窝工费的计算,如系租赁设备,一般按实际台班租金加上每台班分摊的机械调进调出费用计算;如承包人自有设备,一般按台班折旧费计算,而不能按台班费计算,因台班费中包括了设备使用费。其计算方法是:

$$机械费索赔额 = 新增机械费用 + 工效降低费用 + 停机窝工费用 \tag{7-8}$$

$$新增机械费用 = 使用台班 \times 机械台班合同单价 \tag{7-9}$$

$$工效降低费用 = 合同约定的单价 \times 台班 \times 工效降低系数 \tag{7-10}$$

$$停机窝工费用 = 机械停机数量 \times 停机时间 \times 合同约定的窝工单价 \tag{7-11}$$

4. 分包费用

分包费用索赔指的是分包人的索赔费,一般也包括人工、材料、机械使用费的索赔。分包人的索赔应如数列入总承包人的索赔款总额以内。

5. 工地管理费

索赔款中的工地管理费是指承包人完成额外工程、索赔事项工作以及工期延长期间的工地管理费,包括管理人员工资、办公费等。但如果对部分工人窝工损失索赔时,因其他工程仍然进行,可不予计算工地管理费索赔。

6. 利息

在索赔款额的计算中,经常包括利息。利息的索赔通常发生于下列情况:

(1)延期付款的利息。

(2)由于工程变更和工程延误增加投资的利息。

(3)索赔款的利息。

(4)错误扣款的利息。

至于这些利息的具体利率应是多少,在实践中可采用不同的标准,主要有这样几种规定:按当时的银行贷款利率;按当时的银行透支利率;按合同双方协议的利率。

7. 总部管理费

索赔款中的总部管理费主要指的是工程延误期间所增加的管理费。这项索赔的计算目前没有统一的方法。在国际工程施工索赔中总部管理费的计算有以下几种：

(1) 按照投标书中总部管理费的比例计算：

$$总部管理费 = 合同中总部管理费比例(\%) \times (直接费索赔款额 + 工地管理费索赔款额等) \quad (7-12)$$

(2) 按照公司总部统一规定的管理费比例计算：

$$总部管理费 = 公司管理费比例(\%) \times (直接费索赔款额 + 工地管理费索赔款额等) \quad (7-13)$$

(3) 以工程延期的总天数为基础，计算总部管理费的索赔额。计算步骤如下：

$$该工程向总部上缴的管理费 = 同期内公司的总管理费 \times \frac{该工程的合同额}{同期内公司的总合同额} \quad (7-14)$$

$$该工程的每日管理费 = \frac{该工程向总部上缴的管理费}{合同实施天数} \quad (7-15)$$

$$索赔的总部管理费 = 该工程的每日管理费 \times 工程延期的天数 \quad (7-16)$$

8. 利润

一般来说，由于工程范围的变更和施工条件变化引起的索赔，承包人是可以将其列入利润的。但对于工程延误的索赔，由于利润通常包括在每项实施的工程内容的价格之内，而延误工期并未影响削减某些项目的实施而导致利润减少，所以，一般的费用索赔不包括利润。

索赔利润的款额计算通常是与原报价单中的利润百分率保持一致，即以直接费乘以原报价单中的利润率作为该项索赔的利润。

七、索赔费用的审查

(一) 索赔报告中通常存在的问题

发包人和承包人在对待同一索赔事件的态度上是相反的，对索赔事件的处理总希望能对自己有利，任何一份索赔报告，都会存在漏洞和薄弱环节。在索赔报告中常见的问题如下：

(1) 对合同理解的错误。承包人片面地从自己的利益和观点出发解释合同，这是一种正常现象。人们对合同常常不能客观地全面地分析，都作有利于自己的解释，导致索赔要求存在片面性和不客观性。索赔报告中没有贯彻合同精神，或没有正确引用合同的条文，所以索赔理由不足。

(2) 承包人有推卸责任、转移风险的企图。在索赔报告中所列的干扰事件可能全部是、或部分是承包人管理不善造成的问题，或索赔要求中包括属于合同约定是承包人自己风险范围内的损失。

(3) 扩大事实，夸大干扰事件的影响，或提出一些不真实的干扰事件和没有根据的索赔要求。

(4) 在索赔报告中未能提出支持其索赔的详细资料，无法对索赔要求作出进一步解释，属于索赔证据不足，或没有证据。

(5) 索赔值的计算不合理，多估冒算，漫天要价。按照通常的索赔策略，索赔者常常要扩大索赔额,给自己留有充分的余地,以争取有利的解决。例如将自己因管理不善造成的损失和属于自己风险范围内的损失纳入索赔要求中;扩大干扰事件的影响范围;采用对自己有利而不合理的计算方法等。所以索赔值常常会有虚假成分,甚至可能离谱太远。

这些问题在索赔报告中屡见不鲜。如果认可这样的索赔报告,则发包人在经济上要受到损失,而且这种解决也是不合理的、不公平的。所以监理人对承包人的索赔报告必须进行全面、系统的分析、评价、反驳,以找出问题,剔除不合理的部分,为索赔的合理解决提供依据。

(二)监理人对索赔报告的审查

监理人对承包人提交的索赔报告可以从以下几个方面进行审查、核实。

1. 审查索赔事件的真实性

不真实,不肯定,没有根据或仅出于猜测的事件是不能提出索赔的。事件的真实性可以从以下两个方面证实:

(1)承包人索赔报告中的证据。不管事实怎样,只要承包人在索赔报告中未提出事件经过的得力证据,监理人可要求承包人补充证据,或否定索赔要求。

(2)监理人注意合同跟踪。从合同管理中寻找承包人不利的因素和条件,构成否定承包人索赔要求的证据。

2. 分清索赔事件的责任

有些干扰事件和损失往往是存在的,但责任并不完全在发包人。通常有以下三种情况:

(1)责任在于索赔者承包人自己,由于承包人自己疏忽大意、管理不善造成损失,或在干扰事件发生后未采取得力有效的措施降低损失,或未遵守监理人的指令和通知等。

(2)干扰事件是其他方面原因引起的,不应由发包人赔偿。

(3)合同双方都有责任,则应按各自的责任分担损失。

3. 分析索赔理由

监理人应在审查索赔报告的同时,努力为发包人寻找对发包人自己有利的合同条文,尽力推卸发包人的合同责任;或找到对承包人不利的合同条文,使承包人不能推卸或不能完全推卸自己的合同责任,这样可以从根本上否定承包人提出的索赔要求。例如:

(1)承包人未能在合同约定的索赔有效期内提出索赔,故该索赔无效。

(2)索赔事件在合同约定的承包人应承担的风险范围内,不能提出索赔要求,或应从索赔中扣除这部分。

(3)索赔要求不在合同约定的赔(补)偿范围内,如合同未明确约定,或未具体约定补偿条件、范围、补偿方法等。

(4)索赔事件的责任虽然是发包人的责任,但合同约定发包人没有赔偿责任,例如合同中有对发包人的免责条款,或合同约定不予赔偿等。

4. 分析索赔事件的影响程度和范围

首先分析索赔事件和影响之间是否存在因果关系,分析干扰事件的影响范围。如在某工程中,承包人负责的某种材料未能及时运达工地,使分包人分包的工程受到干扰而拖延,但拖延天数在该工程活动的自由时差范围内,不影响工期。且承包人已事先通知分包人,而施工计划又允许人力作调整,则不能对工期和劳动力损失提出索赔。又如发包人拖延交付图纸造成工程延期,但在此期间,承包人又未能按合同约定日期安排劳动力和管理人员进场,则工期可以顺延,但工期延长对费用影响比较小,不存在对承包人窝工费用的赔偿。又如干扰事件发生后,承包人能够但没有采取积极措施来避免或降低损失,未能及时通知监理人,而是听之任之,扩大了干扰事件的影响范围和影响量,则扩大部分的损失应由承包人自己承担。

5. 审查索赔证据的可靠性

对证据不足、证据不当或仅具有片面证据的索赔,监理人可认为该索赔的证据缺乏可靠性,索赔不成立。证据不足,即证据不足以证明干扰事件的真相、全过程或证明事件的影响,需要重新补充。证据不当,即证据与本索赔事件无关或关系不大,证据的法律证明效力不足。片面的证据,即承包人仅具有对自己有利的证据。

例如合同双方在合同实施过程中,对某问题进行过两次会谈,作过两次不同决议,则按合同变更次序,第二次决议(备忘录或会议纪要)的法律效力应优先于第一次决议。如果在该问题相关的索赔报告中仅出具第一次会议纪要作为双方决议的证明,则它是片面的、不完全的。

又例如,尽管对某一具体问题合同双方有过书面协商,但未达成一致意见,或无最终确定,或没有签署附加协议,则这些书面协商无法律约束力,不能作为证据。

6. 审核索赔费用的计算

监理人在对索赔项目和索赔内容审核的基础上,还应该对承包人关于索赔费用的计算进行审查,主要审查用于费用计算的单价和费率。在监理工作实践中,可按前文的规定和原则确定单价或者费率。

八、常见索赔证据

(1)招标文件、施工合同文本及附件,其他各种签约(如备忘录、修正案等),经认可的工程实施计划、各种工程图纸、技术规格书等。这些索赔的依据可在索赔报告中直接引用。

(2)双方的往来信件。

(3)各种会议纪要。在施工合同履行过程中,发包人、监理人和承包人定期或不定期的会谈所做出的决议或决定,是施工合同的补充,应作为施工合同的组成部分,但会议纪要只有经过各方签署后才可作为索赔的依据。

(4)施工进度计划和具体的施工进度安排。施工进度计划和具体的施工进度安排是工程变更索赔的重要证据。

(5)施工现场的有关文件。如施工记录、施工备忘录、施工日报、工长或检查员的工作日记、监理人填写的施工记录等。

(6)工程照片。照片可以清楚、直观地反映工程具体情况,照片上应注明日期。

(7)气象资料。

(8)工程检查验收报告和各种技术鉴定报告。

(9)工程中送停电、送停水、航行通告、道路开通和封闭的记录和证明。

(10)官方的物价指数、工资指数。

(11)各种会计核算资料。

(12)建筑材料的采购、订货、运输、进场、使用方面的凭据。
(13)国家有关法律、法令、政策文件。

九、索赔费用的支付

一旦确定了索赔金额,就应当及时支付给承包人,一般在中期支付证书中将其作为一个支付项目来处理。

然而,由于索赔的争议较大,所以许多索赔项目往往需要经历一段时间才能处理完毕。因此,如果出现整项索赔没有结果的情况,通常可将监理人已经认可的那一部分在中期支付中进行暂定支付,这种支付就是一项持续索赔的临时付款。由此可见,索赔的处理过程虽然繁杂,但是索赔费用的支付却十分简单。

总之,索赔在施工合同中是经常出现的,并且费用可观,监理人应针对各种索赔原因采取切实有效的措施,从而达到有效地控制索赔费用、降低工程造价的目的。其中最关键的一条就是按合同文件要求认真做好各项工作,全面熟悉有关工地及其环境、工程计划、合同条件、技术规格书以及招投标等方面的业务,使自己在索赔费用支付中处于有利地位。

第七节　价　格　调　整

【备考要点】

1. 现价指数、定基物价指数、环比物价指数、价格调价指数 PAF、固定常数 C_0、可调系数 C_i 等概念及其相互关系。

2.《水运工程标准施工招标文件》(JTS 110-8—2008)专用合同条款中,关于"物价波动引起的价格调整方法"的规定及计算方法和注意事项。

一、价格调整的原因

实行价格调整是国际竞争性招标项目中的一则惯例,因为合同中列明的有关价格调整的条款,体现了发包人和承包人公平、合理地分担价格的意外风险,从而使投标人报价时能够合理地计算标价,免除中标后因为发生劳力、原材料等价格上涨带来的风险,又保证发包人能够获得较真实和可靠的报价,以及在工程结算时能在一个合理的价格水平上承受工程费用。由此可见,合同价并非一经签订便不能再改变,只要符合合同条件的规定就可以进行价格调整。价格调整在保证合同双方顺利执行合同方面起着重要的作用,是一条公平、合理的规定。价格调整涉及两个方面:一是工程项目施工中所耗用的主要大宗材料的价格变动;二是后继法规及其他有关政策的改变而产生的费用。将上述两方面费用计算出来后,在"进度款支付"中支付。

二、价格调整的方法

对合同价格调整的方法,根据《世界银行采购指南》中的分类方法一般可以分为两种。
第一种方法是根据地方劳动力和规定的材料等基本价格与现行价格的差值予以某种约定

的方式加以补偿,通常称之为票证法或票据法。这里的基本价格意指投标截止日期前28天的(材料或者人工等)价格;现行价格指在提交投标书后,工程实施中采购(材料或者人工等)的价格。这种方法与国内基本建设内部管理施工法的材料价差补差方法类似。一般做法是在投标时发包人应给出明确条件,注明补差材料名称及材料最终数量的限定,并随投标文件提交指定材料合法的基本价格证明文件。同时,发包人还将注明在项目实施过程中与基本价格组成内容相应的现行价格的组成内容,以及对承包人提交的现行价格文件的合法性提出明确规定。由于现行价格随市场升、降的不稳定性,将会给监理人处理价格调整带来不少的麻烦。因此,某一种材料可能在多次进度款支付中都出现调整,有的可能往返出现多退少补的情况,甚至要到最终支付时才能最后解决调价费用计算。特别是证明价格的合法性文件,在遇到票据管理混乱时,会给监理人的审查工作带来极大的困难。

第二种方法是规定一种固定公式,把全部合同价格分成若干组成部分,然后按各部分的价格指数进行综合调整,通常称之为公式法。

三、用公式法进行价格调整

1. 基本思路

用公式法进行价格调整的基本思路是:首先将合同总价定为1,其次确定其价格的不变部分所占有的比例,然后找出调价各部分价值占合同总价的比例再乘以相应的现价与基价之比,确定出一个调价指数,最后用合同总价乘以调价指数,即为价格补差额。具体的公式为:

$$调价补差额 = 合同总价 \times 调价指数 \qquad (7-17)$$

也可表示为:

$$调整后的价格 = 合同总价 \times (1 + 调价指数) \qquad (7-18)$$

2. 公式法调整的优点

公式法比票证法具有更好的操作性,因为公式法的数字均可从现有的合同中获得,而影响调价的基本数据——物价指数一般来自官方材料,公布指数的时间相对固定,如我国目前由国家统计局每年公布一次,因而调价时间也比较固定。这种方法易于被发包人和承包人接受,而且监理人在处理价格调整时证据充分、方便可靠。

3. 公式法调价计算程序

(1)先确定基价或基价指数 P_{0i}。

基价指数是指投标截止日期所在月份的前1个月,某种材料(或费用)在原产地国家的地区或政府物价局、统计局、建设行业行政主管部门公布流通使用的价格指数。

(2)确定现价或现价指数 P_{1i}。

现价指数是指出具进度款支付证书前1个月中,材料原产地政府机关最新公布流通使用的价格指数。现价指数应与基价指数的确定方法相一致。在实际工作中,可根据招标文件的规定,以每年集中进行一次价格调整为宜,这样可以充分利用国家每年公布一次的物价指数。

现价指数按指数选择基期的不同分为定基物价指数和环比物价指数。定基物价指数是以某一固定期为基期所计算的相对价格指数;环比物价指数是以计算期的前一时期为基期所计算的相对价格指数,以一个月(季)度期限编制的环比物价指数为月(季)度环比物价指数,以一个年度期限编制的环比物价指数为年度环比物价指数。国际上习惯使用定基物价指数,并且以中国香港统计局公布的为准。我国每次公布的各种物价指数常常是环比物价指数,在计算时首先要将环比物价指数换算成定基物价指数,以每年公布一次的年度环比物价指数为例,例如,某工程于 1995 年招、投标,1995 年底签订合同,工程于 1999 年竣工,要对 1998 年的工程费用进行调整(一次性调整),就必须先将 1998 年与 1995 年相比的定基物价指数算出。若 1996、1997、1998 三年的环比物价指数分别为 110、112、114,那么 1998 年的现价指数 P_{1i} 不是 114,而是 $110 \times 112 \times 114 \times 100^{-2} = 140$。也就是说,以 1995 年为基期(1995 年的定基物价指数为 100),1998 年的定基物价指数为 140。

(3)确定物价比值系数 b_i。

物价比值系数为现价指数与基价指数之比,即:

$$b_i = \frac{P_{1i}}{P_{0i}} \tag{7-19}$$

式中:b_i——第 i 项影响价格因素(如劳动力、某项材料、机械折旧与维修和燃料等)的现价指数与基价指数之比;

P_{1i}——第 i 项影响价格因素(如劳动力、某项材料、机械折旧与维修和燃料等)的现价指数;

P_{0i}——第 i 项影响价格因素(如劳动力、某项材料、机械折旧与维修和燃料等)的基价指数。

(4)确定可调系数 C_i。

可调系数是指影响价格的各种材料或因素的费用所占合同总价的权重系数,即:

$$C_i = \frac{W_i}{\text{CP}} \tag{7-20}$$

式中:C_i——第 i 项影响价格因素的可调系数;

W_i——第 i 项影响价格因素的金额;

CP——合同总价。

(5)确定固定常数 C_0(总价不变系数)。

固定常数是指在支付中不进行调整价格的金额占合同总价的权重系数,即价格不变部分所占有的比例(也称为总价不变系数),指合同价中一部分不受物价上涨、下调影响的费用占总费用的比例。不进行调整的金额是指固定的间接费、利润、税金以及发包人以固定价格提供的材料等。世界银行在推荐公式时固定价的比例一般为 15%~20%,计算公式为:

$$C_0 = 1 - \sum C_i \tag{7-21}$$

(6)确定价格调价指数 PAF。

$$\text{PAF} = C_0 + \sum b_i C_i - 1 \tag{7-22}$$

(7)确定价格调整补差额。

$$\text{ADJ} = \text{LCP}(\text{或者 FCP}) \times \text{PAF} \tag{7-23}$$

式中:ADJ——价格调整补差额;

LCP(或者 FCP)——价格调整内合同基价中人民币部分(或者外币部分);

PAF——物价调价指数。

四、货币限额与兑换率

国际市场上货币的兑换率不断发生变化,而兑换率的改变就意味着货币价格发生变化。另外,由于工程施工所在国外汇管理条例的改变,实行货币限制或货币兑换限额,也可能使合同价格发生变化。因此,货币限额与兑换率发生变化也存在着价格调整问题,在合同条件中本着兼顾发包人和承包人双方利益的原则,对这方面作出了明确的规定。

1. 货币限额

合同条件通用条件规定,在送交投标书截止日期之前的 28 天后,如果在本工程施工或拟施工所在国的政府或政府授权机构,对支付合同价款所用的一种或几种货币,实行货币限额、货币兑换限额,则发包人应赔偿承包人由此而引起的任何损失或伤害,且不妨碍承包人在这种事情发生时有权行使的任何其他权利或应得的补偿。

2. 货币的兑换率及比例

根据合同通用条件的规定,如果合同约定以一种或多种外国货币,全部或部分地向承包人支付款项,则此项支付不应受上述指定的一种或多种外国货币于本工程施工所在国货币之间的兑换率的变化影响。其兑换率应当是投标截止日期以前 28 天的当日由本工程施工所在国中央银行确定的通行兑换率,并应于投标之前,由发包人通知承包人,或在投标书中予以规定。除非合同另有约定,此种兑换率在合同执行过程中保持不变。同样,货币的比例也应按投标书中列明的执行。

五、《中华人民共和国标准施工招标文件》关于价格调整的规定

1. 物价波动引起的价格调整

除专用合同条款另有约定外,因物价波动引起的价格调整按照《中华人民共和国标准施工招标文件》第 16.1 款规定处理。可以采用价格指数(公式法)调整价格差额或者造价信息(信息指导价)调整价格差额两种方法来处理。

(1)采用价格指数调整价格差额。

因人工、材料和设备等价格波动影响合同价格时,根据投标函附录中的价格指数和权重表约定的数据,按下式计算差额并调整合同价格:

$$\Delta P = P_0 \times \left[A + \left(R_1 \times \frac{F_{t1}}{F_{01}} + R_2 \times \frac{F_{t2}}{F_{02}} + \cdots + R_n \times \frac{F_{tn}}{F_{0n}} \right) - 1 \right] \tag{7-24}$$

式中: ΔP ——需调整的价格差额;

P_0 ——按合同约定的付款证书中承包人应得到的已完成工程量的金额,此项金额应不包括价格调整、不计质量保证金的扣留和支付、预付款的支付和扣回,按合同约定的变更及其他金额已按现行价格计价的也不计在内;

A ——定值权重(即不调部分的权重);

R_1, R_2, R_n ——各可调因子的变值权重(即可调部分的权重)为各可调因子在投标函投标总报

价中所占的比例;

F_{t1},F_{t2},F_{tn}——各可调因子的现行价格指数,指合同文件约定的付款证书相关周期最后一天的前42天的各可调因子的价格指数;

F_{01},F_{02},F_{0n}——各可调因子的基本价格指数,指基准日期的各可调因子的价格指数。

以上价格调整公式中的各可调因子、定值和变值权重,以及基本价格指数及其来源在投标函附录价格指数和权重表中约定。价格指数应首先采用有关部门提供的价格指数,缺乏上述价格指数时,可采用有关部门提供的价格代替。

在使用价格指数调整价格差额计算公式时,应该注意以下几点:

第一,在计算调整差额时得不到现行价格指数时,可暂时用上一次调整差额计算的价格指数计算,并在以后的付款中再按实际价格指数进行调整。

第二,由于按《中华人民共和国标准施工招标文件》第 15.1 款规定的变更导致原定合同中的权重不合理时,公式中权重的调整由监理人与承包人和发包人协商后进行调整。

第三,由于承包人原因未在约定的工期内竣工的,则对原约定竣工日期后继续施工的工程,在使用价格调整公式时,应采用原约定竣工日期与实际竣工日期的两个价格指数中较低的一个作为现行价格指数。这是因承包人工期延误后的价格调整的原则。

(2)采用造价信息调整价格差额。

在施工期内,因人工、材料、设备和机械台班价格波动影响合同价格时,人工、机械使用费按照国家或省、自治区、直辖市的建设行政管理部门和行业建设管理部门或其授权的工程造价管理机构发布的人工成本信息、机械台班单价或机械使用费系数进行调整;需要进行价格调整的材料,其单价和采购数应由监理人复核,监理人确认需调整的材料单价及数量,作为调整工程合同价格差额的依据。

2. 法律变化引起的价格调整

在基准日后,因法律变化导致承包人在合同履行中所需要的工程费用发生除第 16.1 款约定以外的增减时,监理人应根据法律,国家或省、自治区、直辖市有关部门的规定,按第 3.5 款商定或确定需调整的合同价款。

六、《水运工程标准施工招标文件》关于价格调整的规定

我国《水运工程标准施工招标文件》(JTS 110-8—2008)在专用合同条款 16.1.3 项规定,"物价波动引起的价格调整方法:

(1)主要材料价格变化幅度超过_____%时,超过_____%的部分调整材料价差,并计列相应的税金、教育附加费和城市建设维护费;

(2)主要材料名称:_____;

(3)主要材料基准价格:投标截止前 28 天,工程所在地建设主管部门公布的信息价格;

(4)结算期主要材料价格:工程计量前 28 天,工程所在地建设主管部门公布的信息价格;

(5)工程所在地无建设主管部门公布的信息价格时:_____。"

可见按照我国《水运工程标准施工招标文件》(JTS 110-8—2008)的规定,主要材料价格变化幅度没有超过合同约定幅度时,一律不调整材料价差;超过合同约定幅度时,仅仅对超过合

同约定的部分进行调整材料价差;约定的主要材料名称、不调整材料价差的价格变化幅度在工程所在地没有建设主管部门公布的信息价格时,采用什么价格都必须在专用合同条款中约定。

第八节 工程结算

【备考要点】

工程结算概念、意义、类别以及编制依据及程序,工程结算的计价依据和审查内容。

一、工程结算概述

根据财政部、住建部《建设工程价款结算暂行办法》的规定,所谓工程价款结算是指对建设工程的发包承包合同价款进行约定和依据合同约定进行工程预付款、工程进度款、工程竣工款结算的活动。工程价款结算应按合同约定办理,合同未作约定或约定不明的,发、承包双方应依照下列规定与文件协商处理:

(1)国家有关法律、法规和规章制度。

(2)国务院建设行政主管部门、省、自治区、直辖市或有关部门发布的工程造价计价标准计价办法等有关规定。

(3)建设项目的补充协议、变更签证和现场签证,以及经发、承包人认可的其他有效文件和其他依据。

(一)工程价款结算的意义

工程价款结算的意义主要表现在:

(1)工程价款结算是反映工程进度的主要指标,在施工过程中,工程价款的结算依据之一就是按照已完成的工程量进行结算。也就是说,承包人完成的工程量越多,所应结算的工程价款就应越多,能够真实地反映工程的施工进度。

(2)工程价款结算是加速资金周转的重要环节。承包人能够尽快尽早地结算回工程价款,有利于偿还债务,也有利于资金回笼,降低内部运营成本。通过加速资金周转,提高资金使用的有效性。

(3)工程价款结算是考核经济效益的重要指标,对于承包人来说,只有工程价款如数结算,承包人才能获得相应的利润,进而取得良好的经济效益。

(二)工程结算的分类

根据工程建设的不同时期以及结算对象的不同,工程结算分为预付款结算、中间结算和竣工结算。

1. 预付款结算

预付款又叫工程备料款,是指在承包方自行采购建筑材料的情况下,根据工程承包合同,在工程开工前,发包方按年度预计完成工程量造价总额的一定比例预先支付承包方的工程材料款。工程预付款的结算是指在工程后期随工程所需材料储备逐渐减少,预付款以抵冲工程价款的方式陆续扣回。

2. 中间结算

中间结算是指在工程建设过程中,承包方根据实际完成的工程数量计算工程价款与发包方办理的价款结算。

3. 竣工结算

竣工结算是指承包方按合同约定的内容全部完工、交工后,承包方与发包方按照合同约定的合同价款及合同价款调整内容进行的最终工程价款结算。

(三) 工程价款的结算方式

根据工程性质、规模大小、资金来源、工期长短以及承包方式不同,工程结算采用的方式也不同。按现行规定,我国建筑安装工程价款的结算主要有以下几种方式:

1. 按月结算

实行旬末或月中预支,月终结算,竣工后清算的方法。跨年度竣工的工程,在年终进行工程盘点,办理年度结算。我国现行建筑安装工程价款结算中,相当一部分是实行按月结算。

2. 竣工后一次结算

建设项目或单项工程全部建筑安装工程建设期在12个月以内,或者工程承包合同价值在100万元以下的,可以实行工程价款每月月中预支,竣工后一次结算。

3. 分段结算

当年开工,当年不能竣工的单项工程或单位工程按照工程形象进度,划分不同阶段进行结算,分段结算可以按月预支工程款,分段的划分标准由各部门、自治区、直辖市、计划单列市规定。

4. 目标结款方式

在工程合同中,将承包工程的内容分解成不同的控制界面,以发包人验收控制界面作为支付工程价款的前提条件。即将合同中的工程内容分解成不同的验收单元,当承包人完成单元工程内容并经发包人(或其委托人)验收后,发包人支付构成单元工程内容的工程价款。

5. 结算双方约定的其他结算方式

略。

二、水运工程工程价款结算

工程预付款和工程进度款的计算与支付已在前面的章节介绍,这里仅介绍工程竣工结算和其他(特殊)费用结算的内容。

1. 安全施工方面的费用

承包人应遵守工程建设安全生产有关管理规定,严格按照安全标准组织施工,并随时接受行业安全检查人员依法实施的监督检查,采取必要的安全防护措施,消除事故隐患。由于承包人安全措施不力造成事故的责任和因此发生的费用,由承包人承担。

发包人应对其在施工场地的工作人员进行安全教育,并对他们的安全负责。发包人不得要求承包人违反安全管理的规定进行施工。因发包人原因导致的安全事故,由发包人承担相应责任及发生的费用。

承包人在动力设备、输电线路、地下管道、密封防震车间、易燃易爆地段以及临街交通要道附近施工时,施工开始前应向工程师提出安全防护措施,经工程师认可后实施,防护措施费用由发包人承担。

实施爆破作业,在放射、毒害性环境中施工(含储存、运输、使用)及使用毒害性、腐蚀性物品施工时,承包人应在施工前14天以书面通知工程师,并提出相应的安全防护措施,经工程师认可后实施,由发包人承担安全防护措施费用。

发生重大伤亡及其他安全事故,承包人应按有关规定立即上报有关部门并通知工程师,同时按政府有关部门要求处理,由事故责任方承担发生的费用。

发包人和承包人对事故责任有争议时,应按政府有关部门的认定处理。

2. 专利技术及特殊工艺涉及的费用

发包人要求使用专利技术或特殊工艺,应负责办理相应的申报手续并承担申报、试验、使用等费用;承包人提出使用专利技术或特殊工艺,应取得工程师认可,承包人负责办理申报手续并承担有关费用。

擅自使用专利技术侵犯他人专利权的,责任者依法承担相应责任。

3. 文物和地下障碍物涉及的费用

在施工中发现古墓、古建筑遗址等文物及化石或其他有考古、地质研究等价值的物品时,承包人应立即保护好现场并于4小时内以书面形式通知工程师,工程师应于收到书面通知后24小时内报告当地文物管理部门。承包人按文物管理部门的要求采取妥善保护措施,发包人承担由此发生的费用,顺延延误的工期。

施工中出现影响施工的地下障碍物时,承包人应于8小时内以书面形式通知工程师,同时提出处置方案,工程师收到处置方案后24小时内予以认可或提出修正方案,发包人承担由此发生的费用,顺延延误的工期。

所发现的地下障碍物有归属单位时,发包人应报请有关部门协同处置。

三、工程竣工结算及其审查

1. 工程竣工结算的含义

工程竣工结算是指承包单位按照合同约定的内容全部完成所承包的工程,经验收质量合格,并符合合同要求之后,向发包单位进行的最终工程价款结算。工程竣工结算分为单位工程竣工结算、单项工程竣工结算和建设项目竣工总结算。

2. 工程竣工结算支付流程

(1)工程接收证书颁发后,承包人应按约定的份数和期限向监理人提交竣工付款申请单,并提供相关证明材料。竣工付款申请单应包括下列内容:竣工结算合同总价、发包人已支付承包人的工程价款、应扣留的质量保证金、应支付的竣工付款金额。

（2）监理人对竣工付款申请单有异议的，有权要求承包人进行修正和提供补充资料。经监理人和承包人协商后，由承包人向监理人提交修正后的竣工付款申请单。

（3）监理人在收到承包人提交的竣工付款申请单后的14天内完成核查，提出发包人到期应支付给承包人的价款送发包人审核并抄送承包人。发包人应在收到后14天内审核完毕，由监理人向承包人出具经发包人签认的竣工付款证书。监理人未在约定时间内核查，又未提出具体意见的，视为承包人提交的竣工付款申请单已经监理人核查同意；发包人未在约定时间内审核又未提出具体意见的，监理人提出发包人到期应支付给承包人的价款视为已经发包人同意。

（4）发包人应在监理人出具竣工付款证书后的14天内，将应支付款支付给承包人。发包人不按期支付的，按合同约定，将逾期付款违约金支付给承包人。承包人对发包人签认的竣工付款证书有异议的，发包人可出具竣工付款申请单中承包人已同意部分的临时付款证书。

存在争议的部分，按合同约定办理。

3. 工程竣工结算编审

（1）单位工程竣工结算由承包人编制，发包人审查；实行总承包的工程，由具体承包人编制，在总包人审查的基础上，发包人审查。

（2）单项工程竣工结算或建设项目竣工总结算由总（承）包人编制，发包人可直接进行审查，也可以委托具有相应资质的工程造价咨询机构进行审查。政府投资项目，由同级财政部门审查。单项工程竣工结算或建设项目竣工总结算经发、承包人签字盖章后有效。

承包人应在合同约定期限内完成项目竣工结算编制工作，未在约定期限内完成的并且提不出正当理由延期的，责任自负。

4. 工程竣工结算价款的支付

工程竣工结算办理完毕，发包人应根据确认的竣工结算书在合同约定的时间内向承包人支付工程竣工结算价款。《中华人民共和国标准施工招标文件》中规定，发包人应在监理人出具竣工付款证书后的14天内，将应支付款支付给承包人。发包人不按期支付的，按合同约定，向承包人支付逾期付款违约金。

四、工程价款的动态结算

在经济发展过程中，物价水平是经常不断变化的，工程建设项目合同周期长的项目，随着时间的推移，会受到物价浮动等多种因素的影响，因此就有必要在工程价款结算中充分考虑动态因素，使工程价款结算能够基本上反映工程项目的实际消耗费用。

工程价款的动态结算是指在进行工程价款结算的过程中，充分考虑影响工程造价的动态因素，并将这些动态因素纳入结算过程中进行计算，从而使所结算的工程价款能够如实反映工程项目的实际消耗费用。

工程价款的动态结算的主要内容是工程价款价差调整（另有章节专门介绍）。

第九节　工程投资偏差分析

【备考要点】
1. 费用偏差、进度偏差、局部偏差和累计偏差、绝对偏差和相对偏差、偏差程度等概念。
2. 费用控制的步骤、费用偏差分析方法、偏差原因分析。

一、费用控制的步骤

工程项目费用控制是工程项目费用管理的核心部分，工程项目的费用控制目标是将项目最终发生的费用控制在费用目标范围之内。在确定了项目费用控制目标之后，必须定期地进行费用计划值与实际值的比较，当实际值偏离计划值时，分析产生偏差的原因，采取适当的纠偏措施，以确保费用目标的实现。费用控制的步骤如下。

1. 比较

按照某种确定的方式将费用计划值与实际值逐项进行比较，以发现费用是否已超支。

2. 分析

在比较的基础上，对比较的结果进行分析，以确定偏差的严重性及偏差产生的原因。这一步是费用控制工作的核心，其主要目的在于找出产生偏差的原因，从而采取有针对性的措施，减少或避免相同原因的偏差再次发生或减少由此造成的损失。

3. 预测

根据项目实施情况预测整个项目完成时的费用。预测的目的在于为决策提供支持。

4. 纠偏

当工程项目的实际费用出现了偏差，应当根据工程的具体情况、偏差分析和预测的结果，采取适当的措施，以期使费用偏差尽可能小。纠偏是费用控制中最具实质性的一步，只有通过纠偏，才能最终达到有效控制费用的目的。

5. 检查

检查是指对工程的进展进行跟踪和检查，及时了解工程进展状况以及纠偏措施的执行情况和效果，为今后的工作积累经验。

二、费用控制的方法

费用控制的方法很多，这里仅介绍偏差分析法。

（一）偏差的概念

在费用控制中，把费用的实际值与计划值的差异叫作费用偏差，即：

$$费用偏差 = 已完工程实际费用 - 已完工程计划费用$$
$$已完工程实际费用 = 已完工程量 \times 合同单价 + 其他款项 \quad (7\text{-}25)$$
$$已完工程计划费用 = 已完工程量 \times 合同单价$$

已完工程量为已完工程量清单内的工程量,其他款项包括变更费用、价格调整、索赔费用等。

费用偏差大于零表示费用超支,反之表示费用节约。但是,必须特别指出,进度偏差对费用偏差分析的结果有重要影响,如果不加考虑就不能正确反映费用偏差的实际情况。如:某一阶段的费用超支,可能是由于进度超前导致的,也可能是由于物价上涨导致。所以,必须引入进度偏差的概念。

$$进度偏差1 = 已完工程实际时间 - 已完工程计划时间 \quad (7\text{-}26)$$

为了与费用偏差联系起来,进度偏差也可用费用来表示:

$$进度偏差2 = 拟完工程计划费用 - 已完工程计划费用 \quad (7\text{-}27)$$

所谓拟完工程计划费用,是指根据进度计划安排在某一确定时间内所应完成的工程内容的计划费用,即:

$$拟完工程计划费用 = 拟完工程量(计划工程量) \times 合同单价 \quad (7\text{-}28)$$

进度偏差为正值,表示工期拖延;结果为负值表示工期提前。用进度偏差2来表示进度偏差,其思路是可以接受的,而表达并不十分严格。在实际应用时,为了便于工期调整,还需将用费用差额表示的进度偏差转换为所需要的时间。

(二) 费用偏差参数

在进行费用偏差分析时,还要考虑以下几组费用偏差参数。

1. 局部偏差和累计偏差

所谓局部偏差有两层含义:一是对于整个项目而言,指各单项工程、单位工程及分部分项工程的费用偏差;二是对于整个项目已经实施的时间而言,是指每一控制周期所发生的费用偏差。累计偏差是一个动态的概念,其数值总是与具体的时间联系在一起,第一个累计偏差在数值上等于局部偏差,最终的累计偏差就是整个项目的费用偏差。

局部偏差的引入,可使项目费用管理人员清楚地了解偏差发生的时间、所在的单项工程,这有利于分析其发生的原因。而累计偏差所涉及的工程内容较多、范围较大且原因也较复杂,因而累计偏差分析必须以局部偏差分析为基础。从另一方面来看,因为累计偏差分析是建立在对局部偏差进行综合分析的基础上的,所以其结果更能显示出代表性和规律性,对费用控制工作在较大范围内具有指导作用。

2. 绝对偏差和相对偏差

绝对偏差是指费用实际值与计划值比较所得到的差额,绝对偏差的结果很直观,有助于费用管理人员了解项目费用出现偏差的绝对数额,并依此采取一定措施,制订或调整费用支付计划和资金筹措计划。但是,绝对偏差有其不容忽视的局限性。如同样是一万元的费用偏差,对于总费用一千万元的项目和总费用十万元的项目而言,其严重性显然是不同的。因此又引入相对偏差这一参数。

$$相对偏差 = \frac{绝对偏差}{费用计划值} = \frac{费用实际值 - 费用计划值}{费用计划值} \quad (7\text{-}29)$$

与绝对偏差一样,相对偏差可正可负,且二者同号。正值表示费用超支,反之表示费用节约。二者都只涉及费用的计划值和实际值,既不受项目层次的限制,也不受项目实施时间的限制,因而在各种费用比较中均可采用。

3. 偏差程度

偏差程度是指费用实际值对费用计划值的偏离程度,其表达式为:

$$费用偏差程度 = \frac{费用实际值}{费用计划值} \tag{7-30}$$

(三)偏差分析的方法

偏差分析可采用不同的方法,常用的有横道图法、表格法和曲线法。

1. 横道图法

用横道图法进行费用偏差分析,是用不同的横道标识已完工程计划费用和已完工程实际费用,横道的长度与其金额成正比例。见图 7-1。

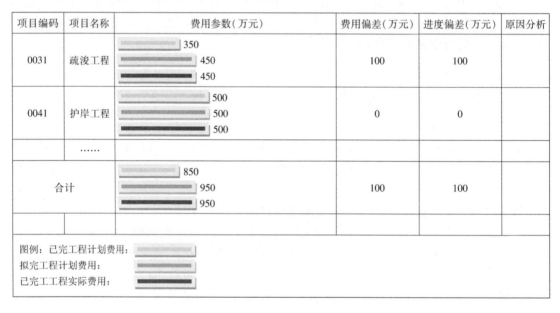

图 7-1 费用偏差分析横道图

横道图法具有形象、直观、一目了然等优点,它能够准确表达出费用的绝对偏差,而且能一眼感受到偏差的严重性。但这种方法反映的信息量少,一般在项目的较高管理层应用。

同理也可以利用柱状图来表示费用偏差,并进行分析。

2. 表格法

表格法是进行偏差分析最常用的一种方法。它将项目编号、名称、各费用参数以及费用偏差数综合归纳入一张表格中,并且直接在表格中进行比较。由于各偏差参数都在表中列出,使得费用管理者能够综合地了解并处理这些数据,表格法优点在于灵活、适用性强、信息量大,表格处理可借助于计算机,见表 7-3。

表格法费用偏差分析表 表7-3

项目编号	(1)	003	004
项目名称	(2)	疏浚工程	护岸工程
单位	(3)		
合同单价	(4)		
拟完成工程量	(5)		
拟完成工程计划费用	(6) = (4) × (5)	450	500
已完工程量	(7)		
已完工程计划费用	(8) = (4) × (7)	350	500
实际单价	(9)		
其他款项	(10)		
已完工程实际费用	(11) = (7) × (9) + (10)	450	500
项目编码	(1)	003	004
费用局部偏差	(12) = (11) − (8)	100	0
费用局部偏差程度	(13) = (11) ÷ (8)	1.28	1
费用累计偏差	(14) = Σ(12)		
进度局部偏差	(15) = (6) − (8)	100	0
进度局部偏差程度	(16) = (6) ÷ (8)	1.28	1
进度累计偏差	(17) = Σ(15)		

3. 偏差曲线法（赢值法）

偏差曲线法是用费用累计曲线（S曲线）进行费用偏差分析的一种方法。在用曲线法进行费用偏差分析时，首先要确定费用计划值曲线，费用计划值曲线是与确定的进度计划联系在一起的。

同时，由于实际进度的影响，应当引入三条费用参数曲线：已完工程实际费用曲线 a，已完工程计划费用曲线 b 和拟完成工程计划费用曲线 p（图7-2），图中由线 a 与曲线 b 的竖向距间表示费用偏差，曲线 b 与曲线 p 的水平距离表示进度偏差，图7-2反映的偏差为累计偏差，用曲线法进行偏差分析同样具有形象、直观的特点，但这种方法很难直接用于定量分析，只能对定量分析起一定指导作用。

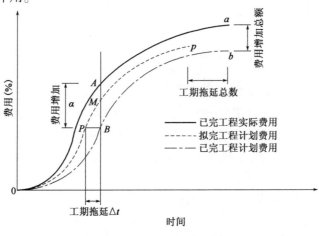

图7-2 曲线法进行费用偏差分析图

[**例 7-3**] 某监理咨询单位接受某一项目的发包人委托,承担项目监理咨询业务,业务范围包括项目的进度控制、费用控制和质量控制等。

(1)监理人在进度控制过程中采用了 S 曲线图的方法,以直观地反映工程的实际进展。图 7-3 是工程进度检查日的 S 曲线图。

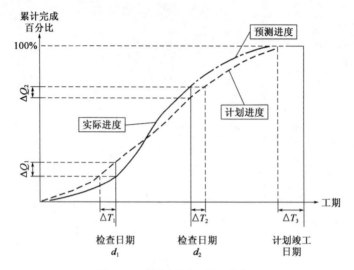

图 7-3　工程进度检查日的 S 曲线图

(2)监理人采用了赢值法对费用偏差进行分析,实现费用控制。表 7-4 是监理人收集的关于该项目的费用数据。

某项目的费用数据汇总表　　　　　　　　表 7-4

项　　目	费用数据(万元)											
工期(周)	1	2	3	4	5	6	7	8	9	10	11	12
每周拟完工程计划费用	5	9	9	13	13	18	14	8	8	3		
拟完工程计划费用累计	5	14	23	36	49	67	81	89	87	100		
每周已完工程计划费用	5	5	9	4	4	13	17	13	13	7	7	3
已完工程计划费用累计	5	10	19	23	27	40	57	70	83	90	97	100
每周已完工程实际费用	5	5	9	4	4	12	15	11	11	8	8	3
已完工程实际费用累计	5	10	19	23	27	39	54	65	76	84	92	95

问题:(1)通过 S 曲线,可以获得该项目进度方面的哪些信息?检查日期 d_1 和 d_2 的工程进度是何情况?图中的 $\triangle T_1$、$\triangle T_2$、$\triangle T_3$、$\triangle Q_1$、$\triangle Q_2$ 分别表示什么含义?

(2)根据费用偏差分析表,分析第 6 周和第 10 周末的费用偏差和进度偏差(以费用额表示)。

解:(1)通过 S 曲线可以获得该项目的信息。

①实际工程进度;

②进度超前或拖后的时间;

③工程量完成的情况;
④后期工程进度的预测。

检查日期 d_1 时,工程进度拖延;检查日期 d_2 时,工程进度提前。

图中:$\triangle T_1$——检查日期 d_1 时刻工程进度拖后的时间;

$\triangle T_2$——检查日期 d_2 时刻工程进度提前的时间;

$\triangle T_3$——预计工程工期(竣工日期)提前的时间;

$\triangle Q_1$——检查日期 d_1 时刻工程拖欠的工作量;

$\triangle Q_2$——检查日期 d_2 时刻工程超额完成的工作量。

(2)费用偏差、进度偏差计算及分析:

第6周末费用偏差 = 已完工程实际费用 - 已完工程计划费用 = 39 - 40 = -1(万元)

即:费用节约1万元。

进度偏差 = 拟完工程计划费用 - 已完工程计划费用 = 67 - 40 = 27(万元)

即:进度拖后27万元。

第10周末费用偏差 = 84 - 90 = -6(万元)

即:费用节约6万元。

进度偏差 = 拟完工程计划费用 - 已完工程计划费用 = 100 - 90 = 10(万元)

即:进度拖后10万元。

三、偏差原因分析

偏差分析的一个重要目的就是要找出引起偏差的原因,从而有可能采取有针对性的措施,减少或避免相同原因的偏差再次发生。在进行偏差原因分析时,首先应当将已经导致和可能导致偏差的各种原因逐一列举出来。导致不同工程项目产生费用偏差的原因具有一定共性,因而可以通过对已建项目的费用偏差原因进行归纳、总结,为该项目采取预防措施提供依据。

产生费用偏差的原因有以下几种,见图7-4。

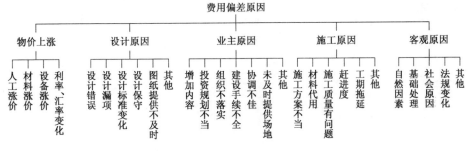

图7-4 产生费用偏差的原因统计图

四、费用控制的成果

1. 修改费用估算

修改费用估算就是对项目的费用文件进行修正,如调整设计概算、变更合同价格等,并及时报告工程项目的发包人。

2. 采取纠偏措施

对偏差原因进行分析的目的是有针对性地采取纠偏措施,从而实现费用的动态控制和主动控制。纠偏首先要确定纠偏的主要对象,如上面介绍的偏差原因,有些是无法避免和控制的。如客观原因,充其量只能对其中少数原因引起的偏差做到防患于未然,力求减少这些原因所产生的经济损失;对于施工原因所导致的经济损失通常是由承包人自己承担的,从费用控制的角度只能加强合同的管理,避免被承包人索赔;还有是由于发包人原因和设计原因造成的费用偏差。在确定了纠偏的主要对象之后,监理人应该及时报告发包人、并提出有针对性的纠偏措施。纠偏措施可采用组织措施、经济措施、技术措施和合同措施等。

3. 整理费用控制资料,吸取教训

找出产生偏差的原因后,连同所选择的纠偏措施以及从费用控制中吸取的其他方面的教训等都要形成文字材料,作为本工程项目或者其他工程项目的历史资料,以供参考。

第八章　水运工程安全生产管理目标控制基础知识

【备考要点】

1.《中华人民共和国安全生产法》相关知识。
2.《建设工程安全生产管理条例》规定参建各方的安全责任。
3. 监理单位应建立的安全管理制度。
4. 施工单位应建立的安全生产管理体系和相关管理制度的监理审查要点。
5. 安全生产双控体系建设。
6. 工程安全隐患及处理、工程安全事故等级标准及处理。

第一节　安全生产法相关知识

1）安全生产工作应当以人为本，坚持安全发展，坚持安全第一、预防为主、综合治理的方针，强化和落实生产经营单位的主体责任，建立生产经营单位负责、职工参与、政府监管、行业自律和社会监督的机制。

2）生产经营单位必须遵守本法和其他有关安全生产的法律、法规，加强安全生产管理，建立、健全安全生产责任制和安全生产规章制度，改善安全生产条件，推进安全生产标准化建设，提高安全生产水平，确保安全生产。

3）生产经营单位的主要负责人对本单位的安全生产工作全面负责。

4）生产经营单位的从业人员有依法获得安全生产保障的权利，并应当依法履行安全生产方面的义务。

5）生产经营单位应当具备本法和有关法律、行政法规和国家标准或者行业标准规定的安全生产条件；不具备安全生产条件的，不得从事生产经营活动。

6）生产经营单位的主要负责人对本单位安全生产工作负有下列职责：

(1) 建立、健全本单位安全生产责任制。
(2) 组织制定本单位安全生产规章制度和操作规程。
(3) 组织制定并实施本单位安全生产教育和培训计划。
(4) 保证本单位安全生产投入的有效实施。
(5) 督促、检查本单位的安全生产工作，及时消除生产安全事故隐患。
(6) 组织制定并实施本单位的生产安全事故应急救援预案。

(7)及时、如实报告生产安全事故。

7)生产经营单位的安全生产责任制应当明确各岗位的责任人员、责任范围和考核标准等内容。生产经营单位应当建立相应的机制,加强对安全生产责任制落实情况的监督考核,保证安全生产责任制的落实。

8)生产经营单位应当具备的安全生产条件所必需的资金投入,由生产经营单位的决策机构、主要负责人或者个人经营的投资人予以保证,并对由于安全生产所必需的资金投入不足导致的后果承担责任。有关生产经营单位应当按照规定提取和使用安全生产费用,专门用于改善安全生产条件。安全生产费用在成本中据实列支。安全生产费用提取、使用和监督管理的具体办法由国务院财政部门会同国务院安全生产监督管理部门征求国务院有关部门意见后制定。

9)矿山、金属冶炼、建筑施工、道路运输单位和危险物品的生产、经营、储存单位,应当设置安全生产管理机构或者配备专职安全生产管理人员。前款规定以外的其他生产经营单位,从业人员超过一百人的,应当设置安全生产管理机构或者配备专职安全生产管理人员;从业人员在一百人以下的,应当配备专职或者兼职的安全生产管理人员。

10)生产经营单位的安全生产管理机构以及安全生产管理人员履行下列职责:

(1)组织或者参与拟订本单位安全生产规章制度、操作规程和生产安全事故应急救援预案。

(2)组织或者参与本单位安全生产教育和培训,如实记录安全生产教育和培训情况。

(3)督促落实本单位重大危险源的安全管理措施。

(4)组织或者参与本单位应急救援演练。

(5)检查本单位的安全生产状况,及时排查生产安全事故隐患,提出改进安全生产管理的建议。

(6)制止和纠正违章指挥、强令冒险作业、违反操作规程的行为。

(7)督促落实本单位安全生产整改措施。

11)生产经营单位的安全生产管理机构以及安全生产管理人员应当恪尽职守,依法履行职责。生产经营单位作出涉及安全生产的经营决策,应当听取安全生产管理机构以及安全生产管理人员的意见。生产经营单位不得因安全生产管理人员依法履行职责而降低其工资、福利等待遇或者解除与其订立的劳动合同。

12)生产经营单位的主要负责人和安全生产管理人员必须具备与本单位所从事的生产经营活动相应的安全生产知识和管理能力。危险物品的生产、经营、储存单位以及矿山、金属冶炼、建筑施工、道路运输单位的主要负责人和安全生产管理人员,应当由主管的负有安全生产监督管理职责的部门对其安全生产知识和管理能力考核合格。考核不得收费。危险物品的生产、储存单位以及矿山、金属冶炼单位应当有注册安全工程师从事安全生产管理工作。鼓励其他生产经营单位聘用注册安全工程师从事安全生产管理工作。注册安全工程师按专业分类管理,具体办法由国务院人力资源和社会保障部门、国务院安全生产监督管理部门会同国务院有关部门制定。

13)生产经营单位应当对从业人员进行安全生产教育和培训,保证从业人员具备必要的安全生产知识,熟悉有关的安全生产规章制度和安全操作规程,掌握本岗位的安全操作技能,了解事故应急处理措施,知悉自身在安全生产方面的权利和义务。未经安全生产教育和培训合格的从业人员,不得上岗作业。生产经营单位使用被派遣劳动者的,应当将被派遣劳动者纳入本单位从业人员统一管理,对被派遣劳动者进行岗位安全操作规程和安全操作技能的教育和培训。劳务派遣单位应当对被派遣劳动者进行必要的安全生产教育和培训。生产经营单位接收中等职业学校、高等学校学生实习的,应当对实习学生进行相应的安全生产教育和培训,提供必要的劳动防护用品。学校应当协助生产经营单位对实习学生进行安全生产教育和培训。生产经营单位应当建立安全生产教育和培训档案,如实记录安全生产教育和培训的时间、内容、参加人员以及考核结果等情况。

14)生产经营单位采用新工艺、新技术、新材料或者使用新设备,必须了解、掌握其安全技术特性,采取有效的安全防护措施,并对从业人员进行专门的安全生产教育和培训。

15)生产经营单位的特种作业人员必须按照国家有关规定经专门的安全作业培训,取得相应资格,方可上岗作业。特种作业人员的范围由国务院安全生产监督管理部门会同国务院有关部门确定。

16)生产经营单位新建、改建、扩建工程项目(以下统称"建设项目")的安全设施,必须与主体工程同时设计、同时施工、同时投入生产和使用。安全设施投资应当纳入建设项目概算。

17)建设项目安全设施的设计人、设计单位应当对安全设施设计负责。

18)生产经营单位对重大危险源应当登记建档,进行定期检测、评估、监控,并制定应急预案,告知从业人员和相关人员在紧急情况下应当采取的应急措施。生产经营单位应当按照国家有关规定将本单位重大危险源及有关安全措施、应急措施报有关地方人民政府安全生产监督管理部门和有关部门备案。

19)生产经营单位应当建立、健全生产安全事故隐患排查治理制度,采取技术、管理措施,及时发现并消除事故隐患。事故隐患排查治理情况应当如实记录,并向从业人员通报。

20)生产、经营、储存、使用危险物品的车间、商店、仓库不得与员工宿舍在同一座建筑物内,并应当与员工宿舍保持安全距离。生产经营场所和员工宿舍应当设有符合紧急疏散要求、标志明显、保持畅通的出口。禁止锁闭、封堵生产经营场所或者员工宿舍的出口。

21)生产经营单位进行爆破、吊装以及国务院安全生产监督管理部门会同国务院有关部门规定的其他危险作业,应当安排专门人员进行现场安全管理,确保操作规程的遵守和安全措施的落实。

22)生产经营单位应当教育和督促从业人员严格执行本单位的安全生产规章制度和安全操作规程;并向从业人员如实告知作业场所和工作岗位存在的危险因素、防范措施以及事故应急措施。

23)生产经营单位必须为从业人员提供符合国家标准或者行业标准的劳动防护用品,并监督、教育从业人员按照使用规则佩戴、使用。

24)生产经营单位的安全生产管理人员应当根据本单位的生产经营特点,对安全生产状况进行经常性检查;对检查中发现的安全问题,应当立即处理;不能处理的,应当及时报告本单位有关负责人,有关负责人应当及时处理。检查及处理情况应当如实记录在案。生产经营单位的安全生产管理人员在检查中发现重大事故隐患,依照前款规定向本单位有关负责人报告,有关负责人不及时处理的,安全生产管理人员可以向主管的负有安全生产监督管理职责的部门报告,接到报告的部门应当依法及时处理。

25)生产经营单位应当安排用于配备劳动防护用品、进行安全生产培训的经费。

26)两个以上生产经营单位在同一作业区域内进行生产经营活动,可能危及对方生产安全的,应当签订安全生产管理协议,明确各自的安全生产管理职责和应当采取的安全措施,并指定专职安全生产管理人员进行安全检查与协调。

27)生产经营单位不得将生产经营项目、场所、设备发包或者出租给不具备安全生产条件或者相应资质的单位或者个人。生产经营项目、场所发包或者出租给其他单位的,生产经营单位应当与承包单位、承租单位签订专门的安全生产管理协议,或者在承包合同、租赁合同中约定各自的安全生产管理职责;生产经营单位对承包单位、承租单位的安全生产工作统一协调、管理,定期进行安全检查,发现安全问题的,应当及时督促整改。

28)生产经营单位发生生产安全事故时,单位的主要负责人应当立即组织抢救,并不得在事故调查处理期间擅离职守。

29)生产经营单位必须依法参加工伤保险,为从业人员缴纳保险费。生产经营单位与从业人员订立的劳动合同,应当载明有关保障从业人员劳动安全、防止职业危害的事项,以及依法为从业人员办理工伤保险的事项。生产经营单位不得以任何形式与从业人员订立协议,免除或者减轻其对从业人员因生产安全事故伤亡依法应承担的责任。

30)生产经营单位的从业人员有权了解其作业场所和工作岗位存在的危险因素、防范措施及事故应急措施,有权对本单位的安全生产工作提出建议。

31)从业人员有权对本单位安全生产工作中存在的问题提出批评、检举、控告;有权拒绝违章指挥和强令冒险作业。生产经营单位不得因从业人员对本单位安全生产工作提出批评、检举、控告或者拒绝违章指挥、强令冒险作业而降低其工资、福利等待遇或者解除与其订立的劳动合同。

32)从业人员发现直接危及人身安全的紧急情况时,有权停止作业或者在采取可能的应急措施后撤离作业场所。生产经营单位不得因从业人员在前款紧急情况下停止作业或者采取紧急撤离措施而降低其工资、福利等待遇或者解除与其订立的劳动合同。

33)因生产安全事故受到损害的从业人员,除依法享有工伤保险外,依照有关民事法律尚有获得赔偿的权利的,有权向本单位提出赔偿要求。

34)从业人员在作业过程中,应当严格遵守本单位的安全生产规章制度和操作规程,服从管理,正确佩戴和使用劳动防护用品。

35)从业人员应当接受安全生产教育和培训,掌握本职工作所需的安全生产知识,提高安全生产技能,增强事故预防和应急处理能力。

36)从业人员发现事故隐患或者其他不安全因素,应当立即向现场安全生产管理人员或者本单位负责人报告;接到报告的人员应当及时予以处理。

37)负有安全生产监督管理职责的部门依照有关法律、法规的规定,对涉及安全生产的事项需要审查批准(包括批准、核准、许可、注册、认证、颁发证照等,下同)或者验收的,必须严格依照有关法律、法规和国家标准或者行业标准规定的安全生产条件和程序进行审查;不符合有关法律、法规和国家标准或者行业标准规定的安全生产条件的,不得批准或者验收通过。对未依法取得批准或者验收合格的单位擅自从事有关活动的,负责行政审批的部门发现或者接到举报后应当立即予以取缔,并依法予以处理。对已经依法取得批准的单位,负责行政审批的部门发现其不再具备安全生产条件的,应当撤销原批准。

38)安全生产监督管理部门和其他负有安全生产监督管理职责的部门依法开展安全生产行政执法工作,对生产经营单位执行有关安全生产的法律、法规和国家标准或者行业标准的情况进行监督检查,行使以下职权:

(1)进入生产经营单位进行检查,调阅有关资料,向有关单位和人员了解情况。

(2)对检查中发现的安全生产违法行为,当场予以纠正或者要求限期改正;对依法应当给予行政处罚的行为,依照本法和其他有关法律、行政法规的规定作出行政处罚决定。

(3)对检查中发现的事故隐患,应当责令立即排除;重大事故隐患排除前或者排除过程中无法保证安全的,应当责令从危险区域内撤出作业人员,责令暂时停产停业或者停止使用相关设施、设备;重大事故隐患排除后,经审查同意,方可恢复生产经营和使用。

(4)对有根据认为不符合保障安全生产的国家标准或者行业标准的设施、设备、器材以及违法生产、储存、使用、经营、运输的危险物品予以查封或者扣押,对违法生产、储存、使用、经营危险物品的作业场所予以查封,并依法作出处理决定。

39)负有安全生产监督管理职责的部门接到事故报告后,应当立即按照国家有关规定上报事故情况。负有安全生产监督管理职责的部门和有关地方人民政府对事故情况不得隐瞒不报、谎报或者迟报。

40)生产经营单位发生生产安全事故,经调查确定为责任事故的,除了应当查明事故单位的责任并依法予以追究外,还应当查明对安全生产的有关事项负有审查批准和监督职责的行政部门的责任,对有失职、渎职行为的,依照41)的规定追究法律责任。

41)负有安全生产监督管理职责的部门的工作人员,有下列行为之一的,给予降级或者撤职的处分;构成犯罪的,依照刑法有关规定追究刑事责任:

(1)对不符合法定安全生产条件的涉及安全生产的事项予以批准或者验收通过的。

(2)发现未依法取得批准、验收的单位擅自从事有关活动或者接到举报后不予取缔或者不依法予以处理的。

(3)对已经依法取得批准的单位不履行监督管理职责,发现其不再具备安全生产条件而不撤销原批准或者发现安全生产违法行为不予查处的。

(4)在监督检查中发现重大事故隐患,不依法及时处理的。

负有安全生产监督管理职责的部门的工作人员有前款规定以外的滥用职权、玩忽职守、徇私舞弊行为的,依法给予处分;构成犯罪的,依照刑法有关规定追究刑事责任。

42)有关地方人民政府、负有安全生产监督管理职责的部门,对生产安全事故隐瞒不报、谎报或者迟报的,对直接负责的主管人员和其他直接责任人员依法给予处分;构成犯罪的,依照刑法有关规定追究刑事责任。

第二节 《建设工程安全生产管理条例》规定参建各方的安全责任

一、建设单位安全责任

1）建设单位应当向施工单位提供施工现场及毗邻区域内供水、排水、供电、供气、供热、通信、广播电视等地下管线资料，气象和水文观测资料，相邻建筑物和构筑物、地下工程的有关资料，并保证资料的真实、准确、完整。建设单位因建设工程需要，向有关部门或者单位查询前款规定的资料时，有关部门或者单位应当及时提供。

2）建设单位不得对勘察、设计、施工、工程监理等单位提出不符合建设工程安全生产法律、法规和强制性标准规定的要求，不得压缩合同约定的工期。

3）建设单位在编制工程概算时，应当确定建设工程安全作业环境及安全施工措施所需费用。

4）建设单位不得明示或者暗示施工单位购买、租赁、使用不符合安全施工要求的安全防护用具、机械设备、施工机具及配件、消防设施和器材。

5）建设单位在申请领取施工许可证时，应当提供建设工程有关安全施工措施的资料。依法批准开工报告的建设工程，建设单位应当自开工报告批准之日起 15 日内，将保证安全施工的措施报送建设工程所在地的县级以上地方人民政府建设行政主管部门或者其他有关部门备案。

6）建设单位应当将拆除工程发包给具有相应资质等级的施工单位。建设单位应当在拆除工程施工 15 日前，将下列资料报送建设工程所在地的县级以上地方人民政府建设行政主管部门或者其他有关部门备案：

（1）施工单位资质等级证明；
（2）拟拆除建筑物、构筑物及可能危及毗邻建筑的说明；
（3）拆除施工组织方案；
（4）堆放、清除废弃物的措施。

实施爆破作业的，应当遵守国家有关民用爆炸物品管理的规定。

二、施工单位安全责任

1）施工单位从事建设工程的新建、扩建、改建和拆除等活动，应当具备国家规定的注册资本、专业技术人员、技术装备和安全生产等条件，依法取得相应等级的资质证书，并在其资质等级许可的范围内承揽工程。

2）施工单位主要负责人依法对本单位的安全生产工作全面负责。施工单位应当建立、健全安全生产责任制度和安全生产教育培训制度，制定安全生产规章制度和操作规程，保证本单位安全生产条件所需资金的投入，对所承担的建设工程进行定期和专项安全检查，并做好安全检查记录。施工单位的项目负责人应当由取得相应执业资格的人员担任，对建设工程项目的安全施工负责,落实安全生产责任制度、安全生产规章制度和操作规程,确保安全生产费用的有效使用,并根据工程的特点组织制定安全施工措施,消除安全事故隐患,及时、如实报告生产安全事故。

3）施工单位对列入建设工程概算的安全作业环境及安全施工措施所需费用,应当用于施工安全防护用具及设施的采购和更新、安全施工措施的落实、安全生产条件的改善,不得挪作他用。

4）施工单位应当设立安全生产管理机构,配备专职安全生产管理人员。专职安全生产管理人员负责对安全生产进行现场监督检查。发现安全事故隐患,应当及时向项目负责人和安全生产管理机构报告;对违章指挥、违章操作的,应当立即制止。专职安全生产管理人员的配备办法由国务院建设行政主管部门会同国务院其他有关部门制定。

5）建设工程实行施工总承包的,由总承包单位对施工现场的安全生产负总责。总承包单位应当自行完成建设工程主体结构的施工。总承包单位依法将建设工程分包给其他单位的,分包合同中应当明确各自的安全生产方面的权利、义务。总承包单位和分包单位对分包工程的安全生产承担连带责任。分包单位应当服从总承包单位的安全生产管理,分包单位不服从管理导致生产安全事故的,由分包单位承担主要责任。

6）垂直运输机械作业人员、安装拆卸工、爆破作业人员、起重信号工、登高架设作业人员等特种作业人员,必须按照国家有关规定经过专门的安全作业培训,并取得特种作业操作资格证书后,方可上岗作业。

7）施工单位应当在施工组织设计中编制安全技术措施和施工现场临时用电方案,对下列达到一定规模的危险性较大的分部分项工程编制专项施工方案,并附具安全验算结果,经施工单位技术负责人、总监理工程师签字后实施,由专职安全生产管理人员进行现场监督:

(1)基坑支护与降水工程;

(2)土方开挖工程;

(3)模板工程;

(4)起重吊装工程;

(5)脚手架工程;

(6)拆除、爆破工程;

(7)国务院建设行政主管部门或者其他有关部门规定的其他危险性较大的工程。

对前款所列工程中涉及深基坑、地下暗挖工程、高大模板工程的专项施工方案,施工单位还应当组织专家进行论证、审查。

本条(1)规定的达到一定规模的危险性较大工程的标准,由国务院建设行政主管部门会同国务院其他有关部门制定。

8）建设工程施工前,施工单位负责项目管理的技术人员应当对有关安全施工的技术要求向施工作业班组、作业人员作出详细说明,并由双方签字确认。

9）施工单位应当在施工现场入口处、施工起重机械、临时用电设施、脚手架、出入通道口、楼梯口、电梯井口、孔洞口、桥梁口、隧道口、基坑边沿、爆破物及有害危险气体和液体存放处等危险部位,设置明显的安全警示标志。安全警示标志必须符合国家标准。施工单位应当根据不同施工阶段和周围环境及季节、气候的变化,在施工现场采取相应的安全施工措施。施工现场暂时停止施工的,施工单位应当做好现场防护,所需费用由责任方承担,或者按照合同约定执行。

10)施工单位应当将施工现场的办公、生活区与作业区分开设置,并保持安全距离;办公、生活区的选址应当符合安全性要求。职工的膳食、饮水、休息场所等应当符合卫生标准。施工单位不得在尚未竣工的建筑物内设置员工集体宿舍。施工现场临时搭建的建筑物应当符合安全使用要求。施工现场使用的装配式活动房屋应当具有产品合格证。

11)施工单位对因建设工程施工可能造成损害的毗邻建筑物、构筑物和地下管线等,应当采取专项防护措施。施工单位应当遵守有关环境保护法律、法规的规定,在施工现场采取措施,防止或者减少粉尘、废气、废水、固体废物、噪声、振动和施工照明对人和环境的危害和污染。在城市市区内的建设工程,施工单位应当对施工现场实行封闭围挡。

12)施工单位应当在施工现场建立消防安全责任制度,确定消防安全责任人,制定用火、用电、使用易燃易爆材料等各项消防安全管理制度和操作规程,设置消防通道、消防水源,配备消防设施和灭火器材,并在施工现场入口处设置明显标志。

13)施工单位应当向作业人员提供安全防护用具和安全防护服装,并书面告知危险岗位的操作规程和违章操作的危害。作业人员有权对施工现场的作业条件、作业程序和作业方式中存在的安全问题提出批评、检举和控告,有权拒绝违章指挥和强令冒险作业。在施工中发生危及人身安全的紧急情况时,作业人员有权立即停止作业或者在采取必要的应急措施后撤离危险区域。

14)作业人员应当遵守安全施工的强制性标准、规章制度和操作规程,正确使用安全防护用具、机械设备等。

15)施工单位采购、租赁的安全防护用具、机械设备、施工机具及配件,应当具有生产(制造)许可证、产品合格证,并在进入施工现场前进行查验。施工现场的安全防护用具、机械设备、施工机具及配件必须由专人管理,定期进行检查、维修和保养,建立相应的资料档案,并按照国家有关规定及时报废。

16)施工单位在使用施工起重机械和整体提升脚手架、模板等自升式架设设施前,应当组织有关单位进行验收,也可以委托具有相应资质的检验检测机构进行验收;使用承租的机械设备和施工机具及配件的,由施工总承包单位、分包单位、出租单位和安装单位共同进行验收。验收合格的方可使用。《特种设备安全监察条例》规定的施工起重机械,在验收前应当经有相应资质的检验检测机构监督检验合格。施工单位应当自施工起重机械和整体提升脚手架、模板等自升式架设设施验收合格之日起30日内,向建设行政主管部门或者其他有关部门登记。登记标志应当置于或者附着于该设备的显著位置。

17)施工单位的主要负责人、项目负责人、专职安全生产管理人员应当经建设行政主管部门或者其他有关部门考核合格后方可任职。施工单位应当对管理人员和作业人员每年至少进行一次安全生产教育培训,其教育培训情况记入个人工作档案。安全生产教育培训考核不合格的人员,不得上岗。

18)作业人员进入新的岗位或者新的施工现场前,应当接受安全生产教育培训。未经教育培训或者教育培训考核不合格的人员,不得上岗作业。施工单位在采用新技术、新工艺、新设备、新材料时,应当对作业人员进行相应的安全生产教育培训。

19）施工单位应当为施工现场从事危险作业的人员办理意外伤害保险。意外伤害保险费由施工单位支付。实行施工总承包的，由总承包单位支付意外伤害保险费。意外伤害保险期限自建设工程开工之日起至竣工验收合格止。

三、勘察、设计、工程监理及其他有关单位安全责任

1）勘察单位应当按照法律、法规和工程建设强制性标准进行勘察，提供的勘察文件应当真实、准确，满足建设工程安全生产的需要。勘察单位在勘察作业时，应当严格执行操作规程，采取措施保证各类管线、设施和周边建筑物、构筑物的安全。

2）设计单位应当按照法律、法规和工程建设强制性标准进行设计，防止因设计不合理导致生产安全事故的发生。设计单位应当考虑施工安全操作和防护的需要，对涉及施工安全的重点部位和环节在设计文件中注明，并对防范生产安全事故提出指导意见。采用新结构、新材料、新工艺的建设工程和特殊结构的建设工程，设计单位应当在设计中提出保障施工作业人员安全和预防生产安全事故的措施建议。设计单位和注册建筑师等注册执业人员应当对其设计负责。

3）工程监理单位应当审查施工组织设计中的安全技术措施或者专项施工方案是否符合工程建设强制性标准。工程监理单位在实施监理过程中，发现存在安全事故隐患的，应当要求施工单位整改；情况严重的，应当要求施工单位暂时停止施工，并及时报告建设单位。施工单位拒不整改或者不停止施工的，工程监理单位应当及时向有关主管部门报告。工程监理单位和监理工程师应当按照法律、法规和工程建设强制性标准实施监理，并对建设工程安全生产承担监理责任。

4）为建设工程提供机械设备和配件的单位，应当按照安全施工的要求配备齐全有效的保险、限位等安全设施和装置。

5）出租的机械设备和施工机具及配件，应当具有生产（制造）许可证、产品合格证。

出租单位应当对出租的机械设备和施工机具及配件的安全性能进行检测，在签订租赁协议时，应当出具检测合格证明。禁止出租检测不合格的机械设备和施工机具及配件。

6）在施工现场安装、拆卸施工起重机械和整体提升脚手架、模板等自升式架设设施，必须由具有相应资质的单位承担。安装、拆卸施工起重机械和整体提升脚手架、模板等自升式架设设施，应当编制拆装方案、制定安全施工措施，并由专业技术人员现场监督。施工起重机械和整体提升脚手架、模板等自升式架设设施安装完毕后，安装单位应当自检，出具自检合格证明，并向施工单位进行安全使用说明，办理验收手续并签字。

7）施工起重机械和整体提升脚手架、模板等自升式架设设施的使用达到国家规定的检验检测期限的，必须经具有专业资质的检验检测机构检测。经检测不合格的，不得继续使用。

8）检验检测机构对检测合格的施工起重机械和整体提升脚手架、模板等自升式架设设施，应当出具安全合格证明文件，并对检测结果负责。

第三节　监理单位应建立的安全管理制度

监理单位安全生产管理制度是安全生产工作的行为准则，制度应明确监理单位安全生产

各阶段的内容、程序与职责分工等。监理单位安全生产管理制度包括项目管理制度和监理内部制度两类。

1）安全生产会议制度。会议分领导小组会议、安全生产例会和安全生产专题会等形式，会议制度应包括制度适用范围、职责和工作程序，重点明确会议频次、参会人员、讨论议题、会议签到、会议记录和纪要等。

2）专项施工方案审查制度。制度应明确制度的适用范围、审查程序、内容、职工分工，督促落实等内容。

3）安全生产检查评价制度。制度应明确检查的目的、要求、依据、标准、形式、内容、分工职责、频次、整改以及对检查效果的评价等内容。

4）安全事故隐患督促整改制度。制度应明确安全事故隐患分级管理，督促整改的职责分工与管理流程、指令格式，整改验收方式等内容。

5）特种设备复核制度。制度应明确施工单位特种设备进场报验流程和资料清单，复核的内容、程序和工作职责等内容。

6）安全生产专项费用审查制度。制度应明确项目安全生产专项费用使用范围，报验的时间节点、费用的审批流程、方式、会议科目及票据等内容。

7）"平安工地"考核评价制度。制度应明确项目安全生产条件审查、施工过程"平安工地"创建内容、实施步骤、职责分工和考核评价标准、评价周期、考核结果运用等内容。

8）安全生产应急管理制度。制度应明确预案编制、审核的程序要求，预案构成的主要要素、应急处置组织、应急演练培训、方案评审改进等内容。

9）生产安全事故报告制度。制度应明确事故报告的职责、内容、报送流程、时限等。

10）安全生产责任及考核制度（监理内部制度）。制度应明确各层之间安全生产责任书内容、签订频次、履行情况的考核、奖惩等内容。

11）安全生产教育培训制度（监理内部制度）。制度应明确监理单位内部的培训对象、内容、学时、频次和考核等内容。

第四节　施工单位应建立的安全生产管理体系和相关管理制度的监理审查要点

项目监理机构应根据法律法规、工程建设强制性标准履行建设工程安全生产管理的监理职责，并将安全生产管理的监理工作内容、方法和措施纳入监理规划及监理细则。工程开工前，项目监理机构应检查施工单位的现场安全生产管理体系，并由总监理工程师签署检查意见。同时，还要对分包单位安全生产管理体系进行审查，并检查施工单位和分包单位之间的施工安全生产协议书，检查施工单位对分包单位的安全管理情况。

项目监理应审查施工单位安全生产规章制度的建立和实施情况，并审查施工单位安全生产许可证及施工单位项目经理、专职安全生产管理人员和特种作业人员的资格，同时应核查施工机械和设施的安全许可验收手续。监理单位应当对施工组织设计和专项施工方案中的安全技术措施进行审查。

一、对施工单位安全生产管理体系审查内容

1)安全生产许可证,施工单位的主要负责人、项目负责人、专职安全生产管理人员证书和专职安全生产管理人员配备数量。
2)特种作业人员资格证书。
3)项目施工安全生产管理机构。
4)安全生产责任制度和安全生产教育培训制度及安全生产技术交底制度。
5)安全生产规章制度和操作规程。
6)施工现场消防安全责任制度。
7)安全技术措施和施工现场临时用电方案,危险性较大的工程专项施工方案。
8)施工起重机械和整体提升式脚手架、滑模爬模、架桥机等自行式架设设施的验收登记。
9)安全防护设施、安全防护用具和服装。
10)意外伤害保险。
11)生产安全事故应急预案。
12)其他。

二、对施工单位安全生产管理制度审查内容

施工单位安全生产管理制度是安全生产的行为准则,制度应明确施工单位安全生产各阶段管理的内容、程序与职责分工等,各项制度一般以汇编形式印发。

1)安全生产会议制度。会议分领导小组会议、安全例会和安全生产专题会议等形式,会议制度应包括制度适用范围、职责和工作程序,重点明确会议频次、参会人员、讨论议题、会议签到、会议记录和纪要等。
2)安全生产责任制及考核制度。制度应明确施工单位项目部各层级之间、与分包单位之间所签订的安全生产责任书(或安全合同)的内容、签订频次、履行情况的考核、奖惩等内容。
3)安全生产专项费用使用制度。制度应明确安全生产专项费用适用范围,费用年度计划、费用支取申报程序与阶段,会计科目及票据,形成的固定资产管理等内容。
4)安全生产检查评价制度。制度应明确检查的目的、要求、依据、标准、形式、内容、分工职责、频次、整改以及对检查效果的评价、奖惩等内容。
5)"平安工地"考核评价制度。制度应明确项目安全生产条件审查、施工过程"平安工地"创建内容、实施步骤、职工分工和考核评价标准、评价周期、考核结果运用等内容。
6)安全事故隐患排查治理制度。制度应明确工程项目安全事故隐患分级管理、一般事故隐患排查方式、治理措施和职责分工,重大事故隐患治理方案、时限、措施、资金和责任人等内容。
7)安全生产教育培训制度。制度应明确施工从业人员岗位培训内容、学时、频次和考核等内容。培训对象应包括施工项目管理、技术、特种作业、一般作业人员和分包单位等,培训内容应包括安全意识、安全知识和安全技能等。
8)施工安全技术交底制度。制度应明确分级、分专业、分岗位交底的程序、内容等。

9)施工安全风险评估制度。制度应明确施工现场危险作业环境和重大风险源辨识、分析、估测和评估结论审核等管理程序、职责分工,重大风险源预警预控和书面告知等内容。

10)专项施工方案编制和审核制度。制度应明确适用范围、编制依据、编制原则、主要内容、安全保障措施、内部审核程序与责任分工、实施管理等内容。

11)安全生产应急管理制度。制度应明确预案编制、审核的程序要求,预案构成的主要要素、应急处置组织、应急演练培训、方案评审改进等内容。

12)生产安全事故报告制度。制度应明确事故报告的职责、内容、报送流程、时限等。

13)施工设备安全管理制度。制度应明确施工设备的管理职责、登记要求、保养维修以及使用责任人资格等内容。

14)劳动防护用品配备和管理制度。制度应明确安全防护用品的采购、验收、发放登记、使用等。

15)施工现场消防安全责任制度。制度应明确施工现场消防安全责任分工、责任区域划分、器材配备台账、检查维护记录,消防器材管理等内容。

16)危险品安全管理制度。制度应明确施工现场用火、用电、使用危险品等的消防安全管理程序、要求和责任分工,作业人员资格要求、危险品管理台账记录等内容。

17)分包单位安全管理考评制度。制度应明确施工分包单位的管理职责、考评方式与时间、评价与结果应用等内容。

18)特种作业人员管理制度。制度应明确特种作业人员的进场考核、岗位培训、继续教育、人员登记台账等内容。

19)安全生产奖罚制度。制度应明确安全生产奖励、处罚的条件和方式,以及结果的应用等内容。

20)施工单位项目部主要负责人带班制度。制度应明确项目主要负责人带班生产、检查的工作计划、内容与时间要求、管理程序与内业资料等内容。

21)施工作业操作规程。制度应明确施工各工序、工种的具体操作内容,规程流转管理等内容。

22)其他法律法规和行业内规章制度。

第五节 安全生产双控体系建设

一、安全生产双控体系概念

风险分级管控和隐患排查治理双重预防体系,简称为"双控体系"。

安全生产风险是指生产安全事故或健康损害事件发生的可能性和严重性的组合。可能性是指事故(事件)发生的概率。严重性是指事故(事件)一旦发生后,将造成的人员伤害和经济损失的严重程度。风险 = 可能性 × 严重性。

安全生产事故隐患是指生产经营单位违反安全生产法律、法规、规章、标准、规范、规程和安全生产管理制度的规定,或者因其他因素在生产经营活动中存在可能导致事故发生的物的危险状态、人的不安全行为和管理上的缺陷。

二、安全生产风险分级管控

（一）公路水路行业安全生产风险概述

从事公路水路行业生产经营活动的企事业单位（生产经营单位）是安全生产风险管理的实施主体，应依法依规建立、健全安全生产风险管理工作制度，开展本单位管理范围内的风险辨识、评估等工作，落实重大风险登记、重大危险源报备和控制责任，防范和减少安全生产事故。

风险按业务领域分为道路运输风险、水路运输风险、港口营运风险、交通工程建设风险、交通设施养护工程风险和其他风险六个类型。每个类型可按照业务属性分为若干类别。

（二）安全生产风险等级划分

风险等级按照可能导致安全生产事故的后果和概率，由高到低依次分为重大、较大、一般和较小四个等级。

1）重大风险是指一定条件下易导致特别重大安全生产事故的风险。
2）较大风险是指一定条件下易导致重大安全生产事故的风险。
3）一般风险是指一定条件下易导致较大安全生产事故的风险。
4）较小风险是指一定条件下易导致一般安全生产事故的风险。

以上同时满足两个以上条件的，按最高等级确定风险等级。

（三）安全生产风险管理原则

1）业务融合原则。风险管理应贯穿于交通运输生产经营全过程、各环节，并与业务管理有机融合。从业人员应树立安全生产风险管理理念，并执行风险管理政策、制度、管理程序和要求。

2）系统化原则。风险管理工作应针对相互独立的作业单元，按照人、设施设备、环境、管理四要素，系统化开展致险因素分析，各类致险因素相互影响，共同触发风险事件的发生。

3）动态管理原则。公路水路交通运输行业安全生产风险管理需求随业务范围、生产区域、管理单元、作业环节、流程工艺等的变化而动态变化，风险管理辨识、评估、管控工作应相应动态调整。

（四）风险辨识

1）确定辨识范围。公路水路交通运输行业生产经营单位，应根据业务经营范围，综合考虑不同业务范围风险事件发生的独立性，以及历史风险事件发生情况，研究确定一个或以上风险辨识范围。

2）划分作业单元。公路水路交通运输行业生产经营单位，应按照风险管理需求"独立性"原则，根据业务范围、生产区域、管理单元、作业环节、流程工艺等进行作业单元划分，并建立作业单元清单。

3）确定风险事件。针对不同作业单元，结合日常安全生产管理实际，综合考虑历史风险事件发生情况，研究确定各作业单元可能发生的风险事件。风险事件分析表详见《公路水路行业安全生产风险辨识评估管控基本规范(试行)》附表1。

4)分析致险因素。针对不同作业单元,按照人、设施设备(含货物或物料)、环境、管理四要素进行主要致险因素分析。致险因素分析表详见《公路水路行业安全生产风险辨识评估管控基本规范(试行)》附表2。

5)编制风险辨识手册。针对本单位生产经营活动范围及其生产经营环节,按照相关法规标准和本规范相关要求,编制风险辨识手册,明确风险辨识范围、划分作业单元、确定风险事件、分析致险因素。

(五)风险评估

1. 风险评估指标体系确定

风险等级主要由风险事件发生的可能性(L)、后果严重程度(C)决定。

1)指标体系分级标准。

可能性指标分级标准。可能性统一划分为五个级别,分别是:极高、高、中等、低、极低。可能性判断标准表详见《公路水路行业安全生产风险辨识评估管控基本规范(试行)》附表3。

后果严重程度分级标准。后果严重程度统一划分为四个级别,特别严重、严重、较严重、不严重。后果严重程度判断标准表详见《公路水路行业安全生产风险辨识评估管控基本规范(试行)》附表4,后果严重程度等级取值表详见《公路水路行业安全生产风险辨识评估管控基本规范(试行)》附表5。

2)指标体系确定方法。

可能性指标确定方法。针对不同作业单元,搜集生产经营单位近年来突发事件发生情况频次数据,并根据最新辨识到的主要致险因素,结合行业实践经验,进行风险事件发生可能性评价,并通过可能性判断标准,进行突发事件发生可能性评分。

后果严重程度指标确定方法。针对不同作业单元,分析风险事件发生后,可能造成的最大人员伤亡、经济损失、环境污染、社会影响,综合参考历史上类似事件后果损失,根据后果严重程度判断标准,进行后果严重程度指标评分。

2. 风险等级评估标准

公路水路交通运输行业安全生产风险等级(D)由高到低统一划分为四级:重大、较大、一般、较小。风险等级大小(D)由风险事件发生的可能性(L)、后果严重程度(C)两个指标决定,$D = L \cdot C$。风险等级取值区间表详见《公路水路行业安全生产风险辨识评估管控基本规范(试行)》附表6。

3. 整体风险评估标准

根据宏观管理需要,结合历史风险管理经验,进行区域(领域)范围不同等级风险数量阈值设置。当区域(领域)范围内某一等级的风险数量处于阈值范围内,则认为区域(领域)整体风险等级达到一定级别。当整体风险处于"重大风险"时,应根据"风险管控"要求,积极加强风险管控。

4. 风险等级的调整与变更

风险管理对象初评为"重大风险"后,针对不可接受风险,生产经营单位应针对主要致险因素(人、设施设备、环境、管理),及时通过人、财、物、技术等方面的投入,降低风险等级,经重新评估后可变更风险等级。针对因主、客观因素,不可降低的"重大风险",应积极加强风险管控。生产经营单位发现新的致险因素出现,或已有主要致险因素发生变化,导致发生风险事件可能性,或后果严重程度显著变化时,应及时开展风险再评估,并变更风险等级。

(六) 风险管控

1. 一般要求

生产经营单位应根据不同作业单元的风险等级,明确风险管控责任、制定相关制度、实施风险管控,将安全生产风险控制在可接受范围之内,防范安全生产事故发生。

2. 管控责任

(1)生产经营单位应严格落实风险管控主体责任,结合生产经营业务风险管控需求,以及机构设置情况,按照"分级管理"原则,明确不同等级风险管控责任分工,并细化岗位责任。

(2)生产经营单位的主要负责人对本单位的风险管控工作全面负责,主要职责包括:组织建立健全风险管控规章制度,组织制定安全生产风险管控教育和培训计划,保证风险管控经费投入,开展安全生产风险管控督促检查,并定期开展"重大风险"管控措施落实情况监督检查,组织制订风险事件应急预案或措施,及时、如实上报安全生产风险事件。

(3)生产经营单位的安全管理部门对本单位的风险管控工作具体负责,主要职责包括:建立健全风险管控规章制度,制订安全生产风险管控教育和培训计划并组织实施,制订风险管控经费使用计划并监督实施,执行风险管控监督检查,监督落实"重大风险"管控措施,制订风险事件应急预案或措施并监督实施,及时、如实上报安全生产风险事件,定期开展风险管控工作总结和改进建议。

(4)生产经营单位的业务管理部门对本单位的风险管控具体负责,职责包括:落实风险管控规章制度,制订并落实风险管控措施,及时、如实上报安全生产风险事件,参加安全生产风险管控教育和培训,定期或不定期向安全管理部门进行风险管控工作汇报和改进建议。

(5)生产经营单位的基层管理单位实施具体风险管控,职责包括:落实风险管控规章制度,开展风险监测预警、警示告知、风险降低等风险管控工作,开展风险事件发生后的应急处置工作,参加安全生产风险管控教育和培训,定期或不定期向业务管理部门进行工作汇报和改进建议。

(6)生产经营单位委托第三方机构开展风险管控技术服务的,风险管控责任仍由生产经营单位承担。

3. 管控制度

生产经营单位应制定本单位的各项风险管控制度,包括:风险监控预警、风险警示告知、风险降低、教育培训、档案管理、风险控制等工作制度。

4. 管控措施

1) 监测预警。

生产经营单位应落实风险监测预警工作制度,根据不同的监控对象、监控重点、监控内容、监控要求,采取科学高效的方式,切实加强监测预警工作。

生产经营单位存在重大风险的,应制订专项动态监测计划,定期更新监测数据或状态,每月不少于1次,并单独建档。

重大风险进入预警状态的,应依据有关要求采取措施全面立即响应,并将预警信息同步报送属地负有安全生产监督管理职责的管理部门。其他等级风险监测、预警等应严格执行生产经营单位分级管理制度。

2）警示告知。

生产经营单位应落实风险警示告知工作制度,将风险基本情况、应急措施等信息通过安全手册、公告提醒、标识牌、讲解宣传、网络信息等方式告知本单位从业人员和进入风险工作区域的外来人员,指导、督促做好安全防范。

在主要风险场所设置安全警示标识,标明警示内容,并将主要风险类型、位置、风险危害、影响范围、致险因素、可能发生的风险事件及后果、安全防范与应急措施告知直接影响范围内的相关部门和人员。

生产经营单位存在重大风险,应当将重大风险的名称、位置、危险特性、影响范围、可能发生的安全生产事故及后果、管控措施和安全防范与应急措施告知直接影响范围内的相关单位或人员。应在风险影响的场所(区域、设备)入口处,给出明显的警示标识,并以文字或图像等方式,给出进入重大风险区域注意事项提示。

3）风险降低。

生产经营单位应落实风险降低工作制度,根据本单位的风险辨识、评估结果,针对人、设施设备、环境、管理等致险因素,采取有效的风险降低措施,降低风险等级。

生产经营单位存在重大风险的,应根据主要致险因素的可控性,积极制定风险降低工作制度,并建立重大风险降低专项资金,满足生产经营单位针对重大风险的管控需求。其他等级风险降低工作应严格执行生产经营单位分级管理制度。

4）应急处置。

生产经营单位应加强风险事件应急处置体系建设,包括:完善应急预案、理顺应急管理机制、组建专兼职应急队伍、储备应急物资和装备、加强应急演练等。

突发事件发生后,应依据《中华人民共和国突发事件应对法》,按照"分级负责、属地管理"的原则,严格执行行业、生产经营单位制定的相关应急预案、应急协调联动机制,接受地方政府、行业管理部门的统一应急指挥决策、应急协调联动、应急信息发布,并积极开展突发事件现场的应急处置工作。

重大风险应单独编制专项应急措施,定期开展重大风险应急处置演练。

5）登记备案。

生产经营单位应落实重大风险信息登记备案规定,如实记录风险辨识、评估、监测、管控等工作,并规范管理档案。重大风险应单独建立清单和专项档案。应明确信息登记责任人,严格遵守报备内容、方式、时限、质量等要求,接受相关管理部门监督。

重大风险信息报备主要内容包括:基本信息、管控信息、预警信息和事故信息等。重大风险信息报备方式包括:初次、定期和动态三种方式。具体的信息报备内容、方式、时限、质量等要求见《公路水路行业安全生产风险管理暂行办法》。

6）教育培训。

生产经营单位应结合本单位风险管理实际,针对全体员工特别是关键岗位人员,加强风险管理教育培训,明确教育培训内容、对象、时间安排等。

7) 档案管理。

生产经营单位应落实档案管理制度,规范档案管理,如实记录风险辨识、评估、管控,以及教育培训、登记备案等工作痕迹和信息,遵守行业管理部门相关信息报备要求,重大风险应单独建档。

三、安全生产事故隐患治理

(一) 安全生产事故隐患治理概述

1) 生产经营单位是隐患治理的责任主体,生产经营单位主要负责人对本单位隐患治理工作全面负责,应当部署、督促、检查本单位或本单位职责范围内的隐患治理工作,及时消除隐患。

2) 交通运输部指导全国公路水路行业安全生产隐患治理管理工作。地方交通运输管理部门和有关部属单位指导管辖范围内安全生产隐患治理管理工作。属地负有安全生产监督管理职责的交通运输管理部门具体负责管辖范围内生产经营单位安全生产隐患治理的监督,督促生产经营单位落实重大隐患治理和报备。

3) 隐患治理工作应坚持"单位负责、行业监管、分级管理、社会监督"的原则。

(二) 安全生产事故隐患

1) 隐患按业务领域分为道路运输隐患、水路运输隐患、港口营运隐患、交通工程建设隐患、交通设施养护工程隐患和其他隐患六个类型。每个类型可按照业务属性分为若干类别。

2) 隐患分为重大隐患和一般隐患两个等级。重大隐患是指极易导致重特大安全生产事故,且整改难度较大,需要全部或者局部停产停业,并经过一定时间整改治理方能消除的隐患,或者因外部因素影响致使生产经营单位自身难以消除的隐患。一般隐患是指除重大隐患外,可能导致安全生产事故发生的隐患。

(三) 隐患排查与整改

1) 生产经营单位应当建立健全隐患排查、告知(预警)、整改、评估验收、报备、奖惩考核、建档等制度,逐级明确隐患治理责任,落实到具体岗位和人员。

2) 生产经营单位应当保障隐患治理投入,做到责任、措施、资金、时限、预案"五到位"。

3) 生产经营单位应当建立隐患日常排查、定期排查和专项排查工作机制,明确隐患排查的责任部门和人员、排查范围、程序、频次、统计分析、效果评价和评估改进等要求,及时发现并消除隐患。

4) 隐患日常排查是生产经营单位结合日常工作组织开展的经常性隐患排查,排查范围应覆盖日常生产作业环节,日常排查每周应不少于1次。

5) 隐患专项排查是生产经营单位在一定范围、领域组织开展的针对特定隐患的排查,一般包括:

(1) 根据政府及有关管理部门安全工作专项部署,开展针对性的隐患排查;

(2) 根据季节性、规律性安全生产条件变化,开展针对性的隐患排查;

(3)根据新工艺、新材料、新技术、新设备投入使用对安全生产条件形成的变化,开展针对性的隐患排查;

(4)根据安全生产事故情况,开展针对性的隐患排查。

6)从业人员发现隐患,应当立即向现场安全生产管理人员或者本单位负责人报告;接到报告的人员应当及时予以处理。

7)生产经营单位对发现或排查出的隐患,应当按照隐患分级判定指南,确定隐患等级,形成隐患清单。

8)生产经营单位应对排查出的隐患立即组织整改,隐患整改情况应当依法如实记录,并向从业人员通报。

9)一般隐患整改完成后,应由生产经营单位组织验收,出具整改验收结论,并由验收主要负责人签字确认。

10)重大隐患整改应制定专项方案,包括以下内容:

(1)整改的目标和任务;

(2)整改技术方案和整改期的安全保障措施;

(3)经费和物资保障措施;

(4)整改责任部门和人员;

(5)整改时限及节点要求;

(6)应急处置措施;

(7)跟踪督办及验收部门和人员。

11)重大隐患整改完成后,生产经营单位应委托第三方服务机构或成立隐患整改验收组进行专项验收。生产经营单位成立的隐患整改验收组成员应包括生产经营单位负责人、安全管理部门负责人、相关业务部门负责人和2名以上相关专业领域具有一定从业经历的专业技术人员。整改验收应根据隐患暴露出的问题全面评估,出具整改验收结论,并由组长签字确认。

12)重大隐患整改验收通过的,生产经营单位应将验收结论向属地负有安全生产监督管理职责的交通运输管理部门报备,并申请销号。报备申请材料包括:

(1)重大隐患基本情况及整改方案;

(2)重大隐患整改过程;

(3)验收机构或验收组基本情况;

(4)验收报告及结论;

(5)下一步改进措施。

13)重大隐患整改验收完成后,生产经营单位应对隐患形成原因及整改工作进行分析评估,及时完善相关制度和措施,依据有关规定和制度对相关责任人进行处理,并开展有针对性的培训教育。

(四)重大隐患报备

1)生产经营单位应按照"及时报备、动态更新、真实准确"的原则,通过公路水路行业安全生产隐患治理信息系统向属地负有安全生产监督管理职责的管理部门及时报备重大隐患信息,负有直接监督管理责任的交通运输管理部门应审查报备信息的完整性。

2)重大隐患报备信息应包括以下内容:

(1)隐患名称、类型类别、所属生产经营单位及所在行政区划、属地负有安全生产监督管理职责的管理部门。

(2)隐患现状描述及产生原因。

(3)可能导致发生的安全生产事故及后果。

(4)整改方案或已经采取的治理措施,治理效果和可能存在的遗留问题。

(5)隐患整改验收情况、责任人处理结果。

(6)整改期间发生安全生产事故的,还应报送事故及处理结果等信息。

上述第(4)(5)(6)款信息在相关工作完成后报备。

3)重大隐患报备包括首次报备、定期报备和不定期报备三种方式。

(1)首次报备:应在重大隐患确定后进行报备。

(2)定期报备:报送重大隐患整改的进展情况。

(3)不定期报备:当重大隐患状态发生新的重大变化时,应及时报备相关情况。

4)生产经营单位的安全生产管理人员在检查中发现重大隐患,应向本单位有关负责人报告,有关负责人不及时处理的,安全生产管理人员应向属地负有安全生产监督管理职责的交通运输管理部门报告。

5)重大隐患首次报备应在重大隐患确定后5个工作日内报备,定期报备应在每季度结束后次月前10个工作日内报备,不定期报备应在重大隐患状态发生重大变化后5个工作日内进行报备。

6)生产经营单位应建立重大隐患专项档案,并规范管理。

(五)隐患治理督查督办

1)属地负有安全生产监督管理职责的交通运输管理部门对生产经营单位隐患治理工作督促检查的主要内容应当包括:

(1)贯彻落实管理部门关于隐患治理工作部署和要求的情况;

(2)隐患治理责任体系、岗位制度、工作程序、档案台账等建立、执行情况;

(3)重大隐患报备及统计分析情况;

(4)隐患整改措施落实情况;

(5)隐患告知和警示教育、责任追究情况。

2)交通运输管理部门对安全生产检查中发现的隐患,应及时告知被检查单位,并督促按照有关要求整改。

3)交通运输管理部门依法履行安全生产督促检查职责时,生产经营单位应当积极配合,不得拒绝和阻挠。

4)属地负有安全生产监督管理职责的交通运输管理部门对督促检查、社会举报核实发现的未按要求有效开展隐患排查或整改的生产经营单位,应当下达督促整改通知书,明确存在问题和整改要求,责令限期整改。

5)属地负有安全生产监督管理职责的交通运输管理部门应当按照管辖权限,对管辖范围内发现存在重大隐患的生产经营单位实行挂牌督办。上级交通运输管理部门发现的重大隐患,应当对下一级交通运输管理部门挂牌督办,要求属地负有安全生产监督管理职责的交通运输管理部门督促生产经营单位按要求进行整改。

6)属地负有安全生产监督管理职责的交通运输管理部门在接到生产经营单位重大隐患销号申请后,应在 5 个工作日内对验收结论及验收程序予以形式确认,并对形式确认通过的予以销号,不通过的应责令继续整改。

第六节 工程安全隐患及处理、工程安全事故等级标准及处理

1)监理单位发现施工存在安全问题或者安全事故隐患时,应及时签发监理通知单,要求施工单位整改,情况严重的,总监理工程师应下达工程暂停令,并及时报告建设单位。

2)根据《生产安全事故报告和调查处理条例》,工程建设安全事故划分为特别重大事故、重大事故、较大事故和一般事故 4 个等级。

(1)特别重大事故是指造成 30 人以上死亡,或者 100 人以上重伤,或者 1 亿元以上直接经济损失的事故。

(2)重大事故是指造成 10 人以上 30 人以下死亡,或者 50 人以上 100 人以下重伤,或者 5000 万元以上 1 亿元以下直接经济损失的事故。

(3)较大事故是指造成 3 人以上 10 人以下死亡,或者 10 人以上 50 人以下重伤,或者 1000 万元以上 5000 万元以下直接经济损失的事故。

(4)一般事故是指造成 3 人以下死亡,或者 10 人以下重伤,或者 1000 万元以下直接经济损失的事故。其中,事故造成的急性工业中毒的人数,也属于重伤的范围。

3)事故发生后,事故现场有关人员应当立即向本单位负责人报告;单位负责人接到报告后,应当于 1 小时内向事故发生地县级以上人民政府安全生产监督管理部门和负有安全生产监督管理职责的有关部门报告。情况紧急时,事故现场有关人员可以直接向事故发生地县级以上人民政府安全生产监督管理部门和负有安全生产监督管理职责的有关部门报告。

4)发生安全生产事故时,总监理工程师应立即向施工单位下达工程暂停令,并责令施工单位采取措施,积极抢救人员和财产,防止事故扩大;同时向建设单位和有关主管部门报告。监理单位应积极配合有关部门进行安全事故调查和事故原因分析,参与并配合事故处理。

5)有关地方人民政府、安全生产监督管理部门和负有安全生产监督管理职责的有关部门有下列行为之一的,对直接负责的主管人员和其他直接责任人员依法给予处分;构成犯罪的,依法追究刑事责任:

(1)不立即组织事故抢救的。

(2)迟报、漏报、谎报或者瞒报事故的。

(3)阻碍、干涉事故调查工作的。

(4)在事故调查中作伪证或者指使他人作伪证的。

第九章 水运工程安全生产管理目标控制监理工作

【备考要点】
1. 安全监理的依据和目标。
2. 安全技术交底、安全教育培训。
3. 安全事故应急预案体系构成,应急预案审查、演练及效果评估。
4. 安全风险总体风险评估、专项风险评估内容与审核。
5. 危险性较大的分部分项工程专项施工方案的内容和审查。
6. 水运工程施工准备阶段安全监理。
7. 水运工程施工阶段安全监理。
8. 交(竣)工验收阶段和缺陷责任期安全监理工作。
9.《公路水运工程安全生产监督管理办法》主要内容。
10 水运工程平安工地建设监理内容。

第一节 安全监理的依据和目标

一、安全监理的依据

1)建设工程安全生产相关的法律法规、工程建设强制性标准。
2)勘察设计文件。
3)施工组织设计及安全技术措施;其他规范性文件等。
4)建设工程监理合同,建设工程施工承包合同,以及有关的施工安全生产协议文件。
5)建设工程项目文件。除经批准的项目设计文件外,还包括建设工程项目规划许可证、施工许可证、拆除工程备案资料,以及建设单位提供的施工现场及毗邻区域供水、排水、供电、供气、供热、通信、广播电视等地下管线资料、气象和水文观测资料、相邻建筑物和构筑物、地下工程的有关资料。

二、安全监理目标

1)公路水运工程施工招标文件及施工合同中应当载明项目安全管理目标、安全生产职责、安全生产条件、安全生产信用情况及专职安全生产管理人员配备的标准等要求。

2)项目监理机构应将安全监理内容纳入监理规划,并应单独编制安全监理实施细则,安全监理实施细则应包括安全监理工作目标。

3)依据施工承包合同约定,按国家现行法律法规、工程建设强制性标准、勘察设计文件、施工组织设计及安全技术措施,检查、监督和指正安全隐患,杜绝安全事故,减少对施工周边环境的影响,与参建各方共同实现施工招标文件及施工合同中载明的项目安全管理目标。

第二节 安全技术交底、安全教育培训

一、安全技术交底

1)施工单位应当建立健全安全生产技术分级交底制度,明确安全技术分级交底的原则、内容、方法及确认手续。工程开工前,单位、分部和分项工程均必须编制"安全技术交底通知书",向参加施工的人员进行安全技术交底,并履行签认手续。

2)施工安全技术交底由施工单位项目技术负责人负责实施,实行逐级安全技术交底制度。横向涵盖项目部内部各职能部门,纵向涵延伸到施工班组全体作业人员,任何人未经安全技术交底不准作业。安全技术交底应涵盖工程概况、施工方法、施工程序、安全技术措施等内容。

3)分部分项工程开工前,施工方案的编制人员应向项目管理人员、分包单位或作业班组负责人进行安全技术交底。

4)危险性较大的分部分项工程施工前,应由专项施工方案编制人会同施工员,将安全技术措施、施工方法、施工工艺、施工中可能出现的风险因素、安全施工注意事项和紧急避险措施等,向参加施工的全体管理人员(包括分包单位现场负责人、安全管理员)、作业人员进行交底。

5)各工种作业安全技术交底采用层级交底制,主要工序和特殊工序由项目技术负责人对主管施工人员进行交底,主管施工员再向施工班组负责人进行技术交底;班组负责人还应对作业人员进行技术交底。一般工序由施工技术员直接向各施工班组进行交底。

6)采用新技术、新工艺、新设备或新材料时,应制定相应的安全操作规程或安全注意事项,并进行安全技术交底。

7)分项工程实施前,施工单位负责项目管理的技术人员应当按规定对有关安全施工的技术要求向施工作业班组负责人和作业人员进行交底。专职安全生产管理人员应参与班组安全技术交底工作,并监督实施。

8)施工班组安全技术交底应突出以下内容:
(1)告知施工过程中的作业危险特点、重大危险源及危害因素。
(2)针对危险点和重大危险源制订具体的预防措施。
(3)作业过程中应注意的安全事项。
(4)特殊工序的操作方法和相应的安全操作规程和标准要求。
(5)发生安全生产事故后应采取的自救方法、紧急避险和紧急救援措施等。

二、安全培训教育

1)工程参建单位应严格执行国家、地方、行业及企业对员工安全教育培训的有关规定,适时组织员工和特种作业人员的教育培训工作,从业人员应按规定持有效的资格证书上岗。未经安全生产教育培训考核或者培训考核不合格的人员,严禁上岗作业。

2)安全教育培训应坚持先培训、后上岗的原则。安全教育培训有"三类人员"培训、特种作业人员培训、进场安全教育、三级安全教育、班前(岗前)安全教育等形式。

3)安全教育培训应贯穿施工全过程,并有计划地分层次、分岗位、分工种实施,所有安全教育要有受教育人的亲笔签名,其教育培训情况记入个人工作档案。

4)"三类人员"必须参加水运工程建设行业安全生产管理人员培训、考核,取得合格证书,并按规定参加继续教育和培训。

5)特种作业人员必须按照国家和行业主管部门的相关规定,接受安全技术培训考核和管理,并取得相应资格证书。

6)新进场人员上岗前,必须经过三级安全教育和培训。

7)施工单位在采用新技术、新工艺、新设备、新材料时,应对作业人员进行相应的安全生产教育培训。

8)作业人员进入新的施工现场或者转入新的岗位前,必须重新接受项目经理部和班组级的安全教育和培训。

第三节 安全事故应急预案体系构成和应急预案审查、演练及效果评估

一、安全事故应急预案体系构成

1)公路水运工程项目应急预案体系一般分为总体预案、专项预案和现场处置方案。

2)总体预案包括项目总体预案和施工合同段总体预案。项目总体预案由建设单位根据项目特点,在对项目进行安全风险评估的基础上制定,项目总体预案由建设单位技术负责人组织编写,报其上级主管单位备案;施工合同段总体预案由施工单位根据施工合同段工程特点和施工组织设计,在对施工工序进行安全风险评估的基础上制定,施工合同段总体预案由施工单位技术负责人组织编写,总监理工程师审批,报建设单位备案。

3)专项预案是指按照地方政府、行业主管部门要求和施工专业特点编制的具有针对性的预案,如汛期编制的防台风预案、防汛预案,森林地区施工时编制的森林防火预案等,一般由施工单位技术负责人组织编写,总监理工程师审批,报建设单位备案。

4)现场应急处置方案是在对项目主要风险源进行详细分析的基础上,针对重大风险源可能引发的生产安全事故,拟定事故处置过程中各级单位和部门详细报告程序、处置流程和应对措施的工作方案。现场应急处置方案由施工单位技术负责人组织编写,总监理工程师审批,报建设单位备案。

5)项目总体预案内容。
(1)编制依据。
(2)指导思想、实施原则和工作目标。
(3)工程总概况、危险性较大分部分项工程内容。
(4)实施预案的应急组织机构与职责。
(5)预案的启动、实施和演练。
(6)与各施工合同段总体预案、专项预案之间的联动方式。

6)施工合同段总体预案内容。
(1)编制依据。
(2)指导思想、实施原则和工作目标。
(3)施工合同段工程概况、危险性较大分部分项工程内容。
(4)危险性较大分部分项工程风险源分析以及具体预防措施。
(5)实施预案的应急组织机构与职责。
(6)预案的启动、实施和演练。
(7)与专项预案之间的联动方式。

7)专项预案内容。
(1)编制依据。
(2)指导思想、实施原则和工作目标。
(3)施工合同段工程概况、危险性较大分部分项工程内容。
(4)危险性较大分部分项工程风险源分析以及具体预防措施。
(5)实施预案的应急组织机构与职责。
(6)预案的启动、实施和演练。
(7)与现场处置方案的联动方式。

8)现场应急处置方案内容。
(1)编制依据。
(2)确定可能发生的安全事故类型。
(3)应急救援原则。
(4)引发事故的重大风险源。
(5)事故报告程序和责任人。
(6)事故现场各项有针对性的应急处置措施及落实要求。
(7)各级别单位接到事故报告后的应急启动和主要措施。
(8)所有单位的应急过程所遵循的指挥与配合原则。

二、对施工单位事故应急救援预案的审查

1)项目监理机构应审查施工单位报送的安全生产应急预案,安全生产应急预案应经施工单位安全部门负责人和技术负责人审批。

2)项目监理机构应对施工单位安全生产应急预案的人员构成、应急救援器材与设备配备及定期组织演练情况进行监督检查,并应参加建设单位或施工单位组织的应急演练。

3）在施工准备期，对体系的管理网络内人员的组成、危险源的识别结果、预案编制的针对性、可操作性及完整性进行审查，提出整改意见，督促建立健全应急救援体系。

4）在施工阶段，对预案涉及的资源准备和操作演练进行跟踪动态检查，及时发现缺陷与问题，书面提出整改意见，督促施工单位不断完善，补充调整预案的可操作性。

5）在事故发生过程，记录和分析应急救援响应过程中不足之处，在事后进行科学分析，对经验和教训进行及时总结和提高，以不断完善应急救援体系。

三、预案演练与评估

1）预案演练的一般要求如下：
（1）预案演练可采取桌面演练、书面演练和现场演练等形式。
（2）演练前应制订演练方案并向参演人员进行技术交底。
（3）演练后，要真实记录演练情况。针对演练过程中发现的问题进行总结、修改完善，并再次进行交底。

2）有下列情形之一的，生产安全事故应急救援预案制定单位应当及时修订相关预案：
（1）制定预案所依据的法律、法规、规章、标准发生重大变化。
（2）应急指挥机构及其职责发生调整。
（3）安全生产面临的风险发生重大变化。
（4）重要应急资源发生重大变化。
（5）在预案演练或者应急救援中发现需要修订预案的重大问题。
（6）其他应当修订的情形。

第四节　安全风险总体风险评估、专项风险评估内容与审核

一、安全风险评估的概念与分类、内容

1）施工安全风险评估，主要是指针对工程施工过程中各项作业活动、作业环境、施工设备（机具）、危险物品、施工方案中的潜在风险而开展的风险源辨识、分析、估测、预控等系列工作。

2）施工安全风险评估分为总体风险评估和专项风险评估两个阶段。总体风险评估可由项目建设单位根据工程项目规模、特点、同类项目建设管理经验及风险初步预判情况等确定是否开展；专项风险评估由施工单位组织实施，贯穿整个施工过程，对风险实施动态评估，可分为施工前专项风险评估、施工过程专项风险评估和风险控制预期效果评价。

3）总体风险评估是指在编制施工组织设计的同时，根据工程地质环境条件、建设规模结构特点等，评估工程整体风险，估测其安全风险等级。总体风险评估属于静态评估。

4）专项风险评估是指在编制专项施工方案的同时，将施工作业活动（或施工区段）作为评估对象，根据其作业风险特点以及类似工程事故情况，进行危险源普查，并针对其中的重大危

险源进行量化估测,提出相应的风险控制措施。专项风险评估属于动态评估。

二、安全风险评估的审核

1)风险评估报告经监理单位审核后应向建设单位报备。对于极高(Ⅳ)风险等级施工作业,建设单位须组织专家或安全评价机构进行论证或复评估,提出降低风险的措施建议;当风险等级无法降低时,应及时调整设计、施工方案,并向公路水运工程安全生产监督管理部门备案。

2)监理单位应督促施工单位进行施工安全风险评估并落实安全风险控制措施。对施工中存在的重大事故隐患及时指出并督促整改,施工单位拒不整改的,应及时向建设单位报告。

第五节 危险性较大的分部分项工程专项施工方案的内容和审查

一、危险性较大分部分项工程概念与划分

1)危险性较大的分部分项工程(以下简称"危大工程"),是指工程在施工过程中,容易导致人员群死群伤或者造成重大经济损失的分部分项工程。

2)危大工程分为两种类型,一种是危险性较大分部分项工程,另一种是需专家论证、审查(超过一定规模)的危险性较大分部分项工程。危大工程划分应符合要求。划分标准参考《公路工程施工安全技术规范》(JTG F90—2015)及《住房城乡建设部办公厅关于实施〈危险性较大的分部分项工程安全管理规定〉有关问题的通知》(建办质〔2018〕31号),见表9-1。

危险性较大分部分项工程划分标准表　　　　表9-1

序号	类别	需编制专项施工方案	需专家论证、审查 (超过一定规模的危大工程)
1	基坑工程	1. 开挖深度超过3m(含3m)的基坑(槽)的土方开挖、支护、降水工程。 2. 开挖深度虽未超过3m,但地质条件、周围环境和地下管线复杂,或影响毗邻建、构筑物安全的基坑(槽)的土方开挖、支护、降水工程。	开挖深度超过5m(含5m)的基坑(槽)的土方开挖、支护、降水工程
2	滑坡处理和高边坡工程	1. 滑坡处理。 2. 高边坡处理。	1. 中型及中型以上滑坡处理。 2. 高度20m及以上的土质边坡,高度30m及以上的岩质边坡
3	基础工程	1. 桩基础。 2. 挡土墙基础。 3. 深水基础。	1. 深度不小于15m的人工挖孔桩或开挖深度不超过15m,但地质条件复杂或存在有毒有害气体分布的人工挖孔桩工程。 2. 深度5m及以上的挡墙基础。 3. 水深20m及以上的各类深水基础

续上表

序号	类别	需编制专项施工方案	需专家论证、审查（超过一定规模的危大工程）
4	大型临时工程	1. 围堰工程。 2. 便桥、临时码头。 3. 水上作业平台	1. 水深10m及以上的围堰工程。 2. 便桥、临时码头。 3. 水上作业平台
5	水上水下工程	1. 水上工程中的打桩船作业。 2. 施工船作业。 3. 外海孤岛作业。 4. 边通航边施工作业。 5. 大型机械上船作业。 6. 水下焊接。 7. 水下混凝土浇筑	1. 离岸无掩护条件下的桩基施工。 2. 开敞式水域大型预制构件的运输与吊装作业。 3. 沉箱的浮运与安装作业。 4. 深水防波堤施工。 5. 在三级及以上通航等级的航道上进行的水上水下施工。 6. 30m及以上水深的潜水作业
6	模板工程	1. 各类工具式模板工程：包括滑模、爬模、飞模、隧道模等工程。 2. 混凝土模板支撑工程：搭设高度5m及以上，或搭设跨度10m及以上，或施工总荷载（荷载效应基本组合的设计值，以下简称设计值）10kN/m^{2}及以上，或集中线荷载（设计值）15kN/m及以上，或高度大于支撑水平投影宽度且相对独立无联系构件的混凝土模板支撑工程。 3. 承重支撑体系：用于钢结构安装等满堂支撑体系	1. 各类工具式模板工程：包括滑模、爬模、飞模、隧道模等工程。 2. 混凝土模板支撑工程：搭设高度8m及以上，或搭设跨度18m及以上，或施工总荷载（设计值）15kN/m^{2}及以上，或集中线荷载（设计值）20kN/m及以上。 3. 承重支撑体系：用于钢结构安装等满堂支撑体系，承受单点集中荷载7kN及以上
7	起重吊装工程	1. 采用非常规起重设备、方法，且单件起吊重量在10kN及以上的起重吊装工程。 2. 采用起重机械进行安装的工程。 3. 起重机械安装和拆卸工程	1. 采用非常规起重设备、方法，且单件起吊重量在100kN及以上的起重吊装工程。 2. 起重量300kN及以上，或搭设总高度200m及以上，或搭设基础高程在200m及以上的起重机械安装和拆卸工程
8	脚手架工程	1. 搭设高度24m及以上的落地式钢管脚手架工程（包括采光井、电梯井脚手架）。 2. 附着式升降脚手架工程。 3. 悬挑式脚手架工程。 4. 高处作业吊篮。 5. 卸料平台、操作平台工程。 6. 异形脚手架工程	1. 搭设高度50m及以上的落地式钢管脚手架工程。 2. 提升高度在150m及以上的附着式升降脚手架工程或附着式升降操作平台工程。 3. 分段架体搭设高度20m及以上的悬挑式脚手架工程

续上表

序号	类别	需编制专项施工方案	需专家论证、审查 （超过一定规模的危大工程）
9	拆除工程	可能影响行人、交通、电力设施、通信设施或其他建（构）筑物安全的拆除工程	1. 码头、桥梁、高架、烟囱、水塔或拆除中容易引起有毒有害气（液）体或粉尘扩散、易燃易爆事故发生的特殊建、构筑物的拆除工程。 2. 文物保护建筑、优秀历史建筑或历史文化风貌区影响范围内的拆除工程
10	爆破工程	爆破工程	1. 水下爆破工程。 2. C级及以上的爆破工程

二、专项施工方案的内容

危大工程专项施工方案，是指在公路水运工程建设中，施工单位在编制施工组织设计的基础上，针对危险性较大的分部分项工程单独编制的质量安全技术措施文件。主要内容如下：

（1）工程概况：危险性较大的分部分项工程概况、水文地质条件、施工平面布置、施工要求和技术保证条件。

（2）编制依据：相关法律法规、规范性文件、标准、规范及图纸、施工组织设计等。

（3）分部分项工程影响安全的风险源分析及相关预防措施，包括组织保障、安全技术措施等施工安全保证措施。

（4）设计计算书（或安全验算结果）和设计施工图等设计文件。

（5）施工准备：包括施工进度计划、材料与设备计划。

（6）施工部署：包括技术参数、工艺流程、施工方法、施工技术要点。

（7）人员计划：专职安全生产管理人员、特种作业人员资格等要求。

（8）施工控制：检查验收、安全评价、预警观测措施。

（9）应急预案及处置措施。

（10）项目负责人轮流带班生产方案。

三、专项施工方案的审查

1）对危险性较大的分部分项工程，项目监理机构应要求施工单位按规定编制并报送专项施工方案，并附安全验算结果，必要时应要求施工单位进行安全风险评估，并附专家论证意见。专项施工方案应经项目监理机构审核并报建设单位批准后实施。

2）专项施工方案监理的审查，主要从程序性、符合性、针对性进行审查。专项施工方案由施工单位技术负责人审核签字、加盖单位公章，并由总监理工程师审查签字报建设单位批准后实施；专项施工方案中的安全技术措施必须符合工程建设强制性标准，应附安全验算结果；专项施工方案应根据工程实际及周边环境情况，针对工程特点对涉及危大工程的重点部位和关键环节，制定保障工程周边环境安全和工程施工安全的措施；超过一定规模的危大工程专项施工方案,需组织不少于5名且符合专业要求的专家进行论证、审查,专项施工方案应附专家论证、审查意见,并按专家意见进行修订。

第六节 水运工程施工准备阶段安全监理

一、建立安全监理组织机构体系及职责

建立安全监理组织机构,建立健全各项安全管理制度及安全生产责任制,明确各级监理人员安全生产岗位职责,并进行交底。

二、制定监理规划、安全监理实施细则

完善监理规划中的安全监理内容,并制定安全监理实施细则,完成监理规划及安全监理细则的审批手续。安全监理实施细则应包括下列主要内容:
(1)安全监理工作内容。
(2)安全监理工作目标。
(3)项目监理机构监理人员安全监理职责。
(4)安全监理工作程序。
(5)安全风险分析、隐患排查及监理控制措施。
(6)安全监理资料。

三、熟悉合同文件

监理机构应组织监理人员熟悉与本工程有关安全法律、法规、规范、合同、设计文件等,若发现与有关文件不一致或有错误时,应及时报告建设单位。

四、调查施工安全环境条件

进入施工现场后,应首先了解项目所处的自然环境、技术环境与管理环境。
1)自然环境包括气候情况、地质情况等。
2)技术环境指项目的技术要求和施工难易是否会引发安全隐患,施工企业的技术能力是指能否解决本项目技术上的问题等。
3)管理环境是指施工企业的管理人员是否具备较强的安全管理意识,施工人员是否具有较强的安全生产意识,专职安全管理人员的数量与能力是否满足安全管理的需要等。

五、审查施工现场及相邻建筑物、构筑物和地下管线等专项保护措施

监理应参加建设单位向施工单位提供施工现场及相邻区域内地上、地下管线资料和相邻建筑物、构筑物、地下工程的有关资料移交。

六、参加设计交底

参加设计交底,掌握本工程的设计意图、设计标准和要求,熟悉对材料与工艺的要求,施工中应特别注意的事故,以及对施工安全、环保工作的要求等。

七、审查施工组织设计中的安全生产技术措施

1)施工组织设计的编制、审核、批准、签署齐全有效,并符合有效规定。

2)安全技术措施的内容(防护、技术、管理等)应具有可操作性与针对性,并应符合工程建设强制性标准。

3)应编制危险性较大的分部分项工程一览表及相应专项施工方案,如果分阶段编制,应有编制计划。

4)应编制安全防护、文明施工措施项目清单、费用清单及费用使用计划。

5)应编制生产安全事故应急预案清单。

6)雨季、冬季等季节性安全施工方案的制订应符合规范要求。

7)施工总平面布置图应符合有关安全、消防要求。

八、审查专项施工方案

1)专项施工方案的编制、审核、批准的签署齐全有效,并符合有关规定。

2)专项施工方案的内容应符合工程建设强制性标准。

3)应组织专家论证的,已有专家书面认证审查报告,审查论证报告的签署齐全有效。

4)专项施工方案应根据专家论证审查报告中提出的结论性意见进行完善。

九、审查施工现场的平面布置

1)施工现场水、电、路和通信应畅通,场地应平整、坚实,并符合安全、消防和环境保护规定。

2)施工现场的办公区、生活区和作业区,不得设在易产生山体滑坡、泥石流或易受潮水、洪水侵袭和雷击的区域。

3)易产生噪声、粉尘、烟雾和对人体有害物质的作业,应远离办公区、生活区和人群密集区,并符合安全生产和环境保护的规定。

4)易燃、易爆物品仓库或其他危险品仓库的布置以及相邻建筑物的距离,必须符合国家和相关部门的规定。

5)施工水域内布置的临时设施,应符合有关部门的规定,并满足安全生产要求。

6)施工现场应设置安全警示标志。

十、审查施工单位安全生产管理体系

1)安全生产许可证,施工单位的主要负责人、项目负责人、专职安全生产管理人员证书和

专职安全生产管理人员配备数量。

2）特种作业人员资格证书。

3）项目施工安全生产管理机构。

4）安全生产责任制度和安全生产教育培训制度及安全生产交底制度。

5）安全生产规章制度和操作规程。

6）施工现场消防安全责任制度。

7）施工组织设计中的安全技术措施、施工现场临时用电方案、危险性较大的工程专项施工方案。

8）施工起重机械和整体提升式脚手架、滑模爬模、架桥机等自行式架设设施的验收登记。

9）安全防护设施、安全防护用具和服装。

10）意外伤害保险。

11）生产安全事故应急预案。

12）安全技术措施费用的使用计划。

13）其他。

第七节 水运工程施工阶段安全监理

一、审查工程分包

监理工程师应加强对施工单位分包的管理，审查分包合同中是否明确了施工单位与分包单位各自在安全生产方面的责任。若发现有非法分包、转包时，应指令施工单位纠正并报告建设单位。

二、检查验收构件、配件或设备验收情况

1）工程材料验收。监理工程师均应严格按质量标准验收。

2）施工机械、机具的采购和租赁验收。施工单位采购、租赁的安全防护用具、机械设备、施工机具及配件，应当具有生产（制造）许可证、产品合格证，并在进入施工现场前由使用单位或承租单位、出售单位或出租单位、安装单位共同进行验收查验，验收合格的方可使用。整体提升式脚手架、滑模爬模、架桥机等自行式架设设施的使用达到国家规定的检验检测期限的，必须经具有专业资质的检验检测机构检测，经检测不合格的，不得继续使用。《特种设备安全监察条例》规定的特种设备，在验收前应当经有相应资质的检验检测机构检验合格。

三、审查人员配备及安全生产教育培训、安全技术交底情况

1）进入施工现场的管理人员和操作人员，无论是总包单位还是分包单位的人员，上岗前必须按政府有关部门的规定，对其所需的执业资格、上岗资格和任职能力进行检查、核对证书，包括项目经理、项目管理人员、特种作业人员、施工人员均必须与对应岗位或工程的证书专业相符且有效。

2）监理工程师应审查项目施工负责人对从业的管理人员和操作人员是否进行针对性的资格能力鉴定、安全生产教育和培训及安全交底，并及时提供必需的劳动防护用品；审查项目施工负责人是否在上岗前和施工中对进入施工现场的自有和分包方从业人员进行安全培训和教育，特别是在上岗前应以清楚简洁的方式，如作业指导书、安全与技术交底文本等，对作业人员进行安全技术交底，并由双方签字认可。项目施工负责人对操作人员应按不同工种、不同施工对象，或分阶段、分部位、分工种进行安全技术交底。交底应采用书面形式，内容要有针对性，应告知安全操作规程和违章操作的危险。

四、检查专项施工方案的实施情况

1）危险性较大的分部分项工程必须按照批准的专项安全施工方案进行施工，在施工过程中需要对专项安全施工方案进行修改的，必须报原批准部门同意，不得擅自修改。监理工程师应对危险性较大的分部分项工程专项施工方案以及临时用电方案实施进行重点监督检查。

2）监理工程师应每天对施工过程中危险性较大的工程作业情况进行巡视检查，发现未按施工方案施工或违规作业的行为应及时制止。

五、检查现场安全防护设施

1. 劳动防护用品

（1）施工单位应当向作业人员提供安全防护用具和安全防护服装，并书面告知危险岗位的操作规程和违章操作的危险。严禁不符合劳动防护用品佩戴标准的人员进入作业场所。作业人员应当遵守安全施工的强制性标准、规章制度和操作规程，正确使用安全防护用具、机械设备等。

（2）根据工作场所中的职业危害因素及危害程度，按照法律、法规、强制性标准的规定，施工单位应为从业人员免费提供符合国家规定的防护用品。

（3）防护用品必须具有"三证"，即生产许可证、产品合格证和安全鉴定证。购买的防护用品须经本单位安全管理部门验收，并在使用前对其防护功能进行检验。

（4）施工单位应教育从业人员，按照防护用品的使用规则和防护要求，正确使用防护用品。使职工做到"三会"，即会检查防护用品的可靠性、会正确使用防护用品、会正确维护保养防护用品。

（5）施工单位应按照产品说明书的要求，及时更换、报废过期和失效的防护用品。

（6）施工单位应建立健全防护用品的购买、验收、保管、发放、使用、更换、报废等管理制度和使用档案。

（7）作业人员严格按照"使用说明书"正确使用劳动防护用品。检查的目的是认定用品对有害因素防护效能程度；用品外观有无质量缺陷或损坏；各部件组装是否严密，启动是否灵活等。劳动防护用品的使用必须在其性能范围内，不得超极限使用；不得使用未经国家指定检测部门认可或检测达不到标准的产品；不得随便代替，更不能以次充好。

2. 安全标志

施工单位应当在施工现场出入口或者沿线各交叉口、施工起重机械、拌和场、临时用电设施、爆破物及有害气体和液体存放处以及孔洞口、隧道口、基坑边沿、脚手架、码头边沿、桥梁边沿等危险部位,设置明显的安全警示标志或者必要的安全防护设施。

六、审核安全施工专项费用的使用情况

1)监理工程师应依据国家有关法律、法规、规章的规定,及通过审核后的施工组织设计中的施工安全技术措施,对列入建设工程概算的安全作业环境及安全施工措施所需费用使用情况进行审核签认。列入建设工程概算的安全作业环境及安全施工措施所需费用,应当用于施工安全防护用具及设施的采购和更新、安全施工措施的落实、安全生产条件的改善,不得挪作他用。

2)列入建设工程概算的安全费用应主要用于以下几个方面。

(1)完善、改造和维护安全防护设施设备支出(不含"三同时"要求初期投入的安全设施),包括施工现场临时用电系统、洞口、临边、机械设备、高处作业防护、交叉作业防护、防火、防爆、防尘、防毒、防雷、防台风、防地质灾害、地下工程有害气体监测、通风、临时安全防护等设施设备支出。

(2)配备、维护、保养应急救援器材、设备支出和应急演练支出。

(3)开展重大危险源和事故隐患评估、监控和整改支出。

(4)安全生产检查、评价(不包括新建、改建、扩建项目安全评价)、咨询和标准化建设支出。

(5)配备和更新现场作业人员安全防护用品支出。

(6)安全生产宣传、教育、培训支出。

(7)安全生产适用的新技术、新标准、新工艺、新装备的推广应用支出。

(8)安全设施及特种设备检测检验支出。

(9)其他与安全生产直接相关的支出。

七、开展各类安全检查

工程项目安全检查的目的是消除隐患、防止事故,是安全控制工作的一项重要内容。通过安全检查可以发现工程危险因素,以便有计划地采取措施,保证安全生产。安全检查可分为开(复)工前安全检查、日常巡视检查、定期检查、专项检查、季节性检查、验收性检查。

1)开(复)工前安全检查:新项目开工前和在建项目停工后复工前,监理部应组织施工单位等相关部门进行工地的全面检查,核查项目是否具备安全生产条件,如发现问题应及时督促整改,符合安全生产条件的方可开(复)工。

2)日常巡视检查:监理工程师应采取巡视的方式对现场施工安全进行监督管理,对危险性较大的部分或工序施工应加强巡视。巡视应包括下列主要内容:

(1)施工单位专职安全生产管理人员到岗情况。

(2)施工单位按已批准的施工组织设计或专项施工方案组织施工的情况。

(3)现场安全标志、标识、安全防护设施、用电、消防等安全技术措施符合工程建设强制性条文规定及落实情况。

(4)现场作业执行安全施工标准、规章制度和操作规程的情况。

(5)作业人员按规定佩戴与使用安全防护用具情况。

(6)核查现场特种作业人员持有上岗证书情况。

3)定期检查:定期检查应明确检查频率,由总监理工程师组织,重点检查现场安全防护措施的落实情况。

4)专项检查:专项检查分为内业检查和外业检查。其中,内业检查可分为保证项目检查和一般项检查。针对工程建设的关键环节、关键部位的安全状况采取有针对性的检查,宜对照专项施工方案进行检查,以发现并解决在施工前及施工中存在的问题。

(1)保证项检查包括:安全生产责任制、施工组织设计及专项施工方案、安全生产专项费用、风险评估管理、安全技术交底、安全检查评价、安全教育培训、应急管理等。

(2)一般项目检查包括:分包单位的管理、持证上岗、生产安全事故处理等。

(3)外业检查包括:安全防护、施工用电、消防安全、设备安全、危险性较大分部分项工程专项施工方案实施情况、安全标志等。

5)季节性检查:检查内容可根据施工安全敏感时间段(冬季、雨季、放假施工较长的节假日等)确定,同时应对该时间段的安全注意事项(如防汛、防台、防冻、防坍塌、防火、防中毒、防坠落、防疲劳、防思想松懈等)提前布置并加强检查。

6)验收性检查:主要检查对象是施工现场新搭设的脚手架、大中型机械设备、起重设备、施工用电、外用爬梯、大型模板支撑系统等。检查应严格对照相关标准进行。

八、开展行业主管部门布置的安全生产专项工作

针对行业主管部门布置的安全生产专项工作,制订落实方案或行动计划,并按方案或计划执行到位。

九、做好安全监理月报、日志记录工作

1)安全监理月报:监理工程师应根据工程建设施工现场的实际情况,将工程安全、文明施工等综合情况,按月填写到安全监理月报中,安全监理方面的主要内容如下。

(1)施工现场安全情况评述主要内容:本月施工现场的主要风险源,风险点及控制、预防措施实施情况;施工单位在施工现场投入的大中型机械设备的数量和施工现场主要工种(岗位)作业人数及安全管理人员到位情况;施工单位在施工现场执行安全法律、国家和地方以及行业有关安全生产强制性条文的情况;现场安全施工状况及对安全问题和隐患的处理情况;施工单位对施工现场安全管理的其他有关情况。

(2)监理执行情况主要内容:本月中,安全监理的工作开展情况(方案审批、交底告知、分包单位安全资质及机械、人员等各类材料报审、安全检查等);监理对所发现的安全问题或隐患的处理和采取的措施(包括口头指出、签发工作指令、工程暂时停工指令等)。

(3)下一个月的安全监理工作计划。

2)安全监理日志:安全监理日志是监理机构一天中执行安全管理工作情况的记录。安全监理日志也是安全监理工作可追溯检查的原始记录之一。安全监理日志的主要内容:

(1) 天气记录:天气记录应视工程建设的实际情况确定所记录的内容。
(2) 施工安全管理情况。
(3) 安全监理工作情况:安全技术措施或专项施工方案审查情况;安全生产教育培训、安全技术交底的检查情况;遵守安全法律、法规和安全制度及措施落实的检查情况;执行政府主管部门或建设单位的安全生产指令的检查情况;安全防护用具、机械设备、施工机具和配件、消防、施工用电、危险性较大的工程等安全方面的巡视情况。
(4) 发现的安全隐患、问题及处理情况。
(5) 其他安全监理活动记录等。
3) 安全监理台账:建立健全的安全监理台账,并根据安全监理工作实际开展情况,及时更新记录。

第八节 交(竣)工验收阶段和缺陷责任期安全监理工作

1) 做好工程项目安全设施"三同时"的监理工作。建设项目"三同时"是指生产性基本建设项目中的劳动安全卫生设施必须符合国家规定的标准,必须与主体工程同时设计、同时施工、同时投入生产和使用,以确保建设项目竣工投产后,符合国家规定的劳动安全卫生标准,保障劳动者在生产过程中的安全与健康。

2) 审查安全设施等是否按设计要求与主体同时建成交付使用。

3) 承担交工验收到竣工验收阶段质量缺陷和问题修复施工安全监理责任。
(1) 作业前应掌握施工现场及毗邻区域内的供水、供电、供热、供气、通信、广播电视、排水等地下管线资料和水文、地质、气象资料、相邻建筑物、构筑物、地下工程有关资料。
(2) 应掌握维修工程设计文件,并对结构的安全性进行认定。
(3) 应掌握涉及作业安全的重点部位和环节的设计说明或指导意见。
(4) 根据工程所处的环境、所采用特殊施工方法制定预防生产安全事故的专项技术措施。

4) 移交安全监理归档资料。
(1) 在工程结束收尾阶段,安全监理资料要进行分类、收集、装订成册,形成竣工资料,移交档案管理部门。
(2) 安全归档资料主要包括:
① 工程项目监理组织机构、施工单位安全管理机构、企业"三类人员"专职安全员的安全培训,取证资料按标段分别整理归档。
② 监理安全生产管理制度、安全责任制、安全监理规划、安全监理细则、签订的安全责任书等资料的收集归档。
③ "三类人员培训证"特种作业人员上岗证"和审批资料的收集归档。
④ 主要机械设备、特殊设备检测审批资料。
⑤ 安全生产检查、专项检查、安全巡查及其整改,反馈、复查销项资料。
⑥ 安全生产费用审核资料。
⑦ 主管部门督查的通报及整改反馈资料的收集归档。
⑧ 安全监理发出的"指令"文件、通知及整改反馈材料。

⑨其他安全生产重要决定,文件资料的收集归档。

第九节 《公路水运工程安全生产监督管理办法》主要内容

1) 公路水运工程安全生产工作应当以人民为中心,坚持安全第一、预防为主、综合治理的方针,强化和落实从业单位的主体责任,建立从业单位负责、职工参与、政府监管、行业自律和社会监督的机制。

2) 从业单位从事公路水运工程建设活动,应当具备法律、法规、规章和工程建设强制性标准规定的安全生产条件。任何单位和个人不得降低安全生产条件。

3) 公路水运工程应当坚持先勘察后设计再施工的程序。施工图设计文件依法经审批后方可使用。

4) 公路水运工程施工招标文件及施工合同中应当载明项目安全管理目标、安全生产职责、安全生产条件、安全生产信用情况及专职安全生产管理人员配备的标准等要求。

5) 施工单位从事公路水运工程建设活动,应当取得安全生产许可证及相应等级的资质证书。施工单位的主要负责人和安全生产管理人员应当经交通运输主管部门对其安全生产知识和管理能力考核合格。施工单位应当设置安全生产管理机构或者配备专职安全生产管理人员。施工单位应当根据工程施工作业特点、安全风险以及施工组织难度,按照年度施工产值配备专职安全生产管理人员,不足 5000 万元的至少配备 1 名;5000 万元以上不足 2 亿元的按每 5000 万元不少于 1 名的比例配备;2 亿元以上的不少于 5 名,且按专业配备。

6) 从业单位应当依法对从业人员进行安全生产教育和培训。未经安全生产教育和培训合格的从业人员,不得上岗作业。

7) 公路水运工程从业人员中的特种作业人员应当按照国家有关规定取得相应资格,方可上岗作业。

8) 施工中使用的施工机械、设施、机具以及安全防护用品、用具和配件等应当具有生产(制造)许可证、产品合格证或者法定检验检测合格证明,并设立专人查验、定期检查和更新,建立相应的资料档案。无查验合格记录的不得投入使用。

9) 特种设备使用单位应当依法取得特种设备使用登记证书,建立特种设备安全技术档案,并将登记标志置于该特种设备的显著位置。

10) 翻模、滑(爬)模等自升式架设设施,以及自行设计、组装或者改装的施工挂(吊)篮、移动模架等设施在投入使用前,施工单位应当组织有关单位进行验收,或者委托具有相应资质的检验检测机构进行验收。验收合格后方可使用。

11) 对严重危及公路水运工程生产安全的工艺、设备和材料,应当依法予以淘汰。交通运输主管部门可以会同安全生产监督管理部门联合制定严重危及公路水运工程施工安全的工艺、设备和材料的淘汰目录并对外公布。从业单位不得使用已淘汰的危及生产安全的工艺、设备和材料。

12) 从业单位应当保证本单位所应具备的安全生产条件必需的资金投入。建设单位在编制工程招标文件及项目概预算时,应当确定保障安全作业环境及安全施工措施所需的安全生产费用,并不得低于国家规定的标准。施工单位在工程投标报价中应当包含安全生产费用并单独计提,不得作为竞争性报价。安全生产费用应当经监理工程师审核签认,并经建设单位同意后,在项目建设成本中据实列支,严禁挪用。

13)公路水运工程施工现场的办公、生活区与作业区应当分开设置,并保持安全距离。办公、生活区的选址应当符合安全性要求,严禁在已发现的泥石流影响区、滑坡体等危险区域设置施工驻地。施工作业区应当根据施工安全风险辨识结果,确定不同风险等级的管理要求,合理布设。在风险等级较高的区域应当设置警戒区和风险告知牌。施工作业点应当设置明显的安全警示标志,按规定设置安全防护设施。施工便道便桥、临时码头应当满足通行和安全作业要求,施工便桥和临时码头还应当提供临边防护和水上救生等设施。

14)施工单位与从业人员订立的劳动合同,应当载明有关保障从业人员劳动安全、防止职业危害等事项。施工单位还应当向从业人员书面告知危险岗位的操作规程。施工单位应当向作业人员提供符合标准的安全防护用品,监督、教育从业人员按照使用规则佩戴、使用。

15)公路水运工程建设应当实施安全生产风险管理,按规定开展设计、施工安全风险评估。设计单位应当依据风险评估结论,对设计方案进行修改完善。施工单位应当依据风险评估结论,对风险等级较高的分部分项工程编制专项施工方案,并附安全验算结果,经施工单位技术负责人签字后报监理工程师批准执行。必要时,施工单位应当组织专家对专项施工方案进行论证、审核。

16)建设、施工等单位应当针对工程项目特点和风险评估情况分别制订项目综合应急预案、合同段施工专项应急预案和现场处置方案,告知相关人员紧急避险措施,并定期组织演练。施工单位应当依法建立应急救援组织或者指定工程现场兼职的、具有一定专业能力的应急救援人员,配备必要的应急救援器材、设备和物资,并进行经常性维护、保养。

17)从业单位应当依法参加工伤保险,为从业人员缴纳保险费。鼓励从业单位投保安全生产责任保险和意外伤害保险。

18)从业单位应当建立健全安全生产责任制,明确各岗位的责任人员、责任范围和考核标准等内容。从业单位应当建立相应的机制,加强对安全生产责任制落实情况的监督考核。

19)建设单位对公路水运工程安全生产负管理责任。依法开展项目安全生产条件审核,按规定组织风险评估和安全生产检查。根据项目风险评估等级,在工程沿线受影响区域作出相应风险提示。建设单位不得对勘察、设计、监理、施工、设备租赁、材料供应、试验检测、安全服务等单位提出不符合安全生产法律、法规和工程建设强制性标准规定的要求;不得违反或者擅自简化基本建设程序;不得随意压缩工期。工期确需调整的,应当对影响安全的风险进行论证和评估,经合同双方协商一致,提出相应的施工组织和安全保障措施。

20)勘察单位应当按照法律、法规、规章、工程建设强制性标准和合同文件进行实地勘察,针对不良地质、特殊性岩土、有毒有害气体等不良情形或者其他可能引发工程生产安全事故的情形加以说明并提出防治建议。勘察单位提交的勘察文件必须真实、准确,满足公路水运工程安全生产的需要。勘察单位及勘察人员对勘察结论负责。

21)设计单位应当按照法律、法规、规章、工程建设强制性标准和合同文件进行设计,防止因设计不合理导致生产安全事故的发生。设计单位应当考虑施工安全操作和防护的需要,对涉及施工安全的重点部位和环节在设计文件中加以注明,提出安全防范意见。依据设计风险评估结论,对存在较高安全风险的工程部位还应当增加专项设计,并组织专家进行论证。采用新结构、新工艺、新材料的工程和特殊结构工程,设计单位应当在设计文件中提出保障施工作业人员安全和预防生产安全事故的措施建议。设计单位和设计人员应当对其设计负责,并按合同要求做好安全技术交底和现场服务。

22)监理单位应当按照法律、法规、规章、工程建设强制性标准和合同文件进行监理,对工程安全生产承担监理责任。监理单位应当审核施工项目安全生产条件,审查施工组织设计中安全措施和专项施工方案。在实施监理过程中,发现存在安全事故隐患的,应当要求施工单位整改;情节严重的,应当下达工程暂停令,并及时报告建设单位。施工单位拒不整改或者不停止施工的,监理单位应当及时向有关主管部门书面报告,并有权拒绝计量支付审核。监理单位应当如实记录安全事故隐患和整改验收情况,对有关文字、影像资料应当妥善保存。

23)依合同承担试验检测或者施工监测的单位应当按照法律、法规、规章、工程建设强制性标准和合同文件开展工作。所提交的试验检测或者施工监测数据应当真实、准确,数据出现异常时应当及时向合同委托方报告。

24)依法设立的为安全生产提供技术、管理服务的机构,依照法律、法规、规章和执业准则,接受从业单位的委托为其安全生产工作提供技术、管理服务。从业单位委托前款规定的机构提供安全生产技术、管理服务的,保障安全生产的责任仍由本单位负责。

25)施工单位应当按照法律、法规、规章、工程建设强制性标准和合同文件组织施工,保障项目施工安全生产条件,对施工现场的安全生产负主体责任。施工单位主要负责人依法对项目安全生产工作全面负责。建设工程实行施工总承包的,由总承包单位对施工现场的安全生产负总责。分包单位应当服从总承包单位的安全生产管理,分包单位不服从管理导致生产安全事故的,由分包单位承担主要责任。

26)施工单位应当书面明确本单位的项目负责人,代表本单位组织实施项目施工生产。项目负责人对项目安全生产工作负有下列职责:

(1)建立项目安全生产责任制,实施相应的考核与奖惩。

(2)按规定配足项目专职安全生产管理人员。

(3)结合项目特点,组织制定项目安全生产规章制度和操作规程。

(4)组织制定项目安全生产教育和培训计划。

(5)督促项目安全生产费用的规范使用。

(6)依据风险评估结论,完善施工组织设计和专项施工方案。

(7)建立安全预防控制体系和隐患排查治理体系,督促、检查项目安全生产工作,确认重大事故隐患整改情况。

(8)组织制定本合同段施工专项应急预案和现场处置方案,并定期组织演练。

(9)及时、如实报告生产安全事故并组织自救。

27)施工单位的专职安全生产管理人员履行下列职责:

(1)组织或者参与拟订本单位安全生产规章制度、操作规程,以及合同段施工专项应急预案和现场处置方案。

(2)组织或者参与本单位安全生产教育和培训,如实记录安全生产教育和培训情况。

(3)督促落实本单位施工安全风险管控措施。

(4)组织或者参与本合同段施工应急救援演练。

(5)检查施工现场安全生产状况,做好检查记录,提出改进安全生产标准化建设的建议。

(6)及时排查、报告安全事故隐患,并督促落实事故隐患治理措施。

(7)制止和纠正违章指挥、违章操作和违反劳动纪律的行为。

28)施工单位应当推进本企业承接项目的施工场地布置、现场安全防护、施工工艺操作、施工安全管理活动记录等方面的安全生产标准化建设,并加强对安全生产标准化实施情况的自查自纠。

29)施工单位应当根据施工规模和现场消防重点建立施工现场消防安全责任制度,确定消防安全责任人,制定消防管理制度和操作规程,设置消防通道,配备相应的消防设施、物资和器材。施工单位对施工现场临时用火、用电的重点部位及爆破作业各环节应当加强消防安全检查。

30)施工单位应当将专业分包单位、劳务合作单位的作业人员及实习人员纳入本单位统一管理。新进人员和作业人员进入新的施工现场或者转入新的岗位前,施工单位应当对其进行安全生产培训考核。施工单位采用新技术、新工艺、新设备、新材料的,应当对作业人员进行相应的安全生产教育培训,生产作业前还应当开展岗位风险提示。

31)施工单位应当建立健全安全生产技术分级交底制度,明确安全技术分级交底的原则、内容、方法及确认手续。分项工程实施前,施工单位负责项目管理的技术人员应当按规定对有关安全施工的技术要求向施工作业班组、作业人员详细说明,并由双方签字确认。

32)施工单位应当按规定开展安全事故隐患排查治理,建立职工参与的工作机制,对隐患排查、登记、治理等全过程闭合管理情况予以记录。事故隐患排查治理情况应当向从业人员通报,重大事故隐患还应当按规定上报和专项治理。

33)事故发生单位应当依法如实向项目建设单位和负有安全生产监督管理职责的有关部门报告。不得隐瞒不报、谎报或者迟报。发生生产安全事故,施工单位负责人接到事故报告后,应当迅速组织抢救,减少人员伤亡,防止事故扩大。组织抢救时,应当妥善保护现场,不得故意破坏事故现场、毁灭有关证据。事故调查处置期间,事故发生单位的负责人、项目主要负责人和有关人员应当配合事故调查,不得擅离职守。

34)作业人员应当遵守安全施工的规章制度和操作规程,正确使用安全防护用具、机械设备。发现安全事故隐患或者其他不安全因素,应当向现场专(兼)职安全生产管理人员或者本单位项目负责人报告。作业人员有权了解其作业场所和工作岗位存在的风险因素、防范措施及事故应急措施,有权对施工现场存在的安全问题提出检举和控告,有权拒绝违章指挥和强令冒险作业。在施工中发生可能危及人身安全的紧急情况时,作业人员有权立即停止作业或者在采取可能的应急措施后撤离危险区域。

35)从业单位及相关责任人违反本办法规定,有下列行为之一的,责令限期改正;逾期未改正的,对从业单位处1万元以上3万元以下的罚款;构成犯罪的,依法移送司法部门追究刑事责任:

(1)从业单位未全面履行安全生产责任,导致重大事故隐患的。

(2)未按规定开展设计、施工安全风险评估,或者风险评估结论与实际情况严重不符,导致重大事故隐患未被及时发现的。

(3)未按批准的专项施工方案进行施工,导致重大事故隐患的。

(4)在已发现的泥石流影响区、滑坡体等危险区域设置施工驻地,导致重大事故隐患的。

36)施工单位有下列行为之一的,责令限期改正,可以处 5 万元以下的罚款;逾期未改正的,责令停产停业整顿,并处 5 万元以上 10 万元以下的罚款,对其直接负责的主管人员和其他直接责任人员处 1 万元以上 2 万元以下的罚款:

(1)未按照规定设置安全生产管理机构或者配备安全生产管理人员的;

(2)主要负责人和安全生产管理人员未按照规定经考核合格的。

第十节　水运工程平安工地建设监理内容

1)平安工地是指项目从业单位以落实安全生产主体责任为核心,施工过程以风险防控无死角、事故隐患零容忍、安全防护全方位为目标,推进施工现场安全文明与施工作业规范有序的有机统一,是不断深化平安交通发展的重要载体。

2)公路水运工程项目从业单位应当依法依规制定完善全员安全生产责任制,明确各岗位的责任人员、责任范围和考核标准等内容,并进行公示。施工、监理单位项目负责人安全生产责任考核结果应作为合同履约考核内容,每年定期向建设单位报送。

3)施工单位是平安工地建设的实施主体,应当确保项目安全生产条件满足《公路水运工程平安工地建设考核评价指导性标准》要求,当项目安全生产条件发生变化时,应当及时向监理单位提出复核申请。合同段开工后到交工验收前,施工单位应当按照《公路水运工程平安工地建设考核评价指导性标准》要求,每月至少开展一次平安工地建设情况自查自纠,及时改进安全管理中的薄弱环节;每季度至少开展一次自我评价,对扣分较多的指标及反复出现的突出问题,应当采取针对性措施加以完善。施工单位自我评价报告应报监理单位。

4)监理单位应当将平安工地建设作为安全监理的主要内容,危险性较大的分部分项工程开工前按照《公路水运工程平安工地建设考核评价指导性标准》要求及时开展安全生产条件审核,并将审核结果报建设单位确认。施工过程中,监理单位应当按照《公路水运工程平安工地建设考核评价指导性标准》要求,每季度对监理范围内的合同段平安工地建设管理情况进行监督检查,发现问题及时督促整改,整改后仍不符合要求的合同段应当责令停工,并向建设单位报告;情节严重的还应当向直接监管的交通运输主管部门书面报告。

5)建设单位是施工、监理合同段平安工地建设考核评价的主体,应当建立平安工地建设、考核、奖惩等制度,将平安工地建设情况纳入合同履约管理,加强过程督促检查,对项目平安工地建设负总责。建设单位应当按照《公路水运工程平安工地建设考核评价指导性标准》要求,在项目开工前组织安全生产条件审核,每半年对项目所有施工、监理合同段组织一次平安工地建设考核评价,对自身安全管理行为进行自评,建立相应考核评价记录并及时存档;开工前安全生产条件审核结果以及施工过程中的平安工地建设考核评价结果,应当及时通过平安工地建设管理系统,向直接监管的交通运输主管部门报送。

6)地方各级交通运输主管部门应当根据职责分工,在制订年度安全督查计划时,应当将本地区公路水运工程平安工地建设情况作为重点内容,每年对辖区内公路水运工程项目建设单位的平安工地建设管理情况至少组织一次监督抽查,同时根据建设单位报送的平安工地建设考核评价情况,抽查一定比例的施工、监理合同段。具体抽查比例由省级交通运输主管部门确定,但最低不少于10%。对施工期限不足一年的项目,直接监管的交通运输主管部门应当在施工期间至少抽查一次。对发现存在重大事故隐患的项目要加大抽查频率。监督抽查重点应当包括项目建设单位考核评价工作的规范性、安全风险防控与事故隐患排查治理的实施情况等。

7)平安工地建设考核评价按照百分制计算得分,考核结果在70分及以上的评定为合格,低于70分的评定为不合格。项目年度考核结果按照建设单位在本年度考核周期内考核结果累计的平均值计算。

8)施工、监理合同段首次考核不合格的应当及时整改,建设单位应组织复评,复评仍不合格的施工、监理合同段应当全部停工整改,并及时向直接监管的交通运输主管部门报告。对已经发生重特大生产安全责任事故、经查实存在重大事故隐患、被列入安全生产黑名单的合同段直接评为不合格。年度考核结果由省级交通运输主管部门统一对外公示。

9)直接监管的交通运输主管部门应当加大平安工地建设管理的督导力度,对存在平安工地建设流于形式、考核弄虚作假、评价结果不合格等情况的,应当要求项目建设单位组织整改、重新考核,并在信息系统中予以记录,情节严重的应当通报批评,约谈建设单位负责人、施工和监理企业法定代表人;对存在重大安全风险未有效管控、重大事故隐患未及时整改的施工作业,应当责令停工整改、挂牌督办;对存在违法违规行为的从业单位和人员,应当给予安全生产信用不良记录,依法实施行政处罚。

第十章　水运工程环境保护监理目标控制

【备考要点】
1. 我国水运工程环境保护管理的相关法律法规和方针政策。
2. 水运工程施工对环境的主要影响因素。
3. 环境影响评价报告有关内容。
4. 水土保持报告有关内容。
5. 施工环境保护监理的目标。
6. 水运工程施工环境保护监理的依据。
7. 水运工程施工环境保护监理的任务。
8. 水运工程施工环境保护监理的内容和程序。
9. 水运工程施工环境保护监理要点。
10. 水运工程施工各阶段的环境监理工作主要内容。

第一节　环境保护监理基础知识

一、我国水运工程环境保护管理的相关法律法规和方针政策

(一)《中华人民共和国环境保护法》

《中华人民共和国环境保护法》是我国环境保护的基本法律,对于保护和改善环境,防治污染和其他公害,保障公众健康,推进生态文明建设,促进经济社会可持续发展起到了重要作用。

1) 基本条款。

保护环境是国家的基本国策。环境保护坚持保护优先、预防为主、综合治理、公众参与、损害担责的原则。

一切单位和个人都有保护环境的义务。地方各级人民政府应当对本行政区域的环境质量负责。企业事业单位和其他生产经营者应当防止、减少环境污染和生态破坏,对所造成的损害依法承担责任。

各级人民政府应当加大保护和改善环境、防治污染和其他公害的财政投入,提高财政资金的使用效益。

各级人民政府应当加强环境保护宣传和普及工作,鼓励基层群众性自治组织、社会组织、

环境保护志愿者开展环境保护法律法规和环境保护知识的宣传,营造保护环境的良好风气。

教育行政部门、学校应当将环境保护知识纳入学校教育内容,培养学生的环境保护意识。新闻媒体应当开展环境保护法律法规和环境保护知识的宣传,对环境违法行为进行舆论监督。

国务院环境保护主管部门,对全国环境保护工作实施统一监督管理;县级以上地方人民政府环境保护主管部门,对本行政区域环境保护工作实施统一监督管理。

2)监督管理。

国务院环境保护主管部门制定国家环境质量标准。省、自治区、直辖市人民政府对国家环境质量标准中未作规定的项目,可以制定地方环境质量标准;对国家环境质量标准中已作规定的项目,可以制定严于国家环境质量标准的地方环境质量标准。地方环境质量标准应当报国务院环境保护主管部门备案。

3)国务院环境保护主管部门根据国家环境质量标准和国家经济、技术条件,制定国家污染物排放标准。省、自治区、直辖市人民政府对国家污染物排放标准中未作规定的项目,可以制定地方污染物排放标准;对国家污染物排放标准中已作规定的项目,可以制定严于国家污染物排放标准的地方污染物排放标准。地方污染物排放标准应当报国务院环境保护主管部门备案。

4)国家建立、健全环境监测制度。国务院环境保护主管部门制定监测规范,会同有关部门组织监测网络,统一规划国家环境质量监测站(点)的设置,建立监测数据共享机制,加强对环境监测的管理。

5)省级以上人民政府应当组织有关部门或者委托专业机构,对环境状况进行调查、评价,建立环境资源承载能力监测预警机制。

6)国家建立跨行政区域的重点区域、流域环境污染和生态破坏联合防治协调机制,实行统一规划、统一标准、统一监测、统一的防治措施。

7)县级以上人民政府环境保护主管部门及其委托的环境监察机构和其他负有环境保护监督管理职责的部门,有权对排放污染物的企业事业单位和其他生产经营者进行现场检查。被检查者应当如实反映情况,提供必要的资料。实施现场检查的部门、机构及其工作人员应当为被检查者保守商业秘密。

8)企业事业单位和其他生产经营者违反法律法规规定排放污染物,造成或者可能造成严重污染的,县级以上人民政府环境保护主管部门和其他负有环境保护监督管理职责的部门,可以查封、扣押造成污染物排放的设施、设备。

9)国家实行环境保护目标责任制和考核评价制度。县级以上人民政府应当将环境保护目标完成情况纳入对本级人民政府负有环境保护监督管理职责的部门及其负责人和下级人民政府及其负责人的考核内容,作为对其考核评价的重要依据。考核结果应当向社会公开。

10)县级以上人民政府应当每年向本级人民代表大会或者人民代表大会常务委员会报告环境状况和环境保护目标完成情况,对发生的重大环境事件应当及时向本级人民代表大会常务委员会报告,依法接受监督。

11)法律责任。

企业事业单位和其他生产经营者超过污染物排放标准或者超过重点污染物排放总量控制指标排放污染物的,县级以上人民政府环境保护主管部门可以责令其采取限制生产、停产整治等措施;情节严重的,报经有批准权的人民政府批准,责令停业、关闭。

建设单位未依法提交建设项目环境影响评价文件或者环境影响评价文件未经批准,擅自开工建设的,由负有环境保护监督管理职责的部门责令停止建设,处以罚款,并可以责令其恢复原状。

违反本法规定,重点排污单位不公开或者不如实公开环境信息的,由县级以上地方人民政府环境保护主管部门责令公开,处以罚款,并予以公告。

企业事业单位和其他生产经营者有下列行为之一,尚不构成犯罪的,除依照有关法律法规规定予以处罚外,由县级以上人民政府环境保护主管部门或者其他有关部门将案件移送公安机关,对其直接负责的主管人员和其他直接责任人员,处十日以上十五日以下拘留;情节较轻的,处五日以上十日以下拘留:

(1)建设项目未依法进行环境影响评价,被责令停止建设,拒不执行的;

(2)违反法律规定,未取得排污许可证排放污染物,被责令停止排污,拒不执行的;

(3)通过暗管、渗井、渗坑、灌注或者篡改、伪造监测数据,或者不正常运行防治污染设施等逃避监管的方式违法排放污染物的;

(4)生产、使用国家明令禁止生产、使用的农药,被责令改正,拒不改正的。

环境影响评价机构、环境监测机构以及从事环境监测设备和防治污染设施维护、运营的机构,在有关环境服务活动中弄虚作假,对造成的环境污染和生态破坏负有责任的,除依照有关法律法规规定予以处罚外,还应当与造成环境污染和生态破坏的其他责任者承担连带责任。

上级人民政府及其环境保护主管部门应当加强对下级人民政府及其有关部门环境保护工作的监督。发现有关工作人员有违法行为,依法应当给予处分的,应当向其任免机关或者监察机关提出处分建议。

地方各级人民政府、县级以上人民政府环境保护主管部门和其他负有环境保护监督管理职责的部门有下列行为之一的,对直接负责的主管人员和其他直接责任人员给予记过、记大过或者降级处分;造成严重后果的,给予撤职或者开除处分,其主要负责人应当引咎辞职:

(1)不符合行政许可条件准予行政许可的;

(2)对环境违法行为进行包庇的;

(3)依法应当作出责令停业、关闭的决定而未作出的;

(4)对超标排放污染物、采用逃避监管的方式排放污染物、造成环境事故以及不落实生态保护措施造成生态破坏等行为,发现或者接到举报未及时查处的;

(5)违反本法规定,查封、扣押企业事业单位和其他生产经营者的设施、设备的;

(6)篡改、伪造或者指使篡改、伪造监测数据的;

(7)应当依法公开环境信息而未公开的;

(8)将征收的排污费截留、挤占或者挪作他用的;

(9)法律法规规定的其他违法行为。

违反本法规定,构成犯罪的,依法追究刑事责任。

(二)《中华人民共和国航道法》关于环境保护的条款

1)航道规划应当符合依法制定的流域、区域综合规划,符合水资源规划、防洪规划和海洋功能区划,并与涉及水资源综合利用的相关专业规划以及依法制定的城乡规划、环境保护规划等其他相关规划和军事设施保护区划相协调。

2)航道应当划分技术等级。航道技术等级包括现状技术等级和发展规划技术等级。航道发展规划技术等级根据相关自然条件以及防洪、供水、水资源保护、生态环境保护要求和航运发展需求等因素评定。

3)编制航道规划应当征求有关部门和有关军事机关的意见,并依法进行环境影响评价。涉及海域、重要渔业水域的,应当有同级海洋主管部门、渔业行政主管部门参加。编制全国航道规划和流域航道规划、区域航道规划应当征求相关省、自治区、直辖市人民政府的意见。

4)进行航道工程建设应当维护河势稳定,符合防洪要求,不得危及依法建设的其他工程或者设施的安全。因航道工程建设损坏依法建设的其他工程或者设施的,航道建设单位应当予以修复或者依法赔偿。

5)国务院或者国务院有关部门批准、核准的建设项目,以及与国务院交通运输主管部门直接管理的航道有关的建设项目的航道通航条件影响评价,由国务院交通运输主管部门审核;其他建设项目的航道通航条件影响评价,按照省、自治区、直辖市人民政府的规定由县级以上地方人民政府交通运输主管部门或者航道管理机构审核。

6)违反法律规定,污染环境、破坏生态或者有其他环境违法行为的,依照《中华人民共和国环境保护法》等法律的规定处罚。

(三)《中华人民共和国港口法》关于环境保护的条款

1)编制港口规划应当组织专家论证,并依法进行环境影响评价。

2)建设港口工程项目,应当依法进行环境影响评价。港口建设项目的安全设施和环境保护设施,必须与主体工程同时设计、同时施工、同时投入使用。

3)港口的危险货物作业场所、实施卫生除害处理的专用场所,应当符合港口总体规划和国家有关安全生产、消防、检验检疫和环境保护的要求,其与人口密集区和港口客运设施的距离应当符合国务院有关部门的规定;经依法办理有关手续后,方可建设。

4)在港口建设的危险货物作业场所、实施卫生除害处理的专用场所与人口密集区或者港口客运设施的距离不符合国务院有关部门的规定的,由港口行政管理部门责令停止建设或者使用,限期改正,可以处五万元以下罚款。

5)未经依法批准在港口进行可能危及港口安全的采掘、爆破等活动的,向港口水域倾倒泥土、砂石的,由港口行政管理部门责令停止违法行为,限期消除因此造成的安全隐患;逾期不消除的,强制消除,因此发生的费用由违法行为人承担;处五千元以上五万元以下罚款;依照有关水上交通安全的法律、行政法规的规定由海事管理机构处罚的,依照其规定;构成犯罪的,依法追究刑事责任。

二、水运工程施工对环境的主要影响因素

(一)水运工程对生态的影响

水运工程对生态环境造成的影响可分为施工期和营运期两个阶段。一般情况下营运期造

成的生态影响较小,施工期则是生态保护措施落实的关键。

1. 对陆生生态的影响

水运工程会使本地区的生态环境发生变化,一些有特殊要求的物种种群向其他地区迁移。同时可能使大型动物的活动区域缩小,领地被重新划分。其结果可能使种群变小,种群间交流减少。

水运工程施工对生态环境的影响,从时间上区分,可大致分为长期影响和短期影响。长期影响可以认为是由施工建设对当地生态环境产生的直接的或间接的影响和效应,它们共同的特点是具有持续性,一旦产生则不易消除,有些甚至在施工结束后才逐渐显现出来。短期影响是在施工期间产生的临时影响,一旦施工结束,这类影响往往会自然消失,或可经过人工恢复手段得以改善或消除。

1) 长期影响。

(1) 水运工程可能改变地表径流的固有态势,从而造成冲、淤、涝、渍等局部影响。

(2) 水运工程对自然景观的影响是不可避免的,其影响实际上是人造景观(如港口等)与自然景物相互作用的问题,或者交相辉映,相互增彩;或者互不协调,破坏景观,尤其是破坏自然景观的美感。

2) 短期影响。

水运工程施工对生态环境造成的短期影响,主要是指施工期间及其前后1~2年的短暂时间内造成的,并且随着施工行为的停止而自然恢复,或按有关法律法规要求进行人工设计、恢复。

(1) 施工车辆扬尘四起,可能使果木庄稼蒙尘,花不受粉,穗不结实,农业减产。

(2) 为开辟施工铺道和作业场地,要清除地表植被,有可能影响珍稀物种的生长,亦会加剧水土流失。

(3) 挖山弃土弃石,顺坡滚滑,埋压植被;弃土弃石随水流失,会淤塞下游河床、水库、湖泊,严重时会形成泥石流。

2. 对水生生态的影响

1) 水下工程、疏浚、抛泥施工对生态的影响。

疏浚作业产生的污染物主要是悬浮物,它会引起施工水域内的局部水域水质浑浊,这将使阳光的透射率下降,从而使得该片水域内的游泳生物迁移到别处,尤其是滤食性浮游动物和进行光合作用的浮游植物受到的影响较大。

在港池、航道工程建设中,由于疏浚挖掘泥沙、填充石料、填海造陆等施工作业,改变了作业区域原有的底质和岸线,改变了生物的原有栖息环境,生活在其中的潮间带生物和底栖生物,少量活动能力强的底栖种类逃往他处,大部分底栖种类将被掩埋、覆盖,除少数能够存活外,绝大多数将死亡。从这个意义上讲,施工作业对施工区潮间带和底栖生物群落的破坏是不可逆转的。港口建成后,在堤坝及其他水工建筑物上会逐渐形成以藤壶、牡蛎、贻贝等附着生物为主的新的生物群落。

在水运工程的建设过程中,港池、航道疏浚物(泥沙等)一部分用于进行吹填造陆外,其余部分都将外运至抛泥区进行抛投。挖泥船撒漏和抛泥将对航线附近水域及抛泥水域造成污染。

2)吹填对生态环境的影响。

吹填对生态环境的影响主要表现在两个方面,陆域吹填区覆盖了部分潮间带滩涂,对潮间带生物的破坏是永久的;另外,吹填往往设置围埝,围埝溢流口流出的低浓度泥浆进入水域,增加了水体的浑浊度,从而对水中的浮游生物的生存环境造成影响。

3)水下爆破对海洋生态环境的影响。

水下爆破是水运工程施工中常见方法之一,所采用的工艺通常为钻孔装药、起爆、清除,所采用的炸药多为防水硝铵炸药。水下爆破对环境的影响主要是对水质及海洋生态环境的影响。

(1)对海洋生态环境的影响。

(2)对渔业资源的影响。

(二)水运工程对水土保持的影响

1. 水运工程对水土保持的影响

(1)破坏地表植被,产生新的裸露坡面,为水土流失提供了有利条件。

(2)改变局部地貌和土壤结构,加剧水土流失。

(3)取土、弃土、弃渣产生的水土流失。

(4)临时用地的清理、填方和挖方等作业,与主体工程施工一样,也将造成地表植被的破坏,使土壤表层裸露,从而降低了它的抗蚀能力,产生新的水土流失。

(5)港口、航道护岸处置不当产生水土流失。

(6)防波堤等水工建筑物边坡防护措施不当产生水土流失。

(7)疏浚土陆域回填处置不当产生水土流失。

2. 水运工程水土流失的防治措施

1)采用护岸工程防止水土流失。

为保证防护效果,护岸工程设计时应遵循以下原则:根据海岸、河岸动力特点进行防护,有利于岸滩稳定,减少水流(波浪)集中,避免相邻建筑物的连接处形成薄弱点,与邻近建筑物和环境相协调。

2)对疏浚回填土进行处理。

疏浚吹填时为防止泥沙随排水流入海域(河道),在吹填区四周设置抛石围埝,让排水在吹填区内经过较长距离的沉淀过程后变得较为澄清,再从溢流口排出。吹填围埝应有闭水或过滤功能,以保证泥沙不经堰体泄漏;必要时围埝外尤其是溢流口处,可以再设置过滤网,进一步降低溢出水体的悬浮物浓度。陆域吹填需在围埝高出水(海)面后进行。另外,吹填完成后,在疏浚土固化过程中,做好围挡加固措施,防止水土流失。

(三)水运工程噪声和振动的影响及防治

1. 噪声和振动污染源

水运工程在施工期,施工机械不单是噪声源,同时也是振动源。如在混凝土预制(现浇)

时水泥混凝土拌和设备、振捣设备,在桩基施工的打桩设备,在航道疏浚施工的挖泥船、爆破作业等都是噪声和振动污染源。在运营期,如车辆噪声源、港口机械运营噪声等。

2. 噪声与振动的防治措施

1) 法律规范。

我国发布了一系列的噪声污染防治法律、法规和标准,为噪声污染控制提供了法律依据及行政保障。如对车辆实行年检和车辆出厂检验等,市区禁鸣或夜间禁鸣,禁止拖拉机或大货车进入市区,车辆限速等规定。

2) 项目规划。

合理选线选址,避绕敏感区,在规划时就避免产生噪声污染问题。港口应避免选址于城市市区和乡镇的中心区,并尽可能避让学校、医院、城镇居民住宅区和规模较大的村庄等环境敏感点。

3) 项目周边敏感建筑区域和功能规划。

在区域发展规划中,航道两侧以及港口周边的规划红线内,不再新建学校、医院、居住区等敏感点。

4) 运营环保管理。

在水运工程项目周边,如有学校、医院、居民区等敏感建筑,可采用禁止鸣笛、限制车速、禁止夜间作业等方法减少噪声污染。

5) 噪声控制工程。

噪声传播途中遇到声屏障,会使声波反射、吸收和绕射而产生附加衰减。在水运工程建设中,必要时可利用噪声控制工程进行噪声防治。

6) 劳动者防护。

在高噪声作业环境中的工作人员应采取自身保护。工作时间应满足现行《工业企业设计卫生标准》(GBZ 1)中日接触8h噪声限值85dB的要求。防护的措施包括轮流操作高噪声机械、佩戴防声耳罩等。

(四) 水运工程对水环境的影响及防治

1. 水运工程对水环境的影响

水运工程项目在施工过程中对水环境的影响主要来自施工作业中施工船舶和施工机械所产生的含油污水、施工人员生活污水,以及疏浚、吹填、抛泥、水下炸礁等作业对水体的污染。

1) 陆上施工对水环境的影响。

(1) 施工物料流失及取、弃土场冲蚀的影响。

由于建筑材料堆放、管理不当,特别是易流失的物资如黄沙、土方等露天堆放,遇暴雨时将可能被冲刷进入水体。在靠近水体区域施工,往往容易发生物料流失。

(2) 施工人员和机械污水点源排放的影响。

施工人员集中生活,如果施工营地生活污水直接排放,对附近河道(海域)会产生一定的污染。同时,施工机械设备维修站的污水,常含有泥沙和油类物质,若不经过处理直接排入周围水体,必将造成水域的油类污染。

2) 涉水施工对水环境的影响。

(1) 桩基施工的影响。

(2)船舶油污水的影响。
(3)船舶生活污水的影响。
(4)疏浚、挖泥作业的影响。
(5)吹填作业的影响。
(6)抛泥作业的影响。
(7)水下爆破的影响。

2.水运工程水污染的主要防治措施

1)地表水环境影响的减缓措施。

施工材料如沥青、油料、化学品物质等的堆放地点应设在河床之外,并应备有临时遮挡物(如帆布),须妥善保管,防止被暴雨冲刷进入水体引起污染。

2)疏浚、吹填对水环境影响的减缓措施。

依据工程施工实践,水运工程疏浚、吹填施工中疏浚土的再悬浮及炸礁过程引起的振动,将对施工区水域构成影响。在施工中应采取如下措施,力求将施工影响控制在较小的范围内。

(1)对于限制污染的施工区域,在疏浚船舶选型上,优先选用污染较轻的挖泥船种;在使用耙吸船舶施工时,应适当控制侧扬和溢流的施工方式。

(2)合理安排施工船舶的数量、位置及施工进度,尽量将靠近养殖区的疏浚作业以及疏浚土外抛的时间安排在水产养殖非高峰期进行。

(3)陆域吹填时,为防止泥沙随排水流入海域,在吹填区四周设置抛石围埝,让排水在吹填区内经过较长距离的沉淀过程后变得较为澄清,再从溢流口排出。陆域吹填作业中应派专人监控管理泥浆溢流口流出液的浓度,如发现浓度过高,宜通过采取间歇吹填、调整吹泥口的位置、增加分隔设施等措施,适当延长吹填区泥浆停留时间,以降低溢出液中悬浮物的浓度值,陆域吹填需在围埝高出海面后进行。

(4)吹填围埝应有闭水或过滤功能,以保证泥沙不经堰体泄漏;必要时,围埝外尤其是溢流口处,可以再设置过滤网,进一步降低溢出水体的悬浮物浓度。

(5)做好施工设备的日常检查维修工作,重点对挖泥船与吹泥管的连接点以及泥驳门的密封系统和关闭泥门的传动部件进行检查,发现泥管胶皮管有破裂或泥门关闭不严的现象应及时修复,杜绝吹泥管沿线以及自航耙吸船或泥驳在航行中途发生大量泥浆泄漏事故。

(6)如施工附近有养殖场,应加以注意并采取保护措施,必要时进行附近水域的水质监测。此外,施工人员施工过程中产生的生活污水要妥善处理。对于施工机械维修过程中产生的含油污水应予以收集,送交污水处理厂或油污回收船处理,不得直接排入水体。

3)疏浚物海上倾倒对水环境影响的减缓措施。

(1)抛泥区设置明显的标志。
(2)挖泥船到位倾倒。
(3)确保舱门密闭,严防泥浆泄漏。
(4)在主要经济鱼类繁殖期应尽可能地减少倾倒量。
(5)在实施倾倒作业期间须开展全过程的海洋环境监测工作,及时掌握倾倒对海洋环境影响状况,以便及时调整倾倒作业方案,防止对海洋环境产生损害。

4) 水下爆破对水环境影响的减缓措施。

水下爆破与炸礁对周围鱼类影响较大,因此应制订科学、严谨、周密的施工方案,采用先进的施工工艺,如水下钻孔爆破,在最大程度上减少爆破量;在爆破控制上,应采用对生态影响较小的方法,如延时爆破法,尽量减缓冲击波对鱼类的影响;在时空安排上,应尽可能避免在产卵期、鱼类洄游繁殖期、索饵期的时段和区域进行爆破施工。

(五) 水运工程对大气环境的影响及防治

1. 水运工程对大气环境的影响

水运工程引发的对空气环境的污染主要来自施工扬尘、施工车辆尾气、动力船舶机械产生的尾气及沥青烟气,其中以扬尘和沥青烟气对周围环境的影响较为突出;同时,应特别关注对包括幼儿园、学校、医院、敬老院、居民集中区以及珍稀动植物保护区等在内的环境敏感点的影响和保护。

2. 大气污染及防治的主要措施

1) 车辆及机械尾气。

(1) 加强汽车维修保养,保证汽车正常、安全运行。

(2) 加强对施工机械的维修保养,合理安排运行时间,发挥其最大效率。

2) 运输扬尘的防治。

(1) 加强运输管理,保证汽车安全、文明、按规定车速行驶。

(2) 科学选择运输路线。

(3) 运输道路应及时洒水,保持路面湿润。

(4) 粉状材料应罐装或袋装,粉煤灰采用湿装湿运。土、水泥、石灰等材料运输时禁止超载,并盖篷布,如有撒落应派人立即清除。

3) 水泥混凝土拌和扬尘。

(1) 灰土和水泥混凝土采用集中拌和,采用先进的拌和装置,配套除尘设备。

(2) 封闭装罐运输。

(3) 尽量减少拌和场,拌和场不得选在环境敏感点上风向,与其距离应在 300m 以上。

(4) 拌和场为操作人员配备口罩、风镜等,实行轮班制并定期体检。

4) 堆场扬尘。

(1) 粉状建材堆放地点选在环境敏感点下风向,距离 100m 以上。

(2) 遇恶劣天气加棚覆盖。

(3) 控制堆存量并及时利用,必要时设围栏或作洒水防尘。

(六) 水运工程固体废物对环境的影响及防治

施工期固体废物主要来源于以下几个方面:工程占地范围内清表产生建筑垃圾、表层弃土及废弃植物,港口建设底泥清除产生淤泥,施工船舶垃圾,房建工程产生建筑垃圾,施工营地产生生活垃圾,工程试验室产生危险固废等。

营运期固体废物主要来源于管理区及港口生产生活垃圾以及船舶垃圾。

水运工程固体废物主要产生于施工阶段,按来源可分为生活垃圾、弃土弃渣、拆建废物、船舱垃圾、施工废物(材料包装品、剩余物料、机械废油渣等)和试验室废物。结合固体的来源、组成与性质,可分为生活垃圾、建筑垃圾(包括弃土弃渣、拆建废物、剩余洁净物料、一般包装物等)和危险固废(包括工地试验室废物、盛装危险废物的包装物、受油污或洗涤剂污染的棉纱和废弃用品、废旧电池等)。就固体的处置与管理而言,分为生活垃圾、建筑垃圾和危险固废更方便操作。

生活垃圾应分类收集,电池必须由相关单位回收处理。对于生活垃圾的处置,可与当地环卫部门联系,纳入当地生活垃圾收集处理系统;在偏远地区,可考虑就近填埋,一般情况下,应将营地内的生活垃圾集中收集后,运至附近的弃渣场填埋;若所在地区生态环境敏感,则应将垃圾运离敏感区域后再行处置。

三、环境影响评价和水土保持报告有关内容

(一)环境影响评价相关内容

环境影响评价,是指对规划和建设项目实施后可能造成的环境影响进行分析、预测和评估,提出预防或者减轻不良环境影响的对策和措施,进行跟踪监测的方法与制度。

1. 规划的环境影响评价

专项规划的环境影响报告书应当包括下列内容:
(1)实施该规划对环境可能造成影响的分析、预测和评估。
(2)预防或者减轻不良环境影响的对策和措施。
(3)环境影响评价的结论。

专项规划的编制机关对可能造成不良环境影响并直接涉及公众环境权益的规划,应当在该规划草案报送审批前,举行论证会、听证会,或者采取其他形式,征求有关单位、专家和公众对环境影响报告书草案的意见。但是,国家规定需要保密的情形除外。编制机关应当认真考虑有关单位、专家和公众对环境影响报告书草案的意见,并应当在报送审查的环境影响报告书中附具对意见采纳或者不采纳的说明。

专项规划的编制机关在报批规划草案时,应当将环境影响报告书一并附送审批机关审查;未附送环境影响报告书的,审批机关不予审批。

设区的市级以上人民政府在审批专项规划草案,作出决策前,应当先由人民政府指定的生态环境主管部门或者其他部门召集有关部门代表和专家组成审查小组,对环境影响报告书进行审查。审查小组应当提出书面审查意见。

对环境有重大影响的规划实施后,编制机关应当及时组织环境影响的跟踪评价,并将评价结果报告审批机关;发现有明显不良环境影响的,应当及时提出改进措施。

2. 建设项目的环境影响评价

1)建设项目的环境影响报告书应当包括下列内容:
(1)建设项目概况。
(2)建设项目周围环境现状。
(3)建设项目对环境可能造成影响的分析、预测和评估。

(4)建设项目环境保护措施及其技术、经济论证。
(5)建设项目对环境影响的经济损益分析。
(6)对建设项目实施环境监测的建议。
(7)环境影响评价的结论。

建设单位可以委托技术单位对其建设项目开展环境影响评价,编制建设项目环境影响报告书、环境影响报告表;建设单位具备环境影响评价技术能力的,可以自行对其建设项目开展环境影响评价,编制建设项目环境影响报告书、环境影响报告表。

建设单位应当对建设项目环境影响报告书、环境影响报告表的内容和结论负责,接受委托编制建设项目环境影响报告书、环境影响报告表的技术单位对其编制的建设项目环境影响报告书、环境影响报告表承担相应责任。

除国家规定需要保密的情形外,对环境可能造成重大影响、应当编制环境影响报告书的建设项目,建设单位应当在报批建设项目环境影响报告书前,举行论证会、听证会,或者采取其他形式,征求有关单位、专家和公众的意见。

2)国务院生态环境主管部门负责审批下列建设项目的环境影响评价文件:
(1)核设施、绝密工程等特殊性质的建设项目。
(2)跨省、自治区、直辖市行政区域的建设项目。
(3)由国务院审批的或者由国务院授权有关部门审批的建设项目。

(二)水土保持报告主要内容

1. 基本要求

凡从事可能造成水土流失的项目的开发建设单位和个人,必须编报水土保持方案。其中,审批制项目,在报送可行性研究报告前完成水土保持方案报批手续;核准制项目,在提交项目申请报告前完成水土保持方案报批手续;备案制项目,在办理备案手续后、项目开工前完成水土保持方案报批手续。经批准的水土保持方案应当纳入下阶段设计文件中。

开发建设项目的初步设计,应当依据水土保持技术标准和经批准的水土保持方案,编制水土保持篇章,落实水土流失防治措施和投资概算。初步设计审查时应当有水土保持方案审批机关参加。

水土保持方案分为"水土保持方案报告书"和"水土保持方案报告表"。凡征占地面积在一公顷以上或者挖填土石方总量在一万立方米以上的开发建设项目,应当编报"水土保持方案报告书";其他开发建设项目应当编报"水土保持方案报告表"。

2. 水土保持报告主要内容

1)方案编制总则。
(1)结合开发建设项目的特点阐述编制水土保持方案的目的和意义。
(2)编制依据。
(3)采用及时标准。
2)建设项目地区概况。
3)生产建设过程中水土流失预测。
(1)水土流失预测时段的划分。

(2)预测的内容和方法。
①扰动原地貌、损坏土地和植被的面积。
②弃土、弃石、弃渣量。
③损坏水土保持设备的面积和数量。
④可能造成水土流失的面积及流失总量。
⑤可能造成的水土流失危害。
(3)预测结果及综合分析。
4)水土流失的防治方案。
(1)方案编制的原则和目标。
(2)建设项目的防治责任范围、本方案的设计深度。
(3)水土流失防治分区及水土保持措施总体布局。
(4)分区防治措施布局。
(5)方案实施进度安排及其工程量。
(6)水土流失监测。
5)水土保持投资估(概)算及效益分析。
6)方案实施的保证措施。
(1)组织领导和管理措施。
(2)技术保证措施。
(3)资金来源及管理使用办法。

3. 水土保持方案报告的审批条件

1)符合有关法律、法规、规章和规范性文件规定。
2)符合现行《生产建设项目水土保持技术标准》(GB 50433)等国家、行业的水土保持技术规范、标准。
3)水土流失防治责任范围明确。
4)水土流失防治措施合理、有效,与周边环境相协调,并达到主体工程设计深度。
5)水土保持投资估算编制依据可靠、方法合理、结果正确。
6)水土保持监测的内容和方法得当。

第二节 施工环境保护监理工作

一、施工环境保护监理的目标

1)工程施工过程中的噪声(振动)、废气污水、固体废弃物等排放达到国家相应标准。
2)生态环境保护、水土保持等措施符合建设项目环境影响评价文件和水土保持方案的要求。
3)声屏障、绿化污水处理等环保工程设施施工符合相应规范和合同规定。
4)施工期不发生重大环境污染和生态破坏事件。

二、水运工程施工环境保护监理的概念、依据、任务、范围、内容和程序

(一) 水运工程施工环境保护监理的概念

施工环境保护监理,是指监理单位依法承担建设项目施工期间的环境监督管理工作,对承包人在施工活动中污染防治和生态保护与恢复等情况进行监督管理,确保各项环保措施落实的专业化服务活动。

(二) 水运工程施工环境保护监理的依据

1) 国家、行业和地方相关的环境保护法律法规。
2) 工程环境影响评价报告和批复。
3) 国家、行业和地方的相关技术标准。
4) 监理合同、施工合同以及有关补充协议。
5) 经批准的工程设计文件和工程设计变更文件。

(三) 水运工程施工环境保护监理的任务

环境保护监理一般分为环境达标监理和环保工程监理两类。环境达标监理的主要任务是对工程建设过程中污染环境、破坏生态的行为进行监督管理,防止或减少施工过程污染物排放和生态破坏,实现污染物达标排放或符合生态保护要求,如噪声、废气、污水、固废等污染物排放达标,水土流失、生态恢复、自然保护区、水源区和风景名胜区保护等符合要求。环境工程监理的主要任务是对工程的环保配套设施进行施工监理,落实项目环境影响评价文件中的环保设施要求,确保"三同时"的实施,如临时用地复垦、水土保持、景观绿化等生态工程、雨水径流收集、污水处理、声屏障、消烟除尘设施等。

(四) 水运工程施工环境保护监理的范围和内容

1. 水运工程施工环境保护监理的工作范围

施工环境监理阶段应包括施工准备期、施工期、交工验收、竣工验收;环境监理的工作范围应包括工程施工区域和工程环境影响区域。

2. 水运工程施工环境保护监理的主要工作内容

1) 审批施工单位施工组织设计中的环境保护专章或专项环境保护实施方案,审查施工单位的环境管理体系,评估体系运行的有效性。
2) 编制监理规划中的环境保护篇章,编制环境监理实施细则。
3) 根据合同要求进行工程全过程、全方位环境保护监理,确保环境保护目标的实现。
4) 定期向建设单位报告环境监理工作的情况。
5) 协助环境污染事故调查处理。
6) 编写环境监理工作总结报告。
7) 参与竣工环境保护验收工作等。

(五) 水运工程施工环境保护监理的程序

1) 依据监理合同、设计文件、环评报告与水土保持方案及批复以及施工合同、施工组织设

计等编制施工环境保护监理规划。

2）按照施工环境保护监理规划、工程建设进度、各项环保对策措施编制施工环境保护监理实施细则。

3）依据编制的施工环境保护监理规划和实施细则，开展施工期环境保护监理，检查承包人制订的环境保护措施的落实情况，进行验收、计量与支付。

4）工程交工阶段编写施工环境保护监理总结报告，整理监理档案资料，提交发包人。

5）参与工程竣工环境保护验收和水土保持验收。

三、水运工程施工环境保护监理要点

（一）施工准备阶段环境保护监理要点

在施工准备阶段，环保监理工程师应做好以下准备工作：

1）熟悉工程资料，掌握工程整体情况，包括工程环境影响区域。

在此阶段，监理工程师需要熟悉的资料有工程环境影响报告书、水土保持方案及相应的批复、工程设计文件中的环境保护篇章、施工合同中的环境保护条款、工程所在地的环境保护要求等。

2）审查承包人提交的临时工程设计文件中的环境保护措施和方案。

3）编制施工环境保护监理规划。

4）编制监理实施细则。

5）根据合同要求，配置满足工程需要的仪器。

6）建立环保工作网络，要求承包人建立环境保护管理体系。

7）审查承包人编制的"施工组织设计"，主要审查施工污染防治方案，了解污染物的排放环节、排放的主要污染物、采用的治理措施、污染物的最终处置方法和去向；对不符合工程环保要求的环节和内容提出改正要求，对遗漏的环节和内容要求增补。

8）参加第一次工地会议，进行环境保护交底。

施工临时用地上的设施、工程和施工作业活动对环境会造成一定程度的影响，环境保护监理要针对生态敏感点、土地利用、社会环境、陆生生物、水生生态系统、土壤等重要环境保护对象和环境要素，确定具体的环境保护监理工作要点。

（二）施工阶段环境保护监理要点

1. 施工临时用地环保监理要点

1）熟悉工程环境影响评价文件和水土保持方案文件，同时实地踏勘，对项目所在区域可能涉及的生态敏感点进行识别和确认。

2）临时用地的规划、布置，应充分考虑环境保护的要求，全面规划、合理布局、统筹安排，规划施工便道、便桥、码头、取土场、弃土场、生活区、水池、油库、炸药库等建设用地。避免因选址不慎，造成对环境的人为干扰。

2. 临时施工道路环保监理要点

1）临时施工道路的开辟和修筑以及运输车辆的行驶会破坏地表植被，包括耕地、园地、林

地以及牧草地等。因此,应规划好临时施工道路的路线走向,以减少植被破坏为首要原则,尽量利用现有道路;若无现成道路可利用,则应严格控制施工道路修筑边界,路线走向必须绕开各种生态敏感点(区)。

2)对于施工道路边界上可能出现的土质裸露边坡,应有临时防护设施;在条件允许的地区,宜采用生态防护措施,可在施工道路修建的同时进行复绿;在气候条件恶劣地区,应有防止土壤侵蚀的工程防护措施,以防止土壤的自然侵蚀。

3)施工便道属临时性质,载重汽车来往频繁,容易损坏,应及时修补保持平整,设立施工道路养护、维修专职人员,随时保持运行状态良好,减少扬尘污染。

4)运输车辆行驶产生的扬尘影响植物(作物)正常的繁殖和发育过程,应通过路面硬化处理以及定期清扫、洒水抑制扬尘的发生,路面应始终保持湿润。对施工车辆要求限速行驶,在主要环境敏感点附近,行驶时速宜控制在15km以内。施工废气、粉尘排放应当符合国家规定的环境空气质量标准。

5)施工噪声应当符合国家规定的施工场界排放标准(该阶段施工场界噪声的限值为昼间75dB,夜间55dB)。居民区附近禁止施工便道的作业,必要时应报当地环保部门批准,并公告居民才能夜间作业。

6)施工结束后,必须恢复临时占用土地原有的土地利用功能。对现场初始的地形地貌、地表植被等自然特征应有客观的文字描述和完整的影像记录,以作为将来进行恢复的依据和参考。

3. 材料堆放场环保监理要点

1)对临时借地材料堆放场,应按照临时用地审批文件规定的内容和要求,并结合现场的实际情况划定。在施工结束后,必须恢复原有的土地利用功能。对现场初始的地形地貌、地表植被等自然特征应有客观的文字描述和完整的影像记录,作为将来进行恢复的依据和参考。

2)水泥、石灰、矿粉等堆置和撒落会通过改变土壤的理化性质,破坏土壤的结构以及土壤微生物的理化环境,从而降低土壤肥力。因此水泥、石灰、矿粉要有指定的地点堆置,并且应采取密封存放的方式,控制其扬尘;存放点地面应做硬化处理,硬化处理前应剥离地表熟土,并集中保存。施工结束后,应去除硬化地面,将保存的熟土回填,并恢复初始地表植被。对于堆置点附近可能被污染的土壤应进行改良,恢复其肥力。

3)材料仓库和临时材料堆放场要防止物料散漏污染。仓库四周应有疏水沟系,防止雨水浸湿,水流引起物料流失。

4)油料、化学物品等不堆放在民用水井及河流湖泊附近,并采取措施,防止雨水冲刷进入水体。

5)多风天气(或大风来临前)应注意对物料加以覆盖,减少扬尘。

6)石灰石、电石、雷管、炸药不得露天堆放,炸药应有专门的仓库。

4. 拌和场和预制场环保监理要点

拌和场和预制场潜在环境影响如表10-1所示。监理人员应做好以下几项工作。

拌和场和预制场潜在环境影响 表 10-1

序 号	活动内容	潜在影响
1	拌和场、砂石场、轧石场	扬尘;废水;噪声;固体废弃物
2	预制场	废水;噪声;固体废弃物

1)稳定土拌和场、水泥混凝土拌和场、沥青混凝土拌和场等各种拌和场以及砂石场等不得设在饮用水源地保护区内。对临时借地范围要有明确的边界,以便控制对临时借地外围土地的不合理占用。

2)场地平整将对沿线植被及动物栖息地造成永久性的破坏;此外,表层土壤的剥离容易造成土壤结构的破坏和肥力的下降。对于剥离和开挖的土壤,应予以保存,既可用于其他地面的土地改良,也可用于沿线受破坏土地的恢复,在土壤的再利用之前,应有专门的场地用于堆置和保存。

3)水泥、沥青、石灰、矿粉等堆置和撒落会通过改变土壤的理化性质,破坏土壤的结构以及土壤微生物的理化环境,从而降低土壤肥力。水泥、石灰、矿粉要有指定地点堆置,并且应采取密封存放的方式,控制其扬尘;存放点地面应做硬化处理,硬化处理前应剥离地表熟土,并集中保存。施工结束后,应去除硬化地面,将保存的熟土回填并恢复初始地表植被。对于堆置点附近可能被污染的土壤应进行改良,恢复其肥力。

4)拌和场和预制场地向周围环境排放噪声应当符合施工场界排放标准(该阶段施工场界噪声限值为昼间 70dB,夜间 55dB)。拌和场的声源位置较高,声级又强,一般屏障等治理措施很难达标,简易可行的办法就是远离,因此对拌和场的选址应严格把关。拌和场、预制场砂石场及轧石场距离学校、医院、疗养院、城乡居民区和有特殊要求的地区不宜小于 300m,同时避免对环境敏感点的粉尘和噪声影响。

5)大型拌和场(预制场)应配有除尘装置;砂石料场应及时洒水;砂石装卸时应尽量降低落差。施工人员应配有防尘用具以保护工人健康。小型临时拌和场地应离敏感点大于 100m,并应尽量避开下风向有人群的地段。

6)砂石料冲洗废水其悬浮物含量大,需建沉淀池,悬浮物进行沉淀后排放。部分废水澄清后可用建筑工地洒水防尘。

7)混凝土搅拌车应定点清洗,设置临时沉淀池对清洗水沉淀处理后方能外排。有条件者也可采取废水回收处理后循环使用。

8)混凝土养护可以直接用薄膜或塑料溶剂喷刷在混凝土表面,待溶液挥发后,与混凝土表面结合成一层塑料薄膜使混凝土与空气隔离。

9)夜间施工,强光照射会干扰植被和动物的生活节律,严重时会导致植物的死亡以及动物生理紊乱而影响其种群繁衍。在附近有保护物种的情况下,应缩短夜间施工时间,必要时在施工区域周围设置高于光源的挡光墙。

上述拌和场和及砂石场、轧石场距离学校、医院、疗养院、城乡居民区和有特殊要求的地区不宜小于 300m,减少它们对环境敏感点的粉尘和噪声污染。

在堆土场、灰土拌和场的周围设土工布围栏,既防止泥土、灰料等进入水体、农田,雨季又可拦截泥沙。土工布围栏的做法是:用宽 65cm 的土工布,每 3m 设置直径不小于 5cm 的立柱,土工布固定在立柱上,并将15cm压埋在地下。

5. 取、弃土场环保监理要点

1)熟悉工程环境影响报告书,同时结合实地踏勘,对取、弃土场选址和范围进行识别和确认。

2)对于剥离的表层土应予以保存,既可用于其他地面的土地改良,也可用于沿线受破坏土地的恢复,在表层土的再利用之前,要求并协助建设方设置专门的场地用于堆置和保存,并配置相应的防雨和排水设施。

3)对可恢复的临时用地,应会同建设方对现场初始的地形地貌、地表植被等自然特征进行客观的文字描述和完整的影像记录,并建立档案,以作为将来恢复的依据和参考。

4)向建设方就临时防护工作提出要求,重点应关注临时防护设施的选择以及实施的时间(如生态防护),并通过巡视进行日常的监督和管理。

5)对于砂石料冲洗废水,应明确要求建设方设置沉淀池,废水必须进行沉淀后排放。

6. 临时码头环保监理要点

临时码头包括构件出运码头、驳载码头、避风码头等,码头的建设地址选择、建设过程、使用过程都会对周边环境造成影响。临时码头对环境的影响因素如表10-2所示。

临时码头潜在环境影响　　　　表10-2

项　目	序　号	活动内容	潜　在　影　响
码头建设	1	选址	对海岸线的影响;航行路线的影响
	2	基槽挖泥	漏油;船舶油污水;生活垃圾;水污染
	3	基础施工	漏油;船舶油污水;生活垃圾;水污染
	4	混凝土浇筑施工	废物;噪声;水污染
码头使用	1	靠泊	漏油;船舶油污水;生活垃圾
	2	装运	撒漏;船舶油污染;生活垃圾

1)临时码头施工期的环境保护,重点是防止作业船舶、疏浚挖泥、混凝土施工等对水环境、生物、噪声、大气等环境因素的影响。

2)重点关注临时码头的选址。熟悉工程环境影响报告书,同时结合实地踏勘,对临时码头选址及周边水生环境以及保护对象进行识别和确认,同时对临时码头的选址向建设方提出限制性要求,并对实际的选址情况进行跟踪检查。

3)结合永久工程的平面布置,尽量采用先期建设的永久工程作为临时泊位,减少污染源。临时码头选址宜临近主体工程,但应与环境敏感区应保持一定的保护距离,如码头离开养殖区域宜在200m以上,同时应充分考虑船舶运输物料的线路,船舶航行线路尽量避免经过环境敏感区,港池宽度应满足船舶靠泊及调头回旋水域要求。

4)对可恢复的临时用地,应会同建设方对现场初始的自然特征进行客观的文字描述和完整的影像记录,并建立档案,以作为将来恢复的依据和参考。

5)向建设方就临时防护工作提出要求,重点应关注临时防护设施的选择以及实施的时间(如生态防护),并通过巡视进行日常的监督和管理。

6)对于不可避免的河岸或海岸开挖工程,应明确并严格控制开挖界限,不得任意扩大开挖范围,将受影响的两栖动物或潮间带生物生境控制在最小范围。

7)监理人员应熟悉工程环境影响报告书,同时结合实地踏勘,对项目所在区域所涉及水域的保护目标和保护范围进行识别和确认,并通过文字和图件的形式明确告知建设方,不得排入现行《海水水质标准》(GB 3097)中所规定的一类水域;排入其他水域时,必须符合相应的水质标准,不符合时要进行水质处理,如油污水应进行隔油处理。码头上应设置生活污水、压舱水、油污水等的岸上收集处理系统,禁止船舶污水随意排放。

8)禁止装卸有毒、有害物料;装载散料应采取防撒漏的措施,如可设置装卸溜槽。

9)码头后方堆存货物,应根据货物的性质采取必要的措施,防止雨水冲刷流失,污染水域。

10)设置必要的垃圾箱。

11)关注拟建临时码头所处位置的水流、泥沙运动情况,避免在码头建成后由于水文条件的变化导致泥沙淤积,从而改变岸线使得水下生态环境改变、恶化。必要时应要求通过工程措施进行清淤。

7. 生活、办公区及试验室环保监理要点

1)妥善处理生活垃圾。监理人员应明确要求在每个施工营地设置垃圾箱和垃圾临时堆放点,并有专人负责清理并集中处理垃圾。生活垃圾堆放点应选择30m范围内无生活用水和渔用水体的废弃沟凹或废弃干塘。堆放点应无直通沟道与邻地相通。不得向垃圾点内排放生活污水。垃圾箱和垃圾临时堆放点地面应做硬化处理,周边应保持清洁并做到每日清运。

2)为防止生活垃圾的二次污染,垃圾箱和垃圾运输车均应采用封闭式。对于上述要求的落实情况,监理人员应在日常巡视中予以监督。

3)修建临时性污水处理设施。为收集与处理由临时驻地的住房、办公室、其他建筑物和流动性设施排放的污水,应要求建设方在合适的地点修建容量适当的临时污水处理池,建有化粪池或其他能满足要求的系统,并予以管理、维护。

4)监理人员应熟悉工程环境影响报告书,同时结合实地踏勘,对项目所在区域所涉及水域的保护目标和保护范围进行识别和确认,并通过文字和图件的形式明确告知建设方,污水不得排入现行《地面水环境质量标准》(GB 3838)中所规定的Ⅰ、Ⅱ类水域;排入其他水域时,必须符合相应的水质标准,不符合时要进行水质处理,如油污水应进行隔油处理。

在明确上述要求后,监理人员应在日常巡视中予以监督。

5)噪声控制。生活区对环境影响最大的噪声源是备用的柴油发电机,应放置在室内,加强门窗隔声,并在进风口、出风口安装消声器。试验室各种机械设备如切割机、取芯机、磨光机等噪声源产生的噪声也会对周边环境产生明显的影响,也应采取隔声、消声和减振等措施。

6)厨房油烟处理。厨房应设置排风系统。如果厨房附近有居民,应采取如下措施:较大的通风管道安装消声器或采取管壁阻尼减振;管道穿墙(或支撑)处应采用避振喉(或避振吊钩);加装油烟净化器净化油烟,并以高于周围建筑的高度排放;油烟净化器应安装在室内。

8. 涉水爆破施工环保监理要点

1)在爆破施工开工前,监理工程师应审批施工方案中的环保措施。要求施工单位采取周密的环境保护措施。

2)监理工程师根据工程环境影响特点,确定本阶段环保监理的巡视、旁站计划。监督检查施工单位是否按爆破施工工艺及环保要求进行施工。

3)水下爆破与炸礁对周围鱼类影响较大,应制定科学、严谨、周密的施工方案,控制一次起爆药量和采用消减水中冲击波的措施。

(1)根据以往的工程经验,鱼类嗅到炸药产生的气味会远离爆区,故在施工初期爆破应采用较小药量试爆,起到驱赶鱼类的作用,再根据现场爆破试验观察结果,决定起爆药量。

(2)施工时采用"先试后爆"的施工方案,安排一至两次试爆,根据现场爆破影响试验实际监测结果观察,来决定是否减少最大起爆药量。

(3)起爆前应驱赶受影响水域内的水生物;减少鱼汛期施工的频率,而在非鱼汛期加快施工进度。

(4)炸礁施工时间选择应避开鱼类的洄游期、繁殖期,以减缓对鱼类生长繁殖的影响。

(5)采用先进的施工工艺,如水下钻孔爆破,其施工可靠,爆破效果好,可最大限度地减少爆破量。

(6)在爆破控制上,应采用对生态影响较小的方法,如延时爆破法,可以减缓冲击波对鱼类的影响。

(7)在爆破区附近水域进行鱼损状况观察和死鱼样品检验,必要时进行爆破前后的环境水质监测。

4)实施水下爆破时,应提出涌浪对岸边建筑物、设施以及水上船舶、设施的影响程度和范围。监理工程师在本阶段应注意水体悬浮物以及噪音等监测指标,避免施工对水体和人群造成影响,必要时可进行现场监测。

5)对施工过程中不符合环保要求的行为,监理工程师可以发出监理指令,责令改正;情况严重时可发出暂时停工令。施工单位无正当理由拒绝整改的,监理工程师可以对该部分工程量拒绝支付。

9.码头水上施工环保监理要点

1)在工程开工前,监理工程师应审批施工方案中的环保措施。要求施工单位采取周密的环境保护措施。

2)监理工程师根据工程环境影响特点,确定本阶段环保监理的巡视、旁站计划。监督检查施工单位是否按环保要求进行施工。

3)水上施工时应优化施工设计方案,尽可能采取先进施工工艺,加强科学管理,在确保施工质量前提下加快施工进度,尽量缩短水下作业时间。

4)加强施工设备的管理与维修保养,杜绝泄漏石油类物质以及所运送的建筑材料等,减少对水域污染的可能性。

5)施工中挖出的淤泥、废渣卸到海洋主管部门指定的抛泥区。

6)水上平台工作人员的生活污水、压载水及生活垃圾、施工垃圾不得直接排放和抛弃到海中,应设立临时厕所与垃圾箱,设专人定期清理以减少对水质的污染。

7)施工船舶压载水、生活污水、含油污水集中处理达标排放,船舶垃圾集中收集处理,监理工程师应注意水环境质量的悬浮物、石油类等监测指标,必要时可进行现场监测。

8) 沉箱临时存放区应避开具有特殊保护价值的海域。

9) 施工用砂石应限制在海岸直接取用。

10) 对施工过程中不符合环保要求的行为,监理工程师可以发出监理指令,责令改正,情况严重时可发出暂时停工令。施工单位无正当理由拒绝整改的,监理工程师可以对该部分工程量拒绝支付。

10. 疏浚与吹填工程环保监理要点

1) 工程开工前,监理工程师应审批施工方案中的环保措施。要求施工单位采取周密的环境保护措施。

2) 监理工程师根据工程环境影响特点,确定本阶段环保监理的巡视、旁站计划。监督检查施工单位是否按环保要求进行施工。

3) 疏浚设备的选择。

疏浚设备的选择过程不是单一的,依赖于以下几个不可分割的因素:疏浚作业水域的环境要求;被疏浚物质的物理性质;疏浚物最终处置地的位置及限制条件;疏浚作业点的风、浪和海况。目前港口施工可供选择的疏浚设备较多,各挖泥船施工时的环境影响程度也有较大差别,在满足施工要求的情况下,应尽量选择对环境影响小的设备。

4) 疏浚作业的施工工艺控制。

为减少悬浮物污染,应采取以下措施:

(1) 减少超挖方量。

由于挖泥船泥仓容积、耙头耙吸的泥层宽度和厚度有限,整个施工过程中的作业轨迹是不连续的,在挖下一船泥时,很难使耙头恢复到前一挖泥时工作位置,因而很容易产生重挖或漏挖现象,建议配备全球定位系统(GPS),准确确定需开挖的位置,从而可以减少疏浚作业中不必要的超深、超宽的疏浚土方量,从根本上减少对环境产生影响的悬浮物数量。

(2) 控制装舱溢流对水体产生的影响。

疏浚作业从开始后,泥浆进入泥舱时,较粗的泥沙深入舱底。为增大挖泥船的装舱浓度,提高挖泥效率,降低作业费用,耙吸式挖泥船的两侧设有溢流口,当泥浆量超过两侧溢流口时,稀泥即从溢流口溢出。这一环节将会引起疏浚区局部水域浑浊度增加而影响该水域的水质。因此施工部门应根据以往疏浚作业的经验,掌握合适的溢流时间。

(3) 缩短旁通时间。

自航式耙吸式挖泥船的挖掘工作主要是依靠船舶配置的耙头挖掘机具,由耙臂弯管和船体的吸泥管、泵等系统连接,依靠泥泵的抽吸将浆泥装入泥舱,在开始装舱前,一般需进行试喷,以检验其管路是否完好。为控制进入水域的疏浚物的数量,施工操作人员应尽量缩短旁通时间,并确认耙臂弯管和船体吸泥管口的连接完全对位后再开始疏浚作业,以免疏浚泥浆从连接处泄漏入海而污染施工区域水域。

(4) 疏浚作业季节及作业周期选择。

在某些环境敏感的区域仍然有可能进行疏浚活动,在目前疏浚设备的情况下,作业时应配以综合治理手段以保证对环境的影响控制在最低程度,如改变施工作业的时间和周期,回避鱼类的迁徙期和产卵期。

5）疏浚物质的转移运输。

疏浚物运输阶段的环境影响集中在操作技术上,这一阶段应重点强调防治疏浚物溢出和泄漏,一旦在水产养殖等敏感海域发生泄漏事故,在污染赔偿公共关系处理方面将耗费大量精力。因此应采取以下措施：

（1）严防外溢。

抓扬式挖泥机挖取的疏浚物常常通过管道输送或吹填,或通过驳船运往抛泥点。为了降低浊度并防止悬浮物的扩散,必须使抓斗及驳船底部的抛泥闸吻合严密,抓斗需要防止过载,驳船也要限制装载量以防外溢。

（2）耙吸式挖泥船在装满泥后,自航至倾倒区进行抛泥,在运输中泥门是关闭的。

若关闭不严将会导致泥浆泄漏入海,使沿途水域遭遇污染。因此,施工单位应经常检查挖泥船底部泥门的密封性能,控制泥门开关的传动装置也应经常维修保养,及时更换液压杆上的密封圈,以免液压系统失控导致泥门关闭不严。

（3）恶劣气象条件禁止作业。

挖泥船在运输途中,遇到大风或恶劣天气,容易发生船舶倾斜或翻船、耙头损坏船体等船舶事故。操作人员应提高安全与环境意识,根据该船的抗风浪性能,在超出其安全系数的恶劣天气条件下应停止运输,切不可为赶任务而冒险作业。

6）疏浚物的最终处置方式和地点。

自航耙吸式挖泥船和泥驳将挖出的泥浆运到指定的抛泥区抛卸或用于陆域回填。挖泥船抛泥倾倒作业是整个疏浚工程对周围环境影响最为严重的一个环节,吹泥作业的环境影响虽然比较严重,但通过设置溢流口可以对吹泥区高浓度悬浮物实施有效控制。

（1）尽量减少抛泥作业。

按照清洁生产的原则,建议充分利用疏浚物质源,尽可能减少抛泥,多吹填,最好将全部疏浚物用于吹填造陆,实现既减少对海域环境的扰动,又降低各方面资源浪费的双重功效。

（2）严格监控吹泥区溢流口的悬浮物排放。

吹泥作业期间应设置围埝,同时关闭溢流口,待悬浮物静置沉降、水体变得较澄清时,再打开溢流口,释放多余水量。

（3）抛泥作业应满足海洋倾废管理条例要求。

即便有时由于工程特点不得已将部分疏浚物外抛,根据我国海洋倾废管理条例的要求,建设单位应对新开辟的抛泥区是否满足要求进行专题评价,在得到国家海洋主管部门认可后方可实施。

（4）抛泥准确到位。

若抛泥船没有航行至抛泥区就开始抛泥,或者还没有完全抛完就匆匆上线离开抛泥区,则其影响范围将会扩大。为缩小抛泥过程的影响范围,施工单位应在每个抛泥区均设置灯浮装备,以使抛泥船准确到位的抛泥。

（5）内河航道施工时,为减小或避免工程弃渣对水环境和水生生物的影响,弃渣场应选择在洪水淹没线以上,弃渣场周围应设置挡渣墙、截水沟和排水沟,以避免弃渣流失造成水质污染和影响水生生物栖息环境。

7）吹填工程作业应在围埝工程建成后进行，监督检查围埝施工是否符合设计要求和环保要求。

（1）应控制好围埝堤身材料级配，不宜采用空隙率较大的大块石。

（2）保证倒滤层的级配及厚度，使得堤身具备有效的过滤功能。

（3）为防止漏泥，围埝内侧应有防止悬浮泥沙外漏的措施；围埝堰体可增加倒滤层的厚度，在二片石和倒滤层之间设土工布；围埝外侧25m处设立竖向土工布防污帘，对堰堤渗水起到二次过滤的作用。

（4）吹泥口的布置。保持吹泥口距离泄水口距离不少于200m；后期采取导流措施，尽量让吹填水形成环流。

（5）泄水口应设在远离排泥口处，泄水口排放的悬浮泥沙浓度应达到排放标准；当采用平流沉淀不能满足悬浮泥沙允许排放浓度时，应在围埝内设整流防污措施。泄水口埋管分多层埋设，在管端设可开闭装置，可根据泥沙沉淀情况调节流量和出水口的高度。

（6）对淤泥质土进行吹填施工，围埝外侧宜设置防污帘。

8）吹填过程中，应严格按照设计要求控制吹填高程，应确保堤身安全，防止由于土压力过大造成堤身滑动，防止堤身垮塌造成大型的漏泥污染环境事故。

9）监理工程师应巡视围埝漏泥情况，防污帘的完整情况；对发生泄漏的，应当场责令施工单位改正，并旁站监督整改过程。

10）应根据悬浮泥沙的沉淀情况，控制吹填流量，必要时进行间歇吹填。

11）监理工程师应观察泄水水质情况，要求施工单位采取调节泄水流量及吹泥流量、围埝内整流等措施，保证泄水水质满足环保要求。

12）对施工过程中不符合环保要求的行为，监理工程师可以发出监理指令，责令改正；情况严重时可发出暂时停工令。施工单位无正当理由拒绝整改的，监理工程师可以对该部分工程量拒绝支付。

13）监理工程师应注意水环境质量的悬浮物指标，必要时可进行现场监测。

（三）交工验收及保修期环境保护监理要点

1. 交工验收环境保护监理要点

1）交工验收环境保护监理的主要任务是检查施工合同约定的环境保护各项内容的完成情况，指出遗留的环境保护问题，监督其整改，以免施工单位撤出后无法落实。必要时邀请环保和水保行政主管部门参加部分已整治、恢复好的临时用地的初验和移交。最终形成环境保护初验结果，对该项工程是否可进行下一步的交工验收提出意见和建议。环境监理参加由建设单位组织的交工验收。

2）组织交工验收前的环境保护工作内容初验。工程进行交工验收前，施工单位提交交工验收申请报告，环境监理在接到交工验收申请后，对各施工单位的环境保护工作内容进行初验，逐一排查，发现问题，监督其整改。

3）整理环境监理资料并归档。

4）参加交工验收。

2. 保修期的环境保护监理要点

1)保修期环境保护监理的内容。

(1)定期检查施工单位对交工环境保护验收提出的环境保护遗留问题(环保、水保等)整改措施和计划的实施情况。必要时根据工程具体情况对施工单位的整改计划作出调整,并督促实施。

(2)对项目环境保护设施工程施工进行现场监理,并对环境保护设施运行情况进行检查,如不能达到环评报告书中的相关要求,及时督促其整改。

(3)督促施工单位按合同及有关规定完成施工环境保护竣工资料的整理、归档,编写施工环境保护工作总结报告。

(4)整理完成环境保护监理竣工资料,并编写工程环境保护监理总结报告。

2)协助竣工环境保护验收。

(1)对需要进行环保、水保单项验收的项目,环境监理应做好验收前的初验工作,并应协助建设单位做好组织验收工作。

(2)参加项目的水保、环保及工程竣工验收,并完成竣工验收小组交办的工作。

(3)竣工环境保护验收资料及时归档。

四、水运工程施工环境保护措施和监理方法

(一)施工环境保护监理工作程序

1)依据监理合同、设计文件、环评报告与水土保持方案及批复以及施工合同、施工组织设计等编制施工环境保护监理规划。

2)按照施工环境保护监理规划、工程建设进度、各项环保对策措施编制施工环境保护监理实施细则。

3)依据编制的施工环境保护监理规划和实施细则,开展施工期环境保护监理,检查承包人制订的环境保护措施的落实情况,进行验收、计量与支付。

4)工程交工阶段编写施工环境保护监理总结报告,整理监理档案资料,提交发包人。

5)参与工程竣工环境保护验收和水土保持验收。

(二)施工环境保护监理工作内容及方式

监理工程师对施工活动中的环境保护工作按照施工进程实施动态管理。环保监理的工作方式以日常巡视为主,以便及时调整环保监控力度。环保工程作为交通建设工程的附属工程,其施工监理的内容、程序和方式,以及工作方法与主体工程相同。

施工期的环境保护监理,应体现出事前控制和主动控制的要求,结合水运施工的特点,注重监理实效。

施工环境保护监理一般应包括以下内容。

1. 施工准备阶段的环境保护监理工作

1)参加设计交底,熟悉环评报告和设计文件,了解工程建设项目的具体环保目标。

2)审查承包人的施工组织设计和开工报告,对环保实施方案提出审查意见,包括施工中

须保护的环境敏感点、具体的环保措施、环保管理制度和环保专业人员等。

3)审查承包人的临时用地方案是否符合环保要求,临时用地的恢复计划是否可行。

4)审查承包人的环保管理体系是否责任明确,切实有效。

5)参加第一次工地会议,对工程建设项目的环保目标和环保措施提出要求。

2. 施工阶段的环境保护监理工作

1)对工地进行巡视或旁站监理。

2)向承包人发出环保工作指令。

3)检查环境保护措施和成果。

4)协助环保主管部门和发包人处理突发环保事件。

5)建立、保管环境保护监理资料档案。

6)参加工地例会。

3. 交、竣工阶段及缺陷责任期的环境保护监理工作

1)参加交工检查,确认现场清理工作、临时用地的恢复和取(弃)土场的复绿等是否达到环保要求。

2)评估环保任务或环保目标的完成情况,对尚存的主要环境问题提出继续监测或处理的方案和建议。

3)定期检查承包人对环保遗留问题整改计划的实施,并根据工程具体情况,建议施工单位对整改计划进行调整。

4)检查已实施的环保达标工程和环保工程,对交工验收后发生的环保问题或工程质量缺陷及时进行调查和记录,并指示承包人进行环境恢复或工程修复。

5)检查承包人的环保资料是否满足竣工环保验收的要求。

6)整理施工环境保护监理竣工资料。

7)参与竣工环境保护验收和水土保持验收。

4. 环境监测

根据有关规定,施工期的环境监测工作由发包人委托有资质的环境监测单位开展,也称为外部监督监测。监理工程师应协助发包人落实施工过程的环境监测计划。

一般施工期外部监督监测的每次间隔时间往往比较长,提供的是固定点位的前后历史对比资料。根据工程的实际进展,环保监理工程师有时候会需要一些即时监测数据,对常规污染因子及突发污染事故进行监测,也称为内部监理监测。监理监测的测点选择、监测频次、监测时间等,可根据施工进度计划等进行预先安排。监理环境监测应定期进行,使数据有可比性,为制订环境保护监理措施和判断环保措施执行效果提供依据。因此环保监理单位有必要自备一些常用的监测设备,能够自行监测一些比较简单的项目。

5. 其他环保措施的监理

根据不同项目的实际情况,环评和水保文件会提出有针对性的环保措施,例如指定范围内的拆迁等。对于环境影响评价报告提出的经批准的措施,应协助发包人有效实施。

6. 施工环境保护监理工作方法

监理工程师应常驻工地,对施工活动的环境保护工作实施动态管理,其工作方式以巡视为主。监理工程师根据工程项目施工区污染源分布的实际情况定期或不定期对各个工点进行巡视。对于敏感的施工地段,巡视频率应适当增加。

  监理过程中如发现环境污染和生态破坏等情况,监理工程师应立即通知承包人限期整改。一般性或操作性的问题,可以采取口头通知形式。口头通知无效或有污染隐患时,应发出书面的监理通知,要求承包人整改,并根据承包人的书面回复,检查其整改结果。严重的环保问题,还应同时向发包人汇报。如整改情况不理想,可以发布停工指令。

第十一章　全国监理工程师(水运工程)职业资格专业科目考试涉及法律、法规及交通部门规章、规范及文件

第一节　法律、法规及部门规章

(1)《中华人民共和国建筑法》

(2)《中华人民共和国航道法》

(3)《中华人民共和国港口法》

(4)《中华人民共和国安全生产法》

(5)《中华人民共和国合同法》

(6)《中华人民共和国招标投标法》

(7)《中华人民共和国环境保护法》

(8)《建设工程质量管理条例》(2000年1月30日国务院令第279号,2019年4月23日修正)

(9)《建设工程安全生产管理条例》(2003年11月12日国务院令第393号)

(10)《生产安全事故报告和调查处理条例》(2007年4月9日国务院令第493号)

(11)《中华人民共和国招标投标法实施条例》(2011年11月30日国务院令第613号,2019年3月2日修订)

(12)《公路水运工程安全生产监督管理办法》(交通运输部令2017年第25号)

(13)《公路水运工程质量监督管理规定》(交通运输部令2017年第28号)

(14)《公路水运工程监理企业资质管理规定》(交通运输部令2018年第7号,2019年11月28日修正)

(15)《建筑工程施工许可管理办法》(住房和城乡建设部令2014年第18号,2018年9月28日修正)

(16)《危险性较大的分部分项工程安全管理规定》(住房和城乡建设部令2018年第37号)

(17)《水运建设市场监督管理办法》(交通运输部令2016年第74号)

(18)《港口工程建设管理规定》(交通运输部令2018年第2号,2019年11月28日修改)

(19)《航道建设管理规定》(交通部令2007年第3号,2018年11月28日修改)

(20)《公路水运工程试验检测管理办法》(交通部令2005年第12号,2019年11月28日修正)

(21)与水运工程建设相关的其他法律、法规及交通运输部门规章等

第二节　水运工程标准、规范、规程、办法、指南

(1)《水运工程质量检验标准》(JTS 257—2008)
(2)《水运工程施工监理规范》(JTS 252—2015)
(3)《水运工程机电专项监理规范》(JTS 252-1—2013)
(4)《水运工程施工安全防护技术规范》(JTS 205-1—2008)
(5)《水运工程测量规范》(JTS 131—2012)
(6)《水运工程混凝土施工规范》(JTS 202—2011)
(7)《水运工程混凝土质量控制标准》(JTS 202-2—2011)
(8)《码头结构施工规范》(JTS 215—2018)
(9)《船闸工程施工规范》(JTS 218—2014)
(10)《防波堤设计与施工规范》(JTS 154-1—2011)
(11)《码头结构设计规范》(JTS 167—2018)
(12)《码头结构施工规范》(JTS 215—2018)
(13)《海港工程高性能混凝土质量控制标准》(JTS 257-2—2012)
(14)《水运工程施工通则》(JTS 201—2011)
(15)《港口道路、堆场铺面设计与施工规范》(JTJ 296—1996)
(16)《港口及航道护岸工程设计与施工规范》(JTJ 300—2000)
(17)《疏浚与吹填工程施工规范》(JTS 207—2012)
(18)《海港工程钢筋混凝土结构电化学防腐蚀技术规范》(JTS 153-2—2012)
(19)《港口工程后张预应力混凝土大管桩设计与施工规程》(JTS 167-6—2011)
(20)《水运工程混凝土试验检测技术规范》(JTS/T 236—2019)
(21)《水运工程地基设计规范》(JTS 147—2017)
(22)《水运工程塑料排水板应用技术规程》(JTS 206-1—2009)
(23)《水运工程大体积混凝土温度裂缝控制技术规程》(JTS 202-1—2010)
(24)《海港工程钢结构防腐蚀技术规范》(JTS 153-3—2007)
(25)《航道整治工程施工规范》(JTS 224—2016)
(26)《港口货运缆车安全设施技术规范》(JTS 197—2011)
(27)《起重机械安全规程　第1部分:总则》(GB/T 6067.1—2010)
(28)《起重机　试验规范和程序》(GB/T 5905—2011)
(29)《港口设备安装工程技术规范》(JTS 217—2018)
(30)《水运工程建设项目投资估算编制规定》(JTS 115—2014)
(31)《水运工程工程量清单计价规范》(JTS 271—2008)
(32)《水运工程施工标准化建设指南》

第三节　交通运输部门有关水运工程施工、监理文件

(1)《水运工程标准施工监理招标文件》(JTS 110-10—2012)
(2)《水运工程标准施工招标文件》(JTS 110-8—2008)
(3)《公路水运工程平安工地建设管理办法》(交安监发〔2018〕43号)
(4)《交通运输部办公厅关于印发公路水运品质工程评价标准(试行)的通知》(交办安监〔2017〕199号)
(5)《公路水运工程监理信用评价办法》(交质监发〔2012〕774号)
(6)《公路水运工程试验检测信用评价办法》(交安监发〔2018〕78号)
(7)《水运建设项目文件材料立卷归档管理办法》(交办发〔2009〕225号)
(8)《关于打造公路水运品质工程的指导意见》(交安监发〔2016〕216号)